U0140546

2011—2020 年國家古籍整理出版規劃項目

# 古文尚書撰異

〔清〕段玉裁 撰　李吉東 點校

鄭王放訓大放縱之放有大義故云如字也
說文十三篇力部曰勳古文作勛从員按周禮夏官司
勳注曰故書勳作勛鄭司農曰勛讀爲勳功也以說
文䢴字下引勛乃䢴譌之則壁中故書作放勛孔安國
䎡生乃易爲勳詩君序壁中之舊故䢴字下引書作勛

齊魯書社

· 濟南 ·

## 圖書在版編目（CIP）數據

古文尚書撰異 / (清) 段玉裁撰 ; 李吉東點校. ——
濟南 : 齊魯書社, 2023.12
ISBN 978-7-5333-4652-2

Ⅰ.①古… Ⅱ.①段… ②李… Ⅲ.①中國歷史－商
周時代②《尚書》－研究 Ⅳ.①K221.04

中國版本圖書館CIP數據核字(2022)第242900號

責任編輯：張敏敏
　　　　　張　爽
　　　　　趙自環
裝幀設計：趙萌萌
　　　　　亓旭欣

**古文尚書撰異**
GUWEN SHANGSHU ZHUANYI
〔清〕段玉裁 撰　李吉東 點校

| | |
|---|---|
| 主管單位 | 山東出版傳媒股份有限公司 |
| 出版發行 | 齊魯書社 |
| 社　　址 | 濟南市市中區舜耕路517號 |
| 郵　　編 | 250003 |
| 網　　址 | www.qlss.com.cn |
| 電子郵箱 | qilupress@126.com |
| 營銷中心 | （0531）82098521　82098519　82098517 |
| 印　　刷 | 山東益好定製品牌管理有限公司 |
| 開　　本 | 880mm×1230mm　1/32 |
| 印　　張 | 18.5 |
| 插　　頁 | 2 |
| 字　　數 | 501千 |
| 版　　次 | 2023年12月第1版 |
| 印　　次 | 2023年12月第1次印刷 |
| 標準書號 | ISBN 978-7-5333-4652-2 |
| 定　　價 | 168.00圓 |

# 整理説明

　　《古文尚書撰異》三十二卷，段玉裁撰。段玉裁（1735—1815），字若膺，號茂堂，江蘇金壇人，清代乾嘉學派中堅，經學家、文字音韵訓詁學家。

　　段玉裁因其《説文解字注》爲學界所推崇，其實他在《書》《詩》《禮》《春秋》等方面的成就毫不遜色，其中《古文尚書撰異》尤顯其重。

　　毫無疑問，段玉裁撰作《古文尚書撰異》與其治學思想有重要關係。他認爲：“六經猶日月星辰也，無日月星辰則無寒暑昏明，無六經則無人道。”（《十三經注疏釋文校勘記序》）也就是説，六經在他心目中是至高無上的，所以他的治學領域主要是經學。而六經之中，他明確地説，經惟《尚書》最尊（《古文尚書撰異序》）。他非常清楚，於經學中治《尚書》是最具難度的。

　　治《尚書》首先要面對的便是《尚書》今古文問題，這是無法繞開的。他在序中歷數《尚書》之離厄：“秦之火，一也；漢博士之抑古文，二也；馬、鄭不注古文逸篇，三也；魏晉之有僞古文，四也；唐《正義》不用馬、鄭，用僞孔，五也；天寶之改字，六也;宋開寶之改《釋文》,七也。七者備而古文幾亡矣。"《尚書》今古文的淆亂已經成爲宋代及以後學者治《尚書》的巨大困擾。

作爲一位醉心於《尚書》的學者,段玉裁所要做的正是專門厘清《尚書》古文。《古文尚書撰異》是他重要的經學著作之一。《尚書》這部最尊之經典在流傳過程中產生的文獻問題最多,所以治之亦最難,段玉裁能承此大任,可見其非凡的器識與強烈的責任感。

經學經過漢學之光大,一路下來,到唐到宋明,漸趨義理,但其基礎性的考據與訓詁未免不精,所以清代樸學之興必接漢學家傳。段玉裁在科舉之路上,止於舉人而不能再進一步。終其一生,相對於爲官,他更傾向於治學,所以他的成就在治學上。

古來經學離不開小學,五經無雙的許叔重有《説文解字》是自然而然的事情。隨着時間的推移、語言的變化,文字本身的破解也越來越離不開音韻之學,真正有成就的經學家必須具備深厚的文字音韻功夫。段玉裁在經學與小學之間,從一開始就抓住了關鍵。清代樸學之由文字、聲音以求訓詁,大體由顧炎武《音學五書》開端,故有以惠棟爲首的吳派,有以戴震爲首的皖派。雖然段玉裁是金壇人,但在學術上走向了徽州皖派,堅定不移地師從戴震。

乾隆二十五年(1760),二十六歲的段玉裁鄉試恩科中式,於京會試期間,在座師錢汝誠家中接觸到顧炎武的《音學五書》,於音韻之學大開眼界。此事對段玉裁來説意義非凡,他找到了學術正路。而戴震是考據學家、古音學家江永的弟子,且得其真傳,戴震之學既博且精。段玉裁在科舉的同時即認準了治學的道路,因而拜師戴震是合情合理的。在戴氏門下,段玉裁做了大量的基礎性工作,其學術造詣迅速提升。

段玉裁在《説文解字》上的成就可以説是直追許慎的。而相較於許慎,他的成功之處在於六書音均之發明,如果沒有《六書音均表》古韵十七部之分,就不會有其《説文解字注》。在《説文解字注》之前,在撰作《古文尚書撰異》時,他的古韵十七部之説已經成熟,其《詩經小學》《六書音均表》《毛詩故訓傳定本小箋》已經完成。他是真正由小學入經學的,他在考定《尚書》文字時處處可見其對古韵十七部之運用。所以,我們同樣可以説,如果沒有古韵十七部之分,就不會有《古文尚書撰異》。

段氏治學雖宗漢學,雖宗古文,但并無家派狹隘之氣。如其評價《尚書》之學非常平和:“僞古文自有宋朱子創議於前,迄我朝閻氏百詩、惠氏定宇,辭而闢之,其説大備。舉鄭君逸篇之目,正二十五篇之非真,析三十一篇爲三十三篇之非是。鑄鼎象物,物無遁情,海内學者,家喻户曉,經術之極盛,超出於漢博士之抑古文,唐《正義》之不用馬、鄭,不可以道里計。”又如,他雖明確劃分了漢代古文與今文傳承之分派,但非常重視二者之間的影響。所以,在文字音韵的治學器具之外,他對今古文學術之識斷、分辨、評判以及吸收利用,他在考證上的精審,尤能饜人心意。其書成後,王念孫在與劉端臨書中即謂:“茂堂此書,誠古今奇作,惜世人多不能知之。”可見其對段玉裁《古文尚書撰異》之推崇,後來王國維在撰作《顧命考》時也曾發出由衷的感嘆:“段氏玉裁《古文尚書撰異》,其書最爲深博。”凡治古學者能得到這樣的嘉許,可以説是至高至極了。

在段氏看來,欲治經學,文字音韵之學是公器;治《尚書》,厘定古今文也是公器。《古文尚書撰異》在《尚書》學史上的貢獻是公認的。劉起釪先生堪稱集大成式的巨著《尚書校釋譯論》幾乎全引其書。但是《古文尚書撰異》一書至今尚無排印本行世。

《古文尚書撰異》的版本傳承非常清晰。段玉裁自乾隆四十七年(1782)自巫山引疾歸養,乾隆五十三年(1788)開始撰作其書,乾隆五十六年(1791)書成。其書"七葉衍祥堂"首刻,當在嘉慶六年至嘉慶二十年間,具體年份不詳。其藏版後收入《經韵樓叢書》,具體年份也不詳。其後,有阮元學海堂《清經解》重刻本,對原刻有一定程度的校勘。再後又有王先謙南菁書院《清經解》刻版,但此小字版已不易辨讀且文字形體有所改動。今《續修四庫全書》亦采用七葉衍祥堂刻本。

本次點校《古文尚書撰異》以《經韵樓叢書》本爲底本,參校七葉衍祥堂本和學海堂《清經解》本等。底本正文有雙行小字注文,今改爲單行小字。基本保留底本用字原貌,古字、俗字、通假字等酌情保留,在不涉及字形解説等原則下,對一些字形做了統一處理,如葢—蓋、荅—答、据—據、妾—妄,等等;對避諱字徑改不出校。底本中有些字字形多樣,不作統一處理。凡底本引用文獻與通行版本有文字出入者一般不作校勘。底本原文段落較長者,據意義酌情分段。

# 目　録

# 古文尚書撰異序

　　乾隆四十七年，玉裁自巫山引疾歸，養親課子之暇，爲《説文解字讀》五百四十卷，又爲《古文尚書撰異》三十二卷，始箸雝涒灘，迄重光大淵獻皋月乃成。序曰：

　　經惟《尚書》取尊，《尚書》之離戹取甚。秦之火，一也；漢博士之抑古文，二也；馬、鄭不注古文逸篇，三也；魏晉之有僞古文，四也；唐《正義》不用馬、鄭，用僞孔，五也；天寶之改字，六也；宋開寶之改《釋文》，七也。七者備而古文幾亾矣。僞古文自有宋朱子刱議於前，迄我朝閻氏百詩，<sub>有《尚書古文疏證》</sub>。惠氏定宇，<sub>有《古文尚書考》</sub>。辭而闢之，其説大備。舉鄭君逸篇之目，正二十五篇之非真，析三十一篇爲三十三篇之非是。鑄鼎象物，物無遁情，海内學者，家喻户曉，經術之極盛，超出於漢博士之抑古文，唐《正義》之不用馬、鄭，不可以道里計。顧作僞者既服其罪矣，而古文三十一篇字因天寶、開寶之舊，是以唐之今文《尚書》亂之也，其不可一也。好尚新奇之輩，自唐至今，有集古篆繕寫之《尚書》，號壁中本，二十五篇皆在焉，是作僞於僞古文既出之後也，其不可二也。《經典釋文·敘錄》曰："今宋、齊①舊本及

---

①宋、齊：學海堂《清經解》本作"齊、宋"。

徐、李等音，所有古字蓋亦無幾。穿鑿之徒，務欲立異，依傍字部，改變經文，疑惑後生，
不可承用。"按此則自唐以前，久有此僞書，蓋集《説文》《字林》、魏石經及一切離奇之
字爲之傳。至郭忠恕作《古文尚書釋文》，此非陸德明《釋文》也，徐楚金、賈昌朝、夏
竦、丁度、宋次道、王仲至、晁公武、宋公序、朱元晦、蔡仲默、王伯厚皆見之。公武刻石
於蜀，薛季宣取爲《書古文訓》，此書僞中之僞，不足深辨，故僞一辨之而已。今或以爲
此即僞孔序所謂隸古者，亦非也。歐陽、夏侯《尚書》佚，見於《尚書大
傳》、漢石經、《史記》、兩《漢書》、《三國志注》、《三都賦注》、
《尚書緯》、《尚書正義》者，或盡舉以改竄經文，是以漢之今文
《尚書》亂之也，其不可三也。《説文解字》所偁《尚書》，多不與
經同，由孔安國以今字讀易其字，而許君存其舊，如《周禮》經
杜子春、二鄭讀易其字，傳寫者既從所讀，而注中存其故書之
舊。《周禮》不得盡改從故書，則《尚書》不得盡改從《説文》也。
必改從《説文》，則非漢人之舊，且或取經傳、諸子所偁《尚書》
以改《尚書》，是《尚書》身無完膚矣，其不可四也。嘗謂五十六篇之
書，以二十五篇僞者，雜厠諸三十一篇真者之閒，如魚目混於隨珠，武夫混於和璧，幸人
喜珠、璧可寶，則併魚目、武夫寶之。未有疵纇其隨珠，刮缺其和璧，以雜厠之魚目、武夫
之閒，致兩用不讎者也。當作僞時，杜林之柰書古文《尚書》、衞宏之《古文尚書訓旨》、賈
逵之《古文尚書訓》、馬融之《古文尚書傳》、鄭君之《古文尚書注解》皆存，天下皆曉然
知此等爲孔安國遞傳之本，作僞者安肯點竄涂改三十一篇字句，變其面目，令與衞、賈、
馬、鄭不類，以啓天下之疑而動天下之兵也？是以雖析一爲二，而"慎徽"之上終未箸一
字，後有愚者乃爲之，學者得此説而求之，思過半矣。蓋僞孔傳本與馬、鄭本
之不同，梗概已見於《釋文》《正義》，不當於《釋文》《正義》外
斷其妄竄。至若兩漢博士治歐陽、夏侯《尚書》，載在令甲，漢
人詔册、章奏皆用博士所習者。至後漢衞、賈、馬、鄭迭興，古文
之學始盛。約而論之，漢諸帝、伏生、歐陽氏、夏侯氏、司馬遷、
董仲舒、王褒、劉向、谷永、孔光、王舜、李尋、楊雄、班固、梁統、
楊賜、蔡邕、趙岐、何休、王充、劉珍皆治歐陽、夏侯《尚書》者；孔

安國、劉歆、杜林、衛宏、賈逵、徐巡、馬融、鄭康成、許慎、應劭①、徐幹、韋昭、王粲、虞翻皆治古文《尚書》者，皆可參伍鉤考而得之。馬、班之書全用歐陽、夏矦字句，馬氏偶有古文説而已。《漢書·儒林傳》曰："司馬遷亦從安國問，故遷書載《堯典》《禹貢》《洪範》《微子》《金滕》諸篇，多古文説。"按此謂諸篇有古文説耳，非謂其文字多用古文也。《五經異義》每云古某説，今某説，皆謂其義，非謂其文字。如説"内于大麓"，云"堯使舜入山林川澤"，不云"大録萬機之政"；説《禹貢》，云"天子之國，千里以外，甸、矦、綏、要、荒，每服五百里，方六千里"，不云"甸服千里，加矦、綏、要、荒，每服五百里，方五千里"；説《洪範》，云"思曰睿"，不云"思心曰容"；説《微子》，云"大師若曰，今誠得治國，死不恨；不得治，不如去"，不云"微子若曰，我舊云孩子，王子不出"；説《金滕》，雖用今文説，而亦云"或譖周公，周公奔楚，成王發府，見周公禱書，乃泣，反周公"。此皆古文説之異於今文家，約略可言者也。至其文字，則多同歐陽、夏矦。蓋司馬雖從安國問，班雖讀蘭臺書，而不暇致詳也。玉裁此書，詳於字而略於説字之異同，笔遮覼實，願就正通邑大都賢人君子焉。賈逵分别古今，劉陶是正文字，其書皆不存。今廣蒐補闕，因篇爲卷，略於義説，文字是詳，正晉唐之妄改，存周漢之駁文，取賈逵傳語，名曰"古文尚書撰異"。知難語於識大，亦庶幾乎不賢。

---

①劭：底本作"邵"，今改，下同。

# 古文尚書撰異卷一上

## 堯典第一　　**虞夏書**《説文》謂之《唐書》。

### 曰若稽古，

《文選·東都賦》"憲章稽古"，李善注："《尚書》曰：'粤若稽古帝堯。'"又《魯靈光殿賦》"粤若稽古帝漢祖宗"，善曰："《書》曰：'粤若稽古帝堯。'"玉裁按：此李善所據本作"粤"也。唐時各本不同，故李善引作"粤"。李賢注《班固傳》引作"曰"，與《正義》本同。《周書·武穆解》"曰若稽古"，字亦作"曰"。

蔡氏沈云："'曰''粤''越'通，古文作'粤'。"云"古文"者，謂宋時宋次道、王仲至家古文《尚書》，晁公武刻石蜀中，薛季宣據之爲《書古文訓》者也，宋人多誤認此爲壁中真本。

"曰若稽古"四字爲句，不獨《皋陶暮》也，蓋《堯典》亦然。下文"帝堯曰放勳"五字爲句，《逸周書·武穆解》"曰若稽古，曰：昭天之道，熙帝之載，揆民之任，夷德之用"，此可證也。漢策文亦多云"惟稽古"。

### 帝堯曰放勳，

《釋文》："徐云：鄭、王如字。"玉裁按：音家多循其義以爲音，蓋鄭、王"放"訓"大"，"放縱"之"放"有"大"義，故云"如字"也。

《説文》十三篇《力部》曰："勳，古文作勛，从員。"按：《周禮·夏官·司勲》注曰："故書'勲'作'勋'，鄭司農曰：'勋讀爲勲。勲，功也。'"以《説文》"袓"字下引"勋乃袓"證之，則壁中故書作"放勋"，孔安國、庸生乃易爲"勲"，許君存壁中之舊，故"袓"字下引《書》作"勋"。又按：注中凡言"讀爲"者，皆易其本字，若"勲""勋"一字，特異其諧聲。鄭司農當云"勋，古文勲"，不當言"讀爲"也。而言"讀爲"者，古文既絶，漢初不識，《周禮》初出時以意定"勲"爲"勋"字，而不敢斷爲一字異體，至許君乃敢斷之，曰"古文勲"耳。"禩"讀爲"祀"，同。

## 欽明文思安安，

　　按："欽明文思安安"，古文《尚書》也；"欽明文塞晏晏"，今文《尚書》也。《後漢書·馮衍傳》注引《尚書考靈耀》曰："放勋欽明文塞。"今版本作"思"，淺人所改。"晏晏"，《第五倫傳》注引《尚書考靈耀》曰"堯文塞晏晏"，《陳寵傳》注引《尚書考靈耀》曰"堯聰疑當作'欽'。明文塞晏晏"，《郅壽傳》曰"塞晏之化"，《隸釋·魏受禪表》曰"欽明文塞"，"思"與"塞"同部雙聲，故古"思"、今"塞"。凡古文《尚書》與今文《尚書》乖異，不盡關乎音韵，此則關乎音韵者。凡緯書皆出於漢，《書緯》則皆襲今文《尚書》。凡漢人之於《尚書》，惟博士所習者是業，終漢之世，惟歐陽、夏矦得置博士，是以上自帝王，下及庶人，其所倈引《尚書》未有外於是者。而漢季先鄭、馬季長、鄭康成注經乃一用古文《尚書》，此考古之大較也。此書以"撰異"名，詳古文、今文字句之同異，而其説之同異不暇詳，雖不暇詳而時論及之。《郅壽傳》注引鄭《考靈耀》注云："道德純備謂之塞。"道德純備，充實之意也，故以訓"塞"，此今文《尚書》説也。鄭注古文《尚書》云："慮深通敏謂之思。"此古文《尚書》説也。各如其字釋之。若馬季長注古文《尚書》曰"道德純備謂之思"，此用今文《尚

書》之説注古文《尚書》，讀"思"爲"塞"，易其字也。凡馬、鄭、
王雖薄歐陽、夏侯，而不盡廢其説，如馬此條是。

按："塞"字從土，近或改從心，作"憲"，傅合《説文解字》。
攷《詩·燕燕》《定之方中》《常武》，字皆作"塞"，而魏碑"欽明
文塞"刻畫可稽。凡古書字蹟，即審定譌繆，改竄尚當慎，安可
偏據許氏一書，因許書所無則盡改古籍所有以爲尊許，因許書
字各有本義，則盡改假借之字勒歸本字？如用"憲"改"塞"，其
意改假借歸本字也，不思"塞實"非故訓乎？六書假借可廢乎？
《詩》《書》可盡改、古籍面目可盡失乎？舉此爲言小學者破惑。

《後漢書·祭祀志》注："《東觀書》曰：有司奏言，孝順皇
帝，寬裕晏晏。"《第五倫傳》："體晏晏之姿，俗刻作'晏然'，誤。以
寬弘群下。"《陳寵傳》："數詔群僚，弘崇晏晏。"《馮衍傳》：
"《顯志賦》：思唐虞之晏晏。"崔瑗《司隸校尉箴》："昔唐虞晏
晏，庶績以熙。"蔡邕《司空袁逢碑》曰："其惠和也晏晏然。"此
皆用今文《尚書》也。《爾雅》："晏晏，温和也。"古"安""晏"通
用，如《左傳》"安孺子"，《漢書·古今人表》作"晏孺子"是也。

又按：漢人多偁引歐陽、夏矦《尚書》，而歐陽、夏矦《尚書》
永嘉後既亾，則不能指其所出，如"文塞晏晏"，唐人第以爲出
《考靈耀》，不知作《書緯》者亦用今文《尚書》也。

## 允恭

《尚書後案》曰："恭，古作共。"玉裁按：此誤也。《尚書》凡
"恭肅"字皆從心，"供奉""供給"字則作"共"，分用畫然。漢
石經《無逸篇》"嚴恭寅畏"與"徽柔懿共""惟正之共"，各體可
證。"懿共"非"恭肅"字也，説詳後各篇。

又按：《詩》"恭敬"字皆作"恭"，惟《詩·韓奕》"虔共爾
位"，鄭云"古之恭字，或作共"，與毛説異，然云"或作"，則知偁

一有之,非其常也。

## 克讓,

《漢書·藝文志》曰:"合於堯之克攘。"師古曰:"攘,古讓字。"玉裁按:鄭君注《曲禮》曰:"攘,卻也,或者攘古讓字。"《説文解字》曰:"攘,推也。""讓,相責讓也。"許君以从手者爲"謙讓"字矣。

## 光被四表,

古文《尚書》作"光",今文《尚書》作"横"。鄭君《周頌》箋引"光被四表,格于上下",此用古文《尚書》也。《漢書·王莽傳》莽奏曰:"昔唐堯横被四表。"《王襃傳》:"《聖主得賢臣頌》曰:化溢四表,横被無窮。"《後漢書·馮異傳》永初六年詔曰:"横被四表,昭格上下。"《崔駰傳》:"崔篆《慰志賦》曰:聖德滂以横被兮,黎庶愷以鼓舞。"《班固傳》:"《西都賦》曰:横被六合,三成帝畿。"張衡《東京賦》曰:"惠風横被。"今《文選》雖改爲"廣",而《魏都賦》注所引固不誤,《後漢書·孝章帝紀》"威靈廣被"蓋同。《漢書·宣帝紀》《蕭望之傳》皆云"充塞天地,光被四表",此蓋本作"横",淺人用古文改之。此皆用今文《尚書》也。

戴先生《與王鳳喈内翰書》曰:"孔傳:'光,充也。'陸德明《釋文》無音切。孔沖遠《正義》曰:'光、充,《釋言》文。'據郭本《爾雅》:'桄、潁,充也。'注曰:'皆充盛也。'《釋文》曰:'桄,孫作光,古黄反。'用是言之,光之爲充,《爾雅》具其義。漢唐諸儒凡於字義出《爾雅》者,則信守之篤。雖孔傳出魏晉閒人手,此字據依《爾雅》,又密合古人屬辭之法,非魏晉閒人所能,必襲取師師相傳舊解,見其奇古有據,遂不敢易爾。《爾雅》'桄'字,六經不見。《説文》:'桄,充也。'孫愐《唐韻》:'古曠反。'《樂記》:'號以立横,横以立武。'鄭康成注曰：'横，充也。謂氣作充滿也。'《釋文》曰：
'横，古曠反。'《孔子閒居篇》：'必達於禮樂之原，以致五
至，而行三無，以横於天下。'鄭注曰：'横，充也。'《堯典》古
本必有作'横被四表'者。'横被'，廣被也，正如《記》所云
'横於天下''横乎四海'是也。'横四表''格上下'對舉，溥徧
所及曰横，貫通所至曰格。'四表'言'被'，以德加民物言也。
'上下'言'于'，以德及天地言也。'横'轉寫爲'桄'，脱誤爲
'光'。追原古初，當讀'古曠反'，庶合充霩廣遠之義，而《釋
文·堯典》無音切，於《爾雅》乃'古黄反'，殊少精覈。述古之
難如此類者，遽數之不能終其物。"

　　玉裁按：先生此書但云"古本必有作'横被'者"，而未知漢
人言"横被"者甚多，又未知伏生作"横"、壁中作"光"，皆即
"桄"字。《爾雅》《説文》"桄，充也"，"桄""横"通用，與今文
《尚書》合。孫叔然《爾雅》作"光，充也"，與古文《尚書》合。
古文《尚書》"光"字即"桄"之假借。鄭君釋以"光耀"，見《周頌》
正義。此就本義釋之。偽孔云"光，充也"，此就假借釋之，用今
文注古文也。古今文字異而音義同，偽孔訓爲長。"桄"之訓
"充"者，凡物將充滿之，必外爲之郭而後可充。《孟子》曰"擴
而充之"，"擴"即"横"字之異體，四面爲之横而充之也，漢人訓
詁之法當云："桄，猶充也。"《爾雅》舉其大致而已。

　　淮南王《原道訓》："横四維而含陰陽，紘宇宙而章三光。"
高注："横，讀桄車之桄。"洪氏蕊登榜。曰："漢人'横''桄'通
用甚明。"玉裁按：木之横者曰桄，桄車謂車之有桄者也。李登
《聲類》作"軦"，車下横木也。見《衆經音義》。釋玄應《衆經音義》
曰："桄，音光，古文'横''撗'二形。《聲類》作'軦'，今車牀及
梯櫈下横木皆是也。"然則"桄"是本字，"横"是假借字。"横"

之古音讀如"黄"，亦讀如"杭"，用爲"桄"之假借則讀如"光"，而"恢郭"之義則漢後"橫""桄"皆切"古曠"，今俗謂器物之"橫木"亦"古曠切"，此古今語有輕重也。《墜形訓》説："崑崙虚旁有九井，玉橫維其西。"高注："橫，猶光也。"此"光"字乃"桄"字之誤。《山海經》："面有九井，以玉爲檻。"玉橫即玉檻甚明。《説文》"且"字下曰："从几，足有二橫。"《魯頌》鄭箋曰："大房玉飾，俎也，其制足間有橫。"《明堂位》："俎，夏后氏以嶡。"鄭注："嶡之言蹶也，謂中足爲橫距之象。""橫"皆即"桄"。"橫被四表""橫四維"，謂以四表、四維爲圻堮而郭之，古無"廓"字，"郭""廓"同字，爲之郭而郭之、爲之橫而橫之，正是一理。"橫，郭也"，與《韓詩》"觥，<sub>古音光。</sub>廓也"亦是一理。《孟子》"擴而充之"，"擴"乃"橫"之俗字，《孟子》原書當是"橫而充之"，趙注："擴，廓也。"當是"橫，郭也"，今人讀"擴"爲"廓"而已。《集韻·四十二宕》"古曠"一切，有"桄""橫""欟""撗""擴"五字，實是一字，可以證古音、古義。

　　古經字多假借，非兼考各家難得其説。如《毛詩》"如鳥斯革"，《故訓傳》曰"革，翼也"，《韓詩》作"翮，翅也"，韓用本字，毛用假借字，而其説正同，正如古文作"光"、今文作"橫"，而其義正同，鄭君以"光耀"釋之，未協。其箋《詩》牽引《尚書》"希革"字，亦令學者淆惑。

　　《漢書·文帝紀》"酺五日"，文穎曰："漢律：三人以上無故群飲酒，罰金四兩。今詔橫賜得令會聚飲食五日也。"按：此漢人用"橫"字之一端也。

## 格于上下。

　　許叔重《説文解字》八篇《人部》曰："假，非真也，从人叚聲。一曰至也。《虞書》曰：'假于上下。'""一曰至也"四字，蓋非許書之舊。許君引經文與其字義不合者甚多，皆六書之假借也。如"無有作玫"，何關人姓？"布重莫席"，何關火不明？"我劜酌彼金罍"，何關市賈多得？"好""蔑""姑"其本字，"玫""莫""劜"，其假借字也。二篇《彳部》曰："徦，至也。"與《方言》合。然則"徦"其本字，"假"其假借字。淺人見引《虞書》與非真之義不屬，則妄增"一曰至也"四字以聯屬之。《方言》"假，至也"郭音"駕"，證以《集韵·四十禡》，則其字本從彳。

按許書《自序》云，其偁《易》孟氏、《書》孔氏、《詩》毛氏、《禮》、《周官》、《春秋》左氏、《論語》、《孝經》，皆古文也。然則凡許所偁《尚書》皆孔安國壁中本。凡壁中本有安國以今文讀之改定其字者，如"玉"改作"朋"、"𧦝"定作"斷"、"𢧵"定作"蠢"之類是也。叔重存其故書本字，往往與今本乖異，職此之由，凡安國讀定之本，遞傳至衞、賈、馬、鄭、王及僞孔。唐天寶三載，命一不學無識之衞包，盡改其古字，如"共"改作"供"、"女"作"汝"、"鄉"作"嚮"、"御"作"迓"、"奴"作"孥"、"庸"作"鏞"、"熒"作"榮"、"淺"作"餞"、"鳥"作"島"、"道"作"導"、"尼"作"昵"、"旄"作"毛"、"雺"作"蒙"、"圍"作"驛"、"柴"作"費"、"馮"作"憑"、"蔑"作"篾"、"斁"作"塗"、"闋"作"聞"之類是也。許所見壁中是"徦"字，而今本《堯典》"格"字五見，考《毛詩·楚茨》《抑》作"格"，毛云："來也，至也。"《雲漢》作"假"，毛云："至也。"是古時"格""假"通用，《尚書》作"格"，其來已久。

王逸注《招魂》曰："假，至也。《書》曰：'假于上下。'"叔師多用今文《尚書》，此今文《尚書》與古文《尚書》同也。《後漢書·孝順帝紀》"丕顯之德，假于上下"，《史記》"假人元龜""假于皇天""假于上帝"，《漢書》"惟先假王，正厥事"，《尚書大傳》"祖考來假"，此今文《尚書》有"假"無"格"之證。

《易》"王假之""王假有廟"，虞翻皆云"假，至也"。《詩》"來假祁祁"，鄭云"假，至也"。毛、鄭於"假"字或云"大也"，或云"升也"，或云"至也"，其音皆"讀如賈"，或"讀如嫁"。陸氏《釋文》於"升""至"二義皆云"更白反"，非也。

　　凡《史記》《漢書》所引今文《尚書》，淺人少見多怪，輒以所習古文《尚書》改之，如《史記》"五是來備"見於章懷之《後漢書注》，而今本《宋世家》乃作"曰時五者來備"，"便程南爲"見於司馬貞、張守節之注，而今本《五帝本紀》作"南譌"，《漢書》"舜讓于德不台"見於李善《文選》注，而今本《王莽傳》作"不嗣"。循是求之，兩《漢書》或作"光"、作"格"者，皆此類也。

## 克明俊德，

　　《禮記·大學篇》："帝典曰：'克明峻德。'"此與古文《尚書》合，特"山"旁、"人"旁爲異耳。今文《尚書》作"克明訓德"。訓，順也。《史記·五帝本紀》"能明馴德"，徐廣曰："馴，古訓字。"《索隱》曰："《史記》'馴'字，徐廣皆讀曰'訓'。"玉裁按：今文《尚書》"五品不訓"，《史記》作"不馴"，然則"馴""訓"古通用。今有平去之别，古以川聲同音。《周禮》"土馴"，鄭司農讀"馴"爲"訓"而釋以"告道"，引《爾雅》"訓，道也"以明之。今本《周禮》作"土訓"，注云"訓讀爲馴"者，淺人妄改，余别有説一篇。《周易》"馴致其道"，徐仙民音"訓"，劉昌宗《周禮》"馴"音"訓"。《堯典》"若"釋爲"順"者，《本紀》作"馴"，"馴予工""馴予上下草木鳥獸"是也；或徑作"順"，"順此事"是也。《洪範》"于帝其訓"，《世家》"訓"作"順"，知"馴""訓""順"三字通用。《堯典》在歐陽、夏矦當作"克明訓德"，與"五品不訓"用字正同。徐中散在晉末，雖今文《尚書》已佚，而"祖飢""謐哉"之類尚存一二，又採集舊聞，知"馴"即"訓"字，故云古"訓"字也。凡司馬氏《史記》、班氏《漢書》全用今文《尚書》。

　　凡《史記》録《尚書》，有苦其難讀以故訓字易之者，如"克明"作"能明"、"協和"作"合和"是也；有所用今文《尚書》與古文本不同者，如"俊德"作"訓德"、"萬邦"作"萬國"是也。辨乎斯二者，而後能讀《史記》，而後能讀《尚書》。

## 以親九族。

《白虎通·宗族篇》兩言"《尚書》曰以親九族"。

## 九族既睦，平章百姓。

《詩·采菽》正義："《堯典》'平章百姓'，《書傳》作'辨章'。"按：《書傳》者，謂《尚書大傳》也。今《尚書大傳》無"辨章百姓"之語，散佚，非完書也。《史記索隱》云："便章，古文《尚書》作'平'，今文作'辯'。"是小司馬所見《尚書大傳》亦有之。《後漢書·劉愷傳》曰："職在辨章百姓，宣美風俗。"班固《典引》曰："惇睦辨章之化。"《答賓戲》曰："劉向司籍，辨章舊聞。"《東觀漢紀》曰："臣下百僚，力誦聖德，紀述明詔，不能辨章。"見《太平御覽》。此皆用今文《尚書》也。而李賢注《後漢書》兩引"辯章百姓"。鄭注云："辯，別也。章，明也。"蓋鄭注《尚書》讀"平"爲"辨"，從今文《尚書》也。《毛詩》傳曰："平平，辯治也。"鄭注《論語》曰："便便，辯也。"古"便""平""辨""辯"四字通用，《尚書》"平""辨"皆訓"使"。鄭注《周禮·馮相氏》"辨秩東作""辨秩南僞""辨秩西成""辨在朔易"，《正義》云："《尚書》皆作'平'，今皆云'辨'。據《書傳》而言。"然則亦從今文《尚書》易"平"爲"辨"也。

惠氏定宇《九經古義》曰："《説文》：'釆，辨別也，讀若辨，古文作釆。'與'平'相似，孔氏誤'釆'爲'平'耳。"玉裁按："平""辨"雖一在古音十一部，一在古音十二部，而同入冣近，是以《周易》"清""真"通用，《洪範》"偏""平"合韵，《尚書》"平""辨"皆訓"使"。《召誥》"平來"，一作"辨來"；《酒誥》"勿辨乃司，民湎

于酒";《書序》"王俾榮伯作賄,肅慎之命","俾"一作"辨"。此"平章"即"辨
章"之理也,不必如惠所説。

## 百姓昭明,協和萬邦,

《五帝本紀》作"合和萬國",《漢書·地理志》曰:"《書》
云:'協和萬國。'"《漢書·宣帝紀》地節元年詔曰:"蓋聞堯親
九族,以和萬國。"《論衡·藝增篇》:"《尚書》:協和萬國。"玉裁
按:古文《尚書》"邦"字,今文《尚書》皆作"國"。《漢書》引"毋
教佚欲有國",《史記》"二百里任國",《白虎通》"矦、甸、任、衛
作國伯",此等"國"字非爲本朝諱,自是今文《尚書》本作"國",
漢人《詩》《書》不諱,不改經字。蔡邕所書今文《般庚》"試以爾
遷,安定厥國",此可以相證。《宋史·禮志》:"紹興二年,禮部
太常寺言:漢法'邦'之字曰'國','盈'之字曰'滿',止是讀曰
'國',讀曰'滿',本字見於經傳者未嘗改易。司馬遷作《史記》
曰:'先王之制,邦内畿服,邦外矦服。'又曰:'盈而不持則傾。'
於'邦'字、'盈'字亦不改易。"此説蓋非無見,蓋引經傳皆仍其
舊,"若常雨""若常暘","若"則以訓故字代之。

《小司徒》"乃分地域"注:"故書域爲邦。"杜子春云:"當爲
域。"玉裁按:"域"即"或"字,"或"即"國"字,此古"國"與
"邦"通用之證也。或云"邦""雝"韻語,"國"則不韵。予曰:
此不必韵,《老子》"脩之國,其德乃豐",未嘗非古合韵也。

## 黎民於變時雍。

"於",陸無音,《正義》釋以"於是"。或疑本作"于",衛包
改之。玉裁按:蓋相傳舊本如是,如《毛詩》"俟我於城隅""於
我乎夏屋",皆作"於"也。兩"夔曰於予",陸氏亦不音烏。

《漢書·成帝紀》陽朔二年詔曰:"《書》云:黎民於蕃時
雍。"玉裁按:此今文《尚書》也。應劭注云:"言衆民於是變化,

用是大和。"蓋應用古文《尚書》讀"蕃"爲"變",正如《五行志》"思心曰容",應劭亦用古文《尚書》讀"容"爲"睿"。韋注"蕃"訓"多"則如今文説,不改字。師古所引《音義》,蓋删去"古文作變"之語。

漢《孔宙碑》"於兲時雍","兲"即今之"卞"字,"弁"之變體。"弁"蓋"蕃"之假借,古音"弁"讀如"盤"。

## 乃命羲和,欽若昊天,厤象日月星辰,

字本從止,衛包改從日。

《漢書·藝文志》説:"陰陽家云,敬順昊天,厤象日月星辰,敬授民時。"《漢書·李尋傳》尋説王根曰:"《書》曰:'厤象日月星辰。'"《中論·厤數篇》:"《書》曰:'乃命羲和,欽若昊天,厤象日月星辰,敬授民時。'"

## 敬授民時。

"民時",衛包改作"人時"。玉裁按:"民時",自來《尚書》無作"人時"者,即以注、疏本證之,《洪範》孔傳、《皋陶謨》正義皆云"敬授民時",唐初本不誤也,自唐孝明天寶三載始命衛包改古文《尚書》,包以"民時"字在卷首,非他"民"字可比,乃竟改爲"人時",而古人引用,如鄭注、《尚書大傳》、徐氏偉長《中論·厤數篇》、韋氏注《鄭語》,皆引"敬授民時",皆治古文《尚書》者也。《史記·五帝本紀》、《漢書·律厤志》《食貨志》《藝文志》《李尋傳》《王莽傳》、漢《孫叔敖碑》,亦皆引"敬授民時",皆治今文《尚書》者也。

## 分命羲仲,宅嵎夷,

"宅",今文《尚書》作"度"。《周禮注》引"度西曰栁穀①",

①穀:底本"榖""穀"錯出,今據文義改,下同。

此鄭引今文《尚書》也，然則"宅嵎夷""宅南交""宅朔方"，今文皆本作"度"矣。楊雄《方言》曰："度，凥今之'居'字。也。東濟①海岱之閒或曰度。"與今文《尚書》合。孜"三危既宅"，《夏本紀》作"既度"；"是降丘宅土"，《風俗通義》作"度土"；"五流有宅，五宅三居"，《五帝本紀》作"有度""五度"。然則凡古文《尚書》皆作"宅"，凡今文《尚書》皆作"度"，《五帝本紀》"居郁夷""居南交""居西土""居北方"，皆作"居"者，此以訓詁之字代之也。戴先生曰："當從朱子説作'度'而訓爲'度日景'，與《周禮》測日南、日北、日東、日西合爲一義。"《尚書正義》卷二引夏矦、歐陽等書"宅嵎鐵"字作"宅"者，蓋誤依古文《尚書》。

　　"嵎夷"，古文《尚書》作"堣夷"，今文《尚書》作"禺銕"。《説文》十三篇《土部》曰："堣夷，在冀州陽谷。立春日，日值之而出。从土禺聲。《尚書》曰：'宅堣夷。'"玉裁按：此許用古文《尚書》也。惟從土與從山異，蓋古文《尚書》字本從土，轉寫誤從山。《説文·土部》"堣夷"、《山部》"封嵎"，二字畫然。《玉篇·土部》曰："堣夷，日所出。《虞書》'分命羲仲宅堣夷'，本亦作'嵎'。"蓋有"堣""嵎"二本，後人舍是從非耳。《説文》九篇《山部》"崵"字下曰："嵎銕，大徐作'銕'，小徐作'鐵'。崵谷也。"玉裁按：此用今文《尚書》也。"嵎"當本是"禺"，或增"山"旁耳。《史記·夏本紀》索隱曰："嵎夷，今文《尚書》及《帝命驗》竝作'禺鐵'。"《尚書·堯典》釋文曰："《尚書考靈曜》及《史記》作'禺銕'。"《尚書正義》卷二曰："夏矦等《書》'宅嵎夷'爲'宅嵎鐵'。"玉裁按："嵎鐵"即"禺銕"。"銕"者，古文"鐵"字；"鐵"者，"鐵"之譌體也。《廣韵·上

_____
①東濟：據李慶彬《〈古文尚書撰異〉校議》（以下簡稱李文），當作"東齊"。

平·六脂》“嵎”字下云：“嵎峓，山名。《書》作‘嵎夷’，以脂切。”《集韵·上平·六脂》“銕”字下云：“嵎銕，東表之地，延脂<sub></sub>作‘知’誤。切。”《廣韵》《集韵》“十二齊”皆有“銕”字，引《字林》云“鐵名”，然則“夷”“銕”“峓”三字通用。《集韵》無“峓”字，疑《廣韵》“峓”乃“銕”之誤。凡緯書皆出於漢人之手，故《考靈曜》《帝命驗》皆用今文《尚書》。《釋文》引《史記》作“嵎銕”，今《史記》作“郁夷”，乃“嵎銕”之別本。“郁”在尤疾入聲，自之哈轉入。“嵎”在疾部平聲，《釋文》之“史記”二字疑“説文”二字之誤，謂《山部》“嵎”字下所云也，或陸氏所據《史記》與張守節、司馬貞本不同。

《禮記·月令》注曰：“今《尚書》曰：分命羲仲，宅嵎夷。”《正義》云：“今《尚書》者，今文《尚書》也。”玉裁按：疑“今”字下有脱文。鄭之注經引今文《尚書》絶少，惟《周禮》有“度西曰栁穀”一條耳，且古文“堣夷”，今文作“嵎銕”，皆有左證，不當以“宅嵎夷”系之夏疾、歐陽《書》也。或云“今《尚書》”者猶言“今《月令》”，蓋本作“度嵎銕”而後人用所習古文改之。余以爲《周禮注》引“栁穀”者爲“檽”讀“栁”之證，此引《書》爲“命田舍東郊”之證，不必援“嵎銕”字也，非有脱文，則“今”爲衍字。

又按：《尚書正義》曰：“庸生、賈、馬之等，惟傳孔學經文三十三篇，故鄭與三家同以爲古文，而鄭承其後，所注皆同賈逵、馬融之學，題曰‘古文尚書’，篇與夏疾等同，而經字多異夏疾等《書》。<sub>句絶。</sub>‘宅嵎夷’<sub>此謂古文。</sub>爲‘宅嵎<sub>“嵎”之誤。</sub>銕’，<sub>此謂夏疾等《書》。</sub>‘昧谷’<sub>古文。</sub>曰‘栁谷’，<sub>夏疾等。</sub>‘心腹腎腸’<sub>古文。</sub>曰‘憂<sub>“優”之誤。</sub>腎<sub>“賢”之誤。</sub>陽’，<sub>‘揚’之誤，夏疾等。</sub>‘劓刵劅剠’<sub>古文。</sub>云‘臏宮劓割頭庶剠’，<sub>夏疾等。</sub>是鄭注不同也。”此四條皆上句古文,下句今文,本自明白,不意善讀古書如閻百詩氏尚誤會而互易之,《尚書古文疏證》第二十三。近注《尚書》者皆襲其誤。甚矣,句度之難也。四條皆有左證,各見當篇。

又按:《尚書正義》"宅嵎夷"爲"宅嵎鐵",宋版"鐵"作"嵎"。《尚書釋文》"嵎"字下《考靈耀》及《史記》作"禺銕",毛居正《正誤》云:"《史記》作'郁夷',《説文》作'嵎嵎','銕'古'鐵'字,蓋'嵎'誤爲'銕'也。"

玉裁按:大小徐《説文》皆無"嵎"字,毛氏"《説文》"二字蓋"《廣韵》"二字之誤筆,《玉篇》《集韵》皆無"嵎"字,《廣韵》"嵎嵎"殊不可憑,宋本《尚書》乃或改"鐵"爲"嵎",凡宋版之不可盡信如此。

又按:徐氏楚金《説文繫傳》云:"古文《尚書》'夷'作'鐵'。"此所云古文《尚書》者蓋即後來郭忠恕所定,遞傳至宋次道、王仲至、呂微仲、晁公武、薛季宣者也,從各書抄撮而成,此條誤認今文爲古文,不足深辯。

## 曰暘谷。

按:古文《尚書》作"暘",今文《尚書》作"崵"。《説文》七篇《日部》曰:"暘,日出也。從日易聲。《虞書》曰'曰暘谷'。"小徐本作"《虞書》曰至于暘谷"七字,大徐本作"《商書》曰暘谷"五字,按:當作"《虞書》曰曰暘谷"六字。二徐本脱賸,皆因"曰"字叠出致譌亂,如《口部》"《商書》曰'曰圍'",今本譌謬正同。此與《土部》"宅堣夷"相屬,傽古文《尚書》也。九篇《山部》"崵"字下曰:"一曰嵎銕,崵谷也。""崵谷"上當有"曰"字,轉寫失之。此傽今文《尚書》也。以"嵎銕"今文,則知相屬之"崵谷"今文無疑也。許君曰:"其傽《易》孟氏、《書》孔氏、《詩》毛氏、《禮》、《周官》、《春秋》左氏、《論語》、《孝經》,皆古文也。"然則許君所引《尚書》必皆孔氏古文。今按許君敘述,言其捷概,其所引"禺銕""崵谷""戔戔""皂桲""襃毛""旁述孱功",則不廢今文,正如偁《詩》毛氏,而"江之永矣"偁毛、"江之羕矣"則偁韓,偁《春秋》左氏而引《公羊》,非一也。

## 寅賓出日,

《説文》①:"寅,辰名。""夤,敬惕也。"《尚書》古本多作"夤"字,故唐人引《書》多作"夤"。李仲璇《孔子廟碑》作"夤賓",《集韵》引"夤淺納日"。凡《堯典》《咎繇謨》"寅"字似皆當作"夤",玫《爾雅·釋故》:"寅,敬也。"古字多假借,《文選·永明九年策秀才文》"夤奉天命",李善注引《爾雅》:"夤,敬也。"鄧展注《漢書》亦曰:"夤,敬也。"則《爾雅》古本亦作"夤"。

《釋文》曰:"賓,如字,徐音殯。"玉裁按:仙民讀爲"上擯""承擯""紹擯"之"擯",《説文》八篇《人部》曰:"儐,導也,或從手作擯。"仙民音得孔意,如字非也。按:"賓"讀平聲,"儐"讀去聲,此自後人分別,古無是也,故假"賓"爲"儐"。《史記·廉頗藺相如列傳》"設九賓於廷",周末禮廢,儐至於九,侈靡之故也。

僞孔傳云:"賓,導也。"此蓋依今文家説。《五帝本紀》"敬道日出",此"賓"訓"導"之證也,"道""導"古今字。

## 平秩東作。

《説文·丰部》及僞孔本作"平",鄭作"辨",馬作"苹",此鈞是古文《尚書》而因音近不同也。鄭作"辨"者,《周禮·馮相氏》注"辨秩東作""辨秩南偽""辨秩西成""辨在朔易",字皆作"辨",又上文"平章"鄭亦作"辨章"可證也。鄭注"辨章"

①《説文》:據李文,當作"《廣韵》"。

曰:"辨,別也。"度此訓亦當同也。馬作"苹"者,《釋文》曰:
"平,如字,馬作苹,普庚反,云'使也',下皆放此。"玉裁按:古
者"平""辨"皆訓"使",如《雒誥》"伻來以圖",《群經音辨》作
"平來以圖",《漢書·劉向傳》亦作"平來以圖",《雒誥》"伻來
來示予",漢人所引亦作"辨來來示予",《酒誥》"勿辨乃司民湎
于酒",《書序》"王俾榮伯","俾"馬本作"辨",《詩·桑柔》傳
云:"苹,使也。"《爾雅·釋詁》云:"拚、抨,使也。"《集韵·十三
耕》曰:"拚、抨、伻、迸,疑當作'苹'。平、苹六字同。"玉裁謂:"平"
與"辨",清、真之合;"平"與"俾",清、支之合也。《詩》《書》作
從艸之"苹""苹",皆字之假借也。

　　《尚書大傳》"辯秩""辯在"字皆作"辯",《史記·五帝本
紀》字皆作"便",此皆今文《尚書》,"辨""辯""便"古通用,不
得云今文與古文異也。

　　《方言》:"青齊之間壻謂之倩。"郭注:"言可借倩也,今俗
呼女壻爲平使是也。"按:"平使"乃古語,可爲《尚書》"平來"之
證。今本《方言》作"卒便"者乃譌字耳。《匡謬正俗》云:"俗語
謂'聽之使去'爲'不使',即'俾使'也,疾言之音訛,若云'不
使'爾。"今按:亦即"平使"之音訛,"平"補耕反,與"俾""不"
皆雙聲。

　　《説文》五篇《豊①部》曰:"䜌②,爵之次弟也,從豊、弟。《虞
書》曰:'平䜌東作。'"此蓋壁中古文也。《尚書大傳》曰:"辯秩
東作。"見《索隱》,今本佚。"辯秩南僞","辯秩西成",《周禮·馮相氏》注:
"辨秩東作,辨秩南僞,辨秩西成,辨在朔易。"《正義》云:"皆據《書傳》而言。"按:"辨"與

---

①豊:此段"豊"字當作"豊"。
②䜌:此段"䜌"字當作"䜌"。

"辡"通用,今本《大傳》佚"辯秩東作""辯秩南僞"二條。此伏生今文也。今本古文《尚書》皆作"秩",蓋由孔子國①以今文字讀之,讀"鴺"爲"秩"也。壁中古文初出時,尟通其讀者,孔子國以隸書定其音讀,通其假借,如"鴺"易爲"秩"、"絑"易爲"朱"、"䪗"易爲"斷"、"緐"易爲"肆"、"戠"易爲"蠢",此定其音讀也;如"㜅"易爲"好"、"狟"易爲"桓"、"攷"易爲"伯"、"玤"易爲"朋"、"炪"易爲"拙"、"莫"易爲"蔑"、"䄂"易爲"頖",此通其假借也。

《史記·儒林傳》曰:"孔氏有古文《尚書》,而安國以今文讀之,因以起其家,逸《書》得十餘篇,蓋《尚書》滋多於是矣。"按:"今文"二字蒙上"古文"二字而言,壁中書皆古文,故謂之古文《尚書》。"今文"者,漢所習隸書也。"以今文讀之"者猶言"以今字讀之"也。秦製隸書,以趣約易,而古文遂絶。壁中古文,尟能識者,安國獨能以今字寫定古文,凡古云"讀"者,其義不一:諷誦其文曰讀,定其難識之字曰讀,得其假借之字曰讀,抽續其義而推演之曰讀。子國於壁中書兼此四者,故如古文作"戠"隸作"蠢"、古文作"䪗"隸作"斷"、"朋"之假借爲"玤"、"好"之假借爲"㜅"、"桓兒"之假借爲"狟䄂",皆子國刱爲之,竝口説各篇大義,遞傳至都尉朝、庸生、胡常、徐敖、王璜、塗惲、桑欽者,以故《尚書》有古孔説、今歐陽夏矦説,而其奇文異畫往往見於《説文解字》,而馬、鄭、王、僞孔《尚書》中無之。竊謂此正如《周禮》一書,出於山巖屋壁,經劉歆、杜子春、鄭衆、賈逵之讀而後行,鄭君康成注中凡言"'某'故書作'某'""杜子春、鄭司農讀爲'某'"者,今《周禮》多已改從杜、鄭所讀爲之字,而不從山巖屋壁故書之字。康成所云二三君子,其所變易

①孔子國:當作"孔安國",下同。

灼然如晦之見明是也。由此言之,《説文解字》所載《尚書》,其
壁中故書存其舊蹟歟? 馬、鄭、王、偽孔之本,其子國以今字讀
定者歟? 馬、鄭、王之注必有如《周禮》故書作某、《儀禮》古文
作某、今文作某之云,而盡散失難考。偽孔之傳則目不睹真壁
中物,缺而不道。今之言《尚書》者,必欲用《説文解字》改馬、
鄭、王、偽孔相傳之本,是鷦鷯已翔乎寥郭之宇,而羅者猶視乎
藪澤也。倘《史記》謂上文伏生《尚書》爲今文,則漢魏人衹有
歐陽、夏矦《尚書》、古文《尚書》二目,絶無謂歐陽、夏矦爲今文
《尚書》者。漢魏人注《漢書》多以古文别於歐陽、夏矦,如云
"容"古文作"睿"、"台"古文作"嗣"、"祖"古文言"阻"、"隔"
古文作"擊"是也。晉以後,古文《尚書》盛行,始有言今文《尚
書》以别之者,如晉末徐廣《史記音義》"今文《尚書》作不怡"
"今文曰惟荆之謐哉""今文《尚書》作祖飢",裴松之注《三國
志》"今文《尚書》曰優賢揚歷",此"今文尚書"四字之始見。唐
人作《經典釋文》曰:"伏生所誦是曰今文。"作《五經正義》,於
《尚書》則曰"伏生所傳三十四篇者謂之今文",卷二。於《禮
記·月令》則曰"晁錯所受伏生二十九篇,夏矦、歐陽所傳者謂
之今文《尚書》",不知自漢以來謂之歐陽《尚書》而已、夏矦《尚
書》而已,不得因徐廣、裴松作注,别於古文《尚書》立此名目,
而曲爲之説,似古有此名者然也。且惟"今文尚書"四字,古人
所無有,通人所不道,故天寶三載詔集賢學士衛包改易《尚
書》,名之曰今文《尚書》。且《史記》云"以今文讀之",《漢書》
則云"以今文字讀之","今文字"者,謂今之文字也;"讀之"者,
兼前四者而言,故曰"因以起其家",謂於伏生、歐陽《尚書》外,
别立古文家也。後人讀《史記》《漢書》不察,乃謂以伏生、歐陽
《尚書》挍古文《尚書》,信如是,則誰不能之,而獨讓子國起其

家歟？且伏生、歐陽《尚書》非可用以讀古文《尚書》也，如"優賢揚歷""臏宮劓割頭庶剠""曰禺銕""彊人有王開賢""厥率化民""文塞晏晏""無淫于酒""無劮于游田"，其字既不同，其句之長短、字之多少復大異，非謂同字而一用隸書、一用古文，若合符節也。且其下文云："逸《書》得十餘篇，蓋《尚書》兹多於是矣。"謂伏生、歐陽所無而安國亦以今字讀之寫定可誦，豈徒取伏生、歐陽所有者讎挍云爾哉？作僞孔序者不解《史》《漢》所云，乃云科斗書廢已久，時人無能知者，以所聞伏生之書攷論文義，是其意謂《史》《漢》之"今文"二字即伏生書也。夫伏生之書互勘，斷不能廢，而專倚伏生之《書》，則文字不能盡通其讀，詎遂能考論其義哉？又云："定其可知者爲隸古，句絕。定，句。更以竹簡寫之，增多伏生二十五篇。"不識此二十五篇何所藉以攷論文義也？且《漢書·藝文志》云："魯共王壞孔子宅，欲以廣其宮，而得古文《尚書》及《禮記》《論語》《孝經》凡數十篇，皆古字也，孔安國悉得其書，以考二十九篇，此謂'以古文攷伏書'，非謂以伏書讀古文也。得多十六篇。"劉歆《移書讓大常博士》云："魯恭王壞孔子宅，欲以爲宮，而得古文於壞壁之中，逸《禮》三十有九，《書》十六篇。"合之兩《儒林傳》曰："以今文讀之，逸《書》得十餘篇。"然則壁中所出《尚書》，子國既盡以今字讀之，盡得其讀，更無餘篇矣，劉向《別録》、桓譚《新論》所謂五十八篇是也，烏在定其可知者而其餘尚有錯亂摩滅弗可復知者哉？《説文》曰"平髒①東作"，馬、鄭、僞孔本皆作"秩"，鄭本作"秩"，見《周禮注》；馬本作"秩"，於《釋文》不言"馬作某"知之也。凡馬、鄭本有異，《釋文》多出之。此必安國讀"髒"爲"秩"，易其字也。"髒"字不見

---

①髒：此段"髒"字當作"髒"。

於他經，《倉頡》等篇有其字與否未可知，許君以會意説之曰"爵之次弟也"，爵與豐①同爲禮器，故其字從"豐""弟"會意。"秩"字經典多用，許君以形聲説之曰"積也，从禾失聲"，引《詩》"稷之秩秩"，是則用爲"次序"之義，二字皆屬假借，近人云"䄅"其本字，"秩"其假借字，漫改"秩"爲"䄅"，好古而不通其源也。

王肅私定《家語》云："子國乃考論古今文字，撰衆師之義，爲《尚書傳》五十八篇。"又引子國、孫衍上書曰："安國爲之今文，讀而訓傳其義。"此可以證《史》《漢》今文二字之解。

或謂：古文《尚書》字多難識，今文《尚書》字多易知。余曰：此未可概論也。亦有今難而古易者，如《咎繇謨》"搭隔鳴球"，"擊"易而"隔"難；《堯典》"舜讓于德不台"，"嗣"易而"台"難；"曰禹銕"，"夷"易而"銕"難；《牧誓》"如豺如離"，"羆"易而"離"難；《般庚》"若顛木之有甹枿"，"由"易而"甹"難，以此類推之。

又按：漢人《五經異義》但云"今《尚書》"，不言"今文《尚書》"者，《史記·儒林傳》曰："伏生爲秦博士，秦時焚書，伏生壁藏之，其後兵大起，流亡。漢定，伏生求其書，亡數十篇，獨得二十九篇，即以教于齊魯之閒。"按：伏生藏而復得者，亦古文也。《尚書》出於周室所斅，孔子所書用倉頡所造古文，始皇初兼天下始專用秦文，許君叔重説隸書之興在燒滅經書之際，然則經書無不古文者可知。伏生得二十九篇，教於齊魯，授晁②錯、張生、歐陽生，蓋亦以隸書寫之，如僞孔所云爲隸古者，是則

①豐：此段"豐"字當作"豐"。
②晁：原作"朝"，今改。

壁中亦有今文,伏生亦有古文也。以其字句多乖異,故先出者既偁《尚書》矣,既偁歐陽《尚書》、夏侯《尚書》矣,則後出者指魯王壁中事別之曰古文《尚書》,猶今人分別言某本某本耳,非孔氏者皆古字無今字、伏生者則皆今字無古字得偁今文《尚書》也。

《尚書大傳》作“辯秩”,《史記》多襲今文《尚書》,乃作“便程”,《索隱》曰:“此訓秩爲程也。”玉裁按:“程”讀如字,不得如劉伯莊逕音“秩”也。然《楚詞·懷沙》“程”與“匹”韵,《說文》“𧽏”“趠”字皆讀若《詩》“秩秩大猷”,是“程”亦讀如“秩”。

《風俗通義·祀典篇》:“青史子書說雞者,東方之牲也,歲終更始,辨秩東作,萬物觸户而出,故以雞祀祭也。”玉裁按:青史子言“辨秩東作”,與《尚書大傳》合。

《孟子·萬章篇》趙注曰:“東野人,東作田野之人。《書》曰‘平秩東作’,謂治農事也。”玉裁按:趙氏所引皆今文《尚書》而作“平”,或今文《尚書》亦作“平”,或後人改之,皆未可定。

## 日中星鳥,以殷仲春。

《爾雅·釋言》:“殷,中也。”郭注:“《書》曰:以殷仲春。”

“仲”,《五帝本紀》作“中”,古字多以“中”爲“仲”,蓋古文《尚書》本亦然,後人改之。

## 厥民析,

“厥”,其也,《爾雅·釋言》文。若《汗簡》等之“古文《尚書》作‘𠂀’”,則與《爾雅》不相應矣。

《呂氏春秋·仲春紀》“耕者少舍”,高注云:“皆耕在野,少有在都邑者也。《尚書》曰‘厥民析’,散布在野。”

## 鳥獸孳尾。

"孳尾"，《五帝本紀》作"字微"。按："孳""字"古通用，"尾""微"古通用，如"微生"亦作"尾生"是也。《説文》《廣雅》皆云："尾，微也。"以"微"釋"尾"，未知今文《尚書》本作"微"字，抑作"尾"，而司馬以訓故之"微"代之。裴駰《集解》曰："《尚書》'微'作'尾'。説云：'尾，交接也。'"此仍用孔傳耳。"説云"，轉寫作《説文》云，大誤。

## 申命羲叔，宅南交。

《尚書大傳》："中祀大交。"鄭注："中，仲也。古①春爲元，夏爲仲。五月南巡守，仲祭大交氣于霍山也。南交稱大交，《書》曰'宅南交'也。"玉裁按：疑今文《尚書》作"大交"，鄭以古文《尚書》釋之。凡鄭注、《尚書大傳》言"《書》曰""《經》曰"者，皆謂古文《尚書》也。《正義》："鄭云'夏'，不言'曰明都'三字，摩滅也。"玉裁按：此以冬有"曰幽都"三字知之。王肅則云："夏無'明都'，避敬致然，即幽足見明。"非闕文也。

## 平秩南僞。

"僞"，衞包作"訛"，今依鄭本。《周禮·馮相氏》鄭注"辨秩南僞"，《釋文》："僞，五禾反。"今俗本改注作"南譌"，又妄改《釋文》之"僞"作"譌"。而宋本《釋文》固不誤。葉林宗影鈔宋本在蘇州朱奐文游處，通志堂本作"譌"，非也。《群經音辨》卷三《人部》曰："僞，化也，音訛。"引《書》"平秩南僞"，此據《周禮音義》，《集韵》《類篇》亦本之曰："僞，同'吪'，吾禾切。"古"僞"與"爲"通用。《荀卿書》分別"性"與"僞"，人爲曰"僞"也，古文《尚書》作"南僞"，亦或作"南爲"。

_____

①古：據李文，"古"字後脱"字通"二字。

《五帝本紀》"便程南爲"，今本"爲"作"譌"者，妄依衛包《尚書》。《索隱》曰："爲，依字讀'春言東作，夏言南爲'，皆是耕作營爲勸農之事。孔安國强讀爲'訛'字，雖則訓'化'，解釋亦甚紆回也。"玉裁按：依小司馬"强讀爲訛"之云，則知孔本經作"平秩南爲"，傳云："爲，化也。"古音"爲""化"字同在弟十七部，《老子列傳》曰："李耳無爲自化，清静自正。""爲""化"一韵，"静""正"一韵。凡爲之者，所以化之也。鄭君注"東作"曰："作，生也。"然則"南爲"鄭必訓"化"，由生而化而成，是禾之節次，《淮南·天文訓》曰"禾不爲""菽麥不爲"是也。小司馬直云"作、爲同義"，則"爲"混於"東作"。高誘注《淮南》曰："爲，成也。"則"爲"混於"西成"。作傳者未嘗不合古音古義，而淺人謂"爲"不得訓"化"，必是孔讀作"訛"，衛包因徑改作"訛"字，則言音義者誤之也。小司馬開元時人，其所據尚是"南爲"。

《漢書·王莽傳中》："莽曰：予之東巡勸東作，南巡勸南僞，西巡勸西成，北巡勸蓋藏。"師古曰："僞，讀曰訛。訛，化也。"玉裁按：莽所用多今文《尚書》，此今文《尚書》與古文《尚書》同作"僞"之證。師古注云云，即用孔安國語而增"讀曰訛"數字。僞孔注《尚書》大致傚毛公《詁訓傳》，無"讀爲""讀曰"之例。

敬致。日永星火，以正仲夏。厥民因，鳥獸希革。

《小雅·斯干》詩箋云："如鳥，夏暑希革。"

分命和仲，宅西，曰昧谷。

"宅"，今文《尚書》作"度"。

壁中古文本作"卯谷"，鄭讀作"昧谷"，今文《尚書》作"柳穀"。《吳志·虞翻傳》注："《虞翻别傳》曰：翻奏鄭注《尚書》

違失四事,一曰:古大篆'夘'字,讀當爲'桺',古'桺''夘'同字,而以爲'昧',甚違'不知蓋闕'之義。又云:古篆'夘'字反以爲'昧'。"按:如虞言,則鄭君《尚書》本作"夘",鄭云"夘讀當爲昧",虞意今文《尚書》作"桺"近是,故非之也。裴松之云:"翻謂大篆'夘'字讀當言'桺',竊謂翻言爲然,與日辰夘字,字同音異。"據裴語,益證經文作"夘"、鄭讀作"昧"矣。虞説鄭君之失,"夘"即"桺",而誤易爲"昧",與"冃"似"同"而從誤作"同","氺"似"水"而從誤作"水","洮""濯"音近而更"洮"爲"濯",四事一例。僞孔本作"昧",用鄭説也。僞孔意謂壁中"夘"字,孔安國已易爲"昧"在鄭之前,非鄭刱見也。今文《尚書》本作"桺",何以證之?《尚書大傳》言"大交""桺穀""幽都"即古文《尚書》之"南交""昧谷""幽都"也,鄭注:"八月西巡守,祭桺穀之氣于華山。桺,聚也。齊人語。"《尚書正義》卷二曰:"夏矦等書句絶,'昧谷'謂鄭。爲'桺谷'。謂夏矦等。"是與鄭注不同也。《五帝本紀》"昧谷",徐廣曰:"一作桺谷。"玉裁按:司馬用今文《尚書》作《史記》,作"桺"者是司馬真本;作"昧"者,淺人以所習古文《尚書》改之也。或疑班氏説《史記》《堯典》諸篇多用古文説,余謂至鄭君而後讀"夘"爲"昧",見駁於虞翻,司馬安能逆知之而從之乎?又《周禮·縫人》"衣翣桺之材"注:"桺之言聚,諸飾之所聚。與《大傳注》正合。《書》曰:'分命和仲,度西曰桺穀。'"故書"桺"作"橭",鄭司農讀爲"桺"。《正義》云:"'《書》曰'者,是濟南伏生《尚書》二字俗本誤作'《書》桺'。文。"玉裁按:疏説是也。鄭《詩》《禮》注多用古文《尚書》,惟此條以"桺"訓相合,用今文《尚書》。據《大傳》《史記》《周禮》及《尚書正義》,則今文《尚書》作"桺穀"無疑。虞仲翔謂壁中"夘"字即伏生"桺"字,其云"讀當爲桺"者,據伏生書而云然。玉裁竊謂仲翔之説爲疏，考究之未精也。伏書作"柹"者，蓋其壁藏本作"柹"，或壁藏本作"丣"而伏讀爲"柹"，皆未可定。"丣"者，古文"酉"字，"柹"從丣聲，古字多同聲假借，虞見鄭注"丣讀當爲昧"之云，疑其何不讀爲"柹"有依據？以愚審之，"丣""丣"二字易涵，壁中必是"丣"字，鄭於雙聲求之，"讀當爲昧"，正與《詩》箋"茅蒐韎聲""茅""韎"雙聲一例。若壁中是"丣"字，則鄭豈不能比合今文"柹穀"爲説？伏生作"柹"，孔壁作"丣"，形與聲皆略相似，"丣""丣"古音同在第三部尤①幽内。虞不細考，謂壁中與伏生合，而妄譏鄭君。裴松之亦云"丣"與"卯"字同音異，二字豈得云同哉？鄭注《周禮》引伏書"柹穀"爲"嫛柹"之證，其注古文《尚書》則不欲牽合伏書，近時注《尚書》者乃據《周禮注》，謂鄭未嘗作"昧"，謂仲翔誣鄭，不思仲翔作奏時，鄭注《尚書》家習户曉，豈能鑿空相誣，譬如因《禮記注》"先君之思以畜寡人"爲定姜之詩，便謂鄭無莊姜送歸妾之説，其可乎否也？由不知今文《尚書》、古文《尚書》分別條理秩然耳。

又按：《周禮》故書作"檟"，"檟"從木從賈聲，"賈"從貝從卯聲，而先鄭讀"檟"爲"柹"，此於叠韵求之也。後鄭注《尚書》，讀"卯"爲"昧"，此於雙聲求之也。

又按：今文《尚書》作"柹穀"，《史記·五帝本紀》及《正義》引夏矦等書，"穀"皆作"谷"，此就今文中又不同，必有"本作某""讀爲某"之説，皆不可攷矣。

## 寅淺内日，

《釋文》作"餞"，云："餞，賤衍反。馬云：'滅也。'滅猶没也。"玉裁按：《集韵·二十八獮》云："淺，在演切，滅也。《書》

---

① 尤：底本作"九"，據學海堂《清經解》本改，下同。

‘夤淺納日’，馬融讀通作餞。”《尚書釋文》自開寶中更定，乃有舊本、新本之不同。蓋《尚書》本作“夤淺”，僞孔云：“淺，送也。”是讀“淺”爲“餞”，故陸氏云“賤衍反”。“淺”本“此演反”，讀爲“餞”乃“賤衍反”也。馬季長意則不讀爲“餞”，直就“淺”字訓爲“薄迫”之義，故云“滅也，滅猶没也”。《集韵》所據，乃德明舊本，其云“通作餞”者，正謂《釋文》作“淺”，衛包所改《尚書》作“餞”，故云然，又未能憭馬與僞孔訓不同也，今更正《尚書》正文作“淺”。

《尚書後案》引《集韵》：“餞，馬作淺。”《後案》隳梧《集韵》語殊誤，僞孔與馬本皆作“淺”。

王伯厚《埶文志攷》説文字異者七百有餘，“夤淺納日”，此據《集韵》而誤，天寶之《尚書》作“餞”，古文《尚書》作本①“淺”也。

賈昌朝《群經音辨》曰：“淺，送也，滅也，音餞。《書》：‘寅淺納日。’”賈與丁度等目驗陸德明《釋文》未改本而云也。

又按：馬讀“淺”爲“踐”。《説文》：“踐，履也。”《尚書大傳》説“踐奄”曰：“踐之者，藉之也。”俗作“藉”，誤。此馬意也。

《尚書大傳》“寅餞入日”“辯秋西成”，蓋今文《尚書》作“餞”訓“送”，故僞孔用今文説，訓“淺”爲“送”，“餞”字用字太巧，不若作“淺”爲善也。

又按：《尚書大傳》“寅餞”字恐後人用今本《尚書》改之，非本如是也。《五帝本紀》曰“敬道日入”，與上文“寅賓”同訓，倘經文作“餞”，不得釋爲“道”也。《説文》曰：“踐，履也。”“蹈，踐也。”“道”與“蹈”音同。春之“敬道”，“道”與“導”同；秋之“敬道”，“道”與“蹈”同，謂蹈履日入之路也。蓋今文《尚書》

---

①作本：疑當作“本作”。

作"踐",故馬從之,讀古文《尚書》之"淺"爲"踐",釋之曰"滅也"。僞孔讀"淺"爲"餞",説雖巧而非渾渾無涯之象矣。

"内"讀"入"聲。今本作"納"者,淺人所改,其誤已久矣。凡古文《尚書》"出内"字,今文《尚書》多作"入",如"寅餞入日,辯秩西成",見於《尚書大傳》"而夙夜出内朕命惟允",《史記·五帝本紀》作"夙夜出入朕命惟信","内于百揆"作"徧入百官","内于大麓"作"入于大麓","出納五言"作"出入五言";"九江内錫大龜",《夏本紀》作"入賜大龜"。此皆今文《尚書》本文,非子長所易字,如"允"作"信",則子長以訓詁之字易之也。

# 平秩西成。宵中星虚,

《周禮·司寤氏》注:"《書》曰:'宵中星虚。'"

# 以殷仲秋。厥民夷,鳥獸毛毨。

"夷",《五帝本紀》作"夷易"。臧氏琳曰:"當是以'易'代'夷',轉寫誤,兩存之。易,平也,以豉切。"

《説文》八篇《毛部》曰:"毨,仲秋鳥獸毛盛,可選取以爲器用也。從毛先聲,讀若選。"

《周禮·司裘》注:"中秋鳥獸毮毨。"《釋文》:"毮,音毛。"《集韻》:"毛,或作毮。"惠氏定宇曰:"毮,當爲氄字之誤也。鄭氏《尚書》云:'中秋鳥獸氄毨,中冬鳥獸毮氄。'涉下而誤耳。"玉裁按:謂涉下句作"毮",又誤"毮"也。然鳥獸毮氄,惟見於《説文》,惠竟以"氄毨""毮氄"系之鄭氏《尚書》,則無攷也。《禮注》"毮"字,未可議改。

又按:《周禮注》"毮毨",《釋文》"毮音毛",此乃自來相傳舊本舊音,非有誤也。下文"毮毛"字從毛隼聲,故《唐韵》"而尹切","毮"字從隹、毛,毛亦聲,故相傳音毛。《集韻》曰:"毛,亦作毮。"

此蓋壁中《堯典》古文，鄭君不敢定爲"毛"字，<sub>倘是"毛"字，則不當與下文</sub>
<sub>"毛"異體。</sub>故仍其舊，如《周禮·巾車》故書有"髳"字，亦或爲"氂"。
"髳"者，"鬃"之古文也。"氂"者，"毴"之譌體也。《釋文》曰"髳
或音毛"者，或以爲"髦"字也。《釋文》之"毴音毛"，用今本《尚書》
定之。今本古文《尚書》蓋自孔子國、都尉朝、膠東庸生久易"毴"
爲"毛"矣，鄭不易爲"毛"，蓋別有見而其説不傳。

又按：《廣韵·十七準》作"毴"，《集韵》"二腫""十七準"
皆作"毴"，此《説文》"鳥獸毴毛"字從隼之證。《玉篇·毛部》
"毴"誤作"毴"。

# 申命和叔，宅朔方，曰幽都。平在朔易。

《五帝本紀》作"便在伏物"，《索隱》曰："使和叔察北方藏伏
之物，謂人畜積聚等，冬皆藏伏。《尸子》亦曰：'北方者，伏方
也。'《尚書》作'平在朔易'，今案《大傳》云'便在伏物'，太史公
據之而書。"玉裁按：作"朔易"者，古文《尚書》；作"伏物"者，今
文《尚書》也。今本《尚書大傳》："辯在朔易，日短星昴①。朔，始
也。傳曰：'天子以冬命三公，謹蓋藏，閉門閭，固封竟，入山澤，
日獵以順天道，以佐冬固藏也。'"此"朔易"二字乃淺人所改，
"朔，始也"三字亦淺人妄增。"命三公"云云，所謂辯在伏物，絕
無始易之意也。漢人多用今文《尚書》，《王莽傳》曰："予之東巡
以勸東作，予之南巡以勸南僞，予之西巡以勸西成，予之北巡以
勸蓋藏。""蓋藏"即"伏物"也，此今文《尚書》説也。

又按：小司馬所引《大傳》不誤，而《周禮·馮相氏》正義云"辯
秩東作，辨秩南僞，辨秩西成，辨在朔易"，皆據《書傳》而言。按：
《書大傳》本云"伏物"，不云"朔易"，鄭自用古文《尚書》耳。

---

①星昴：據李文，此二字疑誤衍。

## 日短星昴，以正仲冬。

《詩·小星》“維參與昴”，毛傳云：“昴，畱也。”《元命包》云：“昴，六星。昴之言畱，言物成就繫畱。”惠氏天牧據此謂字從“丣”古文“酉”。作“昴”，《説文》誤作“昴”。《説文》非許氏之舊，俗本流傳，莫能正也。玉裁謂：漢人謂“昴”爲“畱”，故《天官書》言“昴”，《律書》直言“畱”。毛公訓“昴”爲“畱”者，言《詩》之“昴”即今俗所云“畱”也，如漢人謂“甲”爲“鎧”，注家每云“甲，鎧也”之類。《十月之交》“丣”韵“醜”，《小星》“昴”韵“裯”“猶”，則“丣”“昴”古皆讀“莫有反”，讀如“母”，漢人呼“畱”，語言之異也，音之同部相近者也。不得據“畱”字之形聲議改“昴”字。裴松之注《虞翻傳》謂劉、畱、聊、桺同用丣以龤聲，不言昴亦龤丣也。且《禮説》言“丣”從日爲“昴”、“丣”從日爲“昴”，求諸古籍，安所得兩字之用乎？言“丣”象開門，“丣”象閉門，“昴”爲白虎，不當從丣，不知此六書形聲内聲與義不相涉者耳。且徐仙民音茅，此讀平聲以叶裯、猶耳。陸德明音卯，相承古音如是，與丣、賈字正同一紐，而丣、畱、劉、聊、桺、珋、駵、鰡、苪、窌從“丣”之字同一紐，則古音雖同部而異紐，如是昴果從丣，則自古不讀“莫飽切”矣。凡攷古非焯然不惑，毋輕議改。

惠氏定宇校改雅雨堂《尚書大傳》“昴”字爲“昴”，非也。又改注中“驩兜”爲“鵬吺”、“粉米”爲“黺絑”，雖有依據而未協，其挍改李氏《易傳》“眇能視”“跛能履”，“能”皆爲“而”，“突如其來如”，“突”爲“宊”，皆非。説詳《説文解字讀》。惠氏爲東南古學之大宗，然其疵纇不可不知也。

## 厥民隩，

今本作“隩”。此字本作“奥”，故孔云“室也”。《正義》引

《爾雅》"室西南隅爲奥"，經文斷不作"隩"字。考《爾雅·釋宮》，《音義》雖云"奥本或作隩"，然又云"《尚書》并《説文》皆云'奥，室也'"，可以證《尚書》經傳本作"奥"。衛包見陸氏云"於六反"，謂"隩"音則然，"奥"音不爾，因改爲"隩"，抑知"奥"何嫌"於耗""於六"二反乎？《集韻·一屋》云："奥，乙六切，室中。"此取諸《釋文》也。馬云"煖也"，此讀"奥"爲"燠"。"奥"自可引伸兼"燠"義，不俟加"火"旁。《洪範》説"庶徵"，字本作"奥"，《史記》《漢書》《公羊傳》注皆爾。《堯典》經文倘作"隩"，則無緣馬訓爲"煖"矣，今作"奥"以復其舊。

又按：《文選·赭白馬賦》李注云："鄭玄《尚書注》曰：'奥，内也。'"此鄭注古文《尚書》作"奥"之明證也。

又按：《五帝本紀》作"燠"，恐亦淺人用馬訓加"火"旁耳。

## 鳥獸氄毛。

《説文》八篇《毛部》曰："毻，毛盛也，從毛隼聲。《虞書》曰：'鳥獸毻髦。'"大徐引《唐韻》："而尹切，又人勇切。"玉裁按：《説文》作"毻"，蓋壁中本如是。今本作"氄"，蓋別體。隼聲在古音十三部，喬聲在古音十五部，而"喬"可讀如"述"，<sub>如《詩傳》"遹，述"是也。</sub>[①] "述"可讀如"允"，<sub>如"仲允膳夫"，《漢書》作"中衍"是也。</sub>故隼聲亦作喬聲也。《釋文》："氄，如勇反，徐又而充反，<sub>'充'字蓋'允'之譌，《玉篇》'而勇''而允'二切，《説文繫傳》'而尹反'，《集韻》'乳尹切'可證也。若是'而充'，則與'如充'不别。</sub>又如充反。"仙民"而允"一切是此字本音，其他"如勇""而充"皆轉音也。今文《尚書》作"襃"，《説文》三篇《㲺部》"襃"字下曰："《虞書》曰：'鳥獸襃毛。'從朕從衣。"按：此亦"鬏"字，訓"羽獵韋絝"，而《虞書》

---

"褭毛"則訓"毛盛",六書之假借也。此與《毛部》所引絶異,蓋今文《尚書》也。朕聲古音在弟七部,而弟六部與弟九部古多合韵,此"褭"讀"而隴切"之理。古文《尚書》"毦毨"字亦讀"而充""人勇"二切者,依"褭"字讀也。

學者讀《説文》,疑事多矣,而一事冣甚,如"褭",既訓"羽獵韋絝",而引《虞書》"鳥獸褭毛"爲證,此何解耶?予曰:此叔重之言假借也。叔重列六書:一曰指事,二曰象形,三曰形聲,四曰會意,五曰轉注,六曰假借。前四者字形也,轉注者字義也。許書每字必舉其本義,則假借有其目而無其實,若聽人之比合其同音者而得之,而不知其所偁本至備也。以《尚書》言之,如"朕聖讒説殄行","聖"者"嫉"之假借;"堋淫于家","堋"者"朋"之假借;"予亦炪謀","炪"者"拙"之假借;"尚狟狟","狟狟"者"桓桓"之假借;"無有作妦","妦"者"好"之假借;"惟其斁丹雘","斁"者"度"之假借;"武王惟瞀","瞀"者"冒"之假借;"常敀常任","敀"者"伯"之假借;"勿以譣人","譣"者"憸"之假借;"在后之詷","詷"者"侗"之假借;"布重莫席","莫"者"蔑"之假借;"惟緢有稽","緢"者"須"之假借。以《詩》言之,如"槮差荇菜","槮"者"參"之假借;"我及酌彼金罍","及"者"姑"之假借;"深則砅","砅"者"厲"之假借;"國步斯矉","矉"者"頻"之假借;"鞙鞙淺幭","幭"者"幦"之假借;"武王載坺","坺"者"發"之假借:皆確然不易者。嘗謂小學之書有三,曰形,曰音,曰義。《爾雅》而下,《方言》《釋名》《廣雅》,皆義書也。李登《聲類》而下,至陸法言《切韵》、《唐韵》、《廣韵》、《集韵》,皆音書也。《説文》《字林》《玉篇》,形書也,主其一而可兼二者焉,三者兼而六書備焉。《説文》主形,其曰"從某某聲"者,形也;其曰"讀若某"者,音也;其曰"訓爲某"者,義也。轉注,同義而異形;假借,異義而同形。轉注、假借皆具,而後完一篆之形,斯形書之善也。

又按:《説文·毛部》作"髦",《毳部》作"毛",似古文《尚書》作"髦",今文《尚書》作"毛"。然《古今人表》"南宫髦""毛伯"同在《顧命》,而一"髦"一"毛"不同。《既夕記》云:"馬不齊髦。"鄭注云:"今文'髦'爲'毛'。"按:《既夕記》説馬鬣,則"髦"是本字,"毛"是假借字也。《堯典》説"鳥獸毛羽",則"毛"是本字,"髦"是假借字也。

## 帝曰:"咨!

《五帝本紀》作"嗟",訓詁字也。"咨"與"嗟"雙聲。

## 女羲暨和。

"女"者,對己之詞,假借之字,本如字讀,後人分別,讀同"汝水",非也,因改爲"汝"字,則更非也。"女"乃"爾"雙聲。"爾",古音近"禰",今俗用"你"字,見《玉篇》,即古之"爾"字也。"若"亦對己之詞,古音蓋亦與"女"乃雙聲,其"汝""若"爲雙聲,"爾"亦讀"氏"爲雙聲者,此又一音也。經籍中絶不用"汝"字,自天寶、開寶兩朝荒陋,《尚書》全用"汝"字,與群經乖異,今正之,一還其舊。

如此條音義必同他經,有"女"音"汝"之語,因衛包既改《尚書》之"女"爲"汝"字,開寶中陳鄂遂删之。

此等字全主音假借,若曰"汝"爲正字,則"汝水"名非正字也。若曰"爾"爲正字,則"麗爾"非正字也。

"暨",壁中故書當作"泉",以許君引"泉咎繇"知之也。蓋亦漢人以今文讀之,讀爲"暨"。《爾雅·釋詁》:"暨,與也。"《公羊傳》:"會、及、暨,皆與也。""暨"字久行,人所易知,"泉"字罕識,故易之。

# 期三百有六旬有六日，

《説文》七篇《禾部》曰：“稘，復其時也，從禾其聲。《唐書》曰：<sub>大徐本作‘《虞書》’。</sub>‘稘三百有六旬。’”玉裁按：作“稘”者，壁中故書。作“期”者，孔子國以今字讀之，易“稘”爲“期”也。宋次道家之古文《尚書》作“𣍘”，則好事者皮傅“期”字古文爲之而已矣。“期”，今文《尚書》作“歲”，《五帝本紀》曰“歲三百六十六日”，《漢書·律厤志》曰“歲三百有六旬有六日”，是其證也。

# 以閏月定四時成歲。

《困學紀聞》曰：“晁景迂云，古文‘定’作‘正’，開元誤作‘定’。”<sub>閻百詩云“開元”當作“天寶”。</sub>玉裁按：晁氏所謂古文，即宋次道、王仲至家之古文《尚書》，薛氏季宣《書古文訓》作“正”是也，此竊《史記》“正”字耳。衞、賈、馬、鄭本自作“定”，言“定”則“正”在其中。云衞包誤作“定”者，此晁氏肛斷。衞包自改僞孔作傳之古文，非改宋次道家之古文也。《白虎通·四時篇》：“《尚書》曰：‘碁三百有六旬有六日，以閏月定四時成歲。’”《漢書·律厤志》同。《春秋·隱元年公羊傳》注：“《尚書》以閏月定四時成歲。”二家皆用今文《尚書》者也，然則今文《尚書》亦作“定”。《五帝本紀》作“正”者，以其訓故字代之也。

# 允釐百工，

《五帝本紀》作“信飭百官”。徐廣曰：“飭，古勑字。”<sub>《廣韵》曰：“敕，今相承用勑。勑，本音賚。”</sub>

# 庶績咸熙。”

《爾雅·釋故》：“熙，興也。”郭注引《書》“庶績咸熙”。按：《五帝本紀》“衆功皆興”，篇末同，蓋今文《尚書》亦作“熙”

也。然"熙帝之載",《五帝本紀》曰"美堯之事",《漢書·律厤志》引"庶績咸熙"作"衆功皆美",是"熙"訓"興",亦訓"美"矣。楊雄《劇秦美新》曰:"百工伊凝,庶績咸喜。"疑今文《尚書》別本作"庶績咸憙","憙"與"熙"古通用。見《文選》注引李登《聲類》。賈魴作《滂憙篇》言"滂沱大盛",見《書斷》。或誤作"滂喜",《隋書·經籍志》及庾元威《論書》。《匡謬正俗》亦言"憙",誤爲"憙"字,誤讀"喜"音,然則《美新》"喜"字,"憙"之誤也。《釋文》:"熙,許其反,興也。"玉裁按:"興也"之上有脱文,當是開寶中誤删之。陸氏《音義》之例,舉馬、鄭之異孔者附之音後,孔訓"廣""興"非孔義,當有"馬云""鄭云"字,蓋用今文家説,與《史記》合。

"熙"亦訓"美"者,《釋詁》云:"熙,光也。"《周語》《毛詩傳》皆云:"熙,廣也。"鄭、虞、韋皆曰:"廣,當爲光。"玉裁按:"美"即"光"之意也。僞孔泥《周語》而不從《爾雅》,此其有心異鄭者。古"廣""光"二字通用,如"積厚者流光"即"流廣"是也。

《律厤志》:"《書》曰:'迺命羲和,欽若昊天,厤象日月星辰,敬授民時,歲三百有六旬有六日,以閏月定四時成歲,允釐百官,衆功皆美。'"

## 帝曰:"疇,咨,若時登庸?"

《説文》四篇《白部》:"㗊,詞也,从白𠀀聲。《虞書》曰:今本脱'曰'字。'帝曰㗊咨。'"玉裁按:此壁中故書也。蓋孔子國以今文讀之,改爲"疇",訓爲"誰",依漢人所習用也。尋此經之語,當云:"帝曰:咨疇若時登庸。"帝曰"咨疇若予采"乃與"疇若予工""疇若予上下草木鳥獸"一例,而倒易二字者,蓋史臣紀帝語,恐失其真,不求明順也。《五帝本

紀》云：“誰可順此事？”“誰可”者則明順矣。許釋“畣”爲
“𧭈也”者，以其字從白。“白”者，“自”之省。自，鼻也。詞
言之气從鼻出，與口相助，“畣”從自，故訓爲“𧭈也”，此就字
形釋之。《尚書》“畣”字則當作“疇”，訓爲“誰”，此就經文
釋之。《説文》二篇《口部》又有“噕”字，訓“誰也”。然則
“誰”之訓當作“噕”，“𧭈”之訓當作“畣”，“田”之訓當作
“疇”，即《説文》“𭕦”字。而“畣”“噕”字皆不行，漢人多假“疇”
訓“誰”。近江氏叔澐《尚書集注》於“疇咨”依《説文》作
“畣”，云：“畣，詞也。咨，謀也。”於“惠疇”“疇若”作“噕”，
云：“噕，類也。噕，誰也。”用字既是古非今，而“疇咨若時”
“疇若予工”，分別異義，似是而非。抑思《説文》引經不能
徧舉，《堯典》五“疇”字，壁中古文蓋皆作“畣”，許君袛偶其
一耳。凡字書以形爲主，就字形而得其本義。凡經傳古文
以聲爲主，就同聲而得其假借。《尚書》壁中作“畣”者，此周
時古文之假借也。漢人傳經作“疇”者，此漢時用字之假借
也。凡治經，不得以本字易其假借字。

又按：《廣韵·十八尤》曰：“噕，《説文》：‘誰也。’又作
畣。”然則今本《説文》有脱誤，當云：“噕，誰也，從口𠮩聲。”
又出“畣”字，注云：“畣，或作噕，從又。”攷《老部》“耆”字𠮩
聲，《竹部》“篘”字耆聲，皆無“又”，益可信也。“噕”與“畣”
本是一字，從口從鼻一也。“噕”字下當云：“誰𧭈也。”《説
文》全書：“歟，詮𧭈也。”“者，別事𧭈也。”“皆，俱𧭈也。”
“魯，鈍𧭈也。”“暂，識𧭈也。”“曾，𧭈之舒也。”“尒，𧭈之必
然也。”“矣，語已𧭈也。”“抰，況𧭈也。”今本亦誤云“況也，𧭈也”。
“召，出氣𧭈也。”無單言“𧭈也”者，然則“噕，誰𧭈也”無疑。
“誰”“何”，皆問也。

《後漢書·崔駰傳》："崔篆作《慰志賦》：'思輔弼以媮存兮，亦號咷以訕咨。'"按："訕咨"蓋即"疇咨"。漢《劉寬碑》："開學稽古，訕咨儒林。"錢氏曉徵曰："《說文》：'州，疇也，各疇其土而生之。'"春秋晉疾州滿，史記作"壽曼"。古書"酬酢"字亦作"疇醋"。

## 放齊曰："胤子朱啓明。"

《說文》十三篇《糸部》"絑"字下曰："《虞書》'丹朱'如此。"按：此謂壁中故書也。故書作"絑"，以今文讀之，乃易爲"朱"字。許云"《虞書》'丹朱'如此"，則知他經"丹朱"字不作"絑"也。

"啓明"，《五帝本紀》作"開明"，蓋或今文《尚書》本作"啓"而訓爲"開"，或今文《尚書》本作"開"，與古文《尚書》作"啓"異，皆未可定，非必爲漢諱也。《金縢》"開籥乃①見書"同此。《禮》古文作"啓"，今文"啓"，皆爲"開"可證。

## 帝曰："吁！嚚訟，可乎？"

"訟"，馬本作"庸"，蓋假借字。古"訟"通作"頌"，"頌"通作"庸"。《周禮注》："頌，或作庸。"《儀禮注》："古文頌爲庸。"是也。

"嚚訟"，《五帝本紀》作"頑凶"。"頑""嚚"皆姦之大者也。張守節《正義》云："凶，訟也。"按：《爾雅》《說文》皆曰"訩，訟也"。疑本作"訩"，誤爲"凶"。

## 帝曰："疇，咨，若予采？"驩兜曰：

《廣韵·廿六桓》"鴅"字下曰："驩兜，四凶名，古文《尚書》作'鴅'。今本《廣韵》不爾者，後人改也。"《說文·口部》"吺"字下徐鍇注曰："古文《尚書》'驩兜'字作'吺'。"《集韵·廿六桓》曰："鴅吺，四凶之一'，通作'鵃'，今通作'驩'。"玉裁按：經傳子史

① 乃：據李文，此字疑誤衍。

言"驩兜"者皆無異字，或"驩"作"讙"爲異耳，若云古文《尚書》作"鶳哟"，此則出於宋次道、王仲至家之本，陸氏所謂"穿鑿之徒，務欲立異，依傍字部，改變經文"者。《汗簡·鳥部》云："鶳，驩字也，見《尚書》。"《口部》云："哟，兜字也，見《尚書》。"正是竊此。攷"鶳"字，見《管子·侈靡篇》，云："鶳然若譑之静。"注："鶳然，和順皃。"作僞者謂古"驩""歡"同字，"鶳"亦"歡"字，則假之。而"鳥""曷"相似，又致譌亂。"哟"字則取諸《説文》，與"兜"同音，其不可信如此，辨之以曉好古而惑者。

又按：《海外南經》："讙從言頭國，在畢方鳥南。其爲人，人面鳥喙有翼，方捕魚。一曰在畢方東，或曰讙從言朱國。'頭''朱'古音同在第四部。"服氏子慎本之注《左氏》"渾敦"，以爲"驩兜人面馬喙。渾敦亦爲獸名"。"馬"蓋"鳥"字之譌，古書"馬""鳥"互譌者多矣。《廣韵》"鶳"字下亦曰："人面鳥喙。"《博物志》："驩兜國，其民盡是仙人。帝堯司徒，驩兜民。疑當作'驩兜氏之後'。"郭氏景純《山海經傳》亦曰："讙兜，堯臣。有罪自投南海而死，帝憐之，使其子居南海而祠之，畫亦似仙人也。"

又按：《神異經》："南方有人，人面鳥喙而有翼，手足扶翼而行，食海中魚。有翼，不足以飛。一名鶳兜，《書》曰：'放鶳兜于崇山。'一名驩兜，爲人狠惡，不畏風雨禽獸，犯死乃休耳。"此等書疑皆是僞作，未必東方朔所爲、張華所注也，而服氏注《左氏》"檮杌饕餮"亦引《神異經》，則自漢有之矣，學者闕疑可也。昔人以"驩"與"渾"、"兜"與"敦"同爲轉語，"窮"與"共"爲轉語，"檮杌"於"鯀"爲反語，古音"兀"可讀如"昆"，如"髡"字"兀"聲是也。"饕"與"苗"同韵，故謂《左氏》渾敦、窮奇、檮杌、饕餮即《尚書》之驩兜、共工、鯀、三苗也。"驩兜"字體多異，未必壁中本，然可勿深論矣。

# "都！

《史記》述《尚書》，"咨"皆爲"嗟"，"俞"皆爲"然"，"都"皆爲"於"。《咎繇謩》言"都"者五，皆作"於"。玉裁按：此即《爾雅·釋故》之"都，於也"。漢初説《尚書》者以《爾雅》，故太史公仍之。《爾雅》"都，於也"有兩義，"都"古音同"諸"，司馬相如《封禪文》"揆厥所元，終都攸卒"，張揖曰："都，於也。"《孟子》"謨蓋都君"趙注："都，於也。"此與上下文"爰""粤""于""那""繇"訓皆同。"于，於也"見《毛詩·召南》傳。"繇，於也"見《大雅·抑》詩鄭箋。古"由"與"繇"通也。"那，於也"見《越語》韋注。"於"即今人通用之語助，此《爾雅》本義也。"烏呼"之"烏"亦作"於"，古音同"九魚"之"於"。周秦、漢時無"魚"與"模"斂侈之别，今文家據《爾雅》釋"都"爲"於"、"於"訓爲"嘆"，此别一義而不可以隸括"爰""粤""于""那""繇"五字者也。僞孔傳用其説，亦云："都，於。"復益之曰："嘆美之辭。"孔意"於"訓"嘆"、"都"訓"美"，合和爲此説，不知"都""美"之訓不容相牽也。

又按：《虞書》言"都"者六，言"於"者三，"都""於"錯出，疑其訓有異。

或問："都"既訓"於嘆"之"於"，"哀都切"，則與"央居切"之"於"義既殊，而音亦絕異，何以《爾雅》類之爲一？余曰：此易明也。此即"台、朕、賚、畀、卜、陽，予也"一例，"台、朕、陽"爲"予我"之"予"，"賚、畀、卜"爲"賜予"之"予"。今人"予我"讀平聲，"賜予"讀上聲，周漢人無此分别。"予我"讀上聲，顏氏籀、顧氏寧人皆詳之矣。古人以同音爲用，故"於嘆"竝"於是"同爲一條，"予我"偕"賜予"不分區域，不特轉注明，而假借亦明矣。張氏稚讓《廣雅》尚守斯法，自學者不求古音，而《爾雅》難言矣。

又按：以"予"建首，而"台、朕、賚、畀、卜、陽"皆從之；以"閒"建首，而"孔、魄、哉、延、虛、無、之、言"皆從之，此正如《說文》篆"敃"字於此而"無有作敃"從之，篆"狟"字於此而"尚狟狟"從之，同是此一形中所具，同是此一聲中所有，故曰轉注明而假借亦明矣。

## 共工方鳩僝功。"

玉裁按："方鳩僝功"者，古文《尚書》；"旁逑孱功"者，今文《尚書》也。《說文》八篇《人部》引《虞書》"方救僝功"，<small>小徐作"方鳩"，大徐作"旁救"，汲古閣剜改作"方鳩"，今按：當是"方救"。</small>此僝古文也。"鳩"作"救"者，此壁中故書也。二篇《辵部》引《虞書》"旁逑孱功"，此僝今文也。凡古文《尚書》作"方"，凡今文《尚書》作"旁"。如"方鳩僝功"，《五帝本紀》作"旁"；"方施象刑"，《白虎通》作"旁"；"方告無辜"，《論衡》作"旁"，皆可證。《士喪禮》注曰："今文'旁'爲'方'。"竊謂《儀禮》則今文爲"方"，古文爲"旁"；《尚書》則今文爲"旁"，古文爲"方"。《廣雅·釋詁》曰："方，大也。"此古文家說也。又曰："旁，大也。"此今文家說也。《雒誥》"旁"作"穆"，"穆"亦改訂，詳《雒誥》。"鳩"，壁中故書作"救"，《集韻·十八尤》曰："勼，聚也。古作救，通作鳩。"此語必有所受之。《周官經·大司徒職》以"救"爲"求"，<small>《周禮·地官·司徒》"大司徒之職，以土圭之法測土深，正日景，以求地中"，鄭氏注曰："故書'求'爲'救'。杜子春曰：'爲求。'"是古文以"救"爲"求"也。凡《說文》云"以某爲某"者，皆言假借之法。</small>《尚書》以"救"爲"勼"，皆六書之假借也。孔子國以今文讀之，易爲"鳩"字。《左氏·昭十八[1]年傳》："郯子謂叔孫昭子曰：'五鳩。'鳩民者也。"又《襄十六年傳》："范宣

---

子曰：‘匄在此，敢使魯無鳩乎？’”又《襄二十五年傳》：“鳩，藪澤。”杜注：“鳩，聚也。”亦假借字。漢人有用“鳩”字，故以之易“敄”字也，今文《尚書》作“述”。《説文·辵部》曰：“述，斂聚也，从辵术聲。《虞書》曰：‘旁述屖功。’”此下云：“又曰：‘怨匹曰述。’”“又曰”者，與他處“一曰”同，别一義也。“怨匹曰述”者，即《左氏》之“怨偶曰仇”也。閻氏百詩誤謂《虞書》有“怨匹曰述”。《五帝本紀》“述”作“聚”，然則“述”亦訓“聚”。今文與古文字異音義同也。“佈”者，《説文·人部》曰：“佈，具也，從人夅聲，讀若‘汝南潹水’。大徐作‘潹水’，許書‘潹’‘潹’俱無。《虞書》曰：‘方救佈小徐作“偯”。功也。’”今《尚書》監本“佈”作“偯”，《玉篇·人部》作“偯”，引《虞書》“方鳩偯功”。馬季長云：“佈，具也。”與《説文》合。偽孔云：“見也。”今文《尚書》作“屖”，見《説文·辵部》，亦字之假借也。《五帝本紀》“屖”作“布”，今文家説也。參稽互證，知許君佈古文而不廢今文矣。

　　偽古文“以形旁求於天下”乃襲《楚語》，《楚語》用“旁”字，與今文合，與古文不合。

## 帝曰：“吁！靖言庸違，

　　衛包改“靖”爲“静”，誤，謂“靖”古字、“静”今字也。孔傳凡“靖”皆訓“謀”。衛意改一以見例，而《般庚》《微子》《無逸》等篇皆仍“靖”不改。“靖言”，今文《尚書》同，《五帝本紀》作“善言”，以“善”詁“靖”也。《漢書·王尊傳》“靖言庸違”，《翟義傳》“莽詔義兄，宣静言令色，外巧内嫉”，“静”同“靖”。“靖言”謂“善言”，蓋今文家説如是。師古一訓“治”，一訓“安”，誤。今文《秦誓》“諓諓靖言”，與《堯典》同。

　　《左氏春秋·文十八年》：“少皞氏有不才子，靖譖庸回，天下之民謂之窮奇。”玉裁按：“窮奇”謂“共工”，“靖譖庸回”即“靖言庸違”也。回，邪也。古“回”“違”通用。《王尊傳》云

"庸違",《五帝本紀》云"其用僻",則今文《尚書》字亦作"違",
義訓"邪僻"。

　　惠氏定宇《九經古義》曰:"《楚辭·天問》曰:'康回馮怒,
地何故以東南傾。'王逸曰:'康回,共工名也。'案:鄭注《尚書》
以爲共工名氏未聞,先祖居此官,故以官爲氏。然則《楚辭》所
謂'康回'者,即《書》所云'静言庸違'也。'静言'當作'靖
言',王逸引《書》云'諓諓靖言',《公羊》亦云'諓諓善竫言',
'違'與'回'通。《詩·大雅》云:'厥德不回。'毛傳云:'回,違
也。'《春秋傳》:'晏子:君無違德。下云:"若德回亂。"明"違"與"回"
同。回,邪辟也。'《論衡》引作'回德',回,邪辟也。故《史記》
云:'共工善言,其用僻。'是訓'違'爲'僻',與'回'同也。古
'庸'字或作'康',故《楚辭》言'康回'。《秦詛楚文》云:'今楚
王熊相康回無道。'董逌釋'康'爲'庸',是也。或云'康'讀爲'亢龍'
之'亢',謂亢極邪辟也。"

　　《中論·考僞篇》:"《書》曰:静言庸違,象恭滔天。""静"
乃俗人所改。按:《正義》曰:"'静,謀',《釋詁》文。"《爾雅》本
作"靖",此衛包既改經文,後又改《正義》也。凡衛包改《尚書》
經文,則孔傳及《正義》不相應,乃畫一改之,又有淺人改易他
經《正義》之引《尚書》者,不必盡一時之事。

　　凡《正義》俀引《爾雅》,有《爾雅》字與經不同,《正義》不
加剖析者,如《盤庚》之"靈"即"令","'令,善',《釋詁》文"是
也。有其字本同,衛包改之不同者,如此條是也。

象恭滔天。"

　　《夏本紀》①:"似恭漫天。"宋儒林氏之奇、朱子、蔡氏沈皆

---

①《夏本紀》:據李文,當作《五帝本紀》。

疑"滔天"二字涉下文而誤。玉裁謂:據《史記》,則今文《尚書》同也,伏壁所藏與孔壁所出,何以若合一契乎? 是可無疑矣。楊雄《司空箴》:"象恭滔天。"

《漢書·王尊傳》:"湖三老公橜興等上書訟尊,曰:'今御史大夫奏尊,靖言庸違,象龔滔天。'"古以"龏"爲"恭",或誤爲"龔"。

## 帝曰:"咨! 四岳,

《白虎通·號篇》:"《尚書》曰:帝曰諮四岳。"

《覲禮》"四享皆束帛加璧",鄭注曰:"'四'當爲'三'。"《書》作"三""四",或皆積畫,此篇又多"四"字,字相似,由此誤也。疏云:"古書作'三''四'之字,或皆積畫者,《堯典》云:'帝曰咨三岊①。'《皋陶謨》云:'外薄三海。'是古書作'四'字積畫也。"玉裁按:《尚書》自有此一種與今本絶異者,如郭氏璞説"茂才茂才",賈氏公彦説"三岊三海",釋玄應説"高宗夢寽"、説"砆砥砮丹",陸氏德明説"庸徽五典",孔氏穎達説壁内之書"治"皆作"亂",顏氏師古説"湯斷奴翄",徐氏鍇説"才生明"、説"驪吷",皆在宋次道以前也。

## 湯湯洪水方割,

《詩·唐諩②》正義引《堯典》:"湯湯洪水方害。""割"訓"害",音同,故徑引作"害"。

## 蕩蕩懷山襄陵,

《廣雅·釋訓》:"湯湯、浩浩、潒潒,流也。""潒",《説文》音"蕩","潒潒"即"蕩蕩"也。

---

①岊:同"岳"。
②諩:即"譜"之省文。

《漢書·地理志》曰："襄山襄陵。"

## 浩浩滔天。

《説文》十一篇《水部》曰："浩，澆也，从水告聲。《虞書》曰：'洪水浩浩。'"按：此檃栝《書》詞，如引《詩》"東方昌矣"合二句爲一句之類。

《五帝本紀》："湯湯洪水滔天，浩浩懷山襄陵。"張守節《正義》本作"湯湯洪水，蕩蕩懷山襄陵，浩浩滔天"。

## 下民其咨，有能俾乂？"

"咨"，《五帝本紀》作"憂"。

《説文》九篇《辟部》曰："嬖，治也，從辟乂聲。《虞書》曰：'有能俾嬖。'小徐無此七字。"玉裁按：此蓋壁中故書，孔子國以今文讀之，易爲"乂"，以漢時"乂"訓"治"，"嬖"不行也。

## 僉曰："於！鯀哉。"帝曰："吁！咈哉，方命圮族。"

《釋文》曰："馬云：'方，放也。'徐云：'鄭、王音放。'"《正義》曰："鄭、王以方爲放，謂放棄教命。"玉裁按：古文《尚書》作"方"，今文《尚書》作"放"。《説文》十三篇《土部》曰："《虞書》曰：'方命圮族。'"此古文《尚書》也。《漢書·王商史丹傅喜傳》："傅大后詔曰：'同心背畔，放命圮族。'"《薛宣朱博傳》："制曰：'今晏放命圮族。'"應劭曰："放棄教令，毀其族類。"此今文《尚書》也。《孟子·梁惠王篇》引晏子"方命虐民"，與古文《尚書》合。趙注："方，猶逆也。"《五帝本紀》"放"作"負"、"圮"作"毀"，以訓詁字代之也。馬、鄭、王皆依今文讀"方"爲"放"，如"黎民阻飢"，馬用今文"祖飢"爲説，讀"阻"爲"祖"也。張載注《魏都賦》云："方命，放棄王命也。《書》曰：'咈哉！方命。'"此用馬、鄭説也。

《群經音辨》曰：“匚，放也，甫妄切，《書》‘匚命圮族’。”玉裁按：賈氏所引此條及“薄韋餥父”及“烈”字、“冰”字，頗信郭忠恕輩所傳之古文《尚書》。《集韵·四十一漾》云：“放，逐也，古作‘匚’。”蓋其所據一也。古今文一“方”一“放”，皆常語耳，若作“匚命”，似太奇矣。且賈、丁僅用爲“方命”之駁文，讀去聲。近注《尚書》者，凡“方”字皆作“匚”，何也？

《漢書·敘傳》曰：“諸矦方命。”此當是本作“放命”，而孟康注引古文《尚書》曰“方命圮族”，因改正文作“方”耳。

## 岳曰：“异哉，

《説文》三篇《廾部》：“异，舉也，从廾㠯聲。《虞書》曰：‘嶽（大徐作岳）曰：异哉。’”玉裁按：今《説文》“㠯聲”，各書皆從“已聲”，疑今《説文》誤也。《釋文》：“徐云鄭音異，孔、王音怡，已也。”“鄭音異”者，蓋鄭讀“异哉”爲“異哉”，謂四岳賢鯀，聞堯短之，輒驚愕而歎曰“異哉”。鄭注不傳，往往有可於音求其義者，此類是也。《廣韵·七志》曰：“异哉，歎也，退也，舉也。”歎者，鄭義；退者，孔義；舉者，許義。《集韵·七之》亦同。許訓“异”爲“舉”，此就“從廾”釋之，其於《虞書》不必訓“舉”也，觀“圛”“莫”“聖”等字注可知其説。

## 試可乃已。”

《五帝本紀》：“試不可用而已。”錢氏曉徵《史記攷異》曰：“古人語急，以‘不可’爲‘可’也。古經簡質，得史公而義益明。”

## 帝曰：“往！欽哉。”九載，績用弗成。

“載”，《五帝本紀》作“歲”。

## 帝曰：“咨！四岳，朕在位七十載，

按：馬融曰：“朕，我也。”此本《釋詁》。“朕”之爲“我”，於音求之耳。“朕”之本義,戴先生注《考工記》云:“舟之縫理曰朕。”玉裁謂:凡言“朕兆”者,“朕”謂舟縫,“兆”謂龜坼,皆開之微者也。《史記·李斯列傳》趙高説二世曰:“天子所以貴者,但以聞聲,群臣莫得見其面,故號曰朕。”始皇既以天子專朕偁,高又比傅字義,曲説獻諛,不知“朕”之爲“我”,用音不用義也。是故嘗教胡亥書者,穿鑿之㦯在社稷矣。

《獨斷》:“堯曰:‘朕在位七十載。’”

## 女能庸命,巽朕位?”

“巽”,鄭訓“入”,如字釋之也。馬訓讓,讀爲遜也。《五帝本紀》“巽”作“踐”。

## 岳曰:“否德忝帝位。”

僞孔傳曰:“否,不也。”《正義》曰:“否、不,古今字。”<sub>依浦氏</sub>聲之《十三經正字》,下文“己身不德”可證。玉裁按:《五帝本紀》作“鄙”,蓋今文《尚書》作“鄙”也。《論衡·問孔篇》引《論語》“予所否者”作“予所鄙者”,解爲“鄙陋”。攷《公冶長篇》,《古論》“猶吾大夫崔子”,魯讀“崔”爲“高”,而《論衡》有“猶吾大夫高子”之文,則仲任實治《魯論》者,“予所鄙者”蓋亦《魯論》。魯讀“否”爲“鄙”,今文《尚書》蓋本亦作“否”,説者讀爲“鄙”,太史公仍之,僞孔釋“否德”爲“不德”,音“方久反”。《釋文》云:“又音鄙。”恐是他家義與今文家同也。《周易釋文》曰:“否,音鄙,惡也。臧,善也。”

## 曰:“明明揚側陋。”

《文選》沈休文《宋書·恩倖傳論》:“明敭幽仄。”李注引《尚書》:“明明敭仄陋。”李時《尚書》作“敭仄”。假令同今本作“揚側”,則李作注之例必引《書》而申之曰:“敭,古

揚字;仄,同'側'。"用此知衞包改"斁"作"揚"、"仄"作
"側",李昉等又删《釋文》"斁仄"字音釋也。師古注《漢
書》云:"仄,古側字。"此衞包所由改"仄"爲"側"也。司馬貞
《五帝本紀》贊亦曰"明斁仄陋"。

　　"明明揚側陋",此句孔傳云:"明舉明人在側陋者。"以
"舉"訓"揚",在二"明"字之間,與經文不合,攷《史記》:"堯
曰:'悉舉貴戚及疏遠隱匿者。'""悉舉"訓"明揚","貴戚"訓
"明","疏遠隱匿"訓"側陋",是蓋今文《尚書》作"明揚""明側
陋",僞孔用今文説古文,而不知古文倒易二字,其訓不同。凡
經傳言"明明"者,皆謂明之至。《釋訓》曰:"明明,察也。"

## 師錫帝曰:"有鰥在下,曰虞舜。"

　　《尚書大傳》:"《書》曰:'有鰥在下,曰虞舜。'"

　　《風俗通義·皇霸篇》:"經曰:'有鰥在下,曰虞舜。'"

　　《風俗通義·山澤篇》:"謹按《尚書》'舜生姚墟'。"玉裁
按:此今文《尚書》説也,當在"曰虞舜"下。又引《尚書》"紂爲
逋逃淵藪",此亦今文《尚書》襲故語爲説,與《左氏》合。

## 帝曰:"俞,予聞,如何?"岳曰:"瞽子,

　　或謂瞽爲官名。攷《五帝本紀》云"盲者子",則不必如此
説也。僞孔傳曰:"配字曰瞍,瞍,無目之稱。"玉裁謂:《史記》
直作"叟①","瞽叟",言目盲老者也。

## 父頑,母嚚,象傲。

　　按:"傲",經典多作"敖",音五報反,此恐亦天寶所改。

## 克諧以孝,烝烝乂,不格姦。"

　　"格",衞包以前當是作"假"。

---

　　①叟:據李文,"叟"字前或脱"瞽"字。

## "我其試哉！"

孔本有"帝曰"二字。《正義》曰："馬、鄭、王本説此經皆無'帝曰'，當時庸生之徒漏之也。"玉裁按：馬、鄭、王本皆無"帝曰"二字，故三家説皆不云有"帝曰"，直以"我其試哉"爲四岳語。"當時庸生之徒漏之也"九字，自是作《正義》者語。謂枚頤本有"帝曰"二字爲壁中真本，馬、鄭、王本無此二字，則庸生之徒漏之，安國本固不爾也，不知馬、鄭、王本爲壁中真本，枚頤本爲僞本，枚本用今文《尚書》增"帝曰"也。《五帝本紀》《論衡·正説篇》皆有"堯曰"二字，則漢時今文《尚書》有"帝曰"可知也。

初疑"庸生之徒漏之也"即馬、鄭、王説，後至鎮江質諸劉氏端臨，乃定。

鄭注"試以爲臣之事"，正駁今文家"我其用之爲天子"之説。

## 女于時，觀厥刑于二女。釐降二女于嬀汭，嬪于虞。帝曰："欽哉！"

鄭注云："不言妻者，不告其父，不序其正。"僞孔則云："女，妻也。"玉裁按：古文每字必有法，古凡言妻今音千計切。者，必爲其正妻，如"以其子妻之""以其兄之子妻之"是也。凡言女今音尼據切。者，不必爲其正妻，如《左氏傳》"宋雍氏女於鄭莊公""驪戎男女晉以驪姬"、《孟子》"齊景公涕泣而女於吳"是也。《左氏·桓公十一年傳》曰："鄭昭公之敗北戎也，齊人將妻之。"必以其未有嫡妃也。又曰："宋雍氏女於鄭莊公，曰雍姞。"明非莊公夫人也。又《僖二十三年傳》曰："齊桓公妻之。"此謂正妻一人，不得言"女之"也。其上下文云"狄人獲二女納諸公子""秦伯納女五人",此皆不得言"妻之"也。皆一章之中,書法分別如是。然則《尚書》鄭注,其所見精矣。帝使九男二女事舜,不曰"妻之"也,不惟不以爲舜榮,且不敢言"妻舜"也。其注《禮記》亦云:"舜不告而娶,不立正妃,舜亦不敢言有妻也。"

又按:"女于時,觀厥刑于二女",當連上"我其試哉",俱爲四岳語。時,是也,謂舜也。"刑于",與《大雅》"刑于寡妻"同解。"我將使二女事之,觀其刑法于二女"者,何如?在堯當時只是一極平常事,後人震而驚之爾。"釐降二女于嬀汭,嬪于虞",此二句自堯言之,上三句記言,此二句記事。釐,整治之意。降,下也。整治下二女于嬀汭。《易》曰"自上下下",《詩序》亦言"王姬下嫁於諸矦"也,與《大雅》"自彼殷商,來嫁于周""曰嬪于京"文法正同。嬪,婦也。婦,服也。《老子》曰:"璞雖小,天下不敢臣也。王侯若能守之,萬物將自賓。"是"賓"與"臣"同義。"嬪"即"賓"也。《五帝本紀》用今文《尚書》說,云"於是堯妻之二女,觀其德於二女"二句不爲堯言,"舜飭下二女於嬀汭,如婦禮"二句爲舜事,似非經意。

《論衡·正說篇》:"堯志①求禪,四岳舉舜,堯曰:'我其試哉!'說《尚書》曰:'試者,用也,我其用之爲天子也。'文又曰:'女于時,觀厥刑于二女。'觀者,觀爾,<small>此乃'示'字之誤,'示'訛'尔',乃又作'爾'。</small>虞舜於天下,不謂堯自觀之也。"玉裁按:此今文《尚書》三家說也。仲任覺其非是,謂"我其試哉,試之於職;妻以二女,觀其夫婦之法"。其說甚正。

又按:凡言"妻之",一人而已,雖有娣姪之媵從,必統於所

---

① 志:當作"老"。

尊也。凡言"女之",則不分尊卑,故曰"二女",曰"納女五人",曰"三妃",皆不分尊卑之詞也。鄭君曰"不告其父,不序其正"者,言禮不備,故但言"二女",不斥言正妻也。當時頑嚚情形,告則不得娶,帝深知之。《孟子·萬章篇》:"萬章曰:'舜之不告而娶,何也?'孟子曰:'告則不得娶,如告則廢人之大倫,以懟父母,是以不告也。'萬章曰:'帝之妻舜而不告,何也?'曰:'帝亦知告焉則不得妻也。'""帝之妻舜而不告"者,謂帝不預以告舜也。"帝亦知告焉則不得妻"者,謂帝知預告舜,則舜必告其父母,或告而從,或不從。而帝親告其父母,皆不免於挾天子以令其父母,予舜以大難,有損於大孝。且舜重傷父母心,則斷然必出於辭,不以帝易其父母,是不得妻舜,即不得試舜而巽位矣。故反覆思之,不使舜預知之,舜不知而二女已至,二女至而舜之父母與舜皆有所不能違。當時禮不備,故曰"女于時"而不曰"妻之",曰"降二女"而不曰"歸"。婦人謂嫁歸,其常也。《春秋》言"王姬歸于齊",《詩》言"摯仲氏任,來嫁于周",此獨言"降"者,禮不備也。然不曰"二女降于嬀汭"而曰"釐降二女于嬀汭"者,曰"二女降"則二女爲奔矣,曰"釐降二女"則堯之深心妙用如見,而二女無所失也,若如《本紀》及僞孔傳釐降自舜言之,聞逆王姬矣,聞尚公主矣,未聞人臣婚帝女而曰"降之"者也。且如《書》言"降丠①宅土""降我凶德""天降威",《春秋》言"有神降於莘",《詩》言"降觀于桑""誕降嘉種",《禮》言"戴勝降于桑""降德于衆兆民",皆無以下降上之文,凡善誦古文者必審其用字之意。曰:孟子何以言"妻舜"與《書》不同也?曰:萬章述其梗概,《虞書》紀其實事,孟子時百

①丠:同"丘"。

篇未屺,舜不告父母而娶,帝不預告舜而妻之,以及焚廩浚井云云,皆百篇中語也。

《孟子·萬章篇》趙注:"《堯典》曰:'釐降二女。'"此今文《尚書》,與古文同也。

《周禮·大宰職》注:"《堯典》曰:'釐降二女,嬪于虞。'"

《周語》伶州鳩説武王:"反及嬴①内,以無射之上宫,布憲施舍於百姓。"韋注:"嬴内,地名。"宋庠曰:"舊音,上音嫣,下音汭。今按:本或作'嬴',非是,古文《尚書》作'嬴',與'嫣'同。"玉裁按:凡所云"舊音"者,唐人所爲也。云"今按"者,宋説也,宋所引古文《尚書》即宋次道、王仲至所藏,晁公武所刻石於蜀者也。嬴,姓字,《漢書·地理志》作"盈",則古音同"盈"可證。蓋由《國語》古本作"嬴",相傳讀若"嫣","内"讀若"汭",本不與《尚書》相涉,而僞作古文《尚書》者遂比附竄改,此正陸氏所謂"穿鑿之徒,務欲立異"者也。"汭"作"内",則古時有之,如《溝洫志》"洛汭"作"雒内"是。

四岳舉舜,首言其鰥,帝堯試舜,先降二女。蓋舜必二女女焉,而後五倫備,故"慎徽五典"之文,一氣銜接,不獨於"我其試哉"爲條目也。

## 慎徽五典,五典克從。

"慎",《經典釋文·敘録》云:"從'昚徽五典'以下,字正作'昚'。"按:陸氏云《尚書》之字本爲隸古。既是隸寫古文,則不全爲古字,今宋、齊舊本及徐、李等音,所有古字蓋亦無幾,"昚"字蓋宋、齊、徐、李本之古字,故陸仍之。《尚書音義》上卷當有注釋,自衛包改作"慎",開寶中又刪《音義》"昚"字併注矣。

_____

①嬴:此字刻本從"女"作"嬴",誤,當作"嬴"。

攷僞孔《書序》曰:"伏生以《舜典》合於《堯典》,復出此篇。"此僞孔割分《堯典》"慎徽"以下爲《舜典》也。東晉豫章内使枚頤,始得孔安國《尚書》併傳奏之,時闕《舜典》經傳。齊建武中吴興姚方興僞稱於大䑰《釋文·敘録》《史通》作"䑰",《隨書》作"桁",《尚書正義》作"航"。頭得《舜典》經傳,奏上,其傳則採馬、王注造之。其經比馬、鄭所注多"曰若稽古帝舜曰重華協于帝"十二字。梁武時爲博士議曰:孔序稱伏生誤合五篇,皆文相承接,所以致誤,《舜典》首有"曰若稽古",伏生雖昏耄,何容合之,遂不行用。方興本或十二字下更有"濬哲文明,温恭允塞,玄德升聞,乃命以位"十六字,共二十八字,既未施行,方興以罪致戮。隨開皇初,始購得之,冠於妄分《舜典》之首,盛行至今。

沈約《宋書·禮志》曰:"明帝即位,有改正朔之義,侍中高堂隆議曰:《書》:脱'曰'字。曰若稽古,帝舜曰重華,建皇授政改朔。"朱氏錫鬯欲依蕭山毛氏大可之説,自"四海遏密八音"以上斷爲《堯典》,"月正元日"以下斷爲《舜典》,而錫鬯已説於前,删去姚方興二十八字,以高堂隆引《尚書》十五字冠於"月正元日"之上,劃爲二典。玉裁按:此亦强作解事。高堂隆所引《書》,乃《書緯》之文,古人僞引多有以緯書及經説僞經者,此十五字首九字即姚方興所上十二字之藍本,而贅以"協于帝"三字,則緯書擬《堯典》,居然一例。而方興不解重華爲舜名,致與《堯典》句法僢背,或乃更加以"濬哲"以下十六字,則陸德明尤不之信也。

又按:錢氏曉徵《宋書攷異》曰:"攷《太平御覽》八十一卷引《尚書中候·攷河命篇》云'曰若稽古,帝舜曰重華,欽翼皇象',又李善《文選》注引《尚書中候》云'建黄授政改朔’，是此一十五字皆出《中倏》，高堂隆所引偶脱‘中倏’二字，朱錫鬯欲移此文於《舜典》之首，以代姚方興二十八字，殆非也。‘建皇’，《文選》注作‘建黃’，皇甫謐謂以土承火，色尚黃也，此作‘皇’，疑誤。”

## 納于百揆，百揆時敘。

“納”亦當作“内”，説見前。《堯本紀》作“入”，今文《尚書》也。

“敘”，《左傳》《堯本紀》皆作“序”。

## 賓于四門，四門穆穆。

鄭注：“賓，讀爲擯。舜爲上擯以迎諸侯。”玉裁按：此與“寅賓出日”同解，徐仙民“寅賓音殯”，是也。

## 納于大麓，烈風雷雨弗迷。

“納”，《堯本紀》《論衡・正説篇》皆作“入”，此今文《尚書》也。作“内”者，古文《尚書》也。

“弗”，今文《尚書》作“不”，見《王莽傳》。

《尚書大傳・唐傳》曰：“堯知丹朱之不肖，必將壞其宗廟，滅其社稷，而天下同賊之，故堯推尊舜而尚之，屬諸侯焉。納之大麓之野，烈風雷雨不迷，致之以昭華之玉。”鄭注：“山足曰麓。麓者，録也。古者天子命大事、命諸侯，則爲壇國之外。堯聚諸侯，命舜陟位居攝，致天下之事，使大録之。”玉裁按：《魏公卿上尊號奏》曰：“唐典之明憲，遵大麓之遺訓，遂於繁昌築靈壇，皇帝乃受天子之籍，冠通天，襲衮龍，大赦天下，改元正始。”又《魏受禪表》曰：“義莫顯於禪，德美莫盛於受終，故《書》陳‘納于大麓’，傳稱‘厤數爾躬’。”是則鄭注“納于大麓”爲居攝，魏碑則以爲即真，誤矣。他如《漢書・王莽傳》張竦稱莽功德曰：“比三世爲三公，再奉送大行，秉冢宰職,填安國家,四方輻奏,靡不得所。《書》曰:'納于①大麓,烈風雷雨不迷。'公之謂矣。"又莽曰:"予前在大麓。"《于定國傳》:"上報,定國曰:'萬方之事,大録于君。'"《論衡·正説篇》:"《尚書》曰:'四門穆穆,入于大麓,烈風雷雨不迷。'言大麓,三公之位也。居一公之位,大總録二公之事,衆多竝吉,若疾風大雨。"班孟堅《封燕然山銘》曰:"納于大麓,惟清緝熙。"此皆今文《尚書》説也。凡三公丞相皆可云"大麓",不必居攝也。王注古文《尚書》:"麓,録也。"取諸此,方興又取之以爲僞傳,而《堯本紀》曰:"堯使舜入山林川澤,暴風雷雨,舜行不迷。"《舜本紀》曰:"舜入于大麓,烈風雷雨不迷。"則皆不云大録萬幾之政,孟堅言:"司馬遷多從安國問故,遷書載《堯典》《禹貢》《洪範》《微子》《金縢》諸篇,多古文説。"此條説大麓,蓋安國説也。王充《論衡·正説篇》:"充自爲説云:試之於職,妻以二女,觀其夫婦之法。復令人庶之野而觀其聖,烈風疾雨終不迷惑,堯乃知其聖。"《吉驗篇》云:"堯使舜入大麓之野,虎狼不搏,蝮虵不噬,逢烈風疾雨,行不迷惑。"馬、鄭注《尚書》皆云"麓,山足也",雖缺佚不完,而《釋文》以別於王,云"麓,録也",則知馬、鄭注古文不爲"大録"之解。《風俗通義·山澤篇》:"謹按:《尚書》堯禪舜,納于大麓,麓,屬②於山者也。"應氏通古文《尚書》,亦不作"大録"解也。攷鄭注《書序》,於《舜典》云"入麓""伐木",則可知注古文與《大傳注》迥殊。

又按:《風俗通義》云:"堯禪舜,納于大麓。"既有"禪舜"二字,則其説與《大傳》、鄭注及魏碑略同。

---

①此處底本衍"於"字,删。

②屬:據李文,"屬"前或脱"林"字。

"内于大麓",蓋古文説爲是。鄭云"入麓""伐木"語必在佚《舜典》中。蓋此二句亦"厤試"之一事,見其勤勞,櫛風沐雨。俗儒必欲例上文三事而更上之,則訓爲"大録萬機","烈風雷雨"乃成謎語。此正如釋"我其試哉"爲"用之爲天子"、"觀厥刑于二女"爲"觀示其德于天下"也。"慎徽"以下四事,自是厤試條目。"受終"乃爲攝位,"格于文祖"乃爲即真。經文節次,可觀玩而得者。

鄭注《大傳》云:"致天下之事,使大録之,則烈風雷雨不迷。"鄭意必謂處艱鉅而裕如也,注《大傳》全用今文説。惠氏定宇搜集《尚書》鄭注,採此《大傳注》爲《尚書注》,自亂其例矣。

《春秋·文公十八年左氏傳》:"季孫行父曰:舜臣堯,舉八愷,使主后土,以揆百事,莫不時序,地平天成。舉八元,使布五教于四方,父義母慈,兄友弟共子孝,内平外成……流四凶族,渾敦、窮奇、檮杌、饕餮,投諸四裔,以禦螭魅,是以堯崩而天下如一,同心戴舜,以爲天子,以其舉十六相、去四凶也。故《虞書》數舜之功,曰慎徽五典,五典克從,無違教也;曰納于百揆,百揆時序,無廢事也;曰賓于四門,四門穆穆,無凶人也。"

## 帝曰:"格女舜。

"格",疑當本作"假"。"假女"與《禮》"假爾大龜""假爾大筮"同解。

## 詢事考言,乃言厎可績,

顧氏亭林《與潘次耕書》:"五經無'厎'字,皆是'厎'字,今《説文》本'厎'字下有一畫誤,字當從氏。"玉裁按:此説大誤。凡氏聲之字在古音弟十六支佳部,凡氏聲之字在古音弟十五脂微皆灰部。"厎"本訓"柔石",經傳多借訓爲"致"。凡字書、韵書皆無作"氐"少下畫者,惟唐開成石刻《五經文字·广部》"底"誤作"底",《厂部》"氐,致也"不誤。

## 三載,女陟帝位。"

"載",《堯本紀》作"年"。《集解》引鄭注云:"三年者,賓四門之後三年也。"按:裴氏於此當云:"鄭本作'載',云'三載者'云云。"乃合。依《史記》改"載"爲"年",非也。而惠氏定宇集鄭注乃因是改經文之"載"爲"年",尤爲大誤,如《禹貢》作"十有三載",馬、鄭本作"年",《釋文》必識之,此處鄭果作"年"亦必識之也。《尚書古文疏證》卷七據《集解》證馬本之不同,多有類此者,當分別觀之。

## 舜讓于德,弗嗣。

"弗",《文選·典引》注引作"不"。

《五帝本紀》作"舜于德①,不懌",徐廣曰:"今文《尚書》作'不怡'。怡,懌也。"玉裁按:證以《自序》兩言"不台",及《漢書·王莽傳》、班孟堅《典引》皆作"不台",則今文《尚書》作"不台"。台者,怡也。太史公以故訓之字更之作"不懌",《索隱》曰:"懌,一作澤。""懌"字,《説文》無之,"澤"即今"懌"字也。

《史記·太史公自序》:"唐堯遜位,虞舜不台。"又曰:"惠之早霣,諸呂不台。"此皆用今文《堯典》。徐廣曰:"怡,懌也,不爲百姓所説。"

《禹貢》"祇台德先",鄭注:"祇台爲敬悦。"然則"台,悦",古訓也。司馬《報任安書》曰:"主上爲之食不甘味,聽朝不怡。"亦是用今文《堯典》字。

---

①舜于德:據李文,"舜"後或脱"讓"字。

《後漢書·班固傳》:"《典引》曰:'有于德不台、淵穆之讓。'"章懷太子注曰:"前《書》曰'舜讓于德不台',《音義》曰:'台,讀曰嗣。'"玉裁按:云"前《書》曰'舜讓于德不台'"者,《王莽傳》文也。《王莽傳》:"張竦艸奏稱莽功德曰:《書》曰:舜讓于德不台。"竦用今文《尚書》也。俗本依古文改爲"不嗣",而師古不辨,云:"《音義》曰:'台讀曰嗣'者,韋昭説也。"李善注《文選·典引》云:"《漢書音義》曰:昭曰:古文台爲嗣。"謂今文《尚書》之"台",古文作"嗣"也。"台讀曰嗣"四字,當在"古文台爲嗣"五字之上。此文字異者七百有餘之一也。

《食貨志》"黎民祖飢",孟康曰:"祖,始也。古文言'阻'。"《五行志》"思心曰容",應劭曰:"容,古文作睿。"《楊雄傳》"拮隔鳴球",韋昭曰:"古文隔爲擊。"《王莽傳》"舜讓于德不台",韋昭曰:"古文台爲嗣。"《説文解字》曰:"若顛木之有㽕枿,古文言由枿。"此皆剖析古今文之不同也。班書全用今文《尚書》,故漢、魏、吳注家云"某古文作某"。

按:徐廣在晉末宋初,其時今文《尚書》久亡,而"不台""謚哉""祖飢"猶能數典者,或其書僅存,或雖亡而佚見於他説得以攄摭。且蔡邕所勒《尚書》經文固未亡也。《隋書·經籍志》曰:"惠懷之亂,京華蕩覆,渠閣文籍,靡有孑遺。"又曰:"永嘉之亂,歐陽、大小夏矦《尚書》竝亡。"徐中散去永嘉百餘年矣,嘗謂孔氏古文《尚書》劉歆極力興之,不得置博士,至杜、賈、衛、馬、鄭諸君,表章漢末,魏晉時漢令既不行,人競治古文,歐陽、大小夏矦書皆束高閣,旋踵而亡。永嘉之亂,存於渠閣者亡固其所,而民閒何以一無存者?此正如鄭注《周易》《尚書》《論語》,唐初雖存,而功令不立,旋即於亡也。陳氏《三國志》所載詞章多偁古文者,即如魏公卿上尊號奏《隸釋》全載。"光被四表"

“讓德不嗣”，不言“橫被”“不台”，是今文《尚書》將亾之漸也。<sub>裴松之引《甲子魏王上書》亦云“猶執謙讓于德不嗣”</sub>。又《隋志》云：“晉世祕府所存，有古文《尚書》經文，今無有傳者。”今按：此所謂“古文《尚書》經文”者，豈壁中之簡至晉猶存歟？作《志》者在唐初云“今無有傳者”，則可知陸氏德明所云“穿鑿之徒，務欲立異”，遞傳至郭忠恕、徐鍇、宋次道、晁公武、薛季宣者，皆非壁中真本。

　　台聲、司聲古音同在弟一之咍部，是以《公羊》“治兵”作“祠兵”，《韓詩》“嗣音”作“詒音”，今文《秦誓》“俾君子易辭”<sub>籀文作“嗣”</sub>。作“俾君子怠①”，與此“嗣”作“台”正同，此駁異之因乎音韵者也。

# 正月上日，受終于文祖。

　　僞《大禹謨》“正月”，徐仙民音“征”，此古音也，漢已上“正”“政”字讀平聲，淺人肒爲始皇名“政”，因改。“正月”爲平聲之説，得仙民此語可以袪其惑矣。仙民尚能識古音，《甘誓》三“正”亦音“征”。

　　《堯本紀》曰：“文祖者，堯大祖也。”太史公特用訓詁之法爲此語。堯大祖蓋謂黃帝。《集解》引鄭注釋之，相去萬里。

---

①俾君子怠：據李文，“君子”後或脱“易”字。

# 古文尚書撰異卷一下

## 在璿機玉衡，

“在”，察也者，“在”之言“司”也，“司”“伺”古今字，“在”與“司”古音同在弟一之咍部，“在”讀如“士”，故假“在”爲“伺”也。

“機”，唐石經已下皆作“璣”，此因上文“璿”從玉旁而誤也。《釋文》於“璿”曰“音旋”，竝無“璣音機”之文，而《禹貢》“璣”字則詳釋之，可知陸德明本作“機”，人所共識，故不爲音也。鄭注曰：“轉運者爲機，持正者爲衡。”馬融曰：“旋機，渾天儀，可轉旋。”僞孔曰：“機衡，王者正天文之器可運轉者。”諸家皆無“璣”讀爲“機”之語，則可知作“璣”者誤字耳。又《爾雅·釋故》郭注：“《書》曰：‘在璿璣玉衡。’”《釋文》：“璿，音旋，又作璇。”玉裁按：“璣”字無音者，蓋陸本作“機”也。

《文選》顔延年《宋文皇帝元皇后哀策文》曰：“仰陟天璣。”李注曰：“天璣，喻帝位也。《尚書考靈耀》曰：‘璿璣玉衡。’《尚書》爲此‘璣’。曹植《秋胡行》曰：‘歌以永言，大魏承天璣。’然‘璣’與‘機’同也。”玉裁按：此正當云《尚書》爲此“機”，以別於《考靈耀》之從玉，曹植《秋胡行》亦作“機”，其下總申之曰：“璣與機同也。”玉裁按：諸家“璿”或作“琁”，或作“旋”，“機”或作“璣”。《尚書大傳》：“‘在琁機玉衡，以齊七政。’琁機者何也？傳曰：‘琁者，還也；機者，幾也，微也。其變幾微而所動者大，謂之琁機。是故琁機謂之北極。’”《後漢書·安帝紀》永初二年詔曰：“據琁機玉衡以齊七政。”《魏受禪表》：“上在璿機。”

《周公禮殿記》:"旋機離常。"《堯廟碑》:"據旋機之政。"王弼《周易略例》:"故處璇璣,以觀大運。"《釋文》云:"璣,又作機。"此其字之不同也,其訓釋則或以"在璿機"爲在帝位,或云"觀於機衡而陟帝位",裴松之《文帝紀》注:"魏王上書曰:堯禪重華,猶下咨四岳,上觀璿璣。"與鄭注"視其行度以觀天意"説合。或專指儀器觀天言之,今古家説之異也。

## 以齊七政。

《史記·律書》:"《書》曰:'七正。'"玉裁按:"正"即"政"也。

## 肆類于上帝,

《説文》九篇《帚部》曰:"𣝓,帚屬也,從二帚,𣱷,古文𣝓也。《虞書》曰:'𣱷類于上帝。'"玉裁按:此壁中故書字也。作"肆"者,蓋孔子國以今文讀之者也。肆,遂也,見《夏小正傳》故訓也。《周禮·大行人》鄭注:"《書》曰:'遂覲東后。'"此蓋"肆"讀爲"遂",故鄭引《書》直作"遂",如"置我鞉鼓",讀"置"爲"植",則注《明堂位》徑云"植我鞉鼓";"應田縣鼓","田"當作"𤲬",則注《周禮·大師》徑云"應𤲬縣鼓"。《尚書大傳》鄭注引經"肆類于上帝",則用其本字也。《史記·五帝本紀》"遂類于上帝""遂見東后",《封禪書》"遂類于上帝""遂覲東后";《漢書·王莽傳》"遂類于上帝",皆作"遂",未知今文《尚書》作"遂",與古文《尚書》異,抑今文《尚書》本作"肆"而用故訓字代之也。《論衡·祭意篇》引《書》作"肆",則今文《尚書》亦作"肆"可知。

## 禋于六宗,

"六宗",諸家説各不同,詳司馬彪《祭祀志》注,劉氏有取於虞喜地祭之説，其言曰："坔今本《後漢志》作'禋'，誤也。也者，埋祭之言也。實瘞埋之異稱，非同今本作'周'，誤。禋之祭也。夫置字涉神，必以今之'示'。今之'示'即古之'神'，所以社稷今本作'稷'，誤。諸字，莫不以'神'爲體，《虞書》不同，祀名斯隔，《周禮》改'煙'，音形兩異。《虞書》改'土'，正合今本作'元'，誤。祭義，此焉非疑，以爲可了。"玉裁按："曰'《虞書》不同'，曰'《虞書》改土'，則梁時《尚書》其字作"坔"，或從俗作"壇"，不作"禋"也。謂"坔"即《爾雅》之"祭地曰瘞薶"，故曰"正合祭義"。劉氏在梁時，所據者不同如此。

《魏公卿上尊號奏》曰："烟于六宗，徧于群神。"洪景伯曰："碑以'烟'爲'禋'。"玉裁按：以"烟"爲"禋"，與《大宗伯》"禋祀"鄭注合。

《尚書大傳·唐傳》曰："《書》'湮于六宗'。"鄭注："湮，祭也，字當爲禋。"玉裁按："湮"，當是本作"坔"，俗人妄加"水"旁。以"坔"爲"禋"，此伏生《尚書》所存古字也。《堯本紀》作"禋"，《王莽傳》①兩言"禋于六宗"，蓋伏生已後今文家早易其字矣。

《公羊·莊②三十一年》何注："以祭天宗廟六宗五嶽四瀆。"其餘山川立稱，知其六宗用《尚書》歐陽、夏矦"上不及天，下不及地，旁不及四方，在六合之中"説。

《漢書·郊祀志》莽奏言："《書》曰：類于上帝，禋于六宗。"

劉昭《祭祀志》注李氏家書曰："司空李郃奏曰：案《尚書》：肆類于上帝，禋于六宗。"

---

①《王莽傳》：據李文，當爲"《郊祀志》"。
②莊：據李文，當爲"僖"。

## 望于山川，

《王莽傳》："虞帝受終文祖，在璇璣玉衡，以齊七政，遂類于上帝，禋于六宗，望秩于山川，徧于群神，巡狩五嶽，群后四朝，敷奏以言，明試以功。"玉裁按：古文《尚書》"東巡狩"之下作"望秩"，此無"秩"。

## 徧于群神。

"徧"，《堯本紀》作"辯"，徐廣曰："辯，音班。"玉裁按："辯，音班"者，蓋古説如是，楊雄《太常箴》曰："稱秩元祀，班于群神。"司馬彪《祭祀志》："光武封泰山，刻石文，望秩于山川，班于群神。"蓋今文家"辯"讀"班"，相傳如此。惠氏定宇《左傳補注》云："《王莽傳》'辨社諸矦'義作'班'。《左氏·襄廿五年傳》云：'男女以班。'劉炫説：'《哀元年》蔡人男女以辨。'與此同。"玉裁謂：《襄廿五年》之"男女以班""衆男女別而纍"，《哀元年》之"男女以辨"，三事一也。班、別、辨，一聲之轉。《士虞禮》："明日，以其班祔。"鄭康成説："古文班爲辨。"玉裁以爲今、古文蓋本皆作"辯"，漢樊毅《修西嶽廟記》曰："乃刊祀典，辨于群神。"與《史記》合。或讀爲"班"，或讀爲"徧"。《儀禮》多以"辯"爲"徧"，古文家所由易爲"徧"也。

《論衡·祭意篇》："《尚書》曰：'肆類于上帝，禋于六宗，望于山川，徧于群神。'"

## 揖五瑞，

唐石經已下作"輯"，當是衛包改也。《釋文》當云："揖，徐音集。"今大字作"輯"，當是開寶中改也。

《正義》曰："《釋言》云：'輯，合輯。'是合聚之義，故爲斂也。"攷今《爾雅·釋言》，祇有"集，會也"之文，無"輯，合也"之文。蓋《爾雅》本又作"揖,合也"。陸氏德明《音義》失載,《正義》所引是善本,作《正義》時,《尚書》經文作"揖"不作"輯",今《正義》引《爾雅》作"輯",則天寶以後順經傳併改之也。王肅《尚書注》:"揖,合也。"亦是用《釋言》文。

　　《五帝本紀》作"揖",《正義》曰:"揖,音集。"《韵會》"輯"字下曰:"《史記》'楫五瑞'。"《韵會》誤。《漢書·郊祀志》:"揖五瑞。"字從手。《魏孔羡碑》:"揖五瑞。"顧氏藹吉曰:"證以此碑,則從手者爲是。"

　　《史記·秦始皇本紀》:"搏心揖志。"《索隱》:"揖,音集。"

　　《漢書·兒寬傳》曰:"躬發聖德,統楫群元。"張揖①曰:"統,察。楫,聚也。"臣瓚曰:"統,猶總擥也。楫,當作輯。"師古曰:"輯、楫與集,三字竝同,《虞書》曰'楫五瑞'是也,其字從木。瓚曰當爲'輯',不通。"玉裁按:此注字譌,不可讀。既云"輯""楫""集"三字同矣,則瓚曰"楫當爲輯"何不通之有?竊謂古書多用"揖"字,從手,《虞書》"揖五瑞"是也。此傳字從木,故瓚正之曰"楫當作揖"。師古以"輯""楫""集"三字同,而不數從手之"揖",誤謂《虞書》作"楫五瑞"字從木,故謂"瓚曰當爲揖"不通,而不知瓚之是也。《虞書》本從手,師古本乃誤從木。然因其所引從木,可證唐初本尚不從車,從車者乃衛包改也。

　　《郊祀志》"揖五瑞",師古曰:"揖與輯同,合也,音集②。"玉裁謂:此注亦誤,當云"與集同",不當云"與輯同"也,且又不知何以《兒寬傳》注引《虞書》從木而此則從手。

----

①張揖:據李文,當爲"張晏。"
②音集:據李文,此二字疑誤衍。

師古於《儒林傳》曰:"輯,合也,輯與集同。"玉裁按:董仲舒治《公羊春秋》,瑕丘江公受《穀梁春秋》,上使江公與董仲舒議,不如仲舒,而丞相公孫弘本爲公羊學,"比輯其議",卒用董生。"比輯"猶"比和"也,樂其同己也。凡"揖"訓"合",凡"輯"訓"和",似同實别。《玉篇》《廣韵》皆曰"輯,和也",不言"聚也"。

《詩》:"螽斯羽,揖揖兮。宜爾子孫,蟄蟄兮。"毛傳:"揖揖,會聚也。蟄蟄,和集也。"《板》:"辭之輯矣。"毛傳:"輯,和也。""聚"與"和"分二義可證。

《白虎通》説朝聘:"《尚書》曰'輯五瑞'。"玉裁按:"輯"當是本作"揖",淺人改之。

《漢書·劉屈氂傳》《外戚傳》[①]《百官表》皆云"輯濯","輯"即"檝"字也,"濯"即"櫂"字也。小顏殆因此謂"輯、檝、集三字同",不知"檝櫂"可作"輯"而不作"揖","集聚"可作"揖"而不作"輯"。古人同音假借雖寬,而自有畛域,學者既能知其寬,又能别其域,而小學可明矣。

## 既月乃日,覲四岳群牧,班瑞于群后。

《五帝本紀》《封禪書》《郊祀志》皆云:"擇吉月日,見四嶽諸牧,班瑞。"

## 歲二月,

鄭注:"歲二月者,正歲建卯之月也。"或問:鄭云堯建丑、舜建子,上文正月爲丑月,則此二月非寅月而何?應之曰:子不見鄭之"正歲"二字耶?《周禮》之書凡言正月之吉者,皆謂周之正月;凡言正歲、言歲終、言歲十有二月,皆謂夏正之寅月丑

---

① 《外戚傳》:據李文,當爲"《元后傳》"。

月。戴先生《周禮大史正歲年解》既詳之矣，予因以推之他書，如《孟子》言七八月之閒旱，七八月之閒雨集，謂周之七八月也。何以知之？不言歲也。"歲十月，作'十一月'，誤。徒杠成""十一月，作'十二月'，誤。輿梁成"，謂夏正之十月、十一月也。何以知之？系之歲也。上推《虞書》，早創斯例。曰正月者，唐正月也；曰歲二月者，建寅之二月也。鄭以經文此云"歲二月"則知上文正月之上不言歲者，非建寅也。"二月"系諸歲，則建卯之月也。惟寅數得天稱歲，自唐虞已無異議，作《堯典》者，夏之史官也，書法精嚴如是。《爾雅》："石杠謂之徛。"今本郭注："《孟子》曰'歲十一月，徒杠成'。"邢疏引《孟子》"歲十一月，徒杠成"而云："此注作十月，誤脱，或所見本異。"然則邢本《爾雅注》，故作"歲十月"也。攷《孟子注疏》本注作"周十月""夏九月""周十一月""夏十月"，推求文義，當是《孟子》正文作"十月，徒杠成""十一月，輿梁成"，注作"周十月""夏八月""周十一月""夏九月"，今轉改譌亂耳。近曲阜孔氏刊《孟子》趙注作"周十一月"夏九月""周十二月""夏十月"，理是而文恐非矣。趙氏不知"歲"字之解，其説繆誤。

## 東巡狩，

《釋文》："守，或作狩。"玉裁按：依《孟子》《白虎通》訓故，作"狩"爲長。

## 至于岱宗，柴，

《説文》一篇《示部》"祡"字下曰："燒柴尞祭天也，從示此聲。《虞書》曰：'至于岱宗，祡。'"又"禷"字下曰："古文祡，從隋省。"玉裁按：此聲古音在弟十五部，亦在弟十六部，隋聲古音在弟十七部，三部通轉至近，《説文》所偁"禷"字，此壁中《尚書》也，所偁"至于岱宗祡"，此孔安國所以今文讀之之《尚書》也。今本作"柴"，則漢以後人所改而非出於衛包也。《郊特牲》曰："天子適四方，先柴。"鄭注云："所到必先燔柴，有事于上帝也。《書》曰:'歲二月東巡守,至于岱宗,柴。'"按:此及《王制》"柴"字蓋本皆作"祡"。

《白虎通·巡狩篇》:"巡狩必祭天何?本巡狩爲天,祭天所以告至也。《尚書》曰:'東巡狩,至于岱宗,柴。'"玉裁按:"柴"當作"祡",引此書以證巡狩必祭天也。

《後漢書·祭祀志》注云:"袁宏引《書》曰:東巡狩,至於岱宗,柴。"《史記集解》引鄭注云:"柴,祭東嶽者,考績。祡,燎也。"按:"考績祡燎"之語出《孝經緯》,《禮器》注引《孝經》説,曰:"封乎泰山,考績燔燎,禪乎梁甫,刻石紀號是也。"《公羊傳》疏引鄭注:"岱宗者,東嶽名也。柴,考績,燎也。""燎"上刪一"祡"字,語不完。至《史記集解》"柴祭東嶽者"五字,即"岱宗東嶽也"五字之誤。其下"考績"上又脫一"柴"字。《尚書後案》採鄭注,刪"考績"二字,但云"柴,燎也",非是。考績者,謂考己之功迹,《禮器正義》云考諸矦功績,非也。

## 望秩于山川。

《周頌》鄭箋:"《書》曰:歲二月東巡守,至于岱宗,柴,望秩于山川,徧于群神。"《正義》曰:"《書》二月不言徧于群神。此一句衍字也,定本、《集注》皆有此一句,是由二文相涉,後人遂增之耳。"玉裁按:司馬彪《祭祀志》:"光武封泰山,刻石,文曰:'皇帝東巡守,至于岱宗,柴,望秩于山川,班于群神,遂覲東后。'"亦有此四字,蓋上文不言"秩",故言"徧群神",此言"秩"則包攝"徧于群神"在内。鄭注此云:"徧以尊卑次秩祭之。"是也。惠氏集鄭注以此爲上文"徧于群神"之注,誤也。《頌·般》正義。鄭以經文前後詳略互見,故引經如是,與光武太山刻石文合,《正義》非是。

## 肆覲東后,

"肆",《周禮·大行人》注、《五帝本紀》、《封禪書》、《漢書·郊祀志》、《後漢書·律厤志》元和二年詔、《白虎通·巡狩篇》、《春秋公羊·隱公八年》何注、《風俗通義·山澤》卷十皆作"遂"。

## 協時月

"協"，《白虎通》及漢永和①二年詔皆作"叶"。"叶""吐"皆古文"協"字也。《尚書大傳》"不協于極"作"不叶"，《五行志》"協用五紀"作"吐用"，於此見今文《尚書》之字未嘗無古文也。嘗謂古文《尚書》、今文《尚書》者猶言古本、今本，非古文《尚書》皆用蒼頡古文、今文《尚書》皆用秦隸書也。《儀禮注》"古文作某""今文作某"，近人讀之，每多涽惑。

## 正日，

《後漢書·律厤志》元和二年二月下詔引《書》："歲二月東巡狩，至于岱宗，柴，望秩于山川，遂覲東后，叶時月，正日。"

《後漢書·律厤志》注引《月令章句》曰："帝舜叶時月，正日。"

## 同律度量衡。

馬、王、姚方興皆以"同"字領一句。鄭君注《敘官·典同》云："同陰律也，不以陽律名官者，因其先言耳。《書》曰：'協時月，正日，同律度量衡。'《大師職》曰：'執同律以聽軍聲。'"依鄭此注，是"同""律"竝言，管於上文之"正"字。疏云："正日同律度量衡者，謂正定日之甲乙、陰同陽律之長短、度之丈尺、量之斗斛、衡之斤兩，六者皆定正之，使依法。"疏蓋循《尚書》鄭注爲之，然則《釋文》大書"同律"下云"鄭云陰吕陽律也"，蓋"陰吕"訓"同"、"陽律"訓"律"也，《史記集解》引鄭注"律音律"，恐有删節。

――――――――――

①永和：據李文，當爲"元和"。

《漢書·律厤志》曰:"《虞書》曰:乃同律度量衡。"

# 修五禮、

《白虎通·巡狩篇》:"《尚書》曰:遂覲東后,叶時月,正日,同律度量衡,修五禮。"

# 五玉、

"玉",《郊祀志》作"樂",不與《五帝本紀》《封禪書》同。師古曰:"五樂,謂春則琴瑟,夏則笙竽,季夏則鼓,秋則鐘,冬則磬也。"玉裁按:顏説五樂,必漢魏人音義中語。馬作"玉",班作"樂",蓋同一今文《尚書》而讀之者各異,因而治《尚書》者所從各異也。《白虎通》引作"玉"。

# 三帛、二生、

"生",《封禪書》作"牲"。《漢書·郊祀志》"二牲",師古曰:"二牲,羔鴈也。"汲古閣刻正文改"牲"爲"生",而注不改。司馬彪《祭祀志》:"五玉、三帛、二牲、一死贄①。"字亦作"牲"。然則《五帝本紀》《白虎通》作"生",恐後人改耳。

# 一死摯②。

《釋文》曰:"贄,本又作摯。"玉裁按:"贄"者,後出之俗字,故定從"摯"。《説文》小徐本曰"从手執③聲",則知作"摯"者誤也。凡漢隸誤者不可爲據。

《説文》十二篇《女部》曰:"娏④,至也,从女執聲。《商書》曰:'大命不娏。'讀若摯,同。一曰《虞書》雉娏。"玉裁按:《虞

---

①贄:底本作"贊",據學海堂《清經解》本改,下同。
②摯:底本作"摰",據學海堂《清經解》本改,下同。
③執:底本作"執",據學海堂《清經解》本改,下同。
④娏:底本作"娷",據學海堂《清經解》本改,下同。

書》"雉蟄"即《堯典》之"一死蟄"也。此與《土部》"坿"字下文
法正同。"大命不蟄"，其字之本義也。"雉蟄"，則引伸假借也。
鄭注《尚書》曰："蟄之言至，所以自致也。"是其義通。故引《虞書》在《商書》
之後，中以"讀若蟄同一曰"隔之，古文《尚書》"商書""虞書"
皆不作"蟄"而作"蟄"者，安國以今字讀之，既改從今字矣，叔
重存其壁中原字於《説文》，猶鄭君注《禮》每云"故書作某""古
文作某"也。

　　《白虎通》説朝聘："《書》曰，五玉、三帛、二生、一死贄。"玉
裁按："生"當作"牲"。

　　《後漢書·祭祀志》："光武封禪，刻石，文曰：同律度量衡，
修五禮、五玉、三帛、二牲、一死贄。"

# 如五器，

　　《集韵·去聲·三十八箇》曰："如，乃個切，若也。《書》
曰：'如五器，卒乃復。'鄭康成讀。"玉裁按：此讀今《尚書釋文》
不載，蓋開寶中陳諤等删之。丁度等自據未改《釋文》，"如"字
本有"那"音，《論語》"如之何"即"奈之何"也。鄭箋《詩》"柔
遠能邇"云："能，伽也。""伽"字當亦音"乃個反"，鄭注《尚書》
云："如者，以物相授與之言。"故作音者謂鄭"乃箇反"。鄭不
作音，"乃箇"之音，後人推演其訓爲之耳。凡《釋文》云"馬某
某反""鄭某某反"者，皆後人於其解得其音，爲《尚書音》者四
人，中有鄭君，後人所托也。

　　《尚書集注》云："依《集韵》知鄭讀'如'爲'笯'，鳥籠也。"
玉裁按：此語大誤。鄭説五器所以盛羔鴈雉相授，然則謂器爲
笯可通，"如"亦訓"笯"，則牀上施牀矣，且郭氏注《方言》曰：
"笯，那墓反。"韵書"笯"皆在慕韵，非"乃箇反"也。"如"讀爲
"那"者，自弟五部魚模轉入弟十七部歌麻也。

卒乃復。五月南巡狩，至于南岳，如岱禮。八月
西巡狩，至于西岳，如初。十有一月朔巡狩，至于
北岳，如初。

《釋文》大書"至于北岳如西禮"注云："方興本同，馬本作
'如初'。"玉裁按：云"方興本同"者，陸氏用王注本作《音義》，
謂王本作"如西禮"，姚方興本亦然也，《正義》本即方興本也。
云"馬本作如初"者，謂"如西禮"三字馬作"如初"二字也，陸不
單書"如西禮"，兼書"至于北岳"者，"如初"二字上文已有，恐
其易混也。《公羊傳·隱八年》疏引鄭注云："八月、十一月皆
言初。"然則鄭本與馬本同也，今定從馬、鄭。

歸，格于藝祖，用特。

"格"，當是本作"假"。

"藝祖"，今文《尚書》作"禰祖"。《尚書大傳》："歸，假于
禰祖，用特。五載一巡守。"《五帝本紀》："歸，至于祖禰廟。"此
皆今文《尚書》也。《王制》："歲二月，東巡守，至于岱宗，柴，而
望祀山川，覲諸矦，命典禮，考時月定日，同律，禮樂、制度、衣服
正之。五月，南巡守，至于南嶽，如東巡守之禮。八月，西巡守，
至于西嶽，如南巡守之禮。十有一月，北巡守，至于北嶽，如西
巡守之禮。歸，假于祖禰，用特。"此用今文《尚書》作"祖禰"
也。大史公《封禪書》云："文帝使博士諸生刺六經中，作王
制。"盧植云："即《禮記》此篇也。"

《後漢書·蕭宗紀》："元和二年二月辛未，幸太山。柴，告
岱宗。夏四月乙卯，車駕還宮。庚申，假于祖禰。"

《孝安帝紀》："延光三年春二月丙子，東巡狩，辛卯幸太
山，柴，告岱宗。夏四月乙丑，車駕入宮，假于祖禰。"

《白虎通·巡狩篇》:"王者出必告廟何? 孝子出辭反面,事死如事生。《尚書》曰:'歸假于祖禰。'"《曾子問》曰:"王者諸矦出,親告祖禰,使祝徧告五廟,尊親也。"玉裁按:此今文《尚書》説也。古文《尚書》作"藝祖",鄭訓爲"文祖"。馬、王皆云:"藝,禰也。"此據今文以釋古文也。許叔重《説文解字》乃不收"禰"字,豈黜今崇古歟?"禰"字自伏生有之,故吕伯雝録之《字林》,補叔重闕遺,今固執之,徒謂《説文》無"禰"字不可用,思所以代之,其失也愚矣。何休注《公羊》曰:"父死稱考,入廟稱禰。"疏曰:"舊説云禰,示旁爾,言雖可入廟是神示,猶自冣近于己,故曰禰。"小徐本《示部》有"禰"字:"秋畋也,從示爾聲。"然則"禰廟"字本當作"邇廟"而假"秋畋"之字也。

《白虎通·三軍篇》:"《尚書》曰:'歸假于藝祖。'"玉裁按:此"藝祖"二字淺人用古文《尚書》改之也,《白虎通·巡狩篇》亦引"歸假于祖禰",不應此獨同古文《尚書》作"藝祖",且上文云"王者將出,辭於禰,還格于祖禰",下引《王制》證"辭於禰",引《尚書》證"還格於祖禰",則斷非"藝"字,況下文又云"《尚書》言歸假于祖禰",可證乎?

《尚書大傳》説《堯典》,云:"古者巡守,以遷廟之主,行出以幣帛皮圭告于祖禰,遂奉以載于齊車,每舍奠焉,然後就舍。反必告奠,卒斂幣玉,藏之兩階之閒,蓋貴命也。"此與《禮記·曾子問》《白虎通·巡狩篇》相合,釋"歸假于祖禰也",淺人乃删去《尚書大傳》"禰"字。

《春秋公羊·隱八年傳》注引《尚書》"歸假于禰祖",《釋文》曰:"禰,本又作藝。"玉裁按:何所據者今文《尚書》,其説六宗用今説可證也,淺人改"禰"爲"藝"非何意。

劉昭《祭祀志》注曰:"晉武帝初,幽州秀才張髦上疏曰:

'《周禮》及《禮記·王制》，天子將出，類於上帝，宜於社，造於禰，巡狩四方，覲諸侯，歸格于祖禰，用特。'《堯典》亦曰：'肆類於上帝，禋于六宗，望于山川，徧于群神，班瑞于群后，肆覲東后。叶時月正日，同律度量衡。'巡狩一歲以周爾，乃歸格于藝祖用特。"玉裁按：晉初皆治古文《尚書》，故張髦引《堯典》作"藝祖"。

## 五載一巡狩。

　　何休《公羊注》引《尚書》曰："歲二月，東巡守，至於岱宗，柴，望秩于山川，遂覲東后，協時月，正日，同律度量衡，修五禮、五玉、三帛、二生、一死贄，如五器，卒乃復。五月，南巡守，至于南嶽，如岱禮。八月，西巡守，至于西嶽。十有一月朔，巡守至于北嶽，如西禮。還至嵩，如初禮，歸格于禰祖，用特。"惠氏定宇云："今文《尚書》不可攷，然何邵公所引不爲無據也。"玉裁按：《五帝本紀》言巡狩與《尚書》略同，不言中嶽，而《史記·封禪書》曰："《尚書》曰：'舜在琁璣玉衡，以齊七政，遂類于上帝，禋于六宗，望于山川，徧群神，輯五瑞，擇吉月日見四岳諸牧，還徐廣曰：'一作班。'瑞。歲二月，東巡守，至于岱宗。岱宗，泰山也。柴，望秩于山川，遂覲東后。東后者，諸侯也。合時月，正日，同律度量衡，修五禮、五玉、三帛、二牲、一死贄。五月，巡守至南岳。南岳，衡山也。八月，巡守至西岳。西岳，華山也。十一月，巡守至北岳。北岳，恒山也。皆如岱宗之禮。中岳，嵩高也。五載一巡守。'"此獨言中嶽，不與《本紀》同。《漢書·郊祀志》曰："《虞書》曰：'舜在璿璣玉衡，以齊七政，遂類于上帝，禋于六宗，望秩于山川，徧于群神，揖五瑞，擇吉月日，見四嶽諸牧，班瑞。歲二月，東巡狩至于岱宗。岱宗，泰山也。柴，望秩於山川，遂見東后。東后者，諸侯也。合時月，正日，同律度量衡,修五禮五樂三帛二牲一死爲贄。五月,巡狩至南嶽。南嶽者,衡山也。八月,巡狩至西嶽。西嶽者,華山也。十一月,巡狩至北嶽。北嶽者,恒山也。皆如岱宗之禮。中嶽,嵩高也。五載一巡狩。'"全與《封禪書》同,亦言中嶽。或云假令《尚書》原文無"中嶽",必不敢增竄。愚以爲《史》《漢》言"至岱宗""至南嶽""至西嶽""至北嶽",而不言"至中嶽",但言"中嶽,嵩高也",然則亦備五嶽之訓故而已。《風俗通義•山澤篇》曰:"謹按《尚書》:'歲二月,東巡狩,至于岱宗,柴。岱宗,泰山也。望秩于山川,遂見東后。東后,諸侯也。合時月,正日,同律度量衡,修五禮、五玉、三帛、二牲、一死贄。五月,南巡狩,至于南嶽。南嶽,衡山也。八月,西巡狩,至于西嶽。西嶽,華山也。十一月,北巡狩,至于北嶽。北嶽,恒山也。皆如岱宗之禮。'中,<sub>疑有'嶽'字。</sub>嵩高也,王者所居,故不巡焉。"按應氏説,"王者所居,故不巡焉"可證今文、古文《尚書》本皆無"至于中嶽"之文,何邵公則補經文曰:"還至嵩,如初禮。"蓋亦今文家説,而較《封禪》《郊祀》爲蛇足矣。《論衡•書虛篇》"舜巡狩,東至岱宗,南至霍山,西至太華,北至恒山",不言中嶽,亦可以證今文《尚書》本無"中嶽"。

古人引古,有古語未終即於其閒爲之訓故者,如《孟子•梁惠王篇》自"昔者齊景公問於晏子"至章末皆引古也,而"巡狩者,巡所守也""述職者,述所職也""從流下而忘反謂之流""從流上而忘反謂之連""從獸無厭謂之荒""樂酒無厭謂之亡""蓋徵招角招是也""畜君者好君也",皆是孟子訓故語。<sub>或云巡狩、述職、流連、荒亡,晏子訓故語。</sub>"蓋"者,實之之詞。其詩一句亦是《孟子》摘取,《五帝本紀》"文祖者,堯大祖也",《封禪書》"岱宗,泰山也",亦皆此法。

群后四朝,敷奏以言,

　　《漢書·宣帝紀》:"傅奏其言,考試功能。"應劭曰:"敷,陳也,各自奏陳其言,然後試之以官,考其功德也。"師古曰:"傅,讀曰敷。"玉裁按:古"傅""敷"通用,詳《禹貢篇》。

明試以功,

　　《説文》三篇《言部》曰:"試,用也,從言式聲。《虞書》曰:'明試以功。'"

車服以庸。

　　《公羊·桓元年》注:"《書》曰:群后四朝,敷奏以言,明試以功,車服以庸。"疏曰:"此逸《書》也。言群后四朝者,謂諸矦順四時而朝也。敷奏以言者,謂諸矦來朝之時徧奏以言語也。言明試以功者,國功曰功,謂明試以國事之功也。言車服以庸者,民功曰庸,若欲賜車服之時,以其治民之功高下矣。"玉裁按:"逸《書》"二字當作"《堯典》文"三字,其下當是鄭注,以徐疏於"閏月,定四時成歲,歲二月東巡守"皆用鄭注知之。"順四時"當作"分四年"。

　　《尚書大傳·唐傳》曰:"《書》曰:明試以功,車服以庸。"

　　《白虎通·巡狩篇》:"《尚書》曰:明試以功,車服以庸。"

　　司馬彪《輿服志》曰:"《書》曰:明試以功,車服以庸。"

肇十有二州,

　　《尚書大傳·唐傳》:"封十有二山,兆十有二州,濬川。""肇"作"兆",此今文《尚書》也。鄭注云:"兆,域也。爲營域以祭十二州之分星也。"此謂"兆"爲"垗"之假借字,與《周禮》同。若古文《尚書》作"肇",鄭注云:"舜以青州越海而分齊,爲營州、冀州，南北太遠，分魏爲并州，燕以北爲幽州，新置三州，并舊爲十二州也。"《爾雅釋文》。鄭意"肇"訓"始"，前此九州而十二州於此始，不若《詩·生民》《玄鳥》"肇"讀爲"兆"也。

"肇"從戈肁聲，《釋文》及唐石經不誤，俗本作"肇"，非也。《玉篇》《五經文字》皆云："肇，俗肇字。"《干禄字書》曰："肇，通；肇，正。"今本《説文·攴部》有"肇"字，唐後人妄增入無疑。凡古書内從攵作"肇"，皆當改正。

《王莽傳》曰："惟在《堯典》，十有二州，衞有五服。"

## 封十有二山，濬川。象以典刑，流宥五刑，鞭作官刑，

《後漢書·肅宗紀》元和元年詔曰："《書》曰：'鞭作官刑。'"

## 扑作教刑，金作贖刑。

"扑"者，"攴"之隸變，"手"與"又"同也。從木作"朴"，非。他經同。《鄉射禮》注："《書》曰：'扑作教刑。'"《周禮·職金》注："《書》曰：'金作贖刑。'"

## 眚災肆赦，怙終賊刑。

徐廣《史記注》曰："終，一作衆。"

## 欽哉，欽哉，惟刑之卹哉！

《匡謬正俗》曰："古文《尚書》作'惟'，今文《尚書》作'維'。"玉裁按：此據漢石經拓本在祕府者而言也。洪氏景伯《隸釋·石經〈尚書〉殘碑》"維"字八見，皆從糸。

"卹"，今本作"恤"，此衞包改也。《尚書》本皆作"卹"，衞皆改爲"恤"，妄謂"卹""恤"古今字也。攷《説文·血部》："卹，憂也。"《心部》："恤，憂也。"是二字音義皆同，然古書不容徑改。潘岳《耤田賦》"欽哉，欽哉，惟穀之卹"，李注："《尚書》

曰:'欽哉,欽哉,惟荆之卹哉。'"《説文》引《書》"無毖于卹",字皆從卩。

《五帝本紀》:"欽哉,欽哉,惟荆之静哉。"徐廣曰:"今文云:'惟荆之謐哉!'《爾雅》曰:'謐,静也。'"《索隱》曰:"案:古文作'卹哉',今文是伏生口誦,'卹''謐'聲近,遂作'謐'也。"玉裁按:徐廣所謂"今文",歐陽、夏矦《書》之散見僅存者也。《史記》作"静"者,以故訓易其字,使讀者易通,"謐"訓"静",故易爲"静"也。若古文作"卹",亦是静慎之意。《周頌》"誐以謐我",《春秋傳》引《詩》作"何以恤我",今《毛詩》云"假以溢我"。《爾雅·釋詁》云:"毖、神、溢,慎也。"又云:"㥄、謐、慎、貉、謐、顗、頠、密、寧,静也。"《莊子》書:"以言其老洫也。"陸德明云:"洫,本亦作溢,同,音逸。"然則"卹""恤"與"謐""洫"皆同部相假借,皆謂"慎静"。蓋"静""慎"意得交通,未有心氣不静而可謂之慎者,未有能慎而浮妄之動不除、不貉然寧静者。<sub>東原師説。</sub>"卹""謐"皆謂慎荆,無二義也。方興僞傳訓"憂",誤矣。

又按:《齊物論》"老洫","洫"讀同"侐"。《詩》"閟宮有侐",静也。《釋文》云:"洫,郭'許鵙反'。"蓋讀與《易》"闃其無人"之"闃"同。姚信"闃"作"閱",古"闃"音同"閱"。"老洫",謂寂静也,下文"近死之心,莫使復陽也"補足"老洫"二字之恉。

《漢書·荆法志》:"元帝初立,乃下詔曰:《書》不云乎,'惟荆之恤哉',其審核之,務準古法,朕將盡心覽焉。"玉裁按:元帝及班[1]所用者,今文《尚書》也,則"恤"當本作"謐",淺人改之,

---

①班:原作"斑",據學海堂《清經解》本改。

如《王莽傳》之改"台"爲"嗣"也。"其審核之",見《吕荆》。合二篇連用,古每有此。

## 流共工于幽州,

《孟子·萬章篇》:"舜流共工於幽州。"《射義》注:"流,猶放也。《書》曰:'流共工于幽州。'"《王莽傳》:"流菜于幽州,放尋于三危,殛隆于羽山。"《左氏·文十八年》正義引"流共工于幽州",孔傳:"幽州,北裔。"字皆作"州",今《尚書》作"洲"者,衞包以俗字改也。

## 放驩兜于崇山,竄三苗于三危,

《説文》七篇《宀部》曰:"寴,塞也。從宀叔聲,讀若《虞書》曰'竄三苗'之'竄'。"按:《説文》二"竄"字今本誤爲"寴"字,小徐本已然。用本字爲音,《説文》全書内無此例。"竄"字今音七亂切,古音七外切,見《周易·訟·象傳》、宋玉《高唐賦》、班固《西都賦》、《魏大饗碑》辭、晉張協《七命》、潘岳《西征賦》、宋謝靈運《撰征賦》。古音"寴"與"竄"同也,轉寫淆譌,淺人乃謂古文《尚書》作"寴三苗",由攷覈未至耳。《大部》"𪎩,讀若《詩》'秩秩大猷'",今本改"秩"爲"𪎩"。《骨部》"髑,讀若《易》曰'夕惕若厲'",俗本脱"讀若"二字,而《汗簡》乃云古《周易》作"髑",舛誤正同。

《孟子·萬章篇》"竄"作"殺","殺"非"殺戮",即"竄"之假借字也。古無去聲,"竄"讀如"鑔",《左氏·昭元年傳》曰:"周公殺管叔而蔡蔡叔。"陸氏德明曰:"蔡,《説文》作'粲'。"按:《説文》七篇:"糳粲,散之也。"私列、桑割二切。經典"竄""蔡""殺""粲"四字同音通用,皆謂放流之也。

## 殛鯀于羽山,

《説文》四篇《歺部》曰:"殛,殊也,从歺亟聲。《虞書》曰:
'殛鯀于羽山。'"

按:《爾雅》曰:"殛,誅也。"馬融注《尚書》、趙岐注《孟
子》、韋昭注《國語・晉語》皆同,惟《説文》云"殛,殊也",厠
"殂""殪"之間,則訓爲"死皋"。玫《春秋左氏傳》曰:"舜臣
堯,賓于四門,流四凶族渾敦、窮奇、檮杌、饕餮,投諸四裔,以禦
魑魅。"不言"殛"爲殺,然則"放""流""竄""殛"正同耳。《孟
子・萬章篇》引《書》"流共工于幽州,放驩兜于崇山,殺三苗于
三危,殛鯀于羽山,四罪而天下咸服",惟改"竄"爲"殺","殺"
即《説文》"羧"字之假借,《左氏傳》"殺管叔而羧蔡叔"是也。
《天問》:"永遏在羽山,夫何三年不施?"王注:"言堯長放鯀於
羽山,絕在不毛之地,三年不舍其罪也。"《吕覽・行論》曰:"帝
舜於是殛之於羽山,副之以吴刀。"高誘注云:"《書》云'鯀則殛
死',先殛後死也。"玉裁謂:《夏本紀》"舜行視鯀之治水無狀,
乃殛鯀於羽山以死",此語最爲分明,因殛而死,非訓"殛"爲
"殺"也。《左氏傳》:"子産曰:'堯殛鯀羽山,其神化爲黄熊,以
入于羽淵。'"《外傳》亦言:"昔者鯀違帝命,殛之于羽山,化爲
黄熊,以入于羽淵。"《山海經》曰:"帝令祝融殺鯀于羽郊。"此
皆渾舉不分析之詞,其實則先殛後死,高注明析。韋注《晉語》
又云:"殛,放而殺也。"<small>此四字依宋本,今本作"放殛而殺之"。</small>《鄭志》答
趙商云:"鯀非誅死,鯀放居東裔,至死不得反於朝。禹乃其子
也,以有聖功,故堯興之。若以爲殺人父,用其子,而舜禹何以
忍乎?而《尚書》云'鯀則殛死,禹乃嗣興'者,箕子見武王誅
紂,今與己言懼,其意有慙德,爲説父不肖則罪之,<small>'則'字依宋本《禮
記正義》,'之'字依四庫全書《鄭志》。</small>子賢則舉之,以滿武王意也。"<small>見《祭
法》正義。</small>鄭語似迂曲,云放居東裔,至死不得反朝,則《洪範》所

謂"殛,死者因殛而死"甚明,何必滿武王意爲此語也? 且《洪範》"殛死"本作"極死",《左氏·昭七年》釋文"殛"亦作"極",《多方》"罰殛"本又作"極",《爾雅》:"殛,誅也。"《魯頌·閟宮》《小雅·菀柳》正義皆引作"極",然則《堯典》"殛鯀"亦是"極"字之假借。"殛"之本義訓爲"殊","殊"之訓死也,一曰斷也。"殛"之所假借爲"極","極",窮也,《孟子》言"極之於所往"是也。大抵説經以文義爲主,字書以字形爲主,《虞書》"殛"訓"誅"不訓"死",《説文》者講字形之書,故"殂""殛""殪"皆從歺,一例訓"死",而引《堯典》"殛鯀"則爲假借,於經訓兩不相妨也。凡治經不知此者,則窒於字;凡治《説文》不知此者,則窒於經。近有改《説文》"殊"字爲"誅"者,窒於經而爲之也。

《周禮·大宰職》"八柄廢以馭其罪",鄭注:"廢猶放也,舜殛鯀于羽山是也。"玉裁按:劉向謂"放""流""竄""殛"爲四放之罰,今淺學謂"殛"爲"殺",大誤。《釋文》作"極,紀力反",葉林宗所抄宋本如是,通志堂刊本乃妄改之。

## 四罪而天下咸服。

《史記》作"辠",周字也;《尚書》作"罪",秦文也。秦文見《説文序》。蓋漢人以俗行字改之,《汗簡》曰"辠出《尚書》",恐想像之詞耳。《毛詩》"罪罟"或泥"罪"之本義,釋曰"罔罟",不知漢以後經典本無"辠"字。

## 二十有八載,

"二十",唐石經作廿,今不從。《説文》:"廿,二十并也,古文省。"又①:"卅,三十并也,古文省。"是則"廿"即"二十"字、"卅"

---

①又:原作"多",疑"又"字。

即"三十"字也,而"廿"讀如"入"、"卅"讀如"颯",即以二十、三十爲反語爲文辭者,如秦刻石"維廿六年""廿有六年""維廿九年""卅有七年",如顏介《稽聖賦》"有子百廿",如韓退之《孔戣墓誌》"孔世卅八",皆用以成四字句,開成石經《毛詩》"于卅里""卅維物""終卅里",則三字爲句而不可通,《廣韵注》云:"廿,今直以爲二十字。""卅,今直以爲三十字。"然則開成《毛詩》字作"卅",仍讀"三十",不讀如"颯"也,此篇"廿有八載""廿有二人"亦仍讀"二十",不讀如"入",又《無逸》"卅有三年",此篇"卅徵庸""卅在位"皆仍讀"三十"。考漢石經"二十"作"廿"、"四十"作"卌",又《考工記·輪人》"楅長倍之四尺者二十分寸之一",鄭云"故書'十'與上'二'合爲'廿'",此尤古文"二十"作"廿"之證,杜子春以施之此處,文理不通而正之者也。

唐石經每行十字,"生卅徵庸卅在位五十載"是也,今王堯惠所補"生三十徵庸三十在位五十載",則十二字矣。

# 帝乃殂落。

《説文》四篇《歺部》曰:"殂,往死也,从歺且聲。《虞書》曰'勛乃殂'。"小徐本如是,洪氏《容齋》所引正同。大徐本作"放勛乃殂",《集韵·十一模》所引,王氏伯厚《藝文志攷》引漢儒所用異字正同。今大徐本作"放勛乃殂落",有"落"字,淺人增之也。玉裁按:《孟子》《春秋繇露》《帝王世紀》皆作"放勳"字,董子用今文《尚書》者,許叔重、皇甫士安用古文《尚書》者。疑古文作"放勛",今文作"放勳",皆不作"帝"也。又,《説文》無"落"字,當是古文《尚書》。《孟子》《繇露》《爾雅》《白虎通》有"落"字,則同今文《尚書》。今本古文"帝乃殂落",恐姚方興本,未可爲據。陸氏用王本作《音義》恐不爾。師古注《王莽傳》引《虞書》"放勳

乃徂<sub>从彳</sub>。"無"落"字，此當是馬、鄭、王之本。或曰：《爾雅》
何以同今文《尚書》歟？曰：今文亦是周人所習，且"殂、落，
死也"，無妨"殂"字一句、"落"字一句，於古文亦無不合。
李巡者，後漢中黄門，必治今文《尚書》者，故云"殂落，堯死
之稱"，而郭景純因之。《堯典》之紀堯也，始言曰"放勳"，
終言"放勳乃殂"，其書舜之即真也，始言"舜格于文祖""舜
曰咨四岳"，終言"舜生"，古史文法精嚴如是。自僞孔傳不
謂放勳爲堯名，而云"言堯放上世之功化"，則"放勳乃殂"
不可通矣，於是姚方興傅會之，易爲"帝"字，推見至隱，其
在斯乎？若《孟子集注》云"放勳本史臣贊堯之詞，孟子因
以爲堯號"，如其説，似《尚書》本作"帝乃殂落"，《孟子》易
爲"放勳"，其亦誣矣。

　　《白虎通·崩薨篇》曰："《易》言'没'者，據遠也。《書》言
'殂落、死'者，各自見義。堯見憯痛之，舜見終，各一也。"盧氏
召弓曰："下'各'字疑衍。"玉裁按：《易》言"没"者，謂"包犧氏
没""神農氏没"是也。"殂落"謂《堯典》書堯也，"死"謂《堯
典》書舜也。

　　《五帝本紀》曰："堯立七十年得舜，二十年而老，令舜攝行
天子之政，薦之於天，辟位凡二十八年而崩。"按：云"得舜二十
年而老"者，即今文《尚書》之"徵庸"；"二十"，《舜本紀》之年；
"三十"，堯舉之年；"五十"，攝行天子事也。云"凡二十八年而
崩"者，包上文得舜二十年，又加八年言之，即《舜本紀》之"得
舉用事二十年，攝政八年，年五十八堯崩"也。《堯典》"二十有
八載"，合"歷試二十年""攝政八年"言之，《孟子》之所謂"舜
相堯二十有八載"也。王充《論衡·氣壽篇》曰："《堯典》曰'朕
在位七十載'，求禪得舜，舜徵。<sub>二今本訛作'三'。</sub>十歲在位，堯退

而老,八歲而終,至殂落,九十八歲,未在位之時必已成人,今計數百有餘矣。"王氏説與《史記》合,皆今文《尚書》説也。至皇甫謐云:"堯年二十而登帝位,以甲申歲生,甲辰即帝位,甲午徵舜,甲寅舜代行天子事,辛巳崩,年百十八,在位九十八年。舜攝政二十八年,堯與方迴遊陽城而崩。《尚書》所謂'二十有八載,放勛乃殂落'是也。"按皇甫氏説在位七十載爲自甲申至癸巳,則非在位七十載,但云在位,至今年已七十,由是甲午徵舜至癸丑二十年爲堯年九十,由是甲寅舜攝政至辛巳凡二十八年而崩,爲堯年百十八,由其誤會《史記》"堯立七十年得舜,二十年而老",舜攝政、堯避位凡二十八年而崩,以爲共有四十八年,而不知《史記》云"二十有八載",以合於《堯典》。云"凡"以括上文"二十年"極爲明畫,折衷之以"《孟子》曰舜相堯二十有八載"、古文《尚書》曰"登庸三十在位"、今文《尚書》曰"徵庸二十在位",則舜之臣堯竝無四十八年之久,且《尚書》明言朕在位七十載,而以未在位二十年、在位五十年充之,似皆非是。至於皇甫説堯年二十登帝位、計堯壽爲百十八歲,王氏仲任説堯即位之年不知若干歲,姚方興僞傳説堯年十六即位,七十載求禪,試舜三載,自正月上日至崩二十八載,壽一百一十七歲,乖異難定。"言厎可績"之三載當包於二十八載之中,姚氏説非也。《史記》在晉初已轉寫譌繆,如《秦本紀》:"是時蜚廉爲紂石北方,還,無所報。"案:"石"當作"使",聲之誤也。蜚廉使於北方,還而國滅紂死矣,故曰"無所報,乃爲壇於霍太山而報",此處句絶。下文"得石棺"是別一事,與漢滕公事略同,文理極明,而皇甫《帝王世紀》云"作石槨於北方",然則玄晏之學博而不精,其於《史記》仍譌襲繆,可概見矣。其於《堯本紀》乃誤讀,《本紀》不繆也。

　　《魏志·明帝紀》注:"詔曰:昔放勛殂落,四海如喪考妣,遏密八音。"

百姓如喪考妣，三載，四海遏密八音。

　　“三載”，《孟子》《緯露》皆作“三年”，如《禹貢》作“十有三載”，馬、鄭、王作“十有三年”，古人文字自不拘也。或云“三載，女陟帝位”，鄭本作“三年”，亦是一證。余謂：此或《史記》作“三年”而《集解》因改鄭注同於正文。凡若此類甚多，閻氏百詩輩概指爲馬、鄭之異孔，殆非也。惟此篇“愼徽”以下至末乃姚方興本，未知馬、鄭、王本何如耳。陸用王本而略於方興本之異同，《正義》用方興本而略於馬、鄭、王之異同，今人所習皆方興本也。

　　《白虎通·四時篇》：“《尚書》曰：‘三載，四海遏密八音。’”按：此“載”字或後人以今本《尚書》改之者。

　　《孟子·萬章篇》曰：“《堯典》曰：‘二十有八載，放勳乃徂〔從彳〕落，百姓如喪考妣，三年，四海遏密八音。’”

　　《春秋緯露》第五十二曰：“《尚書》曰：‘二十有八載，放勳乃殂落，百姓如喪考妣，四海之內闋密八音三年。’”

　　皇甫氏《帝王世紀》曰：“《尚書》所謂‘二十有八載，放勛乃殂落’是也，百姓如喪考妣，三載四海遏密八音。”《太平御覽》卷八十。

月正元日，舜格于文祖，

　　薛綜《東京賦注》：“《尚書》曰：‘正月元日，舜格于文祖。’”“月正”作“正月”。“格”當是本作“假”。

詢于四岳，闢四門，

　　《説文》十二篇《門部》曰：“闢，開也，從門辟聲。閔，《虞書》曰：‘閔四門。’從門北。”玉裁按：下一字，古文“闢”字，從門北會意。北，引也，普班切。所引《虞書》則壁中故書然也。《書序》馬本“東郊不闢”一作“不闢”，此可證壁中“闢”皆作“閔”，孔子國以今文讀之，改爲“闢”。而《柴誓序》則好古所嗜遺者，凡《説文》

引"闗""𨿓""𢧵"字,皆於小篆之下舉壁中《尚書》古文。

## 明四目,達四聰。

《漢書·梅福傳》福上書曰:"所謂辟四門,明四目也。"《舜本紀》亦作"辟四門"。

"達",《舜本紀》作"通",今文《尚書》也。

《左傳·文公十八年》杜注曰:"闢四門,達四窓,以賓禮衆賢。"《釋文》曰:"窓,本亦作聰。"或疑不應作"窓",攷《風俗通·十反篇》曰:"蓋人君者,闢門,開窓,號咷,博求。"此亦用《堯典》也。蓋古文《尚書》本作"囪"。"窗"者,"囪"之或字,"窓"又"窗"之俗體,"聰"又"囪"之同音字。作"囪",而或如字,或讀爲"聰",猶之"台"可讀爲"怡"、"尼"可讀爲"昵"、"庸"可讀爲"鏞"也。作"窗",正合惠氏定宇明堂之説。

## 咨十有二牧,

《白虎通·封公矦篇》:"唐虞謂之牧者何?尚質,使大夫往來牧視,故謂之牧。旁立三人,凡十二人。《尚書》曰:'咨十有二牧。'""旁"即"方"字,謂每方立三人也。

## 曰:"食哉惟時! 柔遠能邇。惇德允元,而難任人,

"任",《咎繇謨》作"壬"。《釋詁》:"任、壬,佞也。"

皇氏《論語義疏》"色屬而内荏章",江熙曰:"古聖難於荏人。"江所據《尚書》作"荏"字也。

## 蠻夷率服。"

《漢書·景武昭①元成功臣矦表》引《書》"蠻夷帥服",古"率""帥"通用,如《毛詩》"率時農夫",《韓詩》作"帥時農夫"。

_____

①昭:據李文,"昭"後或脱"宣"字。

舜曰：

　　首言“舜曰”，已下乃言“帝曰”者，以別於前文之“帝曰”，且下言“熙帝之載”，故不敢言“帝曰”以著舜之見堯於羹牆之心也。《堯典》之書堯舜如天地，然天地竝尊而地必包於天，如日月，然日月竝照而月必兆於日也。

## “咨！四岳。有能奮庸熙帝之載，使宅百揆，亮采惠疇？”

　　“亮”字不見於《説文》，今之言小學者謂爲不可用。致戴氏仲達《六書故》所引唐本《説文》皆非作僞，如云：“亮，明也，从儿从高省。”是《説文·儿部》本有此字而轉寫佚之。《吳志》曰：“吳主亮，字子明。”《蜀志》曰：“諸葛亮，字孔明。”此字以“儿”“高”會意，人居高則可遠眺，故曰“明也”。《爾雅》：“亮，相也。”古“輔相”與“相視”無二義，“相視”即《説文》“明也”之訓也。上自唐虞蚤有“亮”字，而淺者疑之。玉裁嘗謂不可以《説文》盡天下之字，不可以今本《説文》盡《説文》之字，小學庶可大明矣。

　　“疇”訓“誰”，則專詞；訓“類”，則統詞。雖則分別而實相通，此“疇”當訓“類”。

## 僉曰：“伯禹作司空。”

　　《風俗通義·皇霸篇》：“經曰‘僉曰伯禹’‘禹平水土’。”下句見《吕荆》，或即約舉此下文。

　　《埶文志》：“褹家者流，《大奅》三十七篇，傳言禹所作，其文似後世語。”玉裁按：“奅”即《説文》古文“禹”字，《漢書》亦秖此一處，不得據以改漢後《尚書》，如《汗簡》《古文四聲韵》所載也。

## 帝曰：“俞！咨禹，

“俞咨”，《五帝本紀》作“嗟，然”。疑今文《尚書》“咨”在“俞”上也。

## 女平水土，惟時懋哉！”

《説文》十篇《心部》曰：“懋，勉也，從心楙聲。《虞書》曰：‘時惟懋哉。’”玉裁按：大小徐本及《玉篇》皆作“時惟”，與《尚書》異，本篇又云“惟時亮天工”，《五帝本紀》作“維是勉哉”，則今文《尚書》亦作“維時”矣。古“懋”與“茂”通用，“茂”之義近美，故馬云“美也”。《爾雅·釋故》云：“茂，勉也。”《董仲舒對策》、郭璞注《爾雅》皆引《書》曰“茂哉茂哉”。董用今文《尚書》者，郭用古文《尚書》者，是則今古文皆一，作“茂”可證也，《五帝本紀》亦以“勉”字代“懋”字。

## 禹拜稽首，

“稽”者，“䭫”之假借字也。

## 讓于稷、

後世分別，“社稷”字作“禝”，漢人俗字也。

## 契

《説文》八篇《人部》曰：“偰，高辛氏之子，堯司徒，殷之先，從人契聲。”玉裁按：此正字也，別無他義，但爲玄王之名，故叔重之説解如此，蓋壁中《尚書》正作“偰”也。《厹部》“离”字下曰“讀與偰同”，可知漢人通用“偰”，人所共曉，不知何時遣去“人”旁，借用“書契”。許云“高辛氏之子”者，《左氏傳》“舜舉高辛氏之子八元，使布五教於四方”，然則“偰”即伯奮、仲堪、叔獻、季仲、伯虎、仲熊、叔豹、季貍八人中之一也。班氏《古今人表》不得其主名，故既舉八元，復舉离。“离”者，“偰”之假借字，《漢書》中用字，假借極寬,《説文》“离”字下云“讀與傻同”者,此謂其音同,非謂其字同也。《米部》“竊”字下云:“离,古文傻。”此淺人妄增,非許語也。

## 暨皋陶。

《説文》八篇《釆部》曰:“臬,衆與詞也。各本作‘衆詞與也’,惟《廣韵·六至》作‘衆與詞也’不誤。衆與,猶言多與,以其字從釆,故言衆與,此字書説字之法也,施之於用,即少與亦謂之臬。從釆自聲,《虞書》曰:‘臬咎繇。’又曰,槑,古文臬。”此等字皆轉寫失真。玉裁按:蕭該《漢書音義》云:“臬,《尚書》音巨淹反。”可證六朝時《尚書》作“臬”,今本作“暨”蓋衛包本。《音義》無“臬”,恐開寶時删之也。《釋文》於孔序曰:“皋,本又作咎;陶,本又作繇。”攷自來古文《尚書》有作“皋陶”者,有作“咎繇”者,是以顏注《漢書》引《尚書》皆作“咎繇”,李注《文選》則皆作“皋陶”。要之,衡以古音,則“皋陶”二字古在尤幽,《説文》引《虞書》作“咎繇”,則壁中元本也。

## 帝曰:“俞! 女往哉!”帝曰:“棄,

凡經典“棄”字,唐石經皆作“弃”,此因其字中有“世”字,故避諱從古文。作“弃”不必從也。又,凡“葉”字作“枼”,亦是避“世”字,“棄”字之中本非“世”字。

## 黎民阻飢,

《周頌·思文》鄭箋云:“昔堯遭洪水,黎民阻飢,后稷播殖百穀,烝民乃粒,萬邦作艾。”《正義》引《舜典》“黎民阻飢,女后稷播時百穀”,注曰:“阻,讀曰俎。阻,厄也。時,讀曰蒔。”玉裁按:凡言“讀曰”,與“讀爲”同,“讀曰蒔”者,易“時”字作“蒔”,則“讀曰俎”者,豈易“阻”字作“俎”乎? 初疑當是“讀如俎”,謂其音同“俎”耳。既思“阻”字非難識之字,鄭君何必比

方爲音，如"鼜"之讀如"聑"乎？蓋壁中故書作"俎"，故鄭云
"俎，讀曰阻。阻，厄也"。學者既改經文作"阻"，則注文不可
通，乃又倒之云"阻，讀曰俎"。經書中此類甚多，請言其略。

《周禮·司巫》："祭祀則共匰主，及道布，及蒩館。"杜子春
云："蒩，讀爲菹。菹，藉也。書或爲菹。"謂"蒩"一本作"菹"。下文云
"館"或爲"飽"，今本誤衍"租"字。玄謂"菹之言藉也，祭食有當藉者"，
此文義極明，"菹"訓"藉"，與《説文解字》"菹，茅藉也"正合。
今本改云"菹，讀爲蒩，蒩，藉也"，則不可通。"蟈氏：下士一
人，徒二人"，鄭司農云："蟈，讀爲蜮。蜮，蝦蟇也。《月令》曰
'螻蟈鳴'，故曰'掌去黽電'。黽電，蝦蟇屬，書或爲'掌去蝦
蟇'。"玄謂："蟈，今御所食蛙也，字從虫，國聲也。蜮乃短弧
與？"此文義亦極明。《説文解字》則不用先鄭説，謂蟈又作蜮，短弧也。今本
改云"蜮，讀爲蟈。蟈，蝦蟆也"，則不可通。"土馴"，鄭司農
云："馴讀爲訓，謂以遠方土地所生異物告道王也。《爾雅》曰
'訓，道也'。"玄謂"能訓説土地善惡之勢"，此文義亦極明。《夏
官·訓方氏》注亦云"訓，道也"。今本改"訓"讀爲"馴"，則不可通。
"司服希冕"，鄭注："希讀爲黹，或作絺，字之誤也。希冕者，刺
粉米無畫也。"此文義亦極明，與《皋陶暮》鄭注"絺，讀爲黹。
黹，紩也"見《尚書正義》。正合。《廣韵》引"祭社稷五祀則用黹
冕"，今本改云"希，讀爲絺，或作黹，字之誤也"，則不可通。
《祭統》："鋪筵設詞几爲依神也。"鄭注："詞之言同也。"此文義
極明，今本改"同之言詞"，以易識之字更爲難字，則不可通。
《穆天子傳》："西王母爲天子謡，曰：'道里悠遠，山川諫之。'"
郭注："諫，音閒。"是即讀"諫"爲"閒"，明古假借法也。《顔氏
家訓·音辭篇》云"《穆天子傳》音諫爲閒"可證。今本作"閒音
諫"則非。《吕氏春秋》卷一"仁所私以行大義"，高注："仁，讀

曰忍,行之忍也。”此文義極明,今本正文作“忍”,注作“忍,讀曰仁,行之忍也”,則不可通。《西京賦》“烏獲扛鼎”,李善注曰:“《説文》:‘扛,横關對舉也。’”“舡”與“扛”同。《吴都賦》“覽將帥之攉勇”,字從“扌”,見《毛詩·盧令》鄭箋、《五經文字·木部》“權”字下。李注:“《毛詩》曰‘無拳無勇’,攉與拳同。”今本正文作“扛”、作“拳”,注又譌舛而不可通。已上諸條皆因先用注説改正文,嗣又用已改之正文改注,如改經文之“鉏”爲“菹”,則注“鉏,讀爲菹”不可通,乃又妄改云“菹,讀爲鉏”是也,於是如“趹䖂”,如“首尾衡歷”,字與義不謀,上與下不貫矣。自陸德明作《音義》之時已襲此誤本而不省,願治古文者於此等蒕意焉。

　　此“俎,讀曰阻”亦其一也,古文作“俎”,鄭讀爲“阻”,此正如“昧谷”,壁中作“邧谷”,鄭則讀爲“昧”也。古“且”與“俎”音同義同。且,薦也;俎,所以薦肉也。孔壁與伏壁當是皆本作“且”,伏讀“且”爲“祖”,訓“始”,孔安國本則或通以今字作“俎”,而説之者仍多依今文讀爲“祖”,訓“始”,如馬季長注是也,至鄭乃讀爲“阻”,鄭意以“九載績墮,黎民久飢”不得云“始飢”,故易字作“阻”,云“厄”也。王子雝從之云“難也”,姚方興採王注亦云“難也”,鄭君《周頌》箋、《毛詩譜》及孟康注《漢書》引《尚書》,皆依所易之字作“阻”,此引經常例,而方興逕用鄭説易《尚書》經文本字作“阻”不作“俎”,亦如僞孔用鄭説易經文作“昧谷”不“邧谷”。《釋文》本簡略,且開寶改竄之後,原委尤不可攷也。若今文《尚書》作“祖飢”,則其證有五:《五帝本紀》曰“黎民始飢”,一也;《漢書·食貨志》曰“舜命后稷,以黎民祖饑”,二也;孟康注《漢書》曰“祖,始也,古文言阻”,三也;徐廣《史記音義》曰“今文《尚書》作‘祖飢’。祖,始也”,四也；《毛詩釋文》曰"馬融注《尚書》作祖,云'始也'",此馬氏用今文讀"俎"爲"祖",五也。

宋本《毛詩正義》:"黎民俎飢,俎讀曰阻。"蘇州袁廷檮所藏本如是。與日本《七經攷文》合。

# 女后稷,播時百穀①。"

鄭云:"時,讀曰蒔。"按:《説文》:"蒔,更別種也。"《周頌》箋云:"后稷播殖百穀。""殖""植"古通用,亦即易"時"作"蒔"之意也。《吕荆》曰:"稷降播種,農殖嘉穀。"《祭法》曰:"其子曰農,能殖百穀,周棄繼之。"《鄭語》曰:"周棄能播殖百穀蔬,以衣食民人者也。"韋注:"殖,長也。"

# 帝曰:"契,百姓不親,五品不遜,

《説文》十篇《心部》曰:"愻,順也。從心孫聲。《唐書》曰:'五品不愻。'"玉裁按:"愻"訓"順","遜"訓"遁",今本古文作"遜",未審衛包所改,抑衛包已前已然。《禮記·緇衣篇》"恭以涖之,則民有孫心",毛氏居正所見本"孫心"二字有作"愻"一字者,漢魏人書內閒有"愻"字而不多見。如王肅《家語》云:"小人以不愻爲勇。"《學記》:"不陵節而施之謂遜。"《説苑》作:"學不陵節而施之曰馴。""遜""馴"皆訓"順"也。古文《尚書》"五品不愻",今文《尚書》作"不訓","訓"通作"馴"。《尚書大傳·唐傳》曰:"百姓不親,五品不訓,則責之司徒。"《史記·五帝本紀》"五品不馴",《正義》曰:"馴,音訓。"《索隱》曰:"《史記》馴字,徐廣皆讀曰訓。訓,順也。"《殷本紀》:"五品不訓。"《漢書·王莽傳》:"司徒主司人道,五教是輔,帥民承上,宣美風俗,五品乃訓。"《後漢書·周舉傳》:"帝下策問曰:'五品不

---

①播時百穀:原脱,據學海堂《清經解》本補。

訓。’”《劉愷傳》：“調訓五品。”《謝夷吾傳》：“下使五品咸訓於嘉時。”《周禮·地官·序官》注：“教所以親百姓訓五品。”按：此皆用今文《尚書》作“訓”。訓，順也，非教訓之謂。鄭注《詩》《禮》用今文《尚書》絶少，此其一也。

　　玉裁按：《説文》引《堯典》“假于上下”“平豑東作”“宅堣夷”“鳥獸𪟴髦”，又“鳥獸褢毛”“帝曰：疇，咨”“方救僝功”，又“𡷌述孱功”“洪水浩浩”“有能俾㑝”“方命圮族”“岳曰异哉，𩑺類于上帝”“雉蓺”“明試以功”“竄三苗，殛鯀于羽山”“放勛乃殂”“闢四門”“時惟懋哉”“臯咎繇”“僉曰伯夷”“教育子”“八音克龤”“龍朕”“聖讒説殄行”，皆言《虞書》，而此句獨言《唐書》者，從今文《尚書》例也。《尚書大傳》曰《唐傳》，曰《虞傳》，曰《夏傳》，曰《殷傳》，曰《周傳》，馬、鄭、王肅、《別録》題皆曰《虞夏書》，鄭《序》以爲《虞夏書》二十篇，《商書》四十篇。今玫鄭《贊》云：“三科之條，五家之教。”三科者，謂虞夏一科、商一科、周一科也。五家無聞，蓋謂唐一家、虞一家、夏一家、商一家、周一家也。五家之教，謂五代之書，《堯典》爲《唐書》，《臯陶謨》爲《虞書》，《禹貢》已下爲《夏書》，《湯誓》《盤庚》已下爲《商書》，《牧誓》已下爲《周書》，今文《尚書》例也。三科，謂作三書之時代，《堯典》《臯陶謨》《禹貢》是三篇者，或曰虞史記之，或云夏史記之，莫能別异，故相承謂之《虞夏書》，商史所記者爲《商書》，周史所記者爲《周書》，古文《尚書》例也。《左氏傳》以“慎徽五典，五典克從，内于百揆，百揆時序，賓于四門，四門穆穆”繫之《虞書》，以“敷内以言，明試以功，車服以庸”繫之《夏書》，<small>“敷内以言”三句是《臯陶謨》文也。</small>是孔子時原以《堯典》爲《虞書》，《臯陶謨》及《禹貢》爲《夏書》，漢初不分別，則謂之《虞夏書》，合《商書》《周書》而有三科之説。其列爲五家者，則直曰《唐書》《虞書》《夏書》《商書》《周書》，許君蓋從五家之説者也，故引《皋陶謨》曰《虞書》，引《禹貢》曰《夏書》，引《堯典》曰《唐書》，所引"假于上下"等句本皆作《唐書》，蓋盡爲淺人轉寫所改，其改之未盡者，獨畱此一處耳，徐鍇本"《唐書》曰'稘三百有六旬'"，則併此尚存二處。今本《尚書大傳》係惠氏定宇所集，其前題"虞夏傳唐傳""虞夏傳虞傳""虞夏傳夏傳"云云，殆合古文、今文而一之，未可依據也。

《論衡·正説篇》："唐、虞、夏、殷、周者，土地之名，堯以唐矦嗣位，舜從虞地得達，禹由夏而起，湯因殷而興，武王階周而伐，皆本所興昌之地，重本不忘始，故以爲號，若人之有姓矣。説《尚書》，謂之有天下之代號，唐、虞、夏、殷、周者，功德之名，盛隆之意也，故唐之爲言蕩蕩也，虞者樂也，夏者大也，殷者中也，周者至也，堯則蕩蕩民無能名，舜則天下虞樂，禹承二帝之業，使道尚蕩蕩，民無能名，殷則道得中，周武則功德無不至。其立義美也，其褒五家大矣，然而違其正，實失其初意。唐、虞、夏、殷、周，猶秦之爲秦，漢之爲漢，秦起於秦，漢興於漢中，故曰猶秦漢，猶王莽從新都矦起，故曰凶新，使秦漢在經傳之上，説者皆復爲秦漢作道德之説矣。"玉裁按：此五家之教之證也。三科者，古文家説；五家者，今文家説。

# 女作司徒，敬敷五教，在寬。"

"敷"，《左氏傳》作"布"，《王莽傳》作"輔"。

《殷本紀》："帝乃命契曰：'百姓不親，五品不訓，汝爲司徒，而敬敷五教，五教在寬。'"司馬彪《禮儀志注》："丁孚《漢儀夏勤策文》曰：敬敷五教，五教在寬。"《後漢書·鄧禹列傳》："拜禹爲大司徒，策曰：'百姓不親，五品不訓，汝作司徒，敬敷五教，五教在寬。'"袁宏《後漢紀》三十引《書》"敬敷五教，五教在寬"。此皆用今文《尚書》也。

　　唐石經"五教"之下叠"五教"二字,字形隱隱可辨,後乃摩去重刻。然則唐時本有作"敬敷五教,五教在寬"者,與《殷本紀》合。又案:唐石經"哉帝曰弃黎民阻飢汝"九字一行,"后稷播時百穀帝曰契"九字一行,"百姓不親五品不遜汝"九字一行,"作司徒敬敷五教在寬"九字一行,"帝曰皋陶蠻夷猾夏寇"九字一行,"賊姦宄汝作士五荆有"九字一行,但此經通體每行十字,諦視初刻,則此六行皆十字也。一行曰"哉帝曰弃黎民阻飢汝后",二行曰"稷播時百穀帝曰契百姓",三行曰"不親五品不遜汝作司徒",四行曰"敬敷五教五教在寬帝曰",五行曰"皋陶蠻夷猾夏寇賊姦宄",六行曰"□□□□□□□五荆有",字形皆隱隱可識。惟弟六行石殘毀首七字,新舊刻皆漫滅,"五荆有"上疑其同僞《大禹謨》之文,云"汝作士明于五荆",叠"五荆"二字,同叠"五教"文法,非此,則弟六行祇有"汝作士五荆有"六字,不能成行。覆定石經者刪去"在寬"上叠"五教"二字,刪去"五荆有"上四字,共刪去六個字,因改此六行爲某行九字,摩去重刻,亦可證初刻時所據之本不與今同也。

## 帝曰:"皋陶,

　　《唐六典》卷十八引《尚書》作"咎繇"。

## 蠻夷猾夏,

　　《漢書·匈奴傳》贊曰:"《書》戒'蠻夷猾夏'。"

## 寇賊姦宄。女作士,五荆有服,

　　《獨斷》曰:"唐虞曰士官。《史記》曰:'皋陶爲理。'《尚書》曰:'皋陶作士。'"

　　《吕覽·君守篇》高注:"《虞書》曰:'皋陶,蠻夷猾夏,寇賊姦宄，女作士師，五刑有服。'"多"師"字。

"宄"，《周禮·司刑》正義引鄭注作"軌"。

# 五服三就。五流有宅，五宅三居。

《王制》注："《虞書》曰：'五流有宅，五宅三居。'"《正義》引鄭注云："宅，讀曰咤，懲刈之器，謂五刑之流皆有器懲刈。"玉裁按："咤"，《說文》作"吒"，《集韵》云二形一字。

《史記·五帝本紀》："五流有度，五度三居。"此今文《尚書》也。

# 惟明克允。"

《堯典》者，記事之文。《咎繇謨》者，記言之文。<small>戴先生云爾。</small>非若後世之求工也，而其工後世莫尚焉。《左氏春秋》季孫行父言"舜臣堯，舉八愷，使主后土，以揆百事，莫不時序，地平天成"，故《虞書》數舜之功曰"納于百揆，百揆時序"，無廢事也。然則舉禹作司空，平水土，實在臣堯歷試之時。又言"舉八元，使布五教于四方，父義母慈兄友弟恭子孝，内平外成"，故《虞書》數舜之功曰"慎徽五典，五典克從"，無違教也。然則舉偰作司徒，亦在臣堯歷試之時。又言"賓于四門，流四凶族，渾敦窮奇，檮杌饕餮，投諸四裔，以禦魑魅"，故《虞書》數舜之功曰"賓于四門，四門穆穆"，無凶人也。然則流共工、放驩兜、竄三苗、殛鯀，亦在臣堯歷試之時。且皋陶即高陽才子庭堅，象以典刑，非皋陶莫勝任，然則舉皋陶作士，亦在臣堯歷試之時。而"帝曰欽哉"已下但渾舉之，以放流竄殛類敘於象刑之下，因枝以振葉也。以禹作司空，棄、后稷、偰作司徒，皋陶作士，補敘於詢岳闢門之時，因尾而見首也。禹宅百揆爲新命，后稷司徒士爲申命，前略而後詳，前闇而後明，渾渾無涯而奇巧乃如是。

自"慎徽五典"已下，"二十有八載"已上，舜之美皆堯之美也,禹、稷、偰、皋陶之美皆舜之美也。假令詳書舜之舉愷舉元,堯之命諸臣,勞之來之等語,則無以見歸美於舜以歸美於堯之意,故爲隳栝之詞,此古史之無意爲文而文獨至也。非季文子之釋經具在,則不得其解矣。

## 帝曰:"疇若予工?"僉曰:"垂哉!"

《釋文》曰:"如字,徐音睡。"玉裁按:徐所説,舊音也。"工"、"㙨"字,他書皆作"倕"。《山海經》:"南方不距之山,巧倕葬其西。"郭傳云:"倕,堯巧工也,音瑞。"《顧命》當同此篇。

## 帝曰:"俞! 咨垂,女共工。"

"共"讀爲"供"。他處讀爲"供"者,皆經衛包改竄,如《召誥》《無逸》是也,惟此幸存其舊。

## 垂拜稽首,讓于殳斨暨伯與。

《漢書·古今人表》弟二等作"朱斨""柏譽",此今文《尚書》也,古"伯"多借"柏"。

## 帝曰:"俞! 往哉,女諧。"

《古文苑》崔瑗《河間相張平子碑》銘辭曰:"往才女諧。"章樵注曰:"古文《尚書》'哉'作'才'。"玉裁按:此謂宋次道家之古文《尚書》,晁公武刊石於蜀者也。薛季宣《書古文訓》正是此本,故"哉"皆作"才"。溯厥由來,乃僞作古文《尚書》者竊取張平子碑耳。郭注《爾雅》引《書》"茂才茂才"即"懋哉懋哉"也。又《論語》鄭注曰:"古字'材''哉'同。"

## 帝曰:"疇若予上下草木鳥獸?"禹曰:

《正義》曰:"馬、鄭、王本皆爲'禹曰益哉',是字相近而彼誤耳。"玉裁按:此當依馬、鄭、王,不得從方興朒改,令前後一例,安見益非禹所獨薦也?

閻氏百詩《尚書古文疏證》曰：“晚出《書》‘僉曰益哉’，三家本‘僉’作‘禹’，蓋禹同治水者，二人曰益曰稷。稷既命之，仍舊職矣。益是時烈山澤之功又畢，虞適缺官，禹蓋深知其才習於草木鳥獸，故特薦之。原僞作者，心必欲竄爲‘僉曰’，不過以上文薦禹及巫，下文薦伯夷，皆屬‘僉曰’，此不宜別一例。不知唐虞朝大公，衆知其賢，則交口譽之，而不爲朋黨，若獨知其賢即越衆以對，而亦不以爲異。愚于是嘆晚出書之紛紛多事也。”玉裁按：此非枚頤之罪，乃姚方興之罪也。今按：《毛詩·秦誓》正義：“《虞書》稱舜曰：‘疇若予上下草木鳥獸？’禹曰：‘益哉。’帝曰：‘俞！益，汝作朕虞。’”此用馬、鄭、王本，不用方興本。汲古閣《正義》作“禽”，“禹”字之誤。《文選·羽獵賦》：“昔者禹任益虞，而上下和，草木茂。”善曰：“《尚書》：帝曰：疇若予上下草木？禹曰：益哉。帝曰：益，汝作朕虞。”李氏亦用馬、鄭、王本，與賦文“禹任益虞”之云相合，但其下文又引孔安國曰：“上謂山，下謂澤。”其所稱孔安國者即方興也。經作“禹曰”，傳同方興，蓋方興本亦或作“禹曰”，不則李氏不應經用甲、傳用乙，《尚書正義》本特據其作“僉”者妄指作“禹”爲誤耳。

《五帝本紀》作“皆曰益哉”。“皆”者，“僉”之訓詁字也，此今文《尚書》也。

## “益哉。”帝曰：“俞！咨益，

《漢書·百官公卿表》曰：“《書》載唐虞之際，命羲和四子順天文，授民時；咨四岳，以舉賢材，揚側陋；十有二牧，柔遠能邇；禹作司空，平水土；棄作后稷，播百穀；卨作司徒，敷五教；咎繇作士，明五刑；垂作共工，利器用；㚈作朕虞，育草木鳥獸；伯夷作秩宗，典三禮；夔典樂，和神人；龍作納言，出入帝命。”師古曰：“㚈，古益字也。”玉裁按：即《説文》所載籀文“嗌”字也，同音假借爲"益"字。今本《漢書》及《集韵》等書皆譌失其真矣。《漢書》"伯益"字亦惟此一處作"蘻"，餘不爾。

## 女作朕虞。"

《秦詩譣》云："有伯翳者，實皋陶之子，佐禹治水，水土既平，舜命作虞官，掌上下草木鳥獸。"

《王莽傳》更名水衡都尉曰"予虞"。按："予虞"即《堯典》之"朕虞"，謂朕之虞官也。鄭注云"言朕虞，重草木鳥獸"是也。莽之不通文理，與更名"大理"曰"作士"、"少府"曰"共工"同一可笑。"工"乃官名，"共工"猶"作士"也，師古注"共讀曰龔"是也。莽於人名不欲其二字，於官名不欲其一字。又攺《五帝本紀》以巫爲共工，以益爲朕虞。《百官公卿表》："垂作共工，蘻作朕虞。"《文選》廿七注："應劭曰：'《尚書》曰禹作司徒，空之誤。棄后稷，契司徒，皋繇作士師，此亦有"師"字。垂共工，益朕虞，伯夷秩宗，夔典樂，龍納言，凡九官也。'"按：此劉向《上災異封事》"舜命九官，濟濟相讓"注也，與《五帝紀》《百官公卿表》皆以"共工""朕虞"爲官名，今文家説如是。

又按：《五帝本紀》："皋陶爲大理，伯夷主禮，垂主工師，益主虞，棄主稷，契主司徒，龍主賓客。"則司馬未嘗并"朕"爲官名也。

## 益拜稽首，讓于朱虎熊羆。帝曰："俞！往哉，女諧。"

《左氏》："伯虎、仲熊、叔豹、季貍。"按："季貍"，《古今人表》作"季熊"，"熊"疑"羆"之誤，即益所讓之虎熊羆，蓋朱、虎、熊、羆四人名也。方興採馬、王説，朱虎、熊羆爲二臣名。

## 帝曰："咨！四岳。有能典朕三禮？"僉曰："伯夷。"

《説文》五篇《亼部》曰:"僉,皆也。從亼從吅從从。《虞書》曰:'僉曰伯夷。'"按:《尚書》"僉"字始見於四岳舉鯀,亦可以見古人俪引之不拘也。

## 帝曰:"俞!咨,伯。

《白虎通·王者不臣篇》:"先王老臣不名,親與先王戮力共治國,同功於天下,故尊而不名也。"《尚書》曰"咨,爾伯",不言名也。孫氏詒穀①志祖曰:"案:舜帝之命官於伯夷,獨曰'俞咨伯'而不名。疑《白虎通》所云乃古書説相傳如此。"玉裁按:蓋今文《尚書》説也,《五帝本紀》"嗟,伯夷"豈大史公以意補"夷"字與?

## 女作秩宗。

《周禮·春官·序官》注:"鄭司農曰:《書·堯典》曰:帝曰:咨,四岳,有能典朕三禮?僉曰:伯夷。帝曰:俞!咨,伯。女作秩宗。"

## 夙夜惟寅,直哉惟清。"伯拜稽首,讓于夔、龍。帝曰:"俞,往,欽哉!"

漢時緯書,"夔"有作"歸"者。《水經注·江水篇》:"《樂緯》曰:'昔歸典協聲律。'"宋忠曰:"'歸'即'夔'。"《太平御覽》八十二引《尚書中候》"讓于益歸"注:"歸,讀曰夔。"

## 帝曰:"夔,命女典樂,

《樂記》注:"《書》曰:'夔,命女典樂。'"

## 教胄子。

古文《尚書》作"胄子",今文《尚書》作"育子",《五帝本

---

① 穀:原作"穀",误,據學海堂《清經解》本改。

紀》曰"教稺子"。《爾雅·釋言》："育,稚也。"《邶風》鄭箋云：
"'昔育'之'育',稚也。"《豳風》"鬻子之閔斯",毛傳云："鬻
子,稚子也。"《史記》多以訓故字代經字,此"稺子"即經之"育
子",合之楊雄《宗正箴》云"各有育子,世以不錯",子雲箸作多
用今文《尚書》,然則今文《尚書》作"育子"可證也。知古文《尚
書》作"胄子"者,《釋文》曰："胄,直又反。王云：'胄子,國子
也。'馬云：'胄,長也,教長天下之子弟。'"陸用王本爲《音義》,
王本、馬本作"胄",則鄭本亦作"胄"可知。《史記集解》引鄭玄
曰"國子也",然則王注即襲鄭注。《王制》注云："《虞書》曰：
'夔,命汝典樂,教胄子。'"是鄭本同王本也。《説文》十四篇
《𠫓部》曰："育,養子使從依《玉篇》《眾經音義》。善也,从𠫓肉聲。
《虞書》曰：'教育子。'"此引今文《尚書》也。《大司樂》注云：
"若舜命夔典樂,教育子是也。"此亦引今文《尚書》也。許君偁
孔氏而不廢今文,鄭君注《禮》多偁古文而閒用今文。如"度西
曰柳穀""親百姓""訓五品"皆是也。《大司樂》《釋文》曰："育
音胄,本亦作胄。"按："本亦作胄"者,或用古文《尚書》改之也。
攷"育""胄"二字音義皆通,"育"從肉聲,"胄"從由聲,"肉"
"由"同部。《爾雅》："猶如麂。"舍人"猶"作"鬻",即鬻字。郭音
"育""胄"亦可讀"余六","育"亦可讀"直又"也。《爾雅·釋
故》："育,長也。"又曰："育,養也。"毛公《詩傳》："育,長也。"
馬注《尚書》："胄,長也。""長""養"義近,而"育""胄"訓同。
馬云："教長天下之子弟。"則與許君"養之使從善"正合,皆"教
胄"連讀,而其他或訓爲"稺子"或訓爲"國子",則言其可長、可
養也,皆"胄子"連讀。

裴駰《集解》曰："案《尚書》作胄子,稺胄聲相近。"玉裁按：
"稺""胄"聲相近,此裴氏語也,或於其上妄加"孔安國曰"四

字,不知裴氏時姚方興所上《舜典》孔傳未出,故太史公《虞舜紀》同於《尚書》,"慎徽五典"以下者,裴氏衹引馬融、鄭玄、王肅語,絕無"孔安國曰"也,按《史記》者當删此四字。《索隱》《正義》引"孔安國曰"者,信方興所作爲孔安國所作也。

## 直而溫,寬而栗,

《説文》七篇《卤部》曰:"𣡕,古文栗也。<small>大徐本作'古文',小徐本作'籀文'。今按:當有籀文、古文各一字,而脱其一,以卤籀文作𣡕,㮚籀文作𣡕者。又《玉篇》云'㮚籀文作𣡕'例之,則從三卤作𣡕者,籀文也;從卤從二卤作𣡕者,古文也。卤,古文𣡕也,今《説文》作𣡕,恐有譌。</small>從𣡕從二卤。徐巡説,木至西方戰栗也。"玉裁按:《後漢書・杜林傳》曰:"沛南徐巡始師事衞宏,後更受林學,前於西州得桼書古文《尚書》一卷,雖遭艱困,握持不離,以示宏等曰:'林流離兵亂,常恐斯經將絶,何意東海衞子、沛南徐生復能傳之,是道竟不墜於地也。'宏、巡益重之,於是古文遂行。"《衞宏傳》亦曰:"時沛南徐巡師事宏,後從林受學,亦以儒顯。""木至西方戰㮚",徐生釋從西之故也。《論語》:"周人以栗,曰使民戰栗。"西方者秋,秋之爲言擎也,故古文"㮚木"字從西,取"戰㮚"之誼,而凡"戰㮚"字皆用此也。《堯典》《咎繇暮》"寬而㮚",蓋壁中《尚書》作"𣡕",而徐巡説其字悋如此,會意字也。《𣡕部》"陧,凶也",亦徐巡説。

閻氏百詩《尚書古文疏證》云《禮記》鄭注引"簡而辨",王氏鳳喈《尚書後案》亦云。今案:《禮記注》絶無此語,惟《表記》"虞帝寬而有辨"注云"辨,别也,猶'寬而栗'也",引《虞書》無異,閻氏筆誤。

## 剛而無虐,簡而無傲。

"傲",《漢志》作"敖"。

## 詩言志,歌永言,聲依永,

《漢書·禮樂志》:"歌咏言,聲依咏。"《藝文志》:"《書》曰:'詩言志,哥詠言。'故哀樂之心感,而哥詠之聲發。誦其言謂之詩,詠其聲謂之哥。"《論衡·謝短篇》:"《尚書》曰:'詩言志,歌詠言。'"玉裁按:古人引《書》多作"詠",《正義》曰:"定本經作'永'字,訓爲'長'。"《釋文》曰:"永,徐音詠,又如字。"《五帝本紀》:"歌長言。"則其字亦作"永",與班異。

## 律和聲。八音克諧,

《説文》二篇《龠部》曰:"龤,樂和龤也,從龠皆聲。《虞書》曰:'八音克龤。'"玉裁按:"龤"今字作"諧",猶"龢"今字作"和"也。

《漢書·禮樂志》云:"帝舜命夔曰:'女典樂,教胄子,直而溫,寬而栗,剛而無虐,簡而無敖。詩言志,歌咏言,聲依咏,律和聲,八音克諧。'"師古曰:"敖,讀曰傲。咏,古詠字也。"玉裁按:《説文》"咏",或"詠"字也。班用今文而作"胄子"者,或"胄""育"古通用,或淺人所改,未可定也。

## 無相奪倫,神人以和。"夔曰:"於! 予擊石拊石,百獸率舞。"

《釋文》曰:"於,如字。或音烏,而絶句者非。"玉裁按:依《釋文》,則當作"于",如《孟子》"女其于予治",《尚書》既作"於",則音"烏"句絶是也。《史記正義》曰:"於,音烏。"

《漢書·禮樂志》云:"《書》曰:'擊石拊石,百獸率舞。'"

《論衡·感虛篇》:"《尚書》曰:'擊石拊石,百獸率舞。'"

《風俗通義·聲音篇》:"《書》曰:'擊石拊石,百獸率舞。'"

帝曰：“龍，朕聖讒説殄行。

　　《説文》十三篇《土部》曰：“坴，以土增大道上。從土次聲。聖，古文坴，從土即。《虞書》曰：‘龍，朕聖讒説殄行。’聖，疾惡也。”玉裁按：“即”下當有“聲”字，古文以“即”爲聲，小篆改從“次”聲者，古音“次”讀如“漆”，是以《周官·巾車》：“然裻，軟飾。今本譌‘軟’。”杜子春：“軟，讀爲桼琬之桼。”王符《潛夫論》“次室倚立而歎嘯”，即《列女傳》“漆室之女”。《康誥》“以次女封”，《孫卿書》兩引“次”皆爲“即”也。引《虞書》者，明借假之法，此“聖”字不訓“以土增大道上”，乃“疾惡”字之假借。古次聲、即聲、疾聲同在弟十二部。許君恐人不曉，故又箋之曰：“聖，疾惡也。”惡，當依俗讀去聲。《昔部》引“布重莫席”而釋之曰“纖蒻席”也，謂此“莫”非“火不明”之訓也。《口部》引《洪範》“曰圛”而釋之曰“圛者，升雲半有半無也”，謂此“圛”非“回行”之訓也。學者可以得其通例矣。《釋文》“徐在力反”，此今音也，古音“在悉反”。坴，古音同，今音疾資切。

震驚朕師。

　　《吳志·吳主傳》評曰：“讒説殄行。”陳氏用古文《尚書》也。

　　《史記》：“朕畏忌讒説殄僞，振驚朕衆。”徐廣曰：“一云‘齊説殄行，振驚衆’。”玉裁按：“畏忌”者，“聖”之訓故。“齊”者，“讒”之駁文。齊，疾也，謂利口捷給也。“僞”，玩張氏《正義》，本只作“爲”，張音“危睡反”耳，“爲”與“行”義通。“殄爲振驚朕衆”六字連讀，言盡爲振驚朕衆之事也。以“爲”代“行”，則“行”讀如字。據《賈捐之傳》，今文《尚書》亦作“殄行”也。

《漢書·賈捐之傳》:"《書》曰:'讒説殄行,震驚朕師。'"

## 命女作内言,夙夜出内朕命,惟允。

二"内"字,今本皆作"纳"。下"内"字,《五帝本紀》《百官公卿表》作"入",今文《尚書》也。

## 帝曰:"咨! 女二十有二人,

"二十",開成石經作"廿"。

## 欽哉,惟時亮天功。"

"亮天功",《五帝本紀》作"相天事"。"亮"訓"相",此本《爾雅·釋詁》。姚方興於"亮采"及此皆訓"信"。按:《説文》:"諒,信也。""亮,明也。"是假"亮"爲"諒"也。假借無礙於説經,然曰"信立其功",曰"信立天下之大功",不亦拙乎?"功",蓋今文《尚書》作"工",故《五帝紀》於此曰"相天事",於《皋陶謨》"天工人其代之"亦詁以"天事"。古者"工"有"事"訓也。

## 三載考績,三考黜陟幽明,庶績咸熙,

《漢書·李尋傳》尋對災異曰:"經曰:'三載考績,三考黜陟。'"

《白虎通·攷黜篇》兩言"《尚書》曰'三載考績,三考黜陟'"。

玉裁按:李尋、班固皆言"三考黜陟",不連"幽明"字。合之《五帝本紀》云:"三歲一考功,三考絀陟,遠近衆功咸興。"以"遠近"詁"幽明"而下屬,然則今文家皆於"黜陟"句絶也。姚方興讀"黜陟幽明"蓋本馬、王與?

又按:《尚書大傳》曰:"《書》曰:'三歲攷績,三攷黜陟幽明。'其訓曰:積不善至於幽,六極以類降,故黜之。積善至於明,五福以類相升,故陟之。"不必今文家"幽明"下屬

也。又谷永《待詔公車對》曰："經曰：'三載考績，三考黜陟幽明。'"

## 分北三苗。

《吴志·虞翻傳》注曰："翻奏鄭解《尚書》違失事目，《尚書》'分北三苗'，北，古'別'字，鄭訓北，言'北猶别也'。誠可怪也。"玉裁按：《説文》九篇《厶部》曰："厶，姦衺也。韓非曰：'倉頡作字，自營爲厶。'"二篇《八部》曰："公，平分也。從八厶。八，猶背也。韓非曰：'背厶爲公。'"所引韓非語相聯屬。《五蠹篇》："昔者倉頡之作書也，自環者謂之私，背私者謂之公，公私之相背也。乃倉頡固以知之矣。"自營爲厶，六書之指事也。八厶爲公，六書之會意也。韓非以"背"訓"八"，故許君釋之曰"八，猶背也"。《尚書》"分北三苗"，鄭君注曰："三苗爲西裔諸矦者，猶爲惡，乃復分北流之。北，猶别也。"古"北""背"同音通用。韋昭《吴語注》曰："北，古之背字。許君云：'八，別也。象分别相背之形。'"又云："八，猶背也。"與鄭注"北，猶別也"正互相發明。分別之，乃相僢背，其義相足，故許不云"八，背也"，而云"猶背也"，鄭不云"北，別也"，而云"猶別也"。凡古訓故之言"猶"者，視此矣。虞翻不知《堯典》經文自作"北"字、鄭注是古義，輒欲改爲"仌"字而譏鄭非也。《説文·八部》又曰："仌，分也。從重八。八，別也，亦聲。《孝經》説曰：'故上下有別。'"虞蓋因"北"字篆作"𾰋"，疑爲"仌"字之誤，不知"北"可訓"別"，無煩改字。且"仌""別"同義同音而異字，許君未嘗以"仌"爲古文"別"字繫諸《冎部》"別"字後也。《玉篇》《汗簡》皆云"仌，古文別"，誤由仲翔耳。《周官經》："大卜掌三《易》，一曰《連山》，二曰《歸藏》，三曰《周易》，其經卦皆八，其別皆六十有四。"楊氏用修《丹鉛録》謂："別，當作仌,以从重八,正與六十有四巧合也。"玉裁謂:三《易》每《易》有八,每八分六十四,故云"其別"。下文"其經運十,其別九十",亦是每夢有十,每十分九十。用修巧合之説,於三《易》可通,於三夢何以説? 且"仌"字訓"分",非如"二十"并爲"廿"、"三十"并爲"卅"之例,未可以《易》字義而改經字矣。《孝經》説曰"故上下有別",此亦引古説。字形如"麗""相""亯""利""𠫐"之比,引《易》"百穀艸木麗于地"説"麗"字從艸麗會意,引《易》"地可觀者莫可觀於木"説"相"字從目木①會意,引《易》"豐其屋"説"亯"字從宀豐會意,引《易》"利者義之和也"説"利"字從和省之意,引《易》"突如其來如,不孝子突出不容於内也"説"𠫐"字從到子之意。此引"上下有別"説"重八"之意,上別下別,故其字從重八也。

　　又按:惠氏定宇集《尚書》鄭注,不載《虞翻別傳》四事,意謂仲翔誣鄭,鄭未嘗作"昧谷"、鄭未嘗作"分北三苗"、鄭未嘗訓"洮,浣衣"也,豈知鄭注實實如此,至"同"爲酒杯,更不待言矣。

## 舜生三十徵庸,三十在位,五十載陟方乃死。

　　"三十在位",今文《尚書》作"二十"。鄭君用今文注古文,讀"三十"爲"二十",可考而知也。《五帝本紀》曰"舜年三十,堯舉之",此"生三十而徵庸"也;"年五十,攝行天子事",此"徵庸二十而在位"也;"年五十八,堯崩",此所謂"二十有八載,放勛乃殂落"也;"年六十一代堯踐帝位",此"三年闋密"之後"乃踐帝位"也;"踐帝位三十九年南巡狩,崩於蒼梧之野",此"在位五十載陟方乃死"也。司馬子長據今文《尚書》爲《史記》,此

---

①木:原作"本",當是"木"字之誤,依學海堂《清經解》本改。

今文《尚書》之一證也。《論衡‧氣壽篇》曰:"《堯典》曰:'朕在位七十載,求禪,得舜,舜徵,二十歲<sub>今本誤作"三十"</sub>。在位。'堯退而老,八歲而終,至殂落,九十八歲,未在位之時,必已成人,今計數百有餘矣。"又曰:"舜生三十徵用,二十<sub>今本誤作'三十'</sub>。在位,五十載陟方乃死,適百歲矣。"此又今文《尚書》之一證也。《孟子‧萬章篇》曰:"五十而慕者,予於大舜見之矣。"趙注:"《書》曰'舜生三十徵庸,二十<sub>今本注、疏誤作"五十",孔刻《孟子注》</sub><sub>誤"三十"</sub>。在位',在位時尚慕,故言五十也。"玉裁按:倘同古文《尚書》作"三十在位",則不爲"五十而慕"之證矣。此又今文《尚書》之一證也。《尚書正義》曰:"鄭玄<sub>宋本、元本、明監本作'玄',</sub><sub>不誤,汲古閣本作'云',誤也。</sub>讀此經云:舜生三十,谓生三十年也。登庸二十,謂歷試二十年。在位五十載,陟方乃死,謂攝位至死爲五十年。舜年一百歲也。"王伯厚以來,皆以此爲《尚書》鄭本鄭説。今按鄭本果如此,則不當言"鄭某讀此經云"。《正義》全書引鄭注皆言"鄭某云""鄭云",無有言"鄭某讀此經云"者。然則古文作"登庸三十",鄭注云"三十當爲二十",以今文正古文,故孔沖遠謂之"讀此經"也。假令鄭本作"登庸二十",與方興所據馬、王本不同,則《釋文》《正義》皆必顯別之,云"三十,鄭本作二十",不若是墨墨而已。近人多不解讀字之恉,讀有擬其音者,"某讀如某"是也;讀有易其字者,"某讀爲某"是也。凡言"讀爲",音韵必相近。有音韵絶不相近而焯知譌誤、易其字者,如"某當爲某字之誤也"是也。<sub>或云"當爲某",或云"讀當爲</sub><sub>某"。</sub>此"三十"當爲"二十",與《儀禮》之"四當爲三"正同。皇甫謐曰:<sub>《史記集解》徐廣引。</sub>"舜以堯之廿一年甲子生,三十一年<sub>謂</sub><sub>舜三十一歲也。</sub>甲午徵用,七十九年<sub>謂舜七十九歲也。</sub>《太平御覽》引《帝王世<sub>紀》:'舜八十即真。'</sub>壬午即真,百歲癸卯崩。"《太平御覽》卷八十一引《帝王世紀》曰:"舜年八十即真,以仲冬甲子月次于畢始即真。八十三而薦禹,九十五而使禹攝政,攝五年有苗氏叛,南征,崩于鳴條,年百歲。"皇甫亦用今文《尚書》説,爲韓退之《佛骨表》所本,而云"甲午徵用,壬午即真",則自甲午至辛巳,共四十八年,與其紀堯者合,而與《堯典》《孟子》不合,由誤讀《史記》"凡二十八年"五字也。堯之"二十有八載"合舜之"徵庸二十""攝位八年"言之,《孟子》所謂相堯二十有八載也。舜之"在位五十載"合"攝位八年""如喪三年""即真四十年"言之。《堯典》自"慎徽"已下,"乃徵庸",二十年之實,"乃言厎可績,三載",此"三載"在二十年内也。自"正月上日,受終于文祖"已下,乃攝位八年之實。合二十年、八年爲二十有八載。自"月正元日,舜假于文祖",到"分北三苗",乃"即真"四十年之實,併前攝位八年、如喪三年,其一在八年内。爲在位五十載。此今文家説也。姚方興注則云:"三十徵庸,三十在位,服喪三年,其一在三十之數,爲天子五十年,凡壽百一十二歲。"此非方興之説,採馬、王之説爲之也。然則鄭以今文讀古文,馬、王則墨守古文,不讀"徵庸三十"爲"二十",不牽合前文"二十有八載",不謂"攝位爲在位",似較今文家説爲易了。

錢氏曉徵曰:"'登庸二十'的是古文。所云'鄭某讀此經云'者,謂他家於'庸'字、'位'字句絶,鄭於'三十''二十'句絶爲異也。"玉裁按:劉恕《通鑑外紀》引王肅注云:"歷試三載,其一在徵用之年,其餘二載與攝位二十八年凡三十歲。"然則王本作"三十在位"甚顯白,馬、鄭本當同也。

又按:《大戴禮·五帝德》云:"二十以孝聞乎天下,三十在位,嗣帝所五十乃死。"與今文《尚書》合,此鄭所以讀從今文也。"二十以孝聞"之後,又十年,堯舉之,又二十年乃攝行天子事,是爲《大戴禮》之“三十在位”。《大戴》之“三十在位”合上文“二十”言之,今文《尚書》之“二十在位”合上文“舜生三十”言之,皆是五十歲,合下文“五十乃死”,則皆百歲也。故曰《大戴》與今文《尚書》合。

又按:鄭君云“登庸二十”,蓋古文《尚書》作“登庸”,今文《尚書》作“徵庸”。方興本作“徵”,未是。《中庸》鄭注曰:“徵,或爲登。”宋版如是。《上檀弓》“舜葬於蒼梧之野”注:“舜征有苗而死,因畱葬焉。《書》說舜曰‘陟方乃死’。”

陸德明《序録》曰:“江左元帝時,豫章内史枚頤奏上孔傳古文《尚書》,亡《舜典》一篇,購不能得,乃取王肅注《堯典》從‘眘徽五典’以下分爲《舜典篇》以續之。後范甯變爲古文集注,俗閒或取其《舜典篇》以續孔氏。”玉裁按:此言枚頤《尚書》初出,自“眘徽”已下經傳俱亡,故或用王肅傳,或用范甯注補之,傳注用王、范,則經文亦王、范本。王、范本必即馬、鄭本。是則“舜生三十”以下非偽孔本,而實馬、鄭、王、范本也。陸又曰:“齊明帝建武中,吳興姚方興采馬、王之注,造孔傳《舜典》一篇,云於大䑓頭買得上之。”是則《正義》“舜典”一篇孔傳,正姚方興所采馬、王之注偽爲之者,而“眘徽”已下經文即馬、王本更無疑矣,安得云“舜生三十,徵庸三十”乃偽孔所妄改乎?“舜年百一十二歲”之云,非馬季長語,則王子雝語也,絶非出於作偽孔傳全書者之手。

偽孔傳又有真有偽,五十七篇出於一人之手,偽孔傳之真者也。《舜典》一篇出於姚方興之手,偽孔傳之偽者也。

姚方興作《舜典》,偽孔傳而采馬、王注爲之,則非杜撰也。其於經文,但偽造“曰若稽古,帝舜曰重華,協于帝”十二字,以傳合偽孔序云“伏生以《舜典》合于《堯典》”“復出此篇”之語。

度《正義》所載此十二字之傳，出方興杜撰者；而“濬哲文明，溫恭允塞，玄德升聞，乃命以位”十六字，竝此十六字之傳，則又不知出誰氏之手。故《釋文·序録》曰：“姚方興造孔傳《舜典》一篇上之，梁武時爲博士議曰：‘孔序稱伏生誤合五篇，皆文相承接，所以致誤，《舜典》首有‘曰若稽古’，伏生雖昏耄，何容合之？遂不行用。”是則此十二字梁武所不信，梁武意孔本《舜典》即當從“愼徽”起，不必裝頭，可謂觀書眼如月，但知姚之詐而未知孔之詐也。《釋文》又曰：“此十二字是姚方興所上孔氏傳。句絶。本無。”阮孝緒《七録》亦云然。陸謂方興所上孔氏傳有之，王肅本本無之，陸所爲《音義》用王肅本，上文言之明矣。《釋文》又曰，方興本或此十二字下更有“濬哲文明，溫恭允塞，玄德升聞，乃命以位”凡二十八字異。句絶。聊出之，句絶。於王注無施也。云“凡二十八字異”者，合十二字、十六字計之。凡廿八字，皆王肅本所無也。《音義》既用王肅本，則二十八字不當存，而大書十二字綴書十六字以存之，故云“聊出之”也。雖出此二十八字，而王本無注，故曰“於王注無施”也。十六字不大書者，此又方興本之別本，尤不可信也。竊謂方興當日讀孔序，則“愼徽”已下爲《舜典》，而“愼徽五典”斷非一篇起語，乃不疑孔説之妄，輒摹擬《堯典》造十二字加於馬、王本經文“愼徽”之上，乃後可采。馬、王注作僞傳苦心，今如可見，而得其書者，以“愼徽五典”云云，可配“以親九族”云云，“重華協於帝”五字，不足配“放勳”已下二十四字，乃更增十六字。或梁武駁十二字不行之後，方興又私益之，故流傳有此二本也。方興殊不思始作僞孔傳者其用心苦而巧，孔傳之仄，非枚頤仄之，作僞孔傳者仄之也。何以仄之，亦知“愼徽五典”不得爲一篇起語，而其説已立，其序已成，不能更革，將欲增之，則衞、賈、馬、鄭本具在，即梁武所議亦早計及之；將欲不增，則非比《般庚》《顧命》之天然分析爲三爲二，絶無善策，乃僞託於亾，任天下後世遵吾説者，或徑析之無所增，或增數語而譏議之矢不集於我，且此篇孔傳亾而不補，則正可證未亾者之皆真非贋，其用心之狡至於如此，而方興乃爲之奴也。

陸所音《舜典》，王肅注也。《正義》所疏《舜典》，姚方興采馬、王注造爲孔傳者也。陸不信姚注，而孔穎達信之。故《正義》云：“昔東晉之初，豫章内史梅頤上孔氏傳，猶闕《舜典》。自‘乃命以位’以上二十八字，世所不傳，多用王、范之注補之，而皆以‘慎徽’已下爲《舜典》之初。至齊蕭鸞建武四年，吳興姚方興於大航頭得孔氏傳古文《舜典》，亦類太康中書，乃表上之。事未施行，方興以罪至戮。至隋開皇初購求遺典，始得之。”云方興得孔氏傳古文《舜典》，不云方興採馬、王注造孔傳《舜典》一篇，蓋謂此爲真孔傳而方興得之，故爲之《正義》，猶謂二十五篇爲真古文而枚頤得之，故舍馬、鄭、王本而用孔本也。《釋文》自“慎徽”已下舉馬云、王云頗詳。既用王注本爲音義，則不當言王云，猶用孔傳爲音義，不言孔云也。而必以王云與馬云竝舉者，正爲表方興注所襲“王云”必先於“馬云”者，猶用孔傳作音義必先孔後馬、鄭、王也。若《正義》用姚方興注，姚方興用馬、王之本，采馬、王之注，馬、王之本則真古文《尚書》也，原流井然。近注《尚書》者乃云“徵庸三十”系僞孔所妄改，“登庸二十”爲真古文《尚書》，欲尊真古文而轉毀廢之，則攷核之未至也。

陸氏《序録》云，范甯變爲古文集注，今本“古”字譌作“今”字，朱氏錫鬯《答毛大可書》引之，非也。云變者，變孔傳古文《尚書》爲之。蓋兼注五十八篇，兼採馬、鄭、王三十一篇注説

也。至隋時其書已亾，僅存《舜典》一篇，故《正義》云范注以
"慎徽"爲《舜典》之初。《隋書・經籍志》有晉豫章太守范甯注
古文《尚書・舜典》一卷，云梁時有甯注《尚書》十卷，亾。唐初
釋玄應作《大唐衆經音義》引范甯《尚書集解》"寇賊姦宄"之
説。所以獨存《舜典》一篇者，正因陸氏、孔氏所云，用此注補
孔傳之亾也。至《正義》用方興注，而此一篇又亾，不見於《舊
唐書・經籍志》《唐書・藝文志》矣。

　《舜典》一篇孔傳亾，必經、傳俱亾，非有經無傳也。若枚
頤所獻有經文起於"慎徽"，則方興何敢肊加十二字，又加十六
字？梁武何難云梅頤所獻經文不如是以折之。毛大可云傳亾
非經亾，瞽説也。《釋文》於他篇俱記馬、鄭、王本之異孔者，此
篇祇載馬本作"如初"，異於王本、方興本之"如西禮"。

　方興自"慎徽"已下大約與馬、鄭、王本略同。惟"僉曰益
哉"與馬、鄭、王不合，《正義》已言之。"放勳乃殂落"作"帝乃
殂落"，《正義》雖不言馬、鄭、王皆作"放勳"，竊意必方興肊改，
《釋文》皆不言者，《釋文》祇載馬、鄭之異於王，若方興本之有
異，不屑載也。"如初"作"如西禮"則載之者，因王本而及之
也。

　《帝王世紀》所引"放勳乃殂落"不同方興本，蓋用馬、鄭、
王本也。《尚書正義》曰："《晉書・皇甫謐傳》云，姑子外弟梁
柳邊得古文《尚書》，故作《帝王世紀》，往往載孔傳五十八篇。"
按：《帝王世紀》今不傳，所云"載孔傳五十八篇"者，未知其審。
見於《太平御覽》者云："太甲，一名祖甲，享國三十三年。"與孔
傳合。

　《孔叢子》《小爾雅》皆系僞書，其《論書篇》雜取《尚書大
傳》、王肅《尚書注》爲之，如"有鰥在下""七觀""教誠而愛深"

"欽四鄰"諸條,皆《尚書大傳》也;如説"内于大麓""禋于六宗""其在祖甲"諸條,皆王肅《尚書注》也。皇甫士安《帝王世紀》説太甲,固引《孔叢》"憂思三年""追悔前愆"之語,則《孔叢子》在晉初已有之,蓋僞孔古文《尚書》、僞孔安國傳、僞孔安國《孝經傳》、僞孔安國《論語訓》、僞《家語》、僞《孔叢子》,皆出一時,大約王肅爲之君,而皇甫士安輩爲之徒,故僞孔傳多與王肅,士安《帝王世紀》蒐採至富,凡作僞之書皆所不廢。

　　《五帝本紀》曰:帝堯者,放勛。其仁如天,其知如神。就之如日,望之如雲。富而不驕,貴而不舒。黄收純衣,彤車乘白馬,能明馴德,以親九族。九族既睦,便章百姓。百姓昭明,合和萬國。乃命羲、和,敬順昊天,數法日月星辰,敬授民時。分命羲仲,居郁夷,曰暘谷。敬道日出,便程東作。日中,星鳥,以殷中春。其民析,鳥獸字微。申命羲叔,居南交。便程南爲,敬致。日永,星火,以正中夏。其民因,鳥獸希革。申命和仲,居西土,<small>徐廣曰:一無土字以爲西者,今天水之西縣也。</small>曰昧谷,<small>徐廣曰:一作栁谷。</small>敬道日入,便程西成。夜中,星虚,以正中秋。其民夷易,鳥獸毛毨。申命和叔,居北方,曰幽都。便在伏物。日短,星昴,以正中冬。其民燠,鳥獸氄毛。歲三百六十六日,以閏月正四時。信飭百官,衆功皆興。堯曰:"誰可順此事?"放齊曰:"嗣子丹朱開明。"堯曰:"吁!頑凶,不用。"堯又曰:"誰可者?"讙兜曰:"共工旁聚布功,可用。"堯曰:"共工善言,其用僻,似恭漫天,不可。"堯又曰:"嗟!四嶽!湯湯洪水滔天,浩浩懷山襄陵,<small>張氏《正義》:'湯湯洪水,蕩蕩懷山襄陵,浩浩滔天。'</small>下民其憂,有能使治者?"皆曰:"鯀可。"堯曰:"鯀負命毀族,不可。"嶽曰:"异哉,試不可用而已。"堯於是聽嶽用鯀。九歲,<small>張氏《正義》作"載"。</small>功用不成。堯

曰:“嗟!四嶽!朕在位七十載,汝能庸命,踐朕位?”嶽應曰:
“鄙德忝帝位。”堯曰:“悉舉貴戚及疏遠隱匿者。”眾皆言於堯
曰:“有矜在民間,曰虞舜。”堯曰:“然,朕聞之。其何如?”嶽
曰:“盲者子。父頑,母嚚,弟傲,能和以孝,烝烝治,不至姦。”堯
曰:“吾其試哉。”於是堯妻之二女,觀其德於二女。舜飭下二
女於嬀汭,如婦禮。堯善之,乃使舜慎和五典,五典能從。乃徧
入百官,百官時序。賓於四門,四門穆穆,諸侯遠方賓客皆敬。
玉裁按:“四門穆穆”四字當是淺人妄增。堯使舜入山林川澤,暴風雷雨,
舜行不迷。堯以爲聖,召舜曰:“女謀事至而言可績,三年矣。
女登帝位。”舜讓於德,不懌。正月上日,舜受終於文祖。文祖
者,堯大祖也。於是帝堯老,命舜攝行天子之政,以觀天命。舜
乃在璿璣玉衡,以齊七政。遂類於上帝,禋于六宗,望於山川,
辯於群神。揖五瑞,擇吉月日,見四嶽諸牧,班瑞。歲二月,東
巡狩,至於岱宗,祡,望秩於山川。遂見東方君長,合時月正日,
同律度量衡,修五禮、五玉、三帛、二生、一死爲摯,如五器,卒乃
復。五月,南巡狩;八月,西巡狩;十一月,北巡狩:皆如初。歸,
至于祖禰廟,用特牛禮。五歲一巡狩,群后四朝。徧告以言,明
試以功,車服以庸。肇十有二州,決川。象以典刑,流宥五刑,
鞭作官刑,朴作教刑,金作贖刑。眚裁過赦,怙終徐廣曰:一作眾。賊
刑。欽哉,欽哉,惟刑之靜哉!讙兜進言共工,堯曰不可,而試
之工師,共工果淫辟。四嶽舉鯀治鴻水,堯以爲不可,嶽强請試
之,試之而無功,故百姓不便。三苗在江淮、荆州數爲亂。於是
舜歸而言於帝,請流共工于幽陵,以變北狄;徐廣曰:“變”,一作“燮”。
放讙兜於崇山,以變南蠻;遷三苗於三危,以變西戎;殛鯀於羽
山,以變東夷。四辠而天下咸服。堯立七十年得舜,二十年而
老,令舜攝行天子之政,薦之於天。堯辟位凡二十八年而崩。

百姓悲哀,如喪父母。三年,四方莫舉樂,以思堯。堯知子丹朱之不肖,不足授天下,於是乃權授舜。授舜,則天下得其利而丹朱病;授丹朱,則天下病而丹朱得其利。堯曰:"終不以天下之病而利一人。"而卒授舜以天下。堯崩,三年之喪畢,舜讓辟丹朱於南河之南。諸侯朝覲者不之丹朱而之舜,獄訟者不之丹朱而之舜,謳歌者不謳歌丹朱而謳歌舜。舜曰:"天也夫!"而後之中國踐天子位焉,是爲帝舜。

　虞舜者,名曰重華。重華父曰瞽叟,瞽叟父曰橋牛,橋牛父曰句望,句望父曰敬康,敬康父曰窮蟬,窮蟬父曰帝顓頊,顓頊父曰昌意,以至舜七世矣。自從窮蟬以至帝舜,皆微爲庶人。舜父瞽叟盲,而舜母死,瞽叟更娶妻而生象,象傲。瞽叟愛後妻子,常欲殺舜,舜避逃;及有小過,則受罪。順事父及後母與弟,日以篤謹,匪有解。舜,冀州之人也。舜耕歷山,漁雷澤,陶河濱,作什器於壽丘,就時於負夏。舜父瞽叟頑,母嚚,弟象傲,皆欲殺舜。舜順適不失子道,兄弟孝慈。欲殺,不可得;即求,常在側。舜年二十以孝聞。三十而帝堯問可用者,四嶽咸薦虞舜,曰可。於是堯乃以二女妻舜,以觀其内,使九男與處,以觀其外。舜居嬀汭,内行彌謹。堯二女不敢以貴驕事舜親戚,甚有婦道。堯九男皆益篤。舜耕歷山,歷山之人皆讓畔;漁雷澤,雷澤上人皆讓居;陶河濱,河濱器皆不苦窳。一年而所居成聚,二年成邑,三年成都。堯乃賜舜絺衣與琴,爲築倉廩,予牛羊。瞽叟尚復欲殺之,使舜上塗廩,瞽叟從下縱火焚廩。舜乃以兩笠自扞而下,去,得不死。後瞽叟又使舜穿井,舜穿井爲匿空旁出。舜既入深,瞽叟與象共下土實井,舜從匿空出,去。瞽叟、象喜,以舜爲已死。象曰:"本謀者象。"象與其父母分,於是曰:"舜妻堯二女與琴,象取之;牛羊倉廩,予父母。"象乃止舜

宮居,鼓其琴。舜往見之。象鄂不懌,曰:"我思舜正鬱陶!"舜
曰:"然,爾其庶矣!"舜復事瞽叟,愛弟彌謹。於是堯乃試舜五
典百官,皆治。昔高陽氏有才子八人,世得其利,謂之"八愷"。
高辛氏有才子八人,世謂之"八元"。此十六族者,世濟其美,
不隕其名。至於堯,堯未能舉。舜舉八愷,使主后土,以揆百
事,莫不時序。舉八元,使布五教于四方,父義,母慈,兄友,弟
恭,子孝,內平外成。昔帝鴻氏有不才子,掩義隱賊,好行凶慝,
天下謂之渾沌。少暤氏有不才子,毀信惡忠,崇飾惡言,天下謂
之窮奇。顓頊氏有不才子,不可教訓,不知話言,天下謂之檮
杌。此三族,世憂之。至于堯,堯未能去。縉雲氏有不才子,貪
於飲食,冒于貨賄,天下謂之饕餮。天下惡之,比之三凶。舜賓
于四門,乃流四凶族,遷于四裔,以御螭魅,於是四門辟,言毋凶
人也。舜入于大麓,烈風雷雨不迷,堯乃知舜之足授天下。堯
老,使舜攝行天子政,巡狩。舜得舉,用事二十年,而堯使攝政。
攝政八年而堯崩。三年喪畢,讓丹朱,天下歸舜。而禹、皋陶、
契、后稷、伯夷、夔、龍、垂、益、彭祖自堯時而皆舉用,未有分職。
於是舜乃至於文祖,謀于四嶽,辟四門,明通四方耳目,命十二
牧論帝德,行厚德,遠佞人,則蠻夷率服。舜謂四嶽曰:"有能奮
庸美堯之事者,使居官相事?"皆曰:"伯禹爲司空,可美帝功。"
舜曰:"嗟,然!禹,汝平水土,維是勉哉。"禹拜稽首,讓於稷、契
與皋陶。舜曰:"然,往矣。"舜曰:"棄,黎民始飢,汝后稷播時
百穀。"舜曰:"契,百姓不親,五品不馴,汝爲司徒,而敬敷五
教,在寬。"舜曰:"皋陶,蠻夷猾夏,寇賊姦軌,汝作士,五刑有
服,五服三就;五流有度,五度三居:維明能信。"舜曰:"誰能馴
予工?"皆曰:"垂可。"於是以垂爲共工。舜曰:"誰能馴予上下
草木鳥獸?"皆曰:"益可。"於是以益爲朕虞。益拜稽首,讓于

諸臣朱虎、熊羆。舜曰："往矣，汝諧。"遂以朱虎、熊羆爲佐。舜曰："嗟！四嶽，有能典朕三禮？"皆曰："伯夷可。"舜曰："嗟！伯夷，以汝爲秩宗，夙夜唯敬，直哉維静潔。"伯夷讓夔、龍。舜曰："然。以夔爲典樂，教稺子，直而温，寬而栗，剛而毋虐，簡而毋傲；詩言意，歌長言，聲依詠，律和聲，八音能諧，毋相奪倫，神人以和。"夔曰："於！予擊石拊石，百獸率舞。"舜曰："龍，朕畏忌讒説殄僞，振驚朕衆，<sub>徐廣曰：一云'齊'，説'殄行振驚衆'</sub>命汝爲納言，夙夜出入朕命，惟信。"舜曰："嗟！女二十有二人，敬哉，惟時相天事。"三歲一考功，三考絀陟，遠近衆功咸興。分北三苗。此二十二人咸成厥功：皋陶爲大理，平，民各伏得其實；伯夷主禮，上下咸讓；垂主工師，百工致功；益主虞，山澤辟；棄主稷，百穀時茂；契主司徒，百姓親和；龍主賓客，遠人至；十二牧行而九州莫敢避違。唯禹之功爲大，披九山，通九澤，決九河，定九州，各以其職来貢，不失厥宜。方五千里，至于荒服。南撫交阯、北發、西戎、析枝、渠廋、氐、羌、北山戎、發、息慎、東長、鳥夷，四海之内咸戴帝舜之功。於是禹乃興九招之樂，致異物，鳳皇來翔。天下明德皆自虞帝始。舜年二十以孝聞，年三十堯舉之，年五十攝行天子事，年五十八堯崩，年六十一代堯踐帝位。踐帝位三十九年，南巡狩，崩於蒼梧之野。葬於江南九疑，是爲零陵。舜之踐帝位，載天子旗，往朝父瞽叟，夔夔唯謹，如子道。封弟象爲諸侯。舜子商均亦不肖，舜乃豫薦禹於天。十七年而崩。三年喪畢，禹亦乃讓舜子，如舜讓堯子。諸侯歸之，然後禹踐天子位。堯子丹朱，舜子商均，皆有疆土，以奉先祀。服其服，禮樂如之。以客見天子，天子弗臣，示不敢專也。

# 古文尚書撰異卷二

## 皋陶謨第二　　虞夏書

《説文》三篇《言部》曰："謨，議謀也。从言莫聲。《虞書》曰<sub>當作'有'</sub>。《咎繇謨》。"按：師古《漢書注》"皋陶謨"皆作"咎繇暮"，"無逸"皆作"亡逸"。

曰若稽古，

《正義》曰："鄭云：以'皋陶'下屬爲句。"玉裁按：《堯典》亦以"帝堯曰放勳"五字爲句，必如是，而後二篇俱可讀。《白虎通·聖人篇》："何以言皋陶聖人也？以目篇'曰若稽古'。<sub>當云：'以目篇曰："曰若稽古。"'轉寫脱一'曰'字。</sub>皋陶聖人，而能爲舜陳道。'朕言惠可厎行'，又'芻施象刑，維明'。"按：此亦於"曰若稽古"句絶，謂與《堯典》皆以此四字發端也。

皋陶曰："允迪厥德，謨明弼諧。"

"帝堯曰放勳"，此《本紀》《列傳》之體之祖也。"皋陶曰"云云，此記言之體也。皆以"曰若稽古"先之，夏史所作，故皆云"稽古"也。作僞《大禹謨》者，不得其句讀，開端便非體矣。

《夏本紀》"信道其德，謀明輔和"即"允迪厥德，謨明弼諧"也，各本作"信其道德"，蓋誤。

禹曰："俞！如何？"皋陶曰："都！慎厥身修，思

永。惇敘九族，

他經音義無有引《切韵》者，惟《古文尚書音義》屢引之，蓋皆開寶中陳鄂所爲也。《切韵》者，陸法言《切韵》，孫愐增之爲《唐韵》者也。開寶中，《廣韵》未出，又以用《唐韵》爲嫌，故襲《法言》書名，其所引反語如"惇，都昆反""愨，苦角反""菹，側魚反"等，皆與徐鼎臣所引《唐韵》無不合者。

庶明厲翼，

"厲"，衛包改作"勵"，今更正。攷《正義》孔訓"勉勵"，王訓"砥礪"，鄭云："厲，作也。"鄭説本《爾雅·釋詁》。古者"砥礪""勉勵"皆作"厲"，無作"礪""勵"者。"厲"本旱石，引伸爲"勉厲""厲作"，不獨鄭本作"厲"，王、孔本亦作"厲"也。《正義》三説分三體，淺人區別臆造如是。

《蜀志·劉先主傳》先主上言漢帝曰："在昔《虞書》：'敦敘九族，庶明厲翼。'"注云："鄭曰：'厲，作也。'"

"厲"，《夏本紀》作"高"。

邁可遠在兹。"禹拜昌言，曰："俞！"

僞孔傳釋"昌"爲"當"，《益稷》釋文："當，丁浪反。本亦作讜，當蕩反。"引李登《聲類》"讜言，善言也"。玉裁按：古文《尚書》作"昌"，今文《尚書》作"黨"。《孟子·公孫丑篇》"禹聞善言則拜"，趙注云："《尚書》曰：'禹拜讜言。'"此今文《尚書》作"黨"之證也。班固《西都賦》[1]云"讜言弘説"，李善注引《字林》："讜言，美言也，音黨。"孟堅蓋亦用今文《尚書》耳。"讜"，《逸周書》作"黨"，《祭公解》："拜手稽首，黨言。"盧氏召弓曰："黨、讜古字通。《荀子·非相篇》'博而黨正'注：'謂直言也。'

––––––––––

[1]《西都賦》：據李文，當爲"《東都賦》"。

又見張平子、劉寬二碑。"玉裁謂《平子碑》"黨言允諧",《劉寬碑》前云"朝克忠讜",後云"對策嘉黨"。可見漢人"黨""讜"通用。蓋古只作"黨",漢人或加"言"旁,是以許君不收,而李登、吕忱乃收之。古"昌""黨"音同,如"閶闔",子雲《賦》作"閶闔"。"鼓聲不過閶","閶"即"鼞"字,可證,此古文作"昌",今文作"黨",音同義同也。《説文》曰:"昌,美言也。从日从曰。"與《字林》"讜"字訓同。然則"昌"本字,"黨"假借字也。

皋陶曰:"都! 在知人,在安民。"禹曰:"吁! 咸若時,惟帝其難之。

　　《白虎通·封公矦篇》:"《尚書》曰:'惟帝其難之。'"

知人則哲,能官人。

　　《漢書·王莽傳》陳崇、張竦稱莽功德曰:"《書》曰:'知人則哲。'"《五行志》曰:"《書》云:'知人則恝,能官人。'"《武帝紀》元狩元年詔曰:"朕聞咎繇對禹曰:在知人,知人則哲,惟帝難之。"師古曰:"《尚書·咎繇謨》載咎繇之辭也。"《論衡·定賢篇》《答佞篇》皆云:"《書》曰:'知人則哲,惟帝難之。'"《是應篇》:"經曰:'知人則哲,惟帝難之。'"

安民則惠,黎民懷之。

　　《風俗通義·過譽篇》歐陽歙教引《書》曰:"安民則惠,黎民懷之。"

能哲而惠,何憂乎驩兜,何遷乎有苗,何畏乎巧言令色孔壬?"皋陶曰:"都!

　　《淮南·泰族訓》:"《書》曰:'能哲且惠,黎民懷之,何憂驩兜,何遷有苗?'"

　　《夏本紀》:"皋陶曰:然,於!"按:"於"即"都"也,"都"上有"然",則今文《尚書》多"俞"字。

## 亦行有九德。亦言其有德,

今各本"有德"之上有"人"字,非也。玫唐石經,每行十字,獨此行"其有德乃言曰載采采"①九字,諦視則"有德"二字初刻本是三字,"人"字居首,波撇尚可辨。然則"亦言其人有德",唐時有此本,唐玄度覆定石經乃删"人"字重刻。今注疏本則沿襲別本也。唐石摩去重刻者,多同於今本,此獨異於今本。《夏本紀》云:"亦言其有德。"則今文《尚書》亦無"人"字也。

## 乃言曰,載采采。"禹曰:"何?"皋陶曰:"寬而栗,柔而立,愿而恭,

"愿而恭",《夏本紀》作"共",疑《本紀》是也。謹愿人多不能供辦,能治人多不能敬慎,德與才不能互兼也。《史記》"恭敬"字不作"共",即《堯典》"允恭""象恭"可證。今文《尚書》作"愿而共",勝於古文《尚書》。

## 亂而敬,擾而毅,

《五經文字》上曰:"擾,《説文》也。擾,經典相承隸省也。"玉裁按:此非隸省,乃隸變也。憂聲、夒聲古音同在第三尤幽部,是以"憂"之俗亦作"擾"。

《史記集解》徐廣曰:"'擾'一作'柔'。"玉裁按:擾,古音讀如"柔",是以《韓非·説難》"龍之爲鱗,可柔狎而騎",《史記》"柔"作"擾",《管子》書"擾桑"即《毛詩》之"柔桑"也。但此經"擾"與上文之"柔"義别,若作"柔"則複上矣。

《玉篇·牛部》:"㹛,而小、而沼二切,牛柔謹也,從也,安

---

① 據李文,"其"字在上行之末。

也,又馴也。《尚書》‘懮而毅’字如此。"玉裁按:《汗簡》《古文四聲韵》俱不云《尚書》"擾"作"懮"。

## 直而温,簡而廉,剛而塞,

《中庸》:"簡而文,温而理。"鄭注曰:"簡而文,温而理,猶簡而辨,直而温也。"按:此用《尚書》,而"廉"作"辨",未詳也,豈鄭本有不同與?

《説文》十篇《心部》曰:"塞,實也。从心塞省聲。《虞書》曰:‘剛而塞。’"玉裁按:作"塞"者,壁中原文。作"塞"者,蓋孔安國以今文讀之也。《毛詩·邶風》"其心塞淵",毛傳:"塞,瘞也。"《鄘風》"秉心塞淵",鄭箋:"塞,充實也。"《大雅》"王猶允塞",鄭箋:"信自實滿。"毛傳訓"瘞"亦充實意也。崔靈恩《集注》本"瘞"作"實",與許君合。《堯典》,今文《尚書》"文塞晏晏"從土,與從心之字音義皆同,今注《尚書》者輒改《皋陶謨》及各家所引今文《堯典》,皆從心作"塞",然則《毛詩》亦將改爲"塞淵"乎?自以爲尊《説文》明小學而失小學之意,亦非許君造《説文》之意也。

## 彊而義。彰厥有常吉哉! 日宣三德,夙夜浚明有家。

僞孔傳:"浚,須也。"未知何本,蓋於雙聲取之。馬云:"大也。"則"浚"同"俊"。《史記·夏本紀》"浚"作"翊",是古文《尚書》作"浚",今文《尚書》作"翊"也。"翊"同"翌"。《爾雅》:"翌,明也。""翊明"重言之,猶《無逸》之"皇暇"也。

僞孔傳"浚,須也"不可解。馬季長曰"浚,大也",説者傅諸"駿,大也"之訓。玉裁謂"浚"當是"俟"之字誤,古"娥"多假"俟"。"俟,須也"即"娥,顡也"。馬云"俟,大也"即《説文·人部》之"俟,大也"。

## 日嚴祗敬六德。

《釋文》曰：“馬、徐魚簡反。”玉裁按：“簡”乃“檢”之誤。經典多“嚴”“儼”不分，如《無逸》“嚴恭”，馬作“儼”；《論語》“儼然民望而畏之”，本又作“嚴”。《釋文》云“馬、徐魚檢反”，《洪範》“儼”字下云“魚檢反”，今本“檢”皆作“簡”，此蓋葉氏林宗影寫在崇禎十年避懷宗諱故也，惟《無逸篇》“檢”字未改。

“祗”，《夏本紀》作“振”。《般庚》“震動萬民”，石經作“祗動”。《柴誓》“祗復之”、《無逸》“治民祗懼”，《魯世家》作“振復”“振懼”。然則“祗”“振”古通用，合韵冣近，又爲雙聲也。《内則》“祗見孺子”注云：“祗，或作振。”

## 亮采有邦。翕受敷施，九德咸事，俊乂在官，

《文選》曹植《責躬詩》李注云：“《尚書》曰：‘儁乂在官。’”

《漢書·谷永傳》：“永待詔公車，對曰：經曰：‘九德咸事，俊艾在官。’”“乂”從艸。

## 百僚師師，百工惟時。

《鹽鐵論》第十：“《尚書》曰：‘俊乂在官，百僚師師，百工惟時，庶尹允諧。’”《中論·譴交篇》：“《書》曰：‘百僚師師，百工惟時。’”

## 撫于五辰，庶績其凝。

《群經音辨》曰：“冰，古文《尚書》‘凝’字也。”玉裁按：此所謂古文《尚書》即宋次道、王仲至家本也。

## 無教逸欲有邦，

《正義》曰：“毋者，禁止之辭。”按：今文《尚書》多用“毋”字，古文《尚書》多用“無”字，此正以“毋”釋“無”，非經文本作“毋”也。

《玉篇·人部》“佚”字下：“《書》曰：‘無教佚欲有邦。’佚，豫也。”

“教”，今文《尚書》作“敫”。“邦”，今文《尚書》作“國”。《漢書·王嘉傳》嘉奏封事曰：“臣聞咎繇戒帝舜曰：‘無敫佚欲有國，兢兢業業，一日二日萬機。’”此今文《尚書》也。黄氏震《日鈔》謂“無敫”爲古文，劉氏安世謂“敫”字轉寫作“教”，皆非。《夏本紀》“毋教邪淫奇謀”，或《尚書》本作“敫”而依博士讀爲“教”，或《史記》本作“敫”而後人改之，皆未可知也。師古曰：“敫，讀曰傲。”

袁宏《孝桓帝紀》陳蕃上書云：“皋陶誡舜曰：‘無敢遊佚。’周公誡成王曰：‘無盤遊於田。’”玉裁按：即今文《尚書》“無敫佚欲有國，無劮于游田”也，“敢”字疑“敫”字之誤。

# 兢兢業業，一日二日萬幾。

《漢書·百官公卿表》：“相國丞相助理萬機。”玉裁按：漢魏晉南北朝用“萬機”字皆從木旁。

班固《典引》李注：“《尚書》曰：‘兢兢業業，一日二日萬機。’”

# 無曠庶官，天工，人其代之。

《風俗通義·過譽篇》：“《尚書》：‘無曠庶官。’”《論衡·藝增篇》：“《尚書》曰：‘毋曠庶官。’曠，空。庶，衆也。毋空衆官。實非其人，與空無異，故言空也。”《漢書·孔光傳》策免光曰：“《書》不云乎，‘毋曠庶官，天工，人其代之’。”師古曰：“《虞書·咎繇謩》之辭也。”《中論·爵禄篇》：“《書》曰：‘無曠庶官，天工，人其代之。’”《漢書·律厤志》曰：“《書》曰：‘天功，人其代之。’”《漢書·王莽傳》太后詔：“《書》不云乎，‘天工，人其代之’。”

# 天敘有典，

《釋文》曰：“‘有典’，馬本作‘五典’。”

# 勑我五典五惇哉！

《五經文字》曰：“敕，古勑字。今相承皆作勑。”《廣韵·廿四職》曰：“敕，今相承用勑。勑本音賚。”

# 天秩有禮，自我五禮有庸哉！

《釋文》曰：“‘有庸’，馬本作‘五庸’。”

# 同寅協恭和衷哉！天命有德，五服五章哉！天討有罪，

《尚書大傳·虞傳》曰：“《書》曰：‘天命有德，五服五章哉。’”

《説文》三篇《攴部》曰：“敲，棄也。《周書》以爲‘討’。”按：云“以爲”者，六書之假借也。《尚書·周書》中絶無“討”字，疑“周”字乃“虞”字轉寫之誤，壁中故書如是也。

《漢書·刑法志》云：“《書》云：‘天秩有禮，天討有罪。’”

# 五刑五用哉！

《後漢書·梁統傳》統對尚書問曰：“經曰：‘天討有罪，五刑五庸哉。’”“用”作“庸”。

# 政事懋哉！懋哉！

《漢書·董仲舒傳》仲舒對策曰：“《書》云茂哉茂哉，彊勉之謂也。”師古曰：“‘茂哉茂哉’，《虞書·皋繇暮》之辭也。”玉裁按：古“懋”“茂”音同通用，《左氏傳》引《康誥》“惠不惠，茂不茂”，今《尚書》作“懋不懋”。

《爾雅·釋故》：“茂，勉也。”郭注：“《書》曰：‘茂哉茂哉。’”《釋文》曰：“茂，又作懋，亦作悉，同。注‘茂哉’或作‘茂才’。”此可證《尚書》“哉”字本或作“才”。

## 天聰明,自我民聰明。

《漢書·李尋傳》尋説王根曰:"《書》云'天聰明'。"《大雅·烝民》鄭箋:"《書》曰:'天聰明,自我民聰明。'"《正義》云:"引《書》曰者,《泰誓》文也。此《咎繇謨》之誤。彼注云:'天之所謂聰明有德者,由民也,言天所善惡與民同。'引之者證天從民意也。"玉裁按:此疏傳寫有脱,當云"天之所謂聰明有德者,由我民,謂之聰明有德者也",語意乃完。

## 天明威,自我民明威。

上"威"字,孔本作"畏",今從馬、鄭本。《釋文》:"畏,如字,徐音威,馬本作威。"《周禮·鄉大夫》鄭注:"《書》曰:'天聰明,自我民聰明;天明威,自我民明威。'"《困學紀聞》:"古文'自我民明畏',今作'威',蓋衛包所改。"玉裁按:此非衛改。王氏所云古文者,即宋次道家本也,不可信。《釋文》曰:"畏,徐音威,馬本作威。"然則上句從下句作"威"可矣,不當下句從上句作"畏"也。《考工記》注:"故書'畏'作'威',杜子春云當爲'畏'。"玉裁按:"當爲'畏'",今本作"當爲'威'",誤。古"威""畏"二字同音通用,不分平去也。

## 達于上下,敬哉有土。"皋陶曰:"朕言惠可底行。"

《白虎通·聖人篇》引:"朕言惠可底行。"

《獨斷》:"皋陶與帝舜言曰:'朕言惠可底行。'"

## 禹曰:"俞!乃言底可績。"皋陶曰:"予未有知,思曰贊贊襄哉!"

《正義》:"云'曰'者,謂我上之所言也。"是此字音"越"。唐石經正作"曰",今俗本作"日",讀人實反,誤也。

《釋文》云:"襄,息羊反,上也。馬云'因也'。案《爾雅》作'儷,因也',如羊反。"玉裁按:施博士乾讀《爾雅》息羊反。

帝曰:"來!禹,女亦昌言。"禹拜曰:"都!帝,予何言?予思日孜孜。"

"孜孜",《夏本紀》作"孳孳"。

馬、鄭、王合"帝曰"已下於《皋陶謨》,謂別有《棄稷》之篇。按:逸十六篇中有《棄稷》,馬、鄭所親見也。僞孔改《棄稷》爲《益稷》,云伏生以《益稷》合於《皋陶謨》,復出之,"帝曰"已下是也。

皋陶曰:"吁!如何?"禹曰:"洪水滔天,浩浩懷山襄陵,下民昏墊。予乘四載,

《夏本紀》述《皋陶謨》,無"乘四載"三字,但云"予陸行乘車,水行乘舟,泥行乘橇,山行乘檋"。《河渠書》引《夏書》:"陸行載車,水行載舟,泥行蹈毳,山行即橋。—作'檋'。"《溝洫志》引《夏書》:"陸行載車,水行載舟,泥行乘橇,山行則桐。"《説文》六篇《木部》"欙"字下云:"山行所乘者,从木纍聲。《虞書》曰:'予乘四載,水行乘舟,陸行乘車,山行乘欙,澤行乘輈。'"閻氏百詩謂許所據古文《尚書》多十六字,不知此十六字乃自古相傳書説而備載之,非《尚書》正文有之也。《虞夏書》"九族""五典""四門""五瑞""五玉""五禮""五器""五刑""五教""五流""五宅""十有二州""十有二山""五采""五色""六律""五聲""八音""七始""五言""四鄰""五服""九河""三江""三品""九江""三邦""四隩""九山""九川""九澤""四海""六府",以及《左氏傳》所引《夏書》"九歌",皆不詳其目,閻氏所疑,非也。許系之《虞書》,《史》《漢》系之《夏書》者,三科之

條，《虞夏書》爲一科，故或以爲《虞》，或以爲《夏》。又大史公系《皋陶謨》於《夏本紀》，故謂之《夏書》也。

“欙”，力追切。《河渠書》作“橋”，丘遥反。徐廣曰：“‘橋’，一作‘樺’，玉裁按：‘樺’者，‘輂’之俗，《集韻》分爲二，非也。几玉反，直輹車也。《漢書》作“桐”，應劭曰：“‘桐’或作‘欙’，今本《尚書正義》作‘欙’。爲人所牽引也。”如淳曰：“桐，謂以鐵如錐，頭長半寸，施之履下，以上山不蹉跌也。”韋昭曰：“桐，木器也，如今轝牀，人轝以行也。”《尚書正義》引《尸子》曰：“山行乘欙。今本省作‘欙’。”僞孔傳亦作“欙”，今本作“欙”。與許書合。玉裁按：“輂”“桐”“橋”同字。“橋”者，“輂”之轉語。“欙”與“輂”，異字同義，一物而異名也。輂，自其盛載而言。欙，自其輓引而言。纍，大索也。此聲義之皆相倚者也。韋訓“輂”云“人轝以行”，應訓“欙”云“人所牽引”，皆得其正解。《孟子·滕文公篇》“蘽梩而揜之”，趙注：“蘽梩，籠臿之屬。”今按：《説文·木部》曰：“梩，徛土輂。”然則“蘽”亦輓引之稱，趙注未了，如氏“如錐長半寸”之説，是其物如齒屐，豈得稱四載之一，豈履、屐等皆可稱載乎？顏師古、張守節從之，誤矣。“輴”，《史記》作“橇”，亦作“橇”。《漢書》作“橇”，如淳曰：“橇，音茅蕝之蕝，謂以版置泥上以通行路也。”服虔曰：“木橇，形如木箕，摘讀同‘擿’。行泥上。”孟康説同，“摘”作“擿”。《尚書正義》引《尸子》曰：“泥行乘蕝。”引《慎子》曰：“爲橇者，患塗之泥也。”徐廣注《史記》引《尸子》作“楯”，僞孔傳作“輴”，許作“輴”。“橇”“橇”“蕝”“輴”“輴”，一聲之轉。輴，敕倫切，本訓“車約輴”，此借爲“版行泥上”之字耳。

## 隨山栞木，

“栞”，唐石經已下作“刊”，衛包改也，今更正。《説文》六篇《木部》曰："栞，槎識也。从木秝。闕。《夏書》曰：'隨山栞木.'讀若刊。栞，篆文从开。"玉裁按：云闕者，謂從秝不知何字，象形、會意、諧聲何屬也。《説文》列字俱以小篆居首，以籀文、古文厠小篆之下，亦閒有以小篆厠古籀下者，此云"篆文從开"，則"栞"爲古文，出於孔壁可知矣。李斯改"栞"爲"栞"，則孔安國以今文讀古文，早易"栞"爲"栞"。《史記·夏本紀》述《皋陶謨》"行山栞木"，然則今文《尚書》亦作"栞"，可證。許云"讀若刊"者，謂音與"刊"同，非"栞""刊"同字也。假令"栞""刊"同字，則當"刊"傅《木部》。云"槎識也"者，槎，衺斫也，衺斫木使其白，多以爲道路高下表識，如孫子"斫樹白書"之類，故云"槎識"。《夏本紀》述《禹貢》曰"行山表木"，以"表"訓"栞"，是"槎識"爲《尚書》古訓可知。衛包誤以"栞""刊"爲古今字，乃改"栞"爲"刊"。刊，剟也，字不從木，非謂斫木，即謂《左氏》有"井堙木刊"之語，然不可用《左氏》改《虞夏書》又明矣。《説文》偁"隨山栞木"云《夏書》不云《虞書》者，偁《禹貢》，非偁《皋陶謨》也。玩《正義》，則"栞"之改"刊"，在天寶以前。

## 暨益奏庶鮮食。

《夏本紀》云"令益予衆庶稻，可種卑溼"，此經之"暨益奏庶鮮食"也。"命后稷予衆庶難得之食"，此經之"暨稷播奏庶艱食"也。又云"與益予衆庶稻鮮食""與稷予衆庶難得之食"，蓋此經"鮮食"，今文《尚書》作"稻食"。而"稻鮮食"之"鮮"字誤，多如《大誥》"民獻儀"之比。

## 予決九川距四海，

今本作"距"，依《廣韵》訂正。《廣韵·上聲·八語》曰："岠，其吕切。《書傳》云：'至也。'""距"切同，雞距也。分別與《説文》合。後人盡用"雞距"字爲"距至"字，輒以改經，而陸法言、孫恓所據《書傳》固未誤。《文選》三十注引《尚書傳》"距，至也"，不若《廣韵》所引爲正。《夏本紀》"距"作"致"，訓故字也。

唐開元時，釋慧苑《華嚴音義》曰："孔安國《尚書傳》曰：'距，違也。'"然則今本作"距"，衛包所改也。"距違"，見《禹貢》。

## 濬畎澮距川；

《説文》十一篇《川部》曰："川，貫穿通流水也。《虞書》曰：'濬〈巜距今本《説文》作"距"，蓋誤。川。'言深〈巜之水會爲川也。"《〈部》曰："〈，水小流也。《周禮》：'一耦之伐，廣尺深尺，謂之〈。'古文作畎，从田川，篆文作畎，从田犬聲。"《巜部》曰："巜，水流澮澮也。方百里爲巜，廣二尋，深二仞。"《谷部》曰："睿，深通川也，从谷从卢。卢，殘地阬坎意也。《虞書》曰：'睿畎澮距今本作"距"，蓋誤。川。'"玉裁按：《説文》兩引此句，而一作"濬"，一作"睿"。濬者，倉頡古文。睿者，小篆也。一作"〈"，一作"畎"。〈者，倉頡古文。〈、巜、川，三字必一人所制，皆倉頡古文也。"畎"字從田川，當是籀文。今本《説文》籀誤爲古文耳。畎者，小篆也，一作"巜"，一作"澮"。巜者，倉頡古文。澮者，同音假借字也。《川部》引"濬〈巜距川"，此壁中故書如是。《谷部》引"睿畎澮距川"，此孔安國以今文讀之者也。《夏本紀》"濬"作"浚"，《説文》曰："浚，抒也。"

## 暨稷播，奏庶艱食鮮食。

《釋文》曰："艱，馬本作根，云'根生之食謂百穀'。"玉裁按：鄭云："教民種澤物、菜蔬、難厄之食。"是鄭亦作"艱"也；又云："衆鱻食，謂魚鼈也。""鮮"作"鱻"，《思文》正義。郭璞《江賦》曰"食惟蔬鱻"，蓋本鄭。

## 懋遷有無,化居。

《夏本紀》云:"與稷予衆庶難得之食。食少,調有餘補不足。"案:難得之食謂艱食也,食少謂鮮食也。調有餘補不足,謂懋遷有無也。疑今文《尚書》云"食鮮",故以"食少"代之,與古文家説迥異。

《漢書·食貨志》説禹曰:"楙遷有無,萬國作乂。"師古曰:"'楙'與'茂'同。"

《食貨志》贊曰:"《書》云'楙遷有無'。"

《周禮·合方氏》注曰:"茂遷其有無。"《正義》引《尚書》:"懋遷有無,化居。"

《文選·永明九年策秀才文》李善注引《尚書》曰:"貿遷有無,化居。"王伯厚《藝文志考》説漢儒所引異字有"貿遷有無化居"。宋王天與《尚書纂傳》、吳澄《尚書纂言》皆云伏生《大傳》作"貿遷",江氏叔澐《尚書集注》定作"貿"。

## 烝民乃粒,萬邦作乂。"

《夏本紀》"粒"作"定",蓋今文《尚書》"粒"作"立",而以"定"訓之。《詩·思文》曰:"思文后稷,立我蒸民。"毛不改字。

又按:《本紀》云"調有餘補不足",謂懋遷有無也。"徙居衆民",謂化居烝民也。"乃定萬國爲治",謂乃粒萬邦作乂也。蓋"有無"句絶,"烝民"句絶,"作乂"句絶。漢《班志》再引皆"有無"爲句。

今文《尚書》"邦"作"國",見《食貨志》。

《周頌·思文》鄭箋云:"烝民乃粒,萬邦作艾。"《釋文》曰:"'艾',音'刈'。鄭注《尚書》五蓋反,本或作'乂',音同。"玉裁按:魏晉以後之音,"艾"音"刈",則同"乂",治也。"艾"讀五蓋反,則訓"老"、訓"養",如《曲禮》"五十曰艾"。《音義》

云："五蓋反，老也，謂蒼艾色也。"此云"鄭注《尚書》五蓋反"者，非鄭注有反語，謂以其義推之當讀"五蓋反"也。鄭注作"艾"訓"養"，見《詩·思文》正義。《詩·南山有臺》"保艾爾後"，《音義》亦云："艾，五蓋反，養也。""老"與"養"二訓略相近。

《唐誥》正義："《皋陶謨》云：禹曰：洪水滔天，予乘四載，隨山刊木，既稷播奏庶，艱食鮮食，烝民乃粒。"按：不曰"《益稷》云"者，用馬、鄭本也。

皋陶曰："俞！師女昌言。"禹曰："都！帝，慎乃在位。"帝曰："俞！"禹曰："安女止，惟幾惟康。其弼直，

《夏本紀》作"輔德"。"輔"者"弼"字之訓，"德"非"直"之訓也，必是今文《尚書》作"弼德"。"德"從悳，"悳"從直。《易》"有功而不置"，鄭讀"置"爲"德"。

惟動不应。傒志

《夏本紀》作"天下大應清意"。按：此今文《尚書》也。"清"與"傒"，於音韻"支"與"清"之通轉也。

以昭受上帝，天其申命用休。"帝曰："吁！臣哉鄰哉，鄰哉臣哉！"禹曰："俞！"帝曰："臣作朕股肱耳目。予欲左右有民，女翼。予欲宣力四方，女爲。予欲觀古人之象，日月星辰、山龍華蟲，作繪

許慎《説文解字序》曰："《書》曰：'予欲觀古人之象。'"

"繪"字，今孔本作"會"，云："五采也。"

《釋文》曰："會，馬、鄭作'繪'，胡對反。"

《正義》曰："鄭玄云：'會讀爲繪，凡畫者爲繪。'"

　　《春秋左氏傳·昭廿五年》正義曰：“鄭玄讀‘會’爲‘繢’，謂畫也，‘絺’爲‘黹’，謂刺也。”

　　《文選·景福殿賦》“命共工使作繢，明五采之彰施”，李善注云：“《尚書》曰：‘予欲觀古人之象，作繪。’鄭玄曰：‘繢讀曰繪，凡畫者爲繪。’胡對切。”《選》注本皆作“反”字，今本皆作“切”字，後人改也。玉裁按：此經本作“繪”，《説文》十三篇《糸部》“繪”字下引《虞書》“山龍華蟲作繪”，是其證也。鄭君謂“繪”之訓“會”，五采繡也，“畫繢”字當依《考工記》從糸貴聲，故注《尚書》云“繪讀曰繢”。“讀曰”與“讀爲”同，易其字也。“繢”之音胡對反，在十八隊。“繪”之音黃外反，在十四泰。此《唐韻》如是，本於陸法言《切韵》，故《尚書釋文》曰：“繪，馬、鄭作繢，胡對反。”《尚書正義》曰：“鄭云：‘繪讀爲繢，凡畫者爲繢。’”《左氏》疏、《文選》注云：“繪讀曰繢，凡畫者爲繢，胡對切。”此可細推而得者也，孔本本作“繪”，故傳云“繪，會五采也”。“會五采”三字即《説文》“繪”字下云“會，五采繡也”，惟孔釋爲畫事，故去“繡”字耳。今本孔傳云“會，五采也”，此不成文理。五采可謂之會乎？揆其舛謬之由，以“繢”“繪”二字俗既通用不分，因之鄭讀“繪”爲“繢”，“繢”字皆譌“繪”字而不可通，則去“繪”之半以通之，此鄭、孔《尚書》作“繪”而誤“會”，《釋文》《正義》引鄭“讀繪爲繢”而誤云“讀會爲繪”也。《選》注引《尚書》作“繪”，又引鄭注“繪讀曰繢”，以爲何賦“命共工使作繢”之證，必如是而後文理可讀，今轉寫倒亂之，不可通矣。鄭注《周禮·司服》、注《尚書大傳》《洪範五行傳》、何平叔《景福殿賦》，引《書》皆作“繢”字，此鄭易“繪”爲“繢”，因徑用“繢”字，與箋《詩》易“田”爲“畇”、其注《明堂位》徑引《詩》“應畇縣鼓”同也。《司服》釋文：“繢，胡對反。”《論語·八佾篇》釋文：“繪，胡對反。本又作‘繢’，同。”按：“又作”者爲善。古文《尚書》本作“繪”字，如《説文》“繪”字下引《虞書》、左太沖《魏都賦》“有虞作繪”張孟陽注引《咎繇謨》“山龍華蟲作繪”是也。今文《尚書》亦作“繪”，《尚書大傳·虞傳·咎繇謨》作“繪”三見，字皆從糸會聲是也。今考定古文《尚書》，正“會”爲“繪”，其讀則當依馬、鄭“讀爲繢”。

鄭司農注《周禮》引《論語》“繢事後素”，字作“繢”，與《攷工記》合，與許本《論語》作“繪”異。

或問：《説文》云：“繪，會五采繡也。《虞書》曰：‘山龍華蟲作繪。’《論語》曰：‘繪事後素。’从糸會聲。”如其文則《虞書》《論語》所云繡也，非畫也，豈得作繪爲作畫乎？答曰：其字從糸，故其本義爲繡。所引《虞書》《論語》，則六書之假借，如“朕聖讒説”，“聖”訓“嫉”，非以土增道也；“尚狟狟”訓“威武”，非犬行也；“無有作妖”，“妖”即“好”字，非姓也；“堋淫于家”，“堋”即“朋”字，非葬下棺。本義訓“繡”，何妨借爲“畫繢”字乎？“繢”從糸，亦非本字，鄭君據《攷工記》當用此字，故曰“繪讀曰繢”也。且《尚書大傳》云“華蟲黃也”“作繪黑也”“宗彝白也”“璪火赤也”“山龍青也”，則今文家説作“繪”，非謂畫也，安知許君不用今文説乎？用今文説則如《女部》所云“嬒，女黑色也”同解，亦不與上文“會，五采繡也”黏連。

《春秋正義》五十一云，《尚書》作“會”，鄭讀“會”爲“繪”。玉裁按：宋本“繪”字誤，汲古閣刻“繢”字是。

司馬彪《輿服志》：“日月星辰山龍華蟲作繢，宗彝藻火粉米黼黻絺繡，以五采章施于五色。”此用鄭本《尚書》也，劉昭注曰：“古文《尚書》‘繢’作‘會’。”此用孔本《尚書》之誤者也。

## 宗彝藻火

《釋文》曰:"藻,本又作薻。"

《説文》一篇《玉部》曰:"璪,玉飾,如《初學記》作'以'水藻之文也。从玉喿聲。《虞書》曰:'璪火黺米。'"玉裁按:此壁中《尚書》也。玉飾如藻,則其字作"璪"。衣飾以藻,則其字當徑作"藻"。而作"璪"者,六書之假借。今本作"薻"、作"藻"者,蓋孔安國以今之文字讀之也。《尚書大傳·虞傳》"璪火"字三見,然則今文《尚書》與壁中古文同作"璪"也。

## 粉米

《説文》七篇《黹部》"黺"字下曰:"袞衣山、龍、華、蟲。黺,畫粉也。从黹从粉省。衛宏説。"玉裁按:一篇《玉部》亦引《虞書》"璪火黺米",然則壁中字作"黺",蓋孔安國以今之文字讀之改爲"粉"也。"黺"與山龍華蟲不相屬,蓋許君筆誤也。又,黺,畫粉也,絲繡文,如聚細米也,黺、絲爲二物。又,黺爲畫,絲爲繡,皆與鄭不合。許君時鄭説未出,《後漢書》"衛宏從大司空杜林受古文《尚書》,爲作訓旨"。"黺,畫粉也"蓋即訓旨中語,若隋、唐《志》皆有衛宏《詔定古文官書》,則《敬仲傳》中不載。昔曾作《攷》一篇,附録於左。

《衛宏官書考》:韓退之言,李少温子服之,以科斗書衛宏《官書》相贈。見於《隋書·經籍志》,曰"《古文官書》一卷,後漢議郎衛敬仲撰";見於《唐書·藝文志》,曰"衛宏《詔定古文字書》一卷","字"者"官"之譌字也。唐初玄應《衆經音義》引衛宏《詔定古文官書》三條,曰"尋""得"同體,曰"枹""桴"同體,曰"圖""圖"同體。張守節《史記正義》曰:"衛宏《官書》數體,吕忱或字多奇。"然則其書體製蓋同張揖《古今字詁》,而字體爲古文籀文,唐人以爲難得,至唐季其書亡矣。郭忠恕《汗簡》多假託易稱衞宏字説,非真宏説也。《漢書·儒林傳》師古注引衞宏《詔定古文官書序》云:"秦既焚書,患苦天下不從所改更法,而諸生到者拜爲郎,前後七百人,迺密令冬種瓜於驪山阬谷<sub>阬谷,一作硎谷,一作嶇谷</sub>。中。温處瓜實成,詔博士諸生説之,人人不同,迺命就視之,爲伏機,諸生賢儒皆至焉。方相難不決,因發機,從上填之以土,皆壓,終迺無聲。"而《尚書正義》《藝文類聚》引此文略同,乃系之衞宏《古文奇字序》。"奇字"者,"官書"二字之誤也。《儒林傳》注又引衞宏《定古文官書序》云:"伏生老不能正言,言不可曉也,使其女傳言教錯。齊人語多與潁川異,錯所不知者凡十二三,略以其意屬讀而已。"《經典釋文·序録》、《史記·袁盎鼂錯列傳》正義亦引此文,而今本《漢書》譌爲"衞宏《定古文尚書》",今本《史記》譌爲"衞宏《詔定古文尚書》",今本《釋文》譌爲"古文《尚書》"。"尚"字皆"官"字之誤也,"官書"疑南北朝人依託爲之者,郭忠恕未之見而又依託之,《汗簡》其可信乎?

王氏《困學紀聞》曰:"古文《尚書》及《説文》,'璪火黺粖黼黻',字皆從黹,同謂之希冕。"玉裁謂《説文》十三篇《糸部》有"絑"字,云:"繡文,如聚細米也,從糸米,米亦聲。"《黹部》無"黺"字,王氏所云古文《尚書》,宋次道、王仲至家本也,其"米"字從黹,實據誤本。《尚書音義》云:"粉米,《説文》作'黺絑',徐本作'絑',音米。"按陸氏當云"粉,《説文》作'黺'"爲句,"米,徐本作'絑'"爲句。傳寫家將"米"字譌"黺",而亂其句,但不知何以不云"米,《説文》作絑",而云徐本。《汗簡·黹部》《古文四聲韵·上聲》皆有"黺"字,云見《尚書》;而皆無"絑"字,亦恐因《釋文》而誤耳。"絑"蓋壁中本字,至徐仙民時尚有作"絑"者,《説文·玉部》引"璪火黺米",此"米"字當是本作

"絑"轉寫佚其糸旁。《周禮·司服》注引作"粉米",則以今文讀之,易爲"粉米"久矣。鄭云"粉米,白米也",是依所易之字爲易憭。

張載《魏都賦注》曰:"《尚書·咎繇謨》舜曰:'予欲觀古人之象,日月星辰、山龍華蟲作繪粉米。'"玉裁按:以"粉米"屬"作繪"之下,不知其説云何。

## 黼黻

偽孔傳云:"黻,謂兩己相背。"玉裁按:如其言,當作**己己**文,非也。《古文四聲韵》曰:"**弓己**,古文弗字,見《尚書》。"玉裁按:此合《説文》十二篇,左戻爲"乀",右戻爲"丿",二字屈曲之成此字,以楷寫之則爲"**弓己**"。顏師古《韋賢傳》注、《集韵·八物》今本譌爲"亞",《古文四聲韵》所載崔希裕《纂古》俱譌。

## 希繡,

"希",偽孔本作"絺",今從鄭。

《周禮·司服》注:"《書》曰:'予欲觀古人之象,日月星辰、山龍華蟲作績,宗彝藻火粉米黼黻希繡。'此古天子冕服十二章,'希'讀爲'黹'。或作'絺',字之誤也。"玉裁按:據此則鄭本《尚書》作"希繡",與《周官》"希冕"字同。讀"希"爲"黹",謂作"絺"者誤。孔本作"絺",正鄭所謂誤本也。而孔訓爲"葛之精者",其謬戾尚可言哉? 今本《周禮注》轉寫誤爲"希,讀爲絺,或作'黹',字之誤也"。"絺""黹"字互譌,學者多不能辨正,《尚書正義》引《尚書》鄭注云:"希讀爲黹。黹,紩也。"此與《周禮注》合,尋鄭本《尚書》必作"希"。《正義》依附孔本不分別之,曰鄭本作"希",云"希"讀爲"黹",輒改"希"爲"絺",使從孔,此大非也。《釋文》:"絺,徐勑私反,又勑其反。馬同。鄭陟里反,刺也。七亦反,刺繡。""陟里"者,"黹"之反語,鄭但有讀爲"黹"之云,無"陟里反"之云,於其義得其音也。陸氏亦當云"鄭作希",而不爲分別之詞,亦非也。或開寶誤删之,云"馬同"者,馬同孔作"絺"訓"葛之精者"。

或問曰:鄭云"希讀爲黹,或作絺",此謂《周禮》非謂《尚書》也。應之曰:誠然。但鄭舉《書》之"希繡"以證《禮》之"希冕",且《書》《禮》注相合,皆云"讀爲黹",則《禮》有作"絺冕"、《書》有作"絺繡"者,皆非作"希冕""希繡"者爲是也。

又按:今《説文》無"希"字,而有"稀""絺""晞""豨""睎""郗""莃"等字,皆以"希"爲聲,以《虞夏書》"希繡"、《周官經》"希冕"斷之,則"希"者古文"黹"字也,从巾所紩也,从爻象繡文也,俗借爲"稀少"字,鄭君乃不得其本義而曰"希讀爲黹",是爲以今字易古字,"希""黹"古今字也。《説文》當於"黹"字下補之曰:"希,古文'黹'字也。古文、籀文不可定。从巾。"上以"爻"象形臆爲此説而無可證據。

## 以五采彰施于五色,作服,女明。

"彰",鄭注《大傳》作"章"。

《夏本紀》:"余欲觀古人之象,日月星辰作文繡服色,女明之。"

## 予欲聞六律五聲八音,

《尚書大傳·洪範五行傳》鄭注"聞"作"同"。

《白虎通·禮樂篇》:"《尚書》曰:'予欲聞六律五聲八音。'"

## 在治忽,

"忽",鄭本《尚書》作"曶",注云:"曶者,臣見君所秉書思對命者也。君亦有焉,以出内政,教於五官。"玉裁按:"曶"

"忽"古今字,小篆作"曶",隸變作"曶"。《説文·曰部》:"曶,出氣詞也,从曰,上象形,籀文作曶,一曰佩也。"裴駰所據鄭本《尚書》作"曶",鄭以"笏"訓之,與《説文》訓"佩"正合。至司馬貞所見古文《尚書》則作"忽"矣。古"曶""忽"通用,如《春秋》"鄭大子忽",《説文》作"大子曶";《論語》"仲忽",《漢表》作"中曶";《羽獵賦》"嚮曶如神",傅毅《舞賦》"靈①轉飄曶",漢《樊敏碑》"奄曶滅形",《楊雄傳》"於時人皆曶之"。

古文《尚書》"在治",今文《尚書》作"七始",亦作"七政"。"七"亦作"桼","桼"或誤作"來",或誤作"采"。《夏本紀》"在治忽"作"來始滑"。《索隱》曰:"古文《尚書》作'在治忽',今文《尚書》作'采政忽',先儒各隨字解之。今此云'來始滑',於義無所通。蓋'來''采'字相近,'滑''忽'聲相亂,'始'又與'治'相似,因誤爲'來始滑',今依今文音'采政忽'三字。"玉裁按:《漢書·律厤志》曰:"《書》曰:予欲聞六律五聲八音七始,訓'訓'字今本《漢書》作'詠',誤也。《隋書·律厤志》引《書》'予欲聞六律五聲八音七始,訓以出納五言',實引《漢志》也。孟堅云:'順以歌詠五常之言。'以'順'釋'訓',非以'歌詠'釋'詠'也。且'訓'與'忽',於音韵同類,'文''物'相爲平入,若作'詠',則無關涉矣。以出内五言,女聽。""予"者,帝舜也。言以律吕和五聲,施之八音,合之成樂。七始此字本無,今補。者,天地四時人之始也。順以歌詠五常之言,聽之則順乎天地,序乎四時,應人倫,本陰陽,原情性,風之以德,感②之以樂,莫不同乎一,惟聖人爲能同天下之意,故帝舜欲聞之也。所謂七始者,《尚書大傳·唐傳》曰:"定以六律五聲八音七始,箸其素。五聲,天

---

①靈:據李文,當作"雲"。
②感:據李文,當作"感"。

音也。八音,天化也。七始,天統也。"鄭注:"七始,黃鍾、太蔟、大吕、南吕、姑洗、應鍾、蕤賓也。"《禮樂志》:"高祖唐山夫人《安世房中歌》曰:'七始華始,肅倡和聲。'"孟康曰:"七始,天地四時人之始。華始,萬物英華之始。以爲樂名,如樂六英也。"《敘傳》曰:"八音七始五聲六律。"劉德曰:"七始,天地四時<sub>今本《漢書》誤作'方'</sub>人之始也。"尋七始即七政。《尚書大傳·唐傳》曰:"在琁機玉衡以齊七政,七政謂春、秋、冬、夏、天文、地理、人道,所以爲政也。道政而萬物順成。"<sub>據《史記正義》及《玉海》,"七政"以下皆《大傳》正文,非注也。</sub>蓋泛言之爲七政,在樂則爲七始。《昭廿年左氏傳》謂之七音,《周語》謂之七律。賈逵注《周語》云:"周有七音謂七律,謂七器音也。<sub>當作'爲七音器也',韋云:'意謂七律爲音器用。'</sub>黃鍾爲宮,大蔟爲商,姑洗爲角,林鍾爲徵,南吕爲羽,應鍾爲變宮,蕤賓爲變徵。"韋昭注略同,皆與鄭君《大傳》"七始"注合。而班固、孟康、劉德又皆以七政釋七始。七始本於今文《尚書》,而高帝姬唐山夫人在漢初不必曾受業於伏生,是七始之説傳之有自。攷《楚語》:"觀射父曰:先王之祀也,以一純二精三牲四時五色六律七事八種九祭十日十二辰,以致之天地民及四時之務,謂之七事。"韋注:"八種,八音也。"玉裁按:六律七事八種,即六律八音桼始。《尚書》言七政、七始,傳言七事、七音、七律,實一物也。"七"字,古多假"桼"爲之,如《大玄經·玄攡》曰:"運諸桼政。"《玄棿》曰:"棿擬之二桼。"《方言》曰:"秦有桼<sub>俗本作'桼'</sub>。娥之臺,<sub>《廣韵》曰:'秦有桼娥臺,今本《方言》脱"秦有"。'</sub>王莽《候鉦銘》重五十桼斤。楊子"桼政"字蓋用今文《尚書》,《史》《漢》同引今文而《漢志》作"七"、《夏紀》作"來","來"者"桼"之字誤。漢隸"桼"作"桼",與"來"之變體作"来"不甚别,轉寫竟作"來"字。楊氏用修曰:"《史記》'來'字乃'桼'字之誤。"此語殊可信。《國語》“防風氏漆姓”，《史記》作“釐姓”，此當由“釐”
“來”古通用，“來”誤爲“泰”也。

　　或問：小司馬云：“《史記》作‘來’，今文作‘采’。”何以不
云今文作“泰”？且小司馬何以得見今文《尚書》也？應之曰：
永嘉之亂，夏侯、歐陽《書》説已亾，其經文尚存，以漢石經尚存
也，《尚書正義》卷二所引夏侯等書四條蓋據漢石經而言，其上
文云伏生所傳三十四篇者，謂之今文，則夏侯勝、夏侯建、歐陽
和伯等三家所傳，及後漢末蔡邕所勒石經是也。“心腹腎腸”曰“優
賢揚”，此條冣可證取諸石經。倘取諸陳《志》左《賦》，則當云“優賢揚歷”。惟取諸石
經，故以“優”當“心腹”字，“賢”當“腎”字，“揚”當“腸”字，不論其文義也。《匡謬
正俗》云：“古文《尚書》作‘烏呼’，今文《尚書》作‘於戲’。古
文《尚書》作‘惟’，今文《尚書》作‘維’。”亦是親見石經拓本如
此。至司馬氏《史記索隱》曰：“古文作‘不嗣’，今文作‘不怡’。
‘嵎夷’，今文《尚書》及《帝命驗》並作‘禺鐵’。當是‘銕’。‘明
都’，《爾雅》《左傳》謂之‘孟諸’，今文亦爲然。古文《尚書》作
‘滎波’，此及今文並云‘滎播’。古文《尚書》‘在治忽’，今文
作‘采政忽’。”此所引今文數條非能憑肛説者，蓋亦石經拓本
有散在人間者，小司馬曾略見之。然則豈漢石經作“采”歟？
曰：非也，蓋石經作“釆”，與新莽《矦鉦銘》字同。《韓勅碑》作“釆”。
小司馬不辨爲“七”字，直仞爲“采”字，又以“采”與古文《尚
書》“在”字聲相近，此其原委之可知者也。“七始”即“七政”，
故《史》《漢》曰“釆始”、曰“七始”，石經則曰“釆政”，此小司馬
所引今文“始”作“政”之原委也。至若《史》作“滑”、《漢》作
“訓”，小司馬所引石經今文作“忽”，此同一今文而所傳乖異如
此。“滑”音骨，亂也，與“忽”同部；班作“訓”，順也。“訓”與
“忽”“滑”文、物相爲平、入，但其義絶殊矣。馬、班、蔡同用今

文而字殊義殊，兩夏矦、歐陽説不同，所主不一也。嘗謂蔡氏伯喈於《魯詩》有齊、韓字，於《公羊》載顏氏與嚴氏之異，於《論語》載盍、毛、包、周之異，猶見於隸釋殘碑，則《尚書》必載兩夏矦、歐陽之異同，但無由知其於三家中所主誰氏，所記乖異，今一無攷耳。大抵同一今文而不能無異，正不獨今與古之異也。至若今文作“七”，古文作“在”，此不關乎音聲者。今文作“始”，古文作“治”；今文作“滑”，古文作“忽”，此關乎音聲者。古文“在治忽”，則與今文“七—作‘桼’。始—作‘政’。滑—作‘訓’，一作‘忽’。”義絶殊。鄭本“忽”作“曶”，則又同一古文而字異。

賈昌朝、宋敏求輩之古文《尚書》，“治”字作“乿”，此蓋隋唐閒有此本，陸德明所謂“務欲立異，疑惑後生”者。《盤庚》正義曰：“壁内之書安國先得，‘治’字作‘乿’，其字與‘始’不類，無緣誤作‘始’字。”據此，則孔穎達亦爲所惑也。今本《正義》“乿”字譌“亂”，而宋本不誤，詳考古經《皋陶暮》“始滑”作“治忽”，《序》“始宅殷”作“治亳殷”，皆“始”“治”形聲俱相近之故，“乿”字恐無足依據也。孔氏《正義》轉云“乿”字出真古文，束晳不見，此爲顛倒見。

《隋書·律厤志》：“《書》稱：叶時月，正日，同律度量衡。又曰：予欲聞六律五聲八音七始，訓以出納五言。”玉裁按：此用《漢志》所引《書》也，惟此作“訓”不誤。《藝文志考》《困學紀聞》皆引作“七始詠”，是宋時《漢書》已無善本矣。

## 以出納五言，女聽。

《周禮·鍾師》“夏納”注：“故書‘納’作‘内’。”杜子春云：“内，當爲納。”此可以證“内”“納”爲古今字矣。《鄉射禮》《曲禮》注亦皆云：“納，内也。”是古經多作“納”之證。《夏本紀》作“出入”，則今文《尚書》本作“出内”也。《説文》：“内者，入也。”

《尚書大傳·洪範五行傳》注曰：“經曰：‘臣作朕股肱耳目。予欲左右有民，女翼。予欲觀古人之象，日月星辰，山龍華蟲，作繢；宗彝、藻、火、粉絑、黼黻、絺繡，以五采章施于五色，作服，女明。予欲同六律五聲八音，在治曶，以出内五言，女聽。’”玉裁按：此注所引，一一皆與《尚書》鄭注及《説文》合。惠氏定宇爲雅雨堂校刻李氏《易傳》，多有依古字改竄者。《大傳》惠君所集，非本書“鵰”“哎”“粉”“絑”等字，皆惠君所改竄。

## 予違女弼，

《説文》十篇《大部》曰：“奔，讀若‘予違汝弼’。”玉裁按：今本《説文》“女”作“汝”，誤也。“弼”與“弗”古音同，故《夏本紀》云：“予即辟，女匡拂。”《孟子》“法家拂士”，孫氏音“弼”。古文“弼”字亦作“弗”。

王符《潛夫論·明闇篇》：“舜曰：‘予違，汝弼。汝無面從，退有後言。’”

## 女無面從，退有後言。欽四鄰。庶頑讒説，若不在時，矦以明之，撻以記之，

《説文》十二篇《手部》曰：“遼，古文撻。《周書》曰：‘遼以記之。’”玉裁按：《周書》當是《虞書》之誤，古文“撻”从虍，未詳。唐貞觀時，釋玄應《眾經音義》引古文冣多，而有“邎”“敎”，無“遼”，疑“虍”即“攴”之誤，字本作“[img]”，譌爲“[img]”。

## 書用識哉，欲竝生哉。工以納言，時而颺之，格則承之庸之。

“格”，當是本作“假”。

## 否則威之。”禹曰：“俞哉！帝光天之下，至于海隅

## 蒼生，萬邦黎獻，

漢《泰山都尉孔宙碑》“乃綏二縣黎儀以康”，《堂邑令費鳳碑》“黎儀瘁傷泣涕連漉”，洪景伯不得“黎儀”之解。今按：古文《尚書》“黎獻”，今文《尚書》作“黎儀”，故漢人襲用，以《大誥》“民獻有十夫”，《尚書大傳》作“民儀有十夫”、《王莽傳》[①]作“民儀九萬夫”知之也，詳見《大誥》。

庚申十月，讀《廣雅疏證》“儀，賢也”，王氏引之說全與余《堯典》及《大誥》說同，蓋理惟其精，則閉戶造車，出門合徹，有如此者。王所引《漢碑》又有《斥彰長田君碑》，曰：“安惠黎儀，伐討姦輕。”

## 共惟帝臣。惟帝時舉，敷納以言，

《漢書·敘傳》曰：“時舉傅納。”即“惟帝時舉，敷納以言”也。

《漢書·成帝紀》鴻嘉二年詔曰：“古之選賢，傅納以言，明試以功。”師古曰：“傅，讀曰敷。”

## 明庶以功，車服以庸，誰敢不讓，敢不敬應。

《春秋·僖二十七年左氏傳》曰：“趙衰曰：《夏書》曰‘賦納以言，明試以功，車服以庸。’君其試之。”杜注云：“《尚書·虞夏書》也。”《正義》曰：“古文作‘敷納以言，明庶以功’。‘敷’作‘賦’，‘庶’作‘試’，師受不同，古字改易耳。”玉裁按：王符《潛夫論·考績篇》：“《書》曰：‘賦納以言，明試以功，車服以庸。誰能不讓，誰能不敬應？’”所引“賦”“試”字與《左氏》合。

日本山井鼎《七經孟子考文》云：“足利古本‘庶’作

---

①《王莽傳》：據李文，當爲“《翟方進傳》”。

‘試’。”與《左氏》合。又，二“不”字古本皆作“弗”。

# 帝不時，敷同日奏，罔功。”“無若丹朱敖，

《夏本紀》：“帝曰：‘毋若丹朱傲，維慢游是好，毋水舟行①，朋淫于家，用絶其世。予不能順是。’禹曰：‘予辛壬娶塗山，癸甲生啟，予不子，以故能成水土功。輔成五服，至于五千里，州十二師，外薄四海，咸建五長，各道有功，苗頑不即功，帝其念哉。’”玉裁按：此“帝曰”“禹曰”字，《尚書》所無，《史記》有之，此今文《尚書》也。《漢書·楚元王傳》劉向上奏曰：“臣聞帝舜戒伯禹，毋若丹朱敖②。周公戒成王，毋若殷王紂。”師古曰：“事見《虞書·益稷篇》。”不思《益稷篇》乃禹戒舜，非舜戒禹也。小顔時蔡邕石經拓本在祕府，不知搜采爲證，其不爲淺人妄改，作伯禹戒舜者幾希耳。《論衡·遣告篇》云：“舜戒禹曰：‘毋若丹朱敖。’周公勅成王曰：‘毋若殷王紂。’”此用劉子政語。又《問孔篇》：“《尚書》曰：‘毋若丹朱敖，惟慢游是好。’謂帝舜勅禹，毋子不肖子也，重天命，恐禹私其子，故引丹朱以勅戒之。禹曰：‘予娶，若時辛壬。癸甲，開呱呱而泣，予弗子。’陳己行事，以往推來，以見卜隱，效己不敢私不肖子也。”仲任所據多今文《尚書》，然則有“帝曰”“禹曰”者爲今文《尚書》甚顯白。但《史記》以“予不能順是”釋“予創若時”，系諸帝語，而《論衡》則“若時”二字在“予娶”之下，爲禹語，疑有舛誤。《後漢書·梁冀傳》：“汝南袁箸詣闕，上書曰：‘昔舜、禹相戒，無若丹朱敖；周公戒成王，無如殷王紂。’”此亦用子政語而渾融其詞，曰“舜禹相戒”，蓋因古文《尚書》文異，故更之也。

---

①舟行：據李文，疑此二字誤倒，當作“行舟”。
②敖：據李文，此字疑誤衍。

又按：今文《尚書》經文蓋亦無此“帝曰”“禹曰”，而今文家説謂當有之，故司馬、劉、王之書皆從之也。《問孔篇》以“毋若丹朱敖”系“《書》曰”之下，無“帝曰”二字，釋之曰“謂帝舜勑禹”，此可見經文本無“帝曰”，下文“禹曰予娶”則因文勢加之，非若上文特言“《書》曰”，不敢增“帝曰”二字。又經本無“禹曰”，今文家云當有，而説不同，故司馬以“予創若時”系諸帝，仲任則系諸禹。

傳云：“敖戲。”《論衡·刺孟》《驗符篇》有“遨戲”字，此字蓋本作“敖”，衛包乃改作“傲”也。“敖虐”正承此，不當有二字。“敖虐”，陸讀“五羔反”，則此亦可讀“五羔反”，不得因《説文》及別本作“㒓”而定爲去聲。古音“㒓”亦平聲也。

《釋文》曰：“傲，字又作㒓。”此本與《説文》合。《説文》十篇《㒱部》曰：“㒓，嫚也，从百从夆，夆亦聲。《虞書》曰：‘若丹朱㒓。’讀若傲。《論語》：‘㒓盪舟。’”玉裁按：許所引壁中故書也，“朱”依《糸部》則當作“絑”，許君亦從今字作“朱”也。“㒓”蓋安國以今文讀之易爲“敖”。“讀若傲”之“傲”，當作“敖”。“《論語》㒓盪舟”五字在“讀若敖”之下，蓋必有説，謂《左傳》《屈賦》等皆作“澆”，則《論語》作“㒓”，假借字也。吴氏南英《兩漢刊誤補遺》乃云：“《尚書》丹朱、㒓是兩人，南宫适言‘㒓盪舟’則罔[1]水行舟之事也。”蓋非是。

《管子·宙合篇》“若敖之在堯也”，房注：“敖，堯子丹朱，慢而不恭，故曰敖。”引《書》“無若丹朱敖”，此天寶以前本不作“傲”之證也。

---

[1] 罔：原作“网”。

惟慢遊是好,敖虐是作。

《釋文》:"敖,五羔反。"玉裁按:傳云"敖戲",則其字本作"敖"可知也。《説文》:"敖,出游也。"徐仙民讀"五報反"者,六朝時"敖戲"讀此音也,衛包乃改爲"傲"字。

罔晝夜頟頟,罔水行舟。

《孟子·梁惠王篇》趙注:"《書》曰:'罔水行舟,丹朱慢遊是好,無水而行舟。'"

朋淫于家,

《説文》十三篇《土部》曰:"堋,喪葬下土也,从土朋聲。《春秋傳》曰:'朝而堋。'《禮》謂之封,《周官》謂之窆。《虞書》曰:'堋淫于家。'亦如是。""亦如是"三字,大徐本無。引《虞書》者,壁中文,安國以今文讀之,乃易"堋"爲"朋"也。古書假借,借"堋"爲"朋",如假"狟狟"爲"桓桓"、假"敗"爲"蔑"、假"敀"爲"好"一例。淫,過也。"堋淫",如言"群居終日,言不及義,好行小慧","恒舞于宮,酣歌于室,徇于貨色"也。"于家",對上"行舟於外"言之。閻百詩氏不知經字多假借、叔重引之以發明六書依聲託事之恉,乃謂"堋淫者居喪犯婬",如楚王戊爲薄大后服私姦服舍,信如是,則當云"喪淫"不得言"堋淫"。假令《漢書》"私姦服舍"改曰"私姦堋所",可乎?"堋"乃下棺之名,此時斷無有犯婬者也,"堋淫"則于野而非于家矣,況《説文》引經自有義例可尋,《春秋傳》之"堋"其本義也,故先引,而用"封""窆"申明之,《虞書》之"堋",義之假借也,故列諸《春秋傳》之後而言。"亦如是"謂其義不同而字"亦如是"作也,大徐删"亦如是"三字,失許意矣。

用殄厥世,予創若時。""娶于塗山,辛壬癸甲。

《説文》九篇《屾部》曰:"盉,會稽山也,一曰九江當盉也。民俗以辛壬癸甲之日嫁娶。从屾余聲。《虞書》曰:'予娶盉山。'"前説謂盉山即會稽山也。《春秋·哀七年左傳》云:"禹會諸矦于塗山,執玉帛者萬國。"《外傳·魯語》:"仲尼云:昔禹致群神於會稽之山,防風氏後至,禹殺而戮之。"謂盉山即會稽山者,合《左傳》《國語》所云,爲一事也,今紹興府治東南十二里會稽山是也。後説謂盉①山即漢九江當盉之地也。《漢書·地理志》"九江郡當塗矦國",應仲遠曰:"禹所娶塗山氏國也,有禹虚。"玉裁按:應注"氏"字,今譌作"矦",因班《矦国》字而誤也。《郡國志》:"九江郡屬縣有當塗,有平阿。""平阿"下注有"塗山"。杜預注《左傳》云:"塗山在壽春東北。"杜預據刺史治而言,《志》據山所在而言。平阿,本當塗地,漢當塗即今鳳陽府懷遠縣。縣東南有塗山是也,在江北,非今在江南之太平府治當塗也。《兩漢刊誤補遺》曰:"《後漢書·滕撫傳》'徐鳳築城於當塗山中'注曰:'今宣州當塗縣。'《荀淑傳》'再遷當塗長'注曰:'縣在今宣州。'按:漢九江當塗,故城在唐州濠州,宣之當塗,則晉成帝時以當塗縣流人過江在于湖者,僑立爲當塗縣,大業十年屬宣州是也。《郡國志》'當塗'自注云:'徐鳳反於此。'章懷何以不悟?"王氏鳴盛《尚書後案》曰:"晉中原亂,淮南民南度,成帝初於江南僑立淮南郡,割丹楊之于湖,僑立當塗縣。隋屬丹楊郡,唐屬宣州宣城郡,宋改爲太平州,元爲路,明爲府,治當塗,本朝因之。"《大戴禮·帝繫篇》曰:"禹娶于塗山氏,塗山氏之子謂之女憍《古今人表》作'趫'。氏,産啓。"《尚書·咎繇暮》:"禹曰:予創若時,娶于塗山,辛壬癸甲。"鄭注曰:"登用之年,始娶于塗山氏,三宿而爲帝所命治水。"《水經》:"淮水又東,過當塗縣北。"注曰:"淮水自莫邪山東北,逕馬頭城北,魏馬頭郡治也,故當塗縣之故城也。"《吕氏春秋》曰:"禹娶塗山氏女,不以私害公,自辛

---

①盉:底本作"盉",今改。

至甲，四日，復往治水，故江淮之俗以辛壬癸甲爲嫁娶日也。"禹墟應劭所謂"有禹墟"。在山西南縣即其地也。許君《説文》及鄭君《尚書注》皆本《吕覽》，許言因禹事相沿成俗，漢時不改，非釋《書》"辛壬癸甲"之文也。云"予娶盍山"者，合"予創若時""娶于塗山"二句爲一，如引"東方昌矣"之類也，《春秋傳》之"禹會塗山"，當用許君前説，《尚書》之"娶塗山"，當用許君後説。山之以盍名者不一，故會稽山亦曰盍山。常璩、庾仲雍乃以巴郡江州之塗山爲禹娶之所，誤矣。"盍"之譌"塗"者，由俗人不識古字，《佩觿》、《汗簡》、薛氏《書古文訓》皆依《説文》作"盍"，《説文》則依壁中真本也。

## 啓呱呱而泣，

《白虎通·姓名篇》："《尚書》曰：'啓呱呱泣。'"無"而"字。

## 予弗子。

《樂記》"易直子諒"鄭注："'子'讀如'不子'之'子'。"玉裁按："不子"，《咎繇謨》文也，鄭本"弗"作"不"。

《釋文》："子，鄭將吏反。"玉裁按：此於其義得其音也，今於其音得其義。蓋鄭注云愛子孫曰"子"，與《金縢》注同。《金縢》"丕"讀曰"不"，"子"亦"將吏反"。

《列子·楊朱篇》："惟荒土功，子産不字，過門不入。"按："不子"作"不字"，正與鄭合。

## 惟荒度土功。弼成五服，

《説文》九篇《卩部》曰："㢸，輔信也，从卩比聲。《虞書》曰：'㢸成五服。'"玉裁按：言"輔信"者，以其字从卩，卩，瑞信也；从比，則有輔義，比亦聲也。"㢸成五服"，蓋壁中本如是。

"弼成五服",孔安國以今文讀之者也。《商頌·殷武》箋云:
"禹平水土,弼成五服。"

《論衡·語增篇》:"經曰:'弼成五服。'五服,五采之服也,
服五采,畫日月星辰。"玉裁按:此今文《尚書》説也,與上下文
不貫,可怪之甚。今文《尚書》作"弼",《夏本紀》以詁訓字易之
作"輔"。

## 至于五千,

《詩·齊譆》正義引《皋陶謨》:"弼成五服,至於五千。"按:
不系之《益稷》者,依馬、鄭本也。

## 州十有二師。

"州十有",今塾閒坊本皆誤作"州有十"。

《尚書大傳·虞傳》:"古之處師,八家而爲鄰,三鄰而爲
朋,三朋而爲里,五里而爲邑,十邑而爲都,十都而爲師,州十有
二師焉。"爲《廣雅》所本,《廣雅·釋地》:"十邑爲鄉,十鄉爲
都。"然則今本《大傳》"十邑"之下有脱文。

## 外薄四海,咸建五長。

《小雅·蓼蕭序》鄭注:"《虞書》曰:'州十有二師,外薄四
海,咸建五長。'"《正義》曰:"《皋陶謨》文,此據鄭注本言也。"

## 各迪有功,苗頑弗即工。帝其念哉!"帝曰:"迪朕德,時乃功惟敍。"皋陶方祇厥敍,方施象刑惟明。

《白虎通·聖人篇》曰:"皋陶,聖人,而能爲舜陳道。朕言
惠可厎行,又芴施象刑維明。"王伯厚《執文志考》引之證漢儒所
用異字。

漢崔駰《大理箴》"芴施作明",此即"方施象刑惟明"也,凡古文
作"方",今文多作"芴",如"方告無辜",《論衡》引作"芴告"。

## 夔曰:"戞擊鳴球、

《楊雄列傳》:《長楊賦》"拮隔鳴球",韋昭注曰:"拮,擽也。鳴球,玉磬也。古文隔爲擊。"玉裁按:"拮,擽也",古説皆謂"戞擊"爲"枳敔","拮"即"戞"字,"擽"謂擽敔也。"隔"即"擊"字,謂擊枳也。韋云"古文隔爲擊"者,謂今文《尚書》"隔"字古文《尚書》作"擊"也。"隔""擊"古音同在第十六支佳陌麥昔錫部。"隔"者,"擊"之假借字也。子雲、孟堅皆用今文《尚書》。韋以"隔"字難曉,故援古釋今。不言今文《尚書》作"隔"者,漢今文在學官,韋時尚夫人誦習不待言也。不言古文"拮"爲"戞"者,或當韋時今古文皆作"拮",或略之,今難定也。《明堂位》曰:"拊搏玉磬揩擊,大琴大瑟、中琴小瑟,四代之樂器也。""拊搏"即《虞書》之"搏拊","玉磬"即"鳴球","揩擊"即"戞擊"。大琴大瑟、中琴小瑟即琴瑟。"戞"字又作"揩",不同,如"秸""稭""鞂"三形同字之比。馬、鄭注《書》云:"戞,擽也。"鄭注《禮記》云:"揩擊,謂枳敔。"古説不可易,而師古注《漢書》、宋人注《書》乃騁異説矣。《白虎通》所據多今文《尚書》,而《禮樂篇》引《書》曰"戞擊鳴球",不云"拮隔",蓋如《史記》以訓釋改易其字,或後人援古文改之。

## 搏拊琴瑟

"搏拊",《明堂位》謂之"拊搏",《周官·太師》《禮記·樂記》謂之"拊",亦謂之"相",或倒呼,或單呼,其制一也。《荀卿·樂論篇》:"鼓似天,鐘似地,磬似水,竽笙簫和筦籥似星辰日月,鞉柷拊鞷椌楬似萬物。""鞷",疑當爲"霊"字之誤也。"霊"與"搏"音同假借,"拊霊"即"拊搏"也。"戞擊鳴球""搏拊琴瑟",皆謂器,可戞者謂之戞,可擊者謂之擊,可鳴之球謂之鳴球,可搏拊者謂之搏拊。後人妄爲異説,則非矣。《周禮·太師》疏、《樂記》疏皆云《白虎通》引《尚書大傳》“拊革裝以穅”，今《書傳》無其文。案：今《尚書大傳》云：“以韋爲鼓，謂之搏拊。”“謂之”之上當脱“裝以穅”三字。

《史記·禮書》“尚拊膈”，《索隱》作“隔”。徐廣曰：“一作‘搏膈’。”玉裁按：“拊膈”蓋即《明堂位》“禮三本”之“拊搏”，《尚書大傳》謂之“拊革”，《史記》謂之“拊膈”，《荀卿子》謂之“拊鞷”。“鞷”即“膈”字也，當是从革鬲聲，“拊革”“拊膈”“拊搏”，三者異字異名，各如字讀，實一物也。依漢人所引《尚書大傳》，則今文《尚書》“搏拊”二字作“拊革”。《風俗通義·聲音篇》曰：“《尚書》：舜彈五弦之琴，歌南風之詩，而天下治。”玉裁按：此蓋今文《尚書》説也，當在“琴瑟以詠”下。

## 以詠，祖考來格，

《尚書大傳·虞傳》曰：“《書》曰：‘搏拊琴瑟以詠，祖考來假。’”

《後漢書·蕭宗紀》建初七年詔曰：“《書》云：‘祖考來假。’”注引《書》：“祖考來格。”

《白虎通·禮樂篇》：“《書》曰：‘戛擊鳴球，搏拊琴瑟以詠，祖考來格。’”“格”疑本作“假”。

## 虞賓在位，

《白虎通·王者不臣篇》：“《尚書》曰，虞賓在位，不臣丹朱也。”

## 群后德讓。下管鼗鼓，合止柷敔。

“鼗”，《白虎通》作“韜”。“敔”，《大司樂》注亦作“梧”。

## 笙庸以間。

玉裁按：《周禮·大司樂》注引《虞書》“笙庸以間”，疏引

《尚書》鄭注云："東方之樂謂之笙。笙，生也。東方，生長之方，故名樂爲笙也。庸者，西方之樂謂之庸。庸，功也。西方物孰有成功，亦謂之頌，頌亦是頌其成也。"今本注、疏經俗人妄改"庸"爲"鏞"，致不可讀。而"昧瞭"注曰："頌，或作庸。庸，功也。"疏曰："注云頌或作庸者，《尚書》云'笙庸以間'，孔以庸爲大鐘，鄭云庸即《大射儀》之頌，一也。"又《大射儀》"頌磬"注曰："言成功曰頌，古文'頌'爲'庸'。"疏曰："《尚書》'笙庸以間'，庸亦功也，亦有成功之義。"據此諸條，鄭、孔古文《尚書》皆作"庸"，惟訓不同耳。僞孔訓"笙庸"爲二器，"庸"爲"鏞"字之假借。鄭則訓以《大射儀》之"笙頌"，"頌""庸"古通用，《尚書》"笙庸"兼阼階之"笙磬笙鐘"、西階之"頌磬頌鐘"言之。自衛包依附孔訓改爲"鏞"字，開寶五年陳鄂等又依衛包竄改《釋文》，鄭注遂無可附麗，淺學者挍《大司樂》注疏，改"庸"爲"鏞"，而《周禮釋文》故無"鏞"字。人間不乏善本，必有與余言相合者，今攷定《尚書》作"庸"以還舊。

經有同字而異訓者，一字兼包數義也，如"庸"訓"大鐘"，亦訓"成功"；"御"訓"迎"，亦訓"駕御"，亦訓"强禦""禁禦"；"尼"訓"近"，亦訓"考廟"；"厲"訓"勉"，亦訓"作"，亦訓"砥礪"；"鳥"易字訓"島"，亦如字訓"鳥夷"。亦有一字兼數音者，"雺"音武工反，亦音亾鉤反。自衛包、陳鄂專附僞孔更改，而不同於孔者遂無可附麗。

《爾雅》"大鐘謂之鏞"，郭注云："《書》曰，笙鏞以間。"玉裁按：《尚書正義》云："李巡曰，大鐘音聲大，鏞，大也。孫炎曰，鏞，深長之聲。"據此二家注，知《爾雅》本作"庸"，儻本是金旁，則但爲器名，無庸別解。李云"庸，大也"，孫云"庸，深長之聲"，俗閒《尚書》既改"庸"爲"鏞"，乃并《正義》而盡改之，其

《爾雅》則作“鏞”者,非善本也。

　　《白虎通·禮樂篇》:“《書》曰,下管鞀鼓,笙鏞以閒。”《風俗通義·聲音篇》:“《書》曰,合止柷敔,笙鏞以閒。”按:二書從金旁,或今文《尚書》,然抑或淺人所改耳。

## 鳥獸蹌蹌;

　　《説文》五篇《倉部》“牄”字下曰:“鳥獸來食聲也。‘來’,《釋文》作‘求’,非也。從倉爿聲。《虞書》曰:‘鳥獸牄牄。’”玉裁按:《周禮·大司樂》注引《書》亦作“牄牄”,《釋文》曰:“牄,本又作蹌。”蓋“牄”者壁中故書,“蹌”者孔安國以今文字讀之也。《説文》乃言字形之書,其字既爲“倉”之屬,則訓之曰“鳥獸來食聲也”,此許之釋字形也。鄭注:“飛鳥走獸蹌蹌然而舞。”孔説本之,與《説文解字》異。《説苑·辨物篇》引作“鶬鶬”,與“蹌蹌”同。

　　《公羊春秋》“頓子牄”,《左氏》作“牂”。“牄”見於經者惟此。

## 簫韶九成,鳳皇來儀。

　　《説文》三篇《音部》曰:“韶,虞舜樂也。《書》曰‘簫韶九成,鳳皇來儀’。”

　　《周禮·樂師》注:“《書》曰‘簫韶九成’。”

　　王逸《離騷經注》曰:“《尚書》‘簫韶九成’是也。”

　　《白虎通》引《禮記》曰:“舜樂曰簫韶。”

　　《風俗通義·聲音篇》説簫曰:“謹按《尚書》‘簫韶九成,鳳皇來儀’,其形參差,像鳳之翼十,管長一尺。”玉裁按:“長一尺”,《藝文類聚》作“長三尺”。

　　《論衡·講瑞篇》:“《書》曰‘簫韶九成,鳳皇來儀’。”

《公羊春秋·襄①十四年》注:"《尚書》曰,簫韶九成,鳳皇來儀,擊石拊石,百獸率舞。解云:《咎繇謨》之文也。"宋均②注《樂説》云:"簫之言肅,舜時民樂其肅敬,而紹堯道,故謂之簫韶。或云韶,舜樂名舞,舜樂者其秉簫乎?"

《春秋·襄二十九年左氏傳》:"季札見舞韶箾者。"説者云"韶箾"即"簫韶"。《説文》五篇《竹部》:"箾,以竿擊人也,从竹削聲。虞舜樂曰箾韶。"玉裁按:"箾韶"即"韶箾",猶"拊搏"即"搏拊"也。"箾韶"決非"以竿擊人"之謂,字之假借也,本《左傳》。許叔重《音部》引《書》作"簫",《竹部》則取《左氏》作"箾",古經傳異字顯然。淺人乃必欲改《尚書》從《左氏》,非也。《困學紀聞》曰:"古文作箾韶。"謂宋次道家之古文也,其不足信可見矣。《左氏》一曰"象箾南籥",再曰"韶箾"。《釋文》前音"朔",後音"簫"。《正義》曰:"賈逵注象箾云,箾,舞曲名,言天下樂音洛。削今本誤'箾'。去無道。"以"削"訓"箾",其於"韶箾"又不知何解。竊以爲《左氏》無"簫"字,"箾"即其假借之"簫"字,古"蕭宵""尤幽"二部合音冣近,肅聲、肖聲得相借。《尚書》古今文皆作"簫韶",宋均之説當可信。

"韶",《周禮》作"磬",猶"簫"《左氏》作"箾"也。

《説苑·辨物篇》云:"《書》曰'鳥獸鶬鶬,鳳皇來儀'。"

《周禮·大司樂》注:"《虞書》云,夔曰:'戛擊鳴球,搏拊琴瑟以詠。祖考來格,虞賓在位,群后德讓。下管鼗鼓,合止柷敔,笙庸以閒。鳥獸蹌蹌,簫韶九成,鳳皇來儀。'夔又曰:'於,予擊石拊石,百獸率舞,庶尹允諧。'"《釋文》:"敔,本又作梧。

牄,本又作蹌。"

夔曰:"於! 予擊石拊石,百獸率舞。"庶尹允諧,

《周禮·大司樂》注"夔曰"作"夔又曰",此"又"字蓋鄭以意增,非必異本也。

《漢書·宣帝紀》元康元年詔曰:"《書》不云虖,鳳皇來儀,庶尹允諧。"玉裁按:此二句本不屬詔意,以鳳集泰山歸美勤事吏而賜之爵,故節引此書。

帝庸作歌,

句絕。目下文。

曰:"勑天之命,惟時惟幾。"

《史記·樂書》:"大史公曰:余每讀《虞書》,至於君臣相敕,維是幾安,而股肱不良,萬事墮壞,未嘗不流涕也。"玉裁按:以"維是幾安"訓"惟時惟幾",今文《尚書》家説也。

乃歌曰:"股肱喜哉! 元首起哉! 百工熙哉!"皋陶拜手稽首,颺言曰:"念哉! 率作興事,慎乃憲,欽哉! 屢省乃成,欽哉!"

"屢",疑衛包所改古本當只作"婁",如唐石經"式居婁驕婁豐年"尚不誤,可證也。

乃賡載歌曰:

《説文》十三篇《糸部》曰:"賡,古續字。"許意蓋謂此字會意非形聲也。而《釋文》云:"加孟反,劉皆行反。"《爾雅·釋文》亦云:"古孟反,沈、孫音庚。"賈氏《群經音辨》云:"《唐韵》謂《説文》,誤。"玉裁按:宋《廣韵》本於《唐韵》,《廣韵·十二庚》有"賡"字,"三燭"無,蓋仍孫愐之舊,徐鼎臣修《説文》曰:"今俗作古行切。"此正謂《唐韵》也。攷《詩·大東》"西有長

庚”，毛傳云：“庚，續也。”《書正義》引作“賡”。《爾雅》：“賡，續也。”《詩正義》引作“庚”。古“庚”“更”通用，如《列子》云：“五年之後，心庚念是非，口庚言利害。七年之後，從心之所念，庚無是非。從口之所言，庚無利害。”皆以“庚”爲“更”。“更”有“轉移”“相續”二訓，相反而相成也。“賡”之訓與音亦同，自《爾雅》至《唐韵》，皆不合“賡續”爲一字。

《夏本紀》：“乃更爲歌曰。”以“更”代“賡”，與《列子》合。

## “元首明哉，股肱良哉，庶事康哉！”

《尚書大傳·虞傳》曰：“元首明哉，股肱良哉。元首，君也。股肱，臣也。”《漢書·魏相丙吉傳》贊曰：“經謂君爲元首，臣爲股肱。”《漢書·元帝紀》初元元年詔曰：“《書》不云虖，股肱良哉，庶事康哉。”《漢書·循吏黄霸傳》：“宣帝下詔，稱揚曰：《書》不云乎，股肱良哉。”司馬相如《封禪文》：“《書》曰，元首明哉，股肱良哉。”

## 又歌曰：“元首叢脞哉，

“又歌曰”之上，《夏本紀》有“舜”字，此今文《尚書》之不同也。

《説文》無“脞”字，徐鼎臣於《目部》“睉”字下曰：“案《尚書》‘元首叢睉哉’，叢睉，猶細碎也，今從肉，非是。”玉裁按：鼎臣此語冣誤。《尚書》“脞”字從肉，自來古本如是，豈得因《説文》無“脞”，妄思易之？其流弊至趙凡夫而冣甚。近日凡經典所有、《説文》所無之字，一一改換殆盡。更有甚於凡夫者，名爲重小學而大爲小學之妖魔障硋；名爲尊《説文》，而非所以尊《説文》。夫許君《説文》欲表明六書之法耳，非欲率天下後世不敢於九千三百餘字外別有一字也。且如每部首字下云“凡某之屬皆從某”，既云“凡某之屬”矣，竟有不列一字者，豈非謂凡合於會意、形聲之字，後人無難傅麗乎？至如經傳之字不見於書，其故有三，或意在別裁，或當年失檢，或傳寫遺亡，不得主其一而廢其二也。《尚書》"簫韶"、《左傳》"韶箾"，許君分引，不敢擅易，何近人之不取法於叔重乎？凡文字有義有音有形，未有專論形而可謂知小學者，尤未有專泥《説文》之形而可謂通《説文》者。馬云："叢，總也。脞，小也。"鄭云："總聚小小之事，以亂大政。""脞"之訓"小"，如"眇"之爲"小目"、"蓮"之爲"脃"，皆坐聲字也。徐仙民"脞"音"瑣"，此因鄭注《易》云"瑣，瑣小也"傅合爲説。

## 股肱惰哉，萬事墮哉！"帝拜曰："俞！往，欽哉！"

《中論·審大臣篇》："《書》曰：'股肱墮哉，萬事隳哉。'""隳"，俗人所改俗字。上文"墮"乃"惰"誤。

《史記·夏本紀》曰：帝舜朝，禹、伯夷、皋陶相與語帝前。皋陶述其謀曰："信道其德，謀明輔和。"禹曰："然，如何？"皋陶曰："於！慎其身修，思長，敦序九族，衆明高翼，近可遠在已。"禹拜美言，曰："然。"皋陶曰："於！在知人，在安民。"禹曰："吁！皆若是，惟帝其難之。知人則智，能官人；能安民則惠，黎民懷之。能智能惠，何憂乎驩兜，何遷乎有苗，何畏乎巧言善色佞人？"皋陶曰："然，於！亦行有九德，亦言其有德。"乃言曰："始事事，寬而栗，柔而立，愿而共，治而敬，擾而毅，直而溫，簡而廉，剛而實，彊而義，章其有常，吉哉。日宣三德，蚤夜翊明有家。日嚴振敬六德，亮采有國。翕受普施，九德咸事，俊乂在官，百吏肅謹。毋教邪淫奇謀。非其人居其官，是謂亂天事。天討有罪，五刑五用哉。吾言底可行乎？"禹曰："女言致可績行。"皋陶曰："余未有知，思贊道哉。"帝舜謂禹曰："汝亦昌言。"禹拜曰："於，予何言？予思日孳孳。"皋陶難禹曰："何謂孳孳?"禹曰:"鴻水滔天,浩浩懷山襄陵,下民皆服於水。予陸行乘車,水行乘舟,泥行乘橇,山行乘樏,行山栞木,與益予眾庶稻鮮食。以決九川致四海,浚畎澮致之川。與稷予眾庶難得之食。食少,調有餘補不足,徙居。眾民乃定,萬國爲治。"皋陶曰:"然,此而美也。"禹曰:"於,帝!慎乃在位,安爾止。輔德,天下大應。清意以昭待上帝命,天其重命用休。"帝曰:"吁,臣哉,臣哉!臣作朕股肱耳目。予欲左右有民,女輔之。余欲觀古人之象,日月星辰,作文繡服色,女明之。予欲聞六律五聲八音,來始滑,以出入五言,女聽。予即辟,女匡拂予。女無面諛,退而謗予。敬四輔臣。諸眾讒嬖臣,君德誠施皆清矣。"禹曰:"然,帝即不時,布同善惡則毋功。"帝曰:"毋若丹朱傲,維慢游是好,毋水舟行,朋淫于家,用絕其世。予不能順是。"禹曰:"予辛壬娶塗山,癸甲生啓,予不子,以故能成水土功。輔成五服,至于五千里,州十二師,外薄四海,咸建五長,各道有功。苗頑不即功,帝其念哉。"帝曰:"道吾德,乃女功序之也。"皋陶於是敬禹之德,令民皆則禹。不如言,刑從之。舜德大明。於是夔行樂,祖考至,群后相讓,鳥獸翔舞,簫韶九成,鳳皇來儀,百獸率舞,百官信諧。帝用此作歌曰:"陟天之命,維時維幾。"乃歌曰:"股肱喜哉,元首起哉,百工熙哉!"皋陶拜手稽首,揚言曰:"念哉,率爲興事,慎乃憲,敬哉!"乃更爲歌曰:"元首明哉,股肱良哉,庶事康哉!"舜又歌曰:"元首叢脞哉,股肱惰哉,萬事墮哉!"帝拜曰:"然,往欽哉!"

# 古文尚書撰異卷三

## 禹貢第三　　虞夏書《史記》《漢書》《説文》皆謂之《夏書》。

### 禹敷土，

《周禮·大司樂》注曰："禹治水傅土。"《釋文》："傅，音孚，或音附。"《正義》曰："案:《禹貢》云'敷土'，敷，布也，布治九州之水土。"玉裁按:《詩》"敷政優優"，《左傳·成二年》《昭二十年》引作"布政"。《書》"筱簜既敷"，《夏本紀》作"竹箭既布"。"敷重蔑席"，《説文》引作"布重莫席"。此皆"敷"訓"布"之證。《史記·夏本紀》作"傅土"，《大戴禮》《孫卿書·成相篇》亦皆作"傅土"。

《史記索隱》曰："《大戴禮》作'傅土'，故此紀依之。"今按:《五帝德》今本作"敷土"，蓋淺人改同《尚書》，非小司馬所據之本也。《地理志》今本作"敷"，蓋亦淺人所改。作"傅土"者，今文《尚書》;作"敷土"者，古文《尚書》也。

### 隨山栞木，

"栞"，唐石經已下作"刊"，今更正，説見《咎繇謨》。

《漢·地理志》作"栞"。《説文》六篇《木部》"栞"字下曰："槎識也。从木栞。闕。《夏書》曰:'隨山栞木。'讀若刊。"又"栞"字下曰："篆文栞，从开。"玉裁按:"栞"者古文，"栞"者小篆也。《説文》俑《咎繇謨》皆曰《虞書》,俑《禹貢》皆曰《夏書》,此系之《夏書》,則所引謂《禹貢》也。

## 奠高山大川。

《夏本紀》:"行山表木,定高山大川。"皆以故訓字代之也。

## 冀州:既載壺口,治梁及岐。既修大原,

"大",唐石經已下作"太",非古本也。漢人書碑廟號如"太宗",官名如"太尉""太常""太中",地名如"太原""太陽"之類,皆作"大","泰山"亦作"大"。經典凡"太子""太學"皆作"大"。此經如"大原""大行""大華""大甲""大戊"等,衛包皆依俗讀改爲"太",而開寶中又删《釋文》"大音泰"之云矣,惟偽《武成》"大王"、偽《畢命》"大師"未改。

## 至于岳陽;

《釋文》云:"岳,字又作嶽。"按:《夏本紀》《地理志》皆作"嶽"。《説文》:"嶽,小篆也。岳,古文也。"

## 覃懷底績,

"底績",《夏本紀》作"致功",故訓字也。

## 至于衡漳。

"漳",《地理志》作"章"。

## 厥土惟白壤,厥賦惟上上錯,厥田惟中中。恒、衛既從,

"恒",《夏本紀》作"常",《索隱》曰:"此文改'恒山''恒水'皆作'常',避漢文帝諱故也。"

## 大陸既作。

"作",《夏本紀》作"爲",故訓字也。

## 鳥夷皮服。

《釋文》:"鳥,當老反。馬云:'鳥夷,北夷國。'"《正義》曰:"孔讀'鳥'爲'嶨',嶨是海中之山。鄭玄云:'鳥夷,東方之民搏食鳥獸者也。'王肅云:'鳥夷,東北夷國名也。'與孔不同。"玉裁按:據《正義》孔讀"鳥"爲"嶨"之云,是經文作"鳥",傳易其字,鄭、王如字,故云與孔不同也。陸氏《釋文》云"鳥,當老反",謂孔傳讀爲"嶨"也;其下文曰"馬云鳥夷北夷國",謂馬不易字也。自衛包改經文"鳥"字爲"嶨",而宋開寶中又更定《尚書釋文》,兩"鳥"字皆改爲"嶨",以"嶨夷"系之"馬云",尤失之誣。馬未嘗作"嶨"也。"鳥夷"見《大戴禮記》《五帝本紀》。又按:《夏本紀》《地理志》皆云"鳥夷皮服",然則今文《尚書》亦作"鳥"也。今更定經文作"鳥",復衛包以前之舊。

又按:依漢人注經之例,傳當云"'鳥'讀爲'嶨',海曲謂之嶨"乃完,作《正義》時已少四字,不知轉寫刪之,抑作僞者變亂舊章也。《群經音辨》曰:"鳥,海曲也,當老切。《書》'鳥夷'。"玉裁按:賈氏據未改之《尚書釋文》出此條。《集韵·三十二皓》曰:"嶨,古作鳥。"此合未改《釋文》、已改《釋文》爲此語也。

## 夾右碣石入于河。

"河",《夏本紀》作"海",徐廣曰:"海,一作河。"

## 濟、河惟兗州。

"濟",依《説文》當作"泲"。但此等字古文假借當仍其舊,如《夏本紀》作"濟"、《地理志》作"泲",可證漢人通用也。

錢氏曉徵《史記攷異》曰:"沇州,本以沇水得名,《尚書》作'兗州',由隸變立水爲橫水,又誤'☶'爲'六'耳。"玉裁按:

《説文·口部》曰："占，山閒陷泥地，从口从水，敗兒，讀若沇州之沇，九州之渥地也，故以沇名焉。"此當作："古文以爲沇州之沇。沇州者，九州之渥地也，故以占名焉。"今本譌舛，文義不通。《水部》曰"占，古文沇"亦謂此也。故臣鉉等曰："《口部》已有此，重出。今本《水部》譌作'沿'，與緣水而下之'沿'相複。"《口部》又曰："卣，古文占。"蓋古文《尚書》作"卣州"，今文《尚書》作"沇州"，"占"即"卣"之今字。故《水部》又謂"占爲古文沇"，《口部》謂"古文以占爲沇州之沇"。而"卣"字轉寫既久，漢碑皆作"兖"。作"兖"，則參合"卣""沇"二體成此一字，今隷又省作"兖"，非"立水改橫水，又誤作六"之謂也。叔重云"九州之渥地，故以占名"，此比傅山閒陷泥地爲此説，古文家説也。古文《尚書》蓋"沇水"，字作"沇"；"卣州"字作"卣"，不以水名爲州名。

## 雷夏既澤，

《風俗通義·山澤篇》曰："謹按《尚書》'雷夏既澤'。"

## 灉、沮會同。

《周禮·職方氏》"兖州其浸盧維"，鄭注："'盧維'當爲'雷雍'，字之誤也。《禹貢》曰：'雷夏既澤，雍沮會同。'"按："雍"者，"雝"之隷變，字不从水。《夏本紀》《地理志》皆作"雍"，不從水，是古、今文《尚書》本皆不作"灉"也，後人加水旁而釋以《爾雅》"水自河出爲灉"，恐非是。《釋文》云"王於用反"，蓋王肅以"壅塞"釋之，故云爾也。鄭注云："雍水、沮水相觸而合，入此澤中。"亦不以爲在宋之河灉水。

## 桑土既蠶，是降丘宅土。

《風俗通義·山澤篇》曰："謹按《尚書》'民乃降丘度土'。"

此今文《尚書》也，"是"字作"民乃"二字，"宅"作"度"，此文字異者七百有餘之目也，凡古文《尚書》"宅"字，今文《尚書》作"度"，説見《堯典》。楊子《方言》曰："度，居也。"《史記·夏本紀》："於是民得下丘居土。"司馬所據今文《尚書》亦當作"民乃降丘度土"。"度土"作"居土"，亦如"度西曰桺谷"作"居西"也。王伯厚《藝文志考》舉漢儒所引"民降丘宅土"，未詳見何書。《地理志》"是降丘宅土"，蓋或用古文《尚書》改之也。

## 厥土黑墳，厥草惟繇，

"草"，《説文》作"艸"，《地理志》作"屮"。《説文》一篇曰："屮，艸木初生也，讀若徹。古文或以爲艸字。"按：班書多以"屮"爲"艸"。

《説文》一篇《艸部》曰："繇，艸盛皃，從艸，繇聲。《夏書》曰：'厥艸小徐本作"草"惟繇大徐本作"繇"。'"玉裁按：陸德明、王伯厚皆不引《説文》"厥艸惟繇"爲異字，今按楚金本作"惟繇"。《説文》有"繇"無"繇"，"繇"即今"繇"字也。繇，隨從也。此引《書》以證"繇"字從艸繇會意，正如引《易》"百穀艸木麗于地"以證"麗"字從艸麗會意，引《易》"豐其屋"以證"寷"字從宀豐會意，引《易》"地可觀者莫可觀于木"以證"相"字從目木會意。繇，古音讀如"由"，馬注《尚書》云："繇，抽也。"《説文》當云："從艸繇，繇亦聲。"或當曰從略，或後人轉寫脱誤，未可知也。此非好爲異説，願潛心小學者審之。

## 厥木惟條。

玉裁按：兗州"繇""條"爲韻，古音第三尤幽部也。楊州"夭""喬"爲韵，古音第二蕭宵肴豪部也。條，從木攸聲，古音徒由切。

《夏本紀》"草繇""木條"二句皆無其"維"字，而楊州有

之。《地理志》則二州皆無"厥""惟"字,疑今文《尚書》本皆無
"厥""維"字,《史記》楊州有之者,後人增之。

## 厥田惟中下,厥賦貞,作十有三年,乃同。

"年",枚頤本作"載"。《釋文》曰:"馬、鄭本'載'作
'年'。"王氏《後案》曰:"《爾雅》:'唐虞曰載,夏曰歲,商曰祀,
周曰年。'僞古文斤斤守之不失,故《大禹謨》云'朕宅帝位三十
有三載',《胤征》云'每歲孟春',《伊訓》云'惟元祀',《太甲》
云'惟三祀',《説命》云'王宅憂亮陰三祀',《泰誓》云'惟十有
三年'。豈知古人臨文正不拘。《堯典》'百姓如喪考妣三載',
《孟子》作'三年';《洪範》云'惟十有三祀',劉歆引《伊訓》云
'維太甲元年';《論語》引《書》'高宗諒陰三年不言';《多方》
前云'五年',後云'五祀',是皆通稱。此'載'字當從馬、鄭作
'年'"。

按:《夏本紀》《地理志》皆作"十有三年",則今文《尚書》
同也。"乃",《地理志》作"廼"。

## 厥貢漆、絲,

依《説文》,桼爲木汁,漆爲水名。《周禮》"桼林之征",故
書"桼林"爲"漆林",杜子春云"當爲桼林",然則自古通用,姑
仍舊也。

## 厥篚織文。

"篚",依《説文》當作"匪",今俗"匡""匪"字皆加"竹",
《地理志》作"棐",下皆同。《食貨志》曰:"禹平洪水,定九州,
制土田,各因所生遠近,賦入貢棐。"

## 浮于濟、漯,

《五經文字·水部》"濕""漯"二字下曰:"他市反,上《説

文》,下經典相承隸省。”兗州,水名,經典相承以爲“燥溼”之“溼”石本“溼”作“濕”,别以“漯”爲此字,見《夏書》,與《釋文》合,與字義不同。顧氏藹吉《隸辨》曰:“‘累’即‘㬎’之省,而譌‘曰’爲‘田’耳,如‘顯’亦從‘㬎’,《綏民校尉熊君碑》‘顯’皆爲‘顆’,與‘濕’之爲‘漯’正同。《漢書·功臣表》有‘濕陰矦’,《地理志》《霍去病傳》《王莽傳》皆作‘漯陰’,則‘濕’‘漯’本是一字。”王氏鳴盛曰:“漢千乘郡有濕沃縣,濕水所經,《地理志》作‘溼’,而《水經注》不誤。”玉裁按:漢碑借“濕”“漯”爲“溼”字,今人以“濕”爲“溼”,本之而濕水乃作漯。據《五經文字》,則《釋文》已然,不煩議改。

《釋文》云:“漯,天答反。《篇》《韵》作‘他合反’。”玉裁按:下六字宋人所增也,宋以前未見有稱“《篇》《韵》”者,真宗以後之稱“《篇》《韵》”謂《玉篇》《廣韵》,開寶閒所謂“《篇》《韵》”蓋《玉篇》及《唐韵》也。《甘誓篇》云“與《玉篇》《切韵》同”,《皋陶謨篇》曰“《切韵》都昆反”“《切韵》苦角反”,皆宋人竄入語。

## 達于河。

《史記》作“通于河”。青州作“通於濟”,徐州作“通于河”,楊州作“通淮泗”,惟豫州作“達於河”。“達”者,“通”之誤也。《漢書》兗州作“通于河”,揚州作“通于淮泗”,而青、徐皆作“達”,“達”亦“通”之誤也。凡古文《尚書》皆作“達”,凡今文《尚書》皆作“通”。《顧命》“用克達殷”,漢石經作“通殷”,是可以得其例。《史記》多以故訓之字易其本字,而“通”字則仍今文之舊,非易字也。《漢書》述《禹貢》不易字而皆作“通”,此可證今文《尚書》本如是。《論語》“天下之通喪”,《三年問》曰“天下之達喪”,古音“達”讀如“撻”,與“通”雙聲。

## 海岱惟青州。嵎夷既略，

《史記索隱》曰：“孔安國云：‘東表之地稱嵎夷。’”按：此《堯典》傳也。又曰：“按今文《尚書》及《帝命驗》並作‘禺鐵’，在遼西。鐵，古‘夷’字也。”按：“鐵”當作“銕”，司馬貞所云今文《尚書》者，蓋漢一字石經拓本存於祕府及民閒者也。《堯典釋文》亦云《尚書考靈耀》及《史記》作“禺銕”，凡緯書出於漢，故《考靈耀》《帝命驗》皆今文《尚書》也。

## 濰、淄其道。

《說文》十一篇《水部》曰：“濰水出瑯邪箕屋山，東入海，从水維聲。徐州浸。《夏書》曰：‘濰淄其道。’”小徐本“濰”作“維”、“道”作“導”，誤也。玉裁按：《尚書釋文》曰：“濰，本又作‘惟’，又作‘維’。”《夏本紀》作“維”，《地理志》述《禹貢》作“惟”，瑯邪郡“箕”下云《禹貢》維水”，則作“維”，“靈門”下、“橫”下、“折泉”下又皆作“淮”。《王子矦表》：“城陽頃王子，東淮矦類封北海。”北海郡別無淮水，亦當是“濰”之異文。《通鑑·梁武帝紀》“李叔仁擊邢杲於惟水”，胡三省注：“‘惟’，當作‘維’。”是“濰”“維”“惟”“淮”一也。《尚書後案》云仝。其實班氏書一篇一郡内不應字體淆亂如此，皆轉寫失之也。

“淄水”之字，《地理志》作“甾”，《夏本紀》《水經注》則作“淄”。《廣韵》曰：“古通用‘甾’。”按：《周禮·職方》“其浸甾時”，字正作“甾”，則可知非“畱缶”字也。今依《釋文》、唐石經、《廣韵》作“淄”。或以《說文》無从“水”之“淄”而必改爲“甾”，非治經之澽也。“畱缶”字與“畱畬”字，隸體相似。此水名，依《釋文》、唐石經作“从畱畬”也。攷《廣韵》“甾”字下曰“同甾”，又《說文》“東楚名‘缶’曰‘甾’”，則“甾”譌“甾”而認爲一字，蓋其誤久矣。《說文》無“淄”，而“濰”下引《夏書》“濰”“淄”，恐轉寫失之，抑說解中字體有不與篆文合者。

江氏叔澐曰:"篆文至爲審慎,而説解中閒有出入,可毋以説解中所有補篆文所無。"其説是也。

又按:依《職方》"兗州其浸廬維"之文,則《説文》當曰"兗州浸",而系之徐州。與"潁""湛"本皆"荆州浸",而皆曰"豫州浸";"溠"本"豫州浸",而曰"荆州浸",皆未詳其説。

"其",《夏本紀》作"既"。

# 厥土白墳,海濱廣斥。

"斥",依《説文》當作"㡿",隸省作"斥",今俗寫作"斥",殊不可通。

作"斥"者,古文《尚書》也。作"潟"者,今文《尚書》也。《夏本紀》《地理志》皆作"海濱廣潟",皆用今文《尚書》也。《夏本紀》此下有"厥田斥鹵",此四字誤賸。《史記》述《禹貢》,"厥"皆作"其",不應此獨云"厥"。蓋"斥鹵"系"潟"字之注,"厥田"本下屬,以"厥田上下"爲句,"厥"乃"其"字之誤。斥聲、舄聲,古音同在第五魚模部,蓋二字同音。"潟"古作"舄"。《地理志》又云:"齊地負海,舄鹵。"《溝洫志》云:"終古舄鹵兮生稻粱。"《史記·河渠書》云:"溉澤鹵之地。"《索隱》曰:"澤,一作'舄',本或作'斥'。"徐廣注《夏本紀》曰:"潟,一作'澤',又作'斥'。"《集韵·二十二昔》"滷""潟"二字下曰:"昌石切,通作'㡿'。""斥"作"潟"者,或加水旁耳。《周禮·草人》"鹹潟用貆",鄭注:"潟,鹵也。""潟"當本是"舄"。

《集解》引鄭注曰:"斥,謂地鹹鹵。"龍駒於此不敢改"斥"爲"潟",而讀者疑正文無"斥"字,乃增之曰"厥田斥鹵",此其原委也。《索隱》"鹵音魯"云云,爲鄭語作音注也。單行本無。

# 厥田惟上下,厥賦中上。厥貢鹽、絺,海物惟錯。

## 岱畎絲、枲、

《釋文》曰："畎,徐本作'畎谷'。"此不可通,不當一字爲二字也,當云:"徐本作'甽',谷也。"《説文》曰:"甽,古文也。畎,小篆文也。""谷"下脱一"也"字。

又按:"く"當是古文,"甽"當是籀文,"畎"則篆文,説見《皋陶謨》。壁中本當作"岱く""羽く",此等當以意會之。

《釋名·釋山篇》曰:"山下根之受霤處曰甽。甽,吮也,吮得山之肥潤也。"按:此條專爲《禹貢》"岱畎""羽畎"釋訓。若今四川、貴州,於山足下受霤處層遞爲水田,豬水以種稻,是其名"畎"宜矣。

《周禮·山師》注:"山林之名與物,若岱畎絲枲、嶧陽孤桐矣。"《釋文》:"畎,古犬反,劉孤茗反,又孤善反。"《集韵·上聲·四十一迥》曰:"畎,畎迥切。《書》'岱畎絲枲'。劉昌宗讀。"此本《周禮音義》也。余仲林易之曰:"畎,音耿,劉音不可通。"

## 鉛、松、怪石。

《釋文》曰:"鉛,字從㕣。㕣,音以選反。"《五經文字·水部》曰:"沿,《説文》也,從㕣。㕣,音鉛。沿,經典相承隸省也。"玉裁謂隸省"鉛""沿"字,恐與"公㕮"字相混無别,故不從唐石經而作"鉛""沿"。

## 萊夷作牧,

《釋文》曰:"徐音目,一音茂。"玉裁按:"商郊牧野",徐亦"一音茂",此舊音也。"駉駉牧馬"或誤"牡馬",正以同音故。

## 厥篚、檿絲。

玉裁按:《夏本紀》"檿"作"畬"。"檿"者,古文《尚書》;

“畬”者，今文《尚書》也。二字古音同，讀如音，猶《毛詩》“懕懕”、《韓詩》“愔愔”古同音也。蓋今文《尚書》作“畬”，而大史公仍之，斷非大史公好爲改易矣，其義則當爲六書之假借。班《志》不作“畬”者，或班用正體，或後人改易之。

《汗簡·西部》：“畬，古文㠯，出《尚書》。”此等乃依傅《史記》《説文》等，爲贗書，非真見壁中本如是也。《集韵》曰：“㠯，通作‘畬’。”亦因《史記》云然。

或問：裴駰《集解》引孔安國曰：“畬，桑蠶絲。”字亦作“畬”，安知今本作“㠯”者非衛包改乎？答曰：此裴順《史記》正文不暇分別故耳。古人作注，惟李善於《文選》所引書與正文字異，必仍其舊，而明之曰“某與某同”，裴駰輩皆不及也。且如《史記》作“都”，古文《尚書》作“豬”，而《集解》於“大野既都”引孔“水所停曰都”；《史記》作“涔”，古文《尚書》作“潛”，而《集解》於荆州“沱涔既道”引孔“涔，水名”；《史記》作“明都”，古文《尚書》作“孟豬”，而《集解》引孔“明都，澤名”；《史記》作“大邳”，古文《尚書》作“伾”，而《集解》引孔“山再成曰邳”，是可據裴以改孔乎？且見於經傳者《詩·皇矣》、《禮·弓人》、《春秋》、《鄭語》，字皆作“㠯”，無異體，《經典釋文》三音皆“烏簟反”，且《釋文》《正義》中絶無“畬讀爲㠯”之説，是無惑於《汗簡》等之作僞可也。

## 浮于汶，

《考工記》：“鸜鵒不踰濟，貉踰汶則死。”《列子·湯問篇》同。殷敬順《釋文》曰：“鄭注云：‘汶水在魯北。’此大誤也。《史記》‘汶’與‘嶓’同，武巾切，謂汶江也，非音問之‘汶’。案：《山海經》‘大江出汶山’，《韓詩外傳》云‘昔者江出於汶山’，按：今本作‘昔者江於瀆’，誤也。《楚詞》‘隱汶山之清江’，‘之’字誤,洪興祖引之,非也。屈賦云'馮崑崙以瀙霧露兮,隱岐山以清江',大約攬轡澄清之意。隱去聲,讀如'隱几'。固可明矣。且《列子》與《周禮》通言水土性異則遷移有傷,故舉四瀆言之。魯之汶水闊不踰數十步,豈狐貉暫遊生死頓隔矣。"《困學紀聞》取其説。玉裁按:非也。"嶓山"字,漢人作"汶",故有汶江縣,有汶山郡。《悲回風》作"汶",王注曰:"一作岷,一作汶。"要之,汶是山名,非水名也。以爲水名,亦必曰汶江,如殷氏所言,則當云"貉踰江則死",不當云"踰汶",即云"踰汶江",尚嫌其贅,豈舉汶一字謂江爲汶,斷無此文法也。作《考工記》者,當是齊人,故"泲""汶""終古""終葵"皆用齊地齊語。

## 達于濟。

"達",《地理志》作"通"。今本《漢書》作"達",誤也。

## 海岱及淮惟徐州。淮沂其乂,

"乂",今文《尚書》作"艾",於漢石經《鴻範》殘字知之也。《夏本紀》作"治",故訓字也。

"濰淄其道","淮沂其乂","蒙羽其藝",江氏聲皆讀"其"爲"既",非也。"既"者,已然之詞,"其"者,將然之詞,語意略别。又按:古人立言皆謹重,絶無夸大。既者,小食也,日有食之既,言垂盡也。《周本紀》之末曰"周既不祀",言周至是乃不祀也。凡言"既道""既澤",皆謂至是乃爾也。"既"與"其"字異而語意正同。"其"者,尚虞其不爾也。

## 蒙羽其藝,

徐鉉《説文新修字義》曰:"藝,後人加'艸''云',義無所取。"今按:《詩》"藝麻如之何",《釋文》云:"藝,樹也,本或作'蓺'。'技藝'字耳。"是。則《説文》"埶,穜也",俗加艸爲之。六"藝"字本取"種藝"之意,而俗又加"云"爲之,古皆只作

"埶"也。今從《地理志》作"蓺"。凡文字必知古以正今,亦必因今以求古。

## 大野既豬,

"野",《地理志》作"壄"。《説文》十三篇《里部》曰:"小篆作野,古文作壄。"

《周禮·稻人》:"以豬畜水。"《春秋左氏傳》:"規偃豬。"《禮記·檀弓》"洿其宮而豬焉",鄭注:"豬,都也。南方謂都爲豬。"玉裁按:古音無魚虞模斂侈之別。都,音同"豬",二字皆者聲也,南方謂"都"爲"豬"者,謂北人二音略有別,南音則無別也。《堯典》曰"幽都",孔傳曰:"都,謂所聚也。"《穀梁傳》曰:"民所聚曰都。"《公羊傳》注曰:"人所聚曰都。"《堯典》作"都",《禹貢》作"豬",實是一字。古文《尚書》作"豬",而鄭注《周禮》引《禹貢》"熒播既都",又曰:"望諸明都也。"鄭以正字易其假借。若《夏本紀》凡"豬"皆作"都",蓋今文《尚書》然也。而《地理志》皆作"豬",恐或改之,俗"豬"旁加"水"作"瀦",猶"舄"旁加"水"作"潟",皆未知古人以音爲用,不泥其形也。

## 東原厎平。厥土赤埴墳,

《釋文》大書"埴"字注云:"市力反,鄭作戠,徐、鄭、王皆讀曰'熾',韋昭音'試'。"玉裁按:徐、鄭、王者,謂徐邈作音,鄭、王作注,皆讀曰"熾"也。以徐先鄭、王者,如《檀弓》釋文亦云"徐、盧、王"矣。孔本作"埴",故《考工記》"搏埴之工"疏引《尚書》"厥土赤埴墳"注云:"黏土。<small>此即引孔傳也,惠氏定宇採爲鄭注,誤矣。</small>鄭本作'戠'。"故《釋文》云鄭作"戠"。直聲、戠聲皆在之哈職德第一部也。鄭作"戠",讀曰"熾",而王從之。"讀曰"與"讀爲"同,易其字也。本作"戠"而改讀爲"熾"字,其訓則曰

“熾，赤也”，見李善《蜀都賦》注。鄭不釋“哉”爲黏土者，意以赤熾言色。“墳”言性，與白壤、黄壤、白墳等一例，儻“哉”訓“黏”，則與“墳”爲二性，非經之例。晉成公綏《天地賦》云：“海岱赤墷，華梁青黎。”楊齊宣《音義》：“墷，尺志反。”汲古閣本妄改“墷”爲“埴”。此用鄭本《尚書》加“土”于“哉”旁也。左思《蜀都賦》“丹沙赬熾出其坂”，劉逵注引《尚書·禹貢》曰：“厥土赤埴。”按：“埴”字當是本作“熾”，用鄭改讀之，《尚書》以爲“丹沙赬熾”之證。故李善補足之，云：“鄭氏《尚書注》曰：‘熾，赤也。當云赤皃也。’”文義顯然。《玉篇·土部》：“埴，時力切。”引孔傳：“土黏曰埴。”“墷，齒志切，赤土也。”《廣韻》：“埴，常職、昌志二切，黏土也。”“墷，昌志切，赤土也。”此皆分用孔、鄭之本之訓，而“哉”皆加“土”矣。至《集韵》《類篇》合“埴”“墷”“哉”爲一字而無“赤土”一訓，則不若《篇》《韵》之得其傳矣，今定從鄭本作“哉”。

　　又按：《正義》曰：“哉、埴，音義同。《考工記》用土爲瓦，謂之搏埴之工，是埴爲黏土，故土黏曰埴。此是‘哉’之誤改。”玉裁按：據此知《正義》所據孔傳本亦作“哉”，與《釋文》所據孔傳本作“埴”不同，惟本作“哉”而釋爲黏土，故云“哉”與“埴”音義同也。凡唐人經典，《正義》與《釋文》所執經文不同，後人不知分別而妄牽合之，或用《釋文》本改《正義》本，或用《正義》本改《釋文》本，皆不能無失，如此經作“赤哉”，傳作“土黏曰哉”，《正義》作“哉與埴音義同”，故土黏曰哉，其顯然者。儻經文作“埴”，《正義》直曰《考工記》用土爲瓦”云云，足矣，何必云“哉、埴，音義同”哉？牽於《釋文》而改經傳，遂不得其所謂矣。

　　《太平御覽》三十七：“《尚書·禹貢》曰：徐州土赤哉墳。謝沈注曰：‘哉音志。’”玉裁按：《經典釋文·序録》：“東晉會稽謝沈

《古文尚書注》十五卷。"其字作"哉",此可證後人加"土"耳。

《汗簡》曰:"墼,《尚書》'墥'字,刊本'墥'誤作'植'。"《古文四聲韵》同此。作《汗簡》者,不知古文《尚書》本作"哉",不加"土"也。

又按:《夏本紀》《地理志》皆作"墥",今文《尚書》也。孔傳用今文《尚書》釋"哉",鄭、王則否。

又按:《釋文》云"韋昭音試",統於"鄭作哉"之下,蓋陸氏所據《漢書音義》韋昭作"哉音試"也。《集韵·七志》曰"哉,式吏切"本此,蓋《漢書》每多古字。

## 草木蔪苞。

《釋文》曰:"漸,如字,本又作蔪。《字林》:'才冉反,艸之相包裹也。'包,必茅反,或作苞,非,叢生也,馬云:'相包裹也。'"玉裁按:此當依別本作"蔪",《説文》"蔪"字下曰:"艸相蔪苞也,从艸斬聲。"引《書》"艸木蔪苞"。然則《字林》本《説文》也,"蔪苞"者積緻之皃。偽孔以"進長"釋"蔪",而或改"蔪"爲"漸",唐已前已如是。至於"苞"字,《説文》引《禹貢》正從"艸",大徐本不誤。見於《爾雅·釋故》,曰:"苞,稹茂豐也。"《釋言》曰:"苞,積也。"《釋木》曰:"如竹箭曰苞。"凡《釋艸》《釋木》中作"枹"者,皆"苞"之別體。見於《毛詩·下泉》《晨風》《斯干》《生民》《行葦》,毛皆云"本也",鄭兼云"茂也"。馬以"相包裹"訓經之苞,古六書假借之法如是。此字蓋經本作"苞",衞包易爲"包",而開寶中又依衞倒易《釋文》"苞""包"二字。徐楚金《説文解字繫傳》"苞"字下曰:"《尚書》'草木漸苞',《詩》'如竹苞矣',皆當作'包',不從艸。"徐説甚誤,亦正可以證南唐時《尚書》作從"艸"之"苞",合於《説文解字》。《史記》《漢書》作"包",皆非善本。

《説文》又有“藂”字，云“薪或從槧”。

《玉篇》《廣韵》《集韵》皆作“薪苞”。

“薪”，《紀》《志》皆作“漸”，疑今文《尚書》作“漸”，孔傳依今文爲説。

## 厥田惟上中，厥賦中中。厥貢惟土五色，羽畎夏翟，

“畎”，《周禮·染人》注、《小雅·節南山》正義皆引作“畎”；“徐州岱畎”，徐仙民亦作“畎”也。

《周禮·染人》注：“染夏者，染五色。謂之夏者，其色以夏狄爲飾。《禹貢》曰‘羽畎夏狄’。”刊本“畎”作“畎”，誤。玉裁按：古“狄”“翟”異部相假借，有假借“翟”爲“狄”者，如《春秋傳》“翟人”是也；有假借“狄”爲“翟”者，如《尚書》之“夏狄”。《毛詩》“右手秉翟”，《韓詩》作“秉狄”以《五經異義》知之。又《禮》“王后揄翟”“闕翟”亦作“狄”，是也。《韓詩》説以夷狄大鳥羽，此泥於字形而不知六書之假借。《廣雅·釋器》曰：“狄，羽也。”《夏本紀》作“翟”，《地理志》作“狄”。

## 嶧陽孤桐，

《地理志》東海郡下邳縣：“葛嶧山在西，古文以爲嶧陽。”玉裁按：班以嶧陽爲山名，此古説也。凡《志》云：“吴山，古文以爲汧山；大壹山，古文以爲終南；垔山，古文以爲敦物；古文以密今‘嵩’字。高爲外方山；章山，古文以爲内方山；橫尾山，古文以爲倍尾山；葛嶧山，古文以爲嶧陽；具區澤，古文以爲震澤；傅昜山，古文以爲傅淺原；休屠澤，古文以爲豬壄澤；居延澤，古文以爲流沙。”此等蓋今古名之異。今名吴山，古名汧山，云“古文以爲”者，對今名言之，此“古文”二字猶言《禹貢》，非謂壁中古

文也。《大史公自序》曰"秦撥棄古文"，又曰"年十歲則誦古文"，皆謂古經傳。不言《禹貢》吳山在西者，《禹貢》無吳山。不言《禹貢》汧山在西者，漢人此山不名汧山也。

錢氏大昕曰：《志》稱古文者，謂古文家説，與"平當以爲鬲津"正同一例。《志》引古文凡十一，以《水經》所載《禹貢》山澤所在證之，大約相同。《水經》相傳出於桑欽，欽正傳古文《尚書》者，則孟堅之言信而有徵矣。如云別古今異名，則當如"九澤是爲昭餘祁"之例，云"葛嶧山在西，是爲嶧陽"，否則如"芮水，《詩》'芮阮'"之例，加《禹貢》嶧陽以足之，不當云古文也。竊意《志》稱《禹貢》"某山某水"者，今文古文所同也。古文家有是説，而今文家闕不言者，則稱"古文以爲"以別之。若平當、桑欽輩別立新義，則稱名以顯之，今文著於功令，人所共習，故言古文不言今文耳。

《周禮·山師》注引"嶧陽孤桐"。

《説文》九篇《山部》"嶧"字下曰："葛嶧山在東海下邳，从山睪聲。《夏書》曰：'嶧陽孤桐。'"

## 泗濱浮磬，淮夷蠙珠暨魚，

《説文》一篇《玉部》曰："玭，玭珠也，从玉比聲。宋弘云淮水中出玭珠，玭珠之有聲。蠙，《夏書》'玭'字也，从虫賓聲。"玉裁按："玭珠之有聲"五字有譌脱，徐鍇本作"玭珠珠之有聲者"七字。今按：當作"玭蚌之有聲者"六字。《釋文》引韋昭曰："玭，蚌也。"《廣韵》曰："蠙，珠母也。"然則本蚌名，因以爲珠名耳。《山海經·西山經》："絮魳之魚，其狀如覆銚，鳥首而翼今本'翼'上有'魚'字，此依《文選》注。魚尾，音如磬石之聲，是生珠玉。"郭注："亦珠母蚌類，而能生出之。"玉裁按："生"讀去聲。《江賦》所謂"文魳磬鳴"也。玭蚌蓋類是，能鳴，故曰"蚌之有聲

者”。“玭”是小篆，“蠙”是壁中古文，故許云《夏書》“玭”字作
“蠙”。《尚書釋文》曰：“蠙字又作玭。<small>今本譌作‘比’，注、疏本譌作</small>
<small>‘玭’。</small>”《夏本紀》索隱曰：“蠙，一作‘玭’。”《地理志》顏注曰：
“蠙字或作玭。”《大戴禮·保傅篇》“玭珠以納其間”，盧氏注
曰：“玭，亦作蠙。”蓋今文《尚書》作“玭”，古文《尚書》作“蠙”。
宋仲子説：“淮水中出玭珠。玭蚌之有聲者。”此今文《尚書》
“淮夷玭珠”訓故也。《尚書釋文》曰：“又作‘玭’，韋昭薄迷反，
蚌也。”韋氏之音及義系諸“玭”字下，其義用宋仲子説，此韋本
《漢志》作“玭”之明證、《漢志》用今文《尚書》之明證也。用此
知《史紀》《漢志》之“一作玭者”皆是原本，其“作蠙者”乃後人
用古文《尚書》改之；古文《尚書》作“蠙”是原本，其“一作玭”
者，乃或用今文《尚書》改之。蠙入真先韻，玭入齊韻，各以其
齰聲爲之，其得爲古今字者，雙聲語轉也。

《周禮·川師》注：“川澤之名與物，若泗濱浮磬，淮夷蠙珠
暨魚。”《釋文》：“蠙，薄田反，劉扶忍反，沈音嬪。暨，其器反，沈
其氣反。”玉裁按《集韻·上聲·十七準》：“蠙，婢忍切。《書》
‘淮夷蠙珠’。劉昌宗讀。”此本《周禮音義》也。<small>婢忍切之字，《廣韻》</small>
<small>在“十六軫”内，《集韻》“忍”字在軫韻，而子忍、在忍、婢忍、丑忍、丈忍、里忍、頸忍、遣</small>
<small>忍、以忍、知忍、逬忍、思忍，字皆入準韻，與《廣韻》駮異。《廣韻·十七準》内亦有“弃</small>
<small>忍”“珍忍”二切。</small>平聲十七“真”：“蠙，毗賓切。”此本《周禮》沈音
也。劉氏昌宗，東晉人，作《周禮》《儀禮》音各一卷，《禮記音》
五卷。《隨志》云：“《周禮音》三卷，劉昌宗撰。”又云：“劉昌宗
《禮記音》五卷，亾。”未嘗作《書音》也。余氏仲林《古經解鉤
沈》乃云劉昌宗有《尚書音》，且列爲唐人，誤矣。《周禮·大司
樂》釋文又云：“夏，劉古八反。於，劉音烏。”《司几筵》又云：
“翌，劉音育。”皆劉爲注所引《尚書》作“音”。

《史記索隱》曰："蠙,又作濱,濱畔也。"案:此恐是"蠙"之譌字。

《毛詩・泮水》正義引《禹貢》"徐州、淮夷,蠙珠泊魚",此可證唐初本"暨"有作"泊"者。以"梟咎繇"例之,壁中本"暨"皆作"梟",後有改易耳。《夏本紀》《地理志》皆作"梟魚",則今文《尚書》與古文《尚書》同也。

# 厥篚玄纖縞。浮于淮泗,達于菏。

"淮泗",《地理志》"山陽郡"下作"泗淮"。

"達",《紀》《志》皆作"通"。今本《漢書》作"達",誤也。"山陽郡"下作"通",仍不誤。

"菏",枚頤本作"河",今依《説文・水部》《水經注・泲水篇》所引古文《尚書》更正。

《説文》十一篇《水部》"菏"字下曰:"菏澤水,在山陽湖陵。《禹貢》:'浮于淮泗,達于菏。'从水苟聲。"

《水經注・濟水篇》曰:"菏水,分濟於定陶東北,東南流,右合黃溝枝流,又東南逕乘氏縣故城南,又東逕昌邑縣故城北,又東逕金鄉縣故城南,又東逕緡縣故城北,又東與鉅野黃水合,菏澤別名也,又東逕湖陸縣南,東入於泗水,澤水所鍾也。《尚書》曰'浮于淮泗,達于菏'是也。"按:酈氏所引者,古文《尚書》也。於此證古文《尚書》不作"達于河"甚顯白。

《尚書古文疏證》卷二曰:"'浮于淮泗,達于菏',今本作'河'。二孔無傳疏,余考之'菏'是也。"蓋菏者,澤名,爲濟水所經,又東至于菏者,是在豫之東北,即徐之西北。舟則自淮而泗,自泗而菏,然後由菏入濟,以達于河,此徐之貢道也。上文"兗州浮于濟漯,達于河,次青州,便浮于汶,達于濟",不復言"達于河"矣。又次,"徐州浮于淮泗,達于菏",亦不復言"達于濟"矣,至揚州則"浮于江海,達于淮泗",且不復言"達于菏"。

不復言者,蒙上文也,雖由當日水道之自然,而其敘法從變、字法從簡,真屬聖經之筆。

黄氏公紹《韵會舉要》曰:"案:淮泗入河,必道于汴,世謂汴是隋煬帝始通,而疑《禹貢》有'浮于淮泗達于河'之文,説者牽合傅會,或指鴻溝引河水入泗,安知非禹之迹?或謂當時必有可達之理,朱氏書傳亦莫知所折衷。"今按:《説文》"濟"字音"柯",注引《禹貢》"浮于淮泗,達于濟"與"導濟澤"同,則是"達于濟",非"達于河"也。許慎所見,蓋古文《尚書》,後人傳寫之誤,不知從艸,例以《禹貢》上下文"達于河"爲句,改"濟"爲"河"。陸德明又以"河"音如字,遂啓後人淮泗不能達河之疑。然陸氏於"濟澤"下注"徐音柯,又工可切",於"浮于淮泗,達于河"下亦注云:"《説文》作'濟',工可切,水出山陽湖陵南。"則非九河之河明矣。如字之音,陸氏誤也。近世惟新安王氏曰:"濟入河,溢爲滎,會于濟,注于泗。"則"河"爲"濟"益明矣。

胡氏渭《禹貢錐指》曰:金氏履祥《通鑑前編》曰:"'達于河',古文《尚書》作'達于濟',<small>玉裁按:此謂宋次道家古文《尚書》薛季宣所注者。</small>《説文》引《書》亦作'濟',今俗本誤作'河'耳。'濟澤'與'濟水'相通,而泗水上可以通濟,下可以通淮,'徐州浮淮入泗'自泗達濟也。青州書'達于濟',則'達河'可知,故徐州書'達于濟'則'達濟'可知。"渭按:"濟"謂濟澤,在今兗州府定陶縣東北。《説文》"濟"字下云:"《禹貢》:'浮于淮泗,達于濟。'從水苟聲。"徐鉉音"古俄切",隸從艸作"濟",俗遂訛爲"荷",又訛爲"河"也。許慎時經猶作"濟",而《史記》《漢書》竝作"河",蓋後人傳寫之誤。濟水豬爲濟澤,此經蒙青之文曰"達于濟",則由濟入濟可知矣。兗、青、徐、揚四州之貢道前後相承,不複不亂,汶與濟連,故青曰"浮于汶,達于濟"。徐、揚道由淮泗,從泗入濟,必由菏澤,故書曰"達于菏",若作"河",則複而無理。河、漯,青且不言矣,而徐復云"達于河",陵亂失次,《禹貢》必無此書法,而人猶謂作"河"爲是者,總由不知菏澤之原委耳。

玉裁按:《史記》《漢書》之述《禹貢》也,皆作"通于河",皆誤字也。《地理志》山陽郡湖陵:"《禹貢》'浮于泗淮,通于菏',菏水在南。"應劭曰:"《尚書》菏水,一名湖。"今《地理志》作"《禹貢》'浮于泗淮,通于河',水在南","菏"誤爲"河",又脱下"菏"字。《水經》曰:"菏水在山陽湖陸縣南。"正本《漢志》也。據《志》,山陽郡下作"菏",則《志》首録《禹貢》作"河"非是,斷無有一篇而自相矛盾者。據《漢書》,又知《夏本紀》作"河"皆轉寫之誤,蓋"菏"字形聲當左水右苛,篆隸取結構則作"菏",爲"艸"上"河"下,或脱其"艸",則作"河",或誤"氵"爲"亻",則作"荷"。《五經文字》曰:"'菏'見《夏書》,古本亦作'荷'。"是張參以前《尚書》"道菏澤又東至于菏",多有作"荷"者,而《史記》《漢書》"道荷澤又東至于荷",字皆作"荷"。師古曰"荷音歌",即《尚書音義》之"菏,徐音柯"也。《水經注》舊本亦或作"荷",或誤"河"。《集韻》曰:"菏,或作蔛。"《禮部韻略》《類篇》皆云:"荷澤,音柯。"今直定"荷"爲字誤而正其不一者。

又按:《郡國志》"山陽郡湖陸"劉昭注引《博物記》<small>同"志"</small>曰"苟水出苟",正"菏"字之誤,蓋"菏"誤爲"荷","荷"復誤爲"苟",此亦如《尚書》"執拘"之爲"執拘"、"苟之字止句",其繆相垺。

又按:《水經注·泗水篇》:"湖陸,《地理志》故湖陵縣也,菏水在南,王莽改曰湖陸。應劭曰:'《尚書》一名湖陵,章帝封東平王蒼子爲湖陸矦,更名湖陸也。'"今本《水經注》"陸"字皆譌"陵",戴本既正之矣,而今本《漢志》應劭曰"《尚書》一名湖",《水經注》引此語,"湖"下衍"陵"字,戴本删"尚書"二字,作"應劭曰一名湖陵"。今按:戴本非也,應謂《尚書》"菏水"一名"湖","菏""湖"語之轉。<sub>漢人"菏"讀如"荷",故《書經》、古本《水經注》舊本皆作"荷"。</sub>善長作注時所引應語尚完善,後人用今本《漢書》改之,遂皆不可通。又按《地理志》之例云"《禹貢》某水在某""《禹貢》某山在某",不複舉《禹貢》語,此條酈引祇有"菏水在南"四字,然則班當云:"《禹貢》菏水在南。"應當云:"《尚書》:'浮于淮泗,通于菏。'菏水,一名湖。"轉寫顛倒其文,致不可讀。

又按:前説自謂善矣,而非也。班《志》之例,凡已見於《禹貢》經文者,則曰"《禹貢》某山在某""《禹貢》某水在某",此正例也。此條乃變例,别菏水、菏澤之不同,故於"沛陰郡"下曰:"《禹貢》菏澤在定陶東。"於山陽郡湖陵下曰:"《禹貢》'浮于泗淮,通于菏',菏水在南。"必複舉《禹貢》文者,謂此經文之"通于菏"乃菏水,而非菏澤也,若但云"《禹貢》菏水在南",則恐混於菏澤矣。王氏《尚書後案》曰:"菏本澤名,沛水所瀦,在今曹州府定陶縣東北,爲豫之東北、徐之西北境。道沇水之東至于菏,是主澤言,即豫州之菏澤也。徐州之達于菏,則是自乘氏以至湖陵乃菏澤之枝流。《説文》名曰'菏澤水'者也。"又曰:"沇水自陶丘北匯於菏澤,又東北絶鉅野至琅槐入海者,爲沇瀆,其一枝東南流至湖陵入泗者,後人目之曰菏水。《漢志》山陽湖陵縣'菏水在南',且引《禹貢》徐州文爲證,湖陵今魚臺縣地。許慎云'菏澤水在湖陵',謂澤之下流入泗者也。僞孔謂導菏澤在湖陵,似湖陵不在徐而在豫,導沇至于菏,即豫州菏澤,在定陶者與菏澤水在湖陵者異,而傳又增其文曰'菏澤之水’，則定陶之菏澤與湖陵之菏水無別矣。酈氏《汳水篇》注似皆依傅孔傳而誤。《禹貢》三言‘菏’，惟徐州‘達于菏’在湖陵，其餘豫州及導水皆主澤言，在定陶與湖陵無涉也。”今攷王氏之言，至爲明晳，孟堅分別菏水、菏澤，而叔重“菏”字下云“菏澤水”，表其上游爲澤，下游則爲水，而在湖陸南。孟堅分中有合，叔重合中有分也。作《水經》者志《禹貢》山水澤地所在凡六十，菏澤在定陶縣東，菏水在山陽湖陸縣南，全依《漢志》以説經，後人鮮有分析如此者，故知《志》云“《禹貢》浮于泗淮，通于菏，菏水在南”，心苦分明，無庸致疑也。

又按：《經典釋文》於徐州“達于河”曰“如字”，《説文》作“菏，工可反”，云水出山陽湖陵南。據《釋文》，則《説文》無“澤”字、“菏”爲水名，謂此“達于菏”乃菏水，非菏澤，冣爲明畫，今本云“菏澤水”，非善本也。

又按：漢之湖陵縣以菏水得名，應仲遠曰“菏水，一名湖”。“菏”者，古經“湖”者方言也。韋昭注《漢書》曰：“菏，胡阿反。”韋讀如“荷”，雙聲則爲湖。

又按：《郡國志》：“山陽郡胡陸，故湖陵，章帝更名。”劉注：“《前漢志》王莽改曰湖陸，章帝復其號。”玉裁謂王莽改“陵”爲“陸”，至光武時則仍稱“湖陵”，而章帝因封矦國仍避“陵”呼“陸”。劉云章帝復其號者，復莽之號也。司馬云章帝更名者，更前漢及光武、明帝時名也，其實一也。今本《地理志》應劭語二“陸”字皆譌作“陵”，今本《説文》“菏”字下“山陽湖陵”，據《太平御覽》所引，正作“湖陸”，名從主人，許時不得名“湖陵”，猶前書不得名“湖陸”，《御覽》本是也。

## 淮海惟楊州。

今人多作“揚”，从扌。攷《廣雅》云：“楊，揚也。”《毛詩·

王風・揚之水》釋文云："或作楊。"然則毛傳"楊，激揚也"正
《廣雅》之所本，而郭忠恕《佩觿》曰："楊，枊也，亦州名。"郭所
據《書》《禮》故作"楊"，後人因江南其氣燥勁厥性輕揚之云，改
爲"揚州"，不知古人字多假借，所重惟音，則州名當依古從木
也。唐石經作"揚"，未可爲是。

　　《漢書・楊雄傳》贊曰："雄之自序云爾。"自是總上一篇之
辭，若《法言》序目前既云《法言》文多不著，獨著其目矣，又何
必贅此語？師古注亦曰："自《法言》目之前，皆是雄本《自序》
之文也。"師古正恐人疑爲結《法言》序目之辭，故辨之曰"《法
言》目之前皆是"。傳首序世系，師古注曰："雄之自序譜諜蓋
爲疎謬。"是師古以班《傳》皆録雄自序甚顯明。班氏録雄自序
爲之傳，如《文心雕龍》所云大史公録司馬相如自序爲之傳也。
鄭仲師注《周禮・遂人職》曰："楊子云作'雲'，誤。有田一廛。"仲
師卒於建初八年，於時《漢書》初成，仲師未必見，實用自序語，
《漢書》記雄之年壽卒葬皆於贊中補載而不繫諸傳，與他篇體
例不同，則傳文爲録雄自序，不增改一字無疑。唐初自序已無
單行之本，師古特就贊首一語顯之。宋洪邁①《容齋隨筆》謂雄
所爲文盡見於自序及《漢志》，初無所謂《方言》。其謂《方言》
非子雲書，非也；其直稱班《傳》爲自序，則是也。劉貢父《漢書
注》云："楊氏兩族，赤泉氏，從木，子雲自敘其受氏從扌，而楊
修書稱'修家子雲'。又似震族。"貢父所見雄自序必是唐以後
僞作，雄果自序其受氏從扌不從木，爲《漢書音義》者必載其
説。即《音義》不載，師古注必引用，何唐以前竝無此論，至宋
而後有之？且班氏用序爲傳，但曰"其先食采於楊，因氏焉"，

_____

①邁：原脱，今補。

楊在河汾之間。攷《左氏傳》霍、楊、韓、魏皆姬姓國,而滅於晉,羊舌肸食采於楊,故亦稱楊肸,其子食我,亦稱楊石。《漢書·地理志》河東郡陽縣應仲遠,謂即楊矦國,説《左傳》《漢書》家未有謂其字從手者,則雄何得變其受氏之始而從手也?修與雄姓果不同字,斷不曰"修家子雲"以啓臨淄矦之欪笑,修語正可爲辨僞之一證矣。僞自序者,殆因班《傳》"無它楊於蜀"一語,師古注固云蜀諸姓楊者皆非雄族,不言諸楊姓者皆从木與雄从扌異也。《廣韵》从手"揚"字之下不言姓从木,"楊"字注云:"姓,出弘農、天水二望,本自周宣王子尚父幽王邑,諸楊號曰楊矦,後并於晉,因爲氏。"近時字書又以此語係之从手"揚"字之下,目爲楊雄自序,是又非貢父所見僞自序。今貢父所見僞自序不知存否,而據班《贊》知班《傳》之外別無自序,其謂雄姓从扌者,僞説也。己亥年書《漢書·楊雄傳》後如此。近人積非成是,故附錄於此。

## 彭蠡既豬,

玉裁按:"蠡"字當如此作,从蚰彖聲。《説文》九篇《彑部》:"彖,豕也,从彑从豕,讀若弛。"與"通貫切"之"彖"不同。《豕部》曰:"按今世字誤以豕爲彑、以彖爲彖,何以明之?爲啄、琢从豕,蠡从彖,皆取其聲,以是明之。"今本:"按今世字誤以豕爲彘、以彘爲豕,何以明之?爲啄、琢从彘,蠡从彘,皆取其聲,以是明之。"徐鉉等曰:"此未詳,或後人所加。"玉裁按:此譌繆不可通。此因豕、彑、彖、彘相混而辨之也。尋其文理,"琢""啄"本从豕,而俗从彑,是誤以豕爲彑也。蠡本从彖而俗从彖,是誤以彖爲彖也。"蠡""像"字皆以彖爲聲,在古音第十六部,"豕""啄""琢"在古音第三部,"彖"在古音第十四部,今學者書"啄""琢"字尚能不誤,而"蠡""像"字,則自支、脂、之三部不分以來,尟知其爲彖聲矣。

陽鳥攸居。

　　"攸",《紀》作"所",故訓也;《志》作"遹",古字也。

　　《論衡·書虛篇》:"《禹貢》曰:'彭蠡既瀦,陽鳥攸居。'"

三江既入,震澤底定。

　　《夏本紀》索隱曰:"震,一作振。"按:《廣雅·釋地》作"振澤"。

　　《釋文》曰:"厎,《史記》音致。"玉裁按:《史記》作"致",非音"致"也。"致"者,"厎"之故訓字。

篠簜既敷,

　　《説文》作"筱",隸變作"篠"。《釋文》曰:"簜,或作簜。"

　　《紀》作"竹箭既布",皆故訓字也。箭,矢竹也。今本《説文》脱"矢"字。後因以爲矢名。今文《尚書》"敷"蓋作"傅",《紀》又易爲"布"。

厥草惟夭,厥木惟喬。厥土惟塗泥,厥田惟下下,厥賦下上上錯。厥貢惟金三品,瑤琨篠簜,

　　孔傳曰:"瑤、琨,皆美石也。"《左傳·昭七年》正義引同。《正義》曰:"美石,逗。似玉者也。"《釋文》曰:"瑤、琨,美石也。"今本注、疏及《史記》皆譌作"美玉"。《説文》"碧""琨""珉""瑤"四字爲類,皆云石之美者,今各本"瑤"字下譌作"玉之美者"。《詩·木瓜》毛傳云:"瑤,美石也。"《正義》不誤而《釋文》誤爲美玉。玟王逸注《九歌》云:"瑤,石之次玉者。"王肅注《尚書》曰:"瑤、琨,美石似玉者。"劉逵注《吳都賦》云:"瑤、琨,皆美石。"曾氏旼曰:"《周禮·大宰》:'享先王則贊玉爵,后裸獻則贊瑤爵。'《禮記》:'尸飲五,君洗玉爵獻卿。尸飲七,以瑤爵獻大夫。'《公劉詩》:'維玉及瑤。'則知瑤者,玉之次也。"

《釋文》曰："琨,音昆。馬本作瑻,韋昭音貫。"按:此謂馬本作"瑻",與《漢書》同。韋注《漢書》:"瑻,音貫也。"《志》作"瑻"而音貫,《志》作"玭"而音薄迷反,隨其齚聲爲聲也。凡《釋文》引韋昭者皆本《漢書音義》。《説文》一篇《玉部》"琨"字下曰:"石之美者,从玉昆聲。《夏書》曰:'楊州貢瑤琨。'"又"瑻"字下曰:"琨或从貫。"此蓋今文《尚書》作"瑻",古文《尚書》作"琨",故竝列之,如"玭""蠙"之比,馬本則同今文者也。

《説文》五篇《竹部》曰:"簜,大竹也,从竹湯聲。《夏書》曰:'瑤琨筱簜。'簜可爲幹,<small>《周禮·弓人》曰:'凡取幹之道七,柘爲上,竹爲下。'</small>筱可爲矢。"

# 齒革羽旄,

孔傳:"旄,旄牛尾。"衛包妄改經幷傳,上一字作"毛",至開寶中依衛包改《釋文》,乃謂"旄"字惟見於孔傳,不見於經,移"旄音毛"於"犀細兮反"之下,殊不知經文作"毛",則何由訓爲"旄牛尾"乎? 攷《正義》曰:"《説文》云:'犛,西南夷長旄牛也。'此犛牛之尾可爲旌旗之飾,經傳通謂之'旄'。"《牧誓》云"右秉白旄",《詩》云"建旐設旄",皆謂此牛之尾,故知"旄"是旄牛尾也,亦可以證孔傳之爲"旄,旄牛尾",經文之本是"旄"字矣。凡《正義》有唐宋人改之未盡者如此,與《高宗肜日》之"尼"字是也。《牧誓》"右秉白旄",衛不改爲毛者,不知其同物也。宋元本作"故知毛是旄牛尾也",此宋元本之劣者也。

《夏本紀》楊州字作"毛",而《正義》云:"按:西南夷常貢旄牛尾。《書》《詩》通謂之旄。"按:《紀》荆州"羽旄齒革"字正作"旄",則楊州作"毛",淺人所改也。《漢書》汲古本亦楊作"毛"、荆作"旄",而楊州注內仍作"旄",則正文亦淺人所改。《牧誓》"右秉白旄",馬曰:"旄,旄牛尾。"《周禮·春官·旄人》注:

“旄,旄牛尾。”《晉語》“羽旄齒革,則君地生焉”,韋注:“旄,旄牛尾也。”《樂記》“干戚羽旄謂之樂”注:“旄,旄牛尾也。”宋本不誤,俗本正文改作“毛”。《鹽鐵論》“隴蜀之丹漆旄羽”,《貨殖傳》“山西饒材、竹、穀、纑、旄、玉石”,《楚語》“龜珠齒角皮革羽毛”,《左傳·僖廿三年》“羽毛齒革”,皆淺人妄改作“毛”者也。

## 惟木,

“惟木”二字,《紀》《志》皆無,此今文《尚書》也。

## 鳥夷卉服,

此亦本作“鳥”,孔讀爲“㠯”,衞包徑改爲“㠯”字。《後漢書·度尚傳》“深林遠藪椎髻鳥語之人,置於縣下”,李注:“鳥語,謂語聲似鳥也。《書》曰:‘鳥夷卉服。’”玉裁按:此衞包未改《尚書》也。《漢志》“鳥夷”不誤,《本紀》作“㠯”,則淺人用天寶後《尚書》改之也。《集解》冀州用鄭注則作“鳥”,楊州用孔注則作“㠯”,張守節《正義》成於開元二十四年,釋以“可居之㠯”,則《史記》作“㠯”在開元以前。

《正義》引左思《吳都賦》“蕉葛升越,弱於羅紈”。按:“升”字乃“竹”字之誤,竹可爲布,見王符《潛夫論》。“竹”亦誤“升”。《王符傳》注引沈懷遠《南越志》,又嵇含《南方草木狀》,又劉逵注《吳都賦》“篔簹”引《異物志》,又《元和郡縣志》韶州下,又《唐六典》戶部下,亦云漳、潮等州竹子布。

## 厥篚織貝,厥苞橘柚,

《説文》六篇《木部》曰:“柚,條也,似橙而酢,从木由聲。《夏書》曰:‘厥苞橘柚。’”按:今本《説文》“苞”誤“包”。

《衞詩》箋曰:“以果實相遺者,必苞苴之。《尚書》曰:‘厥苞橘柚。’”《佩觿》曰:“以艸名之,苞爲厥包,其順非有如此者。”玉裁按:據此則知古本皆作“厥苞”,郭氏昧於古六書假借耳。《尚書》本作“苞”,《釋文》必爲之音義,天寶、開寶遞改之。

《禮·少儀》"苞苴"、《詩·召南》"白茅苞之"《釋文》不誤、《既夕禮》"葦苞二"、《史記·樂書》"苞之以虎皮"，字皆從艸。

"柚"，《山海經》《列子》皆作"櫾"。

## 錫貢。沿于江海，

《釋文》曰："沿，鄭本作'松'，'松'當爲'沿'。馬本作'均'，云'均，平也。'"玉裁按：今文《尚書》作"均"，《夏本紀》《地理志》皆云"均江海"，可證馬本依今文《尚書》也。鄭本作"松"，"松"者"沿"之字誤，故云"當爲沿"。此蓋壁中文轉寫以"木""水"淆溷、"公""㕣"不分而鄭正之，若裴駰《史記集解》引鄭玄曰："均，讀曰'沿'。沿，順水行也。"或疑裴所據何以與陸所據異？答之曰：裴依《史記》正文作"均"耳。裴此條當云："均，鄭本作'松'，'松'讀曰'沿'。"乃合孔本依鄭作"沿"，此如《堯典》"卯谷"，"卯"鄭讀爲"昧"，而孔本因之作"昧谷"也。

《禮記·祭義》"終始相巡"，鄭注："巡，讀如'沿漢'之'沿'。"《三年問》"反巡過其故鄉"，《孫卿·禮論篇》"巡"作"鉛"，楊倞注："'鉛'與'沿'同，循也。"玉裁按："均"之與"沿"，猶"巡"之與"鉛"也。巡，徐仙民"養純反"；均，古音同"勻"。"勻""均""巡""循""沿""鉛"六字一聲之轉，今文《尚書》假"均"爲"沿"，孫卿子假"鉛"爲"巡"，馬季長釋"均"爲"平"，殊未安。

## 達于淮泗。

《夏本紀》："均江海，通淮泗。"《地理志》："均江海，通于淮泗。"

## 荆及衡陽惟荆州。江、漢朝宗于海，

《説文》十一篇《水部》曰："潮，水朝宗于海也，從水朝省

聲。”“衍,水朝宗于海皃也,从水行。”玉裁按:“潯”者,今之
“潮”字,以“潯”釋“朝宗于海”,此今文《尚書》説也。洚水之
時,江、漢不順軌,不與海通,海潯不上。至禹治之江、漢,始與
海通。於楊州曰“三江既入”,三江者,北江、中江、南江也。北
江者,漢也。既入者,入于海也。於荆州曰“江、漢朝宗于海”,
言海潯上達,直至荆州也。今海潮上至安慶而止。海潯上迎,江、漢之
水下赴,如君臣一德一心呼吸相通,與前此壅閼者異矣,二州之
文相爲表裏。

　　《論衡·書虚篇》曰:“夫地之有百川也,猶人之有血脈也。
血脈流行,汎揚動静,自有節度。百川亦然,其朝夕往來,猶人
之呼吸氣出入也,經曰‘江漢朝宗于海’,其發海中之時漾馳而
已,入三江之中,殆小淺狹,水激沸起,故騰爲濤。”

　　虞翻注《易》“習坎有孚”曰:“水行徍來,朝宗于海,不失其
時,如月行天。”按:此皆用今文家説。

　　《風俗通·山澤篇》:“《禹貢》:‘江漢朝宗于海。’”

# 九江孔殷,

　　“孔殷”,《紀》作“甚中”,皆故訓字也。

# 沱、潛既道,

　　“潛”,《紀》作“涔”。古“潛”“涔”通用,如《毛詩》“潛有
多魚”,《韓詩》作“涔有多魚”是也。《志》作“灊”。

　　“既”,《紀》作“已”,他“既”字不爾。

# 雲夢土作乂。

　　《釋文》曰:“雲,徐本作云。”

　　玉裁按:作“雲夢土”者,古文《尚書》也。作“雲土夢”者,
今文《尚書》也。今本古文《尚書》作“雲土夢”者,古文之誤者

也。今本《史記》《漢書》作"雲夢土"者，《史記》《漢書》之誤者也。今本古文《尚書》之誤始於唐石經，而宋太宗復揚其波，今更正。

孔安國曰："雲夢之澤在江南，其中有平土丘，水去可爲耕作畎畝之治。"據孔傳，則經作"雲夢土"，故釋"土"於"雲夢"之下。"平土丘"謂"平土之虛"，俗作"墟"。如言夏虛、殷虛、少皞之虛。《説文》曰："虛，大丘也，昆侖丘謂之昆侖虛。"古者九夫爲井，四井爲邑，四邑爲丘，丘謂之虛。《正義》不得其解，乃云"其内有平土，有高丘"，儻如《正義》所言，則傳云"有平土丘"成何文理乎？且何以於經文"土"外別添"丘"也？

晁公武《石經考異序》曰："蜀石經《尚書》十三卷，僞蜀周德貞書，以監本按之，《禹貢》'雲土夢作乂'倒'土夢'字。"然則宋以前"雲夢土"之本盛行，僞蜀且以勒石。唐石經既作"雲土夢"矣，而蜀石經不從，此蜀之勝於唐也。沈括《夢溪筆談》亦曰："舊《尚書·禹貢》云'雲夢土作乂'，太宗皇帝時得古本《尚書》作'雲土夢作乂'，詔改從古本。"所僞"舊《尚書》"者，蜀石經之類也。所僞"太宗皇帝"者，趙宋之太宗也。近人云唐太宗，誤。所僞"古本《尚書》"者，唐石經之類也。唐石經，名儒所不窺，是以蜀石本及宋太宗以前本皆作"夢土"，而太宗詔從"土夢"，自此以後版本乃無有作"夢土"者。此事非枚頤之咎，亦非衞包之咎。衞包敢於改字，而不敢倒字，開成閒始從誤本刊石，至於《正義》云"經之'土'字在二字之閒，蓋史文兼上下也"，此十六字，蓋宋太宗詔改從"土夢"之後，妄人增之，原本所必無者。唐《正義》果如是，何以"夢土"之本盛行至宋僞蜀以勒石哉？《周禮·職方氏》疏所引《禹貢》，淺人亦倒作"土夢"。

必加"土"於"作乂"之上者，大埜、大陸、雲夢、震澤，《爾

雅》十藪之四藪澤者，地兼水土，云“震澤厎定”“大壄既豬”，皆
自水言，水治而土治在其中矣；云“大陸既作”“雲夢土作乂”，
皆自土言之，言土治而水治在其中矣。大陸不言土，雲夢言土
者，亦詳略互見。僞孔本多襲馬、鄭、王之舊，此“雲夢土作
乂”，必馬、鄭、王本固然。

　　何以知今文《尚書》作“雲土夢”也？今《史記》各本皆作
“雲夢土”，而《史記索隱》單行本大書“雲土夢”三字，小注云：
“雲土夢，二澤名。”引韋昭云：“雲土，今爲縣，屬江夏。”解之
曰：“《地理志》‘江夏有雲杜縣’，是其地也。”然則《史記》本作
“雲土夢”，確然可證。而小司馬所引韋昭語乃《漢書音義》也，
則《漢書》本作“雲土夢”，又確然可證。今本《地理志》作“雲夢
土”，小顏注“雲夢之土可爲畋漁之治”，皆用《尚書》妄改之本
耳。小顏《漢書》本誤字㝡多，即如此篇韋作“批”而顏作“螕”、
韋作“戠”而顏作“埴”、韋作“雲土夢”而顏作“雲夢土”，其顯
然者。蓋古文《尚書》別本作“雲土夢”者。此用《史》《漢》改
《尚書》，是爲以今文《尚書》改古文《尚書》也。《史》《漢》之或
作“雲夢土”者，此用《尚書》改《史》《漢》，是爲以古文《尚書》
改今文《尚書》也。《儀禮·士虞禮》記：“虞，浴沐不櫛。”注云：
“今文曰‘沐浴’。”又：“浴沐，櫛，搔翦。”注云：“今文曰‘沐浴
搔翦’。”此亦如“土夢”“夢土”之不同。今本經文作“沐浴”，則注“今文
曰沐浴”不可通矣，幸《正義》中猶有改之未盡者耳。

　　古“土”“杜”通用，如《韓詩》“桑杜”《毛詩》作“桑土”，
《毛詩》“自土漆沮”《旹詩》作“自杜”是也。本呼“雲土”，單呼
之爲“雲”，此類甚多。又按：《楚語》“雲連徒洲”即雲土也，此
如“毃於菟”之類皆方俗語言，“徒”“土”“杜”一字也，“雲土”
長言之爲“雲連辻洲”，猶“恂督”二字，荀卿書則曰“傋猶督

儒”,今文《尚書》未必全非,伏生執其舊業,非有所改易也。

又按:《筆談》云“太宗皇帝時”,尊本朝太宗,故必言“皇帝”也。《禹貢錐指》乃去“皇帝”字,加“唐”字於“太宗”之上,《尚書後案》因之,不可以不辨。

李氏吉甫《元和郡縣志》曰:“《左傳》云‘邙子之女棄子于夢中’,無‘雲’字。‘楚子濟江入雲中’,復無‘夢’字。以此推之,則‘雲’‘夢’二澤,本自別矣,而《禹貢》及《爾雅》皆曰‘雲夢’者,蓋雙舉二澤而言之。”玉裁按:此李氏所據《禹貢》尚作“雲夢”不作“雲土夢”也。

## 厥土惟塗泥,厥田惟下中,厥賦上下。厥貢羽旄齒革

“旄”,唐石經已下皆作“毛”,今更正。

## 惟金三品,杶榦栝柏,

《釋文》曰:“杶,又作櫄。”按:《考工記注》:“《禹貢》荆州貢櫄、榦、栝、柏及箘、簬、枯。”字作“櫄”。《説文》六篇《木部》“杶”字下曰:“木也,从木屯聲。《夏書》曰:‘杶榦栝柏。’”又“櫄”字下曰:“或从熏。”又“𣜩”字下曰:“古文杶也。”古文、小篆同字,特古文結體偏側耳。今版本《説文》全失其意,《汗簡》《古文四聲韵》所載近之,或作“櫄”,《山海經》同。

“栝”,《説文》作“㮂”:“隈也,一曰矢㮂,隈作‘築’,誤。弦處也。”《禹貢》假借“栝”爲“檜”字,《爾雅》《毛詩》《説文》皆云:“檜,柏葉松身。”孔傳云:“栝,柏葉松身。”正是一字,古音皆入聲也。《集韵·去聲·十四太》曰:“檜,或作栝。”

## 厲砥砮丹,

“厲”,唐石經作“礪”,俗字也,必衞包所改,今更正。唐貞

觀時,釋玄應《衆經音義》引《尚書》:"砅砥砮丹。"宋庠《國語補音》引古文《尚書》:"若金,用汝作砅。"《汗簡》《古文四聲韵》皆曰:"泵,古文礪。"《集韵》"礪""砅""厲"爲一字。宋氏所謂古文《尚書》者,宋次道、王仲至家本,語在僞《説命》也。而貞觀時玄應所引《禹貢》亦作"砅"。此等字蓋必本於三體石經,非無根據也。《説文》十一篇《水部》曰:"砅,履石渡水也,从水石。《詩》曰:'深則砅。'"按:履石渡水,如今人蹈甒石過泥濘。此水之至淺者,尚淺於揭衣,繇膝以下爲揭,繇帶以上爲厲,此自古相傳故訓。《詩》云"深則砅",此正假"砅"爲"厲",與《禹貢》假"砅"爲"厲"正同,亦如假"妝"爲"好"、假"狟狟"爲"桓桓"、假"玨"爲"朋",儻不得其解,謂水深則渡石橋,儻其地無石橋則將待構之乎? 絶非《詩》之語意。且《説文》立言精當,《木部》"橋"字下曰"水梁也","梁"字下曰"水橋也",果如俗解,則"砅"字下當曰"石橋也"乃合,不當云"履石渡水",且其字當入《石部》,不當入《水部》矣。《詩釋文》引《韓詩》"至心曰厲",即《爾雅》"由帶以上"之説也。《爾雅》"揭"者,揭衣也,以衣涉水爲厲,此一説也。繇膝以下爲揭,繇膝以上爲涉,繇帶以上爲厲,此又一説也。今本毛傳合爲一説,乃唐定本所改,非原書也。顧氏《玉篇》云:"水深至心曰砅。"蓋《韓詩》作"深則砅",《説文》自引《韓詩》。陸氏德明所據之《韓詩》非善本也。

　　《説文》九篇《石部》曰:"砮,石可以爲矢族[1],从石奴聲。《夏書》曰:'梁州貢砮丹。'"玉裁按:"梁州貢砮磬""荆州貢砮丹",《説文》"梁""丹"二字必有一誤。

# 惟箘簵楛。

---

①族:當作"鏃"。

《説文》五篇《竹部》"箘"字下曰："箘簬也,从竹囷聲。"
"簬"字下曰："箘簬也,从竹路聲。《夏書》曰:'惟箘簬楛。'"
"簵"字下曰："古文簬,从輅。"玉裁按:《竹部》引《夏書》作
"簬",謂"簵"爲古文,而《木部》"枯"字下引《夏書》則作"簵",
蓋壁中古文作"簵"。《説文》有於小篆見古文者,如"簬"下引
《夏書》而下云"古文作簵",則壁中本作"簵"可知也。有於古
文見小篆者,如"㫁"下云"古文斷",引《周書》"㫁㫁猗",則小
篆繕寫之《尚書》作"斷斷猗"可知也。

《戰國策》作"簬",小篆也。《尚書》作"簵",古文也。

鄭注曰:"箘簵,聆風也。"合之《説文》,則"箘簵"合二字爲
名,乃是一物。《正義》云:"竹有二名,或大小異也。"箘、簵是
兩種竹,《正義》非是。竹有二名,九字乃《正義》語,胡氏朏明
誤系之鄭注。《釋文》"箘"字下:"韋昭一名聆風。"此當作:"韋昭云:箘簵,一名
聆風。"脱去三字。

《説文》六篇《木部》曰:"枯,槀也,从木古聲。《夏書》曰:
'惟箘輅枯。'枯,此字今補。木名也。"玉裁按:"輅"當作"簵"。
"簵",古文"簬"也。各本作"輅"者,或傳寫脱"竹",或如漢碑
"㝉夕"連上字从穴从竹而省之。許君"簬"字下引《書》作
"楛","楛"字當是本作"枯",淺人改之,引《書》而訓之曰"枯,
木名",明非"枯槀"本義,此亦如引曰"圛"而解之曰"圛者,升
雲,半有半無"、引"朕聖讒説"而解之曰"聖,疾惡也"、引"布重
莫席"而解之曰"纖蒻席也"之類,皆非其字之本義也。《攷工
記》鄭注引"箘簵枯",今注、疏譌"楛"。《釋文》:"枯,今本譌'楛',注、
疏本引《釋文》又譌'楛音枯'。音户。"《尚書》作"楛",音同。據陸氏
分别,則《攷工記注》正同《説文》作"枯"也,但疏稱鄭注《尚
書》引《國語》"楛矢石砮",字作"楛",而《儀禮・鄉射禮》鄭注

引"肅愼氏貢楛矢,銘其括",《釋文》曰"楛音户",然則鄭所見《國語》古本作"楛矢",與古文《尚書》合。《正義》引鄭《書注》作"楛"者,譌字耳。陸璣《艸木疏》不言楛可爲矢,鄭《書注》亦但云"楛,木類",不言何木。木有名"枯"音"姑"者,《周易》"枯楊"、《周禮》"枯榆",《尚書》之"枯"恐亦非此也。許、鄭所據古文《尚書》皆作"楛",《釋文》《正義》所據皆作"楛",恐是譌字,淺人但知"枯"訓"槀"而妄改之。

《夏本紀》"維箘簬楛",徐廣曰:"一作箭足杆,杆即楛也,<sub>今版本'杆'作'枰'</sub>。音怙。箭足者,矢鏃也。或以'箭足'訓釋'箘簬'乎?"玉裁按:箭足非矢鏃。正謂矢槀,雖《釋名》謂矢鏑爲足,然此等首足無定稱,如《淮南》謂木根爲首,賈侍中注《左傳》謂人首爲末是也。"杆",于聲,"楛",古聲,同在古音第五部。蓋古文《尚書》作"楛",今文《尚書》作"杆";古文《尚書》作"箘簬",今文《尚書》作"箭足",非訓釋之謂也。

# 三邦底貢。

"邦",《紀》《志》皆作"國",今文《尚書》也。

# 厥名苞匭菁茅,

《正義》曰:"鄭玄以'厥名'下屬'苞匭菁茅'。"

"苞",唐石經以下皆作"包",非也,説詳楊州。《説文繫傳》"苞"字下、《左傳·僖四年》注、《穀梁傳·僖四年》疏引《書》皆作"苞匭"。<sub>《地理志》汲古本正文作"包",注作"苞"。注由舊而正文已改也。</sub>

《史記集解》引鄭君注曰:"匭,猶<sub>依《尚書正義》、《吳都賦》注補'猶'字</sub>纏結也。菁茅,茅有毛刺者,給宗廟縮酒。重之,故苞裹,又纏結也。"玉裁按:《文選·吳都賦》"職貢納其苞匭",劉逵注曰:"匭,猶纏<sub>依《史記集解》、《吳都賦》注補'纏'字</sub>。結也。《尚書

·禹貢》曰'苞匭菁茅'。茅生桂陽,可以縮酒給宗廟,<sub>當作'給宗</sub><sub>廟縮酒'。</sub>異物也。重之,是故既苞裹而又纏結之。一曰'匭,匣①也'。"劉逵前説本鄭君,後説爲僞孔所本。"匭"得訓"纏結"者,"匭"讀爲"糾",古音同在第三部也。古音"簋""軌"字皆讀如"九"。"匭"從匚軌聲,古文"簋"字。簋,黍稷方器也,故從匚。鄭君於其同音得其義也。淺者不知爲古文"簋"字,因其從匚,匚者,受物之器,乃訓爲"匣"。晉初已有此陋説,僞孔襲之,至唐武后乃設四匭於朝堂,上表者投之,不識字之弊,生心而害政矣。

## 厥篚玄纁璣組,

"璣",《釋文》曰"馬同"者,馬亦曰"珠類"也。引《玉篇》"渠依""居沂"二反。"依",當從今《玉篇》作"氣",此條尚是顧氏原本,淺人改爲"依",而不知上文有"其依反"矣。

《釋文》:"馬云:'組,文也。'"按:"文"下"也"上恐有脱字。

## 九江納錫大龜。

"納錫",《夏本紀》作"入賜"。玉裁按:古以"錫"爲"賜",假借之法也。《説文》:"贛,賜也。""賜,予也。"古者下之予上亦得云賜。《堯典》云"師錫帝",《禹貢》云"九江入錫大龜",《洪範》云"惟時厥庶民于女極,錫女保極"皆是也。此義不明,故"納錫大龜"妄爲曲説。

## 浮于江、沱、潛、漢,

《釋文》曰:"本或作'潛于漢',非。"《正義》曰:"本或'潛'

————————————

①匭:當作"柙"。

下有'于',誤耳。"玉裁按:《夏本紀》"浮於江沱,涔於漢",則今文《尚書》有此"于"字也,或改古文同今文,或古文本有,皆未可知。古文《無逸篇》"無淫于觀""于逸""于游""于田",以"淫"領四"于"字,此以"浮"領二"于"字,句法正同,陸氏誤絕其句故云非耳。

## 逾于雒,至于南河。

凡《禹貢》"雒"字,今本皆改爲"洛",此衞包所爲也,今更正。

兩漢人書"洛"字通作"雒",其或作"洛"者轉寫改之。魚豢《魏略》云"漢火行忌水,故'洛'去'水'而加'隹'焉",此語本不根之談,而顏籀信之且傅會之,云:"如魚氏說,則光武以後改爲'雒'字也。"《地理志》一篇,其述《禹貢》則作"洛",其列漢郡縣則作"雒陽",蓋顏氏自用其說,而改班氏所載今文《禹貢》之"雒"爲"洛",未深覈其實也。凡《地理志》所載《禹貢》,多經後人以《尚書》改字,《夏本紀》較善焉。

《說文·水部》"洛"字下云:"水。出左馮翊歸德北夷界中,東南入渭。今本《說文》譌闕,依《地理志》,當云:'洛水,出北地歸德北夷界中,至左馮翊襄德東南入渭。雕州浸。'从水各聲。"未嘗云"一出京兆上雒縣冢領山,東北至河南鞏縣入河"也,《說文》之例每字但舉其本義,不舉其假借他用之義。豫州之水,字本自古作"雒",《隹部》"雒"字下例所不載,惟出"北地歸德之水"字正作"洛"。許君作書,自言遵修舊文而不穿鑿,信而有證,將以理群類,解謬誤,曉學者,達神恉,必非有所依違遷就也。《漢志》弘農上雒縣下云:"《禹貢》雒水,出冢領山,東北至鞏入河豫州川。"字正作"雒"。此謂《禹貢》及《職方》豫州之雒也。如顏本,前作"伊洛""道洛",則《禹貢》雒水"四字無箸。"左馮翊襄德"下云:"洛水東南入渭。雍州浸。”“北地歸德”下云：“洛水出北蠻夷中入河。”<small>此“河”字乃“渭”字之誤，“裹德”下云“洛水東南入渭”即此一水也。</small>字正作“洛”。此謂《職方》雍州之“洛”也。《禹貢》《職方》具述於前，故蒙上文言之，此可以證《志》述《禹貢》字必作“雒”也。《淮南·墜形訓》曰：“洛出獵山。”高注：“獵山在北地西北夷中，洛東南流入渭，《詩》云‘瞻彼洛矣，維水泱泱’是也。”又曰：“雒出熊耳。”高注：“熊耳在京兆上雒西北也。<small>‘兆’字，版本誤‘師’。</small>”淮南王在前漢而字亦一作“洛”一作“雒”，分別劃然，與《漢志》同。前此經典，則《小雅》“瞻彼洛矣”，毛傳“洛，宗周漑浸水也”；《周禮·職方氏》《逸周書·職方解》“雍州其浸渭洛”，鄭注“洛出懷德”，此皆謂出北地水也。《周禮·職方氏》“豫州其川滎雒”，<small>《正義》本不誤，《釋文》本作“洛”，非也。</small>《逸周書·職方解》“豫州其川滎雒”，此皆謂出京兆上雒水也。二字分別，自古而然，此非許君之所本與？《魏志》“黃初元年幸洛陽”，裴注引《魏略》曰：“詔以漢火行也，火忌水，故洛去水而加隹。”魏於行次爲土，土，水之牡<small>今本誤“土”。</small>也，水得土而乃流，土得水而柔，故除“隹”加“水”，變“雒”爲“洛”。世期引《魏略》於此者，正謂“黃初元年幸洛陽”乃有此詔，前此皆用“雒”，後此乃皆用“洛”也。魚氏録魏詔云爾，則魏文帝之失也。漢以前皆用“雒”，非漢去“水”加“隹”也，妄爲之説，而用“雍州浸”名爲豫州川名。凡經傳子史或應用“雒”而作“洛”，或一篇一簡之内“雒”“洛”錯出，此皆黃初以後轉寫竄易，參差不整之故。若今文《尚書》之作“雒”，則見於《隸釋》所載漢石經《尚書》殘碑《多士篇》兩“兹雒”字，此必伏生壁藏之本固爾，非去“水”加“隹”之謂也，而古文《尚書》今本皆作“洛”字。考《周禮·天官·序官》注引《召誥》“大保朝至于雒”“大保乃以庶殷攻位于雒汭”，字皆作

“雒”，則知黄初後傳寫者乃盡易之，不然許君《説文》其偁“《書》孔氏古文也”何難？據古文列熊耳之水於“洛”字下，而必遵今文哉，世遠言湮，攷古者貴心知其意。

　　漢碑惟《國三老袁良碑》“隱居河洛”，字作“洛”，同音假借也。《禹貢》言“雒”者五，今本《地理志》“逾于雒”“浮于雒”“道雒”“雒汭”皆作“洛”，惟“伊雒”字未改。《廣韵》引《書》“導洛自熊耳”，而云《漢書》作“雒”，則古本皆作“雒”可知也。

　　《地理志》有一音二字而三水者，弘農上雒之“雒水”、廣漢雒縣之“雒水”、北地歸德之“洛水”是也，二雒同偁而皆不作“洛”。見於《禹貢》者則上雒之“雒”也。《志》自“伊水入雒”已下，“雒”字不下十餘見，而《禹貢》“雒水”之云，尤可證上文述《禹貢》不當作“洛”。

　　《史記·封禪書》《漢書·郊祀志》述秦祠官所常奉皆云汧、洛二淵，張氏《正義》云：“有三洛水，即一音二字三水也。未知祠何者。”玉裁按：“汧”“洛”皆在雍州，所云“洛”者正《括地志》“出慶州洛源縣”、《地理志》“出北地歸德北夷界中”之水也，故字正作“洛”。而《郊祀志》“孝宣以四時祠江海雒水”，字正作“雒”，則豫州之雒也。《志》又云：“成王郊於雒邑，周公加牲告徙新邑定郊禮於雒。”漢人“洛”“雒”分別如此。

## 荆河惟豫州。伊、雒、瀍、澗既入于河，

　　江氏叔澐曰：“瀍字，《説文》所無，《淮南·本經訓》云‘導廛澗’，則古字本不從水也。”玉裁按：此即飛禽即須安“鳥”、草類皆從兩“屮”之類也。其證尚有四：《地理志》凡字稍生者皆爲音，而“瀍”字無音，亦可以證《志》文本作“廛”，一也。《廣雅·釋水》曰“瀍，理也”，此當是“廛，里也”之誤，二也。《玉篇·水部》曰“瀍，水名”，其字厠於雜亂無章之處，必非顧氏之

舊,三也。《五經文字·水部》不載"瀘"字,四也。《尚書釋文》曰:"瀘,直然反。"蓋開寶依衛包所改而增之,今姑仍其舊以俟明者。

又按:高氏注《淮南》曰:"廛,讀裹纏之纏。"疑《廣雅》當作:"廛,纏也。""理"字誤。

## 滎播既豬。

唐石經此及"洗爲滎",皆作"滎",今更正。玫"滎澤"字,古從火不從水。《周官經》"其川滎雒",《詩·定之方中》鄭箋"及狄人戰於滎澤",《春秋左氏傳·閔公二年》"及狄人戰于滎澤"、《宣十二年》"及滎澤見六麋",杜預後序云:"即《左傳》所謂滎澤也。"《爾雅注》:"圃田在滎陽。"《釋文》凡六"滎"字,皆從火。《隱元年》注:"虢國,今滎陽縣。"《釋文》云:"本或作滎,非。"尤爲此字起例。《玉篇·焱部》"滎"字下云:"亦滎陽縣。"漢《韓勑後碑》"河南滎陽"、《劉寬碑》陰"河南滎陽"、《鄭烈碑》"滎陽將封①人也",字皆從火。而唐盧藏用撰書《紀信碑》,長安二年。嘗以百萬之兵困高祖於滎陽,字正從火,至今明畫。《逸周書》:"其川滎雒。"《隋書·王劭傳》:"上表言符命曰:'龍鬭於滎陽者,滎字三火,明火德之盛也。'"然則滎澤、滎陽,古無從水者。《尚書·禹貢》今本從水,《釋文》亦同者,《崇文總目》云:"宋開寶中詔以德明所釋乃古文《尚書》,與唐明皇所定今文駁異,令太子中舍陳鄂删定其文,改從隸書,蓋今文自曉者多,故音切彌省。"王應麟云開寶五年詔翰林學士李昉挍定,名《開寶新定尚書釋文》,天聖八年九月雕新定《釋文》。然則衛包庸妄,改"滎"作"滎",而陳鄂和之,所當訂正者也。至於經典《史記》《漢書》

———————————

①將封:據李文當爲"開封"。

《水經注》皆爲淺人任意竄易，善本時有存者。熒者，光不定之兒。今江東人俗語爲"役"。故高誘注《淮南》每云"熒，惑也"，沛水出没不常，故取名曰熒，於絕小水之義無涉也。

《説文》十一篇《水部》"滎"字下曰："滎濚，絕小水也。从水熒省聲。戸扃切。""濚"字下曰："滎濚也。从水寧聲。奴冷切，此依《文選·七命》李善注所引訂正。"按：滎，《字林》作"淡"，見《文選·甘泉賦》注。古書尟用"滎"字者，惟《靈樞經》云："所出爲井，所溜《難經》作'流'。爲滎，所注爲腧，所行爲經，所入爲合。"此命名取絕小水之誼。《音義》引《説文》同。

岳氏珂相臺書塾刊正《九經三傳沿革例》曰："參考諸家之説，則滎波之滎、熒雒之熒、熒澤之熒、滎陽之滎，同以濟水溢爲波、爲澤而得名。《釋文》於《左傳》決然以爲作滎者非，似未深考也。只如《禹貢》之'滎波既豬'，鄭引以注《職方氏》則曰：'滎播既都。'《禹貢》之'沇水'，鄭注《職方》則曰'沈'。蓋'播'即'波'也，'豬'即'都'也，'沈'即'沇'也，而其字則異焉，各因其時所傳之本之舊也。滎字之或从火，要亦如此。今各從其本之舊，而實則一也。"玉裁按：岳氏未能攷古而衷於一，是蓋天寶以前確知熒陽、熒澤不當從水，而其後淺人以爲水名不當從火，紛紛改竄，遂使經傳"熒""滎"錯出，苟有定識，必一歸於正也。

閻氏潛丘《劄記》説："'滎，絕小水也'，爲《爾雅》'正絕流曰亂'之'絕'，與《禹貢》'沛洗爲滎'相發明。"其穿鑿傅會，由不知《禹貢》字本作"熒"故爾。中斷曰絕，絕者窮也，故引伸爲"極至"之用，"絕小水者"，極小水也，"絕流曰亂"者，中斷之意也，字同而誼别矣。

"播"，古文《尚書》、今文《尚書》竝同，惟僞孔古文《尚書》

本作“波”。《釋文》曰：“波，馬本作‘播’。”《正義》曰：“馬、鄭、王本皆作‘滎播’。”謂此澤名“滎播”，此孔壁古文《尚書》作“播”之明證也。《夏本紀》作“播”，《索隱》曰：“此及今文竝云‘滎播’。”小司馬所謂“今文”，謂漢石經也，此今文《尚書》作“播”之明證也。

鄭注古文《尚書》曰：“滎播，沇水洗出所爲澤也，今塞爲平地，滎陽人猶謂其處爲滎播，<small>此從《索隱》作‘播’，《書》《詩》正義皆作‘澤’，蓋非也。</small>在其縣東，衛狄戰在此地。<small>《書正義》、《詩·鄭譜》正義，《史記索隱》</small>。”

《詩·鄭譜[①]》曰：“檜國在豫州外方之北、滎播之南，居溱、洧之間。”《正義》曰：“《禹貢》豫州云‘滎播既都’。”併引鄭注。今本注、疏“播”字悉改爲“波”，非也。無緣鄭本《尚書》有作“波”者。《地理志》顏注曰：“檜國在豫州外方之北、滎播之南，溱、洧之間。”用鄭語也，字正作“播”，可以證矣。

《周禮·職方氏》：“豫州，其川滎雒，其浸波溠。”鄭注：“波，讀爲播。”引《禹貢》“滎播既都”。《正義》曰：“《禹貢》有播水，無‘波’。”故引爲證。王伯厚以賈疏證漢唐《書》皆作“播”，不知賈謂鄭本《禹貢》耳，若唐時僞孔本則作“波”，非鄭所知也。

楊雄《豫州牧箴》“滎播臬漆”，此亦今文《尚書》作“播”之明證。章樵注云：“播，一作波。”此用孔本古文《尚書》妄改者。<small>《藝文類聚》作“播”而誤“皤”，《初學紀》作“波”而誤“彼”。</small>

按：枚頤本作“波”，蓋用鄭注《周禮》說，謂此真壁中本，與《周官》古經合，非衛、賈、馬、鄭本所能及也，其用心狡矣。若

---

①鄭譜：據李文，當爲“檜譜”。

班《志》用今文《尚書》而字作“波”，此必後人以枚頤《尚書》改之者，如《王莽傳》“不台”今本作“不嗣”之比。

江氏叔澐《尚書集注》“滎波”作“滎潘”，云：“據《説文·水部》：‘潘，水名，在河南滎陽，从水番聲。’言在滎陽，則與滎澤同處，故知此經之當作‘潘’字。”玉裁始疑其説，今按《水經注·濟水篇》云：“《晉書地道志》：‘濟自大伾入河，與河水鬬，南泆爲滎澤。’《尚書》曰：‘滎波既瀦。’孔安國曰：‘滎澤，波水以成，遏瀦。’闞駰曰：‘滎播，澤名也，故吕忱曰“播水在滎陽”，謂是水也。昔大禹遏其淫水，而於滎陽下引河東南以通淮、泗。’”所引吕忱語，謂《字林》也。《字林》多本《説文》，且《説文》《字林》之例，《手部》“播”字不應旁及水名，然則《字林》正作“潘”。“水在滎陽”，與《説文》合轍，如“孝水”之字，《字林》必作“浲”也。酈氏引孔作“波”，闞作“播”，吕作“潘”，不暇分別字體所由異，且馬、鄭、王謂“滎播”即“滎澤”，是一物，許、吕則潘別爲一水，與滎爲二，而孔傳云滎澤波水，蓋謂滎是澤名、波是水名，斷非如《正義》之説，呼波浪爲波水。酈氏亦不暇析其異同。鄭注《周禮》“滎雒波溠”爲四，云“波”讀爲“播”，引《禹貢》“滎播既都”，則注《書》一之，注《周禮》二之矣。酈云“大禹塞其淫水”者，即釋經文“既豬”也。江氏謂“潘”“播”“波”三字同，故非無證。

王伯厚《困學紀聞》曰：“古文云‘滎嶓既都’。”此謂宋次道、王仲至家古文，不必置辯。

凡古文《尚書》作“豬”，凡今文《尚書》作“都”，鄭《禮注》引作“都”者，用其正字也。

## 道菏澤，

“道”，今本作“導”。今本《釋文》云：“導，音道。”盧氏召弓云:"必本是'道音導'而倒之。"玉裁謂法言《切韵》"道"則上聲,"導"則去聲,故有"道音導"之云也。衛包改"道"爲"導",李昉、陳鄂改《釋文》"道""導"互易,"導"讀上聲,法言《切韵》有是乎?且經文"九河既道""濰淄其道""沱潛既道",皆即此"道"字。理之曰"道某",已就理曰"某道",此文理之易明者也。《夏本紀》《地理志》皆作"道",則與古文《尚書》同也。下文"道汧及岐""道嶓冢""道溺水""道黑水""道河""道漾""道江""道沇水""道淮""道渭""道雒",皆同。

"菏",《紀》《志》皆作"荷",《五經文字·水部》亦曰:"菏,見《夏書》,古本亦作'荷'。"

## 被孟豬。

玉裁按:《周禮·職方氏》作"望諸",《左氏傳·僖廿八年》《爾雅·釋地》皆作"孟諸",古文《尚書》作"孟豬"。《左傳正義》、《詩·曹譔》《商譔》正義皆引《尚書》作"孟豬",惟《陳譔》正義引《尚書》"孟"誤作"盟",轉寫失之耳。《正義》曰:"《禹貢》豫州云:'導菏澤,被孟豬。'"案:《地理志》"盟豬"在梁國睢陽縣東北,"盟豬",《尚書》作"孟豬",即《左傳》稱"孟諸"之"麋"、《爾雅》云"宋有孟諸"是也,但聲訛字變耳。今《正義》《尚書》之"孟"譌作"盟",《漢志》之"盟"譌作"明"。今文《尚書》則作"明都",《夏本紀》及《水經》作"明都"是也。今文《尚書》亦作"孟諸",司馬貞《索隱》曰"明都",《爾雅》《左傳》謂之"孟諸",今文亦爲然。凡小司馬所謂"今文"者,皆謂蔡邕石經拓本也。《尚書大傳·夏傳》"孟諸靈龜",則今文《尚書》作"孟諸"不誣矣。鄭治古文《尚書》者也,而注《周禮》曰:"望諸,明都也。"《毛詩·陳譔》曰:"東不及明豬。"班治今文《尚書》者也,而《地理志》述《禹貢》作"盟豬",梁國下又作"盟諸",蓋"明""盟""孟""望"古音皆讀如"芒",在第十部;"諸""豬""都"古音皆在今之九魚,在第五部,皆同音通用,古有不拘,非可以今古文截然分別之例例之也。

又按:《尚書大傳》曰"孟諸靈龜",鄭注:"孟諸,宋藪也。"下文"大都鰿魚刀魚",鄭注:"大都,明都也。"則"明都"與"孟諸"爲二,其説未聞。

又按:《職方》正義引《尚書》作"明都",此順鄭注而改經文,疏家之病也。

## 厥土惟壤,下土墳壚。厥田惟中上,厥賦錯上中。

《揚州賦》"下上上錯"及此"錯"字,《夏本紀》皆作"襟",故訓字也,他"錯"字又不爾。

## 厥貢漆、枲、絺、紵,

"枲",《夏本紀》作"絲",蓋今文《尚書》也。二字同在古音第一部。

## 厥篚纖纊,

"纊",《紀》作"絮",故訓字也。

## 錫貢磬錯。浮于雒,達于河。

版本皆作"浮于洛,達于河",唐石經作"浮于洛河",無"達于"二字。顧氏亭林挍《石經》謬戾,獨未指摘。玉裁竊謂石經既成,覆挍者增改絫絫,何不及此也?《夏本紀》"通于河",今本"通"誤爲"達"。《地理志》"入于河","入"蓋亦"通"之誤也。

## 華陽、黑水惟梁州。

"華",《説文》作"琴"。"華",其假借字也。《廣韵》曰:"宋戴公考父食采於琴,因氏焉。"今《左氏傳》亦祇作"華"。

## 岷、嶓既蓺，

"岷"，俗字也，當依《説文》作"崏"，或省作"嶓"。《魏大饗碑》有"岷"字。《夏本紀》作"汶"，又曰"汶山之陽"，又曰"汶山道江"。玉裁按：此蓋古文《尚書》作"崏"，今文《尚書》作"汶"也。《史記・封禪書》説秦并天下所奉名山大川，自華以西有瀆山，釋之曰："瀆山，蜀之汶山也。"凡訓詁之法，以今釋古，謂"今之汶山"即秦之瀆山也，是則漢人呼爲"汶山"，字作"汶"，確然可證。《貨殖傳》曰"吾聞汶山之下沃野"，字作"汶"，此古本也。《河渠書》"蜀之岷山"，字作"岷"，此改竄本也。《地理志》"蜀郡有汶江道"，《史記・西南夷傳》曰"以冉駹爲汶山郡"，《漢書・孝武帝紀》元鼎六年"定西南夷，以爲武都、牂柯、越巂、沈黎、文山郡"，今本《華陽國志》曰"孝武元封四年置"，誤也。《西南夷傳》亦曰"以冉駹置文山郡"，此亦漢時字，正作"汶"或作"文"之證也。漢人字正作"汶"者，必以伏生《尚書》字正作"汶"。屈賦《悲回風》曰"隱岐山以清江"，王注："《尚書》曰：'岐山導江。'岐，一作嶇，一作汶。"玉裁按："汶"字是，"文"省體，"岐""嶇"皆或體也。叔師引今文《尚書》也，若古文《尚書》則作"崏"。許君造《説文》十一篇《水部》曰："江，水。出蜀湔氐徼外崏山，入海。"九篇《山部》曰："崏，山在蜀郡湔氐西徼外。从山敃聲。"此用古文《尚書》也。"崏"字絫重，一變爲"嶓"，再變爲"岷"，昏聲、敃聲、文聲同在古音第十三部，民聲乃在古音第十二部。"昏"不從民聲也。説詳《説文解字讀》。《夏本紀》作"汶"，此今文《尚書》也。《地理志》作"嶓"，湔氐道下作"嶓"，梁州作"岷"。此用古文《尚書》改竄之本也。《中山經》曰："岷'崏'之誤。山，江水出焉。"此與古文《尚書》合者也。《海内東經》曰：“大江出汶山。”此與今文《尚書》合者也。友人銅梁王氏汝璧云：“《山海經》五篇以後，皆後人增羼，嶓冢山之取名不可曉。‘嶓’字不見於《説文》，蓋其始但作‘番’字，或加‘山’旁也。《廣雅》云：‘璠，冢也。’然則‘璠’與‘冢’正是一物，以其形名之，故可單舉上字，此不同‘大華’之單舉‘華’字也。《山海經·海内東經》曰：‘漢水出鮒鰅<sub>今本作“魚”，此依《太平御覽》四十五。</sub>之山。’《大荒北經》曰：‘鮒<sub>依《文選·敬皇后哀策》注，今本作“附”，誤。</sub>禺之山，帝顓頊與九嬪葬焉。’‘鮒’讀如‘步’，‘禺’讀如‘顒’。‘鮒’與‘嶓’、‘禺’與‘冢’皆語之轉。”

　　“蓺”，唐石經已下作“藝”，此依《漢志》。

# 沱、潛既道，

　　《地理志》漢中安陽：“鬻谷水，出西南，北入漢。”按：此雖不系諸《禹貢》，然據鄭注“梁州沱潛”云，《地理志》在今蜀郡郫縣，及漢中安陽皆有沱水、潛水，其尾入江、漢，則《志》述《禹貢》作“灊”，此安陽縣下作“鬻”，實一物也，“水”旁恐屬後加耳。《夏本紀》作“涔”，《志》作“鬻”，此馬班所據今文《尚書》有異也。

　　《水經》曰：“沔水東過魏興安陽縣南，涔水出自旱山，北注之。”又曰：“涔水出漢中南鄭縣東南旱山，北至安陽<sub>各本譌作‘沔陽’，戴先生更正。</sub>縣，南入于沔。”玉裁按：此即《地理志》之“鬻谷水在安陽西南，北入漢”者也，而其字作“涔”，此亦“涔”“鬻”“灊”“潛”通用之證也。

# 蔡、蒙旅平，

　　《釋文》：“旅，韋音盧。”謂韋昭《漢書音》也。《史記·六國表》曰：“位在藩臣，而臚於郊祀。”“臚”即“旅於泰山”之“旅”，

韋音正本此讀“旅”爲“臚”。《周本紀》《魯世家》“魯天子之
命”，“魯”即“旅”，“旅”即“臚”也。古音“旅”讀平聲，如“旅
弓”“旅矢”古皆作“旅”可證。毛居正乃云：“旅，音盧。‘旅
祭’之‘旅’不音‘盧’。”唐、宋人不知漢、魏、晉人之音，凡毛所
駁《釋文》，皆可付之一笑。

　　惠氏定宇《論語古義》曰：“班固《述贊》曰：‘大夫臚岱，矦
伯僭時。’鄭氏曰：‘臚岱，季氏旅於大山是也。’小顔曰：‘旅，陳
也。臚，亦陳也。臚、旅聲相近，其義一耳。’《禹貢》曰：‘蔡蒙
旅平。’傳云：‘祭山曰旅。’韋昭音盧。《士冠禮》注曰：‘古文旅
作臚。’《周禮・司儀》‘旅擯’，先鄭曰：‘旅讀爲旅於泰山之
旅。’後鄭云：‘旅讀爲鴻臚之臚。臚，陳之也。’《周書・謚法》
曰：‘惟三月既生魄，周公旦、太師望相嗣王發，既賦憲受臚于牧
之野。’‘臚’即‘旅’也。”

# 和夷底績。

　　《釋文》曰：“和，又作龢。”鄭云：“和，讀曰洹。”玉裁按：《水
經》曰：“桓水出蜀郡岷山，西南行羌中，入于南海。”酈注曰：
“《尚書・禹貢》：‘岷、嶓既藝，沱、潛既道，蔡、蒙旅平，和夷底
績。’鄭玄曰：‘和上，夷所居之地也。和讀曰桓。’《地理志》曰
‘桓水出蜀郡蜀山西南行羌中’者也。”酈注止此。依《漢志》《水
經》，則鄭注字當作“桓”。《釋文》作“洹”，恐淺人改“木”爲
“水”耳。《説文》“洹”字下曰：“水。出晉、魯之閒。”

　　惠氏《九經古義》曰：“鄭康成云‘和讀曰桓’。案：《漢
書・酷吏傳》云：‘桓東少年場。’如淳曰：‘陳留[①]之俗言桓聲如
和。’故桓表或謂之和表。《東京賦》云：‘叙和樹表。’”

---

①陳留：《漢書》注作“陳宋”，惠氏誤作“陳留”。

## 厥土青黎，

王肅曰："青，黑色。黎，小疏也。"孔傳云："色青黑而沃壤。"玉裁按：王當云："青，青黑色。"今《正義》本脱一"青"字。土色不能純青，必兼黑色。《禮器》："或素或青，夏造殷因。"鄭注："變白黑言素青者，秦二世時趙高欲作亂，或以當作'謂'。青爲黑，黑爲黃，民言從之，至今語猶存也。"《禮記》出秦後，故或襲秦語，《尚書》非其倫，王氏直以"黑"字補足"青"字耳。孔傳云"色青黑"者亦是釋經之"青"，云"而沃壤"者乃是釋經之"黎"。以"沃壤"釋"黎"，其説未聞也。馬融云"黎，小疏也"，王同。蓋釋豫州之"壚"爲"疏"，故釋"黎"爲"小疏"。《周禮·草人》"埴壚"，鄭以"黏"訓"埴"，以"疏"訓"壚"。"黎"之言"離"也，"合黎山"，《水經》作"合離山"是也。《釋名》曰："徐州貢土五色，有青、黃、赤、白、黑也。土青曰黎，似黎草色也。二'黎'字疑本皆作'藜'，《地理志》'合黎山'作'合藜山'，同也。土黃而細密曰埴。埴，臌作'膩'，誤。也，'黏昵如脂'之'臌'也。土黑曰盧，盧然解散也。"此皆釋《尚書》也，而其所據之本，字有不同，故其説亦不同。《夏本紀》"黎"作"驪"，蓋今文《尚書》也。

《太平御覽》卅七："《尚書·禹貢》'梁州，土青驪'，孔安國曰：'色青黑。'"豈襲《史記》裴駰《集解》與？

## 厥田惟下上，厥賦下中三錯。厥貢璆、鐵、銀、鏤、砮、磬，

"璆"，《釋文》作"璗"，云："音虯，徐又居虯反，又閭幼反，馬同。韋昭、郭璞[1]云：'紫磨金。'案：郭注《爾雅》'璗即紫磨

---

①璞：底本作"樸"，今改。

金’。”玉裁按:此條取不可通。蓋美玉之字從玉作“璆”，紫磨
金之字從金作“鏐”，不能混一。考《夏本紀》亦作“璆”，而《集
解》引孔傳“璆，玉名”，字作“璆”;又引鄭注“黃金之美者謂之
鏐”，字作“鏐”。裴氏不分別之，云“鄭作鏐”，此其疏也。《釋
文》“馬同”之下亦當有“鄭作鏐”三字，其下曰:“韋昭云‘紫磨
金’，案:郭注《爾雅》‘鏐即紫磨金’。”蓋引韋昭者，以其注《地
理志》即注《禹貢》也，故又引郭注《爾雅》證之，如此乃爲通貫。
馬本作“璆”，孔同;鄭本作“鏐”，韋昭《漢書》同。馬本古文多
有異者，如馬作“均于江海”，鄭作“松于江海”，而正爲“沿”。
“瑤琨”，馬本作“瑤瑻”是也。又按:“閭幼”一反，與《爾雅釋
文》“鏐，力幼反”之音相合，恐以“鏐”之反語誤系之“璆”下也，
今從鄭作“鏐”。

韋昭《漢書》作“鏐”，疑《史記》亦本作“鏐”，皆本今文《尚
書》，而古文《尚書》則作“璆”，馬不改字，鄭則依今文讀“璆”爲
“鏐”。

## 熊、羆、狐、貍織皮。西傾因桓是來，

“傾”，《志》作“頃”，師古云:“讀曰‘傾’。”玉裁按:此小顏
讀從《尚書》“傾”字。凡小顏言“讀曰”者，皆易其字，猶得漢人
意也。

《水經注·桓水篇》曰:“鄭玄注《尚書》，言織皮謂西戎之
國也。西傾，雍州之山也。雍、戎二野之間，人有事于京師者，
道當由此州而來。桓是，隴坂名，其道盤桓，旋曲而上，故名曰
桓是，今其下民謂是坂曲爲盤也。”玉裁按:上文“和”字，鄭讀
爲“桓水”，不應一物而一用假借，一用本名，是以此“桓”字不
爲桓水。連“是”字立文，云“桓是，逗隴坂名，今其下民謂坂
爲是。句曲爲桓也”。舉其方俗語言以證己説。今本譌謬，乃

不可讀矣。古"是""氏"通用,見於《禮記·下曲禮》、《儀禮·覲禮》、《史記·宋微子世家》及《後漢書·李雲傳》。《説文》十二篇"氏"字下曰:"巴蜀名山岸脅之堆旁箸欲落墢者,曰氏。楊雄《賦》:'響若氏隤。'""桓是"即此"氏"字也。師古《漢書》作"阺隤",師古曰:"阺,音是。"今本《説文》十四篇《𨸏部》"阺"字下曰:"秦謂陵阪曰阺,从𨸏氏聲。""阺"乃"阺"之譌,秦語與巴蜀語同,鄭所云"謂'坂'爲'是'"也。亦作"坻",韋昭"音'若是理'之'是'",譌作"坻"。天水隴坻,即鄭注《尚書》之"桓是"也。凡氏聲、是聲在古音第十六部,故"氏""是"通用,凡氐聲在古音第十五部,故"氐"與"氏"不通用,轉寫淆譌,莫可究詰。

## 浮于潛,逾于沔,入于渭,亂于河。

《禹貢》言"潛"者四,《志》皆作"灊",《紀》三作"涔",而惟此作"潛",則此"潛"本作"涔",淺人所改也,凡後人妄改不盡,則有參差不治之蹟。

## 黑水、西河惟雍州。弱水既西,

下文"道弱水",《釋文》云:"弱,本或作溺。"則此"弱"字亦本或作"溺"也。《説文》十一篇《水部》"溺"字下曰:"水。自張掖删丹,西至酒泉合黎,餘波入流沙。从水弱聲,桑欽所説。"《地理志》"張掖郡删丹"下云:"桑欽以爲道弱水自此,西至酒泉合黎。"班、許所據正同也,而班書作"弱"、許書作"溺",似班書从省耳。古文《尚書》孔安國授都尉朝,朝授膠東庸生,庸生授清河胡常少子,常授虢徐敖,敖授琅邪王璜平中、"中"讀曰"仲"。玉裁按:《溝洫志》"大司空掾王橫",師古曰"即其人也",而字作"橫",與字"平仲"相應,《水經注·河水篇》亦作"橫",然則作"璜"誤也。平陵塗惲子真,子真授河南桑欽君長。《釋文·序録》"桑"作"乘",蓋字之誤。《漢志》所引桑欽説六，絳水、漯水、汶水、淮水、弱水、易水。《説文·水部》引桑欽説三，溺水、濕水、汶水。蓋皆其説古文《尚書》語，然則壁中故書作"溺"信而有徵，後人用"溺"爲"沈伏"字，因用"弱"爲"溺水"字。《水經注·河水篇》："《地理志》桑欽曰：'濕水出高唐。'"此引《漢志》也，今本譌作"桑欽《地理志》曰"，胡氏胐明據之，謂桑欽有《地理志》，繆甚。

## 涇屬渭汭，

《釋文》："汭，本又作内，同，如鋭反。馬云：'入也。'"

## 漆沮既從，

下文"道渭，又東過漆沮"，孔傳："漆沮，一水名，亦曰洛水，出馮翊北。"玉裁按：此即"出北地歸德北夷中，至左馮翊褱德東南入渭之洛水"也。"漆沮"合二字成文，在涇東，非涇西之漆水也。今本孔傳作"二水名"，"二"乃賸字，或一字之誤，特言一水名以別於恒、衞、淮、沂等也。儻是二水，則下文亦曰洛水者，果何水乎？《索隱》曰："漆沮，孔安國獨以爲一。"可證。

## 灃水攸同。

《文王有聲》作"豐水"，《正義》引《禹貢》"東會于豐"，此字從水旁者，恐是俗字。《地理志》作"酆水"，"文王作邑于豐"正以在豐水之西名之，《水經·渭水篇》作"豐水"，獨爲合古。

《郊祀志》"霸産豐澇涇渭"，"豐"不從水；而《封禪書》"霸産長水灃澇"，徐廣曰："澇音勞。"不爲灃音。以其不音，則知本不從水也。《尚書》蓋衞包加"水"，開寶增釋文曰："灃，芳弓反。"

## 荆、岐既旅，

"既"，《紀》作"已"。

## 終南、惇物至于鳥鼠。

"終南",《左傳·昭四年》作"中南"。《地理志》:"右扶風武功大壹山,古文以爲'終南';垂山,古文以爲'敦物',皆在縣東。"《水經》曰:"華山爲西岳,在弘農華陰縣西南。"酈注云:"古文之惇物山也。"此大誤,而《史記正義》《索隱》仍之。

"惇",《紀》《志》《水經》皆作"敦"。《志》於"武功"下云:"古文'敦物'。"而述《禹貢》作"惇"者,淺人改之也。

## 原隰厎績,至于豬野。

"豬野",《夏本紀》《水經》《廣雅》皆作"都野"。《地理志》作"豬壄",云:"武威郡,武威,休屠澤在東北。古文以爲豬壄澤。"

## 三危既宅,

《夏本紀》"宅"作"度",今文《尚書》也。"兗州度土"作"居土","四奧既度"作"既居"。此不以詁訓字代之。《地理志》作"宅",恐後人所改。

## 三苗丕敘。

《夏本紀》"丕"作"大",故訓字也。"敘",《紀》《志》皆作"序"。

## 厥土惟黃壤,厥田惟上上,厥賦中下。厥貢惟球、琳、琅玕。

《爾雅·釋器》:"璆,美玉也。"今本作"璆琳,玉也",非古本。又曰:"西北之美者,有崑崙虛之璆、琳、琅玕焉。"《説文·玉部》曰:"球,玉也。大徐本'玉'下增'磬'字,大誤。"又曰:"球,或从翏作璆。"

《詩·韓奕》鄭箋引《書》"黑水西河,其貢璆、琳、琅玕。"

《釋文》曰:"琳,字又作玪,<sub>今注、疏謁'玪'</sub>。音林,孔安國云:'璆玪,美玉也。'鄭注《尚書》云:'璆,美玉。玪,美石。'"玉裁按:《釋文》此條謁舛,當云:"琳,音林,字又作玪,音斟。孔安國云:'璆琳,美玉也。'鄭注《尚書》云:'璆,美玉。玪,美石。'"蓋孔本作"琳",鄭本作"玪"。"玪"與"琳"異字,音雖同部,義則異物也。《説文》一篇《玉部》曰:"玪䃤,石之次玉者。"《廣雅》曰:"瑊玏,石次玉也。"司馬相如《子虚賦》"瑊玏玄厲",張揖曰:"瑊玏,石之次玉者。"《山海經·中山經》"葛山,其下多瑊石",郭傳:"瑊玏,石似玉。<sub>今本謁</sub>。""玪""瑊"同字,"䃤""玏"同字,郭注《穆天子傳》云:"玪,玉名。"非也。"玪䃤"合二字成文,其單用"玪"字者,古文《尚書》及《中山經》《穆天子傳》也,李善引如淳曰:"瑊,音緘。玏,音勒。"《廣韵》:"瑊,音斟。"

　　《集韵·二十一侵》:"琳,《説文》'美玉也'。古作玪。"此誤認爲一字,正襲《釋文》之誤。

　　《紀》《志》皆作"琳",《論衡·率性篇》:"《禹貢》曰:璆、琳、琅玕,此則土地所生真玉珠也。"玉裁按:真玉謂璆琳,真珠謂琅玕。<sub>下文云"魚蚌之珠"與《禹貢》"琅玕"皆真珠也,今本謁勝,不可讀</sub>。疑古文《尚書》作"玪",今文《尚書》作"琳",與《爾雅》合。孔本同今文《尚書》者也。鄭本作"玪"。其作"琳"者非也。

　　薛氏《書古文訓》作"玪",采諸鄭本也。

## 浮于積石,至于龍門,西河會于渭汭。織皮昆崙、

　　唐石經已下"昆"作"崐"。按:《尚書釋文》大書"崐崘",小注云"下魯門反",不爲"崐"字反語,則知上字本作"昆",不從山,宋人加之也。考《爾雅》兩字皆從山,《釋文》皆有音。《漢書·地理志》作"昆崘",此正與陸氏《尚書》同也。若《夏本

紀》則作“昆侖”，兩字皆不从山，《索隱》本《大宛傳》亦作“昆侖”。《説文·山部》亦無此兩字。

## 析支、

“析支”，《大戴禮·五帝德》作“鮮支”。按：古音“斯”與“析”同部同紐同義，“鮮”之雙聲轉讀同“斯”“析”，是以《説文》“鮮”聲之“䲹”讀若“斯”也。《列子·湯問篇》曰：“長子生則鮮而食之。”盧氏召弓云“謂析而食之”是也。《後漢書·西羌傳》作“賜支”，“賜”“析”同在古音第十六部。

## 渠搜，

“搜”，《地理志》作“叜”，《五帝本紀》作“廋”。

## 西戎即敍。

“敍”，《紀》《志》皆作“序”。今本《志》作“敍”者，淺人改也。

《漢書·西域傳》贊曰：“《書》曰：‘西戎即序。’禹既就而序之，非上威服致其貢物也。”

《敍傳》：“西戎即序，夏后是表。”

## 道汧及岐，至于荆山，

《夏本紀》“汧”上作“道九山”。

《釋文》曰：“道，音導。”衛包既改經文之“道”爲“導”，開寶間乃倒置之曰“導音道”。

“汧”，《釋文》作“岍”，云：“字又作汧，馬本作𡶤。”玉裁按：《紀》《志》皆作“汧”。《志》又云：“右扶風汧縣，吳山在西。古文以爲汧山。句。汧水出西北，入渭。”蓋山以水得名，字當作“汧”爲長，今依《釋文》又作本。“馬本作𡶤”者，“𡶤”从門开聲，小徐本不誤。古音與“汧”同也。

《周頌·天作》鄭箋云：“《書》曰：‘道岍及岐，至于荆山。'"《釋文》:'道,音導。岍,口田反,又口見反。"

## 逾于河,壺口、雷首至于大岳。

"大",唐石經以下作"太",誤也。《史》《漢》善本尚作"大",《志》"河東彘縣"下曰:"霍大山在東。"

## 厎柱、析城至于王屋,

"厎",《志》同,《紀》作"砥"。按:《説文》"厎""砥"同字。

## 大行、恒山至于碣石,入于海。

"大",唐石經已下作"太",誤也。《史》《漢》作"太"者,皆是俗人所改,《列子》作"大形山"。

## 西傾、朱圉、鳥鼠

"圉",《紀》《志》皆同,而《地理志》"天水郡冀"下曰:"《禹貢》'朱圉山'在縣南梧中聚。"《郡國志》"漢陽郡":明帝改曰漢陽。"冀有朱圄山。"玉裁按:"圉""圄"古通用。《漢志》"冀縣"下作"圉",則其前述《禹貢》亦必作"圉"。《夏本紀》索隱曰:"圉,一作圄。"蓋皆後人依《尚書》改爲"圉"也。

## 至于大華,

"大",唐石經以下作"太",誤也。今通志堂《釋文》作"太岳""太行""太華",後人加點耳,本篇"大湖"音"太胡",其實此等皆不必音"太"。

## 熊耳、外方、桐柏至于陪尾。

"陪",《地理志》作"倍"。顏師古云:"讀曰陪。"按:師古讀從《尚書》也。"江夏郡安陸"下云:"横尾山在東北,古文以爲倍尾山。"是則漢名"横尾",《尚書》名"陪尾"也。《夏本紀》作"負尾",負聲、音聲古音同在第一之咍部。古字多以"負"爲"倍"、以"倍"爲"向背"之"背",亦以"倍"爲"負"。《高祖本紀》

"讎數倍"。讎,值也。數,音朔。"倍"與"負"同,下文"折券棄責",師古云"棄其所負"是也,《索隱》説大誤。漢月令王萯生,《吕氏春秋》作"王菩生",俗本"菩"譌"善"。郭景純注《穆天子傳》云:"萯,今菩字,音倍。"皆其證也。音轉乃皆入尤矦部。

## 道嶓冢,至于荆山,内方,至于大别。

《地理志》"江夏郡竟陵":"章山在東北,古文以爲内方山。"玉裁按:"章山"之上當有"立"字,《史記集解》引鄭玄曰:"《地理志》:'内方在竟陵,名立章山。'"又《郡國志》曰:"江夏郡竟陵立章山,本内方。"又《水經注》曰:"《禹貢》注'立章山也'。"宋本不誤,蓋俗本《漢書》因"章"頭似"立"而脱之也。

《廣韵·十七薛》曰:"大𡾊,山名。"蓋淺人加"山"旁也。凡"豐"之作"灃"、"甾"之作"淄",恐皆類此。

## 岷山之陽,至于衡山,過九江,至于敷淺原。

《地理志》述《禹貢》作"敷淺原",而"豫章郡歷陵"下:"傅昜山、傅昜川在南,古文以爲傅淺原。"案:以此作"傅",知前作"敷"者淺人所改也,猶"傅土"改"敷土"也。以《漢書》作"傅",知《本紀》作"敷"者亦淺人所改也,《郡國志》亦曰"豫章歷陵有傅昜山",今本《尚書正義》、《史記索隱》、《地理志》注皆作"博陽山","昜""陽"同字,"博"則誤也。一説《地理志》本作"博昜",作"傅昜"者誤也。

《水經》志《禹貢》山、水、澤地所在,凡六十,九江東陵、敷淺原、大邳、三澨皆爲地,班合"傅昜山""傅昜川"釋"敷淺原"亦地之也,注、疏單舉"博陽山",《尚書後案》又傅會"原"字謂"敷淺原"爲水,皆非。

徐廣《史記音義》曰:"淺,一作滅。"

## 道弱水,至于合黎,餘波入于流沙。

《夏本紀》“弱水”上作“道九川”。

《水經·禹貢山水澤地篇》曰：“合離山，在酒泉會水縣東北。”酈氏注曰：“合黎山也。”玉裁按：蓋今文《尚書》作“合離”與？桑欽云“西至酒泉合黎”，不言合黎在何縣，而鄭所引地說及《水經》皆云在會水。

《地理志》“黎”作“藜”。

《淮南·墜形訓》曰：“弱水，出自窮石，至于合黎，餘波入于流沙，絕流沙，南至南海。”

# 道黑水，至于三危，入于南海。道河積石，至于龍門；南至于華陰，東至于厎柱，又東至于孟津；

《大誓序》正義曰：“孟者，河北地名。《春秋》所謂向盟是也。是於孟地置津謂之孟津。”玉裁按：“盟”“孟”古音同在第十部，皆讀如“芒”，故《左傳》作“盟”、《尚書》作“孟”也。《尚書》舊本蓋或作“盟津”，或作“孟津”，如《水經注·河水篇》云：“《論衡》：‘武王與八百諸侯咸同此盟。’故曰盟津，亦曰孟津，今本‘盟’‘孟’字互易，非。《尚書》所謂‘東至于孟津’者也。”此《尚書》作“孟”之證也。李善注《東京賦》引《尚書》及孔傳皆作“盟”。《群經音辨》云：“盟津，洛北地也，音孟。”此《尚書》作“盟”之證也。作“孟”，則訓爲四瀆之長，薛綜注“東京”。訓爲長大顏注《地理》。作“盟”，則薛綜、王充、酈道元皆訓爲武王與諸侯約誓，要皆緣字傅會耳。《尚書正義》本當是作“孟”，今本是也。《釋文》本當是作“盟”，賈氏昌朝所本也。今本《釋文》開寶閒所刪。《紀》《志》皆作“盟”。

《文選》張衡《東京賦》“盟津達其後”，薛注：“孟津，四瀆之長，故武王爲諸侯約誓於其上。”此當云：“‘盟’讀爲‘孟’，孟津，四瀆之長。一說武王與諸侯約誓於其上，故曰盟津。”今本薛注不完，多經淺人刪改。李注曰：

“《尚書》曰‘東至於盟津’,盟津,地名,在洛北都道所湊,古今以爲津。”今本《文選·東京賦》注脱“善曰”二字,江氏叔澐乃誤認孔傳爲薛綜語。孔傳“孟津,孟,地名”,今人删下“孟”字,古注内此等甚多。

## 東過雒汭,

“汭”,《溝洫志》作“内”,猶雍州“渭汭”本又作“内”也。

## 至于大伾;

“伾”,《釋文》曰:“本又作岯,字或作䢏。”玉裁按:《東京賦》“底柱輟流鐔以大岯”,善注引“東過大岯”,此正《釋文》“又作”之本也。《夏本紀》《水經》作“邳”,疑即“䢏”字之異體也。《爾雅》“山一成,坏”,或作“伾”。《説文·土部》曰:“坏,丘一成者也,《水經注》引。從土不聲。”字皆不同而音則一。

## 北過降水,至于大陸;

“降”,蔡氏沈《集傳》作“洚”。以《正義》、《釋文》、唐石經攷之,恐是字之誤耳。

《孟子》曰:“《書》曰:‘洚水儆予。’洚水者,洪水也。”“洚”“洪”古音同,孟子舉其同音故訓,與“巡狩者,巡所守也”“征之爲言正也”“仁也者人也”“畜君者好君也”一例。《説文·水部》曰:“洪,洚水也,洚水不遵道也。”下文“一曰下也”,非正解,且恐後人所增竄。僞《大禹謨》竊《孟子》,乃作“降水”,訓曰“下水”,夫水無有不下,下水何足儆人,孔傳既“洚”誤爲“降”,而蔡氏《集傳》又“降”誤爲“洚”,其不通一也。降水者,水名也,豈洚洞無涯之謂?

又按:《水經注·河水篇》曰:“不遵其道曰降,亦曰潰。”此“降”字亦“洚”之誤,其上下皆有脱文。

“洚”，《玉篇》《唐韵》皆“下江切”，與鄭注《尚書》“降水”音合，故俗本改“降”爲“洚”，此恐不始於蔡氏也。

《釋文》曰：“降，如字。鄭户江反。”《正義》曰：“鄭以降讀爲下江反。”案：户江、下江，一也。鄭無反語，後人因其注爲之，今之户江反，漢人讀胡工反，其時有東韵無江韵也。《水經注·濁漳水篇》曰：“鄭玄注《尚書》引《地説》云，大河東北流，過絳水，千里至大陸，爲地腹。如《志》之言，大陸在鉅鹿。《地理志》曰：‘水在安平信都。’鉅鹿與信都相去不容此數也，水土之名變易，世失其處，見降水則以爲絳水，故依而廢讀，或作‘絳’字，非也。今河内共北山，淇水出焉，東至魏郡黎陽入河，近所謂降水也。‘降’讀如‘城降于齊師’之‘降’，蓋周時國于此地者。惡言‘降’，故改云‘共’音·恭’耳。”玉裁謂周秦漢時“邲降”字讀如“洪”今音則户江反，“升降”“絳色”字讀如“恭”今音則古巷反，鄭意《尚書》“降水”本讀如“洪”。降水由淇水出共北山得名。共國之字，夏商周本亦讀如“洪”也，而周時或惡其與“邲降”同音，乃改“共”讀如“恭敬”之“恭”，則與“升降”“絳色”字同音。漢人乃移信都之絳水，實《尚書》之降水。既廢其舊讀，又或徑改字作“絳”，蓋鄭謂降水即共水，共水實即淇水。酈善長駁其非是，引《禹貢》作降水説，以《漢志》之“屯留絳水”，云與濁漳合，俱得通稱。

又按：《漢志》六引桑欽語，皆古文《尚書》説也，而亦作“絳”。然則鄭所云依而廢讀，或作“絳”字，謂有改古文《尚書》之“降”爲“絳”者，正謂桑君長也。蓋今文《尚書》作“絳”，桑君説古文《尚書》從之，鄭不以爲然也。

《地理志》“信都國信都”下云“《禹貢》絳水入海”，《郡國志》亦云安平國信都有絳水。“上黨郡屯留”下云“桑欽言絳水出西南，東

入海"，《郡國志》亦云"上黨郡屯畱，絳水出"。此皆釋《禹貢》也，而字作
"絳"，則其前述《禹貢》經文，字亦必作"絳"，不爾則《禹貢》
"絳水"四字前無所承。今本《地理志》《溝洫志》録《禹貢》皆作
"降"，淺人用《尚書》改之耳。《夏本紀》《河渠書》索隱本亦皆
作"降"，且分别之，云《地理志》從系作"絳"，而張守節《正義》
引《括地志》云"絳水源出潞州屯畱縣西南方山，東北流冀州入
海"，即《地理志》桑欽説也。張本作"絳"，與小司馬本作"降"
不同，蓋今文《尚書》作"絳"，是以《史》《漢》皆從之。

今本《漢志》亦有作"北過泽水"者，字之誤耳。

# 又北播爲九河，

《紀》無"又"字。

# 同爲逆河，入于海。

古文《尚書》"逆河"，今文《尚書》作"迎河"，《漢書·溝洫
志》"同爲迎河"是也。其《地理志》"同爲迎河"，宋子京妄改爲
"逆河"。《史記·夏本紀》《河渠書》皆作"同爲逆河"，而《河
渠書》又言："東闚洛<sub>當作'雒'。</sub>汭、大邳、迎河。"則知兩"逆"字
本皆作"迎"，其參差不治，皆緣後人以所習改竄，可推而知也。
《地理志》勃海郡"莽曰迎河南皮""莽曰迎河亭"，亦用今文《尚
書》語。"迎"與"逆"雙聲，《方言》："自關而東曰逆，自關而西
曰迎。"《白虎通》引《顧命》"迎子釗"，此今文《尚書》之一證
也。《金縢》之"新逆"，伏生書當作"迎"，此可意揣而知者也。

"逆"在古音第五部，"迎"在古音第十部，而二部同入
聲，不獨此二字雙聲也。《晉語》："若川然有原，以御浦而
後大。"韋注："御，迎也。言川有原，因開利迎之以浦，然後
大也。"《國語舊音》："御，牛嫁反。孔晁本作'卬，牛亮反'，

言川卬浦而大,人卬教而成①。"此韋、孔二本一作"御",在第五部,一作"卬",在第十部,正與"逆河""迎河"同。"卬""仰"古今字。

裴駰引鄭注曰:"下尾合名曰逆河,言相②迎受也。"此以"迎"訓"逆",今本誤作"逆受"。

《史記·河渠書》曰:"《夏書》曰:禹抑鴻水十三年,過家不入門,陸行載車,水行載舟,泥行蹈毳,山行即橋。徐廣曰:'橋,一作欙。'以別九州,隨山浚川,任土作貢,通九道,陂九澤,度九山。然河菑衍溢,害中國也尤甚。唯是爲務,故道河自積石歷龍門,南到華陰,東下砥柱,及孟津、雒汭,至于大邳。於是禹以爲河所從來者高,水湍悍,難以行平地,數爲敗,乃廝舊本作'灑',二渠以引其河,北載之高地,過降水,《正義》作'絳水'。至于大陸,播爲九河,同爲逆本作'迎',淺人改之。河,入于勃海。九川既疏,九澤既灑,諸夏艾安,功施于三代。"玉裁按:此司馬用經文合《尚書》説,而謂之《夏書》,班氏因之。

《漢書·溝洫志》曰:"《夏書》:禹堙洪水十三年,過家不入門,陸行載車,水行乘舟,泥行乘毳,山行則梮,以別九州,隨山浚川,任土作貢,通九道,陂九澤,度九山。然河災之羨溢,害中國也尤甚。唯是爲務,故道河自積石歷龍門,南到華陰,東下厎柱,及盟津、雒内,至于大伾。於是禹以爲河所從來者高,水湍悍,難以行,平地數爲敗,迺釃《史記·河渠書》索隱曰:'廝,《漢書》作釃。'玉裁按:《司馬相如傳》'釃沈澹災'亦作'釃',所宜反。二渠以引其河,北載之高地,過降此當是本作'絳',淺人改之。水至于大陸,播爲九河,同爲迎河,入

---

①言川卬浦而大,人卬教而成:此處兩"卬"字當作"仰"。
②相:其後當脱"嚮"字。

于勃海。九川既疏,九澤既陂,諸夏乂安,功施乎三代。”

《尚書》言入于海耳。《河渠》《溝洫》皆云入于勃海。臣瓚曰:“《禹貢》夾右碣石入于海。《河渠書》集解作‘海’,與《夏本紀》合,今本《溝洫志》注作‘河’,非也。然則河口之入海乃在碣石也。武帝元光二年河徙東郡,更注勃海,禹時不注勃海也。”玉裁按:《尚書》孔傳、《地理志》顔注皆云入勃海,俟攷。

## 嶓冢道漾,

《説文》十一篇《水部》“漾”字下曰:“水。出隴西柏道,《水經注》作‘獂道’。東至武都爲漢。从水羕聲。”“瀁”字下曰:“古文也,从養。”玉裁按:是則壁中故書作“瀁”,孔安國以今文讀之易爲“漾”也。《漢志》“隴西郡氐道”下曰:“《禹貢》‘養水所出’。”字作“養”。師古云本作“漾”,或作“瀁”,皆非善本也。則上文述《禹貢》,亦必云“嶓冢道養”,不爾則前無所承。今本《志》作“道漾”者,淺人用《尚書》改之也。《郡國志》“隴西氐道”下亦作“養水”。蓋《夏本紀》亦本作“道養”,後人加“水”旁作“瀁”耳。其字山也則加“山”旁,其字水也則加“水”旁,此學者通病,非《史記》獨用古文也。壁中作“瀁”,孔安國作“漾”,今文《尚書》作“養”,此三者之不同也。《淮南·墜形訓》作“洋水”,高注云:“洋,或作養。”此可證漢人通用“養”字。“養”古音同“洋”。惠氏定宇曰:“漾,《史記》及鄭本皆作瀁。”玉裁按:云鄭本作“瀁”者,據《史記集解》引鄭注而言,但説《史記》者多改易,他書依附《史記》字體,《索隱》引孔安國云“泉始出山爲瀁”,又不可據之云孔氏作“瀁”乎?

## 東流爲漢,又東爲滄浪之水,

“滄”,《夏本紀》作“蒼”。《水經注·沔水篇》曰:“武當縣西北四十里,漢水中有洲名滄浪洲,庾仲雍《漢水記》謂之千齡洲,非也。是世俗語謁,音與字變矣。"《史記正義》引仲雍語,"千齡"作"滄浪"。

## 過三澨,

《説文》十一篇《水部》曰:"澨,埤增水邊土,人所止者。从水筮聲。《夏書》曰:'過三澨。'"

## 至于大別;南入于江,東匯澤爲彭蠡①;東爲北江,入于海。

《地理志》"會稽郡毗陵"下曰:"北江在北,東入海。"按:此謂《禹貢》北江也,今本多脱"北"字。

## 岷山道江,

屈賦《悲回風》曰:"隱岷山以清江。"王注:"《尚書》曰:'岷山導江。'岷,一作崏,一作汶。"玉裁按:"道"作"導","汶"作"岷""崏",皆非舊也。古文《尚書》作"嶓山",今文《尚書》作"汶山",故《夏本紀》曰"汶山道江",而《河渠書》《封禪書》皆言"蜀之汶山",汶山必系蜀者別之於萊蕪原山之汶也。《河渠書》"汶"字,淺人改作"岷"。

《爾雅·釋水》郭注引"岷山道江",《釋文》:"道,徒報反,本或作導。"玉裁按:凡各書引"導河""導江""導漾"者,皆俗本也。

## 東別爲沱,又東至于醴;

唐石經已下,"醴"作"澧",蓋依衛包妄改,又經開寶改《釋文》之"醴"爲"澧"也,今更正。《夏本紀》《地理志》皆作"醴",今文《尚書》與古文《尚書》同也。《尚書正義》曰:"鄭玄以'醴'爲'陵'②,云:'今長沙有醴陵縣。'見《郡國志》。其以陵名今本衍'爲'字。縣乎? 孔以'醴'爲水名,《楚詞》曰:'濯今本《楚詞》作"遺"。余佩兮

---

①蠡:底本作"蠡",據後文改,下同。

②陵:其後當有"名"字。

醴浦。’是‘醴’亦爲水名。”<sup></sup>天寶以後《正義》“醴”悉改爲“澧”。《史記集解》曰：“孔安國、馬融、王肅皆以‘醴’爲水名，鄭玄曰：‘醴，陵名也，大阜曰陵，長沙有醴陵縣。’”《索隱》曰：“按騷人所歌‘濯余佩兮醴浦’，明‘醴’是水，孔安國、馬融解得其實。又虞喜《志林》以‘醴’是江、沅之別流，而‘醴’字作‘澧’也。”師古曰：“醴水在荆州。”玉裁按：《尚書》經、傳、疏皆作“醴”，而《楚詞》在唐時亦作“醴浦”，不作“澧浦”，今《文選》誤作“澧”，洪興祖本不誤。攷《説文·水部》“澧”字下云：“水。出南陽雉縣衡山，東入汝。”不云：“出武陵充縣，至下雋入江。”此可證南陽澧水字从水、武陵醴水字不从水，如襄德洛水作“洛”，上雒雒水不从水也。古文《尚書》或訓爲“陵”，或訓爲“水”，而其字皆从酉，衛包因孔釋爲水名，徑改酉旁爲水旁，以合他書，而不知《山海經》《水經》作“澧”恐皆非舊也。凡衛包之改字，皆知有孔而不知有他家也，如“御”作“迓”、“庸”作“鏞”、“尼”作“昵”、“鳥”作“𪉟”，皆是經文以一字含衆解，淺人主一解以改經文，而“醴”作“澧”，尤誤。

## 過九江,至于東陵,東迆北會于匯;東爲中江,入于海。

“于匯”，蔡氏《集傳》：“俗本有作‘爲匯’者，非。”顧氏《九經誤字》言之矣。孔傳：“東溢分流都共北會彭蠡。”《史》《漢》注引皆同。今注、疏本作：“都共北會爲彭蠡。”多“爲”字，誤也。山井鼎云：“古本無‘爲’字。”

《説文》二篇《辵部》曰：“迆，衺行也，从辵也聲。《夏書》曰：‘東迆北會于匯。’”

## 道沇水,

《北山經》：“王屋之山，㴇水出焉。”郭注：“㴇，音輦。《地理志》：'王屋山，沇水所出。' 沇、灅聲相近，殆一水耳。"玉裁謂實古同音，假借字耳。《水經注》作"聯"，不从水。

# 東流爲濟，

《水經注·濟水篇》曰："《風俗通》曰：'濟出常山房子縣贊皇山，廟在東郡臨邑縣。濟者，齊也，齊其度量也。' 余按：二濟同名，所出不同，鄉原亦別，斯乃應氏之非矣。"玉裁按：《説文》："泲出河東垣縣，濟出常山房子。"二字各殊，而應氏不別，至二水淆亂，則可知漢人書"濟瀆"字不皆作"泲"也。《釋名》曰："濟者，濟也。"張守節曰："下濟子細反。"《釋名》亦不作"泲"。六經惟《詩·風》《周禮》作"泲"字，他經不爾。《尚書》"濟"字非必衛包改也。《史記》作"濟"，《漢志》作"泲"而錯出"濟"。

# 入于河，泆爲滎；

《周禮·職方氏》注："滎，兗水也。出河東垣，入于河，泆爲滎。"疏引《禹貢》："泆爲滎。"玉裁按：今疏"滎"誤作"榮"。"泆"字不誤，今《禹貢》作"溢"者，衛包改也。《史記·夏本紀》作"泆"。《漢書·地理志》作"軼"。《水經注·濟水篇》："《晉地道志》曰：'濟自大伾入河，與河水鬪，南泆爲滎澤。'"《地理志》"滎波既豬"，顏注："滎，沇水泆出所爲也。字作'泆'，依其時《尚書》本。"

玉裁按：《説文》："泆，水所蕩泆也。""溢，器滿。"二字義迥別。蕩泆者，動盪奔突而出，正爲《尚書》"泆"爲"滎"作注脚。師古注《漢書》云"軼"與"溢"同，真同囈語，衛包襲其誤。蓋小學之不明久矣。"泆"是突出，"溢"是平霈，意象迥別，泆不必滿也，惟沇水能泆。《尚書·多士篇》"大淫泆"，孔傳釋云："大爲過逸之行。""泆"可訓爲"奔逸"，不訓爲"溢"。古音"泆"

"逸""軼""朕"在第十二部之入聲，"溢"在第十六部之入聲，相去頗遠。《隱九年左氏傳》曰："彼徒我車，懼其侵軼我也。"杜注："軼，突也。"《成十三年左氏傳》："迭我殽地。"謂突過我殽地也，皆與水蕩泆義相類。《説文》："軼，車相出也。"此《地理志》假"軼"爲"泆"之恉也。鄭注《周禮》曰："過失若舉刃欲斫伐而軼中人者。"《酒誥》"淫泆于非彝"，《釋文》："音溢，又作逸，亦作佚。"玉裁按："泆"之作"逸""佚"者，古音同也。陸氏云"音溢"者，今音同也。又按："道菏澤，被孟豬。"傳云："流溢，覆被之。"《史記》引孔傳作"水流泆"，則知經傳"泆"字，衛包皆改作"溢"也。

# 東出于陶丘北，

《説文》十四篇《𨸏部》曰："陶，再成丘也，在濟陰，从𨸏匋聲。《夏書》曰：'東至于《文選》應貞《華林園詩》注引無"于"。陶丘。'陶丘有堯城，堯嘗所居，小顏《高帝紀》注此下增'後居於唐'四字。故堯號陶唐氏也。"玉裁按：《禹貢》"道水罕言出"者，此經"出"字當依《説文》作"至"。

《紀》無"于"字。

# 又東至于菏；

此"菏"謂定陶之菏澤，非謂湖陵之菏水也。鄭注《尚書》曰："自'道弱水'已下，言'過'、言'會'者，皆是水名。言'至于'者，或山或澤，皆非水名。"

# 又東北會于汶，又北東入于海。

"北東"，《紀》作"東北"，蓋今文《尚書》也。

# 道淮自桐柏，東會于泗、沂，東入于海。

《春秋説題辭》曰："'淮出桐柏'，淮者，均也，均其務。'雒出熊耳’,雒之爲言繹也,言水絡繹光耀。"《風俗通》曰:"江者,貢也,珍物可貢獻也。河者,播也,播爲九流出龍圖也。淮者,均,均其務也。濟者,齊,齊其度量也。"《廣雅》曰:"海,晦也。江,貢也。河,何也。淮,均也。濟,濟也。伊,今本作'津',因也。洛,驛也。"或疑合觀諸家説,皆取同韻字訓。釋"淮水"字乃"準"字之誤,非也。"淮"从佳聲,讀如"回"。"均"从勻聲,讀如"勻"。"誰"與"勻"雙聲,今音"淮",户乖切,亦與"勻"雙聲。《釋名》:"淮,圍也,圍繞。楊州北界東至海也。""淮"訓"均",正如"中術之"即"仲允"。《廣雅》"伊,因也""漢,達也"亦同此例。"漢"古讀如"歎","達"古讀如"撻"。

## 道渭自鳥鼠同穴,東會于灃,又東會于涇;

《紀》作"又東北至于涇",今文《尚書》也。鄭云:"言'至于'者,或山或澤,皆非水名。"則古文《尚書》爲體例畫一也。

## 又東過漆沮,入于河。

《紀》無"又"字。

## 道雒自熊耳,東北會于澗、瀍;又東會于伊,又東北入于河。

《紀》無"又東北"之"又"字。

## 九州攸同,

《紀》"九州"之上有"於是"二字,大史公增之也。

## 四隩既宅。

"隩",《釋文》本同,《正義》本作"奥",衛包及唐石經已下作"隩",開寶中因改《釋文》作"隩",今更正作"隩"。《玉篇·土部》"隩"字注曰:"於報、於六二切,四方之土可居。"引《夏書》"四隩既宅"。此古文《尚書》作"隩"之明證也。《尚書釋文》曰:

"墺,於六反。"引《玉篇》"於報反"。蓋陸氏所據《玉篇》衹有"於報"一反,今本"於六"一切,陳彭年輩增之也。《説文》十三篇《土部》曰:"墺,四方土可居也。从土奥聲。坴,古文墺字也。"按:"四方土可居也",當依李善本作"四方之土可定居者也"。小徐本作"四方上下可居者",尤誤。偽孔傳曰:"四方之宅可居。""宅"字正"土"字之譌。偽孔傳取諸《説文》,《説文》實訓釋《禹貢》。徐鍇《繫傳》引《尚書》"四墺既宅",此據未改《釋文》也。《廣韵·去聲·三十七号》曰:"四墺,四方土。"此必陸法言、孫愐舊文也。《汗簡》曰:"坴,古文墺字,見《尚書》。"此其所據《禹貢》亦必作"墺",而後援《説文》傅會之。蓋《尚書》本作"墺",孔本亦同,而作《正義》者所據經文作"奥",孔傳"土"又譌"宅",乃曲爲之説曰:"室隅爲奥,奥是内也。人之造宅爲居,至其奥内。"遂以"奥"表"宅",故傳以"奥"爲"宅",此是用鄭《堯典》注"奥,内也",孔《堯典》注"奥,室也"之誼。《正義》本固非善本,衞包與《堯典》"奥"字同改爲"陶",尤非《尚書》古訓。《周語》"宅爲九陶",韋注:"陶,内也,九州之内皆可宅居也。"此用《爾雅》"厓内爲陶"之訓。《周語》字從自,與《尚書》從土不同,不必牽合。"奥""陶"字易識,"墺"字罕見,後人多以其所知改所不知。《文選·西都賦》"天地之墺區",李注引《説文》:"墺,四方之土可定居者也。"今本《文選》皆改作"陶",今本《後漢書·班固傳》則作"奥",而《文選·吳都賦》"都輦殷而四奥來暨","奥"字正亦"墺"之誤耳。

《夏本紀》《地理志》皆作"四奥",此今文《尚書》作"奥"與古文《尚書》作"墺"不同也。師古曰:"奥,讀曰墺,謂土之可居者也。"語亦本《説文》及孔傳。此正援古文《尚書》以注《漢書》也。顏所據《尚書》亦正作"墺"。

或問:《西京賦》云"寔惟地之奥區神皋",則《西都賦》亦當

作"奧區",何子必正爲"墺"字也？答曰：據李善注知李本作
"墺區"耳,非謂李本爲善也。

　　古文《尚書》"宅"字,今文《尚書》多作"度"。《夏本紀》曰
"四奧既居",此必經文作"四奧既度"也。《地理志》"四奧既
宅","宅"字恐亦本是"度"字。

　　《史記集解》引孔安國曰："四方之邑已可居也。"不作"宅"
字,此可證予説非繆。

　　《尚書大傳·唐傳》曰："壇四奧。"鄭注："奧,内也,安也。
四方之内,人所安居也。"此今文《尚書》有"奧"無"墺"之證也。

# 九山桏旅,

　　"桏",唐石經已下作"刊",今更正。

　　延光二年《開母廟石闕銘》曰："九山甄旅。"此"九山桏旅"
之駁文也。

# 九川滌原,

　　《地官·序官》注："川,流水也。《禹貢》曰：'九川滌
原。'"

　　《河渠書》《溝洫志》皆作"九川既疏",此"滌原"之詁訓也。

# 九澤既陂。

　　《地官·序官》注："澤,水所鐘也。水希曰藪。《禹貢》曰：
'九澤既陂。'《爾雅》有八藪。"

　　《河渠書》作"九澤既灑","灑"音所宜切,在古音十六部。
"陂"從皮聲,在古音十七部,音轉冣近。陂者,障其外；灑者,
泄其中。其義相成也。

# 四海會同,六府孔修。

　　《玉篇》"修"字下："《書》云：'六府三事孔修。'"不與今本同。

## 庶土交正，厎慎財賦，咸則三壤成賦。

《夏本紀》“孔”作“甚”，“庶”作“衆”，“厎”作“致”，皆故訓字也。

## 中邦錫土姓，祗台德先，不距朕行。

鄭讀“中邦”下屬，釋“祗台”爲“敬説”。《説文》：“台，説也。”今文《尚書》“不台”正同。

邦，《紀》《志》皆作“國”，下“男邦”同，此今文《尚書》也。又《紀》“入賜大龜”“中國賜土姓”，“錫”皆作“賜”，而兩言“錫貢”皆作“錫”，似鄭注“錫所以柔金”之語可信。

## 五百里甸服。

《夏本紀》“令天子之國以外五百里甸服”“甸服外五百里侯服”“侯服外五百里綏服”“綏服外五百里要服”“要服外五百里荒服”。按：天子之國千里，加甸、侯、綏、要、荒五服，每服五百里，面三千里，爲方六千里。賈逵、馬融説同此。若孔傳説，甸服千里，加侯、綏、要、荒四服，每服五百里，面二千五百里，爲方五千里，與《史記》、賈、馬不同。《正義》云“司馬遷與孔意同”，誤也。

## 百里賦納總，二百里納銍，

“銍”，《詩·甫田》正義作“桎”，雖《集韵》有此字，然恐俗字也。

## 三百里納秸服，

《禮器》“莞簟之安而稾鞂之設”，鄭注：“穗去實曰鞂。《禹貢》：‘三百里納鞂服。’”玉裁按：秸，从禾吉聲；鞂，从禾革聲。《地理志》作“三百里内稾服”。又《説文·禾部》《史記·封禪書》有“稭”字，異字而同物也。革聲在古音第一部，吉聲在第十二部，皆聲、夏聲在第十五部，異部而雙聲，與“柯”“秆”“稾”

"芥""枝""莖"<sub>古讀如"耕"。</sub>字皆同紐。《詩·甫田》《生民》正義引《尚書》鄭注云："甸服者，堯制賦，其田使入穀。禹弼其外，百里者賦入，總謂入刈禾也。二百里銍，銍，斷去稾也。三百里秸，秸又去穎也。四百里入粟，五百里入米者，遠彌輕也。"<sub>按鄭注當依此二正義，其《禮器》正義云："銍，謂刈禾穗也。秸服，謂禾去其實，惟稾秸也。"此非鄭注，乃作《正義》者傅合《禮器》爲此語。</sub>"入刈禾"者，并穗稾全入之。"斷去稾"者，去稾畱穎而入穗也。又去穎者，又去穗之穎而入穀實也。穎者，繫實之所之莖也。粟者，糲米也。米者，精米也。粟，對已去糠者言之，則去糠者爲米，未去者爲粟；對精米言之，則精米爲米，糲米爲粟。《尚書》五者，節次自然，而後儒多不曉矣。鄭注《尚書》曰："去穎，謂用其實也。"注《禮器》曰："去實，謂用其穎也。"用其實而亦謂之秸，猶以銍斷穗而謂穗爲銍，其巧於命名一也。鄭云："祭用禾穎爲席。"許君《説文》曰："稭者，禾稾去其皮，祭天以爲席也。"其説各異。穎者，禾稾之末也。

《釋文》曰："秸，本或作稭，工八反。"玉裁按：有庸妄人僞造今文《尚書》"秸"作"稭"，正本《釋文》，而毛奇齡謂其竊取韓愈詩"郊告儼匏稭"，庸妄人受冤矣。

《釋文》又曰："馬云去其穎，音鞂。"按：馬説與鄭同，"音鞂"二字不辭，蓋馬本作"鞂"，馬云"去其穎曰鞂"，"音"乃"曰"之誤。據鄭《禮器》注，則鄭本亦作"鞂"也。《漢志》作"戛"，是假借字。《説文》："戛，讀若棘。"按：鞂从革聲，古音革，同"棘"，在第一部。

或云：如子言知孔傳、孔疏、錐指諸家之説之謬矣，然則"服"作何解乎？曰："秸服"連文，服，事也。秸服，猶秸事也。觀《禮器》注引《禹貢》不割去"服"字可證。

訓詁之法，渾言、析言不同。析言，則"穎"與"稾"別，如毛傳"穎，垂穎也"、《説文》"穎，禾末也"、《書注》"秸，穗去穎也"是也。渾言之，則連"穎"呼"稾"，"稾"亦可呼"穎"，如《史記》云"錐處囊中，穎脱而出，非特其末見而已"，末謂錐尖，穎謂錐莖；《少儀》云"刀卻刃授穎"，刃謂刀鋒，穎謂刀柄，是也。又，穎與穗，析言之以無實、有實爲別，渾言之則"穗"亦呼"穎"，如《書序》"唐叔得禾，異畝同穎"謂"異畝同穗"也。

## 四百里粟，五百里米。

《詩·齊誌》正義引《禹貢》"粟""米"上皆有"納"字，順上文增之耳。

## 五百里矦服。百里采，二百里男邦，三百里諸矦。

《夏本紀》："二百里任國。"玉裁按：此今文《尚書》也，非以故訓易字也。《白虎通·爵篇》引《酒誥》"矦甸男衞邦伯"作"矦甸任衞"、作"國伯"，此可見今文《尚書》作"任"，古文《尚書》作"男"。《漢書·王莽傳》封王氏女皆爲"任"，莽用今文《尚書》制爵也。觀《白虎通》，此章上下文皆作"男"，知今文《尚書》獨作"任"，不同《春秋傳》《王制》作"男"。《周語》："鄭伯南也。"先鄭司農云："南，謂子男。"《左氏·昭十三年傳》："子產云：'鄭伯男也。'"王肅《家語》載子產語，"男"作"南"，注云："南，左氏作'男'，古字作'男'，版本作'南'，譌。亦多有作此'南'。十字一句，近人不解。連言之猶言公矦也。"是則"子男"亦作"子南"。古"男""南""任"三字同音互訓，而亦通用也。

《地理志》"二百里男國"，"男"當是本作"任"，或用古文《尚書》改之也。

## 五百里綏服。三百里揆文教，二百里奮武衞。五

## 百里要服。三百里夷，二百里蔡。

鄭注：“蔡之言殺也，減殺其賦。”按：《左氏傳》：“蔡蔡叔。”說者謂上“蔡”字即“䔮”字也，古音“蔡”同，“殺減”“殺”字亦讀入聲。

## 五百里荒服。三百里蠻，二百里流。

鄭注：“蠻者，聽從其俗，羈縻其人耳，故曰蠻，蠻之言緡也。”玉裁按：“緡”“蠻”雙聲。《詩·大雅》曰：“荏染柔木，言緡之絲。”毛傳：“緡，被也。”《方言》曰：“緡、縣，施也。秦曰緡，吳越之閒脫衣相被謂之緡縣。”郭注：“相覆及之名也，音旻。”

《王制》注：“《禹貢》：‘荒服之外三百里蠻，二百里流。’”按：云“荒服之外”者，鄭自用其弼成之説也。

## 東漸于海，西被于流沙，朔南暨聲教，訖于四海。

《漢書·賈捐之傳》曰：“西被流沙，東漸于海，朔南暨聲教，訖于四海。欲與聲教則治之，不欲與者不强治也。”按：“欲與”二句釋經文。“暨聲教”，暨，與也。與，師古讀曰“預”。古“干與”“相與”不分去上二音也。荀悦《漢元帝紀》作：“北盡朔裔，南暨聲教。八字當有脱誤。豫聲教者則治之，不欲豫者不彊治。”此皆可證“暨聲教”爲句，漢人皆爾，無可疑者。

《地理志》“暨”作“臮”，《説文》：“臮者，衆與詞也。”以“蠙珠暨魚”《紀》《志》“暨”皆作“臮”例之，《夏本紀》作“暨聲教”者，淺人所改也。

## 禹錫玄圭，告厥成功。

《衆經音義》卷四：“《尚書》：‘禹錫玄珪。’”字從玉。

《太平御覽》八十二：“《尚書旋璣鈐》曰，禹開龍門，導積石山，玄珪出，刻曰‘延喜王受德天錫佩’。”

《夏本紀》:"於是帝錫禹玄圭,以告成功于天下。"

《史記·夏本紀》曰:禹乃行相地宜所有以貢,及山川之便利。禹行自冀州始。

冀州:既載壺口,治梁及岐。既修太原,至于嶽陽。覃懷致功,至於衡漳。其土白壤。賦上上錯,田中中。常、衞既從,大陸既爲。鳥夷皮服,夾右碣石,入于海。<sub>徐廣曰:"海"一作"河"。</sub>

濟、河維沇州:九河既道,雷夏既澤,雍、沮會同,桑土既蠶,於是民得下丘居土。其土黑墳,草繇木條。田中下,賦貞,作十有三年乃同。其貢漆絲,其篚織文。浮於濟、漯,通於河。

海、岱維青州:嵎夷既略,濰、淄既道。其土白墳,海濱廣潟。<sub>徐廣曰:一作"澤",又作"斥"。</sub>厥田斥鹵①田上下,賦中上,厥貢鹽絺,海物維錯,岱畎絲、枲、鉛、松、怪石,萊夷爲牧,其篚檿絲。浮於汶,通於濟。

海、岱及淮維徐州:淮、沂其治,蒙、羽其藝。大野既都,東原底平。其土赤埴墳,草木漸苞。<sub>作"包"誤。</sub>其田上中,賦中中。貢維土五色,羽畎夏翟,嶧陽孤桐,泗濱浮磬,淮夷蠙<sub>《索隱》曰:一作"玭"。</sub>珠臮魚,其篚玄纖縞。浮于淮、泗,通于荷。

淮、海維揚州:彭蠡既都,陽鳥所居。三江既入,震澤致定。竹箭既布。其草惟夭,其木惟喬,其土塗泥。田下下,賦下上上雜。貢金三品,瑶、琨、竹箭、齒、革、羽、旄,鳥夷卉服,其篚織貝,其包橘、柚錫貢。均江海,通淮、泗。

荆及衡陽維荆州:江、漢朝宗于海。九江甚中,沱、涔已道,雲土夢爲治。其土塗泥。田下中,賦上下。貢羽、旄、齒、革,金

---

①底本缺此四字,今補。

三品，杶、幹、栝、栢、礪、砥、砮、丹，維箘簬<sub></sub>汲古本作簵。桔，徐廣曰：<br>"一作箭足杆。"三國致貢其名，包匭菁茅，其篚玄纁璣組，九江入賜<br>大龜。浮於江、沱，涔於漢，踰于雒，至於南河。

荆、河惟豫州：伊、雒、瀍、澗既入于河，滎播既都，道荷澤，<br>被明都。其土壤，下土墳壚。田中上，賦雜上中。貢漆、絲、絺、<br>紵，其篚纖絮，錫貢磬錯。浮於雒，通於河。

華陽、黑水維梁州：汶、嶓既藝，沱、涔既道，蔡、蒙旅平，和<br>夷厎績。其土青驪。田下上，賦下中三錯。貢璆、鐵、銀、鏤、<br>砮、磬，熊、羆、狐、狸、織皮。西傾因桓是來，浮于潛，踰于沔，入<br>于渭，亂于河。

黑水、西河惟雍州：弱水既西，涇屬渭汭。漆、沮既從，灃水<br>所同。荆岐已旅，終南、敦物至于鳥鼠。原隰厎績，至于都野。<br>三危既度，三苗大序。其土黃壤。田上上，賦中下。貢璆、琳、<br>琅玕。浮於積石，至於龍門西河，會于渭汭，織皮昆侖、析支、渠<br>搜，西戎即序。

道九山：汧及岐至于荆山，踰于河；壺口、雷首至于太嶽；砥<br>柱、析城至于王屋；太行、常山至于碣石，入于海；西傾、朱圉、鳥<br>鼠至于太華；熊耳、外方、桐柏至于負尾；道嶓冢，至于荆山；内<br>方至于大別；汶山之陽至于衡山，過九江，至于敷淺原。徐廣曰：<br>"淺，一作滅。"

道九川：弱水至于合黎，餘波入於流沙。道黑水，至于三<br>危，入于南海。道河積石，至于龍門。南至華陰，東至砥柱，又<br>東至于盟津，東過雒汭，至于大邳，北過降水，至于大陸，北播爲<br>九河，同爲逆河，入于海。嶓冢道瀁，東流爲漢，又東爲蒼浪之<br>水，過三澨，入于大別，南入于江，東匯澤爲彭蠡，東爲北江，入<br>于海。汶山道江，東別爲沱，又東至于醴，過九江，至于東陵，東

迤北會于匯,東爲中江,入于海。道沇水,東爲濟,入于河,泆爲
滎,東出陶丘北,又東至于荷,又東北會于汶,又東北入于海。
道淮自桐栢,東會于泗、沂,東入于海。道渭自鳥鼠同穴,東會
于灃,又東北至于涇,東過漆、沮,入于河。道雒自熊耳,東北會
于澗、瀍,又東會于伊,東北入于河。

於是九州攸同,四奧既居,九山栞旅,九川滌原,九澤既陂,
四海會同。六府甚修,衆土交正,致慎財賦,咸則三壤成賦。中
國賜土、姓:"祇台德先,不距朕行。"

令天子之國以外五百里甸服:百里賦納總,二百里納銍,三
百里納秸服,四百里粟,五百里米。甸服外五百里侯服:百里
采,二百里任國,三百里諸侯。侯服外五百里綏服:三百里揆文
教,二百里奮武衛。綏服外五百里要服:三百里夷,二百里蔡。
要服外五百里荒服:三百里蠻,二百里流。

東漸于海,西被于流沙,朔南暨聲教,訖于四海,於是帝錫
禹玄圭,以告成功于天下。


《漢書·地理志》曰:堯遭洪水,裹山襄陵,天下分絕,爲十
二州,使禹治之。水土既平,更制九州,列五服,任土作貢。

曰:禹敷土,隨山栞木,奠高山大川。

冀州既載,壺口治梁及岐。既修太原,至于嶽陽。覃懷厎
績,至于衡章。厥土惟白壤。厥賦上上錯,厥田中中。恒、衛既
從,大陸既作。鳥夷皮服,夾右碣石,入于河。

沇、河惟兗州:九河既道,雷夏既澤,雍、沮會同,桑土既蠶,
是降丘宅土。厥土黑墳,中繇木條。厥田中下,賦貞,作十有三
年迺同。厥貢漆絲,厥篚織文。浮于沇、漯,通于河。

海岱惟青州:嵎夷既略,惟、甾其道。厥土白墳,海瀕廣潟。

田上下,賦中上。貢鹽、絺,海物惟錯。岱畎絲、枲、鈆、松、怪石,萊夷作牧,厥篚檿絲。浮于汶,通于泲。

海、岱及淮惟徐州:淮、沂其乂,蒙羽其藝,大野既豬,東原底平,厥土赤埴韋昭作“埴”,見《尚書釋文》。墳,草木漸苞。作“包”誤。田上中,賦中中。貢土五色,羽畎夏狄,嶧陽孤桐,泗瀕浮磬,淮夷蠙師古曰:或作“玭”。珠臮魚,厥篚玄纖縞。浮于淮、泗,通于荷。

淮、海惟揚州:彭蠡既豬,陽鳥攸居。三江既入,震澤底定。篠簜既敷,中夭木喬。厥土塗泥。田下下,賦下上錯。貢金三品,瑶、琨、篠簜,齒、革、羽旄,鳥夷卉服,厥篚織貝,厥苞橘、柚,錫貢。均江海,通于淮、泗。

荆及衡陽惟荆州:江、漢朝宗于海。九江孔殷,沱、潛既道,雲土夢作乂。依韋昭作“雲土夢”。厥土塗泥。田下中,賦上下。貢羽旄、齒、革,金三品,杶、幹、栝、柏,礪、砥、砮、丹,惟箘簵、楛,三國底貢厥名,苞匭菁茅,厥篚玄纁璣組,九江納錫大龜。浮于江、沱、潛、漢,逾于洛,至于南河。

荆、河惟豫州:伊、雒、瀍、澗既入于河,滎、波既豬,道荷澤,被盟豬。厥土惟壤,下土墳壚。田中上,賦錯上中。貢漆、枲、絺、紵、厥篚纖纊,錫貢磬錯。浮于洛,入于河。

華陽、黑水惟梁州:岷、嶓既藝,沱、潛既道,蔡、蒙旅平,和夷底績。厥土青黎。田下上,賦下中三錯,貢璆、鐵、銀、鏤、砮、磬、熊、羆、狐、貍、織皮。西頃因桓是俫,浮于潛,逾于沔,入于渭,亂于河。

黑水、西河惟雍州:弱水既西,涇屬渭汭。漆、沮既從,酆水攸同。荆、岐既旅,終南、惇物,至于鳥鼠。原隰底績,至于豬壄。三危既宅,三苗丕敘,厥土黃壤。田上上,賦中下。貢球、琳、瑯玕。浮于積石,至于龍門西河,會于渭汭。織皮昆崙、析支、渠叟,西戎即叙。

道汧及岐,至于荆山,逾于河,壺口、雷首,至于大嶽。厎柱、析城,至于王屋。太行、恒山,至于碣石,入于海。西頃、朱圉、鳥鼠,至于太華;熊耳、外方、桐柏,至于倍尾。道嶓冢,至于荆山,内方,至于大別;岷山之陽,至于衡山,過九江,至于敷淺原。

道弱水,至于合黎,餘波入于流沙。道黑水,至于三危,入于南海。道河積石,至于龍門,南至于華陰,東至于厎柱,又東至于盟津,東過洛汭,至于大伾,北過降水,至于大陸,又北播爲九河,同爲逆河,入于海。嶓冢道漾,東流爲漢,又東爲滄浪之水,過三澨,至于大別,南入于江,東匯澤爲彭蠡,東爲北江,入于海。岷山道江,東別爲沱,又東至于醴,過九江,至于東陵,東迆北會于匯,東爲中江,入于海。道沇水,東流爲濟,入于河,軼爲滎,東出于陶丘北,又東至于荷,又東北會于汶,又北東入于海。道淮自桐柏,東會于泗、沂,東入于海。道渭自鳥鼠同穴,東會于灃,又東至于涇,又東過漆、沮,入于河。道洛自熊耳,東北會于澗、瀍,又東會于伊,又東北入于河。

九州迫同,四奥既宅,九山栞旅,九川滌原,九澤既陂,四海會同。六府孔修,庶土交正,厎慎財賦,咸則三壤,成賦中國。錫土姓:"祇台德先,不距朕行。"

五百里甸服:百里賦内總,二百里内銍,三百里内秸服,四百里粟,五百里米。五百里侯服:百里采,二百里男國,三百里諸侯。五百里綏服:三百里揆文教,二百里奮武衛。五百里要服:三百里夷,二百里蔡。五百里荒服:三百里蠻,二百里流。東漸于海,西被于流沙,朔、南暨聲教,訖于四海。禹錫玄圭,告厥成功。[1]

---

[1]底本後附所記未整理收入。

# 古文尚書撰異卷四

**甘誓第四**　**虞夏書**《説文》《墨子》皆謂之“《夏書》”。

大戰于甘，乃召六卿。王曰：“嗟！

　　《堯典》曰“咨”，《甘誓》則曰“嗟”，此《唐虞書》與《夏書》語言之别也。

　　《説文》三篇《言部》曰：“譗，咨也。”“譗”者，今之“嗟”字也。

六事之人，予誓告女：有扈氏威侮五行，怠棄三正。

　　“正”，《釋文》曰：“徐音征。”玉裁按：此舊音也。古耕清部字皆有平，無上、去。“正”字不論何訓，皆讀平聲，“正月”其一也。或謂秦人諱“政”而改“正月”字爲平聲，真淺陋之説。

天用剿絶其命。

　　“剿”，唐石經及各本誤作“勦”，今更正。

　　《説文》四篇《刀部》曰：“剿，絶也，从刀巢聲。《夏書》曰：‘天用剿絶其命。’”

　　《釋文》：“剿，子六反。《玉篇》子小反。馬本作劋，與《玉篇》《切韻》同。”《釋文》原本當如是。“子六反”之音猶存於《集韻·一屋》，但依新定《釋文》誤改其字作“勦”耳。《玉篇》：“剿，子小切，絶也，一作勦，同。”今本猶爾。所云《切韵》，即謂陸法言之書《切韵》。“勦，絶也，子小切，‘剿’同”出《説文》。蓋馬本作“勦”，即“剿”字之異者。衛包謂“剿”爲古文而改爲“勦”亦無非是，而竟改爲从力之“勦”。於是《五經文字·力部》曰：“勦，楚交反，見《禮記》。又子小反，見《夏書》。”而《刀部》反無“剿”字。此《序例》所謂唯今文《尚書》改就今字，與《釋文》音訓頗有不同，而不知衛包巨謬，非可附和也。開寶中依衛包改《釋文》，既改大書之“剿”爲“勦”，復將馬本作“勦”之“勦”改爲“巢”，重紙貤謬，不可讀矣。《玉篇》《廣韵》多有仍舊之美，从力之字訓“勞”，从刀之字訓“絶”，至《集韵》之修，乃於一“屋”内有从力之“勦”訓“截”也，《群經音辨·力部》亦云“勦，絶也”，蓋惑於新定《釋文》也。

　　《廣雅》：“勦，勞也。”曹憲注辨《禮》“剿説”从刀、《左傳》“勦民”从力甚明。

　　《曲禮》無“勦説”，今俗云“剿截”，謂不顧其通，截而取之，與《説文》義合。鄭注：“剿，猶擥也。”則讀“剿”同“擥”，“擥”“擥”皆斂也。《曲禮》釋文：“初交反，一音初教反。”《釋文》意讀同“鈔”，非也，當讀“子小反”。

　　《史記·夏本紀》作“勦”，亦是誤字。

　　又按：“剿”字見《王莽傳》：“莽拜郭欽爲塡外將軍，封剿胡子。”又詔曰：“如黠賊不解散，將遣大司空將百萬之師征伐剿絶之矣。”此實用《尚書》“剿絶”字也。師古曰：“剿，截也。”

　　又按：《説文·水部》：“灅，讀若《夏書》‘天用勦絶’。”“勦”必“勦”之誤，“勦”與《刀部》所引不合，蓋淺人以今之《尚書》改之也。或曰古文《尚書》有别本，馬本作“勦”是也。

# 今予惟共行天之罰。

“共”，唐石經及各本作“恭”，此依衛包改也，今更正。

《墨子·明鬼下篇》：“《夏書》禹誓曰：予共行天之罰也。”

《殷本紀》①：“今予維共行天之罰。”

《漢書·王莽傳》“共行天罰”兩見，《翟義傳》“共行天罰”兩見，字皆作“共”，與《尚書》合。師古皆讀曰“恭”，誤也。《莽傳》“共行天罰誅莽”，師古讀曰“供”，“供”乃“恭”之譌。

《白虎通·三軍篇》：“《尚書》曰：‘命予惟恭行天之罰。’”玉裁按：“命”字蓋誤。其“共”作“恭”者，後人所改也，與其所作《漢書》《兩都賦》皆不合。

玉裁按：《尚書》“恭敬”字不作“共”。如“允恭”“象恭”“同寅協恭”“兒曰恭”“乃弗克恭厥兄”“惟御事厥棐有恭”“惟恭奉幣”“作周恭先”“嚴恭寅畏”“罔丕惟進之恭”皆是也。“共奉”之字不作“恭”，如《甘誓》“共行天罰”“不共命”、《盤庚上》“各共爾事”、《盤庚中》“顛越不共”、《盤庚下》“共承民命”“敢共生生”、《牧誓》“今予發惟共行天之罰”、《召誥》“用共王，能祈天永命”、《無逸》“徽柔懿共”“以庶邦惟正之共”“以萬民惟正之共”、《君奭》“大弗克共上下”“嗣前人，共明德”、《棐誓》“無敢不共”，孔傳多訓爲“奉”，或訓爲“供待”，皆是也。漢石經之存於今者，《無逸》一篇中“嚴恭”作“恭”，“懿共”“維正之共”皆作“共”，可知二字之不相混。儻古文《尚書》經文本作“各恭爾事”“恭行天罰”之類，何必紆回訓爲“奉”乎？《尚書》全經言“恭”者，何以不皆訓爲“奉”乎？《周禮》全經“供”字皆作“共”，《詩》“溫溫恭人”“敬恭明祀”“溫恭朝夕”字皆不作“共”，《小雅》“靖共爾位”，鄭箋“共，具也”，則非“恭”字也，《表記》引作“恭”，與《詩》不合。《大雅》

"克共明荆""虔共爾位",毛傳皆云"共,執也"。鄭箋:"古之恭字,或作共。"云"或",則僅見之事也。"昏枳靡共",鄭箋:"無冑共其職事者。"《毛詩》"恭""共"分別亦如是。《爾雅·釋故》:"供、峙、共,具也。""供""共"竝出。"共"者"供"之假借字,惟《左傳·昭七年》"三命兹益共",其"共"也如是;《襄十三年》"君命以共"與《僖四年》"王祭不共"字不分,則鄭君所謂"古之恭字,或作共"者據《左氏》言,他經不爾也。衛包誤認"共""恭"爲古今字,遂改《尚書》訓奉之"共"悉爲"恭",《釋文》原本各篇皆當有"共音恭"之語,至開寶中以爲無用而删之,遂使古經用字義例薶藴於終古矣。

又按:《説文》三篇《共部》曰:"共,同也。""龔,給也。"八篇《人部》曰:"供,設也。一曰:供,給也。"是則"供""龔"音訓俱同,而古經假"共"爲"龔"。《尚書·甘誓》"共行天之罰",孔傳:"共,奉也。""奉"與"給"義同,此假"共"爲"龔"也,故《吕氏春秋》高誘注引正作"龔","龔"訓"奉",非恭敬之謂也。宋次道家古文《尚書》凡"恭敬"字皆作"龔",此不通小學者所爲,適與衛包意見合。

《吕氏春秋·先己篇》曰:"夏后柏启孫氏詒穀校定。與有扈戰於甘澤而不勝。"高誘注曰:"《書》曰:大戰于甘,乃召六卿,王曰:'六事之人,予誓告汝,有扈氏威侮五行,怠棄三正,天用勦絶其命,今予惟龔行天之罰。'"

《漢書·敘傳》:"龔行天罰,赫赫明明。"《文選》卷五十作"恭",誤也。《吳志·三嗣主傳》注:"孫盛曰:'豈龔行天罰,伐罪弔民之義乎?'"玉裁按:此用"龔"字與高誘同。

《文選》鍾士季《檄蜀文》:"命授六師,龔行天罰。"李注:"《尚書》曰:'予惟龔行天之罰。'"

《文選》班固《東都賦》:"龔行天罰,應天順人,斯乃湯武之所以昭王業也。"李善注云:"《尚書》武王曰:'今予惟龔行天之罰。'"

《後漢書》班固《東都賦》"龔行天罰",李賢注曰:"《尚書》武王曰:'今予惟龔行天之罰。'"玉裁按:李善、李賢所據《尚書》皆作"龔"字也。善注《文選》之例,如《文選》作"龔",《尚書》作"共",必引《書》而明之曰"共與龔同"。然則唐初《尚書》本實有作"龔"者。假令"龔"即"恭"字,則下文"允恭乎孝文"何以不作"龔"乎?

荀悦《武帝紀四》:"立皇子閎爲齊王,策曰:'烏呼,念之哉,龔朕之詔。'"《漢書·武五子傳》作"共",義同,謂奉朕之詔也,師古注非。《史記·三王世家》作"恭",則淺人所改也。

又按:《漢書》"恭敬"字皆不借"共",惟《高惠高后孝文功臣表》:"昔唐以萬國致時雍之政,虞夏以之多,群后饗共己之治。"此蓋班氏所據《論語》作"共己正南面",如《魯論》"車中內顧"班用《古論》"不內顧"之類,師古當云:"讀曰供,奉也。"乃云"讀曰恭",亦誤。

又按:《秦和鐘銘》"龔夤天命",言奉敬天命也,《通雅》云即"恭寅",非。

又按:"龔給""龔奉"義本無二,"龔"亦可作"供",而古經多假借"共"字,唐已後人分別,"龔"字不用,而"龔給"字專用"供",是以"惟正之共""用共王能祈天永命""無敢不共",孔訓"供待"者皆徑改爲"供"字,而其餘訓"奉"者以"奉"與"敬"義略近,盡改爲"恭"字,此其大略也。

又按:《漢書》多以"共"爲"供奉""供給"字,如《王莽傳》一篇中,曰"輔導共養,以安宗廟",曰"臣莽國邑,足以共朝貢",曰"不能共事天地",曰"大不克共上下",曰"郊祀天地宗祀明堂共祀宗廟",曰"共行天罰",曰"共卿工卿",曰"以自共

給”，其訓皆“奉”也，其音皆平聲。師古注，或“讀曰供”，或
“讀曰龔”，或“讀曰恭”，或“音恭”，全無確見。其言“讀曰恭”
者，乃衛包之先路也，凡古言“讀曰”者，皆易其字。

　　又按：《史記》一書，如“似恭漫天”“貌曰恭”“嚴恭寅畏”，
皆作“恭”，不作“共”，而《甘誓》《牧誓》“共行天之罰”“女不共
命”，皆作“共”，不作“恭”，可見自古分別，今文《尚書》、古文
《尚書》所同也。

# 左不攻于左，

　　“攻”，《墨子·明鬼下篇》作“共”，其義蓋亦訓“供奉”，如
《柴誓》“無敢不共也”。

# 女不共命；

　　孔傳釋以“奉我命”，知經文本作“共”，衛包改作“恭”，非
也。《墨子》《夏本紀》皆無此“女不共命”。

　　《詩·閟宮》正義引《甘誓》：“左不攻于左，汝不共命。右
不攻于右，汝不共命。御非其馬之正，汝不共命。”字皆作
“共”，此衛包以前本如是。《周禮·條狼氏》疏引《甘誓》皆作
“恭”，則天寶已後所改也。

# 右不攻于右，女不共命；

　　“攻”，《墨子》作“共”。

# 御非其馬之正，

　　《小雅·出車》箋：“御夫則玆益憔悴，憂其馬之政。”玉裁
按：此用《甘誓》語也。《甘誓》傳云：“御以正馬爲政者也。”蓋
孔以“正馬”釋“政”，經文原作“政”，與《史記》合，今本作“正”
者，非也。鄭箋一作“憂其馬之不正”，亦非。

　　《墨子》：“御非爾馬之政。”

《史記·夏本紀》:"御非其馬之政。"

## 女不共命。用命,賞于祖;弗用命,戮于社。

《春秋公羊·文十三年》注:"《書》曰:'用命,賞于祖。'"

《周禮·小宗伯》注:"《書》曰:'用命,賞于祖。不用命,戮于社。'"

《周禮·大司寇》"大軍旅涖戮于社"注:"鄭司農説以《書》曰'不用命,戮于社'。"

按:蔡沈本作"不用命",與唐石經異。

## 予則奴戮女。"

《周禮·司厲》:"其奴,男子入于罪隸,女子入于舂稾。"鄭司農云:"謂坐爲盜賊而爲奴者,輸于罪隸舂人、稾人之官也。由是觀之,今之爲奴婢,古之罪人也,許氏《説文》用此説。故《書》曰'予則奴戮女',《論語》曰'以①箕子爲之奴',罪隸之奴也。"玉裁按:古"奴婢""妻帑"字皆作"奴",故鄭司農釋《尚書》之"奴"爲"奴婢",假令如今本《尚書》作"孥",則司農何至釋爲"奴婢"?故知"孥"是俗字,衛包所改,《尚書》原文只作"奴"也。今蘇州呼己所生及奴婢皆曰男女,是古者通名奴之理也。

《詩·小雅》"樂爾妻帑",傳曰:"帑,子也。"《正義》曰:"《左傳》曰'秦伯歸其帑',《書》曰'予則帑戮女',皆是子也。"玉裁按:唐初孔傳本或作"帑",尚屬六書之假借,至衛包改作"孥",則斷不可從矣。古時字少,《尚書》同一"御"字,而或訓"迎",或如字,或訓"禦";同一"奴"字,而或訓"奴婢",或訓"子息",皆一字可包衆説。後人因孔傳訓"迎",則改"御"爲"迓";因孔傳訓"子",則改"奴"爲"帑"、爲"孥"。

---

①以:據李文,此字疑誤衍。

《王莽傳》莽曰：“秦置奴婢之市，與牛馬同蘭。《書》曰‘予則奴戮女’，唯不用命者被此辜矣。”師古曰：“奴戮，戮之以爲奴也。説《書》以爲帑，此字俗加‘巾’，非也。子也，戮及妻子，此説非也。”玉裁按：莽所用者，今文《尚書》説也。先鄭注《司厲》引《尚書》亦用今文説。《漢書·季布欒布傳》贊曰“奴僇苟活”，亦是用今文説。其字則古文、今文皆作“奴”也。

又按：《漢書·文帝紀》：“盡除收奴相坐律令。”應劭曰：“奴，子也。秦法，一人有罪，并其室家。今除此律。”師古曰：“奴，讀與帑同，假借字也。”玉裁按：此可證古字作“奴”不作“帑”。今本既依顏説改正文之“奴”爲“帑”，則又將注中“奴”“帑”字互改，而不可通矣，爲正之如此。

又按：《匡謬正俗》説“奴戮”一條，經文本作“奴”不作“帑”可證。詳見《湯誓》。

《墨子·明鬼下篇》：“《夏書·禹誓》曰：大戰于甘，王乃命左右六人，下聽誓于中軍。曰：‘有扈氏威侮五行，怠棄三正，天用勦絶其命。’有曰：‘日中。今予與有扈氏争一日之命，且爾卿大夫庶人，予非爾田野葆士之欲也，予共行天之罰也。左不共于左，右不共于右，若不共命。御非爾馬之政，若不共命。是以賞于祖，而僇於社。’”

《史記·夏本紀》：“有扈氏不服，啓伐之，大戰於甘。將戰，作《甘誓》，乃召六卿申之。啓曰：‘嗟，六事之人，予誓告女：有扈氏威侮五行，怠棄三正，天用勦絶其命。今予維共行天之罰。左不攻于左，右不攻于右，女不共命。御非其馬之政，女不共命。用命，賞于祖；不用命，僇于社。予則帑僇女。’遂滅有扈氏。”按：《史記》作“帑”，淺人所改也。

# 古文尚書撰異卷五

## 湯誓第五　　商書

王曰：

《白虎通》曰："質家言天命己，使己誅無道，今誅得爲王，故先伐。文家言天命已成，爲王者乃得誅伐王者耳，故先改正朔也。"按：《史記·殷本紀》作"湯曰"云云，下文踐天子位作"湯誥"乃稱"王自至於東郊，告諸侯"，然則今文《尚書》衹作"湯曰"，古文《尚書》作"王曰"。

又按：《殷本紀》"作《湯誓》"之下云："於是湯曰：'吾甚武。'號曰武王。"下乃云："桀敗於有娀之虚，桀奔於鳴條。"是湯未敗桀之前已稱王矣。

"格爾衆庶，悉聽朕言。非台小子敢行稱亂，有夏多罪，天命殛之。

玉裁按：此"殛"字亦當爲"極"，詳《洪範》《多方》。

"稱"，當是本作"偁"，衞包改之，詳《牧誓》。《殷本紀》作"舉"，訓故字也。

今爾有衆，女曰：'我后不恤我衆，舍我穡事而割正？'

孔傳："正，政也，言奪民農功而爲割剥之政。"玉裁按：傳不言於夏邑,則各本"夏"字賸也。《正義》云:"爲割剥之政於夏邑。"增此三字以暢經意耳。《史記·殷本紀》云:"舍我嗇事,而割政。"裴駰引孔安國曰:"奪民農功而爲割剥之政。"蓋今文《尚書》、古文《尚書》皆無"夏"字,淺人據《正義》妄增之,今删。

## 予惟聞女衆言,夏氏有罪。予畏上帝,不敢不正。今女其曰:'夏罪其如台?'

《殷本紀》云:"女其曰有罪,其奈何?"此以"奈何"訓"如台"也。《高宗肜日篇》"乃曰其如台"、《西伯戡黎篇》"今王其如台",《殷本紀》亦皆作"其奈何",然則今文説"台"不訓"我"。僞孔傳三處説皆不順,不如《史記》爲長也。《法言·問道篇》:"莊周、申、韓不乖寡聖人而漸諸篇,則顔氏之子、閔氏之孫其如台?"謂顔閔其奈之何,言不能勝之也,正用《尚書》句法。班固《典引》曰:"作者七十有四人,今其如台而獨闕也?"謂如何而不封禪也。

又按:《般庚上》:"卜稽曰,其如台?""如台","如何"也,與《湯誓》《西伯戡鬠》之"如台"、《史記》作"奈何"正合。僞孔傳皆訓"台"爲"我",覺語意不順。

## 夏王率遏衆力,率割夏邑,

《白虎通·京師篇》:"或曰:夏曰夏邑,殷曰商邑,周曰京師。《尚書》曰'率割夏邑',謂桀也;'在商邑',謂殷也。"

"割",《殷本紀》作"奪",此今文《尚書》也。"邑",《殷本紀》作"國",此以訓故字代之也。《説文》六篇曰:"邑,國也。"《牧誓》"姦宄于商邑",《周本紀》亦作"商國"。

## 有衆率怠弗協,曰:'時日曷喪?予及女皆亾!'

"曷",當是本作"害",衛包改之。

《孟子·梁惠王篇》：“《湯誓》曰：‘時日害喪，予及女偕亾。’”趙注：“《湯誓》，《尚書》篇名也。時，是也。日，乙卯日也。害，大也，言桀爲無道，百姓皆欲湯共伐之，湯臨士衆誓言，是日桀當大喪亾，我與女俱往亾之。”玉裁按：“害”，趙亦讀“曷”。曷，何也。“何”與“大”義通，故訓爲“大”。趙注全非《尚書》經意，亦與《孟子》下文“民欲與之偕亾”不貫。《尚書大傳》曰：“桀云：天之有日，猶吾之有民。日有亾哉？《史記集解》、《文選·西征賦》注皆有此句。日亡，吾亦亾矣。”《史記》亦云：“是日何時喪，予與女皆亾。”今文家説得其實，而僞孔傳、朱氏《孟子集注》尤帖妥。

**夏德若茲，今朕必往。爾尚輔予一人，致天之罰，予其大賚女。**

觀湯自偁“予一人”，則篇首“偁王”，志其實也。

《殷本紀》：“予其大理女。”錢氏曉徵曰：“理、賚聲相近。《詩》‘釐爾圭瓚’，鄭康成引作‘賚’，‘釐’‘理’義亦通也。”玉裁按：徐仙民《古文尚書音》“賚，音來”，然則“賚”古音同“釐”，古音平上爲一類，亦同“理”。

**爾無不信，朕不食言。爾不從誓言，予則奴戮女，罔有攸赦。”**

“奴”，各本作“孥”，今更正，詳《甘誓》。

《匡謬正俗》曰：“《商書·湯斳古‘誓’字。》云：‘予則孥翏古文“戮”字。汝。’孔安國傳云：‘古之用刑，父子兄弟罪不相及。今云孥戮，權以脅之，使勿犯也。’案：孥戮者，或以爲奴，或加刑戮，無有所赦耳。此非‘孥子’之‘孥’，猶《周書·泰誓》稱‘囚孥正士’，亦謂或囚或孥也，豈得復言并子俱囚也。又班固《漢書·季布傳》贊云:'及至困辱,奴僇苟活。'蓋引《商書》之言以爲折衷矣。"玉裁按:此條除"孥子之孥"外,必盡正爲"奴"字而後可讀,亦可以證《尚書》之本作"奴"矣。其實"孥子之孥"兩"孥"字亦當正爲"奴",古子女奴婢統偁"奴"。其既也假"帑"爲"奴子"字,其後又製"孥"字爲之,詳見《甘誓》。至"斳"字,見《汗簡》;"翦"字,見薛宣《書古文訓》。豈唐初《尚書》已有是與?"斳"者,"斷"之譌。古假"斷"爲"誓"也。"翦"者,"翏"之譌,古假"翏"爲"戮"也。

《中論·賞罰篇》:"《書》曰:'爾無不信,朕不食言。爾不從誓言,予則孥戮汝,罔有攸赦。'"按:此作"孥"亦校書者所改也。

《殷本紀》曰:"湯乃興師率諸侯,伊尹從湯,湯自把鉞以伐昆吾,遂伐桀。湯曰:'格女眾庶,來,女悉聽朕言。匪台小子敢行舉亂,有夏多罪,予維聞女眾言,夏氏有罪。予畏上帝,不敢不正。今夏多罪,天命殛之。今女有眾,女曰:"我君不恤我眾,舍我嗇事而割政。"女其曰:"有罪,其奈何?"夏王率止眾力,率奪夏國。有眾率怠不和,曰:"是日何時喪?予與女皆亡。"夏德若茲,今朕必往。爾尚及予一人致天之罰,予其大理女。女毋不信,朕不食言。女不從誓言,予則帑僇女,無有攸赦。'以告令師,作《湯誓》。於是湯曰:'吾甚武。'號曰武王。桀敗於有娀之虛,桀犇於鳴條。"

玉裁按:"天命殛之,今女有眾,女曰'我君不恤我眾,舍我嗇事,而割政'"共廿三字,"予維聞女眾言,夏氏有罪,予畏上帝,不敢不正,今夏多罪"共廿二字,適與古文《尚書》先後倒易。以《漢書》攷之,《尚書》每簡或廿二字或廿五字,此則伏生壁藏之簡,甲乙互異之故也。古文《尚書》則少複出"夏多罪"三字,古今文之字數不同,今可攷者多矣。

又按：《漢書》劉歆《移書太常博士》，責讓之，曰：“得此逸《禮》、逸《書》、《春秋左氏》，以考學官所傳經<sub>句絶</sub>，或脱簡傳<sub>衍字</sub>，或閒編。”“脱簡”即《藝文志》所謂“劉向以中古文挍歐陽、大小夏侯三家經文，《酒誥》脱簡一，《召誥》脱簡二”也。“閒編”，師古云：“謂舊編爛絶，就更次之，前後錯亂也。閒，古莧反。”《文選》作“或脱簡，或脱編”，無“傳”字。玉裁謂無“傳”字，當依《文選》。“脱編”作“閒編”，當依《漢書》。《湯誓》正“閒編”之一證。

又歆《移書》曰：“傳問民閒，則有魯國桓公、趙國貫公、膠東庸生之遺學與此同。”小顔未注，考李善引《七略》曰：“禮家，先魯有桓生。”然則桓公即桓生，知逸《禮》者也。《儒林傳》曰：“賈誼爲《左氏傳》訓故，授趙人貫公爲河閒獻王博士。”則貫公知《左氏》者也。《儒林傳》又曰：“孔安國古文《尚書》，授都尉朝，朝授膠東庸生。”則庸生知逸《書》者也。

或曰：“傳”字非賸，經謂《書》《禮》，傳謂《左氏》也。玉裁曰：非也。上文云“以考學官所傳”，學官所傳絶無《左氏傳》，以古文《禮》考學官所傳之十七篇，以古文《尚書》考學官所傳之廿八篇，以古文《左氏春秋經》考學官所傳之《公羊春秋經》《穀梁春秋經》，皆得以知其“脱簡”“閒編”。若有“傳”字，則不可通矣。《藝文志》曰“《春秋古經》十二篇”，謂《左氏經》也；又曰“經十一卷”，謂《公羊》《穀梁》二家經也。

# 古文尚書撰異卷六

## 盤庚上第六　　商書

盤庚遷于殷，

《釋文》曰：“盤，本又作般。”玉裁按：《周禮·司勳》注作“般庚”，漢石經殘碑《盤庚下篇》首句字正作“股”。《五經文字》曰：石經“舟”皆作“月”。

《吕氏春秋》“殷”作“鄣”。

民不適有居，率籲衆慼出矢言。

孔傳“籲”訓“和”，與《立政》《召誥》“籲”訓“評”不同。孔意“籲”音同“籥”，“籥”音同“龢”。《説文》：“龢，樂之竹管，三孔，以和衆聲也。”故訓爲“和”。攷《説文》九篇《頁部》曰：“籲，評也，从頁籥聲，讀與籥同。《商書》曰：‘率籲衆慼。’”未審許意謂“籲”爲假借訓“和”，抑爲本義訓“評”也。孔傳要必有所本。

“慼”，衞包改爲“慽”，俗字也。古“干戚”“親戚”“憂戚”同字。

曰：“我王來，既爰宅于兹，重我民，無盡劉。

“劉”，《説文》作“鎦”。

不能胥匡以生，卜稽曰：‘其如台？’先王有服，恪謹天命,兹猶不常寧。

玉裁按:偽《大禹謨》"萬邦咸寗",《釋文》:"寗,安也。《説文》安寧字如此。寧,願辭也。"此未改音義也。開寶中因衛包已改經文之"寗"爲"寧",遂改《釋文》大書"寗"字爲"寧",改小字曰"安也,《説文》安寧如此,願辭也",使學者勞精竭神而不能讀。曾謂李昉、陳鄂輩之不通一至於此,宜孫宣公之急請以原本與新定本竝行也,今所存《虞夏書》絶無"寧"字,至《商書·般庚》此句始見。蓋《尚書》通體衛包以前皆作"寗",以後皆作"寧",今仍"寧"不改者,彼此容有參差,且他經皆作"寧",學者知《説文》之説則善矣,不在紛更字形也。

不常厥邑,于今五邦。今不承于古,罔知天之斷命,矧曰其克從先王之烈。若顛木之有由蘗,

《説文·頁部》曰:"顛,頂也。"《木部》曰:"槙,木頂也,一曰仆木也。"玉裁按:"顛"字可包"木頂"之訓,"木頂"可兼"仆木"之解,詁訓之法舉一"顛"字而"顛倒"之義見。

《釋文》曰:"蘗,本又作枿。"

《説文》七篇《马部》曰:"𩨳,木生條也。从马由聲。《商書》曰:'若顛木之有𩨳枿。'古文言'由枿。'"又六篇《木部》曰:"櫱,伐木餘也。从木獻聲。《商書》曰:'若顛木之有𩨳櫱。'枿,或'櫱'字也,从木辥聲。𣚦,古文'櫱'也,从木無頭。枿,亦古文'櫱'也。"《汗簡》《古文四聲韵》作"枿",楷作"枿",《説文》作"枿",是以《集韵》作"枿","𠦒"即"辥"之省,見《説文·羊部》。玉裁按:"古文言'由枿'",徐鍇本無此五字。古文者,謂孔安國所傳壁中古文也。據此一處,是許君親見孔壁《尚書》之證。先引今文而附見古文,明今文作"𩨳",古文作"由"。作"𩨳"爲長也。古文作

“由”，僞孔傳從之，訓爲“用也”，雖本《釋詁》，而“用枿”之語不通。徐鼎臣之言誠然矣，《春秋 · 昭八年左氏傳》曰：“史趙曰：‘陳，顓頊之族也，歲在鶉火，是以卒滅，陳將如之，今在析木之津，猶將復由。’”杜注云：“由，用也。”玉裁謂此“由”字亦當作“甹”，“猶將復甹”與“是以卒滅”語意以生滅相對。“析木之津”，寅位也，故曰“猶將復甹”。《詩序》：“由庚，萬物得由其道也。由儀，萬物之生各得其宜也。”詳“由儀”之“由”當作“甹”，與“由庚”之“由”不同，《序》稱“萬物之生各得其宜”，以“生”訓“由”，以“宜”訓“儀”，惠定宇説。與《商書》《左傳》合。《商書》古文、《左傳》、《詩序》皆假“由”爲“甹”。徐鍇云：“《説文》無‘由’字。蓋古文省‘马’而後人因之通用爲‘因由’等字。”如其説，則“甹”字下不當曰由聲，凡《説文》全書内由聲之字皆當作“甹”省聲，非也。《説文 · 水部》之“油”、《木部》之“柚”、《邑部》之“邮”、《山部》之“岫”“峀”、《肉部》之“胄”、《曰部》之“冑”“𦥑”、《宀部》之“宙”、《言部》之“訕”、《心部》之“怞”、《舟部》之“舳”、《車部》之“軸”、《艸部》之“苖”、《辵部》之“迪”、《彳部》之“徃”、《竹部》之“笛”，皆曰由聲，《説文》自有“由”字，不知在何部而脱佚，其音義俱不傳矣，許君“古文言‘由枿’”五字正《説文》有“由”字之證，而楚金删去以證其《説文》無“由”字之肊説。許云“古文言‘由’”，則作“甹”之爲歐陽、夏侯《尚書》憭然也。《漢 · 食貨志》“黎民祖饑”，孟康曰：“祖，始也。古文言‘阻’。”正與此“甹，古文言由”同。“言”猶“作”也。近人不知此恉，乃謂作“甹”者爲真古文《尚書》，作“由”者爲僞孔本矣。《説文 · 马部》引《商書》作“枿”，《木部》引《商書》作“櫱”，乖異者蓋“枿”本作“櫱”，轉寫者從俗作“枿”耳，或云“枿”即“梓”之譌體也。

天其永我命于兹新邑,紹復先王之大業,厎綏四方。"盤庚斅于民,由乃在位,以常舊服,正法度,曰:"無或敢伏小人之攸箴!"王命衆,悉至于庭。王若曰:"格女衆。"

《白虎通·號篇》:"《尚書》曰:王曰裕汝衆。"玉裁按:"裕"者,"格"字之誤。

"予告女訓女,猷黜乃心,無傲從康。

"傲",當是本作"敖",衛包改之。

古我先王,亦惟圖任舊人共政。王播告之

《説文》三篇《言部》曰:"譒,敷也。从言番聲。《商書》曰:'王譒告之。'"按:此壁中故書也。《説文》"譒"訓"敷"、"播"訓"穜",皆本《尚書》,而"播"訓"布"爲别一説。

修,不匿厥指。王用丕欽,罔有逸言,民用丕變。

"民用",足利古本作"民由"。

今女聒聒,

"聒",衛包改爲"聒",開寶中李昉、陳鄂等又改《釋文》之"聒"爲"聒"。攷《説文》十篇《心部》曰:"聒,拒善自用之意也。从心銛聲。《商書》曰:'今女聒聒。'‘女’作‘汝’者,誤。"此古文《尚書》也。又曰:"古文从耳,作聲。"此壁中故書字也。唐以前《尚書》作"聒",故《釋文》大書"聒聒",注云:"故活反,馬及《説文》皆云拒善自用之意。"今本《釋文》係開寶妄改之本,大書字作"聒聒",則其注當云:"《説文》作‘聒’。"不得誣《説文》作"聒聒"。於此,信開寶依衛包所改無疑也。《玉篇·心部》云:"聒,愚人無知也。"《耳部》云:"聲,無知皃。"《廣韵·十三末》云:"聒,愚。聒,無知。"此皆用孔"無知之皃"爲説。然則馬、鄭、王、孔本皆同《説文》作"憖"甚顯白。尋衞包之妄改"憖"爲"聒"者，以《正義》引鄭注云："憖今本《正義》改作'聒'，讀如'聒耳'之'聒'。憖憖今本《正義》改作'聒聒'，難告之皃。"夫鄭云"難告之貌"，與許、馬、王"拒善自用之意"、僞孔傳"憖憖今本改作'聒聒'，無知之皃"，皆言其不可教訓、不知話言，絶非多言讙聒之謂。謂"讀如聒耳之聒"者，此"讀如"非"讀爲"也。漢人注經凡言"讀爲"者，易其字；凡言"讀如"者，擬其音。《説文》乃字書，故有"讀如"而無"讀爲"。經注則"讀爲""讀如"二者錯出也。"憖"音同"聒"，非訓"聒"也，假令云"讀爲聒耳之聒"，則易其字而義亦從同，下不云"難告之皃"矣。孔穎達、衞包妄認"憖""聒"爲古今字，不知小篆從心作"憖"，古文從耳作"聳"，皆謂耳不肯聽、心不肯從，其理一也。孔安國以今文讀之，改從小篆，而許叔重仍之。"憖""聳"字與"聒"字絶不相涉。《汗簡》云："聳，古文聒字，出《尚書》。"此可證《汗簡》之説皆出衞包妄改以後。《説文》云"聳者，古文憖"，未嘗云"古文聒"也。蔡氏仲默訓"聒聒"爲"譊譊多言"，五百年來墨守其説，包之遺毒有如此者。

　　《集韵·十三末》云："憖，通作聒。"此惑於天寶後之《尚書》也。

## 起信險膚，予弗知乃所訟！非予自荒兹德，惟女含德，不惕予一人。

　　《白虎通·號篇》："《尚書》曰：'不施予一人。'"玉裁按：即《般庚》"不惕予一人"也。古文《尚書》作"惕"，今文《尚書》作"施"，"施"與"惕"同在歌支一類，《詩》"何人斯，我心易也"，《韓詩》作"施"。《廣雅·釋詁三》："移、施、狄，敭也。"曹音"施"，失異反，"敭"亦弋豉反。

## 予若觀火，

《周禮·夏官·序官》注："爟，讀如'予若觀火'之'觀'。"玉裁按：凡言"讀如"者，擬其音；凡言"讀爲"者，易其字。易其字，則義如所易之字；易其音，則義如本字。《説文解字》但明音讀，故有"讀若"無"讀爲"。漢人注經必兼明音義，故"讀若""讀爲"皆有之。此云"讀如予若觀火"之"觀"，謂"爟"音"觀"而已。下文云："今燕俗名湯熱爲觀。"則"爟火"謂"埶火"，與言"湯埶"可呼"觀"，則"火埶"亦可呼"觀"，故知"爟"讀如"觀"音也。據鄭，"爟"在平韵，古丸切，自唐初作《正義》時不知"讀爲""讀若"之别，或轉寫譌亂，或不得其説。此條賈疏云"盤庚告其群臣，不欲徙而匿情者，予若觀埶也。我有刑罰，如埶火可畏"，孔安國以"觀"爲"視"，與鄭義異，賈説全非鄭意。

## 予亦拙謀，作乃逸。

《説文》十篇《火部》曰："炪，火光也。从火出聲。《商書》曰：'予亦炪謀。'讀若巧拙之拙。"玉裁按："火，光也"，《玉篇》《廣韵》《集韵》所引皆同，《類篇》引"火不光也"，誤衍"不"字，不足據也。許所據《尚書》作"炪"，當是壁中古文，假"炪"爲"拙"，如假"政"爲"好"、假"狟狟"爲"桓桓"，取其同音而捨其字之本義也，孔安國以今文讀之，易爲"拙"。近注《尚書》者或皮傅《周禮》注以釋"觀火"，皮傅《説文》以釋"拙謀"，皆非。

《玉篇》云："炪，火光也，欝也。"上"也"字衍，當作"火光欝也"。攷《集韵·六術》云："炪，爩煙皃。"九迄"爩"字下云："炪爩，煙出也。"《玉篇》"爩"字下亦云"煙出也"，然則《類篇》"炪，火不光也"近是。

若網在綱,有條而不紊。

《説文》十三篇《糸部》曰:"紊,亂也。从糸文聲。《商書》曰:'有條而不紊。'"

若農服田力穡,乃亦有秋。

《漢書·成帝紀》陽朔四年詔曰:"《書》不云乎,'服田力嗇,乃亦有秋'。""穡"作"嗇",與漢石經殘碑《毋劮篇》合。

女克黜乃心,施實德于民,至于婚、友,丕乃敢大言,女有積德! 乃不畏戎毒于遠邇,惰農自安,

《魏志》裴注"惰"作"墮"。

不昏作勞,

《釋文》:"昏,馬同,本或作暋。《爾雅》'昏''暋'皆訓'强',故兩存。"玉裁按:《正義》引鄭注:"昏,讀爲暋,勉也。"是則古文經本作"昏",鄭讀爲"暋",故或一本作暋。《文選·册魏公九錫文》"嗇民昏作",李善注作"弗暋作勞",而孫炎《爾雅》注、《三國志》裴注作"不昏作勞",張衡《西京賦》亦云"昏于作勞",然則古本皆作"昏"也。"昏"訓"强"固可通,而鄭必讀爲"暋"訓"勉"者,必求其音義親切也,鄭爲密矣。

《康誥》"敃不畏死",傳曰:"敃,强也。"《正義》曰:"敃,强也。《盤庚》已訓,而此重詳之。"按:《盤庚》作"昏",依此《正義》,則《康誥》經文亦作"昏"。説經者讀爲"敃",衛包乃遂改"昏"作"敃"。

《立政》"其在受德敃",傳亦訓"强"。據《正義》,亦當本是"昏"字。《周禮·大司寇》注:"民不愍作勞。"按:昏聲古音在第十三部,民聲古音在第十二部,昏从氐省,不从民,誤認爲民聲作"昬",故唐高宗有詔改"葉""昬"二字,不知"昏"非從民

也，諱"昏"作"昏"而適合古矣。昏聲與民聲字，音韵亦多誤，"不昏作勞"竟爲"不愍"可證也。

## 不服田畝，越其罔有黍稷。

《釋文》："越，本又作粵。"

## 女不和吉言于百姓，惟女自生毒。乃敗禍姦宄，以自災于厥身。乃既先惡于民，乃奉其恫，女悔身何及！相時憸民，

《説文》十篇《心部》曰："愍，疾利口也。从心冊聲。《商書》曰：'相時愍民。'"按："商書"二字各本作"詩"字，今訂正。"相時愍民"即"相時憸民"也。《隸釋》所載石經殘碑作"散"，"散"即"散"也。古文《尚書》作"愍"，枚氏古文《尚書》作"憸"，今文《尚書》作"散"。"愍"與"憸"，義同而音異。大徐作"从心从冊"，小徐作"从心冊聲"，訂以《女部》"姍"字下曰"从女刪省聲"，則此亦當爲刪省聲轉寫譌脱耳。刪省聲則與"散"字異音同。爲《説文》音者因今《尚書》"憸"在閉口部，遂讀"愍"亦"息廉反"，殊失古意。

《隸釋》漢石經《尚書》殘碑："命何及相闕。散。下闕。"按：此今文《尚書》也，"何及"之上作"命"，"憸"作"散"。《正義》曰："伏生所傳謂之今文，夏矦勝、夏矦建、歐陽和伯等三家及後漢末蔡邕所勒石經是也。"《釋文·敍録》曰："伏生所誦是曰今文，闕謬處多，故不別記。"此陸氏不載石經駁異之恉也。

## 猶胥顧于箴言，其發有逸口，矧予制乃短長之命！女曷弗告朕，而胥動以浮言？恐沈于衆，若火之燎于原，不可鄉邇，

"鄉"，衛包改爲"嚮"，今更正。

# 其猶可撲滅？

《春秋·隱六年左氏傳》："君子曰：《商書》曰：'惡之易也，如火之燎于原，不可鄉邇，其猶可撲滅？'"《莊十四年》："君子曰：《商書》所謂'惡之易也，如火之燎于原，不可鄉邇，其猶可撲滅'者，其如蔡哀侯乎？"玉裁按："惡之易也"四字檃栝上文"女不和吉言"已下七十餘字，蓋以其詞絲而約結之，古人早有此法，大意總言孽不可癰，說《尚書》者乃竟謂此四字爲僞孔所删，而擅補之，轉使"女曷"已下三十字爲一句一氣貫注之文中生橫欂，況《尚書》斷無此等語句，亦絶無"也"字乎？

引經有檃栝其下文者，如"文王所以造周""康叔所以服弘大"是也。有檃栝其上文者，如"惡之易也"是也。有檃栝全文者，如"父不慈，子不祇，兄不友，弟不恭""不相及也""父子兄弟罪不相及"是也。詳《康誥》。

# 則惟女衆自作弗靖，非予有咎！遲任有言曰：

《集韻·六脂》曰："遲，侍夷切。遲任，古賢人。《書》：'遲任有言。'"玉裁按：此采自未改《釋文》也。今本《釋文》曰："遲，直疑反，徐持夷反。"蓋自衛包改《尚書》之"遲"作"遲"，開寶中又改《釋文》，《集韻》據未改本仙民"侍夷"之音，與"直疑"不同。蓋相傳舊讀，故陸氏兼錄之。今本《釋文》譌爲"持夷"，則與"直疑"不甚別，此又可據《集韻》以正譌字也。《集韻》此音別於"陳尼"一切。

《説文·辵部》"遲"或從屖作"遲"。《般庚》作"遲"，自是古本如此。

《匡謬正俗》曰："古者遲、夷通用，《書》稱'遲任有言曰'，遲字音夷，亦音遲。"按：顏所據本作"遲"，與陸本不同，而"夷"音又陸所失載。

'人惟求舊,器非求舊,惟新。'

《風俗通義·窮通篇》:"謹按《尚書》曰:'人惟求舊。'"

石經《尚書》殘碑言曰:"人維舊闕二字。救舊。下闕。"按:此今文《尚書》也,"惟"作"維","舊"上無"求"字,"求"作"救"。古"殳""攴"通用,"救"即"救","救"即"求"字。《周官》故書"正日景救地中",杜子春云"救讀爲求"是也。《説文》亦引《堯典》"旁救俅功"。

古我先王,暨乃祖乃父,胥及逸勤,予敢動用非罰?世選爾勞,予不掩爾善。

《釋文》:"掩,本又作弇。"

《五經異義》曰:"《尚書》:'古我先王,暨乃祖乃父,胥及逸勤,予不敢動用非罰?世選爾勞,予不絕爾善。'"見《詩·大雅·文王》正義,多"不"字,"掩"作"絕"。

兹予①大享于先王,爾祖其從與享之。

《周禮·司勳》注:"般《釋文》作'般',是。注、疏作'盤',非也。庚告其卿大夫曰:'兹予大享于先王,爾祖其從與享之。'"

《尚書大傳·殷傳》曰:"《書》曰:'兹予大享于先王,尒祖其從與享之。'"

作福、作災,予亦不敢動用非德。予告女于難,若射之有志。

《儀禮·既夕記》:"志矢一乘。"鄭康成云:"志,猶擬也。《書》云:'若射之有志。'"

王伯厚《藝文志攷》云:"漢人引'若矢之有志'。"

_____

①予:底本作"於",據學海堂《清經解》本改。

# 女無老侮成人，無弱孤有幼，

古文《尚書》作“無老侮成人，無弱孤有幼”。鄭注：“老、弱皆輕忽之意也。”僞孔傳與鄭注本同。孔傳“老成人”三字，爲經文“老侮”張本，非孔作“侮老成人”也。唐石經作“老侮”不誤，今版本作“侮老”，因“老成人”三字口習既孰，又誤會孔傳，故倒亂之。按：傳云：“不用老成人之言，是老侮之；不徙則孤幼受害，是弱易之。”《正義》曰：“老，謂見其年老，謂其無所復知。弱，謂見其幼弱，謂其未有所識。鄭云：‘老弱皆輕忽之意也。’老成人之言云可徙，不用其言，是老侮之也。不徙則水泉鹹鹵，孤幼受害，不念其害，則是卑弱輕易之也。”今版本譌亂，爲正之如此。

《漢書·趙充國傳》曰：“時充國年七十餘，上老之。”此“老侮”之解也。

臧氏鏞堂曰：“《左氏傳》‘宋華閱卒，華臣弱皋比之室’，杜注：‘弱，侵易之。’此‘弱孤有幼’之解也。”

足利古本：“汝亾老侮老成人。”此蓋於既誤“侮老”之後，又訂增“老”字於“侮”字上。

《隸釋·石經〈尚書〉殘碑》有志：“女毋翕侮成人，此六字亦見《東觀餘論》。毋流。下闕。”此今文《尚書》也，“無”作“毋”，“老”作“翕”，“弱”作“流”，“翕侮”猶“狎侮”也，“翕”蓋“狎”之假借字。

# 各長于厥居，勉出乃力，聽予一人之作猷。

《爾雅·釋故》：“猷，已也。”然則“作猷”猶“作輟”也。

# 無有遠邇，用罪伐厥死，用德彰厥善。

《漢書·王嘉傳》：“上下詔封賢等，因以切責，公卿曰：‘《書》不云乎，用德章厥善。’”“彰”作“章”。

邦之臧,惟女衆;邦之不臧,惟予一人有佚罰。

《爾雅·釋言》:"逸,過也。"郭注:"《書》曰:'汝則有逸罰。'"玉裁按:此當引《般庚》"惟予一人有佚罰",記憶之誤,涉《柴誓篇》而云尒,"逸""佚""失"古通用。

《周語》内史過引《般庚》曰:"國之臧,則維女衆。國之不臧,則維余一人。是有逸罰。"

凡爾衆,其惟致告:自今至于後日,各共爾事,

"共",孔訓"奉",與《甘誓》《牧誓》同。衛包改古,應改爲"供"字,則猶不失字誼,而妄改爲"恭","恭"不訓"奉"也。陳鄂於宋開寶中删去《釋文》"共音恭"之語,古文之厄至斯而極。石經正作"共",然則今文《尚書》與古文《尚書》同也。

齊乃位,度乃口。

《釋文》曰:"徐如字,亦作渡。"按:"渡"疑"敷"之誤,《柴誓》"杜乃擭"亦作"敷"。

傳云:"以法度居汝口。"按:古"度"訓"居",既釋以"法度",又釋以"居",不辭。疑《釋文》本作"度",云:"徐如字,亦作宅。"

漢石經《尚書》殘碑:"各共爾事,齊乃位,度爾口。下闕。"按:此今文《尚書》也,下"乃"作"爾"。

罰及爾身,弗可悔!"

今文《尚書》,《般庚》三篇爲一篇。然蔡邕所書中篇"建乃家"之下、下篇"般庚既"之上空一字。自《隸釋》所載迄今,錢唐黄氏易所藏殘字,翁氏方綱所摹勒皆然也。則上篇、中篇交接處,石本必亦空一字。雖爲一篇,而固區別,蓋《書序》云"作《般庚》三篇",《殷本紀》亦云"迺作《般庚》三篇"。《書序》不待壁中而始出,故《般庚》之列爲三,亦不待壁中本出而始分也。

# 古文尚書撰異卷七

## 盤庚中第七　　商書

盤庚作,惟涉河,以民遷,乃話民之弗率,誕告用亶。

《釋文》:“亶,丁但反,馬本作單,音同。”按:馬作“單”而讀爲“亶”,與《雒誥》“乃單文祖德”同也。

### 其有衆咸造,勿褻

釋玄應《衆經音義》卷十五①“媟嬻”條下引:“《尚書》:‘咸造忽媟。’孔安國曰:‘媟,慢也,侮也。’”玉裁按:“忽”者,字之誤。“褻”,本作“媟”。“褻”蓋衛包所改也。其所引孔傳亦與今不同。

### 在王庭,盤庚乃登進厥民。曰:“明聽朕言,無荒失朕命。烏呼! 古我先后,罔不惟民之承,保后胥戚,

“戚”,衛包改作“慼”,今更正。

### 鮮以不浮于天時。

石經《尚書》殘碑:“民之承,保后胥高,鮮叺丕浮。下闕。”按:此今文《尚書》也,“戚”作“高”。黃氏伯思《東觀餘論》亦

---

①十五:當作“十四”。

載"保后胥高"。

殷降大虐,先王不懷厥攸作,視民利用遷。女曷弗念我古后之聞？承女俾女,惟喜康共,非女有咎,比于罰。予若籲懷兹新邑,亦惟女故,以丕從厥志。今予將試以女遷,安定厥邦。女不憂朕心之攸困,

石經《尚書》殘碑:"試以爾遷,安定厥國,今女丕。下闕。"按:此今文《尚書》也,"女"作"爾","邦"作"國",多"今"字,凡漢人不以諱改經字,故知古文《尚書》多作"邦",今文多作"國",各依其壁藏之本也。

乃咸大不宣乃心,欽念以忱,動予一人。爾惟自鞫自苦,若乘舟,女弗濟,臭厥載。爾忱不屬,惟胥以沈。不其或稽,自怒曷瘳？

石經《尚書》殘碑:"其或迪自怨。下闕。"此今文《尚書》也。"稽"作"迪","怒"作"怨"。

女不謀長以思乃災,女誕勸憂。今其有今罔後,女何生在上？

石經《尚書》殘碑:"永勸憂,今其有今罔後,女何生。下闕。"此今文《尚書》也,"誕"作"永"。按:"誕"從延聲。"延""永"雙聲,皆訓"長也"。《東觀餘論》載"女永勸憂","女"字《隸釋》所無,豈黃氏所見字又較多邪？

今予命女一,無起穢以自臭,恐人倚乃身,迂乃心。

《玉篇·足部》:"踦,居綺、丘奇二切。'恐人踦乃身,迂乃心。'踦,曲;迂,避也。"玉裁按:此引《尚書》"倚"作"踦"、"僻"作"避",當是顧野王本與唐初本不同也。陸德明《音義》、孔沖

遠《正義》的是"倚"字。《説文》："踦，庋足也。"<sub>《文選》陳琳《檄豫</sub>
<sub>州》注引作"庋"，今本作"一"。</sub>《廣韵·五支》曰："踦，脚跛也。"則
"踦"有"曲"訓，而"倚"訓"曲"殊牽強，似顧本爲善。

## 予御續乃命于天，

《匡謬正俗》曰："《商書·盤庚》云：'予御續乃命于<sub>作"於"，</sub>
<sub>誤。</sub>天。'《詩·鵲巢》云："百兩御之。"訓解皆爲"迎"，徐仙民①
竝音訝。玉裁按：此唐初本作"御"之證。唐石經已下作"迓"
者，衛包改也。《釋文》云"迓，五駕反"者，開寶閒改也。訓
"迎"之字本作"訝"，其作"迓"者又"訝"之別體，《説文》所無
也。凡各書用字有例，如《毛詩》<sub>《鵲巢》</sub>、古文《尚書》<sub>《般庚》《牧</sub>
<sub>誓》</sub>、《儀禮》<sub>《士昏禮》</sub>、《禮記》<sub>《曲禮》"大夫士必自御之"</sub>、《春秋穀梁傳》
<sub>"跛者御跛者，眇者御眇者"</sub>、《列子》<sub>"遇駭鹿御而擊之"</sub>，字皆作"御"，惟
《周禮》作"訝"，此其大例也。"御""訝"古音同在第五部。

## 予豈女威，用奉畜女衆。予念我先神后之勞爾先，予丕克羞爾，用懷爾。然

石經《尚書》殘碑："之勞爾先，予丕。<sub>下闕</sub>"玉裁按：洪氏不
云"孔作丕"，疑本是"丕"字，版本誤"不"，但錢唐黃易所藏搨
本正作"不"字，則是今文《尚書》作"不"也。丁巳十二月黃氏
丕烈按《隸釋》舊抄本作"丕"，與近抄及汪刻異。

## 失于政，陳于兹，高后丕乃崇降罪疾，曰：'曷虐朕民！'

石經《尚書》殘碑："于兹，高后丕乃知降圉②疾曰。<sub>下闕</sub>"

---

①此脱"民"字，今補。
②圉：底本作"圍"，據《字彙補》改。

此今文《尚書》也，"崇"作"知"。

女萬民乃不生生，暨予一人猷同心。先后丕降與女罪疾，曰：'曷不暨朕幼孫有比！'故有爽德，自上其罰女，女罔能迪。古我先后既勞乃祖、乃父，女共作我畜民。女有戕則在乃心，我先后綏乃祖、乃父。

　　石經《尚書》殘碑："民女有近則在乃心，我先后綏。下闕。"此今文《尚書》也，"戕"作"近"。"女有近則在乃心"亦見《東觀餘論》。

乃祖、乃父乃斷棄女，不救乃死。茲予有亂政同位，具乃貝玉。乃祖、乃父

　　唐石經"乃父"作"先父"。

## 丕乃告我高后

　　《釋文》曰："'我高后'，本又作'乃祖乃父'。"玉裁按：別本是也。當"乃祖乃父丕乃告"句絕，"乃祖乃父曰作丕荆於朕孫"句絕，"迪高后丕乃崇降不詳①"句絕，詰詘聱牙，固當如是。

## 曰：'作丕荆于朕孫！'

　　唐石經"朕孫"作"朕子孫"，多"子"字。<small>足利古本亦有"子"。</small>顧氏亭林謂誤，王氏鳳喈曰："玩傳作'大荆于我子孫'，似本有'子'字，後人傳寫誤脫也。"玉裁按：傳多增字，足利古本往往據以增經，正不必因上文"乃祖乃父"而必兼舉子孫也，古人文字不拘，言"朕孫"者出乃祖口中，自可統乃父在内。

――――――――――

　　①詳：據李文，當作"祥"。

迪高后丕乃崇降弗祥。烏呼！今予告女不易，

石經《尚書》殘碑：“興降丕永，於戲，今予。下闕。”此今文《尚書》也，“崇”作“興”，“弗祥”作“不永”，“烏呼”作“於戲”。按：“永”古音讀如“羊”，“祥”亦讀如“羊”。

“易”，《釋文》：“以豉反，鄭注云不變易。”則於今韵讀如字。

永敬大恤，無胥絶遠。女分猷念以相從，各設中于乃心。

石經《尚書》殘碑：“絶遠女比猶念叭相從各翕中。下闕。”此今文《尚書》也。“分”作“比”，“猷”即“猶”，“設”作“翕”。《東觀餘論》亦載：“女比猶念以相從各翕中。”

乃有不吉不迪，顛越不共，

今本作“不恭”，衛包所改也。《釋文》無“共音恭”之語，陳鄂依衛包删之也。僞孔傳曰：“不共，不奉上命也。”考傳凡訓“奉”者，其字皆作“共”，讀爲“供”。《甘誓》“共行天之罰”“女不共命”，《無逸》“惟正之共”，皆是。《左氏正義》谓：“《尚書》作‘恭’。”其所據《尚書》非善本也。

暫遇姦宄，我乃劓殄滅之，無遺育，無俾易種于兹新邑。

《春秋·哀十一年左氏傳》：“五子胥諫吳王曰：《盤庚之誥》曰：其有顛越不共，則劓殄無遺育，無俾易種于兹邑。”玉裁按：二“乃”字，一作“其”，一作“則”，無“不吉不迪”“暫遇姦宄”“我滅之新”十二字，此或當時所據《尚書》不同，或本同而檃栝之，皆未可定。吾友江氏叔澐乃遂據《左》删《書》，《康誥》亦據《荀卿》删改，與前文據《左》增“惡之易也”四字，其失一也。叔澐謂孔本《尚書》皆僞孔所妄增改，故凡有不同者，寧他從而不從孔。愚竊以爲不

然。僞孔於衞、賈、馬、鄭之本初無大異。衞、賈、馬、鄭本夫人誦習
之,當時皆知爲壁中本,僞孔方欲將僞造之廿五篇令天下信,其真
安敢將卅三篇啓天下疑其僞也? 大爲乖異,則天下疑其僞而僞造
之廿五篇不能依附以行矣。惟《舜典》《益稷》分篇,出於遷就《酒
誥》《顧命》之“成王”、《堯典》之“堯曰”,按:當作"帝曰"。小有删增爲
小異以誘人信,斷不爲大異以誘人疑也。況《釋文·序録》曰:“馬、
鄭所有同異,今亦附之音後。”《正義》亦逞逞舉馬、鄭、王異孔之處,
是凡有異者捴概略具於《釋文》《正義》中,正不得有如《般①庚》
《康誥》此等大異,而《釋文》《正義》略之也。《釋文》經開寶删節,
《正義》不由舊乎? 學貴深思,尤懲專輒,以質江君,非云好辯,若劉
子駿所云“雷同相從,隨聲是非”者,則吾不敢。

　　《史記·五子胥列傳》子胥引《盤庚之誥》曰:“有顛越不
恭,剟殄滅之,俾無遺育,無使易種于兹邑滅之。”字正與古文
同,又可見不必定依《左氏》矣。

往哉,生生! 今予將試以女遷,永建乃家。”

　　石經《尚書》殘碑“建乃家”下空一字接“般②庚既”,此歐
陽、夏矦《尚書》舊式也。

　　乾隆四十二年,錢塘黃易購得石經《尚書》殘字《般庚篇》
卅字,“其或迪自怨”一行,“之勞爾先予不”一行,“能迪古我先
后”一行,“興降不永於戲今”一行,“建乃家空一字。般庚既”一
行;"庚"字僅可辨。其餘《論語》殘字《爲政篇》六十字,《堯曰篇》
廿七字,翁氏方綱摹勒于石。玉裁按:此真漢石經殘字也。外
此,又有無錫人依《隸釋》僞造者。

────────

①般:底本作“股”,今改。
②般:底本作“股”,今改。

# 古文尚書撰異卷八

## 盤庚下第八　　商書

盤庚既遷，

　　石經《尚書》殘碑："建乃家空一。殷闕一。既下闕。"

奠厥攸居，乃正厥位，綏爰有衆，曰："無戲怠，懋
建大命。

　　石經《尚書》殘碑："衆曰：女罔台民，勖建大命，今我。下
闕。"按：此今文《尚書》也，"女罔台民"四字作"無戲怠"三字，
"懋"作"勖"，"予"作"我"。古"罔""無"通，"台""怠"通，
"懋""勖"通，"勖"古音同"懋"。

今予其敷心腹腎腸，歷告爾百姓于朕志。

　　《尚書正義》卷二："鄭注：'古文《尚書》篇與夏矦等同，而經
字多異夏矦等《書》。句絶。宅嵎夷此謂古文。爲宅嵎"禺"之誤。鐵，此
謂夏矦等《書》。昧谷古文。曰柳谷，夏矦等。心腹腎腸古文。曰憂"優"之
誤。腎"賢"之誤。陽，"揚"之誤，夏矦等。劓刵劅剠古文。云臏宫劅割頭
庶剠。夏矦等。'是鄭注不同也。"玉裁按：此四條皆冠之以"夏矦等
書"四字，"宅嵎鐵""柳谷""優賢揚""臏宫劅割頭庶剠"皆夏矦
等書也，自閻氏百詩已來皆誤讀而互易之。

《文選》左太沖《魏都賦》曰："優賢箸於揚歷。"張載注曰："《尚書·盤庚》曰'優賢揚歷'，歷，試也。"按：左時未經永嘉之亂，夏矦、歐陽等書無恙也。

《魏志·管寧傳》："太僕陶丘一等薦寧曰：'優賢揚歷，垂聲千載。'"裴松之注曰："今文《尚書》曰：'優賢揚歷。'謂揚其所歷試。"玉裁按：裴氏於此篇"鳴鳥弗聞"引《尚書》"《君奭》曰"云云、"鄭玄曰"云云，於"命東序之世寶"引《尚書》"《顧命》曰"云云、"注曰"云云，於《武帝紀》亦言"《文矦之命》曰""《盤庚》曰"，而此條獨分別之云"今文《尚書》曰"，然則《君奭》《顧命》《文矦之命》《盤庚》皆爲古文《尚書》可知矣。漢魏人於夏矦、歐陽，曰"《尚書》"；於孔壁則分別之，云"古文《尚書》"。范氏《後漢書》體例尚如此，裴氏正與相反。蓋古文《尚書》盛行，遂易其偁焉爾，但言"今文《尚書》曰"而不言何篇，略之也。裴氏時歐陽、夏矦書已亾，度裴所引即《魏都賦注》，故兼引賦語以足之。《賦注》："歷，試也。"此今文家語，裴演之曰："謂揚其所歷試。"或系諸鄭注，誤矣。

漢《咸陽①令唐扶頌》："優賢颺歷。"《國三老袁良碑》："優臤之寵。"此皆用今文《尚書》也。《說文》曰："臤，古文以爲賢字。"

罔罪爾衆，爾無共怒，協比讒言予一人。古我先王，將多于前功，適于山，用降我凶德，嘉績于朕邦。

石經《尚書》殘碑："凶德綏績。下闕。"此今文《尚書》也，"嘉"作"綏"。

———————

①咸陽：據李文，當爲"成陽"。

今我民用蕩析離居，罔有定極。爾謂朕曷震動萬
民以遷，

石經《尚書》殘碑：“今爾惠朕闕一。祗動萬民叺遷肆上。下
闕。”此今文《尚書》也，多“今”字，“謂”作“惠”，“震”作“祗”。
《東觀餘論》亦載“爾惠朕曷祗動萬民以遷”十字，“曷”字洪氏
所無，疑黄氏肌補。凡“曷”字，古、今文《尚書》皆作“害”，其作
“曷”者皆後人所改。《匡謬正俗》引《多方》“害弗夾介”，古文
之證也。王莽《大誥》“曷”皆作“害”，今文之證也。伯思偶補
一字而適誤，學古之當審慎如是。

《般庚》“曷”字四見，皆本作“害”。《釋文》“曷，何末反”，
乃“害，何末反”之改也。

肆上帝將復我高祖之德，亂越我家。朕及篤敬，
共承民命，

“共”，傳訓“奉”，衞包妄改爲“恭”字，陳鄂又删《釋文》
“共音恭”之語，而古義蕩然矣。《史記·屈原賈誼列傳》：“共
承嘉惠兮，俟罪長沙。”亦如此解。《漢書·賈誼傳》作“恭”，張
晏訓“恭”爲“敬”，自是《史》《漢》之不同。裴駰於《史記》引晏
注，非也。《史記》全書凡“恭敬”字皆從心，不作“共”。

用永地于新邑。肆予沖人，非廢厥謀，弔由靈。

《説文》二篇《辵部》曰：“迅，至也。从辵弔聲。”古字“弔”與
“迅”同也。《正義》曰：“弔，至。靈，善。皆《釋詁》文。”浦氏鏜
云：“‘靈、善’不見於《釋詁》。”玉裁按：今《爾雅》作“令，善也”，
《鐘鼎款識》多以“霝冬”爲“令終”，安知唐初《爾雅》本“令”不作
“靈”乎？又安知不“令、靈”皆有而脱“靈”字乎？孔沖遠等所據
本未必與陸德明本同，鄭氏箋《詩》亦云“靈，善也”。

## 各非敢違卜，用宏茲賁。

《釋詁》云：“宏、墳，大也。”《尚書》作“賁”，傳亦訓“大”，“賁”與“墳”同也，衛包不改“賁”爲“墳”，則古文《尚書》亦有幸不罹厄之字。

## 烏呼！邦伯、師長、百執事之人，尚皆隱哉！

“隱”，孔傳云：“相隱括共爲善政。”《正義》云：“‘隱括’必是舊語，不知本出何書。”惟引《公羊序》：“隱括，使就繩墨焉。”玉裁按：“隱括”即“櫽栝”也。《説文》六篇《木部》：“栝，櫽也。從木昏聲，一曰矢栝，築弦處。”“築”字不可通，當作“櫽”，或作“隱”。古多以“隱”爲“櫽”，《方言》：“所以隱櫂謂之籆。”郭注：“搖楠小橛也。江東又名爲胡人。”按：“楠”，以索繫於籆而後可打<sub>音“頂”</sub>，是籆者所以櫽其櫂也。<sub>“籆”即今之“篗”字，如“檣”即今之“篙”字也，《莫愁曲》云“艇子打兩槳”，本謂小橛，近人乃呼楠爲槳，古今轉移多類此。</sub>矢栝者所以櫽弓弦之處，凡矢端爲牝令可受弦，弦隱於其閒。《釋名》曰：“矢末曰栝。栝，會也，與弦會也。”“栝旁曰叉，形似叉也。”叉即謂其牝，成國細分之耳。《禮記·緇衣》引：“《大甲》曰：‘若虞機張，往省括于厥度則釋。’”字從扌，同音也。或從竹作“筈”。古“安穩”字不作“穩”，又不作“櫽”，而作“隱”。《尚書》“綏爰有衆”，鄭注曰：“安隱于其衆也。”梵書云“富樂安隱”，凡物未有不櫽栝而能安者。《尚書大傳》：“子贛曰：‘夫櫽栝之旁多曲木，良醫之門多疾人，砥礪之旁多頑鈍。’”櫽栝者，所以矯制曲木之具。《荀子·大略篇》：“大山之木示諸櫽栝。”《晏子春秋》亦云“隱揉”。籆之於櫂，箭筈之於弦，憂患之於人，皆有節制之用。《孫卿子·議兵篇》：“劫之以勢，隱之以阨，阨而用之，得而後功之。”此“隱”讀爲“櫽”。《刑法志》：

"隱之以勢①。"臣瓚曰:"秦政急峻,隱括其民於隘狹之法。"此
說是也。《説文》言"檃栝"者,舉矯曲木之械言之;言"矢栝隱
弦處"者,偏舉矢栝言之,義之展轉引伸者也。

## 予其懋簡相爾,念敬我衆。朕不肩好貨,

　　石經《尚書》殘碑:"乘哉,予其勖蕳相爾,念敬我衆朕不
<sub>下闕</sub>。"此今文《尚書》也,"隱"作"乘","懋"作"勖"。

## 敢共生生,

　　"共",孔訓"奉",衞包改爲"恭"。

## 鞠人謀人之保居,敘欽。今我既羞告爾于朕志,若否,罔有弗欽。無總于貨寶,生生自庸,式敷民德,永肩一心。

---

①勢:據李文,當作"陃"。

# 古文尚書撰異卷九

## 高宗肜日第九　　商書

《爾雅·釋天》："繹，又祭也。周曰繹，商曰肜。"孫炎曰："祭之明日，尋繹復祭。肜者，相尋不絕之意。"玉裁按：《周頌·絲衣》詩箋作"融"，不作"肜"。見《釋文》。張平子《思玄賦》"展泄泄以肜肜"，李善注云："《左傳》'其樂也融融'，'融'與'肜'古字通。"《後漢書·馬融傳》"豐肜對蔚"，"豐肜"即"豐融"也。攷《方言》："修、駿、融、繹、尋、延，長也。"祭而又祭，正是"長"誼，但"肜"字未審其部居。《玉篇》《五經文字》皆云"从舟"，即"丑林切"之"肜"字也。《集韵·一東》引李舟《切韵》云："從肉。"玉裁謂皆非也。從肉既無據，從舟亦音韵絕遠，蓋即《說文·丹部》之"肜"字。肜，徒冬切，叠韵又爲"融"音，同部假借。壁中《商書》固然，而《爾雅》釋之，轉寫小差，如"般"字亦譌作"股"之類，無煩議改"肜"爲"融"也。唐石經《尚書》《爾雅》字皆作"肜"，《五經文字·舟部》之"肜"①也。張參曰："石經變'舟'作'月'，變'肉'作'月'。"
高宗肜日，越有雊雉。

---

①肜：原作"肜"，今改。

《爾雅·釋詁》:"粤、于、爰,曰也。""爰、粤,于也。""爰、粤、于、那、都、繇,於也。"《尚書》有"越"無"粤",凡"越"必以"於"訓之,"于""於"古今字也。玫魏三體石經遺字蘇望所摹刻,見於《隸續》者,《大誥》作"粤兹截"①,《文矦之命》作"粤"。小、大許君《説文》引《周書》"粤三日丁亥",然則古文《尚書》作"粤"不作"越"。《詩·周頌》"對越在天",毛傳:"越,於也。""越"以同音假借。蓋古文《尚書》別本作"越",未必衛包所改也。

## 祖己曰:"惟先格王,正厥事。"

《漢書·孔光傳》對日蝕事曰:"《書》曰:惟先假王,正厥事。言異變之來,起事有不正也。"

《後漢書·律厤志》元和二年二月下詔,引《書》:"惟先假王,正厥事。"

《漢書·外戚傳》:"上採劉向、谷永之言,報許皇后,曰:《書》云:高宗肜日,粤有雊雉,祖己曰:惟先假王,正厥事。"

## 乃訓于王,曰:"惟天監下民,典厥義。降年有永,有不永,非天夭民,民中絶命。民有不若德,不聽罪,天既孚命正厥德。

《漢書·匡張孔馬傳》孔光引《書》曰:"'天既付命,正厥德。'言正德以順天也。"玉裁按:此今文《尚書》也,《隸釋》載漢石經《尚書》殘碑亦作"天既付"可證。《史記·殷本紀》作"天既附命正厥德","付""附"蓋古今字,音義皆同。裴駰《集解》輒引孔傳"天以信命正其德","信"自訓"孚",不訓"附"也。《索隱》曰:"附,依《尚書》音孚。"皆未知古文、今文之不必同耳。

--------

① 截:原作"戠",今改。

《隸釋》:"《尚書》:民中絶命,民有不若德,不聽闢,天既付。孔作'孚'。下闕。"玉裁按:《隸釋》俗本改"付"爲"孚",改"孔作孚"爲"孔作字"。

# 乃曰:'其如台?'

"如台",《殷本紀》作"奈何","台"訓"何",不訓"我"也。

# 烏呼! 王司敬民,

"司",《殷本紀》作"嗣",此今文《尚書》也。《九經古義》曰:"古'嗣'字皆省作'司'。《高宗肜日》'王司敬民',《史記》作'王嗣敬民'。呂大臨《考古圖》載《晉姜鼎》云:'余惟司朕先姑。'《集古録》、劉原父皆釋'司'爲'嗣',是'司'爲古文'嗣'。"

# 罔非天胤,典祀無豐于尼。"

《釋文》:"尼,女乙反。《尸子》云:'不避遠尼。'尼,近也。又乃禮反。馬云:'尼,考也,謂禰廟也。'"開寶前未改本如是,馬謂"尼",是"禰"之假借也。

《正義》曰:"《釋詁》云:'即,尼也。'孫炎曰:'即,猶今也。'尼者,近也。郭璞引《尸子》曰:'悦尼而來遠。'是'尼'爲'近'也。"按:此可證經文作"尼"、傳文作"尼,近也",《正義》引《釋詁》疏之,所謂古文讀應《爾雅》也,其下文云"'尼'與'昵'音義同",則《正義》謂"尼"同"昵"以曉晚近。假令經傳作"昵",何必爲此詞費哉?《尚書》及《釋文》經天寶、開寶改竄,而《正義》有由舊相矛盾者,如此篇"尼"字、《梓材》"斁"字、《文侯之命》"旅"字、《秦誓》"員"字、《牧誓》"御"字、《禹貢》"旄"字之類是也。

《群經音辨》曰:"尼,近也,乃禮切。《書》:'祀無豐于尼。'又女乙切。"玉裁按:《尚書》本作"尼",衛包改作"昵",開寶間改《釋文》之"尼"爲"昵",賈氏據未改之《釋文》爲此條。《集韵·五質》:"尼,近也。"又《十一薺》:"昵,近也,通作尼。"此皆本《尚書》《爾雅》音義也。

"無豐于尼",《殷本紀》作"毋禮于弃道",此今文《尚書》也。《集解》用孔傳,誤。

《殷本紀》曰:武丁祭成湯,明日,有飛雉登鼎耳而呴。武丁懼,祖己曰:"王勿憂,先修政事。"祖己乃訓王:"惟天監下,典厥義。降年有永,有不永,非天夭民,中絕其命。民有不若德,不聽罪,天既附命正厥德,乃曰其奈何。嗚呼!王嗣敬民,罔非天繼,常祀,毋禮于弃道。"

# 古文尚書撰異卷十

## 西伯戡黎第十　　商書

### 西伯既戡黎，

《釋文》曰："伯，亦作柏。"惠氏定宇曰："郭璞《穆天子傳》注云：'古伯字多从木。'"玉裁按：《漢書·古今人表》"伯"字皆作"柏"。

《釋文》曰："戡，音堪。《説文》作'弐'，云：'殺也。'以此'戡'訓'刺'，音竹甚反。"玉裁按：《説文》十二篇《戈部》曰："弐，殺也。从戈今聲。《商書》曰：'西伯既弐黎。'"蓋壁中本作"弐"，後易爲"戡"，或易爲"堪"，如《左傳·昭廿一年》："王心弗堪。"《漢書·五行志》作"王心弗弐"。甚聲、今聲古音同在第七部。非"弐"爲本義，"戡""堪"爲假借也。《爾雅·釋故》曰："堪，勝也。"郭注引《書》"西伯堪黎"、《尚書正義》引《爾雅》作"戡"。古音"勝任"之"勝"與"勝敗"之"勝"不分平去，合"克堪用德""戡定厥功""惟時二人弗戡"讀之可見。《文選》謝靈運《述祖德詩》李注引孔安國《尚書》傳曰："龕，勝也。"疑李所據《尚書》作"龕"。然玫謝玄暉詩"西龕收組練"，李注云："《尚書序》曰：'西伯戡黎。'孔安國曰：'戡，勝也。''戡'與'龕'音義同。"據此則《述祖德詩》注不若此之分明，唐初《尚書》本固皆作"戜"也。

　　"黎"，《説文》作"䣝"，六篇《邑部》曰："䣝，殷諸矦國，在上黨東北，从邑称聲。'称'，古文'利'。《商書》：'西伯戜䣝。'"玉裁按：《説文》此"戜"字蓋本作"戜"，《戈部》"黎"字蓋本作"䣝"，皆後人改也。古文《尚書》作"䣝"，後易爲"黎"。今文《尚書》作"耆"，亦作"飢"，亦作"阢"，《尚書大傳·殷傳》曰："西伯戜今刊本作'戜'，當是惠氏所改。耆。"《周傳》曰："文王受命，五年伐耆。"《史記·殷本紀》曰："西伯伐飢國，滅之。"徐廣曰："飢，一作阢，又作耆。"《周本紀》曰："明年敗耆國。"徐廣曰："耆，一作阢。"此皆今文《尚書》之證也。

## 祖伊恐，奔告于王，曰："天子，

　　《殷本紀》無"天子"二字。

## 天既訖我殷命。格人元龜，罔敢知吉。

　　王符《潛夫論·卜列篇》云："《尚書》曰：'假爾元龜，罔敢知吉。'""格人"作"假爾"，此蓋即如《禮記》"假爾大龜有常"之訓，疑今文《尚書》本然。然《史記》作"假人"，《論衡·卜筮篇》曰："紂，至惡之君也，當時災異絫多，七十卜而皆凶，故祖伊曰：'格人元龜，罔敢知吉。'賢者不舉，大龜不兆，災變亟至。"仲任以"賢者"訓"格人"，則今文《尚書》與古文《尚書》同也。"爾"字恐有誤。"假""格"古通用。

　　徐廣《史記注》曰："元，一作卜。"

## 非先王不相我後人，惟王淫戲用自絶，

　　"戲"，《殷本紀》作"虐"。

## 故天棄我，

　　"棄"，唐石經及《史記》作"弃"，皆唐避"世"字也。

# 不有康食,不虞天性,

《殷本紀》"不虞知天性",今文《尚書》多"知"字也。王氏鳳喈云:"瓤僞孔傳文,似僞孔本亦有'知'字。"玉裁按:非也。僞孔竊取《史記》爲注耳。

# 不迪率典。今我民罔弗欲喪,

《論衡·藝增篇》曰:"《尚書》曰:'祖伊諫紂曰:"今我民罔不欲喪。"'罔,無也。我天下民無不欲王凶者,夫言欲王之凶,可也;言無不,增之也,欲以懼紂也,故曰:語不益,心不惕;心不惕,行不易。"玉裁按:"弗",今文《尚書》作"不"。

# 曰:'天曷不降威?'大命不摯,

《釋文》曰:"摯,本又作'贄'。"

《説文》十二篇《女部》曰:"贄,至也。从女執聲。《周書》曰:'大命不贄。'讀若摯,同。"玉裁按:"《周書》"當爲"《商書》"之誤。"贄,執聲",今本《説文》誤作"贄,執聲",非也,執聲在古音第十五部,執聲則在古音第七部。壁中本作"贄",後易爲"摯",《殷本紀》作"至",故訓字也,又詳《堯典》。

唐石經旁添"胡"字於"命不"之間,據《説文》則不應有也。《殷本紀》作"大命胡不至",後人依《史記》增入《尚書》耳。

# 今王其如台?"

"如台",《殷本紀》作"奈何",故訓字也。

# 王曰:"烏呼! 我生不有命在天?"祖伊反,

《説文》二篇《辵部》曰:"返,還也。从辵反,反亦聲。《商書》曰:'祖伊返。'"玉裁按:今本《説文》"伊"誤作"甲",惟《集韻》所引不誤。"返""反"古通用。

# 曰:"烏呼! 乃罪多參在上,

玉裁按:《釋文》:"參,七南反。馬云:'參字累在上。'"此條蓋經開寶中改竄,致文理不通,絕不可解。《玉篇·厽部》云:"厽,力捶切,累墼爲牆壁也。《尚書》以爲'參'字,七貪切。"《玉篇》所云正謂《商書》此字,此未經孫強輩改竄處也。蓋《尚書》本作"厽",而孔讀爲"參"。《釋文》當云:"厽,七南反,馬'力捶反',云:'累也,罪多累在上。'"未改本約當如是,所以知者,顧野王亦據孔本,陸氏《音義》依孔作,首條必孔説也,馬、鄭音義異則兼載之,其條例云"馬、鄭所有同異,今亦附之音後"是也,馬與孔同讀"參"則必不載,故知馬以"累"訓"厽",讀"力捶反","厽""絫"古通用,"積累"字古多作"絫",而作"累"乃俗字。《汗簡》《古文四聲韵》皆云"絫"字見石經《尚書》。《戡黎篇》字作"厽",甚協,謂爾罪多積絫如丘山,腥聞在上也。《經典釋文》經天寶、開寶妄改,迄今千餘年,遥游正之。《尚書後案》則多誤會。

又案:孔傳當有"厽讀爲參"之語,如"鳥讀爲㝹"之比,此等疑衛包併删之。

《群經音辨》:"絫,劣僞切。"引《書》"終絫大德"。此用未改《釋文》也。凡古"積累"上聲、"負累"去聲字本皆作"絫"。"絫"古音在十六部,"纍"古音在十五部。後人改"絫"作"累",或疑"累"爲"纍"之省,此大誤也。

《唐紀①》:"高祖武德四年,鑄開元通寶,徑八分,重二銖四,參積十錢重一兩,葉氏大慶《古今質疑》②曰:'當作積十二錢。'得輕重大小之中。"沈存中《筆談》曰:"'參'乃'絫'字傳寫之誤。"

---

①紀:底本作"記"。
②《古今質疑》:據李文,當爲《考古質疑》。

乃能責命于天。殷之即喪,指乃功,不無戮于爾
邦。"

《殷本紀》曰:"西伯伐飢國,滅之。<small>徐廣曰:'飢,一作阢,又作耆。'</small>
紂之臣祖伊聞之而咎周,恐,奔告紂曰:'天既訖我殷命,假人元
龜,<small>徐廣曰:"元,一作卜。"</small>無敢知吉,非先王不相我後人,惟王淫虐用
自絕,故天弃我,不有安食,不虞知天性,不迪率典。今我民罔
不欲喪,曰:"天曷不降威,大命胡不至?"今王其奈何?'紂曰:
'我生不有命在天乎?'祖伊反,曰:'紂不可諫矣!'"

# 古文尚書撰異卷十一

## 微子第十一　　商書

微子若曰："父師、少師,

古文《尚書》"父師",今文《尚書》作"大師"。

《漢書·禮樂志》説殷紂時樂官師瞽抱其器而犇散,或適諸侯,或適河海,此謂《論語·微子篇》"大師摯適齊"云云也,故《古今人表》大師摯、亞飯干、三飯繚、四飯缺、鼓方叔、播鼗武、少師陽、擊磬襄皆系之殷辛時,而《尚書·微子篇》"父師、少師",《史記》作"大師、少師",《宋世家》於比干死之後云:"大師、少師乃勸微子去。"則少師非比干、大師非箕子甚明。《殷本紀》亦云:"微子與大師、少師謀去,而比干剖心,箕子爲奴,殷之大師、少師乃持其祭樂器奔周。"《周本紀》又云:"紂昏亂暴虐滋甚,殺王子比干,囚箕子,大師疵、少師彊抱其樂器而犇周。"是則大師、少師爲殷之樂官,即大師摯、少師陽也。摯即疵,陽即彊,音皆相近,惟傳聞異辭,則載所如不一,而其事則一,此今文《尚書》説也。古文《尚書》説乃云父師箕子、少師比干,鄭君、僞孔皆用此説。

江①沅案:"摯"字,《説文》从執,此又从埶,蓋兩存其體也。

───────────────

①江:據學海堂《清經解》本補。

殷其弗或亂正四方。

　　"或",《宋世家》作"有",今文《尚書》也,詳《無逸篇》。
"亂",《宋世家》作"治"。

我祖底遂陳于上。我用沈酗于酒,

　　"酗",《宋世家》作"湎"。《漢書·敘傳》:"班伯曰:'沈湎
于酒。'微子所以告去也。"亦作"湎"。

用亂敗厥德于下。

　　《宋世家》曰:"婦人是用,亂敗湯德于下。"蓋今文《尚書》
多三字,於"用"字句絶。

殷罔不小大,好草竊姦宄,卿士師師非度。凡有
辜罪,乃罔恒獲。小民方興,相爲敵讎。

　　"方興",今文《尚書》當是作"旁興",《宋世家》作"竝興"。
"竝"者"旁"之故訓也,古音"竝"讀如"傍"。

今殷其淪喪,

　　《宋世家》"淪"作"典",《索隱》云:"《尚書》'典'作'淪',
篆字變易,其義亦殊。"錢氏曉徵曰:"典,讀如殄。典喪者,殄
喪也。《攷工記》'輈欲頎典',鄭司農讀'典'爲'殄'。《燕禮》
'寡君有不腆之酒'注:'古文腆爲殄。'是'典''腆'與'殄'
通。"

　　"淪",《釋文》曰:"徐力允反。"《集韻》本之,上聲十七
"準"曰:"淪,纍尹切。《商書》:'商<sub>宋人謂殷字。</sub>其淪喪。'徐邈
讀。"凡《釋文》所載唐以前舊音,《集韻》蒐括無遺。案:郭氏
《佩觿》曰:"拾<sub>如字。</sub>音拾<sub>音涉。</sub>級,弟<sub>如字。</sub>曰弟<sub>音但。</sub>勞,辟<sub>如字。</sub>
爲辟<sub>頻世翻。</sub>席。其贅韵有如此者,諸家以經史借用字加陸氏
《切韵》本,爲王南賓存乂删之,點竄未盡,於今尚有。"據此知

陸氏《切韻》就其時南北所讀之音,切於詞人韵語者采讎成書,自是宜今,非以攷古也。後人指摘其與古音不合,是猶責裘以葛,殊不曉事。故諸家加字,王氏删之,乃至寶元《集韵》,凡經、史、子、集所有殊音,務囊括不漏,好奇者作韵語則皆用之,毋乃近於童牛角馬與!

## 若涉大水,其無津。

玉裁按:正文本無"涯"字,傳以"涯際"二字訓"津"字,淺人遂以"涯"字補入經文,此正如"亦言其有德",或依傳於"其"下增"人"字;"朕不敢有後",或依傳於"後"下增"誅"字;"又曰時予乃或言",或依傳於"言"上增"誨"字也。《正義》云:"其無津濟涯岸。"此依孔傳說"無津濟之涯岸",作《正義》時經文無"涯"字。《論語》"使子路問津",鄭注曰:"津,濟渡處。"《説文》曰:"津,水渡也。"《爾雅》曰:"析木謂之津。箕斗之閒,漢津也。"《尚書序》"師渡盟津",《正義》曰:"於盟地置津,謂之盟津。"見於史傳者,若延平津、靈昌津、黎陽津、小平津、白馬津、棘津、竇津、君子津,自古評可渡處謂之"津",不聞曰"涯"也。"涯"字古作"厓"。厓,山邊也,或加"水"旁,訓爲"水邊",僞孔傳以"津"訓"渡處","渡處"必在涯際,故釋經"無津"爲"無可渡之涯際",此以地言之。《史記》"津"作"舟航",則以器具言之。濟渡之地謂之津,則濟渡之舟航亦得謂之津也。《楚詞》"江河廣而無梁",語意略同。經文"津涯"二字非三代時文理,今删"涯"還舊。陸氏《釋文》"涯"字反語,自爲孔傳設,非爲經文設也。

釋玄應《衆經音義》卷十四①:"《尚書》曰:'涉水無津。'孔

---

安國曰：‘無涯際也。’”今版本譌爲：“《尚書》曰：‘池水無涯。’”

　　《宋世家》“若涉水無津涯”，徐廣曰：“一作‘涉水無舟航’。”玉裁按：作“舟航”者，蓋大史公述津之故訓。作“津涯”者，後人依《尚書》改《史記》也。《説文》：“灙，小津也。一曰：‘以船渡也。’”“灙”兼二義，則“津”字亦得兼二義。

# 殷遂喪，越至于今。”曰：“父師、少師，我其發出狂，

　　《宋世家》“狂”作“往”，《索隱》曰：“往，《尚書》作‘狂’，蓋亦今文《尚書》意異耳。”玉裁按：裴駰引鄭注曰：“紂禍敗如此，我其起作出往也。”《釋文》《正義》《索隱》皆不言鄭與孔異，蓋今文《尚書》作“往”，古文作“狂”，鄭從今文，讀“狂”爲“往”，與“告去”説合。

# 吾家耄，遜于荒。

　　《釋文》云：“耄，字又作旄。”

　　經文六字，《宋世家》作“吾家保于喪”。按：此今文《尚書》也，其字既異，其義亦殊。

　　僞《説命》曰：“既乃遯于荒野。”語本此。

# 今爾無旨告

　　“旨”，唐石經已下“旨”作“指”，以《大誥》“有旨”例之，當是本作“旨”而或加“手”旁耳，今更正。《宋世家》“指”作“故”。

# 予顛隮，

　　《説文》二篇《足部》曰：“躋，登也。从足齊聲。《商書》曰：‘予顛躋。汲古閣刊《説文》增“告”字於“予”字上。’”玉裁按：“躋”訓“登”，亦訓“隊”，俗作“墜”。猶“亂”之訓“治”、“徂”之訓“存”、

“苦”之訓“快”，皆窮則變、變則通之理也。“隮”者，“躋”之或體，而《説文》不收，此等要不必改“自”從足。《正義》引《昭十三年左傳》曰：“小人老而無子，知隮於溝壑矣。”陸德明本從手作“擠”，誤。

## 若之何其？

鄭注曰：“其，語助也。齊魯之閒聲如‘姬’。《記》曰：‘何居？’”玉裁按：《檀弓》“何居”注云：“居，讀如姬姓之姬。此‘讀如’今本皆誤作‘讀爲’，蓋自陸德明以下鮮知‘讀如’‘讀爲’之别矣。齊魯之閒語助也。”《列子·黄帝篇》：“姬！將告女。”“姬！魚語女。”“姬”即齊魯之閒語助。“魚”即“吾”字。《論語·陽貨篇》：“居！吾語女。”“居”亦“姬”聲，舊注非也。又按：《商書》存者七篇，而《湯誓》曰：“夏罪其如台？”《般庚上》曰：“卜稽曰：‘其如台？’”《高宗肜日》曰：“乃曰：‘其如台？’”《西伯戡黎》曰：“今王其如台？”《史記》“如台”兩作“奈何”。“台”之訓“何”，不見於《爾雅》而有徵可信，短言之則曰“如台”，長言之則曰“若之何其”，是《微子篇》亦有“如台”也，“何其”即“台”之反語。

## 父師若曰：“王子，天毒降災荒殷邦，

“毒”，《宋世家》作“篤”，二字同，訓厚也。惠氏定宇曰：“《平輿令薛君碑》又以‘竺’爲‘篤’，古‘毒’‘篤’‘竺’三字皆通。”錢氏曉徵曰：“《大宛傳》：‘其東南有身毒國。’即天竺也。竺，古‘篤’字。”

“荒”，《宋世家》作“凶”。“邦”，《宋世家》作“國”。

## 方興沈酗于酒，乃罔畏畏，咈其耈長舊有位人。

《説文》二篇《口部》曰：“咈，違也。从口弗聲。《周書》曰：

‘咈其耇長。’”玉裁按:“周”乃“商”之誤。

今殷民乃攘竊神祇之犧牷牲用,以容將食無災。降監殷民,用乂讎斂,

《釋文》曰:“讎,鄭音疇。馬本作‘稠’,數也。”玉裁按:依鄭音當是鄭亦讀“讎”爲“稠”也。《釋文》又曰:“斂,馬、鄭力豔反,謂賦斂也。徐云:‘鄭力劍反。’”玉裁按:“力豔”在去聲五十五“豔”,“力劍”在六十“梵”,宋人《集韻》“劍”字入於驗韵。

召敵讎不怠。罪合于一,多瘠罔詔。商今其有災,我興受其敗。

《説文》二篇《辵部》曰:“遐,數也。從辵具聲。《周書》曰:‘我興受其遐。’”玉裁按:“周”乃“商”之誤,壁中《尚書》“敗”字蓋皆如此作。

商其淪喪,我罔爲僕。

《釋文》曰:“臣僕,一本無‘臣’字。”玉裁按:無者是也。《毛詩》“景命有僕”,傳云:“僕,附也。”《説文》曰:“古文僕字,從臣作䑑。”恐此是古本作“䑑”,析爲二字也,今删“臣”字。

詔王子出迪,我舊云刻子,王子弗出,

《論衡·本性篇》云:“微子曰:‘我舊云孩子,王子不出。’紂爲孩子之時,微子睹其不善之性,性惡不出衆庶,長大爲亂不變,故云也。”玉裁按:此今文《尚書》“刻”作“孩”,其説如此也。但古文《尚書》此語出父師口,非微子之言也。仲任系諸微子,則疑今文《尚書》多“微子若曰”四字,如《咎繇謨》之多“舜曰”“禹曰”,下文“我不顧行遯”是爲微子自言其志,《宋微子世家》“大師若曰”已下無更端,箕子者、王子比干者云云,爲追敘語,於是大師、少師乃勸微子去,即上文之“終不得治,不如去遂

凵”也,蓋大史公用古文説,與仲任所據歐陽、夏矦《尚書》異。

我乃顛隮。自靖,

　　《釋文》曰:“靖,馬本作‘清’,謂絜也。今之‘潔’字。”

人自獻于先王,我不顧行遯。”

　　《釋文》曰:“顧,徐音鼓。”惠氏定宇曰:“《商詩》‘韋顧既伐’,《古今人表》作‘韋鼓’,是‘顧’有‘鼓’音。《緇衣》云:‘君子寡言而行,以成其信。’鄭注云:‘寡當爲顧,聲之誤。’是‘顧’有上聲。毛氏居正據宋《禮部韵》無上聲以駁徐邈,未之得也。”玉裁按:《伐木》二章、《小明》二章、《雲漢》四章,“顧”皆在上聲韵,今人自不知“庶”“助”等字古讀上聲耳,泥於韵書之四聲,猶泥於韵書之部分,皆學古之大障硋也。

　　《宋微子世家》曰:微子度紂終不可諫,欲死之,及去,未能自決,乃問於大師、少師曰:“殷不有治政,不治四方。我祖遂陳於上,紂沈湎於酒,婦人是用,亂敗湯德於下。殷既小大好草竊姦宄,卿士師師非度,皆有罪辜,乃無維獲,小民乃並興,相爲敵讎。今殷其典喪,若涉水無津涯。徐廣曰,一作‘涉水無舟航’。殷遂喪,越至于今。”曰:“大師、少師,我其發出往?吾家保于喪?徐廣曰,一云‘於是家保’。今女無故告予,顛躋,如之何其?”大師若曰:“王子,天篤下菑凵殷國,乃毋畏畏,不用老長。今殷民乃陋淫神祇之祀。徐廣曰,一云‘今殷民侵神犧’。又,一云‘陋淫侵神祇’。今誠得治國,國治身死不恨。爲死,終不得治,不如去遂凵。”此五字爲一句。

# 古文尚書撰異卷十二

## 牧誓第十二　　周書

時甲子昧爽，王朝至于商郊牧野，乃誓。

　　《大雅·大明》鄭箋云："《書·牧誓》曰：'時甲子昧爽，武王朝至于商郊牧野，乃誓。'"玉裁按："武"字未必鄭所加，史臣追加之。如《湯誓》史臣追加"王"字也。《詩·閟宮》正義引此序亦有"武"字。《樂記》注："《牧誓》曰：'至於商郊牧野。'"

　　《詩·大明》"矢于牧野"，《正義》曰："《牧誓》云：'至于商郊牧野，乃誓。'《書序注》云：'牧野，紂南郊地名。《禮記》及《詩》作坶野，古字耳。'"玉裁按：此十七字皆鄭注也，其下文云"今本又不同"者，《正義》謂"今本《詩》與《禮記》也"，此可證鄭本《尚書》作"牧"不作"坶"。許君《説文·土部》"坶"字下云："朝歌南七十里地。"引《周書》"武王與紂戰于坶野"，此乃壁中原文，子國以今文字讀之，改爲"牧"，而所傳之本因之"坶""牧"不一，如《周官》之有故書，《儀禮》之有古文、今文也。徐邈"牧一音茂"者，正爲《字林》"坶音母"比傅爲之，相傳舊音也。

　　"坶"一作"坶"，此乃體之小異耳，"每"亦"母"聲也，若《玉篇》云："坶，古文《尚書》作'坶'。"此則宋陳彭年輩重修之語。所謂古文《尚書》者，謂郭忠恕爲之《釋文》，傳至宋次道、王仲至、晁公武者耳。

## 王左杖黄戉，右秉白旄以麾，

《釋文》曰："鉞，本又作戉。"玉裁按：作"戉"者是也，今從之。《説文》十二篇："戉，大斧也。从戈ㄴ聲。《司馬法》曰：'夏執玄戉，殷執白戚，周左杖黄戉，右秉白髦。'"

## 曰："遏矣，西土之人。"

《爾雅·釋故》："遏，遠也。"郭注："《書》曰：'遏矣，西土之人。'"《北齊書·文苑傳》顔之推《觀我生賦》曰："遏西土之有衆。"《文選》李善注兩引《書》皆作"遏"，是唐初本尚作"遏"，衛包據《説文》"逖"爲今字、"遏"爲古字改之，而開寶閒又改《釋文》也，今更正。

## 王曰："嗟！我友邦冢君，

《周禮·大宗伯職》注："武王誓曰：'我友邦冢君。'"玉裁按：此用《牧誓》文也。賈公彦疏系之《泰誓》，誤。

《史記·周本紀》"友邦"作"有國"，今文《尚書》也。

## 御事：司徒、司馬、司空、亞旅、師氏、千夫長、百夫長，及庸、蜀、羌、髳、微、盧、彭、濮人。

"盧"，《史記·周本紀》作"纑"。

## 稱爾戈，比爾干，立爾矛，予其誓！"

《爾雅·釋言》："俑，舉也。"郭注："《書》曰：'俑爾戈。'"玉裁按：今本《尚書》作"稱"，此正如《春秋·宣十六年左氏傳》"禹俑善人"見於《玉篇》者，此古本也。改作"禹稱"者，俗本也，蓋亦衛包所改。

又按:《説文・序》云其"偁《易》孟氏","子"字下云"人以爲偁",是漢人"稱謂"字皆作"偁"。《周書》"偁爾戈",東晉時本尚如此。

## 王曰:"古人有言曰:'牝雞無晨,

《釋文》:"牝,頻忍反,徐又扶死反。"按:未改《釋文》當如是。如《月令》"遊牝"、《鄘風》"騋牝"皆云"徐扶死反"可證也。開寶閒不知古音,乃改云"頻引反,徐又扶忍反",其可笑如此。

## 牝雞之晨,惟家之索。'今商王受,惟婦言是用,

《列女傳》七篇曰:"《書》曰:'牝雞無晨,牝雞之晨,惟家之索。'"

顧氏亭林曰:"唐石經'惟婦言是用','是'字旁注。"

《五行志》:"昔武王伐殷,至于牧壄,誓師曰:'古人有言曰:"牝雞無晨,牝雞之晨,惟家之索。"今殷王紂惟婦言用。無"是"字。'"

玉裁按:"受"作"紂"者,今文《尚書》也。《周本紀》亦作"紂"。

玉裁按:凡今文《尚書》作"紂",凡古文《尚書》作"受"。《史記》《漢書》無言"受"者。《正義》曰:"鄭君云:紂,帝乙之少子,名辛,帝乙愛而欲立焉,號曰'受德',時人傳聲轉作'紂'也。史掌書,知其本,故曰'受'。"此鄭君尊用古文,謂今文非是也。僞孔傳云:"受,紂也。"音相亂,本鄭注也。馬融云:"受讀曰紂。"此依今文爲注也。又云:"或曰受婦人之言,故號曰'受'也。"此馬廣異聞也。"紂"與"受"非名也,據馬、鄭云"號

曰受"，"號"與"名"不同。《史記》云："帝辛，天下謂之紂。"亦
謂天下號以"紂"耳。"紂"猶"亂"也，"紂"與"討"同部，討，襍
也。《謚法》云："殘義損善曰紂。"則周公以後因商紂立此文，
紂本非謚也。

又按：《周書·克殷解》："尹逸筴曰：'殷末孫受德。'"孔
注："受德，紂字也。"似鄭云"号受德"所本。然《周本紀》錄
《周書》作"殷之末孫季紂"，恐"受德"字未可信。《立政》"桀
德""受德"一例，不得云"桀德"為号也。

《詩·大明》正義引鄭注《書序》云："微子啓，紂同母庶兄。
紂之母本帝乙之妾，生啓及衍，後立為后，生受德。"此鄭注全本
《吕覽》。《吕覽·仲冬紀》："紂之同母三人，其長曰微子啓，其
次曰中衍，其次曰受德。受德乃紂也。"《周書·克殷解》"殷末
孫受德"，《史記》作"殷末孫季紂"，然則吕氏"受德"之説未可
深信。舍古文《尚書》而外，他書皆言"紂"，不言"受"，同音異
字耳。惟《史記·周本紀》云"貶從殷王受"，此語在《周書·度
邑解》："故作殷王紂。"又按：《檀弓》："微子舍其孫腯而立
衍。"閻氏百詩云："衍，必微子嫡子之弟。"此説極是。必如此而
後，《檀弓》可通。《漢書·古今人表》於第四等有微中，在膠鬲、
商容、師涓之閒；於第五等有宋微中，注云"啓子"，在叔虞子、熊
繹子、伯禽子之閒。然則四等之微中實啓弟，與五等之宋微中啓
子者別也。自漢時説微仲，固或以為啓子，或以為啓弟，故孟堅
兩存之。吕氏云"長曰微子，次曰中衍"者亦未必是。

## 昏棄厥肆祀，弗答；昏棄厥遺王父母弟，不迪；

"棄"，唐石經作"弃"，因中似"世"字，避從古文也。

"王父母弟"，《隸釋》載漢石經殘碑作"任父母弟"，未知今

文家説如何也。攷《周本紀·牧誓》亦作"王"。漢時民閒所得《大誓》，大史公徵引之有曰"離逷其王父母弟"，《集解》引鄭注云："王父母弟，祖父母之族必言母弟，舉親者言之也。"以此證之，作"王"爲允。

《周本紀》："昏弃其家國，遺其王父母弟不用。"今文《尚書》多"家國"二字斷句。

## 乃惟四方之多罪逋逃是崇是長，是信是使，是以爲大夫卿士，俾暴虐于百姓，以姦宄于商邑。

《漢書·敘傳》班伯對上曰："《書》云：'迺用婦人之言。'"師古曰："今文《尚書·泰誓》之辭。"《漢書·谷永傳》："《書》曰：'迺用婦人之言，自絕于天，四方之逋逃多罪是宗是長，是信是使。'"玉裁按：永此引《書》共廿五字，上十字師古曰"此今文《泰誓》之辭"，下十五字師古云"亦《泰誓》之辭"也，此正分別謂此十五字非《牧誓》之辭，以其上文十字出今文《泰誓》，則知其連引之十五字不更端者，亦出今文《泰誓》而非《牧誓》也。今文《泰誓》小顔時現存，何至憒憒指《牧》爲《泰》？惠氏定宇譏之誤矣。上十字見《周本紀》所引《泰誓》，下十五字《周本紀》存之於《牧誓》，而《泰誓》則去之。

《漢書·五行志》曰：成帝永始二年二月癸未夜，星隕如雨。谷永對曰："《書》云：'乃用其婦人之言，四方之逋逃多罪是信是使。'"師古曰："《周書·泰誓》也。"按：此益可證《谷永傳》注非誤，此文從節也。《志》與《傳》所對是一事，《傳》但云："時有黑龍見東萊，上使問永，永對：'元年九月黑龍見，今年二月己未夜，星隕如雨。'"然則實因"星隕"有此對，上文云因黑龍而問永,誤矣。《成帝紀》亦云:"永始二年二月癸未夜,星隕如雨。"與《志》合,則《傳》稱"己未"誤。

王伯厚《漢藝文志攷》舉漢儒所引異字,以"乃用其婦人之言"爲《牧誓》之異文,誤也。

又按:谷永所引《泰誓》"是宗是長",宗,尊也。《牧誓》孔傳"崇"亦訓"尊",豈古本亦作"宗"歟?

## 今予發,惟共行天之罰。

《甘誓》"共行天之罰",傳云:"共,奉也。"凡"奉"之訓,其字皆作"共"而同"供",可音"恭",不與"恭"同也。此《牧誓》語與《甘誓》同,故孔無傳。衞包改"共"爲"恭",開寶閒又將《釋文》"共音恭"之語删去矣。凡古言"共行天罰"者,皆謂奉行天罰。《史記》《漢書》皆作"共",或作"龔"以別之,如班固《東都賦》、高誘《呂覽》注、孫盛論吳主、鍾士季《檄蜀》,皆作"龔"。龔者,給也,與"供"皆得訓"奉","共"可讀爲"供"與"龔",而不可讀爲"恭"也。凡言"讀爲""讀曰"者,皆漢人注經易其字之例,非如"讀如""讀若"之擬其音也。《漢書·翟方進傳》兩言"共行天罰",師古皆云"共讀曰恭",是其誤始於小顏,而衞包因之竄改聖經,放棄古義矣。孟堅果以"共"同"恭",則其所作賦何以云"龔行天罰",不作"恭"乎?

## 今日之事,不愆于六步、七步,乃止齊焉。夫子,勖哉! 不愆于四伐、五伐、六伐、七伐,乃止齊焉。勖哉,夫子!

《樂記》注:"一擊一刺爲一伐。《牧誓》曰:'今日之事,不過四伐、五伐。'"此鄭以"過"釋"愆"也。

《藝文類聚》五十九:"《尚書》曰:'今予發,維恭行天之罰。今日之事,弗愆于六步、七步,乃止齊焉。夫子,勖哉!弗愆于四伐、五伐、六伐、七伐,乃止齊焉。'"玉裁按:"共"作"恭",誤字也。兩"不愆"字皆作"弗愆"。"弗"勝於"不"。"弗"字至"焉"字爲一句,戒之也。"愆"者,"愆"之籀文。歐陽信本所據,蓋善本也。足利古本上"不"字作"弗"。

《説文》十三篇《力部》曰:"勖,勉也。从力冒聲。《周書》曰:'勖哉,夫子。'"玉裁按:古音"冒""勖"皆讀如"茂",是以《般庚》"懋建大命"今文作"勖建",《顧命》"冒貢"馬、鄭、王作"勖贛"也。"勖"讀"許玉反"非古音。

## 尚桓桓,

《説文》十篇《犬部》"狟"字下曰:"犬行也。从犬亘聲。《周書》曰:'尚狟狟。'"玉裁按:此壁中原文,子國既以今字讀之,改同《詩·頌》《爾雅》之"桓桓"矣,而許君存其故書所作於此。《爾雅》:"桓桓,威也。"其字本無正字,故或借犬行之"狟",或借亭郵表之"桓"也。

## 如虎如貔,如熊如羆,于商郊!

《上曲禮》"前有摯獸,則戴貔貅"注:"《書》曰:'如虎如貔。'"《説文》九篇《豸部》曰:"貔,豹屬,出貉國。从豸毘聲。《詩》曰:'獻其貔皮。'《周書》曰:'如虎如貔。'貔,猛獸。"玉裁按:此皆引古文《尚書》也,許引《書》而釋之曰"猛獸"者,古文家説也。

"如虎如貔,如熊如羆",《周本紀》作"如虎如羆,如豺如離",此今文《尚書》與古文《尚書》大不同之一也。漢人皆習今文《尚書》,故班固《十八矦銘》曰:"休休將軍,如虎如羆。"《封

燕然山銘》曰："螭虎元士。"《典引》曰："虎離其師。《後漢書》作
'離',《文選》作'螭'。"杜篤《論都賦》曰："虓怒之旅,如虎如螭。"此
皆用今文《尚書》。而李善、李賢、章樵皆莫識其根據。攷《説
文》十四篇《内部》"离"字下曰："歐陽喬説,离,猛獸也。"江氏
叔澐《尚書集注》曰："《文選·西都賦》'拖熊螭',李善注引歐
陽《尚書》説,'螭,猛獸也',歐陽《尚書》説唐初已不存。李蓋
於各家注記得之,與《説文》引歐陽喬説正合,正《牧誓》説也。
喬蓋即《漢儒林傳》之歐陽高字子陽者,古'喬''高'通用。"玉
裁謂徐廣注《史記》云："離,音、訓竝與'螭'同。"此當云:"音、
訓竝與'离'同。""离"其正字也,"離""螭"皆其假借字也。
《考工記》鄭注:"贏①者,虎豹貔螭爲獸淺毛者之屬。"《左傳》
服注:"螭,或曰如虎而噉虎。"此皆猛獸之説也。《齊世家》及
《六韜》"非龍非彲","彲"則"螭"之别字也。"螭"之正訓,《説
文》説:"若龍而黄也,一曰無角曰螭。"《廣雅》云:"無角曰螭
龍。"一本作"虵龍"。鄭君注《五行傳》曰:"或曰:龍無角者,曰
蛇。"按:此"蛇"即"螭"字,"彲""虵""蛇"皆"螭龍"别字也。
猛獸,音呂支切;螭龍,音丑知切。

## 弗御克奔,以役西土。

今本"御"作"迓",此必天寶中衛包所改也,衛包見孔訓
"御"爲"迎"、《釋文》"御,五嫁反",乃改作"迓"。《説文》:
"訝,相迎也。""迓","訝"之或字也,俗閒但知"迓"訓"迎"矣,
古音"御""訝"同在"魚虞模"部,故多假"御"爲"訝",如《詩·
召南》"百兩御之",毛傳:"御,迎也。"《大雅》"以御于家邦",

①贏:當從"果"作"臝"。

毛傳:"御,迎也。"《曲禮》"大夫士必自御之",鄭注:"御,當爲
訝,迎也。"《列子·周穆王篇》"鄭人有薪于野者,遇駭鹿御而
擊之",殷敬順曰:"御,音訝,迎也。"然則孔必經文作"御"而訓
"迎"矣。《正義》曰:"王肅讀御爲禦。"《匡謬正俗》曰:"《牧
誓》'弗御克奔'。"然則唐初經文作"御"甚顯白。今本《釋文》
曰:"迓,五嫁反,馬本作'禦'。"此乃開寶中改竄之《釋文》,非
陸氏原書也。原書必當云:"御,五嫁反,馬本作'禦'。"蓋古"迎
訝"用"御"字,"彊禦""禦侮"亦用"御"字。僞孔訓"御"爲
"迎",鄭君、王子雍訓"御"爲"禦",馬本直作"禦",與《史記·周
本紀》合。經文作"御",故鄭、王與孔訓異。若本作"迓"字,則鄭
安得云"彊禦",馬安得云"禦"乎?《匡謬正俗》譏徐仙民音《牧
誓》之"御"爲"五所反"與孔傳不合,不知仙民意用馬、鄭、王義,
不從孔義也。自南朝以來,"駕御"字去聲,"彊禦""禦禦"字上
聲,"訝""迓"字"五嫁切",如約定俗成矣。《尚書·般庚》"御
續"、《雒誥》"御衡"皆徑改爲"迓",唐天寶之滅古如此。

《匡謬正俗》曰:"《牧誓篇》'弗御克奔,以役西土',孔安
國注云:'商衆能奔來降者,不迎擊之,如此則所以役我西土之
義。'徐仙民音'御'爲'五所反'。按:'御'既訓'迎',當音'五
駕反',不得音'禦'。《商書·盤庚》云'予御續乃命於天',
《詩·鵲巢》'百兩御之',訓解亦皆爲'迎',徐氏並作音'訝'。
何乃《牧誓》獨爲'禦'音?又與孔氏傳意不同,失之遠矣。"玉
裁按:仙民據孔傳作音義,音不與義協,故顏疑之。余向謂仙民
用馬融、鄭康成、王肅義作此音,非也,若爾,則當云"馬、鄭音
禦",他處可證。今音"御"字訓"迎"則"五駕切",訓"禦"則
"五所切",如字則"牛據切",古音"御"字在第五部,訓"迎"亦

讀“五所切”，即“迓”字，古音亦“五所切”也。仙民於《鵲巢》
《盤庚》“御”訓“迎”，皆音“五駕切”，於《牧誓》則音“禦”，蓋仙
民時今音已別，古音猶存，故有時兼採古音，亦使同音，而孔、
馬、鄭、王義俱可賅也。至唐人而專習今音，古音之學茫昧，治
經日以難矣。“牝”必音“扶死反”，亦是古音。

## 勖哉，夫子！ 爾所弗勖，其于爾躬有戮！”

《周本紀》曰：甲子昧爽，武王朝至于商郊牧野，乃誓。武王
左杖黃鉞，右秉白旄以麾，曰：“遠矣，西土之人！”武王曰：“嗟！
我有國冢君，司徒、司馬、司空、亞旅、師氏、千夫長、百夫長，及庸、
蜀、羌、髳、微、纑、彭、濮人，稱爾戈，比爾干，立爾矛，予其誓。”王
曰：“古人有言：‘牝雞無晨，牝雞之晨，惟家之索。’今殷王紂維婦
人言是用，自弃其先祖肆祀不答，昏弃其家國，遺其王父母弟不
用，乃維四方之多罪逋逃是崇是長，是信是使，俾暴虐于百姓，以
姦軌于商國。今予發維共行天之罰。今日之事，不過六步、七
步，乃止齊焉。夫子，勉哉！不過於四伐、五伐、六伐、七伐，乃止
齊焉。勉哉，夫子！尚桓桓，如虎如羆，如豺如離，于商郊，不禦
克犇，以役西土，勉哉，夫子！爾所不勉，其于爾身有戮！”

《隸釋》載漢石經《尚書》殘碑：“厥遺任父母弟，罘迪乃維
四方。下闕。罘衍于四伐、五伐、六伐、七伐，乃。下闕。”已上《牧
誓》篇二十四字，此今文《尚書》也，“王”作“任”，說見前。
“惟”作“維”，《匡謬正俗》所謂“古文皆爲‘惟’字，今文《尚書》
變爲‘維’也”，顏云今文《尚書》“惟”作“維”，“烏呼”作“於
戲”，此實親見漢石經拓本，惜其於《漢書》所偁用與古文大異
者，不知據石經證爲今文《尚書》耳。

《尚書大傳》，《大誥》在《金縢》之前，蓋今文《尚書》如是。

# 古文尚書撰異卷十三

## 洪範第十三　周書《春秋左氏傳》、許氏《說文》皆以爲《商書》。

惟十有三祀，王訪于箕子。

《漢書·律厤志》云：“《洪範篇》曰：‘惟十有三祀，王訪于箕子。’”《風俗通義·皇霸篇》：“《尚書》：‘惟十有三祀，王訪於箕子。’”

王乃言曰：

“乃”，《五行志》作“迺”。

“烏呼！箕子，

“烏”作“嗚”者，誤也。

惟天陰騭下民，

《呂氏春秋·君守篇》：“《鴻範》曰：‘惟天陰騭下民。’陰之者，所以發之也。”高注：“陰陽升陟也，言天覆生下民，‘覆’訓‘陰’，‘生’訓‘騭’，本馬融也。王者助天舉發，句絕。‘舉發’即經文‘騭’字之義。‘助天’云云，謂經下文‘相協厥居’。明之以仁義也。”按：“陰陽升陟也”當是“陰，覆。陟，升也”之誤，“騭”者“陟”之假借字，故注作“陟”。

《爾雅·釋詁》云："鷺,陞也。"馬融云："陰,覆也。鷺,升也。升猶舉也,舉猶生也。"應劭《五行志》注亦云："陰,覆也。鷺,升也。"《史記·宋世家》"鷺"作"定",王肅、僞孔傳因之。"鷺"不訓"定",疑今文《尚書》本作"質",故司馬訓爲"定"。

# 相協厥居,我不知其彝倫攸敘。"

"攸",《五行志》作"逌",下同。"逌"即《説文》"卣"字。

# 箕子乃言曰:"我聞在昔鯀陻洪水,

《説文》十三篇《土部》曰："垔,塞也。从土西聲。《商書》曰:'鯀垔洪水。'"按:"商"字,大徐誤"尚",小徐但作"書曰"。又曰:"塞,古文垔。"按:古文"垔"字从古文"西",蓋壁中古文如是。小篆易"塞"爲"垔",孔安國所讀如是。俗作"陻",天寶今文《尚書》如是。

《玉篇·土部》:"垔,於仁切。《書》曰:'鯀垔洪水。'孔安國曰:'垔,塞也。'"玉裁按:據此,則《尚書》孔傳本作"垔",與《説文》合,衛包乃改爲"陻",開寶中又改《釋文》。

凡讀《説文》當知其互見之法,如《斤部》曰:"𠚿,古文斷。《周書》曰:'𠚿𠚿猗。'"此壁中作"𠚿"也。《土部》"垔"字下曰:"《書》曰:'鯀垔洪水。'""塞"字下曰:"古文垔。"此亦壁中作"塞"也,以《秦誓》系"斷"字下,以《洪範》系"塞"字下,皆無不可。

"垔",漢石經殘碑作"伊",蓋"垔""伊"雙聲相假借,此今文《尚書》也。"洪"作"鴻",古同音通用。

# 汩陳其五行。

"汩",《説文》、《楚詞》注、《尚書序》孔傳皆訓"治",《國語注》訓"通",此獨訓"亂",猶"亂"亦訓"治"也。"汩",漢石經

殘碑作“曰”,此今文《尚書》也。《五行志》亦作“汨”,然則石
經從假借字。

　　洪适《隸釋·石經〈尚書〉殘碑》:“伊鴻水,曰陳其乂行,
帝。下闕。”

# 帝乃震怒,不畀洪範九疇,

　　“九疇”,《史記·宋微子世家》作“九等”,此以訓詁之字代
其本字也。《漢書·宣帝紀》:“復其後世,疇其爵邑。”張晏曰:
“律,非始封,十減二。疇者,等也,言不復減也。”此“疇”訓
“等”之證。其實與“疇,類也”無二。《説文》:“等,齊簡也。”

　　“洪”,《尚書大傳》《宋世家》作“鴻”,《五行志》作“洪”,二
字通用。

# 彝倫攸斁。

　　《説文》四篇《攴部》曰:“斁,敗也。从攴睪聲。《商書》曰:
‘彝倫攸斁。’”玉裁按:作“斁”者,蓋壁中本也。鄭、孔皆訓爲
“敗”,則與許合。

# 鯀則殛死,

　　《釋文》:“殛,紀力反,本又作極。”玉裁按:作“極”者是也,
今從之。《爾雅·釋言》、《魏志·武帝紀》注、《詩·菀柳》《閟
宮》箋及正義皆可證。詳見《多方篇》。

　　《魏志·武帝紀》:“致屆官渡。”裴注云:“《詩》曰:‘致天
之屆,于牧之野。’鄭玄云:‘屆,極也。’《鴻範》曰:‘鯀則極
死。’”玉裁按:此裴引《鴻範》以證鄭所云“極”。裴所據者,鄭
注古文《尚書》也。本篇引《文矦之命》《般庚》《君奭》三鄭注,
則所引《鴻範》當亦鄭本也。屆,至也;極,亦至也,故以“極”訓

“届”。“届,極”,《釋言》文,今本鄭箋作“届,殛”,今本《魏志注》作“殛,死”,皆非。

《祭法》正義：“鄭答趙商云：‘鯀非誅死,鯀放居東裔,至死不得反於朝。禹乃其子也,以有聖功,故堯興之。若以爲殺人父,用其子,而舜禹何以忍乎？而《尚書》曰“鯀則殛死,禹乃嗣興”者,箕子見武王誅紂,今與己言,懼其意有慙德,爲説父不肖則罪,子賢則舉之,以滿武王意也。’”玉裁按：此鄭發明鯀因極而死,非帝欲殺之也。“殛”即“極”字之假借,説詳《堯典》。

## 禹乃嗣興。天乃錫禹洪範九疇,彝倫攸敘。初一曰五行,次二曰敬用五事,

《漢書·五行志》曰：“經曰：次二曰羞用五事。”又：“經曰：羞用五事。”《藝文志》曰：“《書》云：‘初一曰五行,次二曰羞用五事。’言進用五事以順五行也。貌言視聽思,心失而五行之序亂。”《孔光傳》光對日蝕事曰：“《書》曰：羞用五事。”玉裁按：作“敬”者,古文《尚書》也。作“羞”者,今文《尚書》也。班氏“羞”訓“進”,今文家説也。古文“敬”字從古文“苟”,己力切。與“羞”皆從羊。《詩·小雅·小旻》鄭箋云：“欲王敬用五事。”此古文《尚書》也。

## 次三曰農用八政,

馬云：“食爲八政之首,故以農名之。”此不改字也。鄭云：“農,讀爲醲。”孔因之訓“厚”,此以假借釋經也。

## 次四曰協用五紀,

“協”,《五行志》作“叶”,從日十①。據《説文》,“叶”“叶”

---

①從日十：底本作“從曰十”,今改。

皆古文"協"字。小顏注云:"叶讀曰叶。"小顏不知漢人作注言
"讀爲""讀曰"者,皆是易其字,而妄效之,下文言"艾讀曰乂"
則可,此但當云"叶同協"。

# 次五曰建用皇極,

《孔光傳》光對日蝕事曰:"《書》曰'羞用五事','建用皇
極'。如貌言視聽思此當云'思心',淺人刪'心'字耳。失,大中之道不
立,則咎徵薦臻,六極屢降,皇之不極,是爲大中不立。"《尚書
大傳·鴻範五行傳》:"爰用五事,建用王極。"鄭注:"王極,或
皆爲皇極。"按:漢石經亦作"皇"。

# 次六曰乂用三德,

"乂",《五行志》作"艾"。漢石經曰:"建用皇極,次六曰
艾用三德。下闕。"亦作"艾"。

# 次七曰明用稽疑,

按:《説文》三篇《卜部》曰:"卟,卜以問疑也。从口卜,讀
與稽同。"小徐《繫傳》曰:"《尚書》:'明用卟疑。'今文借'稽'
字。"小徐所引,正陸氏所謂"依傍字部改變經文"之本也,而大
徐本因妄增"《書》云卟疑"四字。若《古文四聲韵》謂"古《尚
書》作'卙'",則益蕪矣。

# 次八曰念用庶徵,次九曰嚮用五福,

玉裁按:"嚮"當作"鄉",經典"向背"字祇作"鄉",絶少作
"嚮"者,"嚮"字雖見於漢碑,然其字上下二體皆諧聲也,疑漢
之俗字。此傳云"嚮勸",義取歸向。《釋文》云"許亮切",故知
其字必本作"鄉"也。《釋文》又云"一音許兩反"者。按:《漢
書·谷永傳》永待詔公車,對曰:"經曰:'饗用五福,畏用六

極。'"字作"饗",此"許兩"之證。《五行志》:"經曰:次九曰嚮用五福,畏用六極。"應劭云:"天所以嚮樂人用五福,所以畏懼人用六極。"應注作"饗樂"乃安。然則《志》文本同《谷傳》作"饗"也。考《宣帝紀》"上帝嘉嚮"讀曰"饗",《魏大饗記殘碑》"文王大嚮之"以"嚮"代"饗",凡"鄉"聲之字,古皆相假借。然則古文《尚書》本作"鄉",或讀去聲,或讀上聲,義略相近也。

## 威用六極。

《宋世家》《五行志》《谷永傳》,"威"皆作"畏"。古"威""畏"同音通用,"畏之"曰"畏","可畏"亦曰"畏",本篇"畏高明",鄭讀曰"威"。

《漢書·五行志》云:"經曰:惟十有三祀,王訪于箕子。王迺言曰:'烏嘑,箕子! 惟天陰騭下民,相協厥居,我不知其彝倫逌敘。'箕子迺言曰:'我聞在昔,鯀陻洪水,汩陳其五行,帝乃震怒,弗畀洪範九疇,彝倫逌斁,鯀則殛死,禹乃嗣興,天乃錫禹洪範九疇,彝倫逌敘。'"此武王問《雒書》於箕子,箕子對禹得《雒書》之意也。"初一曰五行,次二曰羞用五事,次三曰農用八政,次四曰旪用五紀,次五曰建用皇極,次六曰艾用三德,次七曰明用稽疑,次八曰念用庶徵,次九曰嚮用五福,畏用六極。"凡此六十五字,皆《雒書》本文,所謂"天迺錫禹大法九章,常事所次"者也。<sub>大法九章,常事所次"八字,"洪範九疇,彝倫逌敘"之訓詁也。</sub>

## 一,五行:

《宋世家》:"五行一曰水,五事一曰貌,八政一曰食,皇極皇建其有極,三德一曰正直,稽疑擇建立卜筮人,庶徵曰雨曰暘,五福一曰壽。"不複舉一二三四五六七八九次第之字。漢石經存於趙宋者爲“天下王三德”相連,無六字,則一二三四等字之無可知,此皆今文《尚書》也,古文《尚書》則有之,《釋文》《正義》皆不言馬、鄭本異於孔本,不得謂僞孔增之也。

## 一曰水,二曰火,三曰木,四曰金,五曰土。

《白虎通·五行篇》:“《尚書》:一曰水,二曰火,三曰木,四曰金,五曰土。”

## 水曰潤下,火曰炎上,木曰曲直,金曰從革,土爰稼穡。

《漢書·李尋傳》尋對災異,曰:“《書》云:水曰潤下。”

“爰”,《宋世家》作“曰”。

《白虎通·五行篇》:“《尚書》曰:水曰潤下,火曰炎上,木曰曲直,金曰從革,土爰稼穡。”

《五行志》曰:“經曰:初一曰五行。五行:一曰水,二曰火,三曰木,四曰金,五曰土。水曰潤下,火曰炎上,木曰曲直,金曰從革,土爰稼穡。”

荀悦《孝惠皇帝紀》:“五行:一曰水,二曰火,三曰木,四曰金,五曰土。水曰潤下,火曰炎上,木曰曲直,金曰從革,土爰稼穡。”

## 潤下作鹹,炎上作苦,曲直作酸,從革作辛,稼穡作甘。

《白虎通·五行篇》:“《尚書》曰:潤下作鹹,炎上作苦,曲直作酸,從革作辛,稼穡作甘。”

漢石經《尚書》殘碑:“潤下作鹹,炎上作苦,曲直作。下闕”

## 二,五事:一曰貌,

《釋文》曰:“貌,本亦作皃。”按《説文》:“皃者,古文也,小篆從之。貌者,籀文也。頯者,或體也。"

## 二曰言,三曰視,四曰聽,五曰思。

《説苑・修文篇》:"《書》曰五事,一曰貌。"《論衡・言毒篇》:"五行二曰火,五事二曰言。"

古文《尚書》"五曰思",今文《尚書》作"五曰思心"。《尚書大傳・鴻範五行傳》:"長事一曰貌,貌之不恭是謂不肅。次二事曰言,言之不從是謂不乂。次三事曰視,視之不明是謂不悊。次四事曰聽,聽之不聰是謂不謀。次五事曰思心,思心之不容今本改云:五事曰心維思,思之不容。是謂不聖。"此一證也。又曰:"禦思心于有尤。"此二證也。《大傳注》曰:"凡貌言視聽思心,今刻本無此二字,《文獻通考》有。一事失,則逆人之心。"又曰:"包貌言視聽而載之,以思心者。"又曰:"君思心不通。"又曰:"思心曰土。"又曰:"瞀與思心之咎同耳。"又曰:"六事貌言視聽思心,王極也。"此三證也。《漢書・藝文志》曰:"貌言視聽思,心失而五行之序亂。"此四證也。《五行志》曰:"經曰:五曰思心,今本無'心'。思心今本無'心'。曰容。"傳曰:"思心之不容,是謂不聖。思心者,心思慮也。此釋'思心'甚明,今本乃改云'思之不容'。容,寬也。"此五證也。高誘注《戰國策》引《五行傳》曰:"思心之不容,是謂不聖。"此六證也。荀悦《孝惠皇帝紀》:"五曰思心,今本無'心'。土爲思心,思心曰容,容作聖。今本譌作'土爲思,思曰心,心曰叡,叡作聖'。"此七證也。《孝昭皇帝紀》曰:"思心,霿亂之應。"此八證也。司馬紹統《五行志》曰:"思心不容,是謂不聖。"此九證也。惟今文《尚書》作"五曰思心,思心曰容",而後伏生《鴻範・五行傳》因之,各家言《五行傳》者又因之,學者不知有"思心",往往妄爲删改。

《漢書·五行志》引《洪範》此經，"思"下無"心"者，小顏依古文《尚書》删之也。應劭注曰："思，思慮。"按劭當云："思心，心思慮也。"<sub>此用班語爲注。</sub>"思心"，古文作"思"。今本應注纔三字，淺人删改之本也。

## 貌曰恭，言曰從，視曰明，聽曰聰，思曰睿。

古文《尚書》"思曰睿"，今文《尚書》作"思心曰容"。《洪範五行傳》曰："五事曰思心，思心之不容，是謂不聖。厥咎霧，厥罰恒風，厥極凶短折。"鄭注曰："容當爲睿。睿，通也。"此據孔本以正伏本，其證一也。董仲舒《春秋緐露·五行五事第六十四》曰："五事：一曰貌，二曰言，三曰視，四曰聽，五曰思心。<sub>今本無'心'。</sub>王者貌曰恭，言曰從，視曰明，聽曰聰，思心<sub>今本無'心'。</sub>曰容。容者，言無不容。恭作肅，從作乂，明作哲，聰作謀，容作聖。聖者，設也。王者心寬大，無不容則聖，能施設事，各得其宜也。"其證二也。劉向《説苑·君道篇》："齊宣王謂尹文曰：'人君之事何如？'尹文對曰：'人君之事，無爲而能容下。夫事寡易從，法省易因，故民不以政獲罪也。大道容衆，大德容下，聖人寡爲而天下理矣。《書》曰："容作聖。"'宣王曰：'善！'"此子政引今文《尚書》也，若作"睿"字，則與上文不屬，今本妄改作"睿"，非也。其證三也。《五行志》曰："經曰五事，五曰思心。思心曰容，容作聖。傳曰：'思心之不容，是謂不聖。'思心者，心思慮也。容，寬也。孔子曰：'居上不寬，吾何以觀之哉？'言上不寬大包容臣下，則不能居聖位。""容"字今本皆作"睿"，此"睿"字少一畫也。經傳皆作"容"，而以"寬"訓之，一氣銜接，儻易爲他字，則不相貫串，其證四也。應劭注《漢書》云："容，古文作睿。"此正與韋昭云古文"台"爲"嗣"、古文"隔"爲"擊",孟康云"祖"古文言"阻",許叔重云"曳枑"古文言"由枑"一例。其下文蒙"睿"字云"睿,通也",此識古文異字異義而不若鄭注《大傳》直云"容當爲睿"者,以班氏主"寬容"之説非可僻背,小顔《漢書》乃改正文作"睿",謂"睿""睿"爲一字,以傅合古文《尚書》。《説文》"睿"在《谷部》:"深通川也。""睿"在《叡部》:"通也。"小篆作"叡",古文作"睿",是"睿"與"睿"截然二字。又改應注"睿,通也"爲"睿,通也",移置古文"作睿"之上,强令"睿""睿"爲今古字,若張晏注,亦删節不完,度張注當云:"容,古文作睿。睿,通也,通達以至於聖。"凡十四字,删改之曰:"睿,通達以至於聖。"纔七字,不可讀。小顔之誤,實因不解"古文作睿"之"古文"謂古文《尚書》,直訓爲古字,因謂"睿"與"睿"同字、"容"爲"睿"字誤,重忱弛繆,自小顔而前,班《書》斷無作"睿"者,其證五也。高誘注《戰國策》云:"《五行傳》曰:'思心之不容,是謂不聖。'"其證六也。司馬紹統及《晉書》《隋書·五行志》皆引《洪範五行傳》曰:"思心不容,是謂不聖。"其證七也。惟沈約《宋書》作"思心不叡",豈從鄭《大傳注》與?

《詩·小雅·小旻》鄭箋云:"《書》曰:'睿作聖,明作哲,聰作謀,恭作肅,從作艾。'詩人之意欲王敬用五事,以明天道。"玉裁按:此鄭引古文《尚書》也,故"睿"不作"容","敬"不作"羞",其不依《尚書》原文者,依《詩經》文爲序也。

《詩·凱風》傳曰:"聖,叡也。"箋云:"叡作聖。"《正義》引鄭《尚書注》:"叡,通於政事。"

《楚語》"謂之睿聖武公",韋注:"睿,明也。《書》曰:'睿作聖。'"按:韋用古文《尚書》也。

《周書·諡法解》曰:"叡,聖也。"《毛詩故訓傳》曰:"聖,

睿也。"然則"聖""睿"二字爲轉注。許君於"叡""聖"皆云"通
也",此正二字互訓之證,蓋渾言則不别,析言則"聖"深於
"睿"。鄭注《尚書》:"君思睿,則臣賢智也。"以"睿""聖"分屬
君、臣。

《説文》十篇:"思,容也。从心囟聲。"向時錢辛楣少詹事
亦舉爲"睿"作"容"之證。玉裁按:"容"乃"睿"之字誤,不得
因伏、董、劉、班説《洪範》作"思心曰容"而謂許同也,許此乃訓
字,非訓《尚書》也。今文《尚書》"思心曰容","思"不訓"容",
謂思貴容耳,不當爲是不完之語,假令或云"視明也,聽聰也,貌
恭也,言從也",豈成文理乎?"睿"訓"深通川也",人之思如睿
川,然"思"與"睿"雙聲,故以"睿"訓"思",此如"髮,拔也"
"尾,微也""門,聞也""户,護也",皆以同音爲訓,《説文》有此
一例,而字與"容"相似,遂誤爲"容"矣。《説文》之"睿"誤爲
"容",《漢書》之"容"誤更爲"睿",真是物必有耦。至於"容"
與"睿"二字形異音異義異,小篆"容"古文作"𤲤",《説文》引"睿畎
澮"。小篆"叡"古文作"睿",此形異也。"容"私閏切,"睿"以
芮切,此音異也。《毛詩故訓傳》曰:"濬,深也。"馬注《尚書》、
鄭注《大傳》、許造《説文》皆曰"睿,通也",此義異也。許君曰:
"睿,深通川也。"此比傳从谷言之。思如睿川而不期於睿,則有雖深而不
通者矣,故思必期於睿。睿者,人所同然。睿者,道所必然也。
故"思曰睿",猶"容曰睿"也。

辛丑之四月自四川引疾歸,途謁錢詹事於鍾山書院。詹事
言:"'貌曰恭,言曰從,視曰明,聽曰聰,思曰容',此可補入尊
箸《六書音均表》。《春秋緐露》《漢書》《説文》皆作'容','容'
字義長,'思'主於睿,則恐失之刻深。"玉裁時無以應也,家居

數年乃憭然。漢人所徵引《尚書》見於《史記》、前後《漢書》者，皆系伏生今文，以功令所重、博士所習也。而漢末、魏、吳，古文之學始盛，若《洪範五行傳》出於伏生，則"思心曰容，容作聖"爲今文《尚書》無疑，劉向《説苑》引"容作聖"證"容衆"之説尤爲顯白。憶詹事又言："考證果到確處，便觸處無礙。如東原在都門，分別《水經》與酈《注》，得其體例，渙然冰釋。"余聞其説，即閉門挍此書，一一與合轍。今以玉裁分別今文、古文者告之詹事，當亦爲之大快也。詹事言"容"字義長，竊有未安。古文"睿"字畢竟勝於今文，是以鄭用古文正《大傳》也。但今文《尚書》竝非伏生有誤，是伏生所受本如是耳。觀《説苑》尹文對齊宣王引《尚書》"容作聖"，則作"容"非始伏生也。又如"黍"始昉於唐山，"甫刑"見於《禮記》，"諓諓竫言"早録於《公羊》，可證非一。庚戌七月識。

又按："容""睿"本非一字，《集韻·去聲十三祭》云："叡，古作睿、容。"此正沿小顏《漢書》之誤。

按：説《五行傳》者不同，漢末、魏、吳之時，古文《尚書》盛行，於是從鄭注"容"當爲"睿"之説，如《宋書》所載吳華覈云"役緐賦重，區脊不叡之罰"是也。沈約又云："晉元帝太興四年，郊牛死，此區脊不叡之禍。"俱以"脊"與"睿"反對爲言，其引《五行傳》曰"思心不叡，是謂不聖，厥咎脊"。

# 恭作肅，從作乂，

"乂"，《小旻》鄭箋作"艾"，《漢·五行志》作"艾"。古"乂""艾"通用。《宋世家》以故訓字代之作"治"。

《王莽傳》曰："《書》曰：'言之不從，是謂不艾。'"此引《五行傳》也，古人儶引或以傳系之經，或以緯系之經，其字亦作"艾"。

# 明作晢，

“晢”，坊本皆作“哲”。劉氏三吾《書傳會選》、顧氏亭林《九經誤字》正之。

《正義》曰：“晢字，王肅及《漢書·五行志》皆云：‘悊，智也。’鄭本作‘晢’，則讀爲‘哲’。”玉裁按：《說文》七篇《日部》：“晢，昭晣，明也。从日折聲。”二篇《口部》：“哲，知也。古‘知’‘智’不分。从口折聲。”十篇《心部》：“悊，敬也。从心折聲。”三字各有所屬本義，而經傳多相假借。《洪範五行傳》作“悊”，而孟堅因之，子雝從之。作“悊”訓“智”，此假“悊”爲“哲”也，《漢書》內多如此。鄭本作“晢”，云：“君視明，則臣照晢。”“照晢”二字與《說文》“昭晣”同，古‘昭’“照”通用。與《易》之“明辨晢也”同解，非讀爲“哲”也。《詩·小旻》正義引鄭注，順《小旻》經文改爲“昭哲”。惠氏定宇集鄭注改爲“照悊”，又引《正義》云：“晢讀爲悊。”按：《正義》：“鄭本作‘晢’，則讀爲‘哲’。”玩“則”字，知“讀爲哲”，非鄭語。皆非耳。宋元本《注疏》云：“王肅及《漢書·五行志》皆作‘哲’。定本作‘晢’，則讀爲‘哲’。”作《正義》者不暇分別“悊”“哲”之不同，但以“晢”與“哲”則異耳。《漢書》多“悊”“哲”不分，如《五行志》云“知人則悊”，《刑法志》云“聖人既躬明悊之性”“悊民惟刑”，皆即“哲”字也。若《隋書·五行志》“視之不明，是謂不知”，此蓋古本《尚書大傳》作“知”。古者“哲”訓“知”，因以“知”代“哲”，如《夏本紀》“知人則智”，《宋世家》“明作智”，皆“智”“知”通用。

或問：《說文·口部》“哲”字下又出“悊”字云，“哲”或从心，然則“哲”“悊”同字，見於《說文》矣，何子必分而二之？應之曰：《心部》：“悊，敬也。”此許君原書也。《口部》“悊”同“哲”，此必淺人據《漢書》屬入者也。讀書貴識古書之正僞。

又按：《宋世家》"明作智"，以"智"代"哲"，蓋今文《尚書》作"哲"字也。

## 聰作謀，睿作聖。

《漢書·五行志》："經曰：'羞用五事：一曰貌，二曰言，三曰視，四曰聽，五曰思心。貌曰恭，言曰從，視曰明，聽曰聰，思心曰睿。恭作肅，從作艾，明作悊，聰作謀，容作聖。休徵：曰肅，時雨若；艾，時陽若；悊，時奧若；謀，時寒若；聖，時風若。咎徵：曰狂，恒雨若；僭，恒陽若；舒，恒奧若；急，恒寒若；霧，恒風若。'"

荀悦《孝惠皇帝紀》："五事：一曰貌，二曰言，三曰視，四曰聽，五曰思心。木爲貌，貌曰恭。恭作肅，肅，時雨若，厥福攸好德。貌失，厥咎狂，厥罰常雨，厥極惡。金爲言，言曰從，從作义，义，時暘若，厥福康寧。言失，厥咎僭，厥罰常暘，厥咎憂。火爲視，視曰明，明作哲，哲時燠若，厥福壽。視失，厥咎舒，厥罰常燠，厥極疾。水爲聽，聽曰聰，聰作謀，謀，時寒若，厥福富。聽失，厥咎急，厥罰常寒，厥極貧。土爲思心，思心曰容，容作聖，聖，時風若，厥福考終命。思心失，厥咎霧，厥罰常風，厥極凶短折。皇之不極，厥咎眊，厥罰常陰，厥極弱。"按：《宋世家》"思曰睿，睿作聖"，與古文《尚書》同，疑即孟堅所謂"多從安國問，用古文説"者。然《史記》《漢書》每遭俗人妄改，如"五是來備"四字，今本改爲"曰時五者來備"六字，揆其所以，蓋裴駰《集解》用孔安國注"五者各以時"之語，則淺人增"曰時"二字，固無足怪，此處《集解》亦用馬融注"睿，通也"。孔安國注"於事無不通謂之聖"，則正文改"容"作"睿"亦無足怪。且或裴氏前已有改之者，今本未可盡信也。

三,八政:一曰食,二曰貨,

> 《漢書·藝文志》云:“八政,一曰食。”
>
> 《漢書·食貨志》曰:“《洪範》八政:一曰食,二曰貨。”
>
> 《論衡·譏日篇》曰:“八政:一曰食,二曰貨。”

三曰祀,

> 《漢書·郊祀志》曰:“《洪範》八政,三曰祀。”
>
> 余氏仲林《古經解鉤沈》掇剔頗有功,而舛誤不少,如《晉書》八十三江逌引劉向《洪範五行傳》曰:“洪祀,大祀也。陽曰神,陰曰靈,舉國相率,而行順四時之序,無令過差。”此子政釋伏生《傳》“維時洪祀六沴用咎于下其祀”也,曰“若爾神靈”云云也,而仲林系之“八政三曰祀”,舉此以見箸書之宜審慎。

四曰司空,五曰司徒,六曰司寇,七曰賓,八曰師。

> 《漢書·藝文志》云:“《鴻範》八政,八曰師。”

四,五紀:一曰歲,二曰月,三曰日,四曰星辰,五曰秝數。

> 唐石經本作從秝從止之字,又改“止”爲“日”。

五,皇極:皇建其有極。

> 《漢書·谷永傳》永對災異,引經曰:“皇極,皇建其有極。”

斂時五福,用敷錫厥庶民。

> “敷”,《宋世家》作“傅”。

惟時厥庶民于女極,錫女保極。凡厥庶民,無有淫朋,人無有比德,惟皇作極。

漢石經《尚書》殘碑："極,凡厥庶民無有淫朋<sub>疑有誤</sub>。人無有。<sub>下闕</sub>"玉裁按:本篇"毋偏""毋黨"字作"毋",而此兩"無有"字作"無",最有分別,古文《尚書》則皆作"無",《史記》則皆作"毋"。

# 凡厥庶民,有猷、有爲、有守,女則念之。不協于極,不離丁咎,

"離",蓋衛包改作"罹",今更正。《釋文》:"罹,馬力馳反,又來多反。"按:此"罹"字開寶閒依衛包所改也。古者"離"訓"分",亦訓"合",如《詩》"鴻則離之""月離于畢""雉離于羅",《禮記》"宿離不貸",《史記》"離騷者,猶離憂也",《王襃傳》"離此患也",《楊惲傳》"遭離變故",《尹宙碑》"遭離寢疾",皆是。《易》曰:"離,麗也。"此古訓也,後人不知此義,於"離"之訓"陷"者別造一"罹"字,遂用以改經,如《詩》之"逢此百離"、<sub>《詩釋文》:"罹,本又作離,力知反。"此陸氏無識,不依"離"爲定本。</sub>《書》之"不離于咎",皆是。造此字者,其在支、脂不別之後乎?漢建寧四年《劉脩碑》已云:"少罹艱苦。"則其時古音已茫昧矣。"離"之字古音在歌部,轉音在支部。"聖人以麗"訓"離","麗"在支部,支歌爲最近,而"罹"從网惟聲,"惟"在脂部,則與歌部相遠。陸氏曰:"離,馬力馳反。"此明馬季長釋爲"分離",謂不合於"極,不離於咎"也。"力馳反"在支部,又"來多反"在歌部,不違古音。自孔傳云"雖不合于中而不離于咎",始訓爲"不陷於惡"。而衛包因改爲"罹"字,此亦如讀《詩》者改"逢此百離"爲"百罹"也。作"離"字,則包"不免於咎""不陷於咎"兩解。作"罹"字則偏矣。"御"之爲"迓"、"尼"之爲"昵"、"庸"

之爲“鏞”正同。而“罹”尤爲不合古音之俗字,《説文》削去不收者。

又按:“罹”字蓋“羅”之或體。“維”“惟”古通用。“離”,古音“羅”,故“離”“羅”通用。而後人區別太多,失其古義、古音,乃罕知“罹”即“羅”矣。

《困學紀聞》云:“《尚書大傳》:‘《洪範》曰:不叶于極,不麗于咎。’”今本《大傳》佚此文。叶,古文協。離者,麗也,故《大傳》作“麗”,《宋世家》作“離”,一也。《宋世家》與古文《尚書》同。

皇則受之。而康而色,曰:‘予攸好德。’女則錫之福,時人斯其惟皇之極。

《正義》曰:“此經或言‘時人德’,鄭、王諸本皆無‘德’字,此傳不以‘德’爲義,定本無‘德’,疑衍字也。”

無虐煢獨,

《宋世家》:“毋侮鰥寡而畏高明。”《困學紀聞》所引《尚書大傳》:“毋侮矜寡而畏高明。”《列女傳·楚野辯女》引《周書》“毋侮鰥寡而畏高明”,此今文《尚書》也。《釋文》曰:“無虐,馬本作亾侮。”此馬本同今文也。“煢獨”二字,則馬同古文。

《後漢書·肅宗紀》元和二年詔曰:“經曰‘無侮鰥寡,惠此煢獨’。”上四字,今文《尚書》也;下四字,《詩·小雅》也。《毛詩》“惠”作“哀”。

而畏高明。

《釋文》曰:“畏,如字,徐云:‘鄭音威。’”玉裁按:此蓋據鄭注以得其音,鄭義蓋以古"威""畏"同字,"威高明"謂恐嚇高明以示威,與馬、孔説異。

## 人之有能有爲,使羞其行,而邦其昌。

《宋世家》:"人之有能有爲,使羞其行,而國其昌。"許沖《進説文上書》云:"《書》曰:'人之有能有爲,使羞其行,而國其昌。'"王符《潛夫論·思賢篇》云:"《書》曰:'人之有能,使循其行,國乃其昌。'"王符所引"羞"作"循",王鳳喈氏曰:"未詳。"玉裁按:"循"蓋"脩"之誤,字之誤也,"脩"蓋"羞"之誤,聲之誤也。古書"脩""循"互譌者多矣。古文《尚書》"邦"字,今文《尚書》多作"國"。

漢石經《尚書》殘碑:"明人之有能有爲,使羞其行,而。<sub>下闕</sub>"

## 凡厥正人,既富方穀。女弗能使有好于而家,時人斯其辜。

"弗",《宋世家》作"不"。

## 于其無好,女雖錫之福,其作女用咎。

《宋微子世家》:"于其毋好,女雖錫之福,其作女用咎。"《集解》引鄭《尚書注》曰:"無好于女家之人,雖錫之以爵禄,其動作爲女用惡,謂爲天子結怨於民。"《史記》用今文《尚書》,鄭注古文《尚書》"好"下皆無"德"字,孔本經亦無之,而孔傳有之,因或增入經文。《正義》云:"無好<sub>今本增'德'字</sub>。之人,謂性行惡者。"又云:"'無好'對'有好','有好'謂'有善'也。"此謂經文只作"無好"也。又云:"無好德之人,謂彼性不好德。"又云:"故傳以'好德'言之,定本作'無德'者,<sub>今本'德'誤'惡'</sub>。疑誤耳。"此謂孔傳作"無好德",無"德"字者誤也。唐石經及板本經文有"德"字,皆非。

王氏懷祖曰:"'于其無好'句絕,與下'用咎'爲韵。"玉裁按:王説是也。鄭意似以"無好女"爲句。

又按:定本傳無"德"字者,是也,《正義》曲爲之説耳。

又按:《正義》云:"故傳以'好德'言之,正别於經文之不言'好德'也。"經文古奥,多有用注增經者,如"亦言其有德",用注增"人"字;"朕不敢有後",用注增"誅"字。

## 無偏無頗,

"頗",唐玄宗始改爲"陂",今更正。《唐書·經籍志[①]》:"開元十四年,玄宗以《洪範》'無偏無頗'聲不協,詔改爲'無偏無陂'。"《册府元龜》:"天寶四載,下詔曰:'典謨既作,雖曰不刊,文字或訛,豈必相襲?朕聽政之暇,乙夜觀書,匪徒閲於微言,實欲暢於精理。每讀《尚書·洪範》,至"無偏無頗,遵王之誼",三復斯文,竝皆協韵,唯"頗"一字,實則不倫。又《周易·泰卦》中"無平不陂",《釋文》"陂"字亦有"頗"音,"陂"之與"頗"訓詁無别,爲"陂"則文亦會意,爲"頗"則聲不成文。應由煨燼之餘,編簡隊缺,傳受之際,差舛相沿,原始要終,須有刊革。朕雖先覺,兼訪諸儒,僉以爲然,終非獨斷。其《尚書·洪範》"無偏無頗",字宜改爲"陂",庶使先儒之義,去彼膏肓,後學之徒,正其魚魯。仍宣示國學。'"

玉裁按:玄宗不知"義""誼"古音本"魚何切",而改"普多切"之"頗"爲"彼義切"之"陂",以韵"宜寄切"之"義"。又不

---

①經籍志:據李文,當爲"藝文志"。

知"陂"之古音亦"普多切",與"頗"同。古凡皮聲之字皆在第
十七歌戈部也。《説文·頁部》:"頗,頭偏也。"《𨸏部》:"陂,阪
也,一曰沱也。<small>"沱"即"池"字。</small>"義各有當。《易》之"平陂"猶"夷險"也。
<small>王逸注《離騷》引《易》"無平不頗"不作"陂",然《易》文固當以作"陂"爲正。</small>《史
記·宋世家》《吕覽·貴公篇》皆作"無偏無頗"。玄宗於《老
子》則改"載營魄抱一"之"載"爲"哉"以屬上句,於《禮記》則
進《月令》於《曲禮》之前,於《史記》則升老子於伯夷之上,於
《洪範》擅改舊文,而《尚書》全經因之離厄,至今蓋千古,不學
而無忌憚之尤者。

　　《尚書釋文》:"'陂'音'祕',舊本作'頗',音普多反。"按:舊
本謂《釋文》舊本,此李昉、陳鄂等語也。陸氏原本但大書"頗"
字,注云"普多反",與下文"側頗僻"音義同。既依衛包改之,仍
存其舊,使後可稽全書竄易處。儻皆依此例,亦未爲不善也。

　　《匡謬正俗》卷六引《書》"無偏無陂"。按:師古在唐初,此書
顏揚庭上於永徽二年,不應已作"陂"字,此開元十四年後淺人所改
也。《文選》卷二十三注引《尚書》"無偏無陂"亦同此。《玉篇》
"偏"字下引《書》"無偏無頗",此開元十四年以前不作"陂"也。

　　又按:改"頗"字一詔,當依《册府元龜》卷四十繫之天寶四
載。蓋衛包於三載奉詔改古文而有此特詔也。《新唐書》恐未
信。《困學紀聞》曰:"宣和六年,詔《洪範》復從舊文,以'陂'
爲'頗',然監本未嘗復舊也。"

　　又按:《玉海》以詔系之開元十四年八月十四日,本《唐會
要》。《南部新書》曰:"天寶四年,改'無頗'爲'陂'。"

## 遵王之義;

　　《匡謬正俗》卷六:"《書》曰:'無偏無陂,遵王之誼。'"

　　玄宗一詔見於《佩觿》《册府元龜》《文苑英華》，皆作"遵王之誼"。唐時《尚書》"義"多作"誼"，《釋文》、《吕荆》、《文矦之命》、僞《太甲》可證。"宜""誼"古音同"魚何切"，與"頗"無不叶也。

　　又按：《匡謬正俗》引《書》"無偏無陂，遵王之誼"、《詩》"或出入諷議，或靡事不爲"，以證"誼""議"皆有"宜"音，顔所説者今音，非古音也，似顔所據《尚書》作"陂"音"彼爲切"，李善所據同，玄宗未見此本，自矜剙解也。

　　《封氏聞見記》曰："初，太宗以經籍多有舛謬，詔顔師古刊定，頒之天下。年代既久，傳寫不同。開元已來，省司將試舉人，皆先納所習之本，文字差互，輒以習本爲定。義或可通，雖與官本不合，上司務於收奬即放過。天寶初，敕改《尚書》古文悉爲今文。十年，有司上言，經典不正，取捨無準。詔儒官挍定經本，送尚書省，并國子司業張參共相驗考。參遂撰定《五經字樣》，書於太學講堂之壁，學者咸就取正焉。又頒《字樣》於天下，俾爲永制。由是省司停納習本。"玉裁按：此條冣爲挍經之大節目，而雅雨堂刊本無之。蔣春農、鮑以文所藏本皆有太宗詔，師古刊定頒之天下者即《正義》所謂定本也。定本未必盡善，故或各守習本，試舉人，納之省司。於此見唐時善本尚多，至天寶十年後，詔儒官挍定經本，至於停納習本，而善本俱廢矣。師古引"無偏無陂"先乎天寶，引"放勳乃徂"合乎叔重。學者於此等，勿忽焉可也。

## 無有作好，遵王之道；

　　《説文》十二篇《女部》曰："妞，人姓也。从女丑聲。《商書》曰：'無有作妞。'"玉裁按：《廣韻》曰："妞，姓也，亦作好。"

《玉篇》亦云："玝，古文好字。"《汗簡》云："玝，同'好'，見《尚書》。"《玉篇》曰："姐，姓也，亦作妓。"王伯厚《姓氏急就篇》："姁、佼、嬥、嬿、娩、妓、提。"注："妓氏見《説文》。"伯厚又曰："好氏見《纂文》，古'好''妓'通用，豈其一姓與？"引《商書》"無有作妓"者，即《洪範》"無有作好，遵王之道"也。古音"好"讀如"朽"，"妓"丑聲，古音蓋讀如"鈕"或如"朽"，皆在尤幽部，是以假"妓"爲"好"，惠氏定字曰："纂文'女'字似'丑'，故或從丑，或從女。"其説非也。蓋孔壁古文如是。許君引《書》如"尚狟狟"，假"狟"作"桓"也；如"布重莫席"，假"莫"作"蔑"也，皆以明六書假借之濫。而周伯琦《六書正譌》不知此恉，乃訓"妓"云："愛而不釋也。"惑其説者謂《説文》"姓"當作"性"，凡人之性每多所妓，竟忘《説文》。上文冣捂以姓字，而"姜姬姞嬴姚嬀嫣妘姺妓娸"十一字，皆爲人姓氏。立文之體例，固不可誣乎。今《説文》"呼到切"，此非古音，乃傅合《尚書》文而爲此音也，壁中本作"妓"，孔安國以今文字讀之，易爲"好"字，許君存其舊於《説文》，猶鄭君注《周禮》之識"故書作某"也。

## 無有作惡，遵王之路。

《攷工記·梓人》注："或，有也。"《小雅·天保》箋："或之言有也。"鄭康成《論語注》："或之言有也。"見《尚書》疏。張揖《廣雅·釋詁》："或，有也。"《尚書·微子》"殷其弗或亂正四方"、《多士》"時予乃或言爾攸居"，僞孔傳皆云："或，有也。"《洪範》"無有作好，遵王之道""無有作惡，遵王之路"，《吕覽》引"無有"作"毋或"，高誘注云："或，有也。"《韓非子》引"無或作利，從王之指""無或作惡，從王之路"，亦以"或"爲"有"。《淮南·本經訓》："不言之辯，不道之道，若或通焉。"高注：

"或,有也。"《説林訓》:"人之從事,或時相似。"高注:"或,有也。"許云"或""域"同字。《商頌·玄鳥》"正域彼四方",毛傳云:"域,有也。"又"奄有九有",《韓詩》作"九域"。毛氏《靈臺》傳曰:"囿,所以域養禽獸也。"古"九有"亦作"九囿",而"有"古音讀如"以","或"即"域"字,即"有"之入聲,同在之咍職德部,彼此轉注。"有"與"或"皆從溥泛中區畫之詞也,如《春秋傳》"有蛇自泉宮出,入于國",與"或叫于大廟"是一例。

《荀卿·修身篇》:"《書》曰:'無有作好,遵王之道。無有作惡,遵王之路。'"《天論篇》:"《書》曰:'無有作好,遵王之道。無有作惡,遵王之路。'"

## 無偏無黨,王道蕩蕩;

《春秋左氏傳·襄三年》君子謂祁奚:"《商書》曰:'無偏無黨,王道蕩蕩。'"

《漢書·車千秋傳》上報千秋等曰:"《書》曰:'毋偏毋黨,王道蕩蕩。'"

《王莽傳》上詔曰:"無偏無黨,王道蕩蕩。"

《吕氏春秋·貴公篇》:"《鴻範》曰:'無偏無黨,王道蕩蕩。無偏無頗,遵王之義。無或作好,遵王之道。無或作惡,遵王之路。'"

## 無黨無偏,王道平平;

《史記·張釋之馮唐列傳》大史公引《書》曰:"不偏不黨,王道蕩蕩。不黨不偏,王道便便。"徐廣曰:"便,一作辨。"玉裁按:"平"作"便"作"辨",如《堯典》"平章""平秩",《五帝本紀》作"便章""便程",鄒誕生本作"辨章",《尚書大傳》作"辨程"。

《説苑·至公篇》:"《書》曰:'不偏不黨,王道蕩蕩。'言至公也。"

漢石經《尚書》殘碑:"路。毋偏毋黨,王道蕩蕩。毋黨。<sub>下闕</sub>。"

## 無反無側,王道正直。

《周禮·匡人》注:"《書》曰:'無反無側,王道正直。'"

## 會其有極,歸其有極。曰皇極之敷言,

"皇",《宋世家》作"王"。《集解》引馬融曰:"王者當盡極行之,使臣下布陳其言。"下文凡"厥庶民極之敷言",馬融曰:"亦盡極敷陳其言於上也。"按:此以"王極之敷言""庶民極之敷言"對文,視孔傳爲長。《洪範五行傳》:"王之不極,是謂不建。"鄭注:"王,君也。王,<sub>句絶</sub>。君出政之號也。"今文《尚書》"皇極"字本皆作"王",訓"君",<sub>雖鄭注云"或皆爲皇",然作"皇"亦訓"君",前後《漢書·五行志》皆曰"皇,君也"</sub>。不訓"君"則不得云"王之不極",與"兒之不恭,言之不從,視之不明,聽之不聰,思心之不容"句法一例也。馬本蓋此亦作"皇"而訓爲"王"者。

"敷",《宋世家》作"傅",下同。

## 是彝是訓,于帝其訓。

"彝",《宋世家》作"夷"。

下"訓"字,《宋世家》作"順"。上"訓",教訓也,故如字;下"訓",順也,故易爲"順",馬注正如是。

## 凡厥庶民,極之敷言,是訓是行,

此"訓"亦"順"也,故《宋世家》亦作"順"。

以近天子之光。曰天子作民父母,以爲天下王。

《尚書大傳·周傳》曰:"故《書》曰:'作民父母,以爲天下王。'"

《漢書·荆法志》云:"《洪範》曰:'天子作民父母,爲天下王。'"無"以"字。

《白虎通·爵篇》云:"《尚書》曰:'天子作民父母,以爲天下王。'"

## 六,三德:一曰正直,二曰剛克,

漢石經《尚書》殘碑:"爲天下王。三德:一曰正直,二。下闕。""三德"上無"六",此今文《尚書》也。

## 三曰柔克。

《後漢書·鄭興傳》:"宜啚思柔剋之政,垂意《洪範》之法。"注引《尚書·洪範》曰:"高明柔剋。"

## 平康正直。彊弗友剛克,燮友柔克。

《史記·宋世家》"燮"作"内"。玉裁按:古"内""入"通用,"入""燮"同部,此今文《尚書》作"内"也。

## 沈潛剛克,高明柔克。

《春秋左傳·文五年》甯嬴曰:"《商書》曰:杜注:'今謂之《周書》。'沈漸剛克,高明柔克。《正義》引《尚書》作'沈漸'。依《左氏》,正文不分別。"按:《宋世家》亦作"漸"。《漢書·谷永傳》曰:"忘湛漸之義。湛漸,即沈潛也。"蓋今文《尚書》作"漸",與《左氏》合。《漢書·敘傳》云:"孝元翼翼,高明柔克。"

## 惟辟作福,惟辟作威,惟辟玉食;臣無有作福作威玉食。臣之有作福作威玉食,其害于而家,凶于

## 而國，人用側頗僻，民用僭忒。

《漢書·楚元王傳》劉向上封事極諫，曰：“《書》曰：‘臣之有作威作福，害于而家，凶于而國。’”《王嘉傳》奏封事曰：“箕子戒武王曰：‘臣凵有作威作福，凵有玉食。臣之有作威作福玉食，害于而家，凶于而國，人用側頗辟，民用僭慝。’”《後漢書·荀爽傳》爽引《洪範》曰：“惟辟作威，惟辟作福，惟辟玉食。”《張衡傳》衡上疏陳事，引《洪範》曰：“臣有作威作福玉食，害于而家，凶于而國。”《戰國策·齊策》高氏注引《書》曰：“无有作威作福。”

玉裁按：已上五條皆先威後福，蓋今文《尚書》如是，若古文《尚書》則先福後威，《公羊》疏引鄭注“作福專慶賞，作威專刑罰”是也。惟《漢書·武五子傳》廣陵厲王胥賜策曰：“《書》云：‘臣不作福，臣不作威。’”此先福後威，而師古注曰：“《周書·洪範》云：‘臣無有作威作福。’”似唐初所據古文《尚書》亦有先威後福者，而策文引今文《尚書》乃顈楛之詞，不嫌或異。

“其”字，漢人三引皆無，此今文《尚書》也。

漢石經《尚書》殘碑：“家，而凶于而國，人用闕。頗辟。下闕。”“凶”上有“而”字，此今文《尚書》也。

“僻”，《王嘉傳》、漢石經皆作“辟”。

“忒”，《王嘉傳》作“慝”，師古曰：“慝，惡也。”玉裁按：嘉釋《書》曰：“言如此，則逆尊卑之序，亂陰陽之統，而害及王者，其國極危，國人傾仄不正，民用僭差不壹，此君不由法度、上下失序之敗也。”“僭差不壹”正訓“忒”字，此謂假“慝”爲“忒”，顏注非也。但顏注自本馬季長，馬云：“忒，惡也。”此又謂假“忒”爲“慝”。

# 七，稽疑：擇建立卜筮人，乃命卜筮：曰雨，曰濟，

孔本作"霽"，裴駰引《尚書》鄭注云："濟者，如雨止之雲氣在上者也。"《周禮·大卜》正義引鄭注云："曰濟者，兆之光明，<small>此有譌字。</small>如雨止。"此鄭本作"濟"之證。《爾雅》曰："濟，謂之霽。"濟者，雨止也。古凡"止"皆云"濟"，如《齊物論》"厲風濟則衆竅爲虚"，向注："濟，止也。"《時則訓》"九月失政，三月春風不濟"，高注："濟，止也。"此經上言"曰雨"，下言"曰濟"，故鄭知爲雨止。《周禮釋文》："濟，節細反，又才禮反。"《集韵·十一薺》曰："濟，在禮切。《洪範》：'曰雨曰霽。'或作'濟'。"《群經音辨》曰："濟，才禮切。《書》：'曰雨曰濟。'鄭康成讀。"此皆據《周禮釋文》而言，"才禮"之音乃陸氏云爾，何以系之鄭康成讀也？後人箸書之不求其是類如是矣。所以知孔本作"霽"非衛包改者，《正義》"蒙驛"字作"雺圛"，而"霽"不作"濟"，且引《説文》"霽，雨止也"，則知作《正義》時字本作"霽"，其引鄭玄曰"霽如雨止者，雲在上也"，此順孔經改爲"霽"耳。今依鄭作"濟"。

《宋世家》"曰雨曰濟"，則今文《尚書》同。

# 曰圛，

各本《尚書》"曰驛"在"曰蒙"之下，今移"曰圛"在"曰雺"之上。依《周官·大卜》注、《史記集解》引《尚書》鄭注、《尚書正義》引王、鄭注，皆先"圛"後"雺"也。《宋世家》"曰涕"在"曰霧"之上，則今文《尚書》次第正同。

"圛"，衛包改爲"驛"。《經典釋文》大書"圛"字，開寶中李昉、陳鄂、周惟簡、扈蒙輩改作"驛"，今更正。

天寶以前作"圛"，其證有八：《正義》云曰："圛，兆氣落驛

不連屬也。”又云：“圛即驛也。”證一。又云：“王肅云：‘圛，霍驛消減如雲陰。’鄭玄以圛爲明，言色澤光明也。”證二。《詩·齊風》正義曰：“《洪範》稽疑論卜兆，有‘五曰圛’。”證三。《史記集解》云：“《尚書》作‘圛’。”又引鄭玄曰：“圛，色澤而光明也。”證四。《史記索隱》云：“涕，《尚書》作‘圛’。震澤王氏本誤爲‘驛’。”證五。《詩·齊風》箋：“古文《尚書》弟爲圛。”證六。《周禮·大卜》注：“曰圛。”證七。《説文·口部》：“《商書》曰‘曰圛’。”證八。

《説文》六篇《口部》曰：“圛，回行也。从口睪聲。《商書》曰：‘曰圛。’圛者，升雲半有半無，讀若‘驛’。”玉裁按：“《商書》曰”爲句，“曰圛”爲句，即今《洪範》“曰驛”也，“圛者”爲句，“升雲半有半無”爲句，所以釋“曰圛”也。《周官經·大卜》注引《洪範》“曰雨、曰濟、曰圛”，正與許氏所引同。張參《五經文字》曰：“圛者，升雲半有半無。”《廣韵》引《説文》：“《商書》：‘曰圛。’圛者，升雲半有半無。”皆不誤。俗本《玉篇》引《説文》：“《商書》：‘曰圛。’圛，升雲者半有半無。”妄移“者”字於“雲”字下，而後人删《説文》“者”字，以爲逸《書》有“圛圛，升雲半有半無”二句。丁氏度、周氏伯琦、朱氏彝尊、閻氏若璩皆習焉不察矣。今《説文》各本“商”譌“尚”，少一“曰”字，無“者”字，誤也。錢氏曉徵曰：王伯厚已知“圛升雲”以下爲注釋語，見《困學紀聞》卷二。

又按：《説文》“回行也”是“圛”字本義，“升雲半有半無”是釋《尚書》“圛”字之義。鄭箋《詩》云“圛，明也”，注《書》云“色澤而光明”，此爲一説。王肅云“霍驛消減如雲陰”，許云“升雲半有半無”，僞孔云“氣落驛不連屬”，此三家爲一説。

"升雲半有半無"即"不連屬""霍驛消减"之意,謂龜兆如是也。郭氏注《尒疋》"屬者嶧"云"言駱驛相連屬",僞孔則云"落驛不連屬",古義之相反而相成者也。

《唐書·藝文志》、司馬貞《史記索隱》三十卷注云:"開元潤州別駕。"按:小司馬時,衞包《尚書》尚未行,故注《宋世家》云:"涕,《尚書》作'圛'。"至大厤閒,張參《五經文字》,其時衞包書盛行,舊本盡廢,故《口部》"圛"字下云"見《周禮注》",不云"見《尚書》",《序例》所謂"唯今文《尚書》衞包所改也。改就今字,删定《月令》,依其時進本,與《釋文》音訓頗有不同也"。

《詩·齊風》"齊子豈弟",鄭箋:"豈,讀當爲闓。弟,古文《尚書》以弟爲圛。圛,明也。"《釋文》本作"豈弟",《正義》本作"愷悌"。《正義》曰:"古文《尚書》即今鄭注《尚書》是也,無以'悌'爲'圛'之字,唯《洪範》稽疑論卜兆,有'五曰圛',注云:'圛者,色澤光明。'蓋古文作'悌',今文作'圛',賈逵以今文校之,定以爲'圛',故鄭依賈氏所奏從定爲'圛',於古文則爲'悌',故云'古文《尚書》以悌爲圛。圛,明也'。上言'發夕'謂初夜即行,此言'圛明'謂侵明而行。今定本云'悌',古文《尚書》以爲'圛',更無'悌'字,義竝得通。"玉裁按:《正義》誤也,此字今文《尚書》作"涕",古文《尚書》作"圛"。今文《尚書》者,《史記·宋世家》所載"曰涕"是也。古文《尚書》者,馬、鄭、王及僞孔傳本皆作"曰圛"是也。鄭箋《詩》云"古文《尚書》涕爲圛"者,謂今文《尚書》之"涕",古文《尚書》作"圛",則《尚書》"涕"可讀爲"圛"。以是證之,則《毛詩》"弟"與"涕"同聲,"弟"亦可讀爲"圛",而"豈弟"可訓"圛明"也。韋昭注《漢書·楊雄傳》"拮隔鳴球"云"古文隔爲擊",正謂今文作"隔"、古文作"擊"。注《王莽傳》"舜讓于德不台"云"古文台爲嗣"，正謂今文作"台"、古文作"嗣"。鄭注《儀禮》每云"今文某爲某""古文某爲某"，其云"今文某爲某"者上"某"系古文；其云"古文某爲某者"上"某"系今文。文法皆與此箋相等。《詩》箋轉寫既久，"涕"譌作"悌"字，"悌爲圛"之上妄增"以"字。夫"以某爲某"，此六書假借之法，莫詳於《説文》，如云："丂，古文以爲亏字，又以爲巧字。""疋，古文以爲《詩‧大雅》字，又以爲足字。""臮，古文以爲澤字。""敆，《周書》以爲討字。""屮，古文以爲艸字。""臤，古文以爲賢字。"是也。如《正義》所云"賈逵定涕爲圛"，則鄭箋當云"涕讀爲圛"。如漢儒注經易字之例，音近者云"某讀爲某"，音殊者云"某當爲某"，不得云"以涕爲圛"也。凡"以某爲某"之云，在漢人爲假借之法。若言"以某字代某字"也，在唐、宋人爲指摘繆戾，若言"將某字誤作某字"也。讀法各異，若用唐宋人例例之，則爲"將涕字誤作圛字"，更不倫矣。且今文《尚書》作"涕"，古文《尚書》作"圛"，皆有證佐，不得反易之。孔、衞、賈、馬、鄭諸君皆貴古文賤今文，未有易古文從今文者，即閒有今文挍長用今文詮古文者，亦斷不易古文之字。如馬注《堯典》云"道德純備謂之思"，此用今文"塞"字之義，要不易古文之"思"字也。古文果是"涕"字，賈必不敢改爲"圛"字。且《後漢書‧逵傳》云："逵數爲帝言古文《尚書》，與經傳《爾雅》詁訓相應，詔令撰歐陽、大小夏矦《尚書》、古文《尚書》同異，逵集爲三卷，帝善之。"據此則逵之三卷亦如後儒作攷異云尒，未嘗予奪其閒或從古或從今也，且集之者以古形今之短，非以今正古之失也。《詩正義》肊説貽誤後學，總由昧於鄭箋文義耳。

又按：鄭箋欲改"豈弟"爲"闓圛"，與"發夕"相儷，而不知

"圉"與"濟""瀰<sup>①</sup>"不韵。《尚書》之一作"涕",一作"圉",此今古文絕殊,非關聲誤者,不當引以説《詩》。

鄭注《緇衣》云:"古文'周田觀文王之德'爲'割申勸寧王之德'。"按:"周田觀"者,《緇衣》所引《周書》也;"割申勸"者,古文《尚書》也,句法與古文"涕爲圉"正同。

賈氏所撰三卷,唐初已不存。《詩正義》臆爲之説,故牴誤若此。

《史記》"曰涕",徐廣曰:"一作曰洟。"按:"弟""夷"相似,古多亂。《説文》"鶃胡"或作"鵜"。

# 曰霿,

玉裁按:"霿"從雨矛聲,故徐邈音"亡鈎反"。《釋文》原本亦大書"霿"字,而兼引徐氏反語。若作"蒙",則但當"武工"一反,而"亡鈎"無傅箸處,此天寶時衛包改"霿"作"蒙"既誤於前,開寶中李昉、陳鄂改《釋文》之"霿"作"蒙"復誤於後也。經文作"曰霿",僞孔傳云:"霿,蒙,<sub>句。</sub>陰闇也。"衛包乃以"蒙"改"霿"。下文經文作"曰圉",傳云:"圉,氣落驛不連屬也。"衛包乃以"驛"改"圉"。此其謬誤何如哉?《正義》曰:"曰霿,兆氣蒙闇也。"<sub>此釋經文。</sub>又曰:"霿聲近蒙。《詩》云:'零雨其蒙。<sub>從氵誤。</sub>'則'蒙'是闇義,故以霿爲兆,蒙是陰闇也。"<sub>此釋傳文。</sub>此作《正義》時經文作"霿"不作"蒙"甚顯白。凡衛包所改竄本字,如《牧誓》之"御"、《梓材》之"戲",猶存於《正義》中者,舉視此。又引王肅云"霿,天氣下地不應闇冥也"、鄭云"霿者,氣<sub>脱'不'字。</sub>澤,鬱鬱冥冥也",《史記集

---

①瀰:原作"爾",據《詩經》改。

解》引鄭云：“卜五占用，謂雨、濟、圛、霧、克也，霧者，氣不釋，鬱鬱冥冥也。”可證鄭、王本皆作“霧”。

袁彥伯《三國名臣序贊》：“苟非命世，孰掃霧雺？”李善注曰：“孔安國《尚書》傳曰：雺，陰氣今本作‘闇’。也。”此唐初本作“雺”之明證也。

《周禮·大卜》注引《書》作“曰蟊”，劉昌宗“莫溝反”，沈重音“謀”，《爾雅音義》曰：“雺，亾公、亾矦二反。”凡矛聲、敄聲之字，“亾矦”其本音，“亾公”其轉音也。“雺”“蟊”皆矛聲，故亦借“蟊”。《周禮》引鄭注作“氣不澤，鬱冥也”。《尚書》引鄭注作“氣澤，鬱鬱冥冥也”。《史記集解》引鄭注作“氣不釋，鬱冥也”，三文各異，“澤”字是，“釋”字非也。“圛”訓“色澤”，“雺”訓“氣不澤”，反對之詞。

又按：《集韻·五十二①矦》：“蟊，莫矦切。《洪範》：‘曰蟊曰剋。’劉昌宗讀。”然則今本《周禮音義》云劉“莫溝反”，“莫溝”乃“莫構”之誤。俞仁仲《周禮》作“莫遘”。

又按：《汗簡》《古文四聲韻》皆曰：“‘𧕝’，古文‘蒙’，出古《尚書》。”此因《周禮注》引《尚書》作“曰蟊”而傅會之，非真見古文《尚書》如此也。其字作‘𧕝’尤不可解，攷《古文四聲韻》又出楷書“蟲”字，即“𧕝”字也，作此古文者，謂從“蟲”而以“乁”象此蟲形耳。《史記·宋世家》作“曰霧”，“霧”即“霿”之俗，“霿”與“雺”一字，“霿”亦可音“蒙”，《詩·小雅》“務”與“戎”韵。然則今文《尚書》與古文《尚書》同也。徐廣注《史記》曰：“霧，一作被。”錢氏曉徵曰：“被，當是‘霿’之譌，與‘敷淺原’之‘淺’爲

---

‘滅’皆傳寫之誤。”

又按:《集韵·平聲·十九侯》:“雺、霿、蒙三形一字,迷浮切。”此合未改《釋文》、已改《釋文》爲詞也。“雺”亦音“蒙”,“蒙”不亦音“矛”。

## 曰克,

“克”,《大卜》注作“尅”。“尅”者,“剋”之譌也。“剋”古衹作“克”。

《周禮·大卜》注曰:“五色者,《洪範》所謂曰雨、曰濟、曰圛、曰蟊、曰尅。”

## 曰貞,

《説文》三篇《卜部》曰:“貞,卜問也。从卜貝。句絶。貝以爲贄,一曰鼎省聲。京房所説。”玉裁按:“一曰鼎省聲”謂“貝”乃“鼎”省,非“貝”字也。七篇:“鼎,从貞省聲,古文以貞爲鼎,籀文以鼎爲貞。小徐本如是,大徐本脱。”此當作:“古文以貝爲鼎,籀文以鼎爲貝。”“以貝爲鼎”,如京房説“貞”字鼎聲是也。“以鼎爲貝”,如“鼎,籀文則字”、“鼎,籀文員字”、“鼏,籀文賈字”、今本《説文》作“古文”誤。“鼎,籀文妘①字”是也。郭氏《佩觿》言“古文以貞爲鼎,籀文以鼎爲則”,所見《説文》已是譌本。“貞”从貝者,古文也。“貞”从鼎作“鼑”者,籀文也。

## 曰悔,

《説文》三篇《卜部》曰:“𠧩,《易》卦之上體也。从卜每聲。《商書》曰:今本脱‘曰’字。‘曰貞,曰𠧩。’”玉裁按:此壁中本也,

①妘:疑作“娟”。

孔安國以今文字讀之，祇作"悔"字。《左氏傳》："蠱之貞，風也，其悔山也。"亦祇作"悔"。

## 凡七。卜五，占用二，衍忒。

鄭於"用"字句絕，"二"字下屬。卜五，占用，謂雨、濟、圛、霧、克也。今《正義》妄改爲"霽蒙驛"，此依《史記集解》。二衍忒，謂貞、悔也。《宋世家》亦云："卜五，占之用。"則其句絕與鄭合。《集解》引鄭注亦作"占之用"，則順《史記》正文增"之"字也。

"忒"，《宋世家》作"貣"。古多假借"貣"爲"忒"。《說文》五篇《㞢部》曰："差，貣也。差貣，不相值也。"今本譌脱。此經正文作"忒"，無由知鄭本作"貣"也。《尚書後案》欲據《史記集解》更定，不知《集解》自依《史記》正文爲之。"霧""霧"、"忒""貣"可通之字，不爲分別耳。

## 立時人作卜筮，三人占，則從二人之言。

《春秋左氏傳·成六年》或謂欒武子曰："《商書》曰：'三人占，從二人。'衆故也。"

《漢書·郊祀志》："《洪範》曰：'三人占，則從二人言。'言少從多之義也。"

《白虎通·蓍龜篇》："《尚書》曰：'三人占，則從二人之言。'"

《公羊春秋·桓二年》注："《尚書》曰：'三人議，則從二人之言。'"

汲古閣本《士喪禮》疏："三人占，則從二人之吉。""吉"蓋誤字耳。惠氏據之，非也。

## 女則有大疑，

《白虎通·蓍龜篇》："《尚書》曰：'女則有疑。'謂武王。"

## 謀及乃心，謀及卿士，謀及庶人，

《周禮·鄉大夫》注："鄭司農云：'國大詢于衆庶，《洪範》所謂謀及庶民。'"《小司寇》注："鄭司農云：'致萬民，聚萬民也。詢，謀也。《書》曰，謀及庶人。<sub>當作"民"。</sub>'"玉裁按：下文四言"庶民"，此作"庶人"，誤也。作《正義》者乃曲爲之説。漢石經《尚書》殘碑："乃心，謀及卿，<sub>闕。</sub>謀及庶民。<sub>下闕。</sub>"此今文《尚書》作"民"之證也。

## 謀及卜筮。

《漢書·藝文志》云："《書》曰：'女則有大疑，謀及卜筮。'"

王逸注《招魂》云："《尚書》曰：'決之蓍龜。'"玉裁按：此今文《尚書》句也，當在《金縢》《鴻範》等篇，今不可考矣。又按：此用《尚書大傳》説。《大誥》："天下從，然後加之蓍龜也。"古多以傳系諸經者。

## 女則從，龜從，筮從，卿士從，庶民從，是之謂大同。身其康彊，子孫其逢，吉。

李氏惇<sub>字成裕，高郵人。</sub>曰："'子孫其逢'句絶，與上文'從''同'爲韵。馬云'逢，大也'是也。"

《宋世家》："而身其康彊，而子孫其逢。"多兩"而"字，此今文《尚書》也。

## 女則從，龜從，筮從，卿士逆，庶民逆，吉。卿士從，龜從，筮從，女則逆，庶民逆，吉。庶民從，龜從，筮從，女則逆，卿士逆，吉。女則從，龜從，筮逆，卿士逆，庶民逆，作內吉，作外凶。龜筮共違

于人，用静吉，用作凶。八，庶徵：曰雨，曰暘，

《祭義》："殷人祭其陽。"注："陽，讀爲'曰雨曰暘'之'暘'。"此古文《尚書》作"暘"之證也。《尚書大傳》《宋世家》《漢紀》《論衡》皆作"暘"。《五行志》《王莽傳》作"陽"，假借字耳。

曰燠，

《宋世家》、《五行志》、《王莽傳》、何休《公羊注》皆作"奥"，古字也。《詩·唐風》"安且奥兮"、《堯典》"厥民奥"，馬云："煖也。"

曰寒，曰風，曰時五者來備，

《後漢書·李雲傳》雲露布上書，曰："臣聞皇后天下母，德配坤靈，得其人則五氏來備，不得其人則地動搖宮。"章懷大子注云："《史記》曰庶徵：曰雨，曰暘，曰燠，曰寒，曰風，五是來備。今本《後漢》淺人妄改'是爲'者。各以其序，庶草繇廡。""是"與"氏"古字通耳。《九經古義》曰："《觀禮》曰：'大史是右。'注云：'古文"是"爲"氏"。'《曲禮》曰：'五官之長曰伯是。'《職方》注云：'"是"或爲"氏"。'《漢書》云：'造父後有非子，至玄孫，氏爲莊公。'小顏曰：'"氏"與"是"同，古通用字。'"

《荀爽傳》："爽對策，陳便宜，曰：'嘉瑞降天，吉符出地，五韙咸備，各以其敘。'"章懷注云："韙，是也。《史記》曰：'五是來備，各以其序也。'"

玉裁按：此二條可據以證《史記》今本之誤。今本《宋世家》："庶徵：曰雨，曰陽，曰奥，曰寒，曰風，曰時五者來備。"此後人所妄改也。"曰時五者來備"凡六字，此古文《尚書》也。"五是來備"凡四字，此今文《尚書》也。李雲、荀爽皆用今文《尚書》，非用《史記》也。"曰時五者來備"六字一句。時，是也。"是五者"，

今文約結之云“五是”。惠氏定字説。“氏”者，“是”之假借。“䟆”者，“是”之轉注也。《史記》本無“曰時”二字，而裴駰《集解》妄引孔傳云“五者各以時”，與正文不相應，於是或增改“五是”二字爲“曰時五者”四字。《困學紀聞》云：“‘五者來備’，當云：‘曰時，五者來備。’《史記》云‘五是來備’。”蓋南宋本妄增“曰時”二字而“五是”尚不改。

《後漢書·律厤志》：“安帝延光中，尚書令忠上奏云：‘三階以平，黃龍以至，荊犴以錯，五是以備。’”玉裁按：監本不誤。錢曉徵《後漢書攷異》云：“閩本、汲古閣本作‘五者’，後人據今本《尚書》易之也。”

日本山井氏《考文》云足利古本“者”下有“是”字。按：此蓋或據《史》《漢》篆“是”字於“者”字之旁，而轉寫者因增諸“者”字之下，致不可通。

## 各以其敘，

“敘”，《宋世家》作“序”。

## 庶草蕃廡。

“蕃”，《説文》六篇引作“緐”，《宋世家》同。“緐”者，“蕃”之假借字也。

《説文》六篇《林部》曰：“棥，豐也，從林、㸚。或説規模字。從大。卅，數之積也。林者，木之多也。卅與庶同意。《商書》曰：‘庶草緐無。’”玉裁按：“㸚，或説規模字”者，小徐曰：“或説㸚爲規模之模字也。”“卅，數之積也”者，《廣韵·廿六緝》“卅”字下曰：“先立切，《説文》云數名，今直以爲四十字。”《玉篇》《佩觿》《集韵》皆云：“卅，四十也。”攷《説文》有“廿”字、“卅”

字而無"卅"字,惟見於此,蓋即《廣韵》所本與？漢石經《論語》殘碑："子曰：'年卅見惡焉,其終也已。'"以"卅"爲"四十"字,"卅"從二"廿",其字亦古文省,"卅"爲四"十"并,猶"廿"爲二"十"并,"丗"爲三"十"并也。"奭""卅"二字不列大書,而傅識於説解中。蓋《説文》一書未嘗自謂舉天下古今之字而一無漏也。"卅與庶同意",此當云"霖與庶同意"。謂"庶"以炗兒衆盛,"霖"以林兒多,皆非。專謂光,謂林也,其意一也。《爾雅·釋故》曰："苞、蕪、茂,豐也。"郭注："苞、叢、縍、蕪,皆豐盛。"《釋文》曰："蕪,古本作霖。"按：許説本《爾雅》,《爾雅》古本作"霖"是也。隸①變"霖"作"無",以爲"有無"字,遂改《爾雅》之"無茂"從艸作"荒蕪"字、《鴻範》之"蕃無"從广作"廊廡"字,皆非本字。《晉語》曰："黍不爲黍,不能蕃廡。"韋昭曰："蕃,滋也。廡,豐也。"則假"廡"爲"無",不獨《尚書》也。

　　《漢書·谷永傳》："五徵時序,庶中蕃滋。"

# 一極備,凶；一極無,凶。

　　"無",《宋世家》作"凶",本篇中他"無"字皆作"毋"。

# 曰休徵：曰肅,時雨若；曰乂,時暘若；

　　《五行志》"乂"作"艾","暘"作"陽"。《宋世家》王本。上文作曰"陽",此作"暘",不畫一,疑本皆作"陽"也。

# 曰晢,時燠若；

　　"晢",《尚書》俗本誤"晰"。《五行志》作"悊",《宋世家》作"知",上文"明作智",不畫一,"智"亦當是"知"字也。

---

　　①隸：底本作"繇",今改,下同。

## 曰謀，時寒若；

《王莽傳》：時雨，時奥，時陽，時寒。

## 曰聖，時風若。曰咎徵：曰狂，恒雨若；

《宋世家》"恒"作"常"，故訓字也，非獨避諱。

## 曰僭，恒暘若；曰舒，恒燠若；

《論衡·言毒篇》："五事，二曰言，言之咎徵，僭，恒暘若。"

"舒"，僞孔本作"豫"，鄭、王本作"舒"。鄭云："翬遲也。"王云："舒，惰也。"見《正義》。合之《尚書大傳》作"荼"，《宋世家》、《五行志》、《漢紀》、何休《公羊注》、《論衡》作"舒"，"荼"亦"舒"字也，是今文《尚書》皆作"舒"。"舒"與"急"爲反對之詞，此經當從鄭、王本。僞孔作"豫"，訓"逸豫"，義稍隔。徐仙民曰："豫，又音舒。"

《公羊·成元年傳》注："《尚書》曰：'舒，恒燠若。'"《釋文》："燠，本又作奥，煖也。"《群經音辨》本之曰："奥，於六初。《書》：'舒，常奥若。'何休讀，今本作燠。"玉裁按：《群經音辨》"恒作常"者，避宋諱也。

## 曰急，恒寒若；

《論衡·寒温篇》："《洪範》庶徵曰：急，恒寒若；舒，恒燠若。'若，順。燠，温。恒，常也。人君急，則常寒順之；舒，則常温順之。"又云："旦雨氣温，旦暘氣寒。夫雨者陰，暘者陽也。"

荀悦《前漢高后紀》："人君急，則日晷進而疾，舒則日晷退而緩，故曰'急，恒寒若，舒，恒燠若'。"玉裁按：今本《漢紀》依《尚書》作"豫"，此淺人爲之，不見其上文明云"急""舒"，《孝惠紀》亦云"厥咎舒""厥咎急"。

## 曰霿,恒風若。

此"霿"字舊亦作"蒙",今更正。玫孔傳云:"君行蒙暗,猶稽疑之。"以"蒙闇"釋"霿"也。鄭注:"蒙見冒亂也。"王肅注:"蒙,瞀蒙。"兩注首"蒙"字恐亦皆衛包以後改之耳。《尚書大傳注》亦以"冒"釋"霿"。《宋世家》"稽疑"作"霿",此亦作"霿"。《五行志》引經"霿,恒風若",引傳"厥咎霿",而《尚書大傳》今本"厥咎霿","霿""霧""霿"音義皆同,蓋古文《尚書》作"霿",與今文《尚書》不異也。《宋書》《隨書》作"厥咎瞀","瞀"亦"霿"字。《尚書大傳》:"思心之不容,厥咎霿;王之不極,厥咎瞀。"鄭注:"瞀與思心之咎同耳。"是以"瞀""霿"爲一字也。服虔曰:"霿,音人僝瞀。"僝,音構,又音寇。"霿""瞀"皆"莫豆反"。"僝霿",班《志》作"區霿"。《荀卿書》云:"僝今本誤从彳。猶瞀儒。"霿,矛聲,本音"忙鉤反",與"蒙"雙聲,非叠韵也。

《爾雅·釋言》曰:"茅,明也。"舍人曰:"茅,昧之明也。""昧之明",猶云"暗中之明","茅"與"霿"同。以"明"訓"霿",義之相反而相成者也。《左氏傳》:"軍行,前茅慮無。"前茅者,在前蒙冒也,以戒不虞,故曰慮無。

《晉書·五行志》引經、引傳同《漢志》,而引經"思心"作"思"、"容"作"睿"、"陽"作"暘"、"奧"作"燠"、"舒"作"豫",似皆依孔本《尚書》改竄,"霿"作"霧"則可證唐初孔本尚不作"蒙,恒風若",不則亦改爲"蒙"矣。今本《晉書》"霧"是"霿"之誤。房玄齡等以《漢志》作"霿"、孔本《尚書》作"霿"不相遠也,故仍《漢志》。

## 曰王省惟歲,

"省",《宋世家》作"眚"。

卿士惟月，師尹惟日。歲、月、日、時無易，百穀用成，乂用明，俊民用章，

《文選》陸韓卿《奉答內兄希叔詩》：“王門所以貴，自古多俊民。”李善注曰：“《尚書》‘畯民用康’，‘康’乃‘章’字之誤。‘畯’與‘俊’同。”玉裁按：《釋文》於《大甲上》《說命下》皆曰：“俊，本亦作畯。”是則古文《尚書》凡“俊”字多作“畯”者。

《宋世家》作“畯”，下同。

家用平康。日、月、歲、時既易，百穀用不成，乂用昏不明，俊民用微，家用不寧。庶民惟星，

本篇“惟”字，《宋世家》十一見，皆作“維”，此《匡謬正俗》所謂古文《尚書》作“惟”、今文《尚書》作“維”也。

《五行志》曰：“《洪範》曰：‘庶民惟星。’”

星有好風，星有好雨。日月之行，則有冬有夏。

《後漢書·律厤志》：“《洪範》：‘日月之行，則有冬夏。’”

荀悅《前漢高后紀》：“《洪範》曰：‘日月之行，則有冬有夏，有寒有暑。’”詳上下文，則“有寒有暑”四字非荀語，蓋今文《尚書》多此四字也。

月之從星，則以風雨。

《論衡·說日篇》：“《尚書》曰：‘月之從星，則以風雨。’”《明雩篇》：“《書》曰：‘月之從星，則以風雨。’”荀悅《漢高后紀》云：“《洪範》曰：‘星有好風，星有好雨。月之從星，則以風雨。’”

九，五福：一曰壽，

《中論·夭壽篇》云：“《書》曰：‘五福：一曰壽。’”

二曰富,三曰康寧,四曰攸好德,五曰考終命。

《漢書·李尋傳》制詔丞相御史:"蓋聞《尚書》'五曰考終命'。"

六極:一曰凶短折,二曰疾,三曰憂,四曰貧,

《周禮·大宰》注:"五福,一曰壽。六極,四曰貧。"

五曰惡,六曰弱。"

《史記·宋微子世家》曰:武王既克殷,訪問箕子。武王曰:"於乎!維天陰定下民,相和其居,我不知其常倫所序。"

箕子對曰:"在昔鯀陻鴻水,汨陳其五行,帝乃震怒,不從鴻範九等,常倫所斁。徐廣曰:'一作釋。'鯀則殛死,禹乃嗣興,天乃錫禹鴻範九等,常倫所序。

"初一曰五行,二曰五事,三曰八政,四曰五紀,五曰皇極,六曰三德,七曰稽疑,八曰庶徵,九曰嚮用五福,畏用六極。

"五行:一曰水,二曰火,三曰木,四曰金,五曰土。水曰潤下,火曰炎上,木曰曲直,金曰從革,土曰稼穡。潤下作鹹,炎上作苦,曲直作酸,從革作辛,稼穡作甘。

"五事:一曰貌,二曰言,三曰視,四曰聽,五曰思。貌曰恭,言曰從,視曰明,聽曰聰,思曰睿。恭作肅,從作治,明作智,聰作謀,睿作聖。

"八政:一曰食,二曰貨,三曰祀,四曰司空,五曰司徒,六曰司寇,七曰賓,八曰師。

"五紀:一曰歲,二曰月,三曰日,四曰星辰,五曰厤數。

"皇極:皇建其有極,斂時五福,用傅錫其庶民,維時其庶民于女極,錫女保極。凡厥庶民,毋有淫朋,人毋有比德,維皇作

極。凡厥庶民,有猷有爲有守,女則念之。不協于極,不離于咎,皇則受之。而安而色,曰予所好德,女則錫之福。時人斯其維皇之極,毋侮鰥寡而畏高明。人之有能有爲,使羞其行,而國其昌。凡厥正人,既富方穀。女不能使有好于而家,時人斯其辜。于其毋好,女雖錫之福,其作女用咎。毋偏毋頗,遵王之義。毋有作好,遵王之道。毋有作惡,遵王之路。毋偏毋黨,王道蕩蕩。毋黨毋偏,王道平平。毋反毋側,王道正直。會其有極,歸其有極。曰王極之傅言,是夷是訓,于帝其順。凡厥庶民,極之傅言,是順是行,以近天子之光。曰天子作民父母,以爲天下王。

"三德:一曰正直,二曰剛克,三曰柔克。平康正直,疆不友剛克,內友柔克,沈漸剛克,高明柔克。維辟作福,維辟作威,維辟玉食。臣毋有作福作威玉食。臣有作福作威玉食,其害于而家,凶于而國,人用側頗辟,民用僭忒。

"稽疑:擇建立卜筮人。乃命卜筮,曰雨,曰濟,曰涕,曰霧,<sub>徐廣曰:'一作曰溓曰被。'</sub>曰克,曰貞,曰悔,凡七。卜五,占之用二,衍貣。立時人爲卜筮,三人占,則從二人之言。女則有大疑,謀及女心,謀及卿士,謀及庶人,謀及卜筮。女則從,龜從,筮從,卿士從,庶民從,是之謂大同,而身其康疆,而子孫其逢,吉。女則從,龜從,筮從,卿士逆,庶民逆,吉。卿士從,龜從,筮從,女則逆,庶民逆,吉。庶民從,龜從,筮從,女則逆,卿士逆,吉。女則從,龜從,筮逆,卿士逆,庶民逆,作內吉,作外凶。龜筮共違于人,用靜吉,用作凶。

"庶徵:曰雨,曰陽,<sub>王氏本前作'陽',後作'暘'。</sub>曰奧,曰寒,曰風。五是來備,各以其序,庶草繇廡。一極備,凶。一極凶,凶。

"曰休徵:曰肅,時雨若;曰乂,時暘若;曰知,時奧若;曰謀,時寒若;曰聖,時風若。

"曰咎徵:曰狂,常雨若;曰僭,常暘若;曰舒,常奧若;曰急,常寒若;曰霧,常風若。王眚維歲,卿士維月,師尹維日。歲月日時毋易,百穀用成,乂用明,畯民用章,家用平康。日月歲時既易,百穀用不成,乂用昏不明,畯民用微,家用不寧。庶民維星,星有好風,星有好雨。日月之行,有冬有夏,月之從星,則以風雨。

"五福:一曰壽,二曰富,三曰康寧,四曰攸好德,五曰考終命。

"六極:一曰凶短折,二曰疾,三曰憂,四曰貧,五曰惡,六曰弱。"

於是武王乃封箕子於朝鮮而不臣也。

# 古文尚書撰異卷十四

## 金縢第十四　　周書

既克商二年，王有疾，弗豫。

　　“弗”，《史記·魯周公世家》作“不”，《論衡·死僞篇》亦作“不”，司馬彪《禮儀志》亦云“不豫”。是今文《尚書》作“不”也。而《釋文》云：“《書序》‘武王有疾’，馬本作‘有疾不豫’。”《説文》引《周書》：“有疾，不悆。”是古文《尚書》亦作“不”也。蓋“弗”“不”二字淆亂者多矣。

　　“豫”，《釋文》云：“本又作‘忬’。”“忬”蓋即“悆”字也。《説文》十篇《心部》曰：“悆，忘也，嘾也。从心余聲。《周書》曰：‘有疾，不悆。’悆，喜也。”此引《書》而釋之曰“喜也”，與引“曰圛”而釋之曰“圛者，升雲半有半無”、引“聖讒説”而釋之曰“聖，疾惡也”正一例，皆與其字之本義有別。“悆”，蓋壁中故書如是，孔子國以今文讀之，乃易爲“豫”。必云僞孔乃作“豫”者，不可與道古矣。

二公曰：“我其爲王穆卜？”

　　舊本蓋作“睦卜”，釋玄應《大唐衆經音義》卷十引作“睦”，引孔安國曰：“睦，敬也。”古“睦”“穆”相假借，如《孟子》趙注

"君臣集穆",《史記·司馬相如傳》"旼旼睦睦",《漢書》作"旼旼穆穆",此字蓋亦衛包拘於俗用"睦"訓"和"、"穆"訓"敬"所改。《説文》:"睦,目順也,一曰敬和也。"又按:《雒誥》"夙作穆穆",孔以"敬敬"訓之,本作"睦"亦未可定。

## 周公曰:"未可以戚我先王。"公乃自以爲功,

"功",《周本紀·魯世家》作"質",今文家説也。"質"讀"周鄭交質"之"質",《史記正義》云:"以贄幣告三王。"誤矣。

## 爲三壇,同墠。

《周禮·夏官·大司馬職》注曰:"墠,讀爲'同墠'之'墠'。"玉裁按:"讀爲"今本作"讀如",非也。

《祭法》注:"《書》曰:'三壇同墠。'"

## 爲壇於南方,北面,周公立焉。

唐石經作"於"。

## 植璧秉珪,

今文《尚書》作"戴璧秉圭",《史記·魯世家》《漢書·王莽傳》《大玄·捊》皆作"戴",可證。《易林·无妄》之《蒜》曰:"載璧秉珪。""載""戴"古通用也。古文《尚書》作"植",《正義》引鄭注"植,古置字"可證。玉裁按:戴,弋聲。植,直聲。二聲同在之咍職德部,是以所傳各異,不知説今文者作何訓耳。"植"爲古"置"字者,古假借"植"字爲"置"字,二字皆直聲故爾,如《論語·微子篇》"植其杖而芸",《隸釋·石經〈論語〉殘碑》作"置其杖而芸",《集注》云:"植,立之也。"非是。杖不用,何必立之田中?但置於地斯已矣。又有假"置"爲"植"者,如《商頌》"置我鞉鼓",鄭箋云:"置,讀曰

植。"《明堂位》"殷楹鼓"注引"植我鞀鼓",《廣雅》引《詩》亦作"植"。

《周禮·大宗伯》"以玉作六器,以禮天地四方",注曰:"禮謂始告神時薦於神坐,《書》曰'周公植璧秉圭'是也。"玉裁按:此引古文《尚書》。植,置也,置璧於神前。秉,古以爲"柄"字,如"國子實執齊秉"是也。柄圭者,爲之格如柄,立諸神前也,非手執之謂。鄭讀"植爲置"者,璧體平,故不立;圭體直,故柄而立之。

## 乃告大王、王季、文王。

錢氏大昕曰:"大,唐石經作太,一點似後來所添,唐石經無'太'字,惟《尚書》屢見之,細驗《旅獒》《無逸》《武成》《召誥》諸篇,似俱後人增加。"玉裁按:恐皆衛包所改,刻石從之也。

## 史乃册祝曰:"惟爾元孫某,

"某",《魯世家》作"王發"。

## 遘厲虐疾。若爾三王,是有丕子之責于天,

《釋文》:"丕,普悲反,馬同。徐甫眉反,鄭音不。"玉裁按:云"馬同者",馬亦同孔訓"丕子"爲"大子"也。云"徐甫眉反"者,音與"普悲"略異,亦謂孔"大子"之訓然也。云"鄭音不"者,《正義》曰:"鄭玄云:丕讀曰不。愛子孫曰子,元孫遘疾,若汝不救,是將有不愛子孫之過,爲天所責,欲使爲之請命也。"作注之例,凡言"讀曰"即"讀爲"也。"讀爲"者,易其字也。"丕""不"字,經典中多互易者。

今文《尚書》作"負子",《史記·魯世家》及《後漢書》隗囂

《移檄》皆用今文《尚書》也。古文《尚書》作“丕子”，鄭注：“丕讀曰不。”《正義》所引不誤。《索隱》引鄭玄曰“丕讀曰負”，此轉寫譌字也。“丕”“不”“負”三字古音皆在之咍部。

隗囂告州牧部監等曰：“申命百姓，各安其所，庶無負子之責。”蓋謂民安其所，乃無背弃子民之咎。負者，背也。《金縢》今文“是有負子之責于天”，謂武王有背弃子民之咎而將死也。隗囂用今文家説。司馬貞、李賢注皆未叶。若裴駰引孔氏“丕子”之注爲《史記》“負子”之注，如風馬牛不相涉。凡其引孔注多有類此者。

《下曲禮》正義引《白虎通》曰：“天子病曰‘不豫’，言不復豫政也。諸侯曰‘負子’，子，民也，言憂民不復子之也。”《御覽》七百三十九引此略同，而妄施改竄。今文《尚書》“負子之責”。説當如此，惟以諸侯之稱通加諸天子耳，何休注《公羊》、徐廣注《史記》作“諸侯疾曰負兹”，徐廣、徐彦説復乖異。

## 以旦代某之身。予仁若考，

“予仁若考”四字，《魯世家》作“旦巧”二字。

## 能多材多藝，能事鬼神。乃元孫不若旦多材多藝，不能事鬼神。乃命于帝庭，敷佑四方。

《論衡·死僞篇》：“周武王有疾，不豫，周公請命，設三壇，同一墠，植璧秉圭，乃告於太王、王季、文王，史乃策祝，辭曰：‘予仁若考，多才多藝，能事鬼神。乃元孫某，不若旦多才多藝，不能事鬼神。’”玉裁按：此不與《史記》所録今文《尚書》同，如“植璧”當作“戴璧”，恐是後人改之。

“佑”,俗“右”字。

## 用能定爾子孫于下地,四方之民罔不祗畏。烏呼！無墜天之降寶命,

“墜”,俗“隊”字。

鄭注:“降,下也。寶,猶神也。有所依歸,爲宗廟之主也。”玉裁按:震澤王氏《史記》栞本“神”字譌“主”字,因下文而誤也。惠氏定宇集《尚書》鄭注亦作“神”。近説《尚書》者轉云“神”誤矣,神祕之義近於寶,故云“寶,猶神也”。“爲宗廟之主”五字釋經有依歸。

## 我先王亦永有依歸！今我即命于元龜,爾之許我,我其以璧與珪,歸俟爾命;爾不許我,我乃屏璧與珪。”乃卜三龜,一習吉。

《白虎通·蓍龜篇》:“《尚書》曰:‘卜三龜。’”

《文選》任彦昇《蕭公行狀》“龜謀襲吉”,注引“乃卜三龜,一習吉”,而云“襲與習通”。玉裁按:《正義》亦以“襲”訓“習”。僞《大誓》“襲于休祥”,與此真古文用字不一例者。僞《大誓》攗拾《昭七年左氏傳》、《周語》單襄公語爲之,古人“習”亦訓“重”、訓“因”,《周易》“習坎”是也。

## 啓籥見書,

《周禮·大卜》注:“《書·金滕》曰:‘開籥見書。’”

## 乃并是吉。

《論衡·卜筮篇》:“周武王不豫,周公卜三龜。公曰:‘乃逢是吉。’”玉裁按:作“逢”者,蓋今文《尚書》也,《魯世家》“開籥乃見書遇吉”,“遇”蓋“逢”之訓詁字,并逢聲之轉。

## 公曰:"體! 王其罔害。

《周禮・占人》注:"周公卜武王,占之曰:'體,王其無害。'"《玉藻》"君定體",鄭注云:"周公曰:'體,王其無害。'"

《魯世家》無"體"字。

## 予小子新命于三王,惟永終是圖。兹攸俟,能念予一人。"

"兹攸俟",即上文"俟爾命"之"俟"。上文馬注云:"待汝命,武王當愈,我當死也。"此云"兹攸俟"者,謂於此用待王之愈己之死也。聖人舉事發於至誠,非虚言也,神既許之,則俟之而已矣。"能念予一人"者,謂我尚能念我天子不忘也。《魯世家》:"兹道能念予一人。"玉裁按:古訓"猷"爲"道",蓋今文《尚書》作"兹猷",故司馬作"兹道"也,如《大誥》"猷爾多邦",《翟義傳》作"《大誥》道諸侯"。

## 公歸,乃納册于金縢之匱中。王翌日乃瘳。

"翌",唐石經及各本作"翼",衛包所改也。《爾雅・釋言》曰:"翌,明也。"郭注引《書》"翌日乃瘳",貞觀時玄應《衆經音義》亦引"翌日乃瘳",《漢書・五行志》顏注引"王翌日乃瘳",《文選》陸士衡《弔魏武帝文》李注引《尚書》"翌日乃瘳""孔安國曰'翌日,明日也'",然則唐初《尚書》未誤也。凡古書"翌日"字斷無作"翼"者,《漢書》皆作"翌"。其作"翼"者皆天寶已後淺人妄改也,如《逸周書》是也。《説文・羽部》有"翊"無"翌","翌"即"翊"字。漢郡有左馮翊,《三輔決録注》曰:"馮,盛也。翊,明也。"見《郡國志》注。此"翊,明也"即《爾雅》之"翌,明也","明日"之"明"與"光明"之"明"古義無別,尋《日部》"昱"字:

"日明也。今本《説文》作'明日',《衆經音義》《玉篇》皆作'日明'。从日立聲。""翊"从羽,亦立聲,然則"翌日"字乃"昱"之假借。"昱""翌"古音皆"羊入切"。《漢書·禮樂志》郊祀歌:"神之來,泛翊翊,甘露降,慶雲集。""翊""集"爲韵。師古曰:"翊,音弋入切,又音立。"此古音也。經典假"翌"爲"昱"。"昱"自緝韵轉入屋韵,"翌"亦自緝韵轉入屋韵。《周禮·司几筵》注"翌日乙丑",《釋文》曰:"翌,劉音育。"《集韵·一屋》:"翌,余六切,明也。《書》:'翌日乙丑。'劉昌宗讀此。"尤可證"翌"爲"昱"之假借字。衛包因"翌""翼"皆從羽,誤認爲一字,而不知"翌"從羽立聲,古音在第七部,"翼"從羽異聲,古音在第一部,部分相距甚遠。孫愐《唐韵》"翌""翼"皆"與職切",非也。《尚書》"翌"字六見,《金縢》《大誥》各一見,《召誥》《顧命》各二見。天寶盡改爲"翼"。"翼"訓"輔"訓"敬","翌"訓"明"。"翌室"爲"明堂"之室,"明堂"即路寝。金氏輔之之説固不易矣。

《爾雅·釋故》:"翼,敬也。"《釋言》:"翌,明也。"字形分別畫然。

## 武王既喪,管叔及其群弟乃流言於國,曰:"公將不利於孺子。"

《白虎通·崩薨篇》:"《尚書》曰:'武王既喪。'"

二"於"字,唐石經及注、疏各本皆不作"于",蓋相承如是。攷《毛詩》"于"字,唐石經亦閒作"於",如"俟我於城隅""於我乎,夏屋渠渠""俟我於宁乎而""於女信處"是也。

## 周公乃告二公曰:"我之弗辟,我無以告我先王。"

"弗",《説文》作"不"。

《説文》："辟，法也。从辟从井。《周書》曰：'我之不辟。'"
《釋文》曰："辟，扶亦反，治也。《説文》作'辟'，云：'必亦反，
法也。'馬、鄭音'避'，謂避居東都。"案：《説文》："辟，法也。"
《釋文》所引不誤。今本《説文》作"治"，誤也。《後案》從今本
《説文》，謂《釋文》"治法"二字互譌。夫《釋文》以"治"系孔，
以"法"系許，本無不合。孔傳"以法法三叔"下"法"字，安知非
"治"之誤乎？即孔傳無誤，亦別其反語之異，不嫌其義同也。
"辟"从井，井者，法也，故"辟"訓"法"，"辟"从乂，乂者，治也，
故"辟"从乂，分別畫然。"辟"與"辟"字訓同，故以"辟"建首，
次"辟"，而次"辟"。徐楚金注云："井者，法也。"此與"荆"同
意。"井者，法也"系《説文》"荆"字下引《易》説，觀徐注可以
知其正文之爲"法"字。《玉篇》"辟"訓"理"也，"辟"訓"治"
也。"理"即"治"之譌文，"治"乃"法"之譌文，不則亦當譌
"治"而云"理"矣。《廣韵》《集韵》皆誤作"治"。

玉裁按："我之弗辟"，孔讀"荆辟"，扶亦反；鄭讀"避"，毗
義反。孔以居東二年，罪人斯得，爲東征誅管、蔡；鄭以居東爲
出處東國待罪。"罪人斯得"，爲成王收捕公之屬黨。而《大
誥》東征在周公居東三年、成王迎周公反之後，其説乖異。《魯
世家》雖讀"辟"爲"避"，而云："我之所以弗辟而攝行政者，恐
天下畔周，無以告我先王。"則非鄭説也，故云："周公奉成王命
興師東伐，作《大誥》，遂誅管叔，殺武庚，放蔡叔，收殷餘民，以
封康叔於衛，封微子於宋，以奉殷祀。寧淮夷東土，二年而畢
定。"此述經文之"居東二年，罪人斯得"也。推測聖心，無有乍
聞流言，成王狐疑，一無顧忌，急行誅討之理，則鄭説爲長矣。
而其字壁中故書乃作"辟"，許叔重録之。"辟"之訓"法也"，則

與孔説合。而終以鄭説爲長者,古字多假借,不可泥於其本義。"辟"乃"辟"之古文,其字惟見於《尚書》,鄭明知故書作"辟",而不欲如字訓"法"者,古經"譬""僻""避"字皆用"辟",而"避"字尤不須從辵,<sub>其詳見《説文解字讀》</sub>。鄭謂"辟"即"辟"、"辟"即"避"也。《魯世家》用今文《尚書》,亦作"弗辟"。叔重箸書不敢云"辟,古文辟也",實叔重之誤。學者以"法也"之訓牽合僞古文辟管叔之言,乃敢妄云言"我不以法法三叔"矣。

金氏吉父曰:"古文《尚書》'辟'字作'辟'。古文凡'君辟'、'荆辟'之'辟'皆作'侵',唯此作'辟',此必孔壁書本是'避'字也。'辟'諧聲,從辵從并,皆'屏避'之義。"玉裁按:金氏説冣誤,其所云古文《尚書》者即宋次道、王仲至、晁公武、薛士龍本也。其作"辟"者,乃"辟"之譌文也。惟《金縢》作"辟"者,正是用《説文》爲藍本,而轉寫譌"井"作"并"。真壁中古文"辟"字斷不止《金縢》一見,許叔重隨意一引耳,孔安國以今文讀之,既悉改爲"辟"字。

《汗簡》"辟"字兩見,一以爲"甓",一以爲"壁",曾不知其字在《辟部》非《井部》而辟聲,重牲舭繆,小學之難言久矣。

《尚書後案》曰:"《墨子》卷十一《耕柱篇》云:'周公旦非關叔,辭三公,東處于商。'蓋關叔即管叔,商蓋即商奄也。吳君高《越紐録》云:'周公傅相成王,管叔、蔡叔不知周公而讒之成王,周公乃辭位,出,巡狩于邊。'皆與鄭合也。"

## 周公居東二年,則罪人斯得。

按:史官書法甚明,曰"居東",知非征東也;曰"罪人",謂管叔及其群弟也。史臣之直筆也。曰"得",知尚未伏誅也。流言至周國,不知其所由起,至此成王始得其主名。鄭云"周公之屬黨”，非也。周公之屬黨，成王謂之罪人，史臣不敢枉筆書之曰“罪人”也。曰“王亦未敢誚公”者，成王非無誚公之意，而尚未敢行也。“亦”者，亦罪人也。成王不敢任管、蔡，亦未嘗不疑周公也，爲“執書以泣”張本也。

　　“罪人斯得”，今文家謂即誅三監、武庚，非當日事勢。鄭君謂“盡得周公之屬黨”，當日史臣直筆，不應阿意順旨，目爲罪人。宋元以來，諸儒謂王始知流言之爲管、蔡者，得之。明郝氏京山自出新意，謂“罪人斯得”，王與二公殺管叔也，管叔畔而殺之，殺其畔，非殺其流言也。成王至風雷之變，始悟流言起管叔也。《大誥》“黜殷命”，專誅武庚也。成王殺管叔而周公不知，故無損於聖也。說則巧矣。夫管叔初爲流言時，固未畔周公，既反乃懼，而以武庚畔，此當日情形節次。《大誥》之篇曰：“艱大。民不靖，亦惟在王宮、邦君室。”曰：“惟大艱人，誕鄰胥伐于厥室。”一則曰“在王室”，再則曰“伐于厥室”，非謂三監而何？《大誥》之時，三監猶在，則郝氏之説，其是非不辨自明矣。

## 于後，公乃爲詩以詒王，

　　“詒”，各本作“貽”，今考據鄭本作“詒”。錢氏曉徵曰：“唐石經‘貽’字，有磨改痕，蓋先作‘詒’，後改，當以先刻爲正。”

　　《毛詩序》曰：“《鴟鴞》，周公救亂也。成王未知周公之志，公乃爲詩以遺王，名之曰《鴟鴞》焉。”《釋文》：“遺，本亦作貽。此從《尚書》本。”玉裁按：謂《尚書》作“貽”也。

　　《詩·豳風》正義：“《金縢》云：‘公乃爲詩以貽王。’”鄭注云：“怡，悅也。周公恐其屬黨無罪將死，恐其刑濫又破其家，而不敢正言，故作《鴟鴞》之詩以怡王，今《豳風·鴟鴞》也。”玉裁按：《豳》正義言“怡悦王心”者不一，初疑鄭本作“怡”，與僞孔本作“詒”異，而攷其字，惟“怡，悦也”從心作“怡”，下文“作《鴟鴞》之詩以詒王”仍同經文從貝作“詒”。竊謂經文本從言作“詒”，轉寫從貝作“詒”，俗字。如《詩·風》“自詒伊阻”“詒我彤管”，《釋文》皆作“詒”，而云“本又作詒”；“既詒我肄”，則《釋文》《正義》皆作“詒”可證。《説文·言部》：“詒，相欺詒也，一曰遺也。”《毛詩·谷風·静女》傳、《金縢》僞孔傳皆同《説文》後一説。鄭注《金縢》“詒，説也”，同《説文》前一説。鄭云：“不敢正言，故作《鴟鴞》之詩以詒王。”蓋不敢正言，故侻言以相誘。鄭注《鴟鴞》詩説，諸臣父祖勤勞，積日累功，以固定此官位、土地，止王毀室，皆所謂侻言也。正言之，則云諸臣本無罪而已。郭璞注《方言》云：“汝南人呼欺亦曰詒，音殆。”攷《史》《漢》多假“紿”字爲之。《列子》“狎侮欺詒”，正作“詒”字。鄭注“説”字，以今音讀之當“舒芮切”，蓋鄭注絶無“怡悦王心”之語。《正義》誤讀“説”爲“悦”，因謂鄭讀“詒”爲“怡”而“怡悦王心”，一再言之，絶非鄭説。《鴟鴞》之詩，苦心苦口，非可“怡悦人心”也，因知古經古義必好學深思，心知其意，粗而涉焉，自謂善述，而叛之遠矣。

經文作“詒”，乃兼含孔訓“遺”、鄭訓“説”二義，若作“詒”，則不可賅鄭訓矣。《爾雅·釋言》：“詒，遺也。”《説文》所本。今本《爾雅》作“詒”，非也。

## 名之曰《鴟鴞》。

“名”，徐仙民“亾政反”，六朝時又別製“詺”字，今此音此字皆不行。

# 王亦未敢誚公。

《説文》三篇《言部》“誚”字下曰：“古文譙，从言肖。《周書》曰：‘王亦未敢誚公。’”玉裁按：古文作“誚”，小篆改作“譙”，《史》《漢》“譙讓”字皆從小篆。“誚”字獨見於壁中《金縢》，孔子國以今文讀之，定爲“譙”字而不改其字。及古文《尚書》盛行，學者乃知有“誚”，而不知有“譙”。衛包之奉命改古文，乃於真古文不議改矣。

《魯世家》：“王亦未敢訓周公。”《索隱》曰：“《尚書》作‘誚’，此作‘訓’字誤耳。”錢氏曉徵《史記攷異》云：“誚，从肖，古書或省作从小，轉寫譌爲‘川’爾。”玉裁按：《玉篇》曰：“信，古文作‘訫’。”《集韵》曰：“信，古作‘訙’。”《玉篇》之“訫”，即《集韵》之“訙”，皆本《説文》“𧦦”字。《玉篇》從立心，非從“大小”字也。《汗簡》曰：“𢜬，古文信。”此亦依從言從立心之字爲之，轉寫誤多一畫耳。《史記》之“訓”乃“訙”字之誤，蓋今文《尚書》作“未敢信公”，與古文《尚書》作“誚公”不同。注《史記》者皆習焉不察。徐廣云：“訓，一作誚。”按：“一作誚”者，或以《尚書》改《史記》也。

# 秋，大孰，未穫，天大雷電以風，禾盡偃，大木斯拔。

“斯”，《魯世家》作“盡”，今文家“斯”訓爲“盡”也。《方言》作“澌”，亦作“賜”，《唐書》作“儩”。《詩》“王赫斯怒”，鄭箋：“斯，盡也。”《釋文》云：“鄭音賜者，此依據《方言》及古《呲啙歌》‘棗適今日賜’而云然。”《正義》云：“斯，盡。《釋言》文。”攷《釋言》無此，衹有“斯，離也”。“離”則易盡，其恉未嘗不相通,今文家説《尚書》如此,知古有此訓。上文"罪人斯得"
鄭注亦云"盡爲成王所得"。

邦人大恐,王與大夫盡弁,以啓金縢之書,乃得周
公所自以爲功代武王之説。

蔡邕《獨斷》:"《周書》曰:'王與大夫盡弁。'"此今文《尚
書》同也。"弁",《魯世家》作"朝服",蓋釋"弁"爲"皮弁",今
文家説也。

"説",徐音"始鋭反",此舊音也。注、疏録《釋文》始誤爲
"如"。

《周禮·占人》注:"《書》曰:'王與大夫盡弁,開金縢之書,
乃得周公所自以爲功代武王之説。'"

"説",《魯世家》一作"簡"。

陳氏壽祺曰:"《周書·亳姑序》曰:'周公在豐,將殁,欲葬
成周。公薨,成王葬于畢,告周公。'《尚書大傳》曰:'周公致
政,封魯,三年之後,老于豐,心不敢遠成王,而欲事文武之廟。
周公疾,曰:吾死,必葬於成周,示天下臣於成王。周公薨,成王
欲葬之於成周,天乃雷雨以風,禾盡偃,木斯拔,國人大恐,王與
大夫開金縢之書,執書以泣,曰:周公勤勞王家,予幼人弗及知,
乃不葬於成周,而葬之於畢,示天下弗敢臣也。'《論衡·感類》
引《書》'乃得周公死自以爲功代武王之説',蓋古文'所'字今
文作'死',形近致譌,故以金縢之事與《亳姑序》事聯爲一也。"
玉裁謂"死"字乃轉寫《論衡》者之誤。

二公及王乃問諸史與百執事。對曰:"信。噫!
公命,我勿敢言。"

《釋文》:"噫,於其反,馬本作'懿',猶億也。"玉裁按:《大雅·瞻卬》曰:"懿厥哲婦,爲梟爲鴟。"鄭箋:"懿,有所痛傷之聲也。"《釋文》"億"字,當是從口"噫"字之誤。

"信噫",《魯世家》作"信有",古音"噫""有"同在第一部。

# 王執書以泣,曰:"其勿穆卜!昔公勤勞王家,惟予沖人弗及知。

《尚書大傳》云:"周公疾,曰:'吾死,必葬於成周,示天下臣於成王也。'周公死,天乃雷雨以風,禾盡偃,大木斯拔,國恐,王與大夫開金縢之書,執書以泣,曰:'周公勤勞王家,予幼人弗及知。'乃不葬之於成周,而葬之於畢,示天下不敢臣。"見《梅福傳》古注。按:此今文《尚書》也。其説既殊,其字亦異,如"邦"作"國","沖"作"幼",皆與《魯世家》同。

# 今天動威,以彰周公之德。惟朕小子其新逆,我國家禮亦宜之。"

《釋文》曰:"新逆,馬本作'親迎'。"玉裁按:惟馬作"親迎",鄭固作"新逆"也。鄭注云:"新逆,改先時之心,更自新以迎周公。"今《豳》正義轉寫淆亂。《東山》箋云:"成王既得金縢之書,親迎周公。"此述經意,非録經文,不得據此謂鄭本亦作"親迎"而讀爲"新逆"也。又按:《魯世家》"逆"作"迎"。凡古文《尚書》多作"逆",凡今文《尚書》多作"迎",如"逆河""迎河"其一證也。又按:今坊本蔡氏《集傳》"逆"皆誤"迎",唐石經及《注疏》監本作"逆",不誤。

《白虎通·喪服篇》:"《尚書》曰:'今天動威,以彰周公之德。'下言'禮亦宜之'。"《後漢書·周舉傳》曰:"昔周公有請命之應,隆大平之功,故皇天動威,以章聖德。"

**王出郊,天乃雨,反風,禾則盡起。二公命邦人,
凡大木所偃,盡起而築之,歲則大孰。**

《釋文》曰:"築,本又作筑。"玉裁按:此好事者因馬、鄭、王皆云"築,拾也"合於《爾雅》,遂改從《爾雅》作"筑",而不知《釋文》《正義》未嘗言馬、鄭、王作"筑"也。"筑"與"掇"雙聲,故得訓"拾","筑""築"皆非正字,未見"筑"是"築"非也。且馬、鄭、王皆云"築,拾也",安知漢魏時《爾雅》不作"築"乎?注經者於此等無輕議改。

"大木所偃"四字分二項平説:起者,起大木也;筑者,筑所偃之禾采也。起大木者,分別或立之或弄①之,皆得云起矣。

《魯周公世家》曰:周公不就封,畱佐武王。武王克殷二年,天下未集,武王有疾,不豫,群臣懼,太公、召公乃繆卜。周公曰:"未可以戚我先王。"周公於是乃自以爲質,設三壇,周公北面立,戴璧秉圭,告于大王、王季、文王。史策祝曰:"惟爾元孫王發,勤勞阻疾。若爾三王是有負子之責於天,以旦代王發之身。旦巧能,多材多藝,能事鬼神,乃王發不如旦多材多藝,不能事鬼神。乃命于帝庭,敷祐四方,用能定汝子孫于下地,四方之民罔不敬畏。無墜天之降葆命,我先王亦永有所依歸。今我其即命於元龜,爾之許我,我以其璧與圭歸,以俟爾命。爾不許我,我乃屏璧與圭。"周公已令史策告大王、王季、文王,欲代武王發,於是乃即三王而卜。卜人皆曰吉,發書視之,信吉。周公喜,開籥,乃見書遇吉。周公入賀武王曰:"王其無害。旦新

---

①弄:疑"弃"字。

受命三王，惟長終是圖。茲道能念予一人。"周公藏其策金縢匱中，誡守者勿敢言。明日，武王有瘳。

其後武王既崩，成王少，在強葆之中。周公恐天下聞武王崩而畔，周公乃踐阼代成王攝行政當國。管叔及其群弟流言於國曰："周公將不利於成王。"周公乃告太公望、召公奭曰："我之所以弗辟而攝行政者，恐天下畔周，無以告我先王大王、王季、文王。三王之憂勞天下久矣，於今而後成。武王蚤終，成王少，將以成周，我所以爲之若此。"於是卒相成王，而使其子伯禽代就封於魯。管、蔡、武庚等果率淮夷而反。周公乃奉成王命，興師東伐，作《大誥》。遂誅管叔，殺武庚，放蔡叔。收殷餘民，以封康叔於衛，封微子於宋，以奉殷祀。寧淮夷東土，二年而畢定。諸侯咸服宗周。

天降祉福，唐叔得禾，異母同穎，獻之成王，成王命唐叔以餽周公於東土，作《餽禾》。周公既受命禾，魯天子命作《嘉禾》。按：《周本紀》曰："武王病，天下未集，群公懼，穆卜，周公乃被齋，自爲質，欲代武王，武王有瘳。後而崩，太子誦代立，是爲成王。成王少，周初定天下，周公恐諸侯畔，周公乃攝行政當國。管叔、蔡叔、群弟疑周公，與武庚作亂畔周。周公奉成王命，伐誅武庚、管叔，放蔡叔。以微子開代殷後，國於宋。頗收殷餘民，以封武王少弟封爲衛康叔。晉唐叔得嘉穀，獻之成王，成王以歸周公于兵所。周公受禾東土，魯天子之命。初，管、蔡畔周，周公討之，三年而畢定，故初作《大誥》，次作《微子之命》，次《歸禾》，次《嘉禾》，次《康誥》《酒誥》《梓材》，其事在《周公》之篇。"《本紀》與《世家》相合，惟"二年"作"三年"，恐是譌字，蓋此與《世家》皆述《金縢》"居東二年，罪人斯得也"，不應《世家》作"二"，此作"三"。東土以集，周公歸報成王，乃爲詩貽王，命之曰《鴟鴞》。王亦未敢訓周公。

成王七年二月乙未，王朝步自周，至豐，使太保召公先之雒相土。其三月，周公往營成周雒邑。卜居焉，曰吉，遂國之。

成王長，能聽政。於是周公乃還政於成王，成王臨朝。周公之代成王治，南面倍依以朝諸侯。及七年後，還政成王，北面就臣位，匔匔如畏然。

初，成王少時，病，周公乃自揃其蚤沈之河，以祝於神曰："王少未有識，奸神命者乃旦也。"亦藏其策於府。成王病有瘳。及成王用事，人或譖周公，周公奔楚。成王發府，見周公禱書，乃泣，反周公。《易林·无妄》之縣曰："載璧秉珪，請命於河。周公克敏，沖人瘳愈。"《蒙恬列傳》曰："昔周成王初立，未離襁緥，周公旦負王以朝，卒定天下。及成王有病甚殆，公且①自揃其瓜以沈于河，曰：'王未有識，是旦執事。有罪殃，旦受其不祥。'乃書而藏之記府，可謂信矣。及王能治國，有賊臣言：'周公旦欲爲亂久矣，王若不備，必有大事。'王乃大怒，周公旦走而奔於楚。成王觀於記府，得周公旦沈書，乃流涕曰：'孰謂周公旦欲爲亂乎？'殺言之者而反周公旦。"二說與此相合，譙周所謂，秦既燔書，時人欲言金縢之事，失其本末，乃云成王少時病，周公禱河，欲代王死，藏祝策于府。成王用事人譖周公，周公奔楚。成王發府見策，乃迎周公也。《論衡·感類篇》曰："古文家以武王崩，周公居攝，管、蔡流言，王意狐疑周公，周公奔楚，故天雷雨以悟成王。"案：古文家云"奔楚"與此相類，但爲壇請代之事，古文家未必誤以成王冒武王也。孟堅云《金縢篇》有古文說。今按：大史公自於《尚書》外兼采他書，云自東土歸後歸政而復奔楚，則楚非東土也，且云"亦藏其策於府"，"亦"者亦代武王之策也，則非用古文說亦明矣。周公歸，恐成王壯，治有所淫佚，乃作《多士》，作《毋逸》，以誡成王。成王在豐，天下已安，周之官政未次序，於是周公作《周官》，官別其宜。作《立政》，以便百姓，百姓說。

周公在豐，病，將没，曰："必葬我成周，以明吾不敢離成王。"周公既卒，成王亦讓，葬周公於畢，從文王，以明予小子不敢臣周公也。

周公卒後，秋未穫，暴風雷雨，禾盡偃，大木盡拔。周國大

---

①且：底本作"且"，疑作"旦"。

恐。成王與大夫朝服以開金縢書，王乃得周公所自以爲功代武王之説。二公及王乃問史、百執事，史、百執事曰："信有，昔周公命，我勿敢言。"成王執書以泣，曰："自今後其無繆卜乎！昔周公勤勞王家，惟予幼人弗及知。今天動威，以彰周公之德，惟朕小子其迎，我國家禮亦宜之。"王出郊，天乃雨，反風，禾盡起。二公命國人，凡大木所偃，盡起而築之。歲則大熟。於是成王乃命魯得郊祭文王。魯有天子禮樂者，以襃周公之德也。《尚書大傳》，見上。《尚書·洪範五行傳》曰："周公死，成王不圖大禮，故天大雷雨，禾偃木拔。及成王瘞金縢之策，改周公之葬，尊以王禮，申命魯郊，而天立復國雨，禾稼盡起。"見《後漢書·周舉傳》注。《漢書·梅福傳》曰："昔成王以諸矦禮葬周公，而皇天動威，雷風著災。"《漢書·杜鄴傳》曰："臣聞野雞著怪，高宗深動，大風暴起，成王恒然。"玉裁按：此與《五行志》劉向以爲高宗謀祖己，成王泣金縢正同，皆用今文《尚書》説，師古皆以古文説注之，非也。《儒林傳》谷永上疏曰："昔周公薨，成王葬以變禮，而當天心。"《後漢書·周舉傳》曰："詔召公、卿、中二千石、尚書詣顯親殿，問曰：'昔周公攝天子事，及薨，成王欲以公禮葬之，天爲動變，及更葬以天子之禮，即有反風之應。'"《後漢書·張奐傳》曰奐上疏曰："昔周公葬不如禮，天乃動威。"《春秋·僖卅一年公羊傳》曰："卜郊何以非禮？魯郊，非禮也？"何注曰："以魯郊非禮，故卜爾。昔武王既没，成王幼少，周公居攝，行天子事，制禮作樂，致大平，有王功。周公薨，成王以王禮葬之，命魯使郊，以彰周公之德。非正，故卜。"《白虎通·喪服篇》曰："養從生，葬從死。周公以王禮葬何？以爲周公踐阼理政，與天同志，展興周道，顯天度數，萬物咸得休，氣充塞原，天之意，子愛周公，與文武無異，故以王禮葬，死得郊祭。《尚書》曰：'今天動威，以彰周公之德。'下言：'禮亦宜之。'"《論衡·感類篇》："《金縢》曰：'秋大熟未穫，天大雷電以風，禾盡偃，大木斯拔，邦人大恐。'當此之時，周公死，儒者説之，以爲成王狐疑於周公。欲以天子禮葬公，公人臣也；欲以人臣禮葬公，公有王功。狐疑於葬周公之間，天大雷雨，動怒示變，以彰聖功。"又曰："開匱得書，覺悟泣過，決以天子禮葬公。出郊觀變，天止雨反風，禾盡起。"已上皆今文家説。

　　案：今文之説，尠爲荒謬。史官記事，前云"既克商二年"，云"武王既喪"，云"居東二年"，何等分明？豈有爲詩詒王之後，秋大孰之前，閒隔若干年，若干大事不書，周公薨而突書其薨後之事，令人讀罷不知其顛末者？

徐幹《中論·智行篇》：“昔武王崩，成王幼，周公居攝，管、蔡啓殷畔亂，周公誅之。此讀‘荆辟’。成王不達，周公恐之，天乃雷電風雨，以彰周公之德，然後成王寤。”此用古文《尚書》説，而“我之不辟”讀“荆辟”，與孔傳同。

今文家以《大誥》包於“居東二年，罪人斯得”，而“鴟鴞風雷”皆《大誥》後事，故伏生《大傳》，《大誥》厠《金縢》前，今文《尚書》如是。

# 古文尚書撰異卷十五

## 大誥第十五　　周　書

王若曰："大誥猷爾多邦,

　　僞孔本"猷大誥爾多邦",《釋文》曰:"馬本作'大誥繇爾多邦'。"《正義》曰:"鄭、王本'猷'在'誥'下。"《漢書·翟方進傳》:"翟義起兵討賊,莽依《周書》作《大誥》。"亦言"皇帝若曰:大誥道諸侯王、三公、列侯"。莽所依者,今文《尚書》也。然則古文、今文並作"誥猷",不作"猷誥"也。惟"繇""猷"古通用。《爾雅·釋故》"迪、繇"訓"道也",郭注義皆見《詩》《書》,今《詩》《書》"繇"字不見,而《漢書》班固《幽通賦》曰"讓先聖之大繇",用《巧言》"秩秩大猷,聖人莫之"也。《小雅》釋文曰:"莫,一本作謨。"師古注引《詩》直作"大繇"。然則經典之"猷"訓"道"者,古作"繇",東晉時不誤,故云"見《詩》《書》"也。《詩》"哀哉爲猷,匪先民是程,匪大猷是經",鄭箋:"上'猷'訓'謀',下'猷'訓'道'。"豈非其本自分別乎?《正義》凡於鄭箋、孔傳"猷,道也",皆不云《釋詁》文,直攷之不深耳。抑《尚書》"猷"字陸皆無音,惟此云"音由",豈本亦作"繇"而衛包改之乎? 疑不能明也。

又攷僞孔之移"猷"於"王若曰"之下者,欲與《多方》篇畫一之故。今攷古"引導"字多作"道","道"爲"繇","教道"亦爲"繇",此云"誥道多方",云"道誥",一而已矣。莽云"大誥道",文義正如此。作僞孔傳者不知道包二義,釋"猷大"爲"大道",文理殊不可通。如其傳,則當云:"王曰若大猷誥爾多邦。"其所作僞《周官》"王曰若昔大猷",正自用其説也。而其作僞《微子之命》徑云"王若曰猷殷王元子",愈不可解矣。

李善注《文選·幽通賦》反謂"猷"是"繇"非,大誤。

此篇經文當依馬本改"猷"作"繇"。

應劭注《翟傳》曰:"言以大道告於諸矦以下也。"此應之誤,僞孔傳所本。

## 越爾御事。

《詩·思齊》鄭箋:"《書》又曰:'越乃御事。'"《正義》云:"《大誥》文。"《下曲禮》:"長曰能御矣,幼曰未能御也。"注:"御,猶主也。《書》曰:'越乃御事。'謂主事者。"《正義》曰:"所引《書》者,《大誥》文也。"

## 弗弔!

莽《大誥》"弗"作"不",云:"不弔,天降喪于趙、董、丁、傅。"蓋如《左氏傳》"昊天不弔"之解,非訓"至"也。

## 天降割于我家,

《釋文》曰:"'割',馬本作'害'。"

## 不少延,

馬、鄭皆"不少延"爲句,莽《大誥》亦云"洪惟我幼沖孺子",惟孔傳截"洪"字上屬,而不知"洪惟圖天之命"固見於《多方》矣。

洪惟我幼沖人，嗣無疆大歷服。弗造哲，迪民康，矧曰其有能格知天命？

　　"造"，莽《大誥》作"遭"，蓋今文《尚書》作"遭"，非以故訓字代之也。下文"予造天役"亦作"予遭天役"。馬云："造，遭也。"見《釋文》。"遭"字正"遭"字之誤，用今文注古文也。

　　"格"，莽作"往"。

已！

　　莽作"熙"。師古曰："歎辭。"此今文《尚書》也，皆即今之"嘻"字。

予惟小子，若涉淵水，予惟往求朕攸濟。

　　《漢武帝紀》詔曰："若涉淵水，未知所濟。"此用《大誥》文也。

敷賁，

　　孔釋"賁"以"大道"，則是讀爲"墳"。《釋詁》曰："墳，大也。"《方言》曰："墳，地大也。"《釋文》云："扶云反，徐音忿。"按："忿"音亦謂"大"訓也。莽《大誥》"予惟往求朕所濟度奔走"，疑今文《尚書》無"敷"字而以"賁"同"奔"，蓋今文家説然也。

敷前人受命，

　　莽《大誥》："以傅近奉承高皇帝所受命。"按：今文《尚書》"敷"多作"傅"，如"傅納""傅土"皆是。此"敷"字，今文《尚書》必作"傅"，故莽云"傅近"，今文家説也。

兹不忘大功！予不敢閉于天降威用，

　　莽曰："予豈敢自比於前人乎？"此即經之"兹不忘大功，予不敢閉"也。又曰："天降威明，用寧帝室，遺我居攝寶龜。"此即經之“天降威用寧王遺我大寶龜”也。其字句解説，今文家與古文家皆絕異。“閟”字疑今文《尚書》作“比”。

又按：“于”字，今文《尚書》既必無之矣，而孔傳云“閟絕天所下威用”，《正義》云“我不敢絕天之所下威用”，皆不言“於”，則疑古文《尚書》亦本無“于”字，淺人增之也。

## 寧王遺我大寶龜，紹天明。即命曰：‘有大艱于西土，西土人亦不靜。’越兹蠢。

魏三體石經見於洪氏《隸續》所存洛陽蘇望氏所刻者：“大<small>三體竝存</small>。伇<small>古文</small>。龜<small>隸</small>。粵<small>三體竝存</small>。兹<small>三體竝存</small>戠<small>隸</small>。”皆《尚書・大誥》文也。古“粵”“越”通用，魏時《尚書》蓋皆作“粵”，而“戠”字據《説文》則爲古文，不知何以魏時隸不作“蠢”而作“戠”也。

《説文》十三篇《蚰部》曰：“蠢，蟲動也。从蚰萅聲。戠，古文蠢，从戈。《周書》曰：‘我有戠于西。’”玉裁按：此引古文《大誥》，記憶之誤也，如“或簸或舀，東方昌矣”之比，不則王莽所用今文《尚書》“曰有大難于西土，西土人亦不靖，於是動”與古文《尚書》同，絕無“我有戠于西”之句。“戠”字，壁中初出時安國讀爲“蠢”，既以今字改之矣，而許叔重存其故書所作於《説文》，俾學者有稽焉。

## 殷小腆

《正義》曰：“王肅云：‘腆，主也。殷小主謂禄父也。’”玉裁按：《説文》：“敟，主也。”王謂“腆”爲“敟”之假借也。“敟”，經書多作“典”。《釋文》曰：“馬云：‘至也。’”“至”字當亦“主”字之譌。

誕敢紀其敘。

“紀”,莽作“犯”。

天降威,知我國有疵,

“疵”,莽作“呰災”。

民不康,曰予復,反鄙我周邦。

莽云:“是天反復,右我漢國也。”今文《尚書》絶異。

今蠢,今翌日,

“翌”,唐石經及各本作“翼”,衛包所改也,説見上篇“翌”訓“明”、下文“翼”訓“佐”訓“敬”。天寶以前字形本自分别。

民獻有十夫,

作“獻”者,古文《尚書》也。今文《尚書》“獻”作“儀”。《尚書大傳·周傳》云“《書》曰‘民儀有十夫’”是也,如《大䠶儀》注:“獻,讀爲沙。”《司尊彝》注:“獻,讀爲犧,又讀爲儀,讀爲摩莎之莎。”《郊特牲》注:“獻,讀爲莎,齊語,聲之誤也。”《説文解字·車部》義聲之“轙”,或从金獻聲作“钀”。皆元部與歌部關通音轉,若莽《大誥》“民獻儀九萬夫”,此合今文、古文竝存之。孟康曰:“民之表儀謂賢者。”孟此注釋“儀”字而已,非釋“獻”也。若班書本有“獻”字,則孟注當云:“民獻儀,民之賢者可爲表儀。”不當先訓“儀”而云謂“賢者”。班書多用今文,每被後人以古文改之,如《王莽傳》引《書》“舜讓于德不台”,韋昭注:“古文‘台’爲‘嗣’。”是班作“台”甚明,而今本乃改爲“嗣”,幸韋注語存於《文選·典引》注中可攷耳。此《大誥》多依今文,必作“民儀九萬夫”,“獻”字必系用古文改“儀”字,遂致兩存,而小顔不辨。

　　玉裁前説既成之後，於戊①申冬讀《古文苑》，班固《車騎將軍竇北征頌》云："民儀響慕，群英影附。"此用今文《尚書》"民儀"二字也。可知《翟義傳》"獻"字乃後增，前説非肊決矣。

　　莽《大誥》前云："宗室之儁，有四百人，民儀九萬夫。"後又云："宗室之儁，民之表儀。"則前之無"獻"字亦甚明。

　　鄭注《論語》云："獻，猶賢也。"凡訓故之例，義隔而通之曰"猶"，"獻"本不訓"賢"，直以其爲"儀"字之假借，故曰"猶賢也"，若僞孔於"萬邦黎獻"逕云"賢也"，則未嘗窺見此旨矣。

## 予翼，以于敉寧武圖功。

　　"翼"，莽作"敬"，今文家説也。

　　山井鼎所載足利古本"敉"皆作"撫"。玉裁按："撫"即"敳"字，《説文》："敳，撫也，從攴亾聲，讀與撫同。"

## 我有大事，休？朕卜并吉！肆予告我友邦君，越尹氏、庶士、御事，曰：予得吉卜，予惟以爾庶邦，于伐殷逋播臣。爾庶邦君

　　"邦"，莽《大誥》作"國"，今文《尚書》也。

## 越庶士、御事罔不反曰：'艱大，民不静，亦惟在王宮、邦君室。越予小子考翼，不可征。

　　莽《大誥》曰："於小子族父，敬不可征。"然則今文家"越予小子考"句絶，其訓則管叔及群弟皆王之諸父，故云考也。"翼"訓"敬"，與孔同。

---

①戊：底本作"戌"，據學海堂《清經解》本。

王害不違卜？'

　　"害"，孔傳："如字。"蔡《集傳》云："害，曷也。王曷不違卜而勿征乎？"今按：此篇言"曷"者五，而此獨作"害"，古經不當如是。然蔡氏此注云："舉邦君御事不欲征，欲王違卜之言也。"最爲得解。須知天寶已前《尚書》本無"曷"字，皆假"害"爲之，此篇中"曷"字皆作"害"。篇首"害"字乃假"割"，衞包盡改"害"爲"曷"，獨此"害"字以孔傳不訓"曷"僅存。莽《大誥》"曷"皆作"害"。此句莽作"帝不違卜"，似今文《尚書》無"害"字。

肆予沖人，永思艱，曰：烏呼！允蠢鰥寡，哀哉！予造天役，遺大投艱于朕身，

　　"造"，莽作"遭"，今文《尚書》也。"投"，莽作"解"，"解"蓋"投"之訓歟？

越予沖人不卬自恤。

　　魏三體石經："友古、隸。邦三體俱存。亏篆。蠱古文。大隸。可古、篆。征三體俱存。鰥三體俱存。寡古、篆。哀古、篆。卬隸。自古、篆。卹。古、篆。"皆《大誥》文也。"恤"，《尚書》本作"卹"，如《説文》引"無毖于卹"之類。

義爾邦君，越爾多士、尹氏、御事，綏予曰：'無毖于恤，不可不成乃寧考圖功。'

　　《説文》八篇《比部》曰："毖，慎也。从比必聲。《周書》曰：'無毖于卹。'"

已！

　　莽作"熙"。

予惟小子，不敢替上帝命。

《説文解字讀》曰:"《隸續》載魏三體石經《左傳》蘇望所摹刻者,錯出《尚書》遺字,如第三行以下云:"大俣黿粤兹截翼曰亏我友邦君庶邦亏鰥大可征鰥哀。"卅三行以下:"寡卬自于卹不敢暜克綏。"此皆《大誥》之文也。"暜"字三體,一曆、一替、一暜,此皆《曰部》之"暜"字,從曰妣聲,非從竝凸聲之字。《隸續》版本,下體雖不從曰,恐轉摹失誤。初疑寫石經者誤以"暜"爲"普",及攷《漢書·翟義傳》"予不敢僭上帝命",師古曰:"僭,不信也,言順天命而征討。"小顏之注多採前人音義,彼豈不見《尚書》作"普"?因説《漢書》者舊訓如此而仍之,於是知今文《尚書》作"替",讀爲"僭",故《漢書》作"僭",魏三體石經蓋用今文《尚書》也。古文《尚書》則作"普",僞孔云:"廢也。"《汗簡》於《凸部》有"曆"字,注云:"僭字也,出石經。"於《尸部》又出"替"字,注云:"替字也,出朱育《集字》。"其乖異如此。

又按:篇末云:"天命不僭,卜陳惟若兹。"則此亦當作"僭"爲長。"天命不僭",謂天命無不信也。"不敢僭上帝命",謂不敢不信天命也。"天命"見於《卜吉①篇》中,曰"格知天命",曰"迪知上帝命",皆能信天命者也。

又按:魏時古文《尚書》盛行,正始中立三字石經,斷不用夏矦、歐陽《尚書》也。《大誥》"曆暜"字,即與莽書合,要未可舉一以例其全。

唐有《説文》、石經、《字林》之學,《六典》云:"祕書省挍書郎正字,掌挍讎典籍,刊正文字,字體有五:一曰古文,廢而不

用;二曰大篆,惟於石經載之;三曰小篆,謂印璽、旗旛、碑碣所
用;四曰八分,謂石經、碑碣所用;五曰隸書,典籍、表奏及公私
文疏所用。國子監書學博士,掌教文武官八品已下及庶人子之
爲生者,以石經、《説文》、《字林》爲專業,石經三體書限三年業
成,《説文》二年,《字林》一年。"按:此是唐時三體石經,雖拓本
不易得,而轉摹字蹟,用爲楷則。張參《五經文字·序例》專舉
蔡邕,殆非也。然參云"刊定五經,備體刻石",似亦以三體誤
系之伯喈,三體石經正用古文,其云"古文廢而不用,大篆用諸
石經",似分別未審耳。

## 天休于寧王,興我小邦周。寧王惟卜用,克綏受兹命。今天其相民,矧亦惟卜用。烏呼! 天明畏,弼我丕丕基!"

《釋文》曰:"畏,徐音威。"玉裁按:莽《大誥》正作"威"。

"丕丕基",莽作"大大矣",以"大大"訓"丕丕",孔傳亦同
也,以"矣"訓"基"。蓋今文《尚書》作"丕丕其"也,"其"讀如
"姬",語詞,故莽以"矣"字代之。《立政篇》"伾伾其",見《隸
釋》,故知此亦當同也。

## 王曰:"爾惟舊人,爾丕克遠省?

莽《大誥》:"爾不克遠省。"王伯厚説漢人所引異字舉此。
古人"丕""不"多通用,上文"丕丕"作"大大",此不云"大克遠
省",而云"不克",知今文《尚書》作"不克"也。

## 爾知寧王若勤哉? 天閟毖我成功所,予不敢不極卒寧王圖事。

王氏鳳喈曰:"'閟毖',傳以爲'慎勞',而疏云:'閟,慎。

《釋詁》文。攷《釋詁》但有‘毖慎’，無‘閟慎’。《説文・比部》‘毖’亦訓‘慎’。古無以‘毖’爲‘勞’者，惟《説文・示部》云：‘祕，神也。’鄭《閟宮》詩箋云：‘閟，神也。’是‘閟’與‘祕’通。《廣雅》云：‘祕，勞也。’然則‘閟’正可訓‘勞’，莽作‘毖勞’，故孟康解爲‘慎勞’，若此經‘閟毖’則當訓‘勞慎’，不可云‘慎勞’也。又下文‘勤毖’，傳訓‘勞慎’，是僞孔亦知‘毖’訓‘慎’，不可訓‘勞’矣。何于此又自相違邪？然則此‘閟毖’與下‘勤毖’皆當作‘勞慎’可知也。”

玉裁按：《釋故》曰：“毖，神。溢，慎也。”攷許君云：“祕，神也。”鄭君云：“閟，神也。”然則《爾雅》之“神”猶“祕”也，“毖”“祕”“閟”古通用，《爾雅》之“溢”仍即前文之“溢、蟄、慎、貉、謐、密、寧、静也”。郭注云“神未詳”者，未嘗參五深思耳，《尚書》斷無複用“閟毖”二字之理。玩孔傳上文“無毖于卹”，釋云“無勞于憂”，此處“毖”字再見，則分析之曰：“毖，慎也。”古人注經，有此一例，如《詩》“于以采蘋”“于沼于沚”，傳云：“于，於。”箋則云：“于，以，猶言往以也。”以別下“于”。“昔育恐育鞠”，傳云：“育，長。”箋則云：“昔育之育，稚也。”以別下“育”。此亦以上文“毖”訓“勞”，故分析以相別。蓋經文固只有“毖”字，傳訓“慎”矣，而又云“慎勞”者，此因“毖”兼訓“勞”，又襲孟康《漢書注》爲之。莽《大誥》：“天毖勞我成功所。”蓋今文《尚書》眂古文《尚書》多一“勞”字，故孟注“慎勞”，仍是“毖”訓“慎”也。下文“天亦惟用勤毖我民若有疾”，莽作“天亦惟勞我民若有疾”，蓋今文《尚書》無“毖”字，“勞”非釋“毖”也。今經與古文經動多駮異，又每遭學者用其所知改所不知，致苦難讀，爲肊求之如此。

《廣雅》之"祕，勞也"即"無慭于邶"之訓也，《尚書》在魏時"慭"作"祕"未可知，僞孔傳"慭"訓"勞"又必有所本。

《尚書》之"慭"或作"祕"，或作"閔"，其字皆必聲也。以其或作"閔"，遂兩存之曰"閔慭"，猶"民儀"一作"民獻"，遂兩存之曰"民獻儀"也。循是求之，思過半矣。

慎者必勞，故"慭"得兼二訓。淺者以上文"慭"訓"勞"，此不當訓"慎"，則以爲"閔"之義與"慎"近，增"閔"字於旁。云"閔慭"以傅合傳之"慎勞"，蓋作《正義》時尚未舛誤，故曰："慭，慎。《釋詁》文。"而改"閔，慎"者在後也。《釋文》曰"閔音祕"，亦後人妄增。

## 肆予大化誘我友邦君，

"化誘"，莽作"告"。

## 天棐忱辭，

《漢書·匡張孔馬傳》孔光引《書》曰"天棐諶辭"，"言有誠道，天輔之也"。古"忱""諶"通用，《詩》"天難忱斯"，《説文》作"諶"；《詩》"其命匪諶"，《説文》作"天命匪忱"。班固《敘傳》："《幽通賦》曰：觀天罔之紘覆兮，實棐諶而相順。"顏師古引《尚書·大誥》："天棐諶辭。"此非小顏《尚書》本作"諶"也，小顏引古多不爲分別之詞，如下文引《詩》"秩秩大猷，聖人謨之"。唐初《詩》無作"猷"者，直改同班文耳。凡引古辭同字異者，必仍其字而爲之説，李善注《文選》其例冣善，如此篇引《尚書》而申之曰："諶與忱古字通也。"全書皆如是，後人所宜師法。

## 其考我民，

莽作"天其累我以民"。

予害其不于前寧人圖功攸終？

　　"害"，石經及各本皆作"曷"，説詳《湯誓》，後皆同。

天亦惟用勤毖我民，若有疾，予害敢不于前寧人
攸受休畢！"

　　"攸受休畢"，莽作"所受休輔"。按：上文"弼"作"輔"，
"棐"亦作"輔"，而"弼"與"畢"音近，今文《尚書》蓋作"攸受休
弼"，故與"弼我丕丕其"同以"輔"字代之也。

王曰："若昔朕其逝，朕言艱日思。若考作室，既
厎法，厥子乃弗肯堂，矧弗肯構？

　　《正義》曰："《定本》云：矧弗肯構，矧弗肯穫。"皆有"弗"
字。檢孔傳所解，"弗"爲衍字。玉裁按："矧弗肯構，矧弗肯
穫"，猶言"益弗肯構，益弗肯穫"也。矧，況也。況，益也。

厥考翼，其肯曰：予有後，弗棄基。

　　《正義》曰："鄭、王本於'矧肯構'下亦有此一經，然取喻既
同，不應重出。蓋先儒見下有而上無，謂其脱而妄增之。"玉裁
謂：此顛倒見也。其事既別，理應重出，淺者以其重複而妄
删之。

　　《詩·大雅·文王有聲》鄭箋云："《書》曰：厥考翼，其肯
曰：我有後，弗棄基？"

　　《後漢書·肅宗紀》元和三年告曰"不克堂桓"，注引《尚
書》"乃不肯堂，矧肯桓"。玉裁按：陳壽《三國志》用"克構"
字，蓋今文《尚書》作"克"也，"桓"是誤字，宋人避諱改者。

厥父菑，厥子乃弗肯播，矧弗肯穫？厥考翼，其肯
曰：'予有後，弗棄基。'

"棄",唐石經作"弃",此以隸體中有"世"字,故避之而用古文,唐人爲之,唐以後不必襲之也。

## 肆予害敢不越卬敉寧王大命?

"卬",我也,故莽作"身"。

## 若兄考,乃有友伐厥子,民養其勸弗救?"

"民養",莽作"民長"。玉裁按:"兄"者,周公謂武王也。"考",成也。"厥子",謂成王也。若武王成寧王大命,既冐堂、冐構、冐播、冐穫矣,乃有武庚等伐其子爲民之長,如予實母弟及爾邦君尹氏御事,其可相勸弗救乎? 此條語本易明,僞孔不以此誥爲周公之言,故其解蹖駁不可通。王莽效之,曰:"若祖宗迺有效湯武,伐厥子,民長其勸弗救。"此語亦甚明,謂若劉氏祖宗在上,而忽有義信者,效湯武伐其子孫,諸矦王、三公、列矦、卿大夫、元士御事,其相勸弗救乎? 師古注泥僞孔傳,尤爲不可通。

又按:此"若"字與上文"若考"一例,謂若民家兄有成業而有同志之友,忽伐其子叔父,固其長也,其可相戒勿救乎? 以恒情曉之也。

又按:"友",莽何以作"效湯武"? 蓋"爻""爻"二字音與形俱相似,今文《尚書》"爻"蓋作"爻",説今文家必云"爻者,效也,效湯武也",故莽用其説。漢時疇人子弟皆習歐陽、夏矦《尚書》,莽多用其訓故語,使一時易明曉。

## 王曰:"烏呼! 肆哉,

"肆哉",山井鼎説足利古本作"肆告我"。

## 爾庶邦君越爾御事,爽邦由哲,

"爽",莽作"勉助"。

亦惟十人迪知上帝命。越天棐忱,爾時罔敢易法。

"爾時罔敢易法",莽作"爾不得易定"。法,古文作"灋",與"定"形相似。

矧今天降戾于周邦,

"戾",莽作"定"。按:《詩·雨無正》《桑柔》傳皆云:"戾,定也。"此古訓也。

惟大艱人,誕鄰胥伐于厥室。爾亦不知天命不易!

按:"鄰胥伐于厥室"正與上文"有友伐厥子"相應。

予永念曰:天惟喪殷,若穡夫,

"穡",莽作"嗇",古通用。《無逸》"稼穡",漢石經作"晝"。

予曷敢不終朕畝? 天亦惟休于前寧人,予曷其極卜敢弗于從?

"敢弗于從",莽作"害敢不卜從"。

率寧人有旨疆土?

案:今經、傳"旨"作"指",而《正義》中三云"旨意",皆作"旨",知經、傳爲衛包所改,《正義》則其所未改者也。莽《大誥》正作"有旨疆土",師古訓"美",蓋今文《尚書》與古文《尚書》同也。

矧今卜并吉,肆朕誕以爾東征。天命不僭,卜陳惟若兹。"

《白虎通·誅罰篇》:"《尚書》曰:'肆朕誕以爾東征。'誅弟也。”玉裁按:此謂管叔爲周公弟。張湛注《列子》亦云:“小白者,子糾次弟。”皆説之異者也。此篇又云:“《尚書》曰:‘誕以爾東征。’誅禄甫也。”

莽《大誥》具録於後,俾學者參攷:

莽於是依《周書》作《大誥》曰:惟居攝二年十月甲子,攝皇帝若曰:大誥道諸矦王、三公、列矦,于汝卿、大夫、元士、御事,不弔,天降喪于趙、傅、丁、董。洪惟我幼沖孺子,當承繼嗣無疆大厤服事,予未遭其明悊能道民於安,況其能往知天命!熙,我念孺子,若涉淵水。予惟往求朕所濟度,奔走以傅近奉承高皇帝所受命,予豈敢自比於前人乎!天降威明,用寧帝室,遺我居攝寶龜。太皇太后以丹石之符,迺紹天明意,詔予即命居攝踐祚,如周公故事。

反虜故東郡太守翟義擅興師動衆,曰:“有大難於西土,西土人亦不靖。”於是動嚴鄉矦信,誕敢犯祖亂宗之序。天降威,遺我寶龜,固知我國有訾災,使民不安,是天反復右我漢國也。粤其聞日,宗室之儁有四百人,民儀九萬夫,予敬以終於此謀繼嗣圖功。我有大事,休,予卜并吉,故我出大將告郡太守、諸矦、相、令長曰:“予得吉卜。予惟以汝于伐東郡嚴鄉逌播臣。”尒國君或者無不反曰:“難大,民亦不静,亦惟在帝宫、諸矦宫①宗室,於小子族父,敬不可征。”帝不違卜,故予爲沖人長思厥難曰:“烏虖!義、信所犯,誠動鰥寡。哀哉!”予遭天役遺,大解難於予身,以爲孺子,不身自卹。

予義彼國君泉陵矦上書曰:“成王幼弱,周公踐天子位以治

————————

①宫:據李文,“宫”字或因“帝宫”而誤衍。

天下,六年,朝諸矦於明堂,制禮樂,班度量,而天下大服。太皇太后承順天心,成居攝之義。皇太子爲孝平皇帝子,年在繼緥,宜且爲子,知爲人子道,令皇太后得加慈母恩。畜養成就,加元服,然後復子明辟。"

熙!爲我孺子之故,予惟趙、傅、丁、董之亂,遏絕繼嗣,變剝適庶,危亂漢朝,以成三龥,隊極厥命。烏虖!害其可不旅力同心戒之哉!予不敢僭上帝命。天休於安帝室,興我漢國,惟卜用克綏受兹命。今天其相民,況亦惟卜用。

太皇太后肇有元城沙鹿之右,陰精女主聖明之祥,配元生成,以興我天下之符,遂獲西王母之應,神靈之徵,以祐我帝室,以安我大宗,以紹我後嗣,以繼我漢功。厥害適統不宗元緒者,辟不違親,辠不避戚。夫豈不愛?亦惟帝室。是以廣立王矦,竝建曾玄,俾屏我京師,綏撫宇内。博徵儒生,講道於廷,論序乖繆,制禮作樂,同律度量,混壹風俗。正天地之位,昭郊宗之禮,定五時廟祧,咸秩亡文。建靈臺,立明堂,設辟雍,張太學,尊中宗、高宗之號。昔我高宗,崇德建武,克綏西域,以受白虎威勝之瑞。天地判合,乾坤序德。太皇太后臨政,有龜龍麟鳳之應,五德嘉符,相因而備。河圖雒書,遠自昆侖,出於重壄。古讖著言,肆今宣實。此迺皇天上帝所以安我帝室,俾我成就洪烈也。烏虖!天明<small>宋景祐本作"明",今本作"用",誤。</small>威輔漢始而大大矣。爾有惟舊人泉陵矦之言,爾不克遠省,爾豈知太皇太后若此勤哉!

天毖勞我成功所,予不敢不極卒安皇帝之所圖事。肆予告我諸矦王、公、列矦、卿大夫、元士、御事:天輔誠辭,天其累我以民,予害敢不於祖宗安人圖功所終?天亦惟勞我民,若有疾,予

害敢不於祖宗所受休輔？予聞孝子善繼人之意，忠臣善成人之
事。予思若考作室，厥子堂而構之。厥父菑，厥子播而穫之。
予害敢不於身撫祖宗之所受大命？若祖宗迺有效湯武伐厥子，
民長其勸弗救。烏虖！肆哉！諸矦王、公、列矦、卿大夫、元士
御事，其勉助國道明！亦惟宗室之俊，民之表儀，迪知上帝命。
粵天輔誠，爾不得易定。況今天降定於漢國，惟大囏人翟義、劉
信大逆，欲相伐於厥室，豈亦知命之不易乎？予永念曰，天惟喪
翟義、劉信，若嗇夫，予害敢不終予畮？天亦惟休於祖宗，予害
其極卜，害敢不于<sub>汲古本作"卜"，非。</sub>從？率寧人，有旨疆土，況今
卜并吉！故予大以爾東征，命不僭差，卜陳惟若此。

# 古文尚書撰異卷十六

## 康誥第十六　　周書

惟三月哉生魄，

　　僞《武成》"哉生魄"："哉，徐音載。"

　　《釋文》曰："魄，字又作'霸'。"

周公初基，作新大邑于東國雒，

　　"雒"，舊作"洛"，非，説詳《禹貢》《召誥》。

四方民大和會，

　　《尚書大傳·周傳》曰："《書》曰：作新邑于東國洛，<sub>當是本作</sub>
'<sub>雒'。</sub>四方民大和會。"無"大"字，此今文《尚書》也。

矦、甸、男、邦，采、衞、百工，播民，和見士于周。

周公咸勤，乃洪大誥治。

　　《釋文》曰："一本作'周公迺洪大誥治'。"按：此本多"周
公"二字。"乃"作"迺"者，蓋天寶以前《尚書》本皆作"迺"，天
寶時始皆改爲"乃"，於此可證。

　　鄭注："洪，代也。"按：《釋故》云："鴻，代也。"古"鴻""洪"
通用。

# 王若曰："孟侯，朕其弟，小子封！

《尚書大傳略説》曰："天子太子年十八曰孟侯。"注："孟，迎也。"按：以"迎"訓"孟"者，以下文云"孟侯者，于四方諸侯來朝，迎于郊也。迎于郊今本脱此四字。者，問其所不知也"。《大傳》以"迎諸侯"釋"孟侯"，故鄭櫽栝之曰："孟，迎也。"古音"孟"讀如"芒"，"迎"讀如"卬"，此於叠韵求之。今人聞"孟"可訓"迎"，必騃而不信矣。

古"孟""望"同音通用，如"孟諸"一曰"望諸"是也。"望"有"迎"意，"孟"蓋"望"之假借。

《漢書·王莽傳》莽上奏太后曰："《尚書·康誥》王若曰：孟侯，朕其弟小子封。"此周公居攝稱王之文也。

# 惟乃丕顯考文王，克明德慎罰，

《禮記·大學篇》："《康誥》曰：克明德。"

《春秋·成二年左傳》申公巫臣語楚莊王曰："《周書》曰：'明德慎罰。'文王所以造周也。明德，務崇之之謂也。慎罰，務去之之謂也。"按：此櫽栝引古之體，自"惟乃丕顯考文王"至"用肇造我區夏"皆栝於二語中。《隱六年》《莊十四年》引《商書》"惡之易也"，《僖三十三年》引《康誥》"父不慈"數語，《昭二十年》引《康誥》"父子兄弟罪不相及"，皆此例也。

《王制篇》注："《書》曰：'克明德慎罰。'"

《荀卿·正論篇》："《書》曰：'克明明德。'"玉裁按：此引《康誥》也。《荀卿》所引多一"明"字。凡經、傳言"明明"者，皆謂"明而又明"也。楊倞注引《書·多方》"成湯至于帝乙罔不明德慎罰"，誤矣。

《尚書大傳·周傳》曰:"《書》曰:'惟乃丕顯考文王,克明俊德。'"玉裁按:"俊"字當是本作"明",此必淺人所改。《大傳》《孫卿》言"明明",皆今文《尚書》也。《禮記》《左氏》皆同古文《尚書》者也。

## 不敢侮鰥寡,

《春秋·成八年左傳》韓厥言於晉矦曰:"《周書》曰:'不敢侮鰥寡。'所以明德也。"按:"明德",蒙上文釋之。

## 庸庸,祗祗,威威,顯民。

《春秋·宣公十五年左氏傳》:"晉矦賞中行桓子,亦賞士伯。羊舌職曰:'《周書》所謂"庸庸祗祗"者,謂此物也。夫士伯庸中行伯,君信之,亦庸士伯,此之謂明德矣。文王所以造周,不是過也。'"按:"明德",《書》上文也;"造周",下文"用肇造我區夏"也。

王伯厚《藝文志考》曰:"漢人引'祗祗畏畏顯民'。"徐幹《中論·法象篇》云:"文王祗畏,造彼區夏。"

## 用肇造我區夏,越我一二邦,以修我西土。惟時怙冒聞于上帝,帝休,天乃大命文王

趙岐注《孟子·盡心篇》云:"《康誥》曰:'冒聞于上帝。'""冒"字下屬爲句。王氏鳳喈曰:"'冒'有'上進'意,故云'冒聞',讀如《氾勝》之云'土長冒橛'之'冒',《君奭篇》亦有此五字。"

《論衡·初禀篇》:"《康王之誥》曰:'冒聞于上帝,帝休,天乃大命文王。'"玉裁按:"王之"二字衍,或云"王"當作"叔"。

## 殪戎殷,

《春秋·宣公六年左氏傳》中行桓子曰：“《周書》曰：‘殪戎殷。’”

玉裁按：《康誥》“殪戎殷”不必與《中庸》“壹戎衣”相牽，《佩觿》説：“《禮》‘壹戎衣’，鄭云：‘壹當爲殪。’”今鄭注無此語。

誕受厥命越厥邦厥民，惟時敍。乃寡兄勗，

《詩·大雅》“刑于寡妻”，毛傳：“寡妻，適妻也。”鄭箋：“寡妻，寡有之妻，言賢也。《書》曰：‘乃寡兄勗。’”

肆女小子封在兹東土。”王曰：“烏呼！封，女念哉！今民將在祇遹乃文考，紹聞衣德言。往敷求于殷先哲王，用保乂民。女丕遠惟商耇成人，宅心知訓。别求聞由古先哲王，用康保民。弘于天，若德裕乃身，不廢在王命。”

《荀卿·富國篇》云：“《康誥》曰：‘弘覆乎天，若德裕乃身。’”玉裁按：《荀卿》引此證足國裕民之説。宋版本“乃身”之下有“不廢在王庭”五字，元刻、近刻皆無之。今《尚書》“庭”作“命”。

王曰：“烏呼！小子封，恫瘝乃身，

鄭及僞孔皆訓“瘝”爲“病”。攷《釋故》云：“鰥，病也。”王氏鳳喈云：“後人以其訓病，改鰥爲瘝，《召誥》‘智藏瘝在’，同是也。”玉裁按：《後漢書·和帝紀》永元八年詔曰：“朕寤寐恫矜。”此用《康誥》文也。章懷太子注云：“《尚書》曰：‘恫矜乃身。’”孔注曰：“恫，痛也。矜，病也。矜音古頑反。”蓋唐初本尚作“矜”。古書“鰥”字多作“矜”，可證“瘝”之爲俗字矣。

或疑郭注引《書》已作"瘝"。答曰:郭注"瘝"字恐是俗改,本作"鰥"也。

## 敬哉! 天畏棐忱,

《爾雅·釋故》郭注引《書》"天威棐忱",《文選·幽通賦》李注亦作"威"。按:孔傳以"可畏"釋"威",經文本作"威"可見也。

《風俗通·十反篇》:"《書》曰:'天威棐諶。'言天德輔誠也。"

《文選》班固《幽通賦》曰:"實棐諶而相訓。"李善注云:"《尚書》曰:'天威棐忱。'""諶"與"忱"古字通也。

## 民情大可見,小人難保。往盡乃心,無康好逸豫,

《漢書·武五子傳》:"毋桐好逸。"玉裁按:疑即《康誥》"無康好逸豫"之異文,蓋今文《尚書》也。《史記》"桐"作"侗",褚先生釋以"馳騁弋獵淫康"。

《王莽傳》:"毋隱尤,毋將虛。"此必用今文《尚書》語。

## 乃其乂民。我聞曰:'怨不在大,亦不在小。'

《晉語》知伯國諫知襄子:"《夏書》有之曰:'一人三失,怨豈在明? 不見是圖。'《周書》有之曰:'怨不在大,亦不在小。'"

《説苑·貴德篇》智果諫智襄子:"《周書》有之曰:'怨不在大,亦不在小。'"

## 惠不惠,懋不懋。

《春秋·昭八年左氏傳》子旗曰:"《周書》曰:'惠不惠,茂不茂。'康叔所以服弘大也。"古"懋""茂"通用,詳《咎繇謨》。

## 已!

以《大誥》例之，知今文《尚書》作“熙”。

## 汝惟小子，乃服惟弘。

玉裁按：《左氏傳》：“《周書》曰：‘惠不惠，茂不茂。’康叔所以服弘大也。”此與“《周書》曰：‘明德慎罰。’文王所以造周也”文法正同，皆檃栝之法。“造周”即經文“肇造我區夏”也，“服弘大”即經文“乃服惟弘”也，下文“王應保殷民，小子助王宅天命，作新民”，兩層鋪敍。孔傳讀“弘王”爲句，非是。

## 王應保殷民，亦惟助王宅天命，作新民。”

《大學篇》：“《康誥》曰：‘作新民。’”

## 王曰：“烏呼！

王符《潛夫論》作“於戲”，此今文《尚書》也。凡古文《尚書》作“烏呼”，凡今文《尚書》作“於戲”，見《匡謬正俗》。今本《匡謬正俗》古、今字互譌，證以漢石經殘碑，“於戲”字可定。

## 封，敬明乃罰。人有小罪，非眚，

《緇衣篇》：“《康誥》曰：‘敬明乃罰。’”

《釋文》曰：“眚，本亦作省。”按：《潛夫論》作“省”。古“省”“眚”通用，如“王省惟歲”，《史記·宋世家》作“王眚”。

## 乃惟終，自作不典，式爾，有厥罪小，乃不可不殺。乃有大罪，非終，乃惟眚災，適爾，既道極厥辜，時乃不可殺。”

《潛夫論·述赦篇》云：“《尚書·康誥》王曰：‘於戲，敬明乃罰。人有小罪，匪省，乃惟終，自作不典，戒爾，有厥罪小，乃不可不殺。’言恐當是‘惡’字。人有罪，雖小，然非以過差爲之也，乃欲終身行之，故雖小不可不殺也，何則？是本頑凶思惡而爲之者也。'乃有大罪，匪終，乃惟眚哉。適爾，既道極厥罪，時亦不可殺。'言殺<sub>誤字</sub>。人雖有大罪，非欲以終身爲惡乃過誤爾，是不<sub>當有'可'字</sub>。殺也。若此者，雖曰赦之可也。"玉裁按："非眚"作"匪省"，"式"作"戒"，"眚災"作"省哉"，"辜"作"罪"，"乃"作"亦"，蓋今文《尚書》也。

王曰："烏呼！封，有敘時，乃大明服，惟民其勑懋和。若有疾，

《春秋·僖二十三年左氏傳》卜偃曰："《周書》有之曰：'乃大明服。'"

《荀卿·富國篇》："《書》曰：'乃大明服，惟民其力懋和而有疾。'此之謂也。"案：元刻及今本皆"力"作"勑"，"而"作"若而"。楊倞注云："則民勉力爲和調，而疾速以明效，上之急也。"則宋本作"力"、作"而"是也，與古文《尚書》異。古音"力""勑"同部，"而""若"雙聲。江氏叔澐曰："觀《左氏》《孫卿》所引，知'時'字不下屬。"

惟民其畢棄咎。若保赤子，

《大學篇》："《康誥》曰：'如保赤子。'"

《孟子·滕文公篇》墨者夷之曰："儒者之道，古之人'若保赤子'，此言何謂也?"

惟民其康乂。非女封刑人殺人，無或刑人殺人。非女封又曰劓刵人，無或劓刵人。"

《正義》曰："'劓'在五刑爲截鼻，而有'刵'者，《周官》五刑所無。《吕刑》亦云'劓刵'。《易·噬嗑》上九云：'荷校滅耳。'鄭玄以臣從君坐之刑。孔意然否，未明。"玉裁按：此條語意未

明。云"臣從君坐之荆",疑是蒙上文舉鄭《周易注》也,或系之《尚書》。鄭注云:"《僖二十八年左傳》:衞矦與元咺訟,鍼莊子爲坐,衞矦不勝,刖鍼莊子。"此"臣從君坐"之證。鄭《尚書注》是"刖"字,經文"刵"當爲"刖"之誤。《吕荆》"刵劓劅剠",《説文》引作"刖劓斀黥",亦當改"刵"爲"刖"。竊謂此《説文》字誤耳,不得據誤改經。《尚書大傳》曰:"決關梁,踰城郭,而略盜者,其荆臏。"鄭注《周禮》《孝經》皆用之,"刖"自有犯條,不得以"臣從君坐之荆"釋"刖"也。"臣從君坐",此必鄭氏説《周易》語,今不得其詳矣,不當證以《左氏》也。《康誥》《吕荆》皆有"刵",不得云古無刵荆。

王曰:"外事,女陳時臬,司師,兹殷罰有倫。"

　　《尚書大傳・周傳・甫荆篇》曰:"《書》又曰:'兹殷罰有倫。'"

又曰:"要囚,服念五六日,至于旬、時,丕蔽要囚。"王曰:"外事,女陳時臬,事罰。蔽殷彝,用其義荆義殺,勿庸以次女封。乃女盡遜,曰時敘,惟曰未有遜事。

　　《孫卿子・致士篇》:"《書》曰:'義荆義殺,勿庸以即,女惟曰未有順事。'言先教也。"《宥坐篇》:"不教而責成功,虐也。《書》曰:'義荆義殺,勿庸以即,予維曰未有順事。'言先教也。"王蕭私定《家語・始誅篇》引《書》云:"義荆義殺,勿庸以即,汝心惟曰未有慎事。"注曰:"庸,用也。即,就也。荆殺皆當以義,勿用以就汝心之所安,當謹自謂未有順事且陳道德以服之,以無荆殺而後爲順。"據注文,則引經"慎"字亦當同孫卿作"順"，轉寫之誤也。"順""遜"義同。《學記》"不陵節而施之謂遜"，《說苑》作"曰順"。今文《尚書》"五品不訓"，古文《尚書》作"不愻"。"愻"其本字，"遜"其假借字也。孫卿、王肅作"即"，《尚書》作"次"者，古音"次"同"桼"，在弟十二部，如"次室之女"一作"漆室之女"；小篆"坴"字，古文作"聖"；《周禮·巾車》故書"軟"字，讀爲"桼"，皆其證。王肅依傍孫卿，孫卿之所據非必壁中本，故字異而長短亦不同，疑與今文《尚書》合也。

## 已！女惟小子，未其有若女封之心，朕心朕德惟乃知。凡民自得罪，

《荀卿子·君子篇》云："刑罰綦省而威行如流，治世曉然皆知夫爲姦，則雖隱竄逃亾之由不足以免也，故莫不服罪而請。《書》曰'凡人自得罪'，此之謂也。"楊倞曰："與今《康誥》義不同，或斷章取義。"

## 寇攘姦宄，殺越人于貨，暋不畏死，罔弗憝。"

《孟子·萬章篇》曰："《康誥》曰：'殺越人于貨，閔不畏死，凡民罔不譈。'""暋"作"閔"者，同部假借。"憝"作"譈"者，亦同部假借。多"凡民"二字。"弗"作"不"字。

《說文》三篇《攴部》曰："敯，冒也，從攴昬聲。《周書》曰：'敯不畏死。《集韻》脱"死"字。'"十篇《心部》曰："憝，怨也。從心敦聲。《周書》曰：'凡民罔不憝。'"此皆用古文《尚書》也，而有"凡民"二字，與《孟子》合。然則枚本古文《尚書》脱"凡民"二字與？

此經"弗憝"，《孟子》《說文》作"不憝"。《堯典》"弗嗣"，

《魏志》作“不嗣”。《皋陶謨》“弗子”，《禮記注》作“不子”。於此見《尚書》“弗”“不”字淆亂，正之甚難也。詳《酒誥》。

王曰：“封，元惡大憝，矧惟不孝、不友。子弗祇服厥父事，大傷厥考心；于父不能字厥子，乃疾厥子。于弟弗念天顯，乃弗克恭厥兄；兄亦不念鞠子哀，大不友于弟。惟弔兹，不于我政人得罪，天惟與我民彝大泯亂。曰：乃其速由文王作罰，刑兹無赦。

《春秋·僖卅三年左氏傳》曰季曰：“《康誥》曰：‘父不慈，子不祇，兄不友，弟不恭。不相及也。’”《正義》曰：“非《康誥》之全文也。不慈、不祇、不友、不恭，各用文王之法刑之，不是罪子又罪父，刑弟復刑兄，是不相及也。”

《昭廿年左氏傳》菀於阮切，今本注、疏及《釋文》、唐石經皆誤作“苑”，依《群經音辨》訂正。但《集韵·二十二元》曰：“苑，於袁切，人姓。”則其所見本亦已作“苑，於元反”矣。何忌曰：“在《康誥》曰：‘父子兄弟，罪不相及。’”《正義》曰：“此引其意而言之。‘文王作罰，刑兹無赦’，言刑此不孝不慈之人無赦也。刑不慈者，不可刑其父又刑其子。刑不孝者，不可刑其子又刑其父。是爲‘父子兄弟，罪不相及’。”

《後漢書·肅宗紀》元和元年詔曰：“《書》云：‘父不慈，子不祇，兄不友，弟不恭，不相及也。’”按：《左氏》興於章帝時，章帝此詔實用《左氏》也。

《鄭志》曰：“趙商問族師職曰：‘四閭爲族，八閭爲聯，使之相保相受，刑罰慶賞相及。在《康誥》曰：“父不慈，子不孝，兄不友，弟不恭，不相及也。”族師之職，鄰比相坐，《康誥》之云，門内尚寬,不知《書》《禮》孰錯,未達旨趣。'答曰:'族師之職,周公新制禮,使民相共敕法。《康誥》之時,周法未定天下,又新誅三監,務在尚寬,以安天下。先後異時,各有云爲,乃謂是錯也。'"見《族師》疏、《大司寇》疏。

玉裁按:此隳栝引古之體,猶文王所以造周,康叔所以服弘大,文法一例。而漢詔、《鄭志》皆以"不相及之"云系之《康誥》,則在漢時曉然,信經義如此。竊謂古"政""正"通用。政人者,正人也。"正人得罪"者,正其得罪之人,而罪之不自我。罪其本人而相及,則民彝大泯亂。是以行文王之法荆此本人,無赦而已,所謂"凡民自得罪"也。此古義也,兩"得罪"字正相應。

《漢書·宣帝紀》元康二年詔曰:"《書》云:'文王作罰,荆茲無赦。'"《風俗通義·皇霸篇》:"《尚書》説:'文王作罰,荆茲無赦。'"《潛夫論·述赦篇》:"《書》曰:'文王作罰,荆茲無赦。'"

又按:"不相及"即《左氏》"荆不濫"之説,《尚書正義》以"骨肉之親,得相容隱"釋之,絶非經意。

"于我",如"於我乎館""於我乎殯"之"於我"。"政",如"是正文字"之"正"。"正其人之得罪",《金縢》所云"罪人斯得"也。

# 不率大戛,

《正義》云:"戛,猶楷也。"此得古訓故之意。《禹貢》"納秸"即"稭"字也,而《地理志》作"戛"。《皋陶謨》"戛擊鳴球",《明堂位》作"揩擊",皆其比例。

矧惟外庶子訓人,惟厥正人,越小臣諸節,乃別播
敷,造民大譽,弗念弗庸,瘝厥君。時乃引惡,惟朕
憝。已!女乃其速由兹義率殺。亦惟君惟長,不能
厥家人,越厥小臣外正。惟威惟虐,大放王命,乃非
德用乂。女亦罔不克敬典,乃由裕民,惟文王之敬
忌,乃裕民。曰:我惟有及,則予一人以懌。"

《説苑·君道篇》云:"《書》云①《書》曰:惟文王之敬忌。"

《荀卿子·君道篇》曰:"明主急得其人,急得其人則身佚而
國治,功大而名美,故君人者勞於索之,而休於使之。《書》曰:
'惟文王敬忌,一人以擇。'此之謂也。"玉裁按:此蓋櫽栝引之,或
所據不與壁中同也。"懌"作"擇",古"擇""澤""釋""懌"通用。
古無"懌"字,多用上三字。"一人以擇","擇"即"懌"也,上文所
謂"身佚而國治"也。"敬忌",上文所謂"急得其人"也。

王曰:"封!爽惟民迪吉康。我時其惟殷先哲王
德,用康乂民作求。矧今民罔迪不適,不迪則罔
政在厥邦。"王曰:"封!予惟不可不監,告女德之
説于罰之行。今惟民不静,未戾厥心,迪屢未同。
爽惟天其罰殛我,

玉裁按:例以《洪範》《多方》,此"殛"亦當本作"極"。

我其不怨。惟厥罪無在大,亦無在多,矧曰其尚
顯聞于天。"王曰:"烏呼!封,敬哉!無作怨,勿

_____

①《書》云:疑此二字衍。

用非謀非彝，蔽時忱。丕則敏德，

《三王世家》燕王旦策文曰：“毋作怨，毋俷德。”疑用今文《尚書·康誥》“毋作怨，勿用非謀非彝，蔽時忱，丕則敏德”等語也。

“毋俷德”，徐廣曰：“俷，一作菲。”玉裁按：《漢書》作“棐”。“褚先生曰”已下，《索隱》云：“俷，本亦作肥。”今攷褚先生曰：“無俷德者，勿使上背德也。”則“肥”“俷”“菲”“棐”皆非正字，其字正作“非”。《說文》：“非，違也。從飛省，下𦐀取其相背。”故褚先生訓“非德”爲“上背德”，漢人訓故之學皆有依據，後人釋爲“薄”、釋爲“廢”、釋爲“敗”者，皆失之。古“飛”字多作“蜚”，《易》“飛遯”亦作“肥遯”，皆同音通用。

此“丕則”蓋與《無逸》“丕則有愆”同。孔傳訓“則”爲“法”，非是。

用康乃心，顧乃德。遠乃猷裕，乃以民寧，不女瑕殄。”王曰：“烏呼！肆女小子封，惟命不于常，

《大學篇》：“《康誥》曰：‘惟命不于常。’”

《春秋·成公十六年左氏傳》范文子曰：“《周書》曰：‘惟命不于常。’有德之謂。”

《襄公二十三年左氏傳》：“君子謂慶氏不義，不可肆也，故《書》曰：‘惟命不于常。’”

女念哉！無我殄享。明乃服命，高乃聽，用康乂民。”王若曰：“往哉！封，勿替敬，典聽朕誥，女乃以殷民世享。”

“誥”，版本作“告”。此依唐石經及足利古本。

# 古文尚書撰異卷十七

## 酒誥第十七① 　周書

**成王若曰：**

　　《釋文》曰：“馬本作‘成王若曰’，注云：‘言成王者，未聞也。俗儒以爲成王骨節始成，故曰成王。或曰以成王爲少，成二聖之功，生號曰成王，没，因爲謚。衛、賈以爲戒成康叔以慎酒，成就人之道也，故曰成。此三者吾無取焉。吾以爲後録書者加之，未敢專從，故曰未聞也。’”《正義》曰：“馬、鄭、王本以文涉三家而有‘成’字。鄭玄云：‘成王，所言成道之王。’三家云王年長，骨節成立。”鄭云“所言”者，謂衛、賈所説也。近人删“所”字，非。玉裁按：馬所云“俗儒”，謂三家也。古文《尚書》馬、鄭、王本及今文《尚書》三家本，皆有“成”字，僞孔本獨無，蓋因馬季長説而删之也。然則僞孔本之或異於馬、鄭、王本者，多不可信矣。

　　玉裁又按：《魯世家》曰：“管叔及群弟流言於國，曰：‘周公將不利於成王。’周公乃告太公、召公曰：‘我之所以弗辟而攝行政者，恐天下畔周，無以告我先王大王、王季、文王，三王之憂

---
① 　七：底本原作“四”，今改。

勞天下久矣,於今而後成。武王旣終,成王少,將以成周,我所以爲之若此。'於是卒相成王,而使其子伯禽代就封於魯。周公誡伯禽曰:'我文王之子、武王之弟、成王之叔父,我於天下亦不賤矣,然我一沐三捉髮,一飯三吐哺,以待士。'"《尚書大傳》、《荀卿子·堯問篇》、《韓詩外傳》卷三皆曰"成王之叔父",《說苑》作"今王者",恐或改之。又曰:"周公在豐,病,將没,曰:'必葬我成周,以明吾不敢離成王。'"《尚書大傳》曰:"吾死必葬於成周,示天下臣於成王。"詳玩此等,皆實生稱成王,如湯生稱武王之比,非屬史家誤筆,三家之説固可信也。況《顧命》云,"翌日乙丑,成王崩",尤顯可證乎。僞孔删去"成"字,大非。馬君云"後録書者加之",亦非也。枚本正用馬説而删之以給世人,僞若此本,勝於衛、賈、馬、鄭本,其亦譎矣。

又按:馬於《顧命》注曰:"安民立政曰成。"蓋謂成爲死謚,非生稱,與《酒誥》注相表裏,而不知初崩未有謚,《春秋》之例曰"公薨",至葬而後曰"葬我君某公"。

葉氏大慶《古今質疑》曰:"《左傳》石碏曰:'陳桓公方有寵於王。'《史記》齊人歌之曰:'嫗乎采芑,歸乎田成子。'葉俱系《左傳》,誤。皆其人見在,呼謚爲史家誤筆。"玉裁按:《史記》舉齊人成語不應有誤,上文云:"田乞卒,子常代立,是爲田成子。"下文又云:"田常卒,子襄子盤代立,相齊。常謚爲成子。"不應複贅如是,疑亦生僞"成子"死用爲謚也。《論語》書"陳成子弑簡公",恐亦非書謚。

## "明大命于妹邦。

馬曰:"妹邦,即牧養之地。"蓋以"妹"同"餗",君之牧民猶之牧馬。康叔所封,商先王之畿内,世所牧也。

又按:馬説謂"妹邦即牧野也","妹""牧"雙聲,如"茅蒐"之爲"靺"、"卯谷"之爲"昧谷",徐仙民、劉昌宗"牧野"皆音"茂"。

乃穆考文王,肇國在西土。厥誥毖庶邦庶士越少正、御事朝夕曰:祀兹酒。

《論衡·譴告篇》:"紂爲長夜之飲,文王朝夕口祀兹酒。"

《論衡·語增篇》:"案《酒誥》之篇:'朝夕曰祀兹酒。'此言文王戒慎酒也。"

惟天降命,肇我民,惟元祀。天降威,我民用大亂喪德,亦罔非酒惟行。越小大邦用喪,亦罔非酒惟辜。文王誥教小子,有正有事,無彝酒;

《韓非子·説林篇》云:"《康誥》曰:'毋彝酒。'彝酒者,常酒也。原本作:'毋彝酒者,彝酒,常酒也。'常酒者,天子失天下,匹夫失其身。"玉裁按:此《酒誥》而系之《康誥》者,蓋周時通以《酒誥》《梓材》爲《康誥》也。《周禮·萍氏》"謹酒"注:"使民節用酒也。《書·酒誥》曰:'有政有事,無彝酒。'"疏曰:"有政之大臣,有版本作'在'。事之小臣。彝,常也。不得常飲。"玉裁按:古"政""正"通用。賈疏蓋用鄭本鄭注也。

越庶國飲,惟祀,德將無醉。

《論衡·語增篇》:"世聞'德將毋醉'之言。"

惟曰我民迪小子,

足利古本"我民"之上有"化"字,此依孔傳增之也,此等皆不可據。金氏輔之楄、臧氏在東鏞堂皆云山井鼎所舉宋本多善,所舉古本多不可信是也。

惟土物愛，厥心臧。聰聽祖考之彝訓，越小大德，小子惟一。妹土，嗣爾股肱，純其蓺黍、稷，奔走事厥考、厥長。肇牽車牛，

《爾雅·釋言》：“肇，敏也。”郭注：“《書》曰：‘肇牽車牛。’”

遠服賈用，孝養厥父母。

《白虎通·商賈篇》曰：“行曰商，止曰賈。《易》曰：‘先王以至日閉關，商旅不行，后不省方。’《論語》曰：‘賈之哉，我待賈者也。’即如是。《尚書》曰‘肇牽車牛，遠服賈用’，何[1]言遠行，可知也。方言欽厥父母，欲雷供養之也。‘方’疑當作‘下’。”玉裁按：此謂如《書》言“牽車牛遠服賈用”，似非止曰賈矣。然《書》下文言“欽厥父母，欲雷供養之”，則非遠游不返，仍是“止曰賈”也。班蓋“用”字上屬爲句，“孝養”二字作“欽”字，今文《尚書》然也。其引《論語》證“止曰賈”，與蔡邕石經合。今本《白虎通》依今本《論語》改“賈”爲“沽”，則引證之恉昧矣。

厥父母慶，自洗腆，致用酒。庶士、有正越庶伯、君子，其爾典聽朕教。爾大克羞耇惟君，爾乃飲食醉飽。丕惟曰：爾克永觀省，作稽中德。爾尚克羞饋祀，爾乃自介用逸。茲乃允惟王正事之臣，茲亦惟天若元德，永不忘在王家。”

足利古本“不”作“弗”，下“亦不暇越怨”“不易民罔”“不盡傷心”“不惟自息”“我其可不大監撫于時”竝同。玉裁按：

---

①何：當作“方”。

“弗”與“不”古義略同而淺深有別，如“雖有嘉肴，弗食，不知其旨也。雖有至道，弗學，不知其善也”，可證“弗”“不”之不同矣。《春秋經·僖二十六年》：“公追齊師至巂，弗及。”何邵公曰：“弗者，‘不’之深者也。”二字古音亦徑庭遠甚，“弗”在第十五脂微部，“不”在第一之咍部而轉入於第三尤幽部，絕不相假借也。“不”字之不可入物韵，猶“弗”字之不可入尤幽韵也。《集韵》始誤認爲一字，八勿“不”字下云：“分物切，無也，通作‘弗’。”薛季宣《書古文①》“不問”“不弗”字皆以“亞”爲之，夫“亞”字本即《説文》左𢎘右𢎘兩字之合，“𢏵”用其形，<small>“𢏵”謂兩𢎘相背，“𢎘”非“戊己”之“己”也</small>。則與“弗”同音可矣，何以“不”亦作“亞②”也，“不”亦作“亞”，則《尚書》有“弗”而無“不”矣。有“弗”而無“不”，則語言之輕重全不可攷矣。曾謂宋次道家之古文《尚書》可盡信乎？<small>《古文四聲韵》説“𢎘”古《孝經》“弗”字也，其謬正同。</small>至若古經轉寫既久，“不”“弗”互譌，不可究正，姑皆仍舊，發其例於此，以俟能者詳之。

王曰：“封，我西土棐徂邦君、御事、小子，尚克用文王教，不腆于酒，故我至于今，克受殷之命。”王曰：“封，我聞惟曰：‘在昔殷先哲王迪畏天顯，小民經德秉哲。自成湯咸至于帝乙，成王畏相，惟御事厥棐有恭。不敢自暇自逸，矧曰其敢崇飲？越在外服，矦甸男衛邦伯，

---

①《書古文》：當爲“《書古文訓》”。
②亞：據學海堂《清經解》本改。

　　《白虎通·爵篇》:"《尚書》曰:'矦、甸、任、衞,作國伯。'"玉裁按:"男"作"任","邦"作"國",又多"作"字,此今文《尚書》也,其上下文即今文《尚書》説也。"男"作"任",説詳《禹貢》。

越在内服,百僚庶尹惟亞惟服、宗工越百姓里居,罔敢湎于酒,

　　《説文》十一篇《水部》曰:"湎,沈於酒也。从水面聲。《周書》曰:'罔敢湎于酒。'"

不惟不敢,亦不暇。惟助成王德顯,越尹人祇辟。'我聞亦惟曰:'在今後嗣王酗身,厥命罔顯,于民祇保越怨,不易,誕惟厥縱淫泆于非彝,

　　"泆",唐石經本作"佚",既又去"亻"改"氵"。《釋文》曰:"泆,又作逸,亦作佚。"則皆可從也。

用燕喪威儀,民罔不盡傷心。

　　《説文》五篇《血部》曰:"盡,傷痛也。从血聿䀻聲。《周書》曰:'民罔不盡傷心。'"《尚書古文疏證》曰:"《説文》'罔'作'妄'。"按:閻氏所見譌本耳。

惟荒腆于酒,不惟自息乃逸。厥心疾很,不克畏死。辜在商邑,越殷國滅,無罹。弗惟德馨香祀,登聞于天,誕惟民怨,庶群自酒,腥聞在上,

　　《正義》曰:"'自酒',定本作'自',俗本多誤爲'嗜'。"

故天降喪于殷。罔愛于殷,惟逸。天非虐,惟民自速辜。'"

《論衡·語增篇》:“周公封康叔,告以紂用酒,期於悉極欲,以戒之也。”

王曰:“封!予不惟若兹多誥。古人有言曰:‘人無於水監,當於民監。’

唐石經及版本皆作“於”。

《中論·貴驗篇》:“《周書》有言:‘人毋鑒於水,鑒於人也。’”

今惟殷墜厥命,我其可不大監,撫于時。予惟曰:‘女劼毖殷獻臣,

“墜”,俗字也,當是本作“隊”,衛包改之。

《説文》十三篇《力部》曰:“劼,慎也。从力吉聲。或曰非力力也。下‘力’字疑本是‘刀’字。《周書》曰:‘劼毖殷獻臣。’大徐本‘劼毖’上有‘汝’字。讀若‘覈’。”此是轉寫字誤,“劼”不得有“覈”音。

矤甸男衛,矤大史友、内史友,越獻臣百宗工,矤惟爾事,服休服采,矤惟若疇,圻父

《詩·小雅·祈父》箋:“《書》曰‘若疇圻父’,謂司馬也。”《釋文》曰:“疇,此古疇字,本或作壽。按孔注《尚書》,直留反,馬、鄭音‘受’。”玉裁按:蓋《尚書》本作“疇”,馬、鄭釋以“疇”,孔釋以“疇咨”,《詩正義》依馬、鄭作“壽”,《書正義》依孔作“疇”,“疇”之改爲“疇”,蓋不始於衛包也。

《詩正義》曰:“《書》曰:‘若壽圻父。’今本‘壽’作‘疇’,誤。《酒誥》文也。彼注云:‘順壽今本作“疇”,誤。萬民之圻父。圻父,謂司馬,主封畿之事。’與此同意也。此陸所云馬、鄭音‘受’也。定本作‘若疇’,與鄭義不合,誤也。”玉裁按:定本依《尚書》孔傳爲之,陸所云“孔,直留反”也。

“圻父”，《詩》作“祈父”，鄭箋：“祈、畿、圻，同也。”按：《左傳》叔孫豹賦《圻父》，字作“圻”。

## 薄韋，農父

《白氏六帖》“薄韋農父”字作“韋”，見宋刻《白氏六帖》卷二十一。

《群經音辨》曰：“韋，違行也，音回。《書》：‘薄韋𦟼父。’”玉裁按：此當是據未改《釋文》也，經文本作“韋”，孔云：“迫迴萬民。”以“迴”釋之，“迴”即“回”之俗字也。馬以“違行”釋之。違行，邪行也。《左氏傳》“昭德塞違”，即《大雅》“厥德不回”之“回”，其字同也。《釋文》曰“徐音回”者，徐以孔讀韋爲回，故音回也。馬、孔同讀“回”，而馬訓“回邪”，孔訓“回繞”，衞包淺陋，謂“韋”是“皮韋”，而改爲“違”，至開寶乃又改《釋文》，讀者疑馬氏以“行”訓“違”矣。《集韻·十五灰》曰：“回，古或作違、韋。”亦本未改《釋文》也。

“農”，《群經音辨》作“𦟼”。《説文》曰：“𦟼，亦古文農。”

## 若保，宏父定辟，矧女剛制于酒。’厥或誥曰：‘群飲。’女勿佚，

王伯厚《漢藝文志攷》云：“漢人引此句作‘群飲女無失’，今未檢出何書。《君奭》‘遏佚前人光’，《王莽傳》引《書》亦作‘失’。”

## 盡執拘以歸于周，予其殺。

《説文》十二篇《手部》：“拀，撣也。从手可聲。《周書》曰：‘盡執拀獻。’”“拀”作“拘”，此如許君所言“苟之字止句”也，或轉寫有誤。“拀”訓爲“撣”。《説文》“撣”有二義：“裂也，一

曰手指撝也。"《周書》之"抲",自當訓"手指撝",而"獻"字不可通。恐是齊語,"羲"字、"沙"字、"儀"字皆以"獻"爲之。"獻"音在歌戈部,"抲""獻"合二字叠韵成文,蓋齊語如是,蓋伏生今文《尚書》如是,今文與古文異,有古四字、今七字者,見《吕荆》;有古六字、今四字者,見《洪範》。又按:大徐《説文》本無"獻"字,小徐本疑有譌賸。

## 又惟殷之迪,諸臣惟工,

"惟工",俗本誤作"百工",自明迄今,官書皆不誤。

## 乃湎于酒,勿庸殺之,姑惟教之。有斯明享,乃不用我教辭,惟我一人弗恤,弗蠲乃事,時同于殺。"王曰:"封,女典聽朕毖,勿辯乃司民湎于酒。"

傳云:"辯,使也。"按:《序》"王俾榮伯作賄肅慎之命",馬本"俾"作"辨"。《雒誥》"平來,來示予","平"一作"辨"。"平""俾""辨"一聲之轉,"辨"讀如"徧"。皆訓"使"。

# 古文尚書撰異卷十八

## 梓材第十八　　周書

王曰："封！以厥庶民暨厥臣，達大家，以厥臣達王，惟邦君。女若恒越曰：'我有師師：司徒、司馬、司空、尹旅。'曰：'予罔厲殺人。'亦厥君先敬勞，肆徂厥敬勞！肆往姦宄、殺人、歷人，宥。肆亦見厥君事、戕敗人，宥。"王啓監，厥亂爲民。

《周禮・大宰職》注："《書》曰：'王啓監，厥亂爲民。'"鄭引古文《尚書》也。

《論衡・效力篇》："《梓材》曰：'彊人有王開賢，厥率化民。'此言賢人亦壯彊於禮義，故能開賢，其率化民。化民須禮義，禮義須文章。'行有餘力，則以學文。'能學文，有力之驗也。"玉裁按：今文《尚書》之乖異如此。蓋"彊""戕"音同，"有""宥"音同，"啟""開"音同，"爲""化"音同。"率"古讀如"律"，與"亂"雙聲，且古文"亂"作"𤔔"，與"率"相似。而"敗"字則古有今無。"賢"與"監"則形略相似。

《漢舊儀》："丞相、御史大夫初拜策，皆曰：往悉乃心和裕開賢。"此用今文《尚書》"開賢"字。見《永樂大典》内《漢官舊儀》，今有刻本。

曰："無胥戕，無胥虐，至于敬寡，至于屬婦，

《尚書大傳·梓材傳》曰："老而無妻謂之鰥，老而無夫謂之寡，幼而無父謂之孤，老而無子謂之獨，行而無資謂之乏，居而無食謂之困，此皆天下之至悲哀而無告者，故聖人在上，君子在位，能者任職，必先施此，使無失職。"玉裁按：此釋"至于矜寡"而推廣言之也。蓋古文《尚書》作"敬"，今文《尚書》作"矜"，而"矜"亦作"鰥"。《吕荆》古文"哀敬折獄"，《尚書大傳》作"哀矜"，《漢書·于定國傳》作"哀鰥"，正其比例。

《說文》十二篇《女部》曰："嫋，婦人妊身《廣韻》作'娠'也。从女芻聲。《周書》曰：'至嫋婦。'"大徐本作"至于嫋婦"。玉裁按：《說文》蓋存壁中故書原文。自孔子國等讀"嫋"爲"屬"，如讀"妣"爲"好"、讀"堋"爲"朋"、讀"狟"爲"桓"之比，所謂以"今文讀之，因以起其家"也。"嫋"之本義爲"婦人妊身"，許君蓋必有所受之。"屬婦"與"敬寡"儷句，則爲存恤聯屬之誼。《正義》云："經言'屬婦'、傳言'妾婦'者，以妾屬於人，故名屬婦。"此不知孔意以"屬"對"敬"、以"存恤"對"敬養"、以"妾婦"對"寡弱"。若今文《尚書》與"鰥寡"儷句，則《小爾雅》所說是也。《小爾雅》云："妾婦之賤者謂之屬婦。屬，逮也。逮婦之名，言其微也。"《小爾雅》雖非孔鮒之書，其說亦必有本，蓋今文家說也。今文《尚書》作"屬"，故孔讀"嫋"爲"屬"。芻聲、蜀聲古音同在尤矦一類，故孔得知其假借。

崔子玉《清河王誄》云："惠於嫋孺。"崔蓋見古文故書者，

"孀"即"寡"也。

合由以容。"王其效邦君越御事，厥命曷以？引養引恬，自古王若兹監，罔攸辟。惟曰："若稽田，

《尚書大傳·酒誥傳》曰："王曰：'封！唯曰若圭璧。'"今《酒誥》無此語，而句法與"惟曰若稽田"正一例。

既勤敷菑，惟其陳修，爲厥疆畎；若作室家，既勤垣墉，惟其斁墍茨；若作梓材，既勤樸斲，惟其斁丹臒。"

《正義》曰："二文皆言斁即古塗字。"《集韵·十一模》曰："斁，同都切，塗也。《周書》'斁丹臒'。"去聲十一"莫"曰："斁，徒故切，塗也。"賈昌朝《群經音辨》曰："斁，音徒，《書》：'惟其斁墍茨。'又同路切。"丁、賈皆據《經典釋文》，然則《古文尚書音義》有"斁音徒，塗也，又同路反"之文明矣。自衛包改"斁"爲"塗"而《正義》猶存"斁"字，此如《牧誓》"弗御克奔"改"御"爲"迓"而"御"字猶存於《正義》也。陳鄂删改《古文尚書音義》，則又取"斁音徒，塗也，又同路反"之文盡去之，而莫知《梓材》古字矣。近人昧於《正義》所云"二文皆言斁"，乃據《説文》"臒"下引"斁丹臒"改爲二文"皆言斁"，非也。"斁"得音"徒"者，如"彝倫攸斁"讀"當故反"、"於菟"亦作"於檡"，皆睪聲字也。

《古文四聲韵·十一模》曰："迖、斁，竝籀韵塗字。"玉裁按：斁者，斁之譌也。

《中論·治學篇》："《書》曰：'若作梓材，既勤樸斲，惟其塗

丹艧。'"《中論》經宋人校正，必盡改其不與今《尚書》同者，未可據也。《文選》張華《勵志詩》李注引《尚書》亦作"塗"字，恐唐初本已不畫一。

《說文》五篇《丹部》曰："艧，善丹也。从丹蒦聲。《周書》曰：'惟其斁丹艧。'讀與霍同。"此從《釋文》所引，今本《說文》作"讀若雘"，非。玉裁按：許君所引不作"斁"而作"斁"，此古文《尚書》別本也。"斁"之訓"閉"也，故鄭君引《尚書》"杜乃擭"作"斁丹艧"，而言"斁"亦"涂"之假借字也。或疑《說文》本作"斁"，轉寫者更爲"斁"，不則許君所據《尚書》上文亦當爲"斁塈"。

《釋文》："梓，音子，本亦作杍。馬云：'古作梓字。'"按："古作梓字"者，謂古文以"杍"爲"梓"也，"杍"本是古文"李"字，古文《尚書》則假爲"梓匠"字，馬本作"杍"蓋故書如是。作"梓"者，以今字易之也。《汗簡》《古文四聲韻》皆云古《尚書》作"杍"。近惠氏定宇朵《尚書大傳》改"梓"爲"杍"，則非矣。

又按：《正義》云："此古'杍'字，今文作'梓'。"蓋《正義》本作"杍"，故云："杍，此古梓字，今字作梓也。"然則陸本作"梓"，孔本作"杍"，固不同矣。

## 今王惟曰："先王既勤用明德，懷爲夾，

《釋文》："夾音協，《多方篇》同。"玉裁按：據《匡謬正俗》，此音皆本徐仙民也。顏籀云"訓近"，則音"陝"，不得讀爲"協"。玉裁謂顏株守法言《切韻》三十怗之"協"，則訓"和"，三十一洽之"陝"，則訓"逼近"。徐仙民尚略知古音，故不若法言之分析過細，如訓"迎"之"御"，音"五所反"，直窺古音，非顏所及也。

庶邦享作，兄弟方來，亦既用明德。后式典集，庶
邦丕享。皇天既付中國民

　　《釋文》曰：“付，如字，馬本作‘附’。”玉裁按：王伯厚《埶
文志考》引“皇天既附中國民”，謂此也。今文《尚書》“天既付
命正厥德”，《史記》作“天既附命”，蓋古二字通用。

越厥疆土于先生，肆王惟德用，和懌①先後迷民。

　　《釋文》曰：“‘懌’字，又作‘斁，’下同。”玉裁按：古字假
借也。

用懌先王受命。已！若兹監。”惟曰：“欲至于萬
年，惟王子子孫孫永保民。”

　　趙岐注《孟子·盡心篇》云：“《梓材》曰：‘欲至于萬年。’
又曰：‘子子孫孫永保民。’”

　　《衛康叔世家》曰：“周公旦懼康叔齒少，乃申告康叔曰：
‘必求殷之賢人君子長者，問其先殷所以興，所以亡，而務愛
民。’告以紂所以亡者以淫于酒，酒之失，婦人是用，故紂之亂自
此始。爲《梓材》，示君子可法則。故謂之《康誥》《酒誥》《梓
材》以命之。”玉裁按：《尚書大傳》說：“伯禽、康叔見商子，觀橋
梓而知父子之道。周公曰：‘君子哉，商子也。’”此所謂“示君
子可法則”也。今文《尚書》家說如此，不必盡與《書》誼合。

---

　　①懌：底本“懌”“懌”皆用，“斁”“斁”同。

# 古文尚書撰異卷十九

## 召誥第十九 　周書

惟二月既望,越六日乙未,王朝步自周,則至于豐。惟大保先周公相宅,

“大”,衛包改作“太”,今更正。

《尚書大傳·周傳》曰:“成王在豐,欲宅洛邑,使召公先相宅。六日乙未,王朝步自周,至于豐,惟太保先周公相宅。”按:“洛”“惟”“太”,當作“雒”“維”“大”。

越若來三月,惟丙午朏。

《釋文》:“朏,徐又芳憒反。”按:《集韵》遺此音。

《説文》五篇《月部》曰:“朏,月未盛之明。从月出。《周書》曰:‘丙午朏。’”按:此會意也。

《漢書·律厤志》曰:“後二歲,得周公七年‘復子明辟’之歲。是歲二月乙亥朔,庚寅望,後六日得乙未。故《召誥》曰:‘惟二月既望,粤六日乙未。’又其三月甲辰朔,三日丙午,《召誥》曰:‘惟三月丙午朏。’是歲十二月戊辰晦,周公以反政。故《洛此字本作‘雒’,後人妄改。誥篇》曰:‘戊辰,王在新邑,烝祭歲,命作策,惟周公誕保文武受命,惟七年。’”今

本《漢書》"丙午朏"下大書"古文《月采篇》曰三日曰朏",此十字本漢魏人注語,王伯厚引《尚書正義》謂"月采"當作"月令"是也。師古時誤爲正文,而師古肊爲月采之説,殆未可信。

馬融注《論語》曰:"《周書·月令》有更火之文:'春取榆柳之火,夏取棗杏之火,季夏取桑柘之火,秋取柞楢之火,冬取槐檀之火。'"玉裁按:此《周書》七十一篇中《月令》也,今缺。《召誥》正義引《周書·月令》"三日粵朏",此亦《周書·月令》文。隋唐時尚存矣。

王伯厚《藝文志攷》説漢世諸儒所引異字,"維丙午蠢"未檢出何書。此蓋"惟丙午朏"之異文,今文《尚書》也。"惟"作"維","朏"作"蠢"。"朏"從月出,"蠢"與"出"雙聲。《方言》:"蠢,作也。"《廣雅》:"載,出也。"疑《漢書》本作"丙午蠢"。孟康注有"古文蠢爲朏"之語,而或删改之。

## 越三日戊申,大保朝至于雒,

"雒",唐石經已下作"洛",今更正。

## 卜宅。厥既得卜,

《後漢書·班固傳》注:"《尚書》曰:'厥既得吉卜,則經營。'"按:此依孔傳增"吉"字也,不可從。

## 則經營。越三日庚戌,大保乃以庶殷攻位于雒汭。

顧氏炎武曰:"唐石經'攻'誤'公'。"今按:石經"攻"字尚存大半,不誤。誤爲"公"者,明嘉靖閒王堯惠之補字耳。《金石文字記》中所按繆戾,多有類此者,蓋其所據乃以堯惠字補缺裝成之本,陳氏樹華《春秋內傳攷證》既詳之矣。

## 越五日甲寅,位成。

《周禮·天官·序官》注:"《召誥》曰:'越三日戊申,大保朝至于雒,卜宅。厥既得卜,則經營。越三日庚戌,大保乃以庶殷攻位于雒汭。越五日甲寅,位成。'"《釋文》曰:"大,音泰。"

按:"雒"字之説,《禹貢》既詳之矣,此《周禮注》兩引《尚書》"雒"字,固古文《尚書》故皆作"雒"之大驗也。或曰:安知非後人改"洛"爲"雒"耶? 答之曰:後人以其所知改所不知,改"雒"爲"洛"者多,改"洛"爲"雒"則希有,凡經傳中"雒"字,皆魏以前之舊也。

## 若翌日乙卯,

"翌",唐石經已下作"翼",今更正,説詳《金縢》。

## 周公朝至于雒,則達觀于新邑營。

"達觀",如今俗語云"通看一徧"。達,通也。今文《尚書》"達"作"通",石經《顧命》、《史》《漢》"禹貢"可證也。

## 越三日丁巳,

《説文》五篇《亏部》曰:"粤,亏也,審慎之詞者。此當作'也'。从寀从亏。《周書》曰:'粤三日丁亥。'"玉裁按:"寀"即"審"字,"粤"上體從寀也。凡《尚書》"越"字依許君所引,則本作"粤",《律厤志》亦引作"粤"。此"丁亥"乃"丁巳"之誤,如引"或春"誤作"或簸"、引"鼓我"誤作"舞我"之類也。

## 用牲于郊,牛二。

《白虎通》説郊祀:"《尚書》曰:'丁巳,用牲于郊,牛二。'"

《漢書·郊祀志》:"《書》曰:'越三日丁巳,用牲于郊,牛二。'"

越翌日戊午,乃社于新邑,牛一、羊一、豕一。

《白虎通·社稷篇》曰:“《尚書》曰:‘乃社于新邑,牛一、羊一、豕一。’”

越七日甲子,周公乃朝用書,命庶殷,矦、甸、男邦伯。厥既命殷庶,庶殷丕作。大保乃以庶邦冢君出取幣,乃復入錫周公,曰:“拜手稽首,旅王若公,

足利古本“拜”上有“敢”字,此依孔傳增也。

誥告庶殷越自乃御事:

《大雅·思齊》鄭箋:“《書》曰:‘越乃御事。’”無“自”字。

烏呼! 皇天上帝,改厥元子,兹大國殷之命。惟王受命,無疆惟休,亦無疆惟恤。烏呼! 曷其奈何弗敬?

“奈何”字本只借用“李柰”字,俗製“奈”字,而唐石經用之,不可從也。《集韵·十四太》曰:“柰,果也。一曰那也。”絶無“奈”字。據《漢隸字原》,《北海相景君碑》《故民吳仲山碑》《童子逢盛碑》已皆作“奈”。

姚氏姬傳曰:“‘奈何’二字兩見於《左傳》,一則‘河魚腹疾奈何’,一則‘薳啓疆曰不然奈何’,皆楚人語也。周初《召誥》乃有此二字,恐是‘如何’‘若何’之誤。”玉裁謂“如”“若”“奈”一聲之轉,語稍有輕重耳,不必疑周初無此二字也。《商書》皆言“如台”,而《唐書·堯典》早言“如何”矣。

天既遐終大邦殷之命，兹殷多先哲王在天。越厥
後王後民，兹服厥命。厥終，智藏瘝在。

玉裁按："瘝"字冣俗，蓋本作"鰥"而俗人因其訓"病"改作
"瘝"。《康誥》《召誥》同也。《爾雅》："鰥，病也。"郭注引《書》
曰："智藏鰥在。"邢疏曰："'智藏鰥在'者，《周書·召誥》文。"
似邢氏所據注尚未作"瘝"也，今本《爾雅注》作"瘝"。《釋文》
"鰥"字下云："古頑反，注'瘝'同。"考《説文》、《玉篇》、《廣
韵》、唐之《五經文字》、《九經字樣》皆不録"瘝"字，恐《釋文》
本只是"注同"二字。

夫知保抱攜持厥婦子，以哀籲天，徂厥亾，出執。
烏呼！天亦哀于四方民，其眷命用懋，王其疾敬
德！相古先民有夏，天迪從子保，面稽天若，今時
既墜厥命。今相有殷，天迪格保，面稽天若，今時
既墜厥命。

"墜"，俗字也，本作"隊"。

今沖子嗣，則無遺壽耇，

《漢書·孔光傳》太后詔曰："《書》曰：無遺耇老。"此引
《召誥》也。而"壽耇"作"耇老"，蓋今文《尚書》。

曰其稽我古人之德，矧曰其有能稽謀自天。烏
呼！有王雖小，元子哉，其丕能諴于小民。

《説文》三篇《言部》曰："諴，和也。从言咸聲。《周書》
曰：'丕諴于小民。'"玉裁按：小徐本無"能"字，大徐本宋刊、
李燾本、《集韵》皆作"不能"。《集韵》刊本作"丕能"，毛抄宋本作"不

能”。《韻會》用小徐本者也,而作“誠于小民”,無“丕”字,參錯不定。

## 今休,王不敢後。用顧畏于民碞。

玉裁按:《説文》九篇《石部》曰:“碞,礹碞也。从石品。《周書》曰:‘畏于民碞。’讀與巖同。”攷《山部》有“嵒①”字:“山巖也。从山品。讀若吟。”此二字雖從石從山有别,而音義略同。徐仙民“碞音吟”,正謂“碞同嵒”也。而二篇《品部》又有“喦”字:“多言也。从品相連。”引《春秋傳》“次于喦北”,“讀與聶同”。此字與《山部》之“嵒”迥别,而王氏《困學紀聞》《藝文志攷》二書皆云《説文》“‘顧畏于民碞’,多言也,尼輒切”,全與《説文》不符,不知厚齋何以踳駁至此,恐學者據以爲實,故辨之。

## 王來紹上帝,自服于土中。

《白虎通·京師篇》:“《尚書》曰:‘王來紹上帝,自服于土中。’”

《論衡·難歲篇》:“經曰:‘王來紹上帝,自服于<small>刻本作“於”,非。</small>土中。’雒則土之中也。”

按:班固《東都賦》作“即土之中”。

## 旦曰:‘其作大邑,其自時配皇天,毖祀于上下,其自時中乂。王厥有成命治民,今休。’王先服殷御事,比介于我有周御事,

日本山井鼎云:“足利古本‘介’作‘迩’。”玉裁按:孔傳凡

①嵒:底本作“喦”,據《説文解字》改。

"介"皆訓"大",不應此獨訓"近",疑本作"迩"而譌"介",字之誤也。"迩",古文"邇",見義雲章《汗簡》。

節性,惟日其邁。王敬作所,不可不敬德。我不可不監于有夏,亦不可不監于有殷。

《後漢書·崔駰傳》駰獻書,誡竇憲曰:"《書》曰:'鑒于有殷。'"

我不敢知曰,有夏服天命惟有歷年,我不敢知曰不其延,惟不敬厥德,乃早墜厥命。我不敢知曰,有殷受天命惟有歷年,我不敢知曰不其延,惟不敬厥德,乃早墜厥命。今王嗣受厥命,我亦惟兹二國命,嗣若功。王乃初服。烏呼!若生子,罔不在厥初生,

《論衡·率性篇》:"召公戒成王曰:'今王初服厥命,於戲!若生子,罔不在厥初生。'生子,謂十五子。初生意於善,終以善;初生意於惡,終以惡。傳言:'譬猶練絲,染之藍則青,染之丹則赤。十五之子,其猶絲也。'"玉裁按:此今文《尚書》也。"初服厥命"下少十四字,蓋節引之。"烏呼"作"於戲",與蔡邕石經合。

自貽哲命。今天其命哲,命吉凶,命歷年。知今我初服,宅新邑,肆惟王其疾敬德。王其德之用,祈天永命。其惟王勿以小民淫用非彝,亦敢殄戮用乂民,若有功。其惟王位在德元,小民乃惟刑用于天下,越王顯。上下勤恤,其曰我受天命,丕若

有夏歷年，式勿替有殷歷年。欲王以小民，受天
永命。"拜手稽首曰："予小臣敢以王之讎民

　　《釋文》曰："讎，字或作酬。"

百君子越友民，保受王威命明德。王末有成命，
王亦顯。我非敢勤，惟恭奉幣，用共王能祈天
永命。"

　　"共"，衞包改作"供"，陳鄂又改《釋文》，詳見《甘誓》
等篇。

# 古文尚書撰異卷二十

## 雒誥第二十　　周書

### 周公拜手稽首,曰:

《白虎通·姓名篇》:"所以先拜手後稽首何? 名順其文質也。《尚書》曰:'周公拜手稽首。'"玉裁按:《白虎通》此條殘闕,"名"當作"各",當云:"殷所以先稽首後拜手何? 周所以先拜手後稽首何? 各順其文質也。"蓋殷之禮,拜先稽首,後拜手;其喪拜,則拜手而後稽顙。周之禮,拜先拜手後稽首,其喪拜,則稽顙而後拜手。詳於《説文解字讀》。

### "朕復子明辟,

《漢書·王莽傳》群臣奏言:"《書》曰:'朕復子明辟。'周公常稱王命,專行不報,故言'我復子明君'也。"

《後漢書·桓帝紀》和平元年詔曰:"遠覽'復子明辟'之義。"

### 王如弗敢及天基命定命,

《文選》沈休文《宋書·謝靈運傳論》注引"弗"作"不"。按:下文"不敢不敬天之休""予不敢宿",皆作"不",似此亦"不敢"爲長。

予乃胤保，大相東土，其基作民明辟。予惟乙卯，朝至于雒師。我卜河朔黎水。我乃卜澗水東、瀍水西，惟雒食。我又卜瀍水東，亦惟雒食。伻來，以圖及獻卜。”

《群經音辨》卷二曰：“平，使也，補耕、普耕二切。《書》：‘平來以圖。’”玉裁按：此賈氏據未改《尚書釋文》採入者也，今本《尚書釋文》作“伻”，恐是依衞包竄改，非陸氏之舊。且不載“補耕”一切，與《爾雅》“拼”“抨”音義不符。《集韵·十三耕》“拼”“抨”“伻”“迸”“平”“荓”六字，同云“古作平”。荓，攺《堯典》“平秩東作”，馬作“荓”，云“使也”，是丁度所本。《書序》“王伻榮伯”，馬本作“王辨榮伯”，古“辨”與“平”多通用。然則《尚書》之“平”，即《爾雅》之“拼”“抨”也。“伻”字後出，爲俗。

《漢書·劉向傳》：“《書》曰：‘伻來以圖。’”孟康曰：“伻，使也，使人以圖來示成王，明口説不了，指圖乃了也。”玉裁按：“伻”字疑本作“平”，轉寫俗加“人”旁。

《釋故》：“俾、拼、抨，使也。”《釋文》曰：“抨，字又作伻。”

王拜手稽首，曰：“公不敢不敬天之休，來相宅，

《白虎通·京師篇》：“《尚書》曰：公不敢不敬天之休，來相宅。”

其作周匹休。公既定宅，伻來來，

鄭注“伻來來”句絶。

王伯厚《藝文志考》説：“漢世諸儒所引異字，‘辨來’‘來示予卜休恒吉’，‘伻’作‘辨’。”此與“勿辨乃司民湎于酒”“王辨榮伯”同。

視予卜，休，恒吉。我二人共貞。公其以予萬億
年敬天之休。拜手稽首誨言。”

　　《大雅·下武》鄭箋云：“《書》曰：‘公其以予萬億年。’亦
君臣同福禄也。”

周公曰：“王肇稱殷禮，祀于新邑，

　　《白虎通·禮樂篇》：“王者始起，何用正民？以爲且用先
王之禮樂，天下太平乃更制作焉。《書》曰：‘肇稱殷禮，祀新
邑。’此言太平去殷禮。”玉裁按：少“于”字。

咸秩無文。

　　《風俗通義·山澤篇》：“《尚書》‘咸秩無文’，王者報功以
次秩之，無有文也。”

予齊百工，伻從王于周。予惟曰庶有事。今王即
命曰：‘記功，宗以功作元祀。’

　　《釋文》：“曰記，上音越，一音人實反。”然則一本作
“曰”也。

惟命曰：‘女受命篤弼，丕視功載，乃女其悉自
教工。’

　　唐石經原刻，“悉自教工”作“悉自教百工”，字形隱然可
辨，後摩去重刻，删“百”字。

　　“教”，《尚書大傳》作“學”，“工”作“功”，此今文《尚書》
也。《尚書大傳·周傳》曰：“《書》曰：‘乃女其悉自學功。’悉，
盡也。學，效也。傳曰：‘當其效功也。於卜雒邑，營成周，改正
朔，立宗廟，序祭祀，易犧牲，制禮作樂，一統天下，合和四海而

致諸侯,皆莫不依紳端冕以奉祭祀者,其下莫不自悉以奉其上者,莫不自悉以奉其祭祀者,此之謂也。盡其天下諸侯之志,而效天下諸侯之功也。'"

# 孺子其朋!孺子其朋!其往。

《後漢書・爰延傳》延上封事曰:"臣聞之,帝左右者,所以咨政德也。故周公戒成王曰'其朋,其朋',言慎所與也。"李注:"《尚書》周公戒成王曰:'孺子其朋,孺子其朋,慎其往。'"按今本多"慎"字,足利古本同此,疑妄增也。

楊雄《尚書箴》曰:"《書》稱其朋。"用《雒誥》,與爰延説同。《古文苑》"朋"譌作"明",而章樵不能正。

## 無若火始炎炎,厥攸灼敘弗其絶

"炎炎",讀以贍反。《左氏傳》"人之所忌,其氣炎以取之",杜注引《書》:"無若火始炎炎。"《釋文》"炎音豔",正與《雒誥》釋文"音豔"同。"炎音豔"者,讀爲"爓"也,以《廣韻》推之陸法言《切韵》,"爓"音以贍切、"燄"音以冉切,"燄"不音"豔"也。衛包因《釋文》"音豔",妄謂"炎""燄"爲古今字而改之,陳鄂併改《釋文》之"炎"爲"燄"。唐石經、《左傳》不誤,今版本亦改作"燄",蓋不考《説文》"爓""燄"各字,妄謂"燄"即"爓"字、可音"豔"耳。《集韵・五十①豔》"炎""燄"爲一字,以贍切,取宋初未改《釋文》、衛包已改《尚書》合和爲説也。此可爲未改《尚書》作"炎"之一證。又按:《左傳釋文》"炎以:音豔""燄燄:音豔",此"燄燄"字恐天寶已後或據衛包《尚書》本改之,又增入《釋文》。惠氏定宇曰:"當是《雒誥》亦作'炎

①五十:據李文,當爲"五十五",脱"五"字。

炎’,故杜氏引以爲證。”是也。

《漢書·敍傳》曰:“炎炎燎火,亦允不陽。”

《漢書·梅福傳》福上書曰:“《書》曰‘毋若火始庸庸’。”蓋今文《尚書》也。“炎”與“庸”雙聲,“融風”古亦作“炎風”。

厥若。彝及撫事如予,惟以在周工,往新邑,伻鄉即有僚,

“鄉”,徐“許亮反”,作“嚮”者衛包改也。

明作有功,惇大成裕,女永有辭。”公曰:“已! 女惟沖子,惟終。女其敬識百辟享,亦識其有不享。享多儀,儀不及物,惟曰不享。惟不役志于享。

《孟子·告子篇》:“《書》曰:‘享多儀,儀不及物曰不享,惟不役志于享。’爲其不成享也。”

《漢書·郊祀志》谷永説上曰:“經曰:‘享多儀,儀不及物,惟曰不享。’”

凡民惟曰不享,惟事其爽侮。乃惟孺子頒,

《説文》三篇《攴部》曰:“攽,分也。从攴分聲。《周書》曰:‘乃惟孺子攽。’讀與彬同。”大徐本作“亦讀與彬同”。按:許所據,壁中故書也。

《釋文》曰:“頒,馬云猶也。”“猶”下脱一字,當亦是“分”字也。

朕不暇聽。朕教女于棐民彝,女乃是不蘉,

《玉篇·苜部》“蘉”字下曰:“《周書》云:汝乃是弗蘉。”“不”作“弗”。

“蘉”,按:《説文》無此字。錢氏曉徵云:“《釋故》云:‘孟,

勉也。'《爾雅》所以訓釋六經,必六經有是字而後《爾雅》有是釋。尋六經中'孟'之訓'勉',他未有見。意'孟'之古音近'芒',《雒誥》'蕄'字本是'孟'字,故鄭康成、王子雒及僞孔傳皆訓'勉'。"玉裁謂,謂"孟"古音如"芒"則實然,如"孟諸""孟津""孟卯"皆可證。謂徐邈"蕄"讀"莫剛反"與"孟"古音同則不然。"蕄"字從侵從朁省聲,與"夢"字朁省聲同。凡朁聲之字古音在蒸登部,不在陽唐部,是以"蕄,莫崩反"見於《五經文字·宀部》、《集韵·十七登》,皆本《釋文》。《釋文》古本定當作"徐,莫崩反,又武剛反",儻如今本則"莫剛""武剛"音無分別,其爲上"剛"有誤無疑也。《玉篇》《廣韵》"蕄"皆音"武剛"者,此"蕄"之轉音,如"甍"字古音本在蒸登部,今音轉入十三"耕",今江浙俗讀則如"茫"也,是則"蕄"之古音與"孟"之古音迥別,謂二字雙聲可,謂二字同音非也。且《説文》"阹"於五百四十部,"蕄從侵",雖未得其解,《説文》不立《侵部》,則"蕄"無所屬從。如"蘄"字,見《爾雅》,洎古款識从茻斤聲,《説文》不立《茻部》,則無所屬從,不得謂不當有此等字而圖改之也。

乃時惟不永哉！篤敍乃正父,罔不若予,不敢廢乃命。女往敬哉！兹予其明農哉！

《廣雅·釋詁三》:"農,勉也。"疑是《尚書》"兹予其明農哉"之訓。

彼裕我民,無遠用戾。"王若曰:"公明保予沖子。公稱丕顯德,以予小子揚文武烈,奉答天命,和恒四方民,

《尚書大傳·周傳》曰:"《周書》自《大誓》,就《召誥》,而

盛于《洛<sup>當是'雒'</sup>誥》,故其《書》曰:'揚文武之德烈,奉對天命,和恒萬邦四方民。'"此今文《尚書》也。"答"作"對",多"萬邦"字。

## 居師。悼宗將禮,稱秩元祀,咸秩無文。惟公德明光于上下,勤施于四方,

《文選·豪士賦序》曰:"光于四表,德莫富焉。王曰叔父,親莫暱焉。"蒙上文周公言之也。潘元茂《册魏公九錫文》亦曰:"伊尹格于皇天,周公光于四海。"皆用《雒誥》。

## 方作穆穆,

"方",今作"旁",蓋衛包所改也。《釋文》:"方,步光反。今作旁,步光反。"蓋開寶閒改也。凡今文《尚書》例用"旁"字,凡古文《尚書》例用"方"字。如"方施象荆惟明",《白虎通》作"旁施";"方告無辜于上帝",《論衡》作"旁告";"方鳩僝功",《説文》一引"方鳩",一引"旁述",皆其證也。攷《説文》曰:"旁,溥也。"《廣雅·釋詁》曰:"方,大也。"又曰:"旁,大也。""方"之訓"大"者,出古文《尚書》。"旁"之訓"大"者,出今文《尚書》。"方"實"旁"之假借字也。僞孔不知故訓之理,故於"方"字多釋爲"方方",如"方鳩僝功",則曰"方方聚見其功";"洪水方割",則曰"方方爲害";"方告無辜于上帝",則曰"方方各告無罪于天";"方行天下",則曰"方四方";"咎繇方祗厥敘,方施象荆惟明",則曰"方四方,敬行其九德,考績之次敘於四方,又施其法荆皆明白";"方作穆穆",則曰"四方方來,爲敬敬之道";"兄弟方來",則曰"方方<sup>俗本改爲'萬方',足利古本及宋本不誤。</sup>皆來賓服"。僞《太甲》"方求俊彥",則曰"方非一方";"以

形方求于天下"，則曰"以四方求之於民閒"。音家或有説"方，
步光反"者，衞包以淺學不明，點竄經籍，乃謂"方"是古字，
"旁"是今字，於《洛誥》、僞《太甲》、僞《説命》諸篇改"方"爲
"旁"，僞《書》可無論，致真古文"方""旁"錯出不一例。又或將
《洛誥傳》中"四方方來"下"方"字妄改"旁"字。甚矣，小學之
不傳也。今更正。依《廣雅》訓爲"大"，則諸訓皆關通，如"方
正""方且""四方"，"方"竝"大"意，皆不相遠。而僞孔傳説，
偏而不該，凡"方"之言正如此也。又甚盛之詞也，《山海經》
"有一女子方跪進杯食""羲和方日浴于甘淵""有人焉方捕魚
于海""有黑人持蚘方啗之""有人方扜弓射黄蚘"，皆甚盛
之詞。

　　《尚書大傳》："孔子曰：'吾于《洛誥》也，見周公之德。光
明于上下，勤施四方，旁作穆穆，至于海表，莫敢不來服，莫敢不
來亯。'"玉裁按：古文《尚書》："勤施于四方，方作穆穆。"《尚
書大傳》："勤施四旁，旁作穆穆。"今本《大傳》"勤施四方"，淺
人依古文《尚書》改也，凡攷古之必悉其源流如此。

　　楊雄《劇秦美新》："旁作穆穆。"此用今文《尚書》也。

　　僞《武成》："旁死魄。"此襲《漢書》而未知古文當作
"方"也。

　　又按：此孔傳當云："方方來爲，敬敬之道。"以"方方"二字釋
經文"方"字，此正與《堯典》《梓材》《吕刑》同。淺人增一"四"
字，改下"方"爲"旁"。李善注《劇秦》已引"勤施於四方，旁作穆
穆"，似擅改者不始於衞包也，然安知善注非系淺人所改邪？

## 御衡不迷，

　　《魏志·文帝紀》裴注曰："延康元年詔曰：'今王纘承前

緒,至德光昭,御衡不迷,布德優遠。'"漢魏閒多讀古文《尚書》,詔所引者古文《雒誥》也。

《釋文》:"御,五嫁反。馬、鄭、王皆音魚據反。"玉裁按:此字本作"御",僞孔傳訓"迎",則讀爲"訝",故陸云"五嫁反"也。馬、鄭、王皆訓"八枋馭群臣"之"馭",讀如字,故陸云"魚據反"也。衞包依孔訓改字作"迓",而《釋文》故作"御",至開寶中又改《釋文》大書作"迓",以合衞包本,而小字仍之。殊不思今音"迓"可"五嫁"而不可"魚據",今本《釋文》大書與小字橫決不貫,正如《洪範》"曰霽",可云"徐囚鉤反",今本作"曰蒙",則不得云"徐囚鉤反"也。此反語非出馬、鄭、王,謂以馬、鄭、王之訓推其切音當是某某反耳。《盤庚》"御"五嫁反,《牧誓》"御"五嫁反,今皆改"迓"字。《集韵·九御》曰:"迓,牛據切,迎也。《書》:'迓衡。'鄭康成讀。"此條㝡誤。鄭注《尚書》作"御"不作"迓",且鄭不訓"迎",且鄭不爲反語,此依開寶新定《尚書音義》而踳誤至此。

文武勤教。予沖子夙夜毖祀。"王曰:"公功棐迪篤,罔不若時。"王曰:"公,予小子其退,即辟于周,命公後。四方迪亂,未定于宗禮,亦未克敉公功,

《説文》三篇《攴部》曰:"敉,撫也。从攴米聲。《周書》曰:'亦未克敉公功。'讀若弭。"又曰:"侎,或敉字,从人。"

迪將其後,監我士師工,誕保文武受民,亂爲四輔。"王曰:"公定,予往已。公功肅將祗歡,公無困哉!

《漢書·元后傳》上報鳳曰:"《書》不云乎,公毋困我。"
《杜欽傳》欽說王鳳曰:"《書》稱公無困我。"劉昭《祭祀志》注:
"《東觀書》曰,章帝賜東平憲王蒼書曰:'宜勿隱,思有所承,公
無困我。'"按:此皆用今文《尚書》也。《周書·祭公解》:"王
曰:公無困我哉。"兼有"我哉"二字,疑古文《尚書》無"我"字,
語意不完,古"我""戈"二字相似易譌,如《說文》"淺"字誤爲
"泧",是其證也。

我惟無斁其康事。公勿替刑,四方其世享。"周公
拜手稽首,曰:"王命予來承保乃文祖受命民,越
乃光烈考武王,弘朕共。

莊氏寶琛曰:"朕,當作訓。《說文·人部》云:'佚,古文以
爲訓字。'《尚書》當是本作'佚',後改作'朕'字耳。作雄,本武
王之意,見《逸周書》,故曰'弘訓共'也。"

按:孔以"奉"訓"共",則其字本不作"恭",衞包乃改之也,
詳見他篇。

孺子來相宅,其大惇典殷獻民,亂爲四方新辟,作
周恭先。曰其自時中乂,萬邦咸休,惟王有成績。
予旦以多子越御事篤前人成烈,答其師,作周孚
先。考朕昭子刑,乃單文祖德。

《釋文》:"單,馬丁但反,信也。"玉裁按:此以其訓"信",而
知其讀"丁但反"也,馬讀"單"爲"亶",故訓"信"。《詩·天
保》"卑爾單厚",毛傳曰:"單,信也。"亦是釋"單"爲"亶"之假
借,故《釋文》曰:"毛都但反。"《周頌·維天之命》鄭箋云:
"《書》曰:'考朕昭子刑,乃單文祖德。'"

伻來毖殷,乃命寧予以秬鬯二卣,曰明禋,拜手稽首休享。予不敢宿,則禋于文王、武王。惠篤敘,無有遘自疾,萬年猒于乃德,

今本作"厭",唐石經、宋岳本皆作"猒"。

殷乃引考。王伻殷,乃承敘萬年,其永觀朕子懷德。"戊辰,王在新邑,烝祭歲。文王騂牛一,武王騂牛一。

《釋文》曰:"'王在新邑',馬、孔絶句。鄭讀'王在新邑烝'。"《正義》曰:"鄭以'烝祭'上屬。'歲文王騂牛一'者,歲①是成王元年正月朔日,特告文、武封周公也。"玉裁按:疑《釋文》"烝"下脱"祭"字。

王命作册逸祝册,惟告周公其後。王賓殺禋咸格,王入太室祼。王命周公後,作册逸誥。在十有二月。惟周公誕保文、武受命,惟七年。

《漢書·律厤志》云:"《洛當是'雒'。誥篇》曰:'戊辰,王在新邑,烝祭歲,命作策,惟周公誕保文、武受命,惟七年。'"

---

① 歲:原作"於",據《尚書正義》改。

# 古文尚書撰異卷二十一

## 多士第二十一　　周書

惟三月,周公初于新邑雒,用告商王士。王若曰:
"爾殷遺多士,弗弔旻天,大降喪于殷。我有周佑
命,將天明威,致王罰,勑殷命終于帝。肆爾多
士,非我小國敢弋殷命。

孔本"弋"作"翼"。《釋文》曰:"弋,馬本作'翼',義同。"
《正義》曰:"鄭玄、王肅本'弋'作'翼'。王亦云:'翼,取也。'鄭
云:'翼,猶驅也。'"玉裁按:"弋""翼"古音同在第一部。訓"取"
者,讀"翼"爲"弋"也。孔本作"弋"者,因馬、王之説而改經
字也。

惟天不畀,允罔固亂,弼我,我其敢求位? 惟帝不
畀,惟我下民秉爲,惟天明畏。我聞曰:'上帝
引逸。'

《論衡·語增篇》:"經曰:'上帝引逸。'謂虞舜也。舜承安
繼治,任賢使能,恭己無爲,而天下治。"

《論衡·自然篇》:"周公曰:'上帝引佚。'上帝謂舜禹也。

舜禹承安繼治,任賢使能,恭己無爲,而天下治。"玉裁按:此今
文《尚書》説也。

有夏不適逸,則惟帝降格,鄉于時夏。

　　《釋文》:"鄉,許亮反。"按:"鄉",衛包改"嚮"。

弗克庸帝,大淫泆有辭。

　　《釋文》:"泆,又作佚,馬本作'屑',云:'過也。'"按:失聲、
𠩺聲古音同在第十二真臻部。

惟時天罔念聞,厥惟廢元命,降致罰。乃命爾先
祖成湯革夏,俊民甸四方。自成湯至于帝乙,罔
不明德恤祀,亦惟天丕建,保乂有殷。殷王亦罔敢
失帝,罔不配天其澤。在今後嗣王,誕罔顯于天,
矧曰其有聽念于先王勤家。誕淫厥泆,罔顧于天
顯民祇。惟時上帝不保,降若兹大喪。惟天不畀,
不明厥德。凡四方小大邦喪,罔非有辭于罰。"

　　《史記·魯周公世家》曰:"《多士》稱曰:'自湯至于帝乙,無
不率祀明德,帝無不配天者。在今後嗣王紂,誕淫厥佚,不顧天及
民之從也,徐廣曰:"一作'敬之'也。"其民皆可誅。'周《多士》。"玉裁按:
"其民皆可誅",即"凡四方小大邦喪,罔非有辭于罰"也。"周《多
士》"三字謡謄。《史記》此節當移"乃作《多士》、作《毋逸》"之下。

王若曰:"爾殷多士,今惟我周王丕靈承帝事,有命
曰:'割殷。'告敕于帝。惟我事不貳適,惟爾王家
我適。予其曰:'惟爾洪無度,我不爾動,自乃邑。'予
亦念天即予殷大戾,肆不正。"王曰:"猷告爾多士,

猷,道也。道,導也。"猷告"者,導告也。孔傳釋爲"以道告汝眾士",非語意。偽《周官》云:"若昔大猷。"正與偽傳出一手。

## 予惟時其遷居西爾。非我一人奉德不康寧,時惟天命,無違! 朕不敢有後,無我怨。

《隸釋》漢石經殘碑:"惟天命,元朕不敢有。下闕。"玉裁按:此今文《尚書》然也。王氏鳳喈云:"'无'字誤爲'元',脱'違'字。"其説非也。漢石經"無"不作"无"。

唐石經初刻"有後誅無"四字,後摩去重刻爲"有後無"三字,初刻字形尚隱然可見。蓋依孔傳增"誅"字。

## 惟爾知,惟殷先人有册有典,殷革夏命。今爾又曰:

顧亭林曰:"'又曰',石經監本同,今本作'其曰'。"

## '夏迪簡在王庭,有服在百僚。'予一人惟聽用德,肆予敢求爾于天邑商。予惟率肆矜爾,

《論衡·雷虛篇》:"人君罪惡,初聞之時,怒以非之,及其誅之,哀以憐之,故《論語》曰:'如得其情,則哀憐而勿喜。'紂至惡也,武王將誅,哀而憐之,故《尚書》曰:'予惟率夷憐爾。'"玉裁按:此今文《尚書》也。"夷""肆"古音同第十五部,"憐""矜"古音同第十二部。"矜"從令聲,讀如"鄰",自誤從今聲,而古音凵矣。

## 非予罪,時惟天命。"王曰:"多士,

石經《尚書》殘碑:"罪,時維天命。王曰:'告爾多。'下闕。"此今文《尚書》也。"惟"作"維",多"告爾"字。

## 昔朕來自奄,予大降爾四國民命。我乃明致天罰,移爾遐逖,

"遜",當是本作"遏",衛包改之。《釋文》"他歷反",今本作"他力",誤也。

## 比事臣我宗多遜。"

"遜",壁中故書當是作"愻"。

## 王曰:"告爾殷多士,今予惟不爾殺,予惟時命有申。今朕作大邑于兹雒,予惟四方罔攸賓,

傳云:"無所賓外。"與馬云"卻也"同義。徐音"殯",是也。陸云"如"字,非孔意。

## 亦惟爾多士攸服奔走,臣我多遜。

石經《尚書》殘碑:"兹雒,予維四方罔攸宜①。此字今鈔本、刻本皆作'實'。顧廣圻據《漢隸字源》作'宜',即'賓'字也。亦維爾。下闕。"按:漢人不以避諱改經字一字。石經雖亡,而《多士篇》"雒"字兩見,可以知伏生經文作"雒",非以火行忌水之故擅改經文也。曹丕一詔本屬無稽,學者勿爲所惑。

## 爾乃尚有爾土,爾乃尚寧榦止。

"榦",唐石經已下作"幹",今更正。"榦",從木龺聲,若從干,則兩聲無形矣。

## 爾克敬,天惟畀矜爾。爾不克敬,爾不啻不有爾土,

《釋文》曰:"啻,徐本作'翅'。"

## 予亦致天之罰于爾躬。今爾惟時宅爾邑,繼爾居,爾厥有榦、有年于兹雒。爾小子乃興,從爾遷。"王曰:

①宜:學海堂《清經解》本作"賓"。

　　石經《尚書》殘碑:"有年于兹雒。爾小子乃興,從爾遷。王。<sub>下闕。</sub>"

## "又曰時予,乃或言爾攸居。"

　　唐石經"或言"二字初刻是三字,摩去重刻,致每行十字者成九字矣。初刻隱然可辨,"或言"之間多一字,諦視則是"誨"字,與傳教誨之言合。《雒誥》亦有"誨言"二字也。

# 古文尚書撰異卷二十二

## 無逸第二十二　　周書

師古於《翼奉傳》《鄭崇傳》《杜欽傳》《谷永傳》引《尚書·無逸篇》皆云"《尚書·乀逸》之篇也"，然則師古所據《尚書》本作"乀逸"也。

"無"，今文《尚書》作"毋"。"逸"，今文《尚書》作"劮"，亦作"佚"。漢石經殘碑本篇"毋劮于遊田""毋兄曰"可證。《史記·周本紀》作"無佚"，《魯世家》作"毋逸"，其字參錯不一，以《世家》作"毋"爲不誤。王伯厚《困學紀聞》云："《無逸》，《尚書大傳》作《毋佚》。毋者，禁止之辭，其義尤切。"玉裁按：王所據《大傳》作"毋"，今雅雨堂刻《大傳》作"無"，誤也。今《大傳》本作"佚"，《困學紀聞》云："《大傳》作'逸'，誤也。""失""佚""逸"三字多通用。是以《史記·魯世家》《漢書·谷永傳》皆作"毋逸"，皆今文《尚書》也。漢人多"失"讀爲"佚"，如《酒誥》"女無失"之類，蔡中郎斟酌古今而爲"劮"字。又按：《史記·魯世家》："周公歸，恐成王壯，治，有所淫佚，乃作《多士》，作《毋逸》。"蒙上文"淫佚"而言，則"逸"字之本作"佚"可知。又按：《廣雅·釋詁三》曰："媱、惕、嬉、劮、遊、敖、契、戲也。”《釋言》曰：“劼，豫也。”此正今文《尚書》舊說。“豫”疑當作“悇”，《集韵》引作“婸”，“婸”與“悇”同也。

# 周公曰：“烏呼！君子所其無逸。先知稼穡之艱難，乃逸，則知小人之依。

《論衡·儒增篇》：“《尚書·毋佚》曰‘君子所其毋佚，先知稼穡之艱難，乃佚’者，人之筋骨非木非石，不能不解，故張而不弛，文王不爲，弛而不張，文王不行，一弛一張，文王以爲當。”

# 相小人，厥父母勤勞稼穡，厥子乃不知稼穡之艱難乃逸，乃諺，既誕。否則侮厥父母，曰：‘昔之人無聞知。’”

按：今本作“諺”，非也。僞孔傳曰：“叛諺不恭。”《正義》曰：“《論語》‘由也諺’，諺則叛諺。”玉裁按：《論語》“由也喭”字本從口，五旦反。《集解》引鄭玄曰：“子路之行失於吸喭也。”皇侃《義疏》本不誤。《釋文》：“吸，普半反。本今作‘畔’。”今本《釋文》改大書“吸”字爲“叛”，而邢昺則依陸所見別本作“畔喭”，此經文改“喭”爲“諺”，傳及《正義》改“吸喭”爲“叛諺”，蓋始於衛包，誤認“喭”“諺”爲古今字也。王弼《論語注》云：“喭，剛猛也。”“剛猛”與“不恭”義略同，後儒釋《論語》者謂“喭”同“諺”，謂“諺”訓“俗語”，因訓“喭”爲“粗俗”。仲氏子可謂之粗，不可謂之俗。豈有“見義必爲，縕袍不恥，車裘不私”如仲氏子而或以爲俗者？古書所引“諺”皆老成典刑之言。《說文》曰：“諺，傳言也。”絕無俚俗之解，而从口之字義復絕殊。《尚書》字誤，蔡氏乃釋爲“習里巷鄙語”，皆由不解“吸喭”爲何語耳。“吸喭”二字在漢人當是常語，在今人則不能通,此所以貴講説也。僞孔傳"呬諺不恭",蓋襲古説。作"諺"者,古文《尚書》也。作"憲"者,今文《尚書》。見洪氏所録石經《尚書》殘碑。若《汗簡》所載"諺"之古文,云見古文《尚書》者,不必從也。《論語釋文》:"呬,普半反。諺,五旦反。"《玉篇》:"由也諺,魚旰切。"《史記·仲尼弟子列傳》正義:"諺音岸。"然則《尚書》亦宜音"岸"。宋刊《經典釋文》影鈔本在蘇州朱文斿所,盧弓父借之校刊新本。云:"諺,五旦反。"韵書"諺"無"五旦"之音,蓋唐初經文作"諺",故音"五旦反"。天寶改"諺"爲"諺",至開寶又改《釋文》之"諺"爲"諺",而"五旦"之音未改也。刊注疏者改爲"魚戰",通志堂刊《釋文》改作"魚變",而此字之本作"諺"無可考矣。此原委井然可言者。近盧氏本獨此條不依宋刻改正。

　　漢石經殘字:"嗇之艱難,乃劮,乃憲,既延丕則侮厥。下闕。"此今文《尚書》也。按:"穡""嗇"古通用。《廣雅·釋言》曰:"劮,豫也。"曹憲音"逸",與石經合。"諺"作"憲","誕"作"延",則其義未聞。

## 周公曰:"烏呼! 我聞曰:昔在殷王中宗,

　　"昔在",《中論》作"在昔"。

## 嚴恭,寅畏天命自度,治民祗懼,不敢荒寧,

　　"嚴",《釋文》曰:"馬作'儼'。"按:"嚴""儼"古通用。

　　漢石經:"中宗,嚴恭,寅畏天命自亮,叺民祗懼。下闕。"《史記·魯世家》"治"亦作"以"、"祗"作"震",此今文《尚書》也。"度"與"亮"音不相涉,"亮"與"量"音同,"自量"猶"自度"也。"治""以"同在古音第一部。"祗""震"異部而音轉取近,如

《咎繇謨》"祇敬"《夏本紀》作"振"，《般庚》"震動"漢石經作"祇"，《柴誓》"祇復之"《魯世家》作"振"，皆是也。

# 肆中宗之享國七十有五年。

《史記》"肆"作"故"，以詁訓字代之也。"享"作"饗"，與石經同。

# 其在高宗，時舊勞於外，

"其在高宗"，句絶。"時"，《中論》作"寔"。《釋詁》"時""寔"同訓"是"。

# 爰暨小人。作其即位，

"暨"，《商頌諡》作"泊"。

# 乃或亮陰，三年不言，

《論語·憲問篇》："子張曰：'《書》云：'高宗諒陰，三年不言。'何謂也？"《禮記·喪服四制篇》："《書》曰：'高宗諒闇，三年不言。'善之也。"又曰："《書》云：'高宗諒闇，三年不言。'此之謂也。"《史記·魯世家》："乃有亮闇，三年不言。"《尚書大傳·殷傳》曰："《書》曰：'高宗梁闇，三年不言。'何謂梁闇也？傳曰：'高宗居凶廬，三年不言。'"《白虎通·爵篇》："《尚書》曰：'高宗諒闇，三年。'"又《四時篇》："《尚書》又曰：'諒陰三年。'"《論衡·儒增篇》："高宗諒陰，三年不言。"《公羊·文九年》注："子張曰：'《書》云高宗諒闇。'"《漢書·五行志》："高宗承敝而起，盡涼陰之哀。"玉裁按："諒""涼""亮""梁"，古四字同音，不分平仄也。"闇""陰"，古二字同音，在侵韵，不分侵覃也。《大傳》釋"梁闇"爲"居廬"，鄭注"闇讀如鶉鷇之鷇，謂廬也"，其注《禮記》《尚書》皆用《大傳》説。上字"讀爲梁"，

"讀爲"者,易其字也。下字"讀如鷊","讀如"者,釋其音也。《大雅》"涼彼武王",《韓詩》作"亮"。《白虎通》釋"禪於梁甫"之義云:"梁,信也。"然則古同音通用之法可見矣。

又按:《史記》"或"作"有",此今文《尚書》然也,下文"亦罔或克壽"《論衡》作"亦罔有"可證。《論衡》引今文不改字。

# 其惟不言,言乃雍。

《史記·魯世家》"雍"作"讙"。《檀弓》:"子張問曰:《書》云'高宗三年不言,言乃讙'。"鄭注:"讙,喜説也。言乃喜説,則民臣望其言久。"《坊記》:"子曰:高宗云'三年其惟不言,言乃讙'。"鄭注:"高宗,殷王武丁也。名篇在《尚書》。'讙'當爲'歡',聲之誤也。其既言天下皆歡喜,樂其政教也。"玉裁按:《史記》作"讙",今文《尚書》也。《記》與今文《尚書》合,然則今文不盡非、古文不皆是,於此可見。王肅私定《家語》亦作"讙",注云:"《尚書》作'雍'。"蓋以古文《尚書》正今文《尚書》也。《禮記》多出於漢初,同今文《尚書》者多矣。

又按:《喪服四制》:"《書》曰:'高宗諒闇,三年不言。'善之也。王者莫不行此禮。何以獨善之也?曰:高宗者,武丁。武丁者,殷之賢王也。繼世即位,而慈良於喪,當此之時,殷衰而復興,禮廢而復起,故載之書中而高之,故謂之高宗。三年之喪,君不言。《書》曰:'高宗諒闇,三年不言。'此之謂也。"玉裁按:據此似"高宗諒闇,三年不言",乃《尚書》成語,非翦截《毋佚篇》文也。《坊記》以"三年其惟不言,言乃讙"係之高宗,云鄭注"名篇在《尚書》",然則亦非《毋佚》語,《高宗篇》當是殷時佚《尚書》。

又按:《晉書》卅,杜預於泰始十年議皇太子喪服引《書傳》云:"亮,信也。陰,默也。爲聽於冢宰,信默而不言。"玉裁按:此所引即孔安國《論語注》,而云《書傳》者,大略之詞,猶云於傳有之耳。僞作《尚書》孔傳者用此"信默"爲《無逸》傳,其實《論語》孔注亦是僞作,非子國所爲。何晏無識,得以售其欺也。

## 不敢荒寧,嘉靖殷邦。至於小大,無時或怨。

《魯世家》"嘉"作"密"。玉裁按:《太平御覽》九十一《東觀漢紀序》曰:"《書》云'孝乎惟孝,友于兄弟',聖之至要也。'乾乾夕惕''寅畏皇天',帝王之上行也。'明德''慎罰',湯文所務也。'密靜天下,容於小大',高宗之極至也。肅宗兼兹四德以斷<sub>當作'繼'</sub>祖考,臣下百僚力誦聖德,紀述明詔,不能辯章,豈敢空言增廣,以累日月之光?""密靜天下,容於小大",檃栝《無逸篇》文也,與《史記》"密靖殷國"正合,是可證今文《尚書》作"密",古文《尚書》作"嘉"。司馬子長、劉珍等皆用今文《尚書》原文,非以"密"訓"嘉"也。其"辯章"字,亦今文《尚書》之一證。"密"之訓"安"也,《詩·公劉》"止旅乃密",毛傳:"密,安也。"《説文》"宓"訓"安",以"密"爲"宓",假借之濫也。《魯世家》"邦"作"國",無"時或"二字。

## 肆高宗之享國五十有九年。

"五十有九年",漢石經作"百年"。《漢書·五行志》説高宗"攘木鳥之妖,致百年之壽",《楚元王傳》劉向説高宗有百年之福,《杜周傳》杜欽説高宗享百年之壽。《論衡·氣壽篇》:"高宗享國百年,周穆王享國百年,并未享國之時,皆出百三十四十歲矣。”又《無形篇》：“高宗有桑穀之異，悔過反政，享福百年。”又《異虛篇》：“高宗改政修行，享百年之福。”此皆用今文《尚書》也。

按：《魯世家》作“五十五年”，既不同今文，復與古文不合。

鄭君《詩譜》曰：“湯受命伐桀，定天下，後世有中宗者，嚴恭寅，畏天命自度，治民祗懼，不敢荒寧。後有高宗者，舊勞於外，爰洎小人，作其即位，乃或諒闇，三年不言，言乃雍，不敢荒寧，嘉靖殷邦，至於大小，無時或怨，此三主有受命中興之功，時有作詩頌之者。”玉裁按：所引皆古文《尚書》也。

**其在祖甲，不義惟王，舊爲小人。作其即位，爰知小人之依。能保惠于庶民，不敢侮鰥寡。肆祖甲之享國三十有三年。自時厥後立王，**

唐石經“三十”作“卅”。

漢石經：“或怨，肆高宗之饗國百年，自時厥後。下闕。”此今文《尚書》也。

《魯世家》：“其在祖甲，不義惟王久，爲小人于外，知小人之依，能保施小民，不侮鰥寡，故祖甲饗國三十三年。”其文在“高宗饗國五十五年”之下，與古文《尚書》同。而漢石經“高宗之饗國百年自時厥後”，《隸釋》所載殘碑緊接，不隔一字。洪氏云：“此碑獨闕祖甲，計其字當在中宗之上，以傳序爲次也。”云“計其字”者，謂以每行若干字計之。洪於殘石得事較每行字數也。是今文《尚書》與古文《尚書》大異。考《殷本紀》，太甲稱太宗，太戊稱中宗，武丁廟爲高宗。《漢書》王舜、劉歆曰：“於殷大甲曰大宗，大戊曰中宗，武丁曰高宗。周公爲《毋逸》之戒，舉殷三宗以勸戒

成王。"儻非《尚書》有"太宗"二字,司馬、王、劉不能肊造。賈
誼曰:"顧成之廟稱爲太宗。"景帝元年,申屠嘉等議曰:"高皇
帝廟宜爲大祖之廟,孝文皇帝廟宜爲大宗之廟。"實本《尚書》。
據此則今文《尚書》"祖甲"二字作"太宗"二字,其文之次當云:
"昔在殷王太宗,其在中宗,其在高宗。"不則今文家末由倒易
其次第也。今本《史記》同古文《尚書》者,蓋或淺人用古文《尚
書》改之。《殷本紀》曰"帝甲淫亂,殷復衰",與《國語》"帝甲
亂之,七世而隕"相合。太史公既依《無逸篇》云太甲稱太宗,
則其所謂"淫亂,殷復衰"者,必非古文《尚書》之祖甲可知也。
王肅注古文《尚書》而云:"祖甲,湯孫大甲也。先中宗後祖甲,
先盛德後有過。"此用今文家説注古文,而不知從今文之次,則
"太宗爲湯孫太甲";從古文之次,則"祖甲爲祖庚之弟帝甲",
各不相謀也。從王肅及僞《孔叢子》之曲説,則後文"自殷王中
宗,及高宗,及祖甲,及我周文王",豈先盛德後有過之云乎? 故
知"自殷王中宗,及高宗,及祖甲",今文《尚書》必云"自殷王太
宗,及中宗,及高宗",此無可疑者。此條今文實勝古文。古文
祖甲在高宗之後,則必以帝甲當之,帝甲非賢主,雖鄭君之注,
亦不得不失之誣矣。

　　《漢書·宣帝紀》贊"侔德殷宗、周宣",師古曰:"殷之高
宗。"玉裁按:師古誤也。殷宗兼太宗、中宗、高宗言之,漢人今
文《尚書》説也。

# 生則逸! 生則逸! 不知稼穡之艱難,不聞小人之勞,惟耽樂之從。自時厥後,亦罔或克壽,

　　《漢書·鄭崇傳》諫哀帝曰:"周公箸戒曰:'惟王不知艱

難,唯耽樂是從,時亦罔有克壽。'"《論衡·語增篇》云:"經曰:
'惟湛樂是從,時亦罔有克壽。'"《後漢書》:"荀爽對策陳便宜,
引周公之戒曰:'不知稼穡之艱難,不聞小人之勞,惟耽樂之從,
時亦罔①或克壽。'""自時厥後"四字作"時"一字,或作"有",
三家相合,此今文《尚書》也。古文《尚書》"自時厥後"四字複
舉上文。古"或""有"二字音義皆同,如"不或亂政"《史記》作
"不有治政","乃或亮陰"《史記》作"乃有亮闇",皆古文作
"或"、今文作"有"之證。《後漢書》作"罔或",恐有改之者。

# 或十年,或七八年,或五六年,或四三年。"

《漢書·杜欽傳》欽説大將軍鳳曰:"《書》云'或四三
年'。"

《中論·夭壽篇》:"《書》曰:'在昔殷王中宗,嚴恭寅畏天
命自度,治民祇懼,不敢荒寧,肆中宗之享國七十有五年。其在
高宗,寔舊勞於外,爰暨小人,作其即位,乃或亮陰,三年不言。
惟言乃雍,不敢荒寧,嘉靖殷國,至於小大,無時或怨,肆高宗之
享國五十有九年。其在祖甲,不義惟王,舊爲小人,作其即位,
爰知小人之依,能保惠庶民,不侮鰥寡,肆祖甲之享國三十有三
年,自時厥後,立王生則逸,不知稼穡之艱難,不知小人之勞苦,
惟耽樂是從,自時厥後,亦罔或克壽,或十年,或七八年,或五六
年,或三四年。'"徐氏所引《書》大段與今本合。高宗不曰"百
年",祖甲次武丁後,徐氏所習者,古文《尚書》也。

# 周公曰:"烏呼! 厥亦惟我周

《尚書大傳》云:"《書》曰:'厥兆天子爵。'系之《無<sup>當作</sup>

---

①罔:原本作"网",疑誤。

‘卅’．佚》。”《白虎通·爵篇》云：“《書·無逸篇》曰：‘厥兆天子爵。’”攷之於經，漢人以“亾”爲“無”。蓋古文《尚書》“厥亦惟我周”五字，今文《尚書》駁異如此。如“心腹腎腸”爲“優賢”，“揚割申勸”爲“厥亂勸”，“思曰睿”爲“思心曰容”，“王啓監厥亂爲民”爲“王開賢厥率化民”也。近盧氏召弓挍《白虎通》，釋爲《尚書》亾篇、逸篇，謂《尚書大傳》有此文蓋後人誤據竄入。玉裁按：盧説近是。如《尚書》曰“大社惟松，東社惟柏，南社惟梓，西社惟栗，北社惟槐”，亦見《白虎通》。《北史·劉芳傳》《藝文類聚》《太平御覽》皆引，云《尚書·逸篇》。而《初學記》及《郊特牲》正義竝作“《尚書·無逸篇》”，正是此類。但《尚書大傳》言“書曰”者，皆確然可信。“兆天子爵”者即“兆基王迹”之謂也。謂《白虎通》“無逸”字爲後人竄入，則可；謂《大傳》爲據《白虎通》竄入，則非。

**大王、王季，克自抑畏。文王卑服，即康功田功。徽柔懿共，**

　　漢石經：“功田功，徽朶懿共。”按：《隸釋》載石經“巖恭寅畏”作“恭”、“維正之共”作“共”，分別如是。而“徽朶懿共”亦作“共”，則漢時不作“懿美”“恭敬”解也。攷僞孔傳釋“徽柔”云：“以美道和民。”釋“懿恭”云：“以美政恭民。”此必經文作“共”，故云“共民”。“共民”猶“給民”也，即下文所謂“供待”也。《正義》曰：“以此柔恭懷安小民。”似《正義》始誤解，因之衞包擅改、開寶中擅删《釋文》之“共音恭”矣。今更正作“共”。

　　《尚書》“供給”字通作“共”，而“恭敬”字作“恭”，畫然迥別。石經存字甚少，亦較然可證也。《左氏》則“供”“恭”字皆通作“共”，一書自有一書之例。

## 懷保小民，惠鮮鰥寡。

《漢書・谷永傳》對災異事云：“經曰：‘懷保小人，惠于鰥寡。’”與漢石經合。《隸釋》云：“石經：‘懷保小人，惠于矜。’<sup>下</sup>闕。”谷用今文《尚書》也。

“惠鮮”恐是“惠于”之誤。“于”字與“羊”字略相似，又因下文“鰥”字“魚”旁誤增之也。

## 自朝至于日中昃，不皇暇食，用咸和萬民。

《釋文》曰：“昃，本亦作仄。”“皇”，今本作“遑”，俗字，疑衛包所改也。下文“則皇自敬德”，鄭注：“皇，謂暇，謂寬暇自敬。”可以證此之不从辵矣。“皇暇”叠文同義，《爾雅・釋言》：“偟，暇也。”凡《詩》《書》“遑”字皆後人所改，如“不遑啓處”“不遑暇寐”之類。“不皇假寐”與“不皇暇食”句法正同。古“假”“暇”通用，如“假日”即“暇日”，非“趙盾假寐”之云也。《楚語》左史倚相云：“《周書》曰：‘文王至於日中昃，不皇暇食，惠于小民，唯政之恭。’”按：“惠于小民”，即上文“懷保小民，惠鮮鰥寡”也；“唯政之恭”，即下文“以庶邦惟正之供”也。左史摘舉不以次爾。《董仲舒傳》：“周文王至于日昃，不暇食。”師古曰：“昃，亦昃字。”

## 文王不敢盤于遊田，

《晏子・諫下篇》曰：“昔文王不敢盤遊于田，故國易①而民安。”“于游”字互易。

---

①國易：據李文，當作“國昌”。

《西京賦》“盤于游畋”,李注:“《尚書》曰:‘不敢盤于游畋。’”

## 以庶邦惟正之供。

“正”,《國語》作“政”。《漢書·谷永傳》引下文“惟正之共”,亦作“正”。按:古“政”“正”通用。此作“正”爲長。“供”,《國語》作“恭”。當是本作“共”,後人改之。今本《國語》“至於”作“於”,“惠于”作“于”。十字之閒,字體乖異,故未可信也。

倚相説《毋劮》,子張説《説命》,觀射父説《吕荆》,惟楚有材,可謂盛矣。

## 文王受命惟中身,厥享國五十年。”

《魯周公世家》曰:“周公歸,恐成王壯,治,有所淫佚,乃作《多士》,作《毋逸》。《毋逸》稱:‘爲人父母,爲業至長久,子孫驕奢忘之,以亡其家,爲人子可不慎乎？此隱栝“相小人”云云大意。故昔在殷王中宗,嚴恭敬畏天命自度,治民震懼,不敢荒寧,故中宗饗國七十五年。其在高宗,久勞于外,爲與小人,作其即位,乃有亮闇,三年不言,言乃讙,不敢荒寧,密靖殷國,至于小大無怨,故高宗饗國五十五年。其在祖甲,不義惟王,久爲小人,于外知,小人之依,能保施小民,不侮鰥寡,故祖甲饗國三十三年。’此下《多士》稱云云當別爲一節,乃轉寫舛錯。‘文王日中昃不暇食,饗國五十年。’作此以誡成王。”

## 周公曰:“烏呼！繼自今嗣王,則其無淫于觀、于逸、于遊、于田,以萬民惟正之供。

《隸釋》載漢石經《尚書》殘碑:“酒,毋劮于遊田,維闕二字。共。”與古文大異。攷《漢書·谷永傳》對災異引經曰:“繼自今嗣王，其毋淫于酒，毋逸于遊田，惟正之共。"正與石經合。石經"維"下"共"上所闕必"正之"二字。漢時民閒所習、章奏所用，皆今文《尚書》。"其毋淫于酒，毋逸于遊田，維正之共"，此今文《尚書》也。則"其毋淫于觀、于逸、于遊、于田，以萬民惟正之共"，此古文《尚書》也。古文、今文之乖異，如"心腹腎腸歷"爲"優賢揚歷"，"刵劓劊剠"爲"臏宮劓割頭庶黥"，往往而是。或疑《無逸》此文爲僞孔竄改，非也。僞孔於今文所有多襲馬、鄭之舊，不得因其僞作，今文所無，乃并其真者而不信也。"供"蓋今文，古文《尚書》皆作"共"字。《谷永傳》引《書》而釋之曰："未有身治正而臣下邪者也。"度其意，亦訓"共"爲"供"，如顏師古釋以"正身恭己"而讀曰"恭"，則經文"惟之"字不可通。古文《尚書》蓋本作"共"字，僞孔釋以"供"，待天寶閒遂改爲"供"也。《古文苑》漢酈炎《遺令書》："汝無逸于丘，無湎于酒。"語意襲今文《尚書》。

王伯厚《漢藝文志攷》説："漢世諸儒所引《尚書》異字，'以萬民惟正之共'，此引古文《尚書》也。今未檢得出何書。"

## 無皇曰：'今日耽樂。'乃非民攸訓，非天攸若，時人丕則有愆。

漢石經殘碑："共毋兄曰今日。下闕。"今文《尚書》作"毋兄"，古文《尚書》作"無皇"也。下文"則皇自敬德"，石經殘碑作"則兄曰敬德"。鄭注："皇，暇也，言寬暇自敬。"王肅本"皇"作"況"，注曰："況，滋益用敬德。"王蓋據今文以改古文也。此"皇"字鄭亦當訓"暇"，王亦當作"況"訓"滋益"。《詩·小雅·常棣》："況也永嘆。""況"或作"兄"，"兄"是古字,"況"是今字。《大雅・桑柔》"倉兄填兮"、《召旻》"職兄斯引",三毛傳皆云:"兄,滋也。"韋昭《國語注》云:"況,益也。""毋兄曰"者,"毋益曰"云云也。《秦誓》"我皇多有之",《公羊傳》作"而況乎我多有之"。尋《秦誓》詞義,則"兄"亦訓"皇暇"矣。《尚書大傳》曰:"君子之於人也,有其語也,無不聽者,皇于聽獄乎?"鄭注:"皇,猶況也。"然則"皇"蓋齊言。

## 無若殷王受之迷亂,酗于酒德哉。"

《漢書・楚元王傳》劉向上奏曰:"臣聞周公戒成王,毋若殷王紂。"《翼奉傳》奉上疏曰:"《書》則曰:'王毋若殷王紂。'"

《後漢書・梁冀傳》袁箸詣闕,上書曰:"周公戒成王,無如殷王紂。"

《論衡・譴告篇》云:"周公勑成王曰:'毋若殷王紂。'毋者,禁之也。"按:"無"作"毋"、"受"作"紂"者,今文《尚書》然也。凡古文《尚書》"受"字,今文皆作"紂",古文不言"紂",今文不言"受"。又按:師古《翼奉傳》注云:"《周書・仏逸》之篇曰:'周公曰:烏虖! 毋若殷王紂之迷亂,酗于酒德哉。'"與今本《尚書》不合。

"酗",唐石經作"醹"。

## 周公曰:"烏呼! 我聞曰:古之人猶胥訓告,胥保惠,胥教誨,民無或胥譸張爲幻。

《説文解字》第三篇《言部》"譸"字下、第四篇《予部》"幻"字下,皆引"無或譸張爲幻"。無"胥"字。

《爾雅・釋訓》:"侜張,誑也。"郭注:"《書》曰:'無或侜張爲幻。'"亦無"胥"字。而作"侜"爲異。玉裁按:此句無"胥"

字,爲是上文三"胥"字皆君臣相與之詞,此"胥"字不倫。下文
"人乃或譸張爲幻"亦無"胥"字,蓋因僞孔傳有"相"字而增之
也。"譸",《釋文》曰:"馬本作'輈'。"攷楊雄《國三老箴》作
"侏張",《詩·陳風》傳、箋作"侜張",《後漢書·皇后紀》作
"輈張",皆同音隨用。

## 此厥不聽,人乃訓之,乃變亂先王之正荆,至于小大。民否則厥心違怨,否則厥口詛祝。"

漢石經:"厥不聖,人乃訓,變亂正荆,至于。下闕。""聽"作
"聖",無"之乃"二字,無"先王之"三字,此今文《尚書》也。
"聽""聖"字古音同部,而古文《尚書》作"聽",當是襲衛、賈、
馬、鄭之本。《汗簡》"耶"字下注,"聽"字亦"聖"字,一字兩讀,
蓋非也。

又按:秦泰山碑:"皇帝躬聽。"《史記》作"躬聖",見《廣川
書跋》。"躬聽",謂事無小大,皆決於上,至以衡、石、量、書也。

兩"否則"字恐皆"丕則"之誤。上文"丕則有愆",《康誥
篇》"丕則敏德"。此處文理蒙上直下,恐不似今人俗語云"否
則"也,古"然否"字則祇作"然不"。

## 周公曰:"烏呼! 自殷王中宗及高宗及祖甲,及我周文王,茲四人迪哲。

今文《尚書》此文次第當不如是,見前。

## 厥或告之曰:'小人怨女詈女!'則皇自敬德。厥愆,曰:'朕之愆。'允若時,不啻不敢含怒。

漢石經:"則兄曰敬德,厥衍曰朕之衍允。下闕。"

黃伯思《東觀餘論》引石經"則兄自",云"今兄作皇"。

《隷釋》引石經“則兄曰”，云“孔作皇自”。黄與洪所見，皆宋初所出石搨，非有二也。《東觀餘論》“自”當作“曰”，一時失檢耳。

“喑”，徐仙民本作“翅”，見上篇音義。

**此厥不聽，人乃或譸張爲幻。曰：‘小人怨女詈女！’則信之。則若時，不永念厥辟，不寬綽厥心，亂罰無罪，殺無辜，怨有同，是叢于厥身。”**

“聽”，今文《尚書》當亦作“聖”。

**周公曰：“烏呼！嗣王其監于兹！”**

漢石經：“公曰：於戲！嗣王臨于兹。”無“其”字，此今文《尚書》也。此篇言“烏呼”者七，今文《尚書》皆當作“於戲”，以石經殘碑篇末“於戲嗣王監于兹”知之。《匡謬正俗》所謂古文《尚書》皆作“烏呼”，今文《尚書》皆作“於戲”也。

《廣川書跋》曰：“洛陽昔得石經《尚書》，殘破不屬。‘天命自度’，碑作‘亮’；‘惠鮮鰥寡’作‘惠于矜寡’；‘乃逸乃諺既誕’作‘乃劮乃憲既延’；‘治民祗懼’作‘以民’；‘肆高宗享國五十九年’作‘百年’。”按：《廣川》所録與黄氏、洪氏皆合，而有脫字。

# 古文尚書撰異卷二十三

## 君奭第二十三　　周書

周公若曰：“君奭，弗弔，天降喪于殷，殷既墜厥命，

　　“墜”，當是本作“隊”，衛包所改。

我有周既受，我不敢知曰，厥基永孚于休。若天
棐忱，我亦不敢知曰，其終出于不祥。烏呼！君
已曰時我，

　　《釋文》曰：“終，馬本作祟，云：‘充也。’”

　　《隸釋·石經〈尚書〉殘碑》：“道出于丕詳，於戲！君闕。曰
時我。”此今文《尚書》也。“終”作“道”，“祥”作“詳”，“烏呼”
作“於戲”。

我亦不敢寧于上帝命，弗永遠念天威，越我民罔
尤違，惟人。在我後嗣子孫，大弗克共上下，

　　傳以“奉”訓“共”，衛包改作“恭”，非也。

遏佚前人光在家，不知天命不易。天難諶，乃其
墜命，

　　《漢書·王莽傳》群臣奏言：“《書》曰：‘我嗣事子孫，大不

克共上下,遏失前人光在家,不知命不易,天應棐諶,乃亾隊
命。'"此今文《尚書》也。

弗克經歷,嗣前人共明德。

　　"共"訓"奉",衛包改作"恭",非也。

在今予小子旦非克有正,迪惟前人光,施于我沖
子。"又曰:"天不可信,我道惟寧王德延,

　　《釋文》曰:"我道,馬本作'我迪'。"

天不庸釋于文王受命。"公曰:"君奭,我聞在昔成
湯既受命,時則有若伊尹,格于皇天。

　　《論衡·感類篇》:"周公曰:'伊尹格于皇天。'"

在大甲時,則有若保衡。在大戊時,則有若伊陟、
臣扈,格于上帝。巫咸乂王家。在祖乙時,則有
若巫賢。在武丁時,則有若甘盤。率惟茲有陳,
保乂有殷,

　　《燕召公世家》曰:"君奭不說周公,周公乃稱'湯時有伊
尹,假于皇天。在大戊時,則有若伊陟、臣扈,假于上帝,巫咸
治王家。在祖乙時,則有若巫賢。在武丁時,則有若甘般。
率惟茲有陳,保乂有殷'。"玉裁按:震澤王氏本"率"作
"卒",誤。

故殷禮陟配天,多歷年所。天惟純佑命則,商實
百姓王人罔不秉德明恤。小臣屏侯甸,矧咸奔走。

　　《釋文》於下文孔傳《音義》曰:"奔,又作'本'。走,又作
'奏'。音同。"玉裁按:《詩·大雅》"予曰有本奏",其音當

"本"讀平聲，"奏"讀上聲爲協。《群經音辨》引"劋咸奏走"："奏，布忖反。"

惟兹惟德稱，用乂厥辟。故一人有事于四方，若卜筮，罔不是孚。"

《文選》王褒《四子講德論》曰："《書》云：'迪一人使四方，若卜筮。'"此蓋今文《尚書》之文，與古文《尚書》異也。"事""使"二字篆體相似。而李善注引《尚書》曰："迪①一人有事四方，若卜筮，無不是孚。"孔安國曰："迪，道也；孚，信也。"今孔本經文"迪"作"故"，"事"下有"于"，"無"作"罔"，傳文無"迪道也孚信也"六字，似今本與李善所據不同。

公曰："君奭！天壽平格，保乂有殷。有殷嗣，天滅威。今女永念，則有固命，厥亂明我新造邦。"公曰："君奭！在昔上帝割申勸寧王之德，其集大命于厥躬？

《禮記·緇衣篇》："《君奭》曰：'昔在，今本"在昔"，宋本"昔在"。疏云："往昔之時，在上天。"則宜从"昔在"。上帝周田觀文王之德，其集大命于厥躬。'"鄭注："古文'周田觀文王之德'爲'割申勸寧王之德'，今博士讀，爲'厥亂勸寧王之德'，傳是樓所藏宋本《禮記》岳珂所謂舊監本也，作'厥亂勸寧王德'，無'之'字。三者皆異，古文似近之。'割'之言'蓋'也，言文王有誠信之德，天蓋申勸之集大命于其身。"玉裁按：此謂《記》所引"周田觀文王"，古文《尚書》作"割申勸寧王"，其句法與《漢書注》"古文隔爲擊"

---

①迪：據李文，當作"故"。

“古文台爲嗣”正同。“今博士讀”者,謂夏侯、歐陽《尚書》
也。“讀”猶“習”也,謂博士所習也。此於“讀”字逗,與他注
言“讀爲”者不同。不云今文《尚書》,而云今博士讀者,漢時
謂伏生本爲《尚書》,謂孔壁本爲古文《尚書》,無今文《尚書》
名目也。

　　《集韻·十四太》:“刉,居太切,制斷也。《書》‘刉申勸寧
王之德’,鄭康成讀。”玉裁按:鄭注《緇衣》云:“割之言蓋也,言
文王有誠信之德,天蓋申勸之。”然則“蓋”是詞助。《集韻》謂
“割”有“居太切,鄭康成讀”則可;易“割”爲“刉”訓“斷制”入
太韻,而云“鄭康成讀”則不可。鄭《尚書》何嘗有“刉”字?宋
次道家古文《尚書》及《汗簡》乃有之。《集韻·入聲·十二
曷》:“割,古作刏。”按:“刏”乃“刉”之譌,“刉”即太韻之“刉”
字,從人亡。人亡者,“匃”字也。太韻作“刉”形,亦誤。

　　古字“割”“害”通用,如《堯典》“方割”:“割,害也。”《大
誥》“降割”,馬本作“害”,“害”與“周”篆體略相似,此古文作
“害”、《記·緇衣》作“周”之理也。若作“刉”,則與“周”絶遠。
此宋次道家古文《尚書》之不可信也。

　　王伯厚《藝文志攷》説:“漢世諸儒所引異字有‘刉申勸寧
王之德’。”按:此句見《集韻》,非漢儒所引也。

**惟文王尚克修和我有夏。亦惟有若虢叔,有若閎
夭,有若散宜生,有若泰顚,**

　　疑亦本是“大”字,衞包改“泰”。

**有若南宮括。”**

　　《釋文》曰:“‘南宮’,馬本作‘南君’。”

又曰："無能往來，

　　《漢書·朱雲傳》："容身保位，亾能往來。"師古引《君奭篇》："亾能往來。"

茲迪彝教，文王蔑德降于國人。亦惟純佑

　　《古文苑·漢樊毅修西嶽廟記》："天惟醇佑，萬國以康。"

秉德，迪知天威，乃惟時昭文王迪見，冒聞于上帝，

　　《釋文》曰："冒，馬本作'勖'，勉也。"玉裁按："勖"，今音許玉切，古音"勖"與"冒"皆音"懋"，而"懋"通作"勖"，是以《顧命》"冒貢"馬、鄭、王作"勖贛"，《盤庚》"懋建"今文《尚書》作"勖建"也。

　　崔瑗《侍中箴》曰："昔在周文創德，西鄰勖聞，上帝賴茲四臣。"此引《君奭》作"勖聞"，與馬本同，且"冒""勖"字異而皆下屬爲句。

惟時受有殷命哉！武王惟茲四人，尚迪有禄。後暨武王，誕將天威，咸劉厥敵。

　　《説文》十四篇《金部》曰："鎦，殺也。"徐鍇曰："《説文》無'劉'字，偏旁有之。此字又史傳所不見，疑此即'劉'字也，從金從戼刀，字屈曲傳寫誤作田爾。"玉裁按：楚金説是也。

惟茲四人昭武王，惟冒，丕單稱德。

　　《説文》四篇《目部》曰："瞀，低目視也。從目冒聲。《周書》曰：'武王惟瞀。'"玉裁按：許所據者，壁中故書也。蓋孔安國以今文讀爲"冒"字，若然，則壁中"瞀"字不必訓"低目視"矣。

今在予小子旦若游大川，予往暨女奭其濟。小子同未在位，誕無我責，收罔勖不及。耇造德不降，

我則鳴鳥不聞，矧曰其有能格！"

《釋文》云："鳴鳥，本或作'鳴鳳'者，非。"

公曰："烏呼！君肆其監于茲！我受命無疆惟休，亦大惟艱。告君乃猷裕，我不以後人迷。"公曰："前人敷乃心，乃悉命女，作女民極。曰：女明勖偶王，在亶，乘茲大命，惟文王德丕承，無疆之恤。"公曰："君，告女，朕允保奭，其女克敬以予，監于殷喪大否。

《釋文》："否，方九反。"當是本作"不，方九反"。薛氏季宣作"亞"，即其"不"字也。

肆念我天威。予不允，惟若茲誥。予惟曰：'襄我二人，女有合哉！'言曰：'在時二人，天休茲至，

按：監本、汲古本皆作"茲"。攷《說文·艸部》"茲"字下云："艸木多益。"《水部》"滋"字下云："益也。"《常棣》《召旻》毛傳云："況，茲也。"韋昭注《國語》云："況，益也。"然則"茲""滋"古通用。

惟時二人弗戡。'其女克敬德，明我俊民，

"俊"，足利古本作"畯"，說見《洪範》。

在讓後人于丕時。烏呼！

盧氏文弨據《正義》云："周公言而歎曰，補'公曰'二字於'烏呼'上。"顧氏廣圻云："非也。玩'言而歎曰'之云，則知與'烏呼君已'同，不當有'公曰'也。"

篤棐時二人,我式克至于今日休,我咸成文王功于不怠,丕冒海隅出日,罔不率俾。"公曰:"君,予不惠若兹多誥,予惟用閔于天越民。"公曰:"烏呼!君!惟乃知,民德亦罔不能厥初,惟其終。祗若兹,往敬用治。"

# 古文尚書撰異卷二十四

## 多方第二十四　　周書

惟五月丁亥，王來自奄，至于宗周。周公曰："王
若曰：猷告爾四國多方，惟爾殷矦尹民，我惟大降
爾命，爾罔不知。洪惟圖天之命，弗永寅念于祀。
惟帝降割于夏，有夏誕厥逸，不肯戚言于民，

　　戚，衛包改作"感"，俗字也。

乃大淫昏，不克終日勸于帝之迪，乃爾攸聞。厥
圖帝之命，不克開于民之麗，乃大降罰，崇亂有
夏，因甲于內亂，

　　《正義》曰："鄭、王皆以'甲'爲'狎'。王云：'狎習災異，
於內外爲禍亂。'鄭云：'習爲鳥獸之行，於內爲淫亂。'"玉裁
按：鄭、王讀"甲"爲"狎"。孔傳云："甲於二亂之內。"則是讀
"甲"爲"夾"。《左傳》："介居二大國之閒。"字作"介"也。凡
《爾雅》之訓故有言轉注者，有言假借者。《釋詁》云："狎，習
也。"此轉注也。《釋言》云："甲，狎也。"此假借也。借"甲"爲
"狎"，則"甲"音"狎"。是以《毛詩·芄蘭》"能不我甲"，毛公

云："甲，狎也。"徐仙民"甲"音"胡甲反"，不誤。《匡謬正俗》
譏之，誤矣。《韓詩》作"狎"，本字也。《毛詩》作"甲"，假
借也。

## 不克靈承于旅，罔丕惟進之恭，洪舒于民。

《困學紀聞》曰："'洪舒于民'，古文作'洪荼'。薛氏季
宣曰：'大爲民荼毒也。'"玉裁按：此宋次道家古文也，見古籍
"舒""荼"字通用，如《史記》"荊荼是徵"、《玉藻》"諸侯荼"
之類，而改字立異，亦無大害。薛氏乃以"荼毒"訓之，恐失之
鑿矣。

## 亦惟有夏之民，叨罋

《説文》十二篇《至部》曰："罋，忿戾也。从至，至而復孫。
孫，遁也。大徐本作'遜'，小徐本作'孫'。《説文·辵部》云：'遜，遁也。'孫者，遜
之省。《春秋經》：'夫人孫于齊。'《周書》曰：'有夏氏之民叨罋。'罋讀與
摯同。"玉裁按：《説文》所據多"氏"字。

今《尚書》"罋"作"懫"，天寶閒改也。《釋文》"罋"作
"懫"，開寶閒改也。《釋文》曰："懫，勑二反，《説文》之二反。"
玉裁按："懫"字惟見於《大學》鄭注。《尚書》本作"罋"，與《説
文》所引同。衛包妄謂"罋"爲古字、"懫"爲今字，改"罋"作
"懫"。開寶中又改《釋文》大字作"懫"，而小字則仍其舊，是以
云"《説文》之二反"，而不知《説文》無"懫"字也。不云"《説
文》作'罋'"，則可知大字本作"罋"矣。《集韻·去聲·六至》
兩云"罋或作懫"，此正合未改《釋文》，新定《釋文》爲此語。
"之二反"者，即許君所云"讀若摯"。唐以前《説文音隱》四卷
有此反語也，今本"丑利反"用唐韵也。

日欽,劃割夏邑。天惟時求民主,乃大降顯休命于成湯,刑殄有夏。惟天不畀純,乃惟以爾多方之義民,不克永于多享。惟夏之恭多士大不克明保享于民,乃胥惟虐于民;至于百爲,大不克開。乃惟成湯克以爾多方,簡代夏作民主。

蔡邕注《典引》曰:"《尚書》曰:成湯簡代夏,作民主。"

慎厥麗,乃勸。厥民刑,用勸。以至于帝乙,罔不明德慎罰,

玉裁按:傳云:"言自湯至于帝乙皆能成其王道,畏慎輔相,無不明有德,慎去刑罰。"據此,則經文"罔不"之上原有"成王畏相"四字,與《酒誥篇》同。但《釋文》云"輔相,息亮反",不釋經而釋傳,何也? 而《正義》云:"自湯至於帝乙皆能成其王道,無不顯用有德,畏慎刑罰。"又疑經文有"成王"二字,無"畏相"二字,俟明者考定之。

亦克用勸。要囚,殄戮多罪,亦克用勸。開釋無辜,亦克用勸。今至于爾辟,弗克以爾多方享天之命。烏呼!"王若曰:"誥告爾多方,非天庸釋有夏,非天庸釋有殷,乃惟爾辟以爾多方,大淫圖天之命,屑有辭。

馬本《多士》"大淫屑有辭"同此。

乃惟有夏圖厥政,不集于享,天降時喪,有邦閒之。乃惟爾商後王逸厥逸,圖厥政,不蠲烝,天惟

降時喪。惟聖罔念作狂,惟狂克念作聖。

《中論·法象篇》:"《書》曰:'惟聖罔念作狂,惟狂克念作聖。'"

## 天惟五年須夏之子孫,

《大雅·皇矣》"上帝耆之",鄭箋:"天須假此二國養之至老。"《正義》曰:"《多方》云'天惟五年須夏之子孫',注云:'夏之言假,天覬紂能改,故待假其終,至五年,欲使傳子孫。'五年者,文王八年至十三年也。"《周頌·武》箋云:"言不汲汲於誅紂,須假五年。"《正義》引《書注》同。玉裁按:經文本作"夏",鄭注用《鄉飲酒》義釋爲"假",其箋《詩》則徑用"須假"字。《大雅》《周頌》同也。《詩釋文》曰:"假,戶嫁反,本又作'暇'。"按:作"暇"者,淺人所改耳。《楚辭》"聊假日以媮樂","假",一作"暇"。僞孔本《尚書》作"須暇之子孫",此正用鄭注易"夏"爲"假"而又作"暇",如用鄭注《易》"卯谷"爲"昧谷"之比,今更正作"夏"。《周頌·武》正義引《多方》"天惟五年須暇湯之子孫","暇"從孔本,又賸"湯"字。《思文》正義云,鄭注《大誓》引《禮說》曰:"天意若曰,須假紂五年乃可誅之。"古義"假"訓"大",故"假"包"閒暇"之義,"須假"或改爲"須暇","假日"或改爲"暇日",總由泥於"假"訓"假借"、"暇"訓"閒暇",不知其義相兼,無煩改字。《匡謬正俗》似未識此意,而引《登樓賦》作"假日",可證今本《文選》之誤。李善注"假"音"古雅反",引《孫卿子》"多假日,其出人不遠也",又引賈逵《國語注》"假,閒也",又云"假,或爲暇",引《楚辭》"聊暇日以消時",今刻《文選》舛譌,正之於此。

誕作民主,罔可念聽。天惟求爾多方,大動以威,
開厥顧天。惟爾多方,罔堪顧之。惟我周王靈承
于旅,克堪用德,惟典神天。天惟式教我用休,簡
畀殷命,尹爾多方。今我害敢多誥,我惟大降爾
四國民命。爾害不忱裕之于爾多方? 爾害不夾
介乂我周王,享天之命?

《匡謬正俗》曰:"《多方篇》:'爾害弗夾介乂我周王,享天
之命?'"玉裁按:今本"害"作"曷",此衛包改也。此篇"曷"字
凡四見,皆當由舊作"害",今皆更正。王莽依《大誥》多作
"害",是今文《尚書》亦皆作"害"也。又,"不夾介",《匡謬正
俗》作"弗"。顏師古曰:"孔安國云'夾,近也',徐仙民音夾爲
協。按:夾既訓'近'音'陜',不得讀爲'協'也。"玉裁按:顏說
失之拘泥。

今爾尚宅爾宅,畎爾田,

《説文》三篇《攴部》曰:"畎,平田也。从攴田。《周書》曰:
'畎尒田。'"玉裁按:《詩·齊風》"無田甫田"正義引《書》"宅
爾宅,田爾田",則"畎"字一本作"田",古義也。

《説文》"爾"作"尒",引《文矦之命》"賚尒"、《考工記》
"掌尒"、《論語》"鏗尒",皆同。《尚書正義》"即此'畎亦田'之
義","亦"字當爲"尒"之誤,豈經文本作"尒"而衛包改
"爾"歟?

爾害不惠王熙天之命? 爾乃迪屢不靜,爾心未
愛;爾乃不大宅天命,爾乃屑播天命;爾乃自作不

典,圖忱于正。我惟時其教告之,我惟時其戰要囚之,至于再,至于三,乃有不用我降爾命,

《漢書·文三王傳》廷尉賞大鴻臚,由移書梁王傅相中尉曰:"《書》曰:'至于再三,有不用我降爾命。'"師古曰:"此《周書·多方篇》之辭也,言我教汝至于再三,汝不能用,則我下罰黜汝命也。"玉裁按:此少"至于"字、"乃"字,蓋今文《尚書》本然。

## 我乃其大罰殛之。

各本作"殛之"。《釋文》:"殛,紀力反,本又作極。"玉裁按:作"極"者是也,足利古本亦作"極"。

《詩·魯頌·閟宮》"致天之屆,于牧之野",鄭箋云:"屆,極也。"此用《爾雅·釋言》文。裴松之注《魏志·武帝紀》引《詩》及箋可證下文"罰極紂于商郊牧野",此正承上文"極也"之云,用《多方》"罰極"二字。《經典釋文》:"屆,極,紀力反,下同。"雖誤讀"極"爲"殛",而字不誤。今本注、疏乃遭淺人妄改"極"爲"殛"矣。今據鄭箋以正《多方》。《閟宮》正義云:"屆,極,《釋言》文。《釋言》又云:'極,誅也。'然則此'極'又轉爲'誅'。紂爲無道,天欲誅之,武王奉行天意,故云'致天之屆'。《牧誓》云:'時甲子昧爽,武王朝,至于商郊牧野,乃誓。'是致天所罰誅①紂於牧野,定本、《集注》皆云:'殛②紂於牧野。''殛'是'殺',非也。"玉裁按:此條辨極是。"殛"非詞意甚明,今本遭淺人盡將"極"字改爲"殛"字,"誅紂於牧野"之"誅"字改爲"殺"字,則不可讀矣。而《釋

①誅:今本《正義》作"殺"。
②殛:今本《正義》作"極"。

言》“極，誅也”，郭注：“《書》曰：鯀則殛死。”正與裴松之注
《魏志》所引《詩》《書》合。《爾雅音義》：“極，紀力反。”正與
《詩·閟宮》音義同。淺人盡改經注釋文，幸又可據《毛詩正
義》更正。唐石經作“殛，誅也”，不可從。届，極也；極，窮也。
鄭意謂罰窮紂於牧野。作《正義》者未能憭然，是以必兼引
“極，誅也”以足成之。《昭七年左氏傳》：“昔堯殛鯀於羽
山。”《釋文》云：“殛，本又作極。”《小雅·菀柳》“後予極
焉”，毛傳：“極，至也。”鄭箋：“極，誅也。王信讒，不察功考
績，後反誅放我，是言王荆罰不中，不可朝事也。”《正義》曰：
“‘極，至。’《釋詁》文。‘極，誅。’《釋言》文。”此又《釋言》作
“極”，不作“殛”之明證也。《詩釋文》曰：“極，毛如字，鄭音
棘。”陸氏未憭於訓“誅”古亦讀如字，無庸分別，“極”非“殛”
之假借字也。凡攷一字，必博觀互證而後明類如此。此《詩》
鄭引“誅”訓釋爲“荆罰”，若《閟宮》則言“届，極也”，包“至”
“誅”兩義在其中矣。《集韵》曰：“殛，訖力反，或作極。”此從
《洪範》《多方》音義採取者也。

非我有周秉德不康寧，乃惟爾自速辜。”王曰：“烏
呼！猷告爾有方多士暨殷多士，今爾奔走，臣我
監五祀。越惟有胥伯小大多正，

　　《尚書大傳·周傳》曰：“古者十稅一，多于十稅一謂之大
桀小桀，少于十稅一謂之大貊小貊。王者十一而稅，而頌聲作
矣，故《書》曰：‘越維有胥賦小大多政。’”玉裁按：“惟”作
“維”、“伯”作“賦”、“正”作“政”，此今文《尚書》也。古音
“賦”“伯”同在第五魚鐸部。

爾罔不克臬。

> 《釋文》曰:"臬,馬本作'劓'。"

自作不和,爾惟和哉！爾室不睦,爾惟和哉！爾邑克明,爾惟克勤乃事！爾尚不忌于凶德,

> 《説文》三篇《言部》曰:"䛭,忌也。从言其聲。《周書》曰:'上不䛭于凶德。'"玉裁按:《玉篇》《廣韵》《集韵》引《説文》皆同,小徐本及汲古所刻大徐本作"爾尚不䛭于凶德",誤也。宋麻沙本及李燾分韵本皆不誤。"尚""上"古通用,僞孔《尚書》本作"尚""忌",恐是皆以訓詁同音字改其本字,如"夏"改"暇"之比。

亦則以穆穆在乃位。克閲于乃邑謀介。爾乃自時雒邑,尚永力畋爾田,天惟畀矜爾,我有周惟其大介賚爾,迪簡在王庭,尚爾事,有服在大僚。"王曰:"烏呼！多士,爾不克勸忱我命,爾亦則惟不克享,凡民惟曰不享。爾乃惟逸惟頗,大遠王命,則惟爾多方探天之威,我則致天之罰,

> 《隸釋·石經〈尚書〉殘碑》:"我則致天之。上下皆闕。"

離逖爾土。"

> "逖",當是本作"逿",衛包所改。"離逿",即"離勞",謂分析也。

王曰:"我不惟多誥,我惟祇告爾命。"又曰:"時惟爾初,不克敬于和,則無我怨。"

# 古文尚書撰異卷二十五

## 立政第二十五　周書

周公若曰：“拜手稽首，告嗣天子王矣。用咸戒于王，曰王左右常伯、

《説文》三篇《攴部》曰：“攺，迲也。从攴白聲。《周書》曰：‘常攺常任。’”王氏鳴盛曰：“據楊雄《侍中箴》、應劭《漢官儀》、胡廣《侍中箴》，常伯、常任如漢侍中之職。《説文》作‘攺’，爲迫近之義。”玉裁按：漢人亦多作“常伯”，不作“攺”，此蓋許據壁中故書，孔安國以今文讀之則作“伯”。

常任、準人、

《隸釋》漢石經《尚書》殘碑：“常伯常任辟。下闕。”按：此今文《尚書》也，“準”作“辟”。

綴衣、

楊雄《雍州牧箴》、班固《西都賦》、崔瑗《北軍中候箴》皆作“贅衣”，鄭注《周禮》引《顧命》“贅路”。“贅”“綴”古通用。

虎賁。”周公曰：“烏呼！休兹知恤鮮哉！古之人迪惟有夏，乃有室大競，籲俊，尊上帝，迪知忱恂

于九德之行。乃敢告教厥后曰：'拜手稽首后
矣！'曰：'宅乃事，宅乃牧，宅乃準，兹惟后矣！謀
面用丕訓德，

　　石經《尚書》殘碑：“亂謀面用。下闕。”此今文《尚書》也，
“謀”上有“亂”。

則乃宅人，兹乃三宅無義民。'桀德，惟乃弗作往
任，是惟暴德，罔後。亦越成湯陟，丕釐上帝之耿
命。乃用三有宅，克即宅，曰三有俊，克即俊。嚴
惟丕式，克用三宅三俊。其在商邑，

　　《白虎通·京師篇》：“《尚書》曰：'在商邑。'”

用協于厥邑。其在四方，用丕式見德。

　　石經《尚書》殘碑：“于厥邑其在。下闕。”

烏呼！其在受德敯，

　　《正義》曰：“《釋詁》云：'敯，强也。''敯'即'昏'也，故訓
爲强。”玉裁按：此當云“'敯，强也。''昏'即'敯'也，故訓爲
强”乃合。疑《正義》所據經文本同《般庚》作“昏”，與陸氏德明
本作“敯”不同，今本自依陸氏耳。《爾雅》“昏”“敯”俱訓“强”，
而《正義》迂回如是者，《爾雅》“昏”字乃“敯”字之假借，故同訓
“强”，此正善發明《爾雅》，如鄭注《般庚》亦讀“昏”爲“敯”。

　　《説文》十篇《心部》曰：“忞，彊也。从心文聲。《周書》曰：
'在受德忞。'讀若'旻'。小徐本無此十字。”玉裁按：此壁中故書
也。“忞”或爲“敯”，猶“慇”亦作“汶”。古音文聲、昏聲、敯聲
同在第十三部也。

惟羞刑暴德之人,同于厥邦;乃惟庶習逸德之人,同于厥政。帝欽罰之,乃伻我有夏,式商受命,奄甸萬姓。亦越文王武王克知三有宅心,灼見三有俊心,

《説文》十篇《火部》曰:"焯,明也。从火卓聲。《周書》曰:'焯見三有俊心。'"玉裁按:作"灼見",則爲同部假借字矣。

以敬事上帝,

石經《尚書》殘碑有:"會心叺敬事。下闕。"按:"俊"作"會",此今文《尚書》也。

立民長伯。立政:任人、準夫、牧,作三事。虎賁、綴衣、趣馬、小尹、

《孟子·盡心篇》趙注:"《書》云:'虎賁、贅衣、趣馬、小尹。'"

左右攜僕、百司、庶府。大都、小伯、蓺人、表臣百司、大史、尹伯、庶常吉士。司徒、司馬、司空、亞旅。夷、微、盧烝,三亳、阪尹。文王惟克厥宅心,

石經《尚書》殘碑:"王維厥度心乃。下闕。"按:此今文《尚書》也,無"克"字,"宅"作"度"。凡今文《尚書》"宅"作"度"。

《漢書·敘傳》"西土宅心",劉德曰:"《書》曰:'惟衆宅心。'"今按:《尚書》無此句,必今文《尚書》"維厥度心"之駁文也。

乃克立兹常事司牧人,以克俊有德。文王罔攸兼于庶言、庶獄、庶慎,惟有司之牧夫是訓用違。庶獄、庶慎,文王罔敢知于兹。亦越武王,率惟敉功,不敢替厥義德;率惟謀從容德,以竝受此丕丕基。

　　石經《尚書》殘碑:"受兹丞丞其於戲。下闕。"玉裁按:此今文《尚書》也,"此"作"兹"、"基"作"其"、"烏呼"作"於戲"。《大誥》亦有"丕丕基",而《漢書·翟方進傳》、王莽作"大大矣"。以"矣"訓"基"者,蓋今文《尚書》。《大誥》亦作"丕丕其",與《立政》同。"其"者,語詞,讀如"姬",故莽以語詞訓之,今文《尚書》説也。《周頌》"夙夜其命",其,始也。① 蓋古文《尚書》本作"其",與今文同,後訓爲"始",乃加"土"耳。

烏呼! 孺子王矣! 繼自今我其立政:立事、準人、牧夫。我其克灼知厥若,丕乃俾亂,相我受民,

　　《立政》"相我受民""勸相我國家"、《吕荆》"今天相民",孔傳"相"俱訓"治"。《釋文》云:"相,如字。"《正義》云:"相,助也,助君所以治民事,故相爲治。"玉裁按:如《正義》説,則《釋文》不當云如字矣。攷《尒疋②·釋故》:"艾、歷、覛、胥,相也。"又:"亂、靖、神、弗、淈,治也。"二條,蓋古本有合爲一條者,僞孔傳之所因也。

和我庶獄庶慎,時則勿有閒之,自一話一言,我則末惟成德之彦,以乂我受民。

　　《論衡·明雩篇》:"周公爲成王陳立政之言,曰:'時則物有閒之,自一話一言,我則末維成德之彦,以乂我受民。'周公立政,可謂得矣,知非常之物不賑不至,故勑成王自一話一言政事,無非毋敢變易。然則非常之變、無妄之氣閒而至也,水氣閒堯,旱氣閒湯。周宣以賢遭遇久旱,政無細非旱,猶有氣閒之,

---

①據李文,此句兩"其"字當作"基"。
②尒疋:即"爾雅"。

聖主知之，不改政行，轉穀賑贍，損鄑濟耗，斯見之審明，所以救
赴之者得宜也。"玉裁按：此今文《尚書》也。詳仲任意，於"末"
字句絶。"末"，無也，謂無非也。"不賑不至"當作"不賑不
去"，謂去非常之災異也。《論衡》作"物"，此今文《尚書》也；
訓爲"災物"，此今文《尚書》説也。作"勿"者，古文《尚書》也。

## 烏呼！予旦已受人之徽言，

石經《尚書》殘碑："旦叴前人之微言。下闕。"按："已受"作
"以前"、"徽"作"微"，此今文《尚書》也，《東觀餘論》同。

## 咸告孺子王矣！繼自今文子文孫，其勿誤于庶獄庶慎，惟正是乂之！自古商人，亦越我周文王立政：立事、牧夫、準人，則克宅之，克由繹之，

王伯厚《藝文志攷》説漢儒所引異字有"則克度之，克猶繹
之"，未檢得所出。"宅"作"度"、"由"作"猶"，今文《尚書》也。

## 兹乃俾乂。國則罔有立政，用憸人，不訓于德，是罔顯在厥世。

石經《尚書》殘碑："訓德是罔顯哉厥世。下闕。"按：無"于"
字，"在"作"哉"，此今文《尚書》也，《東觀餘論》亦引"是罔顯
哉厥世"。

## 繼自今立政，其勿以憸人，

《釋文》曰："憸，本又作譣。"按：《説文·心部》引"相時
憸①民"，正作"憸"字。

《説文》三篇《言部》曰："譣，問也。从言僉聲。《周書》曰：

---

①憸：底本作"譣"，據下文及《説文解字》改。

'勿以譣人。'"按:"譣"者,今之"驗"字,《周書》"憸人"字如此作,則於六書爲假借,如"攺""狚"之比,此亦壁中故書然也。

## 其惟吉士,用勱相我國家。

《説文》十篇《力部》曰:"勱,勉力也。从力萬聲。《周書》曰:'用勱相我邦家。'讀若萬。"玉裁按:小徐本作"讀與厲同"。《一切經音義》:"勱,音靡辯切。"凡古文《尚書》多作"邦",凡今文《尚書》多作"國"。《玉篇》亦引《書》"勱相我邦家"。

## 今文子文孫,孺子王矣! 其勿誤于庶獄,惟有司之牧夫。其克詰爾戎兵,以陟禹之迹,方行天下,

《齊語》"以方行于天下",韋注:"方,當作橫。"明道二年本如是,近本作"方猶橫也"。玉裁按:"橫"讀"古曠切",充也。

## 至于海表,罔有不服,以覲文王之耿光,以揚武王之大烈。

石經《尚書》殘碑:"王之鮮光叺揚武王。下闕。"按:"耿"作"鮮",此今文《尚書》也。《東觀餘論》引"文王之鮮光"。

《尚書大傳·周傳·雒誥篇》曰:"以勤文王之鮮光,以揚武王之大訓。""覲"作"勤"、"耿"作"鮮",此今文《尚書》之一證也。

## 烏呼! 繼自今後王立政,其惟克用常人。"周公若曰:"大史、司寇蘇公,式敬爾由獄,以長我王國。茲式有慎,以列用中罰。"

# 古文尚書撰異卷二十六

## 顧命第二十六　　周書

惟四月哉生魄，王不懌。

《釋文》：“馬本作‘不釋’，云：‘不釋，疾不解也。’”玉裁按：“釋”“懌”同字，如《毛詩》“悦懌女美”，鄭箋讀爲“説釋”，孔傳：“不悦懌，猶今人云不爽快，不自在也，其疾淺。”馬云“疾不解”，則深矣。

《漢書·律厤志》：“《顧命》曰：‘惟四月哉生霸，王有疾不豫。’”此蓋今文《尚書》也。

甲子，王乃洮頮水，

《吴志注》：“《虞翻别傳》：翻奏鄭玄解《尚書》違失事四，成王疾，困憑几，洮頮爲濯，以爲澣衣成事，此字虚更作濯，以從其非。”案：此“爲濯”之上當有脱文，當云“洮讀爲濯”，易其字，故下文云“此字虚更作濯”。鄭蓋以“洮”字不可解，馬季長雖以“洮髮”訓之，非由故訓，故更爲“濯”字，解爲“浣衣”，雖於事或乖，而於字義必求是。翻乃云：“天子頮面，謂之澣衣，甚違不知蓋闕之義。”夫“洮”“頮”自是二事，浣衣自釋“濯”耳，非統“頮”在内也。《尚書後案》駁虞乃摘出“洮頮爲濯”四字系之鄭注,似文理未安,且云鄭無"浣衣"之語,鄭未嘗作"昧谷",鄭未嘗作"分北三苗"云云。仲翔親讀鄭《書注》而非之,非造爲蜚語以誆之者。《後案》欲翼鄭而又不能折虞,且以誣虞。玉裁《説文解字讀》中於"瑁"字、"𠃉"字、"丣"字、"洮"字皆辨及之。"洮讀爲濯"者,《周禮》"守祧"注:"古文祧爲濯。"《爾雅》郭本"珧",衆家本皆作"濯",是其例也。兆聲、翟聲同在第二部。《説文》小篆作"沬",古文作"䫜"。䫜,从水、廾、頁,會意,兩手匊水洒面也。今《説文》作"湏",乃是誤字。《尚書音義》《文選·報任少卿書》注所引皆不誤。

## 相被冕服,馮玉几。

"馮",今本作"憑",此必衞包改也。經典凡"馮河""馮依",字皆作"馮",皮冰反,未有作"憑"者。衞改《尚書》之"馮"爲"憑",而開寶中又改《釋文》之"馮"爲"憑",今更正。《周禮·司几筵》注:"鄭司農云:《書·顧命》曰:'成王將崩,命大保芮伯、畢公等被冕服,馮玉几。'"《説文》十四篇《几部》:"凭,依几也。从任几。《周書》曰:'凭玉几。'讀若馮。"玉裁按:"凭"是正字,凡作"馮"者皆同音假借字也。

## 乃同召大保奭、芮伯、彤伯、畢公、衞侯、毛公、師氏、虎臣、百尹、御事。

漢石經:"几乃闕。召大保。下闕。"《漢書·古今人表》第三等"芮伯、師伯、毛公、師氏、龍臣"。師古曰:"師伯,《尚書》作彤伯。龍臣,《尚書》作武臣。"玉裁按:唐人諱"虎"爲"武"。師伯、龍臣,此今文《尚書》也,而班氏以師氏、龍臣爲人名,孔傳則以師氏、虎臣爲官,其説亦異。師古用孔傳以"虎"注"龍",誤矣。

王曰："烏呼！疾大漸，惟幾，病日臻。既彌甾，恐不獲誓言嗣，兹予審訓命女。昔君文王、武王宣重光，

《文選》陸士衡《皇太子宴玄圃詩》李善注："《尚書》曰：'昔先君文王、武王，宣重光。'"鍾士季《檄蜀文》李善注："《尚書》曰：'昔我君文王、武王，宣重光。'"

奠麗陳教，則肄肄不違，用克達殷集大命。

漢石經："通殷就大命，在。下闕。"見《隸釋》及《東觀餘論》。玉裁按：此今文《尚書》也。古文"達"字，今文皆作"通"。《禹貢》"達于河""達于沛""達于淮泗"，《史記》皆作"通"是也。"集""就"古通用，《韓詩》"是用不就"，《毛詩》作"不集"是也，皆雙聲字。古音"達"讀如撻。

在後之侗，

《釋文》曰："侗，馬本作詞，云：'共也。'"《説文·言部》曰："詞，共也。"引《周書》"在后之詞"。玉裁按："侗"作"詞"，與馬本合。"後"作"后"者，古字通用。徐鼎臣、李仁甫本皆作"在夏后之詞"，誤衍"夏"字不可通，徐楚金本無"夏"字。《玉海》《藝文志攷》引"在夏后之詞"，此用徐鼎臣誤本也。黄公紹《韵會》引"在后之詞"，用小徐本，無"夏"字。

敬御天威，

玉裁按：今本"御"作"迓"，天寶以前必作"御"，《釋文》因傳訓"迎"，必有"御，五嫁反"之文，自衛包改之，開寶中又依以删《釋文》矣。此字作"御"則兼包他義，"御天威"者，謂用天威治民也，如《雒誥》之"御衡"不可改"迓"，況即訓

“迎”，亦當作“御”乎？《般庚》《牧誓》《雒誥》諸篇既詳之矣，今更正。

## 嗣守文武大訓，無敢昏逾。

《説文》二篇《辵部》：“逾，迻進也。从辵俞聲。《周書》曰：‘無敢昏逾。’”

## 今天降疾，殆弗興弗悟，爾尚明時朕言，用敬保元子釗，

玉裁按：康王名釗，見《説文解字·刀部》“釗”字下。《史記·周本紀》、《漢書·古今人表》、韓愈《諱辨》皆云然，而唐人丘光庭因康王之子謚昭，肗爲異説，謂康王名釗非釗也，詆爲野言。釗，刂聲，一作釖，弩機也。《廣韻》《集韻》皆於三蕭、四宵韻内“釗”字下注云“亦弩機”，此正曹憲注《廣雅》所謂世人以“釖”“釗”爲一字者。丘氏知其爲二，而欲以“釗”改康王名，豈馬、班、許、韓皆誤乎？攷小顏《漢書注》“釗”音“之遥反”，又“工遼反”，張守節《史記正義》“釗”音“昭”，又“古堯反”，《玉篇》云“之姚切”，又“古堯切”，《廣韻》《集韻》皆四宵音昭、三蕭音梟，安知“古堯”一反非周時古音而狃於今之人專讀如“昭”，遂取爲不諱嫌名之證乎？至若《白虎通》引《顧命》“迎子劉”，“劉”字自是版本之誤，而元人乃不以爲誤，雖曰闕疑，抑無真見矣。

又按：《方言》郭注：“釗，居遼反。”《尚書釋文》：“釗，姜遼反，又音招，徐之肴反。”郭不言“音昭”，陸列“昭”音於次説，然則自唐以前皆讀如“貂”，可無嫌名之疑也。

## 弘濟于艱難，柔遠能邇，安勸小大庶邦。思夫人自亂于威儀，爾無以釗冒貢于非幾。”

冒,《釋文》云:"馬、鄭、王作'勖'。"《釋文》云:"貢,如字。"此謂孔義也。又云:"馬、鄭、王作'贛',音勑用反。"此謂鄭、王本字作"贛"而讀爲"戇"也。《説文·心部》曰:"戇,愚也。"《漢書·高帝紀》曰:"王陵少戇。"《汲黯傳》曰:"甚矣,汲黯之戇也。"《集韵·去聲·三用》曰:"戇,亦省作贛,丑用切。"此本《尚書音義》也。《聲類》《韵集》"丑巷切",與"丑用"雙聲。《釋文》又云:"馬云陷也。"此謂馬本字亦作"贛",而其説又與鄭、王不同也。贛,从貝贛省聲。贛,苦感切。《説文》引《詩》"贛贛舞我",即《小雅》之"坎坎鼓我","舞"系字誤。師古注《漢書》曰:"戇,古音下紺反。"是與"陷"音同,馬讀爲"坎",訓爲"陷",本《説卦》傳。《公羊·莊二十四年傳》①:"贛諫","贛"讀如"坎",即《白虎通》之"陷諫"。贛,陷也。此與《顧命》馬注相發明。《白虎通》"陷"字,《初學記》引不誤,今本譌作"伯",或云"當作柏。柏者,迫也"。説非。

## 兹既受命還,出綴衣于庭。越翌日乙丑,

漢石經:"非幾兹即。下闕。"按:"既"作"即",此今文《尚書》也。"翌",今本作"翼",衛包之誤也。《集韵·一屋》:"翌,音余六切,明也。《書》'翌日乙丑',劉昌宗讀。"玉裁按:此本《周禮·司几筵》音義,據劉此讀,可證"翌"爲"昱"之假借,不容妄改爲"翼"也,今更正。

## 成王崩。

《釋文》曰:"王崩,馬本作'成王崩',注云:'安民立政曰成。'"《周禮·司几筵》鄭仲師注云:"《書·顧命》曰:'翌日乙

---

①據李文,此處或脱"注"字。

丑,成王崩。'"《漢書·律厤志》云:"《顧命》曰:'惟四月哉生
霸,王有疾不豫,甲子,王乃洮沬水。'作《顧命》,翌日乙丑,成
王崩。"《白虎通·崩薨篇》云:"《書》曰:'成王崩。'天子稱
'崩'何? 別尊卑,異生死也。"

玉裁按:班所引今文《尚書》,鄭、馬、古文《尚書》同,有
"成"字,僞孔删之,非也,説詳《酒誥》。《周禮·天府》注引
《書》無"成"字,或後人删之,王鳳喈、孫詒穀皆云《天府》注有
"成"字,或其所見者善本,俟攷。

# 大保命仲桓、南宫毛,

《漢書·古今人表》第三等:"中桓、南宫髦。"玉裁按:"中"
"仲"、"毛""髦"古皆通用。

# 俾爰齊矦吕伋,以二干戈、虎賁百人,逆子釗于南門之外,

《白虎通·爵篇》云:"《尚書》曰:'王麻冕黼裳。'上言迎子
釗,不言迎王。"玉裁按:凡古文《尚書》作"逆",凡今文《尚書》作
"迎",如古文《尚書》"逆河",馬、班作"迎河"之比。《周禮·巾
車》注:"《書》曰:'以虎賁百人逆子釗。'"此引古文《尚書》也。

# 延入翌室,恤宅宗。

"翌",今本作"翼",傳訓"翌"爲"明",疏引《釋言》"翌,明
也",則其字必本作"翌"。明室即明堂也,明堂即路寢也。衞
包妄改爲"翼",今更正。《後漢書·班固傳》:"《典引》曰'正
位度宗'。"章懷太子注云:"《尚書》曰:'延入翼室,恤度宗。'
度,居也。宗,尊也。"玉裁按:此本蔡邕《典引》注,蓋蔡氏引
《尚書》"延入翌室,卹度宗"而申之曰"度,居也。宗,尊也"云

云,今本《文選》注脱去引《尚書》語,章懷自襲蔡注耳。凡古文《尚書》"宅"字,今文《尚書》皆作"度"。

## 丁卯,命作册度。越七日癸酉,伯相命士須材。狄設黼扆綴衣,

《隸釋》載漢石經殘碑:"黼衣。下闕。"此今文《尚書》也。《詩》"公劉既登乃依",鄭箋云:"依,或扆字。"見《釋文》。然則古字多通用,但未知今文家作何説。

按:明人有爲《九經考異》《五經考異》者,其所援石經多不可信,如云"契"石經作"禼",《召誥》"則至于豐"作"即至于豐",《雒誥》"頌"作"敚",《多方》"胥伯"作"胥賦",《立政》"其勿以憸人"作"毋以譣人"、"在後之侗"作"在夏后之詷"、"黼裳"作"黼衣",皆或取諸《説文解字》,或取諸《尚書大傳》,而詭云石經以欺世。《顧命》漢石經"黼衣"誤謂"黼裳"之駁文。凡漢石經在《隸釋》之外者,多不可信,如楊用修引石經"娑娑彼有屋",本諸《玉篇》,非見石經也。

## 牖閒南鄉,敷重篾席,黼純,華玉仍几。

"鄉",古經傳"鄉背"字多如此,如《禮記·明堂位》《鄉飲酒義》《燕義》等篇可證,不作"向",亦不作"嚮"。"向"義殊別,《集韻》分列是也。"嚮"字俗製,上下皆諧聲也,衛包以"嚮"字改經,開寶閒又將《釋文》"鄉,許亮反"改爲"嚮"字矣,今更正。

唐石經及版本作"篾",从竹,乃是俗字耳,今更正。《説文》四篇《首部》曰:"莧,火不明也。从首火,首亦聲。《周書》曰:'布重莧席。'莧席,纖蒻席也,讀與篾同。"玉裁按:許據壁中

古文也。"敷""布"古通用,"莫""蔑"古通用。《尚書》"莫席",其訓"纖蒻",則其字當作"蔑",而作"莫"者假借也。許君造《説文》曰"火不明也",此其正義;引《書》而又釋之曰"纖蒻席也",此其假借之義。正如"圛"字正義"回行也",《商書》之曰"圛",則訓"升雲半有半無";"聖"字正義"以土增道上也",《虞書》之"聖讒説",則訓"疾惡"。三處文瀾皆同。又如"朋淫"之借"堋"、"作好"之借"奵"、"桓桓"之借"狟",皆是此例。許君親見古文本,録其字多異,後來《尚書》但作"蔑""朋""好""桓"者,講説家以易通之正字易之也。

"四席",諸家説各不同,讀者皆不得其意義。馬云:"蔑,纖蒻。"王肅云:"蔑席,纖蒻苹席。"許氏《説文》云:"莫席,纖蒻席也。"三家説同,此合下文"厎席"爲言。"厎席"爲蒻苹,"蔑席"則蒻苹之纖細者。"蔑"訓"細",《方言》:"木細枝謂之杪,江淮、陳楚之内謂之蔑。"郭注:"蔑,小兒也。"鷦鷯謂之"蔑雀"。於此可知經文本作"蔑",故諸家以"纖"説"蔑"。衛包因孔傳訓爲"桃枝竹",遂改"蔑"爲從竹之"篾",形聲、會意絶不可知,而開寶中陳鄂又依以改《釋文》矣。鄭云:"蔑,析竹之次青者。"此則合下文"筍席"爲言。《禮器》正義引鄭注《尚書》曰:"筍,析竹青皮也。"是析其冣外之青皮爲席,謂之筍席;析其次青者爲席,謂之蔑席。鄭意"蔑"同《禮注》之"篾"字也。"厎席",鄭云:"厎,致也,蔑纖致席也。"此蒙上文"蔑席"爲言,蔑席之纖致者,則謂之厎席。"致"者,今之"緻"字。"厎,致也。"比傅字義以立説。鄭又云:"豐席,剷涷竹席也。""涷"當是"湅"之字誤。湅,治也。"剷湅"亦合下"筍"爲言。筍席用竹外青皮而不剷治,豐席用竹外青皮而刮治，使浮筠色澤姣容可觀，故曰豐席。鄭君四席皆主竹而言，"豐""筍"以外青刮治與不刮治爲別，"厎""蒻"以次青緻與不緻爲別，不牽合《周官》一字也。又按：《説文》"纖蒻"，各本譌作"纖蒻"，字之誤也。"蒲"不可云"纖"，雖《左氏》有"纖蒲"之語，然恐非許意。

## 西序東鄉，敷重厎席，綴純，文貝仍几。

《玉篇》曰："蒩，之履切。《書》云：'敷重蒩席。'孔安國曰："蒩，蒻苹也。'本作厎。"玉裁按：俗加"艸"作"蒩"也。《正義》云"《禮注》謂蒲席爲蒻苹"，不言何篇《禮注》，今攷《聞傳》鄭注曰："苄①，今之蒲苹也。"《釋名》："蒲苹，以蒲作之，其體平也。""苹"本當作"平"，俗加"艸"耳，今本《釋名》"苹"誤"草"，不可讀。《集韵·五旨》"蒩"字下尤譌舛。《説文》曰："蒻，蒲子，可以爲平席也，世謂蒲平。"今本《説文》無"世謂蒲平"四字，《太平御覽》所引有之。馬、王云"厎席，青蒲席也"，説同鄭君。云"厎，致也""蒻纖致席也"蒙上文"蒻席"而言，"致""緻"古今字，據鄭説可知經文"厎"不當從艸矣。又按：《説文》"蒲子"，猶云"子蒲"，謂蒲之穉脆，或改爲"蒲本"，非也。

## 東序西鄉，敷重豐席，畫純，雕玉仍几。西夾南鄉，敷重筍席，玄紛純，漆仍几。

孔云："筍，蒻竹。"玉裁按：此"蒻"字從艸，誤，當作"弱竹"，謂穉竹也。有謂竹胎爲筍者，《周官》之"筍菹"是也；有謂穉竹爲筍者，此是也。《正義》誤。馬云："筍，箁箬也。"此謂取

---

① 苄：底本似作"苄"，疑誤。

筍簜箸編爲席,與孔説異。鄭注則又不同,其説曰:"筍,析竹青皮也。"《禮器》曰:"如竹箭之有筍。"攷今本《禮器》作"筠",鄭本作"筍"。《聘義》"孚尹旁達",鄭注:"孚,讀爲浮。尹,讀爲竹箭有筍之筍。浮筍,謂玉采色也。"《釋文》:"尹,依注音筍,又作筠,于貧反。"古字"旬""勻"多通用,如《易》"坤爲均"亦作"旬",《内則》"旬而見"注:"旬,當爲均。"《説文》:"古文鈞,从旬作鎀。"竹胎評筍,竹青皮亦呼筍,後人分析別作"筠",康成時"筍""筠"不分,"筍"即"筠"字,讀于貧反。《尚書釋文》:"徐云竹,子竹爲席,于貧反。"此當云:"筍,子竹也,子竹爲席。"轉寫脱字。"子竹"即孔傳"弱竹"也。"于貧反",謂孔説"筍"字讀"于貧反"也。仙民《古文尚書音》一卷,爲孔傳作,其旁及馬、鄭義者,必云"馬音某""鄭音某",此不舉鄭説,知仙民謂孔訓"子竹"讀"于貧反"也。《集韵·十八諄》曰:"筍,于倫切,弱竹,可以爲席也。"此正用徐音,"于倫"即"于貧"也,又可以證作"蒻"之誤。《尚書後案》改徐語,云"竹子皮爲席",闌入鄭義,非孔説。

《高帝紀》"以竹皮爲冠",韋昭曰:"竹皮,竹筍也。今南夷取竹幼時績以爲帳。"此與鄭注"析竹青皮"合。

《周禮·司几筵》注:"鄭司農云:《書·顧命》曰:翌日乙丑,成王崩。癸酉,牖閒南鄉,西序東鄉,東序西鄉,皆仍几。"《釋文》:"鄉,許亮反。"俗本注、疏皆改作"嚮"。《正義》引《顧命》"鄉"皆作"嚮",則天寶以後俗人所改也。

"西夾",徐音頰,此即《多方》"夾"音協之理也。

# 越玉五重,陳寶、

《説文·宀部》曰:"寀,藏也。从宀釆聲。釆,古文保。

《周書》曰：‘陳寀赤刀。’”玉裁按：《史記》一書“寶”字皆作
“葆”，亦其理也。許君蓋據壁中真本，後人易以同音之
“寶”字。

## 赤刀、大訓、弘璧、琬琰在西序。大玉、夷玉、天球、河圖在東序。

《説文》一篇《玉部》曰：“醫無閭之珣玗琪，《周書》所謂夷
玉也。”班固《典引》曰：“御東序之祕寶，以流其占。”蔡邕注曰：
“東序，牆也。《尚書》曰，顓頊河圖雒書在東序。流，演也。<sub>疑</sub>
<sub>脱‘河圖’二字。</sub>《雒書》皆存亡之事，尚覽之以演禍福之驗也。”玉
裁按：此所引《尚書》絶異，蓋今文《尚書》也。王儉《褚淵碑文》
“餐東野之祕寶”，李善注云：“《雒書天①准聽》曰：《顧命》云
‘天球、河圖在東杼’。天球，寶器也。《河圖本紀》‘圖帝王終
始存亡之期’。《典引》曰‘御東序之祕寶’，然‘野’當爲‘杼’，
古‘序’字也。”玉裁謂《尚書大傳》“天子賁庸，諸矦疏杼”，鄭
注：“杼亦廧也。”是“杼”爲“序”之假借。今文《尚書》蓋如此，
《大傳》屬今文，漢時緯書亦皆用今文。又按：“顓頊”二字蓋即
古文《尚書》“大玉”“夷玉”“天球”等之駁文，如《般庚篇》之
“優賢揚歷”也。蔡氏據今文《尚書》刻石經，其不可信者多矣。

## 胤之舞衣、大貝、鼖鼓在西房。兌之戈、和之弓、垂之竹矢在東房。

《周禮·天府》注：“鄭司農云，《書·顧命》曰：翌日乙丑，
王崩。丁卯，命作册度。越七日癸酉，陳寶、赤刀、大訓、弘璧、

---

①天：據李文，當作“零”或“靈”。

琬琰在西序。大玉、夷玉、天球、河圖在東序。胤之舞衣、大貝、
鼖鼓在西房。兑之戈、和之弓、垂之竹矢在東房。"《釋文》曰：
"垂，劉音瑞。"

## 大路在賓階面，綴路在阼階面，先路在左塾之前，次路在右塾之前。

"路"，今本作"輅"，必衞包所改也，占經傳無作"輅"者。
《周禮·巾車》《禮記·明堂位》《禮器》《郊特牲》皆作"路"。
《儀禮注》云："君所乘車曰路。"此取"路，大也"之義。《釋名》云：
"路，亦車也。謂之路者，言行於道路也。"今本《釋名》俗改作"輅"。
今更正。《論語》"乘殷之輅"，亦是俗字，當改。

《周禮·典路》注："鄭司農説，以《書·顧命》曰'成王崩，康
王既陳先王寶器'，又曰'大路在賓階面，贅路在阼階面，先路在
左塾之前，次路在右塾之前'。"《正義》引《尚書》亦作"贅"。

錢氏曉徵曰："'塾'，《説文》無此字，當用'壔'字。'塾'
或作'墪'，見《後漢書注》。臺、執聲相近。《後漢書·劉縯
傳》：'莽使長安中官署及天下鄉亭皆畫伯升象於塾，旦起射
之。'章懷注曰：蕭該《音義》亦作'塾'，引《字林》'塾，門側堂
也'。《東觀記》《續漢書》並作'墪'，'墪'音之允反。"玉裁按：
《西山經》："騩山錞于西海。"《北山經》："錞于毋逢之山。"又：
"敦題之山錞于北海。"《中山經》："蒼玉錞于玄石。"《東山
經》："竹山錞于江。"郭注："錞，猶隄埻也，音章閏反。"按：《集
韵》："埻，朱閏切，壘土也。""壘"，當作"坴"。"錞"之言"屬"
也，"屬"音之欲切。"敦髮""祝髮"同，謂斷髮也，音理亦同。
《山海經》凡言錞者，皆謂岡阜岻絡相聯屬。《玉篇》"埻"之允、

之閏二切,引《山海經》"隗山是墫于西海",郭璞曰:"墫,猶隉也。"然則今本《山海經》從金作"鐏",誤也。《說文》無"墊"字,而"垜"字下云"堂墊也"。致《眾經音義》云:"《通俗文》:'積土爲垜。'《纂文》:'吳人謂積土爲垜。'"許君以"墊"訓"垜",然則"墊"者正今江蘇人所謂"垜頭",門牆之伸出者謂之門垜頭,所謂門墊者即因此。疑其字古當作"墫",或作"墊",久乃譌爲"墊"而讀如"執"也,俟更詳之。門側之堂皆不與門齊,故其訓爲垜。

## 二人雀弁,執惠,立于畢門之内。四人綦弁,執戈上刃,夾兩階戺。

《詩‧曹風》正義:"《顧命》曰:'四人騏弁執戈。'注云:'青黑曰騏。'"玉裁按:此蓋鄭本。鄭注與《尚書釋文》所引馬本、馬注合。《顧命》正義引鄭注"青黑曰綦",《鄭風》正義引《顧命》經注皆作"綦",皆依附經文作"綦"耳。《曹風》正義且云《書注》"不破'騏'字爲玉綦"。又《魯頌》正義曰:"《顧命》曰:'四人騏弁。'注云:'青黑曰騏。'引《詩》我馬維騏。"是則鄭本之作"騏"無疑矣。"騏""綦"古通用,《說文》:"綥,帛蒼艾色也。""綥""綦"古今字。"騏,馬青驪文如綦也。"然則"綦"與"騏"其色正同,今本《說文》作"馬青驪文如博棋也",非是,當依李善、釋玄應所引正之。

## 一人冕,執劉,立于東堂。一人冕,執戉,立于西堂。

今本作"鉞"。致《釋文》小字云:"音戉,《說文》云'大斧也'。"按:《說文》:"戉,大斧也。""鉞,車鑾聲也。"二字絕殊。

儻經文作"鉞",則元朗當云:"《說文》作戉,大斧也。"以其無"作戉"二字,則知大字本是"戉"字,自衛包妄謂"戉"古字、"鉞"今字,改經文之"戉"作"鉞",開寶閒陳鄂又改《釋文》大字"戉"作"鉞",而小字則仍其舊,文理舛逆,橫決不可通矣。此與《多方》之"甕"同。

## 一人冕,執戣,立于東垂。一人冕,執瞿,立于西垂。一人冕,執銳,立于側階。

《說文》十二篇《戈部》"戣"字下曰:"《周書》'侍臣執戣,立于東垂',兵也。从戈癸聲。"

《說文·金部》曰:"銳,侍臣所執兵。从金允聲。《周書》曰:'冕執銳。'讀若允。"臣必曰:"許慎《說文》'銳'字注云:侍臣所執兵。从金允聲,《周書》'一人冕執銳',讀若允。與'鋌'字相次。"又按:"今文《尚書》'一人冕執銳',孔安國傳云:'銳,矛屬也。'疑孔安國之時舊是'銳'字,後傳寫作'銳'耳。《說文》'銳,芒也'亦與矛不類。"玉裁按:治《尚書》者自蔡氏仲默以來皆謂"銳"字當依《說文》作"銳"矣,而未得其詳,以玉裁攷之,《玉篇》無"銳"字,有"銳"字,與"鈒""鋌""鉈""鏦""鎩"以類相從,注云"徒會切,矛也,又弋稅切"。案:"又弋稅切"四字,必孫強輩所增,而"徒會切,矛也"五字乃顧氏野王原文。是野王所據《尚書》作"一人冕,執銳也"。考《廣韻·十七準》無"銳"字,十四"泰":"銳,杜外切,矛也。又弋稅切。"《集韻·十四太》:"銳,徒外切,矛屬。"毛氏《禮部韻略》、黃氏《韻會·九泰》:"銳,徒外切,矛屬。"皆與《玉篇》合,然則作"銳"而讀如"兌"自六朝已然,野王、法言皆無"銳"字,則《說文》古本"銳"字有無未可定也。陸氏《釋文》：“鋭，以税反。”不言“《説文》作銳，讀若允”，亦疑德明時《説文》未必有“銳”字，張佖校《漢書》始引《説文》“銳，侍臣所執兵”云云，同徐楚金本，而其字厠於“鋋，小矛也”之下、“鉈，短矛也”“鏦，矛也”“鈹，長矛也”之上，似讀《説文》者援《周書》別本補此字，而又比傅鄭、孔“矛屬”之訓厠之諸“矛”間。“侍臣所執兵”，語甚糊塗。《廣雅·釋器》説“矛”有“鈹”“鏦”“䎉即鉈”而無“銳”，似魏時《説文》亦無“銳”字，又在《玉篇》之前矣。《集韻·十三祭》：“銳，俞芮切，侍臣所執兵，或作鏸。”十四“太”：“鋭，徒外切，矛屬，或作銳。”此合“銳”“鋭”二字爲一字，不免牽合。陸德明時《尚書》自作“鋭”，非德明改“銳”爲“鋭”也。而或疑衛包改之，尤誤矣。當依《尚書》作“鋭”，音徒外切。

　　《説文》列字自有次第，《金部》自“鏡”“鈔”以至“鏝”“鑽”“鑢”凡若干字，皆器名也。“錐，銳也”，以音近爲訓，其下不當云“鋭，芒也”横梗於中，使“鏝”“鑽”“鑢”等字不貫。蓋“鋭”字應與“鋼”“鈍”“鈗”爲伍，若云因上文“錐，銳也”而釋“鋭”，則“錐”之前有“鑱，銳也”，何不釋於“鑱”後乎？竊以爲“銳”字本是“鋭”字，“讀若允”本作“讀若兑”，故《玉篇》《廣韻》《集韻》“鋭”皆徒會切，實本《説文》，而《玉篇》《廣韻》皆無“銳”字。<small>大徐自言用《唐韻》，而《廣韻》無“銳，余準切”之文，則非《唐韻》也。“讀若兑”既譌作“讀若允”，則依“允”字爲音耳。</small>毛居正《六經正誤》曰：“鋭，矛屬。許氏《説文》音兑，《廣韻》徒外切，今音以税反，是‘鋭利’之‘鋭’，非兵器也。”當從《説文》《廣韻》音，毛氏語甚分明，必見《説文》善本作“鋭，侍臣所執兵也。从金兑聲。《周書》曰‘一人冕，執鋭’，讀若兑”也，而“讀若兑”之下或當有

“一曰芒也”四字,後人以“徒會”“以稅”分別其音,又“銳”譌爲“銃”,遂移徒分置。

　　岳氏珂《刊正九經三傳沿革例》曰:“《顧命》‘一人冕,執脫’,‘脫’實‘銳’字也。按:《説文》以爲兵器,注中釋爲‘矛屬’,而陸德明又音‘以税反’,且諸本皆作‘銳’,獨越中注、疏於正文作‘脫’,注、疏中又皆作‘銳’,今只從衆作‘銳’。”玉裁按:越中本作“脫”,譌字也。玩岳氏語,其所據《説文》亦作“銳”,無“銃”字,宋時《説文》尚有善本存焉。

# 王麻冕黼裳,由賓階隮。

　　《白虎通·爵篇》:“《尚書》曰:‘王麻冕黼裳。’”《白虎通·絺冕篇》:“《尚書》曰:‘王麻冕。’”

# 卿士邦君麻冕蟻裳,入即位。大保、大史、大宗皆麻冕彤裳。大保承介圭,

　　《説文》一篇《玉部》曰:“玠,大圭也。从玉介聲。《周書》曰:‘稱奉介圭。’”

# 上宗奉同瑁,由阼階隮。

　　《白虎通·爵篇》:“緣民臣之心不可一日無君也,故先君不可得見,則後君繼體矣。《尚書》曰:‘再拜,興,對,乃受銅瑁。’明爲繼體君也。緣始終之義,一年不可有二君也,故《尚書》曰:‘王釋冕,喪服,吉冕服,受銅稱王,以接諸侯。’明已繼體爲君也。‘釋冕,藏銅,反喪。’明未稱王以統事也。”玉裁按:作“銅”者,今文《尚書》也。虞仲翔所謂“今經益‘金’就作‘銅’字也”,今經者,今文《尚書》也。云“益‘金’就作‘銅’字,詁訓言,天子副璽”者,謂伏生《尚書》本亦作“同”。説今文家

易爲"銅"字,訓爲副璽也。班孟堅因今文家作"銅",故云"受銅""藏銅",正謂"天子副璽"。《通典》引《白虎通》乃用古文《尚書》,改"銅"作"同",非班氏之意。近校《白虎通》者不知此而一依《通典》,誤矣。

裴松之《三國志注》:"《虞翻别傳》曰:翻奏鄭玄解《尚書》違失事四,以《顧命》康王執瑁,古'冃'今本作'月'。字似'同',從誤作'同',既不覺定,復訓爲杯。《玉人職》'天子執瑁,以朝諸侯',謂之酒杯,誤莫大焉。又馬融訓注,亦以爲'同'者,大同天下,今經益'金'就作'銅'字,詁訓言天子副璽,雖皆不得,猶愈於玄。"虞意"同"字是"冃"字之譌,冃瑁者,謂冃天下之瑁也,祇訾鄭君,欲命學官改"同"作"冃"。冃瑁爲一物,鄭君訓"同"爲"杯",則"上宗奉同"、"王受同,三宿三祭三咤"、"大保受同"及已下"同"字,皆如貫珠。儻如仲翔改作"上宗奉冃瑁""乃受冃瑁則三宿三祭三咤"者果何物乎? 且已下"同"字可皆更爲"冃"乎? 如其説,則"瑁"字已足,"冃"爲贅也。"大保受冃,降,盥①,以異冃,秉璋以酢",果何解乎? 天子之瑁,乃有異者爲貳乎? 其悖謬甚矣。季長云:"同者,大同天下。"亦以"同""瑁"爲一物,鄭覺其非,乃更之。而漢時今文《尚書》益"金"作"銅",詁訓"副璽",夫"銅"爲副璽與經文"宿祭咤酢"者何涉? 而乃云其説猶愈於鄭乎? 仲翔駁鄭四事無一是者,既於《説文解字讀》各辨之矣。

錢氏曉徵《三國志攷異》云:"今本《尚書》'同瑁'連文,'同''瑁'各是一物,仲翔以古'冃'字似'同',鄭氏從誤作'同',又訓爲"酒杯",以此譏鄭之失,則古本只有'瑁'字,古文作'冃'而鄭

---

作'同'也。今本《尚書》出於梅頤，或亦習聞仲翔説，兼取二文以和合鄭虞之義乎？"玉裁戊戌年《説文解字讀》初稿亦同錢説，後翫《正義》引"乃受同瑁"，鄭注云"王既對神，則一手受同，一手受瑁"，知古文《尚書》實有二字。馬云"同者，大同天下"，儻無"瑁"字，則"大同天下"爲何物而奉之受之乎？《白虎通》亦引"乃受銅瑁"，則今文《尚書》無異也，乃改正如今説。

大史秉書，由賓階隮，御王册命，曰："皇后憑玉几，道揚末命，命女嗣訓，臨君周邦，率循大弁，燮和天下，用答揚文武之光訓。"

"憑"，衞包改作"憑"，開寶中又并《釋文》改之。

《文選·責躬詩》李善注引作"君臨周邦"。

"弁"，各本作"卞"。按："卞"即"弁"隸體之變，見於《孔宙》《孔龢》《韓勑》三碑。《釋文》云："卞，皮彥反，徐扶變反。"與上文"雀弁"音正同，據此似作《釋文》時，"雀弁""大卞"已分爲二，不始於開成石經也。《九經字樣》云："弁，今經典相承或作'卞'，《詩》'小弁'，《漢書》亦作'小卞'。"

王再拜，興，答曰："眇眇予末小子，其能而亂四方，以敬忌天威。"

"答"，《白虎通》引作"對"，此今文《尚書》也。凡古文《尚書》"答"字，今文皆作"對"，如《雒誥》"奉答天命"，《尚書大傳》作"奉對"。

乃受同瑁，王三宿，三祭，三宅。

《正義》引鄭注云："徐行前曰肅，蓋鄭讀'宿'爲'肅'。"

"宅"，今本作"咤"。《釋文》曰："咤，陟嫁反，亦作宅，又音

妬。徐又音託，又豬夜反。"《説文》作"㡯"，丁故反。馬本作
"詑"，與《説文》音義同。玉裁按：《説文》七篇《宀部》曰："㡯，
奠爵酒也。从宀託聲。《周書》曰：'王三宿，三祭，三㡯。'"許
所據蓋壁中古文原本。馬本作"詑"者，字之誤也。孔本作
"咤"者，又"詑"之字誤也。其作"宅"者，别本也。既釋爲"奠
爵"，則有居義，故其字無妨作"宅"，蓋説《書》家有讀"㡯"爲
"宅"者。鄭訓爲"卻行"，亦於古音同部求之。

　　《玉篇·宀部》曰："㡯，丁故、丁嫁二切。《周書》曰：'王三
<small>今本脱"三"字。</small>宿，三祭，三㡯。'孔安國曰：'王三進爵，三祭酒，
三奠爵。'本或作'吒'。"玉裁按：然則孔本亦作"㡯"，而"咤"
乃"吒"之譌也。

上宗曰："饗。"大保受同，降，盥，以異同秉璋以酢，
授宗人同。拜，王答拜。大保受同，祭，嚌，宅，

　　《釋文》："宅，如字，馬同，徐殆故反。"玉裁按：徐音則"宅"
同"度"。古"宅""度"二字通用，皆訓居也。"宅"古音如
"鐸"，亦音徒故切。《集韻·十一暮》曰："度，或作庑宅。"二十
"陌"曰："宅，或作度。"是也。《説文》二篇《口部》曰："嚌，嘗
也。从口脅聲。《周書》曰：'大保受同，祭嚌。'"

授宗人同。拜，王答拜。大保降，收。諸矦出廟
門俟。王出在應門之内，大保率西方諸矦入應門
左，畢公率東方諸矦入應門右，皆布乘黄朱。

　　《詩·干旄》疏引鄭駁《異義》云："《尚書·顧命》：'諸矦
入應門，皆布乘黄朱。'言獻四黄馬朱鬣也。"

　　《白虎通·紱冕篇》："《書》曰：'黼黻衣，黄朱紱。'亦謂諸矦

也。"玉裁按:此今文《尚書》也,古文《尚書》"布椉黄朱"之異文也。《漢書》韋孟《諷諫詩》"黼衣朱黻",此正用今文《尚書》。黼衣,謂畫黼於衣也。"黻"同"市",亦作"韍",蔽膝也,假借作"紼"。"芾""韠""黻""朱黻"與《詩·斯干》《易·困卦》訓同。李善注《文選》不誤。師古注《漢書》云:"畫爲𢀳文,故謂之黻。"誤矣。《漢書》正文本作"黻",注本云:"朱黻爲朱裳,畫爲𢀳文也。𢀳,古弗字,故因謂之黻。又作綍,其音同。"今本舛誤。

《白虎通》曰:"天子朱紼,諸侯赤紼。《詩》云'朱紼斯皇,室家君王',謂天子也。又云'赤紼金舄,會同有繹',又云'赤紼在股',皆謂諸侯也。《書》曰'黼黻衣,黄朱紼',亦謂諸侯也。別於天子謂之黄朱,黄朱亦赤矣。"玉裁按:今本譌舛不可讀,爲正之如此。毛傳於《采芑》曰:"朱芾,黄朱芾也。"於《斯干》曰:"芾者,天子純朱,諸侯黄朱。"説與今文《尚書》合。

## 賓稱奉圭兼幣,

玉裁按:《説文》所引"稱奉介圭",蓋引"大保承介圭",又誤涉此句而合之也。

## 曰:"一二臣衛,敢執壤奠。"皆再拜稽首。

《白虎通·姓名篇》:"《尚書》曰:'再拜稽首。'"

## 王義嗣德答拜。大保暨芮伯咸進相揖,皆再拜稽首曰:"敢敬告天子,皇天改大邦殷之命,惟周文武誕受羑若,克恤西土。惟新陟王畢協賞罰,戡定厥功,

《説苑·政理篇》曰:"誅賞者所以別賢不肖也,故誅賞不可以繆,誅賞繆則美惡亂矣。《書》曰:'畢協賞罰。'"玉裁按:

子政所引今文《尚書》與古文《尚書》同。若《史記·周本紀》云:"畢力賞罰以定其功。"《尚書大傳》云:"《書》曰:'畢力賞罰以定厥功。'"《白虎通·諫諍篇》云:"《尚書》曰:'必力賞罰以定厥功。'"此則漢民閒所得《大誓》之文,與此文相似,而不可溷爲一。王伯厚俙爲漢儒所引異字,誤也。又按:《史記》"畢力",汲古閣刻不誤,王氏刻"力"作"立",恐誤。

## 用敷遺後人休。今王敬之哉! 張皇六師,無壞我高祖寡命。"

《説文》三篇《攴部》曰:"敷,攽也。从攴尃聲。《周書》曰:'用敷遺後人。'""攽,敷也。从攴也聲,讀與施同。"按:經傳"攽"皆作"施","敷"皆作"敷"。漢碑多从"寸"作"敷"。《五經文字》曰:"敷,《説文》也。敷,經典相承隸省也。"此非隸省,乃隸變耳,變"寸"爲"万",筆勢相同,非从"方"也,今俗从"方"則誤矣。又與"寸"古通用,是以下體从"又"之字隸或从"万"。

"寡命",與《大雅》"寡妻"、《康誥》"寡兄"同訓。

# 古文尚書撰異卷二十七

## 康王之誥第二十七 周書

王若曰:"庶邦矦、甸、男、衞,

> 僞孔安國《尚書序》曰:"伏生《康王之誥》合於《顧命》。"玉裁按:此今文《尚書》也。《釋文》曰:"馬本從此已下爲《康王之誥》。"又云:"與《顧命》差異,敘歐陽、大小夏矦,同爲《顧命》。"《正義》曰:"馬、鄭、王本自'高祖寡命'以上内於《顧命》之篇,'王若曰'已下始爲《康王之誥》。"玉裁按:僞孔自"王出在應門"已下爲《康王之誥》,今不從。

惟予一人釗報誥。昔君文、武,丕平富,不務咎,厎至齊信,用昭明于天下。

> 《釋文》曰:"馬讀'厎至齊'絕句。"

則亦有熊羆之士、不二心之臣,保乂王家,用端命于上帝。

> 顧氏炎武《金石文字記》曰:"唐石經'于'誤'予'。"玉裁按:此王堯惠補字之誤也。

皇天用訓厥道,付畀四方。乃命建矦樹屏,在我
後之人。今予一二伯父尚胥暨顧,綏爾先公之
臣,服于先王。雖爾身在外,乃心罔不在王室。
用奉恤厥若,無遺鞠子羞。"

　　《漢書·谷永傳》永對上曰:"經曰:'雖爾身在外,迺心無
不在王室。'"《後漢書·張酺傳》肅宗詔報曰:"經云:'身雖在
外,乃心不離王室。'"《荀彧傳》彧勸操曰:"雖禦難於外,乃心
無不在王室。"注引《尚書》亦作"無"。

群公既皆聽命,相揖趨出。王釋冕,反喪服。

　　《白虎通·爵篇》:"《尚書》曰:王釋冕,喪服。"無"反"字,
蓋今文《尚書》也。

# 古文尚書撰異卷二十八

## 柴誓第二十八　　周書

　　《説文》七篇《米部》曰："柴，惡米也。從米比聲。《周書》有《柴誓》。"玉裁按：各本作"粊"，北聲。《玉篇》《廣韵》引《説文》作"粊"，皆誤也。北聲在之咍職德部，比聲在脂微皆灰部，柴在至韵，形誤作"粊"，古無從米從北之字。《經典釋文》《五經文字》皆不誤，今訂正。《春秋·定公十年左氏傳》曰："若其不具，用秕稗也。"陸德明曰："又作粊，必履反。"玉裁謂"粊"即"柴"之或體也。《周書》有"柴誓"者，即衛包本之《費誓》也。《周官經·雍氏》《禮記·曾子問》今本《禮記》誤改作"費"，《釋文》可證。鄭注皆作"柴誓"，《尚書大傳》作"鮮誓"，《史記》作"肸誓"。《集解》曰："徐廣云：'肸，一作鮮，一作獮。'駰案：《尚書》作'柴'。"《索隱》曰："《尚書》作'柴誓'。今《尚書大傳》作'鮮誓'。'鮮'即'肸'字異也。"玉裁按："鮮"音一讀如"斯"，"獮"古音如"徙"，故與"肸"音近，蓋許、鄭從古文《尚書》作"柴"，《史記》用今文《尚書》也。據裴駰、司馬貞，則唐初《尚書》本作"柴"，衛包用貞"柴即魯卿季氏費邑"之云，改爲"費"字。宋初陳鄂乃又改《釋文》之"柴"爲"費"。王氏鳳喈曰："柴爲魯東郊地,則應在今曲阜而已。無攷。唐人改爲‘費’,攷春秋之初,費自爲國,《隱元年左傳》云‘費伯率師城郎,後并於魯,爲季氏邑’,《僖元年左傳》‘公賜季友汶陽之田及費’是也。漢爲縣,屬東海,故城在今兖州府費縣西北二十里,去曲阜且三百里,後人疑作誓之地,即在此,皆非也。”《儀禮·士喪禮》記有“柲”,鄭注古文“柲”爲“枈”,此假“枈”爲“柲”也。今刻《儀禮》“枈”譌作“柴”,《釋文》“枈”音“祕”,今《説文》“兵媚切”。

又按:“胐”“鮮”“獮”三字雙聲。《尚書大傳》作“鮮”,《史記》作“胐”,今文也。《史記》多從今文。許君《説文》、鄭君《周禮》《禮記》注作“枈”,此古文也。據《史記集解》云:“駰案:《尚書》作‘枈’。孔安國曰:‘魯東郊之地名也。’”然則駰所謂《尚書》者即孔本之《尚書》。孔本經文及傳文皆作“枈”,與許、鄭本同,明甚。天寶三載,衛包乃改爲“費”耳。司馬貞《索隱》亦云:“《尚書》作‘枈誓’。枈,地名,即魯卿季氏之費邑地也。”今《索隱》單行本“枈”改爲“費”,而震澤王氏所録不誤。又如《宋世家》曰“涕”,《索隱》云:“《尚書》作‘圛’。”今震澤王氏所録改爲“《尚書》作驛”,而單行本不誤。凡古書之當參伍以求其是。如此陸氏《尚書音義》當有“枈”字音訓,又經開寶中刪改矣。枈果在東郊,則非季氏之費邑。王氏鳳喈辨甚確,孔傳與《正義》皆無此説,衛包蓋依小司馬陋説改之。《五經文字·米部》曰:“枈,《周書》篇名,今文作費。”此大麻中謂天寶所改爲今文也。《廣韻·五至》:“枈,魯東郊地名。”此用孔傳,蓋陸法言元文也,可證孔傳不作“費”。《玉篇·米部》:“棐,鄙冀切,惡米也。”此“枈”字之誤也。後人不知更正,而於部末補“棐”“枈”二字,宋人所爲也。

又按:《玉篇》"棐"字,或是顧野王所據《說文》如此,後來乃誤爲"棐"也,《集韵》之"秠"即"棐"字。

## 公曰:"嗟! 人無譁,聽命! 徂兹淮夷、徐戎並興。

《周禮·雍氏》注:"伯禽以出師征徐戎。"《釋文》曰:"劉昌宗本作郪,音徐。"玉裁按:《說文·邑部》:"郪,邾下邑也,魯東有郪城。"《史記·魯世家》:"頃公十九年,楚伐我,取徐州。"徐廣曰:"徐州在魯東,今薛縣。"《索隱》曰:"《說文》:'郪,邾之下邑,在魯東。'"又《郡國志》曰:"魯國薛縣六國,時曰徐州。"又《紀年》云:"梁惠王三十一年,下邳遷於薛,故名曰徐州。"則"徐"與"郪"並音舒。玉裁謂經言徐戎,謂戎之在郪者,在魯東切近,擊柝相聞,故曰"東郊不開"。邾魯之間得有戎者,如衛亦有戎州也。《齊世家》:"田常執簡公於徐州。"徐廣云:"其字從人,陳氏邑。"《索隱》亦説以《說文》之"郪",則非也。又按:前説非也。劉氏明言"郪"音徐,然則"徐"之或體作"郪"耳。徐州之戎説,固不易。

## 善敹乃甲胄,

《說文》三篇《攴部》曰:"敹,擇也。从攴粟聲。《周書》曰:'敹乃甲胄。'"玉裁按:《說文·网部》:"粟,从网米聲,或从宀作宋。"然則"敹"字古音不讀如"了彫切",當讀如"彌綸"之"彌",鄭注"謂穿徹之",音義略相協。

## 敿乃干,

《說文》三篇《攴部》曰:"敿,繫連也。从攴喬聲。《周書》曰:'敿乃干。'"

## 無敢不弔!

玉裁按:弔,迅也。迅,至也。至,緻也。

備乃弓矢，鍛乃戈矛，礪乃鋒刃，無敢不善！

「礪」者，「厲」之俗字也，唐初本當亦作「砅」，於玄應引「砅砥硈丹」知之。

## 今惟淫舍牿牛馬，

《説文》二篇《牛部》曰：「牿，牛馬牢也。从牛告聲。《周書》曰：『今惟牿牛馬。』」玉裁按：大徐本無「淫舍」二字，李燾因之。小徐本「今惟淫牿牛馬」，無「舍」字，《韵會》引小徐併無「淫」字，此非轉寫奪去即叔重當年筆誤也。玫鄭注云「施梏於牛馬之脚」，「施」訓經文之「舍」也。孔傳云「大放舍牿牢之牛馬」，「大放舍」訓經文「淫舍」也。以今音讀之，孔讀「舍」上聲，鄭讀「舍」去聲。舍，置也。此蓋賈、杜、衞、馬、鄭本同然者。或乃據脱去「淫舍」二字之《説文》，以改《周書》，此爲顛倒見。

「牿」，許叔重訓爲「牛馬牢」，鄭君則讀爲「桎梏」之「梏」。《正義》云：「鄭玄以『牿』爲『桎梏』之『梏』。」謂鄭讀「牿」爲「梏」而易其字也。「牿」字，漢時蓋惟古文《尚書》有此字，故説古文者或訓爲「牛馬牢」，或讀爲「桎梏」。《大畜》六四「童牛之牿」，鄭本作「梏」，九家及《説文》作「告」，未嘗作「牿」也。《鄭志》：「泠剛問：『《大畜》注云：「巽爲木，互體震，震爲牛之足，足在艮體之中，艮爲手，持木以就足，是施梏。」又《蒙》初六注云：「木在足曰桎，在手曰梏。」今《大畜》六四「施梏於足」，不審桎梏手足，定有別否？』答曰：『牛無手，以前足當之，故以足言之。』」鄭意既梏之，復斁攫敓穽，庶可無傷牛馬。

## 杜乃擾，敜乃穽，

《釋文》曰："杜，本又作斁。"《周禮·雍氏》注："《書·柴誓》曰：'斁乃擾，敜乃阱。' 時秋也，伯禽以出師征徐戎。"玉裁按：《正義》云"杜擾"，則賈氏公彥《尚書》亦作"杜"也。《說文》三篇《攴部》曰："敜，塞也。从攴念聲。《周書》曰：'敜乃穽。'"敜，《釋文》："徐乃協反，又乃結反。"玉裁按：念聲之字不當切"乃結"。《儀禮》"涅"多訓"塞"，故"敜"與"涅"同，二字雙聲也。

《釋文》云："擾，戶化反，徐戶覈反。"按：戶覈反，音"獲"。"獲"，胡麥切，在二十一"麥"。宋時《釋文》"覈"譌作"覆"。《集韵》乃於一"屋"曰："擾，胡谷切。《書》'杜乃擾'，徐邈讀。"其因誤不察如此。

## 無敢傷牿。牿之傷，女則有常荆。馬牛其風，臣妾逋逃，勿敢越逐。祗復之，

按：經文言"無敢"者六，惟"越逐"作"勿敢"，唐石經及注、疏本皆然。今坊閒《集傳》作"無敢越逐"者，誤也。

《史記·魯世家》："敬復之。"徐廣曰："敬，一作振。"玉裁按：作"振"者，蓋今文《尚書》也。《般庚篇》"震動萬民以遷"，石經作"祗動"。《咎繇謨》"日嚴祗敬六德"，《夏本紀》作"振敬"。《無逸篇》"治民祗懼"，《魯世家》作"震懼"。《內則記》"祗見孺子"，鄭注云："祗，或作振。"《下曲禮》"臨諸矦畛於鬼神"注云："畛，或作祗。"祗，振語之轉。

## 我商賚女。乃越逐，不復，女則有常荆。

《釋文》云："商，徐音章。"按：此舊音也。仙民謂孔傳"商

度”之訓讀如“章”耳。《漢・律厤志》云：“商之爲言章也，物成孰可章度也。”《白虎通》亦言：“商之爲言章也，章其遠近，度其有凶，通四方之物，故謂之商也。”<small>今本《白虎通》“章”皆誤“商”。</small>《後案》因徐音釋“商”爲“表明”，殊未憭。《匡謬正俗》曰：“或問曰：‘今市井之人謂算料量度爲章估，有何義？’答曰：‘《周書・柴誓》云“我商賚女”，孔安國注云：“我則商度汝功，賜與汝也。”徐仙民“商”音“章”，然則“商”字舊有“章”音。所云“章估”者，即“商估”也，謂度其貴賤，當其大小所堪爾。’”<small>今本《匡謬正俗》作“費誓”，天寶已後所改也。</small>玉裁又按：《史》《漢》“貨殖傳”皆云“千章之楸木”。“千章”，如淳曰：“舊將作大匠主材吏名章曹掾。”攷《百官公卿表》，將作大匠屬官有東園主章，太初元年更名東園主章，爲木工，此皆謂能度材爲章也。“章度”乃周漢古語，“商度”即“章度”，不讀“尸羊切”也。《集韻》：“商，諸良切，度也。《尚書》‘我商賚汝’，徐邈讀。”

## 無敢寇攘，

惠氏定宇集《尚書》鄭注十一卷，嫁名於宋之王應麟，今人多傳抄者。其書不無小疵，如此篇：“‘寇，劫取也’，出《詩・蕩》正義。‘因其凶失曰攘’，‘博士讀曰襄’，出《爾雅疏》。”今按：《爾雅・釋詁》：“儴、仍，因也。”邢疏：“《費誓》曰：‘無敢寇攘。’鄭注云：‘因其凶失曰攘。’‘儴’‘攘’音義同。施博士讀曰‘襄’。”邢所引“因其凶失曰攘”，此出《詩・蕩》正義及《史記・魯世家》集解，其下則邢語也。而“施博士讀曰襄”，即《尒疋釋文》之“施息羊反”也。“施乾”者，陳博士，爲《爾雅音》。邢氏不欲徑用《釋文》而小變之，又昧於漢人注書言“讀爲”“讀曰”者皆是易其字、言“讀如”“讀若”者皆是擬其音，此當言“讀如襄",不得言"讀曰襄"也。《後案》襲惠之誤,且曰"博士讀"
者,漢今文家博士也。一似今文家作"無敢寇襄"者,不可
不辨。

踰垣牆,竊馬牛,誘臣妾,女則有常刑。甲戌,我惟
征徐戎。

《白虎通·誅伐篇》:"《尚書》又曰:'甲戌,我惟征徐戎。'"

峙乃糗糧,

玉裁按:峙,從止寺聲,轉寫者易"止"爲"山"耳。《爾
雅·釋故》:"峙,具也。"亦同其義,即《説文》之"偫"字也。孔
云"儲峙"即"儲偫"也。《説文·食部》:"餱,乾食也。從食矦
聲。《周書》曰:'峙乃餱糧。'"按:所引與今本古文《尚書》不同
而音義皆略同。《説文·米部》無"糧"字,而《詩·大雅》"以
峙其糧"、《王制》"五十異糧"、《爾雅·釋言》,鄭箋注皆曰:
"糧,糧也。"《大雅》又云:"乃裹餱糧。"

無敢不逮,女則有大刑。魯人三郊三遂,峙乃楨
榦。甲戌,我惟築,無敢不共,女則有無餘刑,
非殺。

"共",今各本作"供",衛包所改也。《釋文》:"共,音恭。"
開寶中又改大字作"供",此與《召誥》"用共王,能祈天永命"、
《無逸》"惟正之共"同。

魯人三郊三遂,峙乃芻茭,無敢不多,女則有
大刑。"

《魯周公世家》曰:"伯禽即位之後,有管、蔡等反也,淮夷、

徐戎亦竝興反,於是伯禽率師伐之於肹,作《肸誓》,徐廣曰:'一作
鮮,一作獮。'曰:'陳爾甲冑,無敢不善,無敢傷牿。馬牛其風,臣
妾逋逃,勿敢越逐,敬徐廣曰:"一作振。"復之,無敢寇攘,踰牆垣。
魯人三郊三隧,峙爾芻茭、糗糧、楨榦,無敢不逮。我甲戌築而
征徐戎,無敢不及,有大刑。'作此《肸誓》,遂平徐戎,定魯。"玉
裁按:此篇蓋大史公隱栝錄之。

# 古文尚書撰異卷二十九

## 吕荆第二十九　　周書

惟吕命王,享國百年,

《論衡·氣壽篇》曰:“傳稱老子二百餘歲,邵公百八十。高宗享國百年,周穆王享國百年。并未享國之時,皆出百三十、四十歲矣。”玉裁按:此用今文《尚書》“毋佚”“甫荆”也,以連老子、邵公言之,故曰“傳稱”。後儒説“穆王享國百年”謂其壽數,與仲任説異矣。

耄荒,

《釋文》曰:“耄,本亦作𦒲。”玉裁按:“𦒲”乃《説文》“薹”字之譌也。

鄭注《大司寇職》曰:“《書》曰:王旄荒度,作詳荆,以詰四方。”按:《周禮釋文》作“旄”,宋本、岳珂本同,汲古閣刻注疏作“耄”,而《群經音辨》曰:“秏,老也,音耄,《書》:‘王秏荒。’”正據此《周禮注》也。賈氏所據《周禮音義》作“秏”,與今本異。

《説文·目部》“眊”字下曰:“《虞書》‘耄’字從此。”玉裁按:此語極可疑,《虞書》無“耄”字,一疑也;“耄”字不能從“眊”,二疑也。蓋“從此”當作“如此”,“《虞書》”當作“《周書》”。《吕荆》“耄荒”或許所據本作“眊”歟？《漢書·荆法志》正作“眊荒”。又引《周禮》：“一曰幼弱，二曰老眊。”又《武帝紀》“哀夫老眊”，《平帝紀》“眊悼之人”，《彭宣傳》“年齒老眊”，然則“眊”之可以爲“耄”明矣。此與《虞書》以“絑”爲“丹朱”字一例。若《商書·微子篇》亦有“耄”字，鄭、孔皆訓“耄亂”，則其字可作“眊”，“眊”與“耄”古通用也。

《樂記》注“《書》曰‘王耄荒’”凡兩見，知“旄”“耄”皆可從。

## 度作荆，以詰四方。

《周禮·大宰職》注：“《書》曰：‘度作詳荆，以詰四方。’”疏曰：“吕矦訓夏贖荆，以詳審詰禁四方。”《周禮·大司寇》注：“《書》曰：‘王耄荒度，作詳荆，以詰四方。’”《正義》曰：“謂周穆王年老耄亂荒忽，猶能用賢，量度詳審之荆，以詰謹四方。”

《漢書·荆法志》曰：“周道既衰，穆王眊荒，命甫矦度時作荆，以詰四方，墨罰之屬千，劓罰之屬千，髕罰之屬五百，宫罰之屬三百，大辟之罰其屬二百。五荆之屬三千。”惠氏集《尚書大傳》：“《書》云：鮮度作荆，以詰四方。”丁小雅杰曰：“《困學紀聞》云，‘費誓’，《説文》作‘柴誓’，《史記》作‘肸’，《大傳》作‘鮮’。句。‘度作荆，以詰四方’，《周禮注》云：‘度作詳荆，以詰四方。’惠氏誤聯‘鮮度’爲句。”

## 王曰：“若古有訓，蚩尤惟始作亂，延及于平民，

《後漢書·孝和帝紀》曰：“貪苛慘毒，延及平民。”李注引《書》：“延于平人。”無“及”字，“民”作“人”。

## 罔不寇賊鴟義姦宄，

王符《潛夫論·述赦篇》："古者唯始受命之君，承大亂之極，被前王之惡，其民乃竝爲敵讎，罔不寇賊消義姦宄奪攘，以革命受祚，爲之父母，故得一赦。"疑所引用今文《甫刑》，而"鴟"作"消"。

《周禮·司刑》賈疏引《吕刑》"寇賊姦軌奪攘撟虔"，併引鄭注。按："宄"作"軌"，蓋鄭本然也。《春秋傳》《史記》"宄"多作"軌"。其無"鴟義"二字恐誤。

## 奪攘

《説文·攴部》曰："攲，强取也。《周書》曰：'攲攘撟虔。'"《尚書大傳·周傳》曰："降畔、寇賊、劫略、攲攘、撟虔者，其刑死。"《漢書·武帝紀》孟康注引《尚書》"攲攘撟虔"。玉裁按：《大傳》及孟康，今文《尚書》也；許氏《説文》，古文《尚書》也。然則，古文、今文本皆作"攲"。"攲""奪"古通用。《广韵·十三末》"攲"字下曰："古《周書》曰：'攲攘撟虔。'"云"古《周書》"者，謂天寶以前之《周書》也，此蓋景德、祥符閒重修《廣韵》之語。又按：凡失去物謂之奪，凡强取謂之攲，經傳中假"奪"爲"攲"，而"奪"字本義惟見於《説文》。今俗謂有遺失曰"奪去"，此古語也。鄭君注《禮》曰："編簡爛脱。"《釋文》音"奪"。此假"脱"爲"奪"也。凡今人曰脱去者，皆當言"奪去"。陸贄論裴延齡"姦蠹"："《書》曰：'或遭寇賊攲斁。'"此可證唐初《尚書》不作"奪"也。

## 撟虔。

《周禮·司刑》鄭注作"撟虔"，賈疏引《吕刑》："寇賊姦軌奪攘撟虔。"玉裁按:《漢書》武帝元狩六年詔曰:"撟虔吏因乘勢以侵蒸庶。"孟康注曰:"虔,固也,撟稱上命以貨賄用爲固。《尚書》曰'放攘撟虔'。"韋昭曰:"凡稱詐爲撟,强取爲虔。"唐初釋玄應《衆經音義》卷十三曰:"撟,擅也,假詐也,亦舉手也。《尚書》'撟誣上帝',孔安國曰:'託天以行罪。'《國語》'其形撟誣',賈逵曰:'非先王之法曰撟,加誅無罪曰誣。'字從手,今皆作'矯'也。"卷廿五又曰:"《說文》:'撟,擅也。'擅稱上命曰撟,字體從手,今皆作'矯'。"玉裁謂俗作"撟詔",字皆從矢作"矯",而不知《說文》明云"撟,舉手也,一曰擅也","擅"訓則專指偽稱上命者言之,故孟康、韋昭、玄應說皆與《說文》合,自淺人以從矢爲"撟詔"正字,師古用其說,釋《武帝紀》云:"撟與矯同,其字從手。矯,託也。"小顏與玄應同時,六書之學乃遜於緇流若此。觀玄應所引偽《仲虺之誥》,字作"撟誣",而今本作"矯",《吕刑》同,是可知也。況漢詔、鄭注、孟康、賈公彦引《吕刑》,字皆從手,確有明證乎! 今本《大傳》及《說文·攴部》作"矯",恐皆淺人所改也。又按:偽孔傳亦曰"撟稱上命",而鄭注《尚書》乃云:"撟虔,謂撓擾。《左傳》'虔劉我邊垂',謂劫奪人物以相撓擾也。"

## 苗民弗用靈,制以刑,惟作五虐之刑曰法。殺戮無辜,

《緇衣》:"《甫刑》曰:'苗民匪用命,制以刑,惟作五虐之刑曰法。'是以民有惡德,而遂絶其世也。"玉裁按:據《禮記》鄭注,"民有惡德"即"泯泯棼棼以覆詛盟"之云也,"遂絶其世"即"罔有馨香"之云也。

《墨子·尚同中篇》："昔者聖王制爲五荆以治天下，逮至有苗之制五荆以亂天下，則此豈荆不善哉？用荆則不善也，是以先王之書《呂荆》道之曰：'苗民否用練，折則荆，唯作五殺之荆曰法。'則此言善用荆者以治民，不善用荆者以爲五殺。"玉裁按：《墨子》云《呂荆》，則古文《尚書》也；《緇衣》云《甫荆》，則今文《尚書》也。"靈"作"練"者，雙聲也。依《墨子》上下文觀之，"練"亦訓"善"，與孔正同。《緇衣》作"命"者，古"靈""令"通用，皆訓"善"。"令"之爲"命"，字之岐誤也。"折""製"古通用，"虐"爲"殺"則未聞。

## 爰始淫爲劓、劓、

孔傳曰："截人耳鼻。"《正義》曰："劓，截人耳。劓，截人鼻。劓，椓人陰。黥，割人面。"又曰："於是大爲截人耳鼻、椓陰、黥面。"又曰："鄭玄云：劓，斷耳。劓，截鼻。椓，謂椓破陰。黥，謂羈黥人面。"皆先"劓"後"劓"。《説文》引《周書》"劓劓䠠黥"，"劓"當是"劓"之字誤，則古文《尚書》作"劓劓"甚明，今本作"劓劓"，恐是衛包改同《康誥》，而《釋文》先"劓"後"劓"，則恐是開寶中改從衛本也，今更正。

又按：《正義》卷二引鄭本"劓劓劓剕"，亦先"劓"後"劓"，蓋非始於衛包也。

## 劓、黥，

今本"劓"作"椓"，此唐天寶三載衛包所改也。孔訓"劓"爲"椓陰"，衛妄謂"劓"古字、"椓"今字，以"椓"改"劓"，而宋開寶五年又改《釋文》大書"劓"字爲"椓"矣，《正義》亦遭天寶後改從衛包，而時有改之未盡者，如《正義》卷二引鄭本《尚書》

“劓刵劅剠”，此篇云“刵，截人耳。劓，截人鼻。劅，椓人陰。黥，割人面”，字皆作“劅”，是其證也。其下文又引鄭注“椓謂椓破陰”，則亦改“劅”爲“椓”矣。《集韻》云：“劅，或作椓，古作劅。”此合《説文解字》及《尚書》新定《釋文》、未改《釋文》爲此語。《玉篇》云：“劅，貞角切，荆也。”此本諸《尚書》也。“黥”或作“剠”，《正義》卷二引《吕刑》如此作。

《説文》三篇《攴部》曰：“斀，去陰之荆也。从攴蜀聲。《周書》曰：‘刖劓斀黥。’”玉裁按：“刖”當爲“刵”字之誤也，許所據與鄭本同，惟“斀”从攴不从刀爲異。

又按：《正義》卷二曰：“庸生賈馬之等，惟傳孔學經文三十三篇，故鄭與三家同以爲古文，而鄭承其後，所注皆同賈逵、馬融之學，題曰‘古文尚書’，篇與夏矦等同，而經字多異夏矦等《書》。句絶。‘宅嵎夷’爲‘宅嵎今作“嵎”，誤。鐵’，‘昧谷’曰‘柳谷’、‘心腹腎腸’曰‘優腎揚’，今作‘憂腎陽’，誤。‘劓刵劅剠’云‘臏宫劓割頭庶剠’，是鄭注不同也。”玉裁按：“刵劓劅剠”四字，古文《尚書》也。“臏宫劓割頭庶剠”七字，此今文《尚書》也。自閻氏百詩以來，皆昧於《正義》句法，不審其脱去與字轉，以“臏宫劓割頭庶剠”爲鄭本古文《尚書》，大誤。

## 越兹麗荆并制，罔差有辭。

《小雅·正月》箋云：“《書》曰：‘越兹麗荆并制。’”玉裁按：明馬應龍本“荆”作“行”。

## 民興胥漸，泯泯棼棼，罔中于信，以覆詛盟。

《論衡·寒温篇》曰：“前世用刑者，蚩尤、亡秦甚矣。蚩尤之民，湎湎紛紛。亡秦之路，赤衣比肩。”玉裁按：此今文《尚書》也。《漢書·敘傳》"涵涵紛紛"，亦用今文《甫刑》語。古文《尚書》作"泯泯棼棼"。泯，徐仙民音"民"。按:《韓詩·載芟》"民民其麃"、《常武》"民民翼翼"云:"民民，衆兒。"徐音有自來矣。"棼棼"者，亂兒也。《春秋傳》:"治絲而棼之。"《逸周書·祭公解》曰:"汝無泯泯芬芬。"按:"芬"與此"棼"同也。

## 虐威庶戮，方告無辜于上。上帝監民，罔有馨香，德刑發聞惟腥。

《論衡·變動篇》:"《甫刑》曰:'庶僇旁告無辜于天帝。'此言蚩尤之民被冤，旁告無罪於上天也。"玉裁按:此今文《尚書》也。凡古文《尚書》"方"字，今文《尚書》多作"旁"。

## 皇帝

《困學紀聞》曰:"皇帝，始見於《呂刑》。趙岐注《孟子》引《甫刑》'帝清問下民'，無'皇'字。"玉裁按:伯厚未曉，今文《尚書》名《甫刑》者無"皇"字，古文《尚書》名《呂刑》者則有"皇"也。此"皇帝哀矜"當亦同。閻百詩氏曰:"盧六以引孔傳'君帝，帝堯也'以證非'皇'字。"玉裁按:盧氏説誤，"君帝"即經文之"皇帝"，以"君"釋"皇"也，縷言之則當曰"皇君"也。"君帝，帝堯也"，孔傳之體於訓故多省言之。又盧氏之前，《經典釋文》曰:"皇帝，皇宜作君字。"意欲改經從傳，亦屬誤會。《正義》引《釋詁》"皇，君也"，得傳意矣。今通志堂《釋文》刻本曰:"君帝，君宜作皇字。"尤爲舛誤。注、疏本所載不誤。

## 哀矜庶戮之不辜，報虐以威，遏絶苗民，無世在下。

《論衡·譴告篇》:"周繆王任荆，《甫刑篇》曰'報虐用威'，威、虐皆惡也，用惡報惡，亂莫甚焉。"玉裁按：此今文《尚書》説也，謂蚩尤報虐用威，而皇帝哀矜之也。"庶僇之不辜，報虐用威"蒙上文"虐威庶僇，旁告無辜于天帝"言之。

## 乃命重黎絶地天通，罔有降格。

《楚語》曰："昭王問於觀射父曰：‘《周書》所謂重、黎實使天地不通者，何也？ 若無然，民將能登天乎？’ 對曰：‘非此之謂也。少皞之衰也，九黎亂德，民神雜糅，不可方物。夫人作享，家爲巫史，無有要質。民匱于祀，而不知其福。烝享無度，民神同位。民瀆齊盟，無有嚴威。神狎民則，不蠲其爲。嘉生不降，無物以享。禍災荐臻，莫盡其氣。顓頊受之，乃命南正重司天以屬神，命火正黎司地以屬民，使復舊常，無相侵瀆，是謂絶地天通。其後三苗復九黎之德，堯復育重、黎之後，不忘舊者，使復典之，以至于夏、商，故重、黎氏世敘天地，而别其分主者也。’"

## 群后之逮在下，明明棐常，鰥寡無蓋。

玉裁按：此三句《墨子》引在"有辭有苗"之下、"德威維威"之上，近江氏叔澐《尚書集注》據之移易經文，又據《正義》云"鄭玄以皇帝哀矜庶戮之不辜"至"罔有降格"皆説顓頊之事，"皇帝清問"以下乃説堯事，不言"皇帝哀矜"至"鰥寡無蓋"，則鄭本必同《墨子》。玉裁謂果爾則《釋文》《正義》不應無一字道及，《正義》檃栝鄭注之語不應拘泥，且《墨子》捃摭不同，又不應據子改經也。

## 皇帝清問下民，鰥寡有辭于苗，

趙岐注《孟子》云："《甫刑》曰‘帝清問下民’，謂帝爲天，云天不能問民。"玉裁按:此今文《尚書·甫荆》也,無"皇"字。其有"皇"字者,古文《尚書·吕荆》也。今本《孟子注疏》俗增"皇"字,王伯厚《困學紀聞》引趙注及曲阜孔氏所刻《孟子》善本,皆無《墨子·尚賢中篇》云"先王之書《吕荆》道之曰'皇帝清問下民'",此可證古文《吕荆》有"皇"字。《三國志·鍾繇傳》繇《上肉荆疏》,引《書》:"皇帝親問①下民,鰥寡有辭于苗。"

## 德威惟畏,德明惟明。

《表記》:"《甫荆》曰:'德威惟威,德明惟明。'非虞帝其孰能如此乎?"玉裁按:二字皆作"威",《墨子》引亦如是,此等皆唐以前不通訓詁者所爲,與《皐繇暮》"明畏明威"正同。《表記》釋文曰:"惟威,讀者亦依《尚書》音畏。"則可知不始於衛包也。

## 乃命三后恤功于民:伯夷降典,折民惟荆;

《釋文》云:"馬、鄭、王皆音'浙',馬云:'智也。'"此謂馬、鄭、王本字作"折"而讀爲"浙",又單舉馬説以箸其義也。僞孔傳云"斷以法",則如字。

《尚書大傳》曰:"《書》曰:'伯夷降典禮,折民以荆。'謂有禮然後有荆也。"《漢·荆法志》曰:"《書》云:'伯夷降典,浙民惟荆。'言制禮以止荆,猶隄之防溢水也。"師古曰:"浙,知也。言伯夷下禮法以道民,民習知禮,然後用荆也。"玉裁按:"浙"當作"折",班意以"制止"訓"折",正同《大傳》説。淺人用馬、鄭本改"折"作"浙",小顔又取馬、鄭説注之,殊失班意。《潛夫論·氏姓

---

① 親問:據李文,當作"清問"。

篇》:"伯夷爲堯典禮,折民惟刑。"《四八目》曰:"伯夷降典,制民惟刑。禹平水土,主名山川。稷降播種,農殖嘉穀。三后成功,惟殷于民。"陶引《書》作"制",此正如《論語》"魯讀折爲制"也。玉裁按:古文、今文蓋皆作"折",惟《墨子》作"哲"爲異。

## 禹平水土,主名山川;稷降播種,農殖嘉穀。三后成功,惟殷于民。

《風俗通義·皇霸篇》:"經曰:'禹平水土。'"《後漢書·楊賜傳》賜引"三后成功,惟殷于民"。

《墨子·尚賢中篇》云:"先王之書《吕刑》道之曰:'皇帝清問下民,有辭有苗。曰:群后之肆在下,明明不常,鰥寡不蓋,德威維威,德明維明。乃名三后,恤功於民。伯夷降典,哲民維刑。禹平水土,主名山川。稷隆播種,農殖嘉穀。三后成功,維殷於民。'""殷",一本作"假"。王伯厚《漢藝文志攷》引《墨子》作"假"。

## 士制百姓于荆之中,

《後漢書·梁統傳》帝令尚書問狀,統對曰:"經曰:'爰制百姓于荆之衷。'孔子曰:'荆罰不衷,則人無所厝手足。'衷之爲言,不輕不重之謂也。"王氏鳳喈曰:"僞孔本'爰作士'釋爲皋陶。《後漢書·楊震傳》:'震孫賜拜尚書令,數日,出爲廷尉,賜自以世非法家,言曰:三后成功,惟殷于民,皋陶不與焉,蓋吝之也。遂固辭。'然則此經無皋陶下文命諸矦監伯夷播荆,亦專舉伯夷不及皋陶,僞孔以此篇言荆事,而皋陶不見,疑其不備,遂妄改以就其説,非也。"玉裁謂,作"爰"作"衷"者,今文《尚書》也,作"士"作"中"者,古文《尚書》也,未必僞孔擅改,孔傳未必不本馬、鄭、王。皋陶不在三后之數,賜之所以恥也。

以教祗德。

《白虎通·三教篇》:"《尚書》曰:'以教祗德。'"

穆穆在上,明明在下,灼于四方,罔不惟德之勤。
故乃明于刑之中,率乂于民棐彝。典獄非訖于威,
惟訖于富。敬忌,罔有擇言在身。

《表記》:"《甫刑》曰:'敬忌而罔有擇言在躬。'"

惟克天德,自作元命,配享在下。"王曰:"嗟! 四
方司政典獄,非爾惟作天牧?今爾何監?非時伯
夷播刑之迪,

《緇衣》:"《甫刑》曰:'播刑之不迪。'"注:"不,衍字。"

其今爾何懲?惟時苗民匪察于獄之麗,罔擇吉
人,觀于五刑之中,惟時庶威奪貨,斷制五刑,以亂
無辜。上帝不蠲,降咎于苗,苗民無辭于罰,乃絶
厥世。"王曰:"烏呼! 念之哉! 伯父、伯兄、仲叔、
季弟、幼子、童孫,皆聽朕言,庶有格命。今爾罔
不由慰曰勤,爾罔或戒不勤。天齊于民,俾我
一日,

《後漢書》楊賜上封事曰:"夫善不妄來,災不空發。王者
心有所惟,意有所想,雖未形顔色,而五星以之推移,陰陽爲其
變度。以此而觀,天之與人豈不符哉?《尚書》曰:天齊乎人,
假我一日。是其明徵也。"玉裁按:"于民"作"乎人"、"俾"作
"假",此今文《尚書》也。賜通《尚書桓君章句》即歐陽《尚書》

也。吴才老《書裨傳攷異》引"假我一日",《玉海》《藝文志攷》引"天齊乎人,假<sub>今本誤'俾'</sub>。我一日"。古文《尚書》"假"作"俾",而《釋文》云:"俾,馬本作矜。矜,哀也。"僞孔傳"俾我"句絶,楊賜"假我一日"爲句,乖異不同如此。

　　"曰勤",《釋文》作"日月"字,云:"人實反,一音曰。<sub>當作'越'</sub>。"《正義》作"子曰"字,云:"言曰,我當勤之。"<sub>王鳳喈云:"孔傳:'今汝無不用安自居,曰當勤之。'按曰:'當勤'之下文所謂徒念戒而不勤也。孔本本作'日'字,今定作'曰',唐石經作'日',非。"</sub>

## 非終惟終,在人。爾尚敬逆天命,以奉我一人。雖畏勿畏,雖休勿休。惟敬五刑,以成三德。

　　《漢書·宣帝紀》五鳳三年詔曰:"《書》不云乎:雖休勿休,祇事不怠。"師古曰:"《周書·吕荆》之辭。"玉裁按:"惟敬五荆,以成三德"八字作"祇事不怠"四字。"祇""敬"同義,"德""怠"聲同部也,蓋今文《尚書》之駮異如此。僞古文"祇勤于德,夙夜不怠"就"祇事不怠"演之。

　　又按:《外戚傳》上採劉向、谷永之言報許皇后曰:"《書》又曰:'雖休勿休,惟敬五刑,以成三德。'"則知"祇事不怠"櫽栝之詞耳。

## 一人有慶,兆民賴之,其寧惟永。"

　　《緇衣》:"《甫荆》曰:'一人有慶,兆民賴之。'"

　　《大戴禮·保傅篇》:"《書》曰:'一人有慶,兆民賴之。'"

　　《孝經·天子章》:"《甫荆》云:'一人有慶,兆民賴之。'"

　　《襄十三年左氏傳》:"《書》曰:'一人有慶,兆民賴之,其寧惟永。'"

## 王曰:"吁! 來,

《釋文》:"馬作'于'。于,於也。"玉裁按:"於"音"烏",歎
詞。"于"訓"於",有兩義,而音分焉,詞助則衣魚切,歎詞則哀
都切,今音如此分別,古音不尒也。《墨子·尚賢下篇》作
"於"。

## 有邦有土,告爾詳荆。

《周禮·大宰》注、《大司寇》注皆引"度作詳荆,以詰四
方",兩《正義》皆云:"詳,審。"《漢書·敘傳》:"威實輔德,荆亦
助教,季世不詳,背本爭末。"師古曰:"不詳,謂不盡用荆之理。
《周書·吕荆》曰:'告爾詳荆。'"《後漢書》劉愷曰:"非先王詳
荆之意也。"章懷注云:"《尚書》曰:'有邦有土,告汝詳荆。'鄭
玄注云:'詳,審察之也。'"《後漢書·孝明帝紀》:"永平三年詔
曰'詳荆慎罰,明察單辭'。十三年制曰'詳荆理冤,存恤孤
寡'。"王仲宣《從軍詩》"司典告詳荆",李善注引《尚書》:"王
曰:'有邦有土,告爾詳荆。'"玉裁按:合數條觀之,知古文、今
文、鄭本、孔本皆作從言之"詳",顔籀、李善之注可證也。古
"詳""祥"多通用,蓋僞孔本亦作"詳"而讀爲"祥",後徑改作
"祥",如"鳥"讀爲"島",後徑改作"島",非也,今更正。又按:
《史記·周本紀》作"祥"者,淺人所改也。《尚書釋文》當有分
別孔、鄭之語,而開寶中删之。

"邦",《史記》作"國",凡今文《尚書》多作"國",凡古文
《尚書》多作"邦"也。

## 在今爾安百姓,何擇非人? 何敬非荆? 何度非及?

《墨子·尚賢下篇》:"於先王之書《吕荆》之書然,王曰:

'於！來！有國有土，告女訟荆。在今而安百姓，女何擇言人？何敬不荆？何度不及？'能擇人而敬爲荆，堯舜禹湯文武之道可及也。是何也？則以尚賢及之。"玉裁按："訟荆"，"公荆"也。古"訟""公"通用。"言人"當是"吉人"之譌，謂"何擇非吉人乎"，蒙上"苗民罔擇吉人"言之。墨子説"何度非及"似近是。王、孔之注，乃皮傅《史記》"何居非其宜"爲説。"何居非其宜"，此恐今文《尚書》之駁異，非以"宜"訓"及"也。

《潛夫論·本政篇》："《書》曰：'爾安百姓，何擇非人？'"

《後漢書·馮衍傳》注引《周書·小開篇》"汝何敬非時，何擇非德"，此《逸周書》文也，明汪文盛刊本不誤，而俗本妄改爲《吕荆篇》，致有摭爲《吕荆》佚句者。

## 兩造具備，師聽五辭。

《史記》"兩造具備"，徐廣曰："造，一作遭。"玉裁按：作"遭"者，今文《尚書》也。以《大誥》"造天役"王莽作"遭"證之，《史記》本作"遭"，淺人用古文《尚書》改爲"造"，而徐中散不憭。

《漢書·王尊傳》曰："美陽女子告假子不孝，曰：'兒常以我爲妻。'尊曰：'律無妻母之法，聖人所不忍書，此經所謂造獄者也。'"晉灼曰："歐陽《尚書》有此造獄事也。"按：造獄事未知見何篇，姑記於此。

## 五辭簡孚，正于五荆。五荆不簡，正于五罰。五罰不服，正于五過。

"孚"，《周本紀》作"信"，以故訓字代之也。

## 五過之疵：惟官、惟反、惟内、惟貨、惟來。

《釋文》曰："來，馬本作'求'，云：'有求請賕也。'"玉裁按：官者，畏其高明也。反者，不畏而矯枉過正也。此二者，疵之冣甚者也。内者，女謁行也。貨者，苞苴行也。來者，謂雖非女謁、苞苴而請託於其閒也。“來”“求”，字異訓同。

## 其罪惟均，其審克之。

《漢書‧刑法志》元帝初立，乃下詔曰：“《書》不云乎‘惟荆之恤哉’，其審核之。”兼采《堯典》《吕荆》二篇也。“克”“核”古音同在第一部，蓋古文《尚書》作“克”，今文《尚書》作“核”也。“克”當爲“核”之假借，僞孔訓“能”，非。

## 五荆之疑有赦，五罰之疑有赦，其審克之。簡孚有衆，惟貌有稽，

《説文》十三篇《糸部》云：“緢，旄絲也。从糸苗聲。《周書》曰：‘惟緢有稽。’”玉裁按：“緢”之本訓爲“旄絲”。旄，牛尾絲也。《尚書》本作“緢”，孔安國以今文字讀之。審爲“貌”之假借，乃更爲“貌”字，如《周官經》“故書作某”“何人讀作某”，自鄭注時已改從讀作之字，而非故書之字矣，《説文》所載《尚書》奇文異畫正同此。《説文》多存壁中之舊文，而《尚書》則多從安國。已下諸儒所讀孔傳雖僞，亦多舊説。《釋文》《正義》不言馬、鄭説。“惟貌”有異解也，近來株守《説文》者大略皆如説“坩淫于家”爲“私姦服舍”之比矣。

《周本紀》“惟訊有稽”，此今文《尚書》也。《集解》引孔安國“惟察其貌”之云，如風馬牛不相及。或謂説古文家何不讀爲“訊”而讀爲“貌”也？曰：“訊”與“緢”音絶不類，今文與古文或彼此絶異。《史記》云：“孔氏有古文《尚書》，安國以今文

讀之,因以起其家。"非謂以伏生《尚書》讀之也,謂以今字,通其假借之法、故訓之理,《漢書》作"以今文字"讀之,學者可以無惑矣。

## 無簡不聽,具嚴天威。

《周本紀》"聽"作"疑",此今文《尚書》之異;"具"作"共",則故訓也,"具"訓"俱","俱"訓"共"。

## 墨辟疑赦,其罰百鍰,閱實其罪。

《説文》十四篇《金部》曰:"鋝,十一<sub>各本無'一',今補。</sub>銖二十五分銖<sub>各本無'銖',今補。</sub>之十三也,從金寽聲。《周禮》曰:'重三鋝。'北方<sub>俗本此下有'以'字,小徐及《六書故》無。</sub>二十兩爲三<sub>各本無'三',依東原先生補。</sub>鋝。"又曰:"鍰,亦<sub>各本無'亦',今補。</sub>鋝也。《周書》曰:'罰百鍰。'<sub>'周',小徐本誤'虞'。</sub>"

玉裁按:今文《尚書》作"率",或作"選",或作"饌";古文《尚書》作"鍰"。《史記·周本紀》"百率""五百率""千率",此依今文《尚書》也。徐廣曰:"率,音刷。"《索隱》曰:"舊本'率'亦作'選'。"攷《漢書·蕭望之傳》曰:"《甫刑》之罰,小過赦,薄罪贖,有金選之品。"《尚書大傳》曰:"一饌六兩。""率"與"選""饌"皆雙聲,今刻《尚書大傳》作"鐉"者誤也。《周禮·職金》正義云:"夏矦、歐陽説墨罰,疑赦其罰百率,古以六兩爲率。古《尚書》説百鍰,鍰者,率也,一率十一銖廿五分銖之十三也。百鍰爲三斤。鄭玄以爲古之率多作鍰。"玉裁按:此蓋出《五經異義》。今文《尚書》作"率",古文《尚書》作"鍰"。今文《尚書》説率重六兩,古文《尚書》説鍰重十一銖二十五分銖之十三。其字其説皆異也。古文家説"鍰"即"率"者,比合伏生

《尚書》言之耳。馬季長云："賈逵説俗儒以鋝重六兩。俗儒者,謂歐陽、夏矦。"即《大傳》之"一饌六兩"也。鄭、孔、王及《小爾雅》以"六兩"訓"鍰",此用今文《尚書》説説古文《尚書》也。馬季長、許叔重則用古《尚書》説,謂"鍰"即《考工記》之"鋝"字。馬注《考工記》曰："鋝,量名,當與《吕荆》'鍰'同。"見《尚書正義》、《史記·周本紀》索隱。此許謂"鍰"即"鋝"之所本也。

《釋文》引《説文》："鍰,六鋝也。"向疑六字贗耳,《六書故》引蜀本李易冰《廣説文》曰："鍰,六鋝也。"又知古本有如此者。蓋"六"乃"亦"字之誤,謂《尚書》之"鍰"亦即《考工記》之"鋝"也。

又《説文》："北方二十兩爲三鋝。""北方"上當有"一曰"二字,此别一義也。

鄭君《尚書注》云："鍰,六兩也。"此見《釋文》,而集鄭注者皆不採,其故以《釋文》下文有云："賈逵説俗儒以鋝重六兩,俗儒謂歐陽、夏矦也。"謂鄭必不用俗儒説,而不知馬、鄭、王注《書》之用歐陽、夏矦説者多矣。鄭注《尚書大傳》云"死罪出鐵三百七十五斤",即六兩之説。

《釋文》云："《爾雅》説'鍰六兩'者,謂《小爾雅》也。"《小爾雅》云："二十四銖曰兩,兩有半曰捷,倍捷曰舉,倍舉曰鋝,鋝謂之鍰。"按:以《考工記》之"鋝"、古文《尚書》之"鍰"聯合爲一,此出於馬季長。於此可證《小爾雅》之僞。

《釋文》引馬云："賈逵説俗儒以鋝重六兩,此'鋝'當是'鍰'之誤,賈逵説古文《尚書》語也。《周官》'劍重九鋝',俗儒近是。"按:馬云"鍰"即"鋝",故引《周官》以明歐陽、夏矦六兩説是也。鄭司農注《冶氏》云："鋝,讀如刷。'如'字,俗本作'爲'字,誤。"應劭注《蕭望之傳》:“選音刷。”按:“鋝”“率”“選”“饌”四字雙聲,則“鍰”讀“書還切”而爲一字,但季長始爲是説,前此未嘗爾也。

小顔注《蕭望之傳》云:“選字本作鋝,鋝即鍰也,其重十一銖廿五分銖之十三,一曰重六兩。”按:張敞自用今文家六兩説,不當兼用古文家十一銖有零説爲之注。且“選字本作鋝,鋝即鍰也”,此乃依馬融説牽合,非《漢書》本作“鋝”也。

馬注蓋兼用古、今二説,故《釋文》兼引之。

戴先生説,鋝當爲六兩,鍰當爲十一銖二十五分銖之十三。《吕刑》字當作“鋝”。説詳《考工記圖》。

## 劓辟疑赦,其罰惟倍,閱實其罪。

“惟倍”,《周本紀》作“倍灑”,此今文《尚書》之異也。“灑”當讀如“釃酒”之“釃”,即倍蓰也。徐廣曰:“灑,一作蓰,五倍曰蓰。”玉裁按:“五倍曰蓰”,此本《孟子》趙注。其實《書》之“倍蓰”、《孟子》之“倍蓰”、《史記》之“倍灑”,三字同在支歌,古音相近,謂倍之而又不止於倍也。“差”是正字,趙注直以下文云“十百千萬”,故少於十而曰五倍,肊説也。《史記》“劓”“臏”二項蓋本皆作“倍灑”,與古文異。後人於“臏”改從古文作“蓰”而“劓”則仍其舊。

## 荆辟疑赦,其罰倍差,閱實其罪。

凡古文《尚書》“荆”字,今文《尚書》作“臏”。《史記·周本紀》:“臏辟疑赦,臏罰之屬五百。”《尚書大傳·虞夏傳》:“唐虞象刑,墨者、劓者、臏者、犯大辟者。”《周傳·甫荆》:“其荆臏,其荆宫,其荆劓,其荆墨,其荆死。”《漢書·荆法志》:“髕罰之屬五百。"《白虎通》:"臏辟之屬五百。"《公羊》疏引《元命包》:"臏辟之屬五百。"攷《周禮·司刑》注及《尚書大傳注》,皆云周改"臏"作"刖",而《駁異義》云皋陶改"臏"爲"剕",《吕刑》有"剕",周改"剕"爲"刖"。亦見《公羊》疏。鄭云"皋陶改臏爲剕,《吕刑》有剕"者,此據古文《尚書》言之;云"周改剕爲刖"者,此據《周禮·司刑》言之。臏者,《白虎通》云:"脱其臏也。""剕",《説文》作"跸",云:"朏也。""刖",《説文》作"朏"。許、鄭皆云"斷足也"。然則臏與剕異制,剕與刖制同而異字耳。鄭云"皋陶改臏爲剕",謂改其制;云"周改剕爲刖",謂改其名。但皋陶既改臏爲剕,夏刑用之,不識今文《尚書》何以作"臏"字,蓋賓聲、非聲相關通,如"朏""蠙"同字之比。伏生教於齊魯之閒誤作"臏"字,失其實也。

## 宮辟疑赦,其罰六百鍰,閲實其罪。

"六百",《周本紀》作"五百",張守節《正義》從之,此今文《尚書》之别本也。

## 大辟疑赦,其罰千鍰,閲實其罪。墨罰之屬千,劓罰之屬千,剕罰之屬五百,宮罰之屬三百,大辟之罰,其屬二百,五刑之屬三千。

《周本紀》"剕"作"臏"。《漢書·刑法志》:"穆王命甫矦度時作刑,以詰四方。墨罰之屬千,劓罰之屬千,髕罰之屬五百,宮罰之屬三百,大辟之罰其屬二百:五刑之屬三千。"《白虎通·五刑篇》曰:"五刑之屬三千:大辟之屬二百,宮辟之屬三百,臏辟之屬五百,劓墨辟之屬各千。"玉裁按:班用今文《尚書》作"臏",與《史記》《漢書》同。俗本作"剕辟"者,淺人以古文《尚書》改之也，觀上文皆作"臏"可證，下文"臏者脱其臏也"，俗本亦改爲"腓者"，朱文游、吴槎客所藏小字本皆不誤。《公羊春秋·襄廿九年》疏："《元命包》云：'墨劓辟之屬各千，臏辟之屬五百，宫辟之屬三百，大辟之屬二百。列爲五刑，罪次三千。'"玉裁按：此與今文《尚書》合。《周禮·司刑》注云："周改臏作刖，夏刑大辟二百，臏辟三百，宫辟五百，劓墨各千。周則變焉，所謂刑罰世輕世重也。"《正義》曰："夏刑以下，據《吕刑》而言。《吕刑》：'腓辟五百，宫辟三百。'今此云：'臏辟三百，宫辟五百。'此乃轉寫者誤，當以《吕刑》爲正。"玉裁按：鄭君此注，獨從今文《尚書》作"臏"，鄭意謂夏刑實用臏，至周乃改刖，今文得其實，古文乃用周制説夏政耳，與《駁異義》不符。

《史記·周本紀》曰："甫矦言於王，作修刑辟。王曰：'吁，來，有國有土，告爾汝祥刑。在今爾安百姓，何擇非其人，何敬非其刑，何居非其宜與？兩造具備，師聽五辭。五辭簡信，正於五刑。五刑不簡，正於五罰。五罰不服，正於五過。五過之疵，官獄内獄，閲實其罪，惟鈞其過。五刑之疑有赦，五罰之疑有赦，其審克之。簡信有衆，惟訊有稽。無簡不疑，共嚴天威。黥辟疑赦，其罰百率，閲實其罪。劓辟疑赦，其罰倍灑，閲實其罪。臏辟疑赦，其罰倍差，閲實其罪。宫辟疑赦，其罰五百 <sub>徐廣曰："一作六。"</sub>率，閲實其罪。大辟疑赦，其罰千率，閲實其罪。墨罰之屬千，劓罰之屬千，臏罰之屬五百，宫罰之屬三百，大辟之罰其屬二百：五刑之屬三千。'命曰《甫刑》。"

上下比罪，無僭亂辭。勿用不行，惟察惟法，其審克之。上刑適輕，下服。下刑適重，上服。

《後漢書・劉般傳》劉愷曰：“《尚書》曰：上荆挾輕，下荆挾重。”章懷注：“今《尚書・呂荆篇》曰：‘上荆適輕下服，下荆適重上服。’謂二罪俱發，原其本情，須有虧减，故言適輕適重。此言挾輕挾重，意亦不殊，與今《尚書》不同耳。”玉裁按：愷所用，今文《尚書》也，以“策”字隸多爲“筞”例之，“適”之爲“挾”恐亦類此。

## 輕重諸罰有權，荆罰世輕世重。

《荀卿・正論篇》：“荆稱罪，則治；不稱罪，則亂。故治則荆重，亂則荆輕，犯治之罪固重，犯亂之罪固輕也。《書》曰‘荆罰世輕世重’，此之謂也。”《後漢書・應劭傳》駁陳忠湣尹次、史玉議，曰：“夫時化則荆重，時亂則荆輕，《書》曰‘荆罰時輕時重’，此之謂也。”

## 惟齊非齊，有倫有要。

《荀卿・王制篇》曰：“先王惡其亂也，故制禮義以分之，使有貧富貴賤之等，足以相兼臨者，是養天下之本也。《書》曰：‘維齊非齊。’此之謂也。”

## 罰懲非死，人極于病。非佞折獄，惟良折獄。

王伯厚《藝文志攷》説漢世諸儒所引《尚書》異字曰：“罰懲非死，佞極于病。”“佞”與“人”古同部同音，如《國語》“佞之見佞，果喪其田”。“佞”“田”爲韵。《大戴禮・公冠①篇》祝雍辭曰：“使王近於民，遠於佞。”“民”“佞”爲韵。《左氏春秋》“佞夫”，《公羊》作“年夫”。此蓋漢人所引今文《尚書》也，今未檢得出何書。

————————

①公冠：據李文，當作“公符”。

罔非在中,察辭于差,非從惟從,哀敬折獄。

徐幹《中論·賞罰篇》:"賞罰不可以疎,亦不可以數;不可以重,亦不可以輕。先王思中以平之,而不失其節。《書》曰:'罔非在中,察辭於差。'"

《尚書大傳》:"子曰:聽訟雖得其情,必哀矜之,死者不可復生,斷者不可復續也。《書》曰:'哀矜哲獄。'"《漢書·于定國傳》贊曰"于定國父子哀鰥哲獄"。玉裁按:"矜""鰥"古同音互借,借"矜"爲"鰥",亦借"鰥"爲"矜",班書字作"鰥"而訓"哀矜",顔注非也。應劭曰:"哲,智也。"《文選》庾元規《讓中書令表》李注引《尚書》:"哀矜折獄,明啓刑書。"《孔叢子》雖僞書,而作"哀矜折獄",疑僞孔本固作"矜"。傳釋"矜"爲"敬",而衛包因依傳改經耳。

明啓刑書胥占,咸庶中正。其刑其罰,其審克之。獄成而孚,輸而孚。其刑上備,有并兩刑。"王曰:"烏呼! 敬之哉! 官伯族姓,朕言多懼,朕敬于刑,有德惟刑。今天相民,作配在下,明清于單辭。民之亂,罔不中聽獄之兩辭,無或私家于獄之兩辭。獄貨非寶,惟府辜功,

"辜功"之"功",孔訓爲"事",則其字蓋當作"公"。《詩·天保》《靈臺》傳、《采蘩》《七月》箋皆云:"公,事也。"《七月》"上入執宮公",定本誤作"宮功",此"功"字蓋亦"公"之遭改者。

報以庶尤。

《説文》三篇《言部》曰:"訧,罪也。從言尤聲。《周書》曰:

'報以庶訧。'"王伯厚《藝文志攷》説漢世諸儒所引《尚書》異字"報以庶訧",今未檢得出何書。

永畏惟罰,非天不中,惟人在命。天罰不極,庶民罔有令政在于天下。"王曰:"烏呼! 嗣孫,今往何監? 非德于民之中,尚明聽之哉? 哲人惟荆,無疆之辭,屬于五極。咸中有慶,受王嘉師,監于兹詳荆。"

"詳荆"見前。

魏三體石經遺字見於洛陽,蘇望氏所刻洪景伯《隸續》所載者,名曰《左傳》,實有《尚書》"五荆惟瀀,罰非死其差人兩并寶在命天",皆《吕荆》之文也。"荆"作"刭"者,古文叚借。"亂"作"🐛"、"兩"作"𠟼"、"死"作"𣦵",皆見《説文》。"寶"作"傸"、"差"作"𢾭",則未詳。

# 古文尚書撰異卷三十

## 文矦之命第三十　　**周書**

王若曰:"父義和,

　　《釋文》曰:"義,本亦作誼。"日本山井鼎《七經考文》云:"足利古本經文'義'作'誼'。"玉裁按:《尚書》別本"義"皆作"誼",如《洪範》"遵王之誼"、《吕荆》"鴟誼"、《大甲》"不誼習與性成"皆是也,鄭司農注《周禮》云:"古者書'儀'但爲'義'。"今時所謂"義"爲"誼",好古者用此説改《尚書》"義"字耳。

　　《正義》曰:"鄭君讀'義'爲'儀'。'儀''仇'皆訓匹也,故名仇字儀。"

丕顯文武,克慎明德,昭升于上,

　　洪景伯《隸續》載皇祐癸巳洛陽蘇望氏所刻魏三體石經《左傳》遺字。玉裁按:中有《大誥》《吕荆》《文矦之命》遺字,謂皆《左氏》者,誤也。其十九行、廿行、廿一行、廿二行多《文矦之命》字,"邵""昭"連文,以"邵"爲"昭"之古文也。《汗簡·卪部》曰:"邵,昭字也,見石經。"然則作《汗簡》者曾見三體石經,而三體石經以"邵"爲"昭",於古假借必有據。

《史記・晉世家》作“昭登於上”。班固《典引》曰“昭登之績”，蔡邕注云：“《尚書》曰：‘昭登于上。’”此今文《尚書》也。如“升鼎耳而牑”，《史記》《漢書》皆作“登鼎耳”。凡古文作“升”，凡今文作“登”也。鄭注《喪服篇》云：“布八十縷爲升，升字當爲登，今之禮皆以登爲升，<small>此句當作‘以升爲登’，謂用‘升’字代‘登’字。</small>俗誤已行久矣。”然則二字古通用。

## 敷聞在下，

班固《典引》：“昭登之績，匪堯不興。鋪聞遺策，在下之訓，匪漢不弘。”玉裁按：今文《尚書》作“登”“鋪”，古文《尚書》作“升”“敷”。“鋪聞”即“敷聞”也。《書》以文武爲上、平王爲下，班以堯爲上、漢爲下，此今文《尚書》説也。“興”“弘”爲韵，“厥道”下屬，李善絶句誤也。

## 惟時上帝，集厥命于文王。亦惟先正，克左右昭事厥辟，越小大謀猷罔不率從，肆先祖懷在位。

《谷永傳》：“永待詔公車，對曰：經曰：‘亦惟先正克左右。’未有左右正而百官枉者也。”師古曰：“《周書・君牙》之辭也。”玉裁按：僞古文《君牙》永所不見，永正引《文侯之命》耳。僞《君牙》“亦惟先王之臣克左右”，俗本“王”作“正”，小顏記憶之誤，使學者疑，不可不正。

“越”，魏三體石經篆作“粵”。

## 烏呼！閔予小子

《釋文》曰：“予，如字，又音與。”按：音“與”乃古音也。

## 嗣，造天丕愆，

“造”字，王、孔皆訓“遭”，此必今文《尚書》作“遭”，故用以注古文也。於《大誥》《吕荆》知之。

珍資澤于下民，侵戎我國家純，即我御事，罔或耆壽，俊在厥服，

　　“即”，各本誤作“既”，今訂正。敨開成石經作“即”，王氏鳳喈云：“傳及疏亦皆言‘即’。”日本山井鼎《七經敨文》據彼土古本亦爲“即”。《漢書•成帝紀》鴻嘉元年詔曰：“《書》不云乎：‘即我御事，罔克耆壽，咎在厥躬。’”文穎曰：“此《尚書•文侯之命》篇中辭也，言我周家用事者，無能有耆老賢者，使國之危凶，罪咎在其用事者也。”王裁按：此今文《尚書》也，“或”作“克”、“俊在厥服”作“咎在厥躬”爲異。按：文穎注云“耆老賢”者，疑《漢書》“耆壽”下、“咎在”上本有“俊”字。

予則罔克。曰：‘惟祖惟父，其伊恤朕躬。’烏呼！有績予一人，永綏在位。

　　《晉世家》曰：“周作《晉文侯命》：‘王若曰：父義和，丕顯文武，能慎明德，昭登於上，布聞在下，維時上帝集厥命于文武。恤朕身，繼予一人永其在位。’”

父義和，女克昭乃顯祖，女肇荆文武，

　　“肇”，各本作“肇”，俗字也。唐石經不誤。“女”，魏三體石經篆、隸皆作“女”，知今本作“汝”之誤。

用會紹乃辟，追孝于前文人。女多修，扞我于艱，若女，予嘉。”

　　《説文》三篇《攴部》曰：“敔，止也。从攴㫃聲。《周書》曰：‘敔我于艱。’”玉裁按：“敔”“扞”古今字。《衆經音義》引《説文》：“捍，止也。”又引《説文》：“扞，止也。”蓋謂“捍”“扞”皆即

“敃”之別體。今《説文·手部》：“扝，㧘①也。”《莊子釋文》引
《説文》：“扝，抵也。”

王曰：“父義和，其歸視爾師，寧爾邦。用賚爾秬
鬯一卣，

《説文》六篇《貝部》曰：“賚，賜也。从貝來聲。《周書》曰：
‘賚尒秬鬯。’”玉裁按：“尒”“爾”，古今字。《手部》引《攷工
記》“掔尒”亦是也。五篇《鬯部》曰：“鬱或从禾作秬。”疑壁中
古文當是作“鬱”，《説文》經轉寫易爲“秬”耳。

彤弓一，彤矢百，旅弓一，旅矢百，馬四匹。

《尚書正義》作“旅”。“旅”字凡六見，且曰：“彤字从丹，
旅字从玄，故彤赤旅黑也。”據此則可知《尚書》經文、傳文皆本
作“旅”，今經、傳皆作“盧”者，未知孔氏《正義》本與陸氏《釋
文》本所據有異，抑陸氏本亦作“旅”，天寶三載改作“盧”，《音
義》中“旅”字爲宋開寶中所删也。凡訓“黑”之字作“黸”，見
於《説文解字》，經、傳多假“盧”爲之，如《定四年公羊傳》何休
注作“盧弓”、《王莽傳》作“盧弓矢”是也。楊子《法言·五百
篇》“彤弓黸矢”，此用字與《説文》合者也。“黸”之異體作
“旅”，僖二十八年、文四年《左氏傳》皆云“旅弓矢千”，其字
從玄旅省聲，而非古字也。古音“旅”“盧”無魚模斂侈之别，
如“盧”即盧聲可證。古字假“旅”爲“黸”，魏三體石經遺字
之存於洪氏者，《文矦之命》篇有“文矦王若在下事厥辟粵小
女克昭前文歸視乃一旅荒寧”廿餘字，而誤系之《春秋傳》，其

---

“[illegible]”“旅”二文,一篆一隸,即“盧弓”“盧矢”之“盧”字也。魏時邯鄲淳、衞敬矦諸家,去漢未遠,根據尚精,蓋《左氏》冣多古文,《音義》云“玈本或作旅”,此正古本之善,轉以爲非。《小雅·彤弓》音義亦云“玈,本或作‘旅’字者,非”,此皆陸之疏爾。“玈”之字,魏人石經隸體不用,則起於魏以後,昧於假“旅”之恉而改從玄旁爲傅合也。《説文》無“玈”字。《正義》云《説文》“彤从丹”“玈从玄”,似《説文》有“玈”字者,誤也。

《周禮·司弓矢》疏云:“《文矦之命》,賜之彤弓、玈弓。”

張揖《廣雅·釋器》訓“黑”之字凡廿有九,而有“驢”無“玈”,則魏時無“玈”字,信也。無“玈”字者,以“驢”包之。

向作《六書音均表》,言音轉、音變,古平仄不同今韵三條,音轉不具論,如“旅”之代“驢”,猶《史記·魯世家》“魯”之代“旅”,知古模音皆同魚音也。“旅”不必上聲,“驢”不必平聲,故可相代,故云古平上爲一類、去入爲一類也。

魏石經三字佚其一,要其古文必“[illegible]”字也。

父往哉!柔遠能邇,惠康小民,無荒寧。簡恤爾都,用成爾顯德。”

# 古文尚書撰異卷三十一

## 秦誓第三十一　　周書

公曰:"嗟！我士,聽無譁！

《白虎通·號篇》:"《尚書》曰,公曰:'嗟。'公謂秦伯也。"

予誓告女群言之首。古人有言曰:'民訖自若是多盤,責人斯無難,惟受責俾如流,是惟艱哉。'我心之憂,日月逾邁,若弗員來。

山井鼎《考文》:足利古本"無"作"亾",下"無他技"同。

《正義》曰:"逾,益。邁,行也。員,即云也。言日月益爲疾行,竝皆過去,如似不復云來。"據《正義》知,經文本作"員來",傳以"云"釋"員"作"云來",故《正義》曰"員,即云也",衞包依之,改"員"爲"云",猶《洪範》改"圍"爲"驛"。唐孝明詔改古文爲今文,本屬庸妄,衞包不能諫証,曲意從之,概以同音訓釋之字改經字,何《尚書》之多厄也。《困學紀聞》曰:"周益公云:唐賦多用'員來'。讀《秦誓》正義,知今之'云'字乃'員'之省文。"益公猶未悟"云"系衞改,作《正義》時經文作"員",唐人自依經用"員來"字,若經文本作"云",則《正義》不可通矣。《尚書音義》當有"員音云"之語，又經開寶中刪去。益公時，《釋文》原本蓋已不可得矣。下文"雖則云然"本亦作"員"，師古《韋賢傳》注引正作"員"，説之曰："員與云同。"師古時未經衞改也。《詩·鄭風》"聊樂我員"，《釋文》："員，本亦作云。"《小雅》"昏姻孔云"，《釋文》："云，本又作員。"《商頌》"景員維河"，箋曰："員，古文云。"此謂古文以"員"字爲"云"字也。淺人改之曰"古文作云"，似有一本古文《毛詩》作"景云維河"者，失之萬里。

## 惟古之謀人，則曰未就予忌。

《説文》十篇《心部》曰："惎，毒也。从心其聲。《周書》曰：'來就惎惎。'"玉裁按：小徐本同。"來"字當是"未"字之誤。"惎惎"之上當脱"予"字，而下"惎"字之下當有脱文，如"圛，升雲半有半無""聖，疾惡也""莫席，纖葋席也"，皆引《書》而釋之，與其字之本義不必合。攷"惎"字在《左氏傳》有訓"毒"者，如"惎閒王室""惎澆能戒之"是也；有訓"教"者，如"惎之脱扃"、《西京賦》"天啓其心，人惎之謀"是也。"教"之訓，則"惎"與"諅"同。"毒"之訓，則"惎"與"忌"略同。《説文》蓋當作："《周書》曰：'未就予惎。'惎，教也。"而脱誤歟？"惎""忌"同部同音，壁中作"惎"，説古文者讀爲"諅"，"忌"蓋"諅"之省歟，未必如孔訓也。

## 惟今之謀人，姑將以爲親。雖則員然，尚猷詢茲黄髮，則罔所愆。

《漢書·韋賢傳》師古注云："《秦誓》曰：'雖則員然，尚猶詢茲黄髮，則罔所愆。'"《漢書·李尋傳》師古注引《秦誓》：

"雖則員然,尚猶詢茲黃髮,則罔所愆。"玉裁按:今本"員"皆作"云",衛包改也。《李尋傳》注"愆"作"愆",唐初本從籀文也。劉向《新序·襍事五》:"《書》曰:'黃髮之言,則無所愆。'"王伯厚《漢藝文志攷》引之。

《秦本紀》:"乃誓於軍,曰:'嗟! 士卒,聽無譁,余誓告汝。古之人謀黃髮番番,則無所過。'"

## 番番良士,旅力既愆,我尚有之;仡仡勇夫,射御不違,我尚不欲。

《釋文》:"'仡仡',馬本作'訖訖',云:'無所省録之皃。'"

《説文》八篇《人部》曰:"仡仡,勇壯也,《周書》曰'仡仡勇夫'是也。"

## 惟戔戔善諞言,俾君子易辭,我皇多有之。

《説文》三篇《言部》曰:"諞,便巧言也。从言扁聲。《周書》曰:'戔戔善諞言。'"《論語》曰:"友諞佞。"《釋文》:"諞,馬本作'偏',云:'少也。'辭約指明,大辨佞之人。按:'指'今本譌'損'。"

《説文》十二篇:"戔,賊也。从二戈。《周書》曰:'戔戔巧言。'"玉裁按:《歺部》:"殘,賊也。"是"戔""殘"同也。《周易》"束帛戔戔",《子夏傳》作"殘殘"。引《周書》者,《秦誓》今文也。《秦誓》"戔戔善諞言",《説文·言部》引之,馬季長本及枚氏本同,此古文《尚書》也。今文《尚書》作"戔戔靖言"。《春秋·文公十二年公羊傳》曰:"惟諓諓善竫言,俾君子易怠,而況乎我多有之? 惟一介斷斷焉無他技,其心休休,能有容。"何注:"諓諓,淺薄之貌。竫,猶撰也。"劉向《九歎》曰:"讒人諓譾,孰可愬兮?”王逸注:“譾譾,讒言貌。”引《尚書》“譾譾諍言”。《漢書·李尋傳》曰:“昔秦穆公説譾譾之言,任仡仡之勇。”《説文》無“譾”字,蓋治經者加“言”㫄於“戔”耳。先儒多言《公羊》子夏弟子受經於子夏,而其所偁《尚書》,則與伏生今文合。漢人多習今文,故引“譾譾諍言”。“戔”與“譾”、“靖”與“諍”古同音通用。

　　《史記·三王世家》齊王策云:“俾君子怠。”用《秦誓》語,與《公羊》合。然則作“辭”者古文,作“怠”者今文也。石經、今文《尚書》“無皇曰,今日耽樂”作“毋兄曰”,“則皇自敬德”作“則兄曰”。“兄”即今“况”字,與“我皇多有之”作“况乎我多有之”合。然則作“皇”者古文,作“况”者今文也。徐彦疏引戴宏《序》云:“子夏傳公羊高,高傳子平,平傳子地,地傳子敢,敢傳子壽。至漢景帝時,壽乃共弟子齊人胡毋子都,箸於竹帛。”然則此傳成於伏生《書》已出之后,戴宏之言可信,非公羊高成之也。《周書》曰“戔戔”,句絶,下當云“戔戔,巧言也”,如引《商書》“曰圛”,下文云“圛者,升雲半有半無”。后人轉寫,脱去複出之“戔戔”字併“也”字,非“巧言”爲“諍言”之駁文也。《賈逵外傳》注曰:“譾譾,巧言也。”《公羊音義》。許用侍中説釋《書》也。“戔戔”,何氏“淺薄”之訓近是。《廣雅·釋訓》曰:“譾譾,善也。”馬季長曰:“截截,辭語截削省要也。”僞孔傳訓“截截”爲“察察”,似皆緣詞生訓。“戔”與“截”平入雙聲,脂元同入。《公羊釋文》曰:“譾,徐遘在淺反,又子淺反,又音賤。戔,大徐昨千切。”

　　“圛”訓“回行”,《周書》之“圛”訓“升雲半有半無”,“聖”爲古文“坖”。“坖”訓“以土增大道”,《虞書》之“聖”訓“疾惡"、去聲。"戔"訓"賊"也,《周書》之"戔戔"則訓"巧言",文瀾正等。古經之字不盡同本義,蓋叚借在其中矣。

又按:《越語》范蠡曰:"又安知是諓諓者乎?"韋注:"諓諓,巧辯之言。"此注與賈、許合。陸氏所引《外傳》,賈注當亦謂《越語》。《説文序》曰:"其偁《易》,孟氏;《書》,孔氏;《詩》,毛氏。"此蓋舉其多者,而言未可泥也。如《言部》引"諓諓,善論言"是用孔氏古文,《戈部》引"戔戔"則伏生《書》也。又如《人部》引"方救倳功"是孔氏古文,《辵部》引"旁逑屖功"則伏生《書》也。凡古文作"方",今文多作"旁"。又如《永部》引"江之永矣",此《毛詩》也;又引"江之兼矣",此《韓詩》也。《韓詩》"江之漾矣"見《文選》注,從氵,誤也。又如,既引"江有汜",復引"江有湄",此亦必一毛一韓。

《尚書大傳》:"皇於聽獄乎。"此假"皇"爲"矧況"字也。《公羊傳》"而況乎我多有之",此假"況"爲"皇暇"字也。"皇"與"況"互相假借也,"而況乎我多有之"猶言"而何暇我多有之"也。孔傳"皇"訓"大",非。

《公羊·文十二年傳》"俾君子易怠",注:"易怠,猶輕惰。"玉裁按:"易怠"叠字也。"易"讀如《素問》《解㑊》之"㑊"。疏云:"易爲怠惰。"非是。《史記·三王世家》齊王策曰:"義之不圖,俾君子怠。"亦用今文。

《息夫躬傳》曰:"昔秦繆公不從百里奚、蹇叔之言,以敗其師,悔過自責,疾詿誤之臣,思黄髮之言。"按:"詿誤"二字無理,"諓諓"二字之誤也。息夫用今文《尚書》。

# 昧昧我思之,如有一介臣,

《釋文》:"介,馬本作介。"此不可通,當是"馬本作砎"。

《周易·豫》六二："介于石。"《釋文》："介,古文作砎。""古文",謂費氏古文《易》也。"砎"即《説文》之"硈"字,"石堅也"。《爾雅》:"硈,固也。"馬云:"一砎①,耿介,一心端愨者。""一心端愨",正謂"堅磬"。《集韵·十六怪》:"砎,硬也。"《孟子》曰"柳下惠不以三公易其介",是《尚書》"一砎"之誼。

## 斷斷猗

《説文》十四篇《斤部》曰:"斷,截也。从斤𢇍。𢇍,古文絶。"又曰:"𢇍,古文斷,从𠧡。𠧡,古文叀字。《周書》曰:'詔詔猗無它小徐作"佗",大徐作"他"。技。'"又曰:"𢇍,亦古文。"

"猗",《大學》引《秦誓》作"兮"。《禮記正義》曰:"'兮'是語辭。古文《尚書》'兮'爲'猗',言有一介之臣,其心斷斷猗猗然專一,與此本異。"玉裁按:此據孔傳也。孔傳:"斷斷猗猗然專一。"俗本脱一"猗"字便不可讀,而作《尚書正義》者不達其意,云"猗者,足句之辭",引《大學》及《詩》"河水清且漣猗",於理則然,而非孔説也。孔説"猗猗,美盛皃"與"猗狔""旖旎"義同,故《釋文》曰:"猗,於綺反,又於宜反。"不云"胡雞反",是陸氏以前未誤也。

## 無他技,

《釋文》:"他,本亦作它。"《大學釋文》作"它"。

## 其心休休焉,其如有容。

《公羊傳》曰:"惟一介,斷斷焉無他技,其心休休,能有容。"

①砎:本作"介",段君改作"砎"。

人之有技,若己有之;人之彦聖,

> "彦",《禮記·大學》注曰:"彦,或作盤。"玉裁按:"盤"與"般"同,大也。庚元威説,《三倉》,賈升郎記《彦均》爲下卷。彦,"盤"音。《集韵·二十六桓》:"彦,蒲官切,大也,常也。"

其心好之,不啻如自其口出。是能容之,

> "是",《大學》作"寔"。古"是""寔"通用,同部同音也。

以保我子孫,黎民亦職有利哉!

> 《論衡·刺孟篇》:"《尚書》曰:'黎民亦尚有利哉!'"玉裁按:此今文《尚書》也。"子孫"上屬,"黎民"下屬,斷句依此爲長,《正義》非也。

人之有技,冒疾以惡之;

> "冒",《大學》作"媢",是也。古文從省,假借。

人之彦聖,而違之俾不達,

> "達",《大學》作"通"。凡古文《尚書》"達"字,今文《尚書》作"通",如《禹貢》《顧命》等篇皆可證。《大學》同於今文《尚書》也。

是不能容,以不能保我子孫黎民,亦曰殆哉!

> 《禮記·大學篇》:"《秦誓》曰:'若有一个《釋文》作"个",《正義》作"介"。臣,斷斷兮無它技,《釋文》作"它",俗本作"他"。其心休休焉,其如有容焉。人之有技,若己有之。人之彦聖,鄭注:"彦,或作盤。"其心好之,不啻若自其口出,寔能容之。以能保我子孫黎民,尚亦有利哉!人之有技,媢疾以惡之。人之彦聖,而違之俾不通,寔不能容,以不能保我子孫黎民,亦曰殆哉!'"

邦之杌隉,曰由一人;邦之榮懷,亦尚一人之慶。”

　　《説文》十四篇《㠯部》曰:“隉,危也。从㠯从毁省。徐巡以爲隉,凶也,賈侍中説,隉,瀳度也。班固説,隉,不安也。《周書》曰‘邦之阢隉’。讀若‘虹蜺’之‘蜺’。”玉裁按:《後漢書·杜林傳》云:“沛南徐巡始師事衛宏,後更受林學。林於西州得桼書古文《尚書》一卷,以傳衛宏、徐巡,於是古文遂行。”“隉,凶也”,此巡之説《秦誓》也,巡之説《尚書》凡兩見於許書。賈侍中説“隉,瀳度也”,蓋亦説《秦誓》也。侍中受古文《尚書》於塗惲,撰歐陽、大小夏矦《尚書》、古文《尚書》同異,集爲三卷。“隉”與“㠯”雙聲音近,達以爲於六書屬假借,故訓爲法度。如其説,則“杌”字連“隉”爲文,當是法度建立兀然之意。班固,字孟堅,右扶風安陵人,范史偁其學不爲章句,舉大義而已,而固曾爲《白虎通》及《離騷章句》,皆訓詁詳明。今《白虎通》雖殘缺而尚存,《離騷章句》已亾。然如“不變曰醇,不襍曰粹”“田三十畝曰畹”,見於劉逵、張載所引者猶可攷證。“隉”訓“不安”,許君及僞孔傳皆本之也。《尚書》“杌”从木,《説文》無此字,惟《手部》有“扤”字,訓“動也”,與《詩·正月》毛傳合。《方言》亦云“儔,謂之扤”,謂船動也。然則《尚書》“杌”字从木當爲从手之誤,若《左氏傳》“檮杌”,許書作“檮柮”者,與“危”訓無涉也。許君引《周書》,又从㠯作“阢”,許書經轉寫歲久,此或因下“隉”字从㠯而上字依寫,古籍如是者多矣,其原書或作“兀”、作“扤”,未可知也。讀若“虹蜺”之“蜺”,攷許書《雨部》“霓”訓“屈虹”、《虫部》“蜺”訓“寒蜩”,此或許書本然,或後人轉寫所改,蓋因“虹”字从虫,輒作“霓”字亦依寫也。《梁書·王筠傳》:“沈約作《郊居賦》示筠,筠讀至‘雌霓五的翻。連踡’，沈撫掌欣抃，曰：‘僕嘗恐人呼爲霓。五兮翻。’”據許讀“陒”如“霓”，是“霓”之讀入聲漢時已然。但“五的”“五兮”，史有此注，今之錫韵、齊韵也。“霓”從雨兒聲，兒聲字在支韵，由支而析入齊入聲。陌麥昔錫，陸法言以爲庚耕清青之入，實支齊佳之入也。“霓”字平音，“五兮”入音，“五的”是爲舊音，《集韵》錫韵内有此字者，爲是《廣韵》錫韵不收，僅見於屑韵，非也。許讀如“霓”，當依錫韵讀之。大徐依《唐韵》“五結切”，非是。

《白虎通·號篇》：“《尚書》曰：‘邦之榮懷，亦尚一人之慶。’”

# 古文尚書撰異卷三十二

## 書序第三十二　　周書

　　《釋文》云：“馬、鄭之徒百篇之序，總爲一卷。”《正義》云：“作敘者不敢厠於正經，故謙而聚於下。”玉裁今依馬、鄭之舊。

**昔在帝堯，聰明文思，光宅天下。將孫于位，讓于虞舜，作《堯典》。**

　　自“曰若稽古帝堯”至“陟方乃死”是也。古文《尚書》與今文同。

　　《公羊春秋·莊元年》：“夫人孫于齊。”傳曰：“孫，猶孫也。”疏云：“凡言‘孫’者，孫遁自去之辭。今此言‘孫’與《尚書序》云‘將孫於位，讓於虞舜’義同，故言‘孫，猶孫也’。”《左氏》疏取其説，亦云“帝堯孫位”。按此知《序》本作“孫”，淺人改爲“遜”，又或删《釋文》“孫”字音義耳，作《公羊》疏者所據不誤也。

**虞舜側微，堯聞之聰明，將使嗣位，厯試諸難，作《舜典》。**

　　《玉篇·人部》“微”字下：“《書》云：‘虞舜側微。’微，賤也。”

《集韵·八微》曰:"傲,賤也。或引《虞書》'舜側傲'。"玉裁按:此謂《玉篇》也。今《集韵》板本誤从亻。

趙岐注《孟子》曰:"孟子時《尚書》凡百二十篇,逸《書》有《舜典》之敘,亾失其文。孟子諸所言舜事皆《舜典》及逸《書》所載。"按:《舜典》,今本《孟子注疏》誤爲《堯典》,《萬章》篇中所言舜事,趙疑皆在《舜典》及他逸篇中。玉裁按:《舜典》之敘即"虞舜側傲"云云也。"亾失其文",謂敘存而文則放佚也。趙注《孟子》所引皆今文《尚書》。古文卅四篇未曾得見,則廿四篇之不得見更可知也。

閻氏百詩曰:"古文《舜典》別自有一篇與今《書》析《堯典》而爲二者不同,余嘗妄意'舜往于田,祇載見瞽瞍'與'不及貢,以政接于有庳'等語,安知非《舜典》之文乎?又父母使舜完廩一段文辭,古崛不類《孟子》本文,《史記·舜本紀》亦載其事,其爲《舜典》之文無疑,然要可爲心知其意者道耳。"玉裁按:趙氏注《孟子》早刱斯論,惟百詩不知"堯"字乃"舜"字之誤,故云爾。

《尚書正義》曰:"鄭玄於伏生二十九篇之内,分出《盤庚》二篇、《康王之誥》,又《泰誓》三篇,爲三十四篇。更增益二十四篇爲五十八。二十四篇者,鄭注《書序》:《舜典》一、《汨作》二、《九共》九篇十一、《大禹謨》十二、《益稷》十三、《五子之歌》十四、《胤征》十五、《湯誥》十六、《咸有一德》十七、《典寶》十八、《伊訓》十九、《肆命》二十、《原命》二十一、《武成》二十二、《旅獒》二十三、《冏命》二十四,此二十四爲十六卷,以《九共》九篇共卷,除八篇,故爲十六,故《藝文志》、劉向《別錄》云五十八篇。《藝文志》又云:'孔安國者,孔子後也,悉得其書,以古文又多十六篇。'篇即卷也。鄭注

《書序·舜典》云'入麓伐木',注《五子之歌》云'避亂於洛
汭',注《胤征》云'胤征臣名',注《禹貢》引《胤征》云'厥篚
玄黄,昭我周王',注《咸有一德》云'伊陟臣扈曰',注《典寶》
引《伊訓》云'載孚在亳',又曰'征是三朡',注《旅獒》云'獒
讀曰豪,謂是酋豪之長'。又古文有《仲虺之誥》《大甲》《説
命》等,見在而云亡,其《汩作》《典寶》一十三篇,見亡而云已
逸,是不見古文也。"玉裁按:所謂二十四篇者,即劉歆、班固
所謂十六篇也。云《汩作》《典寶》等一十三篇者,謂《汩作》
《九共》《典寶》《肆命》《原命》也,鄭於二十四篇皆云已逸,而
《正義》獨言此十三者,謂《舜典》《大禹謨》《棄稷》《五子之
歌》《胤征》《湯誥》《咸有一德》《伊訓》《武成》《旅獒》《冏
命》十一篇,《舜典》入《堯典》中,與其餘十篇皆見存,但不置
博士。鄭謂之"逸",猶未爲誤也。《正義》未知十一篇者別有
真贋①,而非枚書十三篇者,皆存祕府而非亡物。鄭謂二十四
篇爲逸篇,顓然可信。孔沖遠信枚疑鄭,此大繆也。

　　鄭以有目無書者謂之"亡",有書而不立學官者謂之"逸",
分別甚明。

## 帝釐下土,方設居方,別生分類,作《汩作》、《九共》九篇、《槀飫》。

　　按孔傳言"舜理四方諸侯",則《釋文》云"讀至方字絶句"
是也。孔釋《尚書》多以"四方"釋"方"字,詳《雒誥》。《廣雅》
云:"方,大也。"則"方"字當下屬,釋爲"大設居方"。

　　汩,治也,音曰。

---

①贋:原作"鼎"。

鄭云:"《汨作》逸,《九共》九篇逸。"

《釋文》曰:"衆家經文並盡此,惟王注本下更有'《汨作》《九共》,故逸'。'故'亦作'古'。"玉裁按:此謂王本經文多六字,非王注也。不言《舜典》者,正謂《舜典》未逸也。此蓋僞孔書已行之後,或識王本如此,而誤屬入於經。

《尚書大傳·虞夏傳》曰:"《書》曰:'予辯下土,使民平平,使民無敖。'"系之《九共》。《殷傳》曰:"《書》曰:'施章乃服明上下。'"系之《帝告》。《書曰》:"高宗梁闇,三年不言。"系之《説命》。按:《九共》在古文爲"逸《書》",《帝告》《説命》在古文爲"亾《書》",伏生誦習百篇,述其所記憶如此。

據僞孔傳"稾,勞也",《正義》云:"《左傳》言犒師者,以師枯槁,用酒食勞之。"則唐石經作"稾"爲是。"稾"即"枯槁"字也,今注、疏、《釋文》版本作"稾",从禾非是。

鄭云:"《稾飫》亾。"

# 皋陶矢厥謨,禹成厥功,帝舜申之,作《大禹》《皋陶謨》《棄稷》。

《釋文》曰:"矢,本又作夭。謨,字又作暮。"

玉裁按:"大禹"之下當是脱一"謨"字。鄭云:"《大禹謨》逸。"

《皋陶謨篇》自"曰若稽古皋陶"至"俞往欽哉"皆是也,與今文《尚書》同。

鄭云:"《棄稷》,逸。"《尚書·益稷》正義曰:"馬、鄭、王所據《書序》此篇名爲《棄稷》,又合此篇於《皋陶謨》,皆由不見古文妄爲説耳。"玉裁按:作僞者割分《皋陶謨》"帝曰來禹"之下爲《益稷》,因"暨益""暨稷"之文,易"棄"爲"益"。閻氏百詩曰:"《法言》云:'或問忠言嘉謨,曰:言合稷契之謂忠,謨合皋陶之謂嘉。'若稷契無一遺言,子雲何以遽立此論?於此知,《棄稷》真篇子雲得見之矣。"

## 禹別九州,隨山濬川,任土作貢。

《釋文》曰:"貢,字或作贛。"玉裁按:"任土作貢"之下疑當有"作《禹貢》"三字。

## 啓與有扈戰于甘之野,作《甘誓》。

《史記·夏本紀》:"有扈氏不服,《史記正義》曰:'《地理志》云:"鄠縣,古扈國,有户亭。"《訓纂》云:"户、扈、鄠,三字一也,古今字不同耳。"'玉裁按:'《訓纂》'者,姚察《漢書訓纂》也。啓伐之,大戰于甘,將戰,作《甘誓》。"

## 太康失邦,昆弟五人須于雒汭,作《五子之歌》。

《釋文》曰:"汭,本又作内。"

鄭云:"《五子之歌》,逸。"

王逸注《離騷》曰:"《書序》曰:'太康失國,昆弟五人須于雒汭。'此逸篇也。"玉裁按:趙岐、王逸輩皆知有逸篇矣。

《夏本紀》曰:"帝太康失國,昆弟五人須于雒汭,作《五子之歌》。"

《楚語》:"士亹曰:'堯有丹朱,舜有商均,啓有五觀。'"韋注曰:"五觀,啓子,大康昆弟也。觀,雒汭之地。《書序①》曰:'大康失國,昆弟五人須于雒汭。'傳曰:'夏有觀、扈。'"玉裁按:《五子之歌》,惠氏定宇《古文尚書考》據《左氏傳》、《外

---

①序:原脱,今補。

傳》、《離騷》、《周書·嘗麥解》、王符《潛夫論》、韋昭《國語注》
證枚頤書之僞矣。竊謂《墨子》作"武觀"、《楚語》作"五觀"，
"武"即"五"也。以《左傳》"斟灌"《夏本紀》作"斟戈氏"、<sup>今本</sup>
<sub>"斟氏戈氏"衍一"氏"字。</sub>"若干"或言"若柯"、"桓表"讀如"和表"
例之，"歌"即"觀"也，"五子之歌"即"五觀"也。"之歌"蓋謂
往觀地，觀地即雒汭，韋語取爲明確，約之曰"五觀"，詳之曰
"五子之歌"，謂"五子"爲"五觀"，或省"五"言"觀"，皆以國名
之也。"五子"必非五人，汲郡古文云"放王季子武觀于西河"，
云"季子"則一人也。《序》言"五人"猶經言"五子"也。古文
又云"武觀以西河畔"，然則觀地不在西河。<sub>猶微子封宋、康叔封衞，</sub>
<sub>微、康不在宋衞。</sub>漢東郡觀縣非雒汭觀地也，"觀"之爲"歌"，猶
"甫"之爲"呂"、"柴"之爲"胙"，作僞者泥於"歌"字，敷演五
章，《尚書》不當以詩歌名篇，固不待辨而自明者。

　　《墨子·非樂篇》云："於《武觀》曰：'啓乃<sub>惠氏定字曰："乃"當作</sub>
<sub>"子"。</sub>淫溢康樂，野于飲食，將將銘莧<sub>未詳，江氏叔澐曰："當作筧。"</sub>磬以
力，湛濁于酒，渝食于野，萬舞翼翼，章聞于大，<sub>惠曰："當作'天'。"</sub>天
用弗式。'"按：此《五子之歌》真篇之辭也。《武觀》者，《尚書》
逸篇之名。"武"即"五"，"觀"即"歌"也。

　　或問："子言五子非有五人，其如《潛夫論》云'兄弟五人皆
有昏德'何？"應之曰：王氏未見《紀年》，但據舊籍認是五人耳。
如三老五更非有三人五人也，且《水經注·巨洋水篇》云："《國
語》曰：'啓有五觀，謂之姦子，五觀蓋其名也。所處之邑，其名
曰觀。'"善長謂五爲人名，觀爲邑名，亦可證余説之非妄矣。
"五觀蓋其名也"，此"觀"字衍文。

　　韋昭但云："五觀，啓子，太康昆弟也。"《史記·魏世家》正

義曰:"太康第五弟之所封也,夏衰,滅之矣。"《元和郡縣志·觀城》下同。

## 羲和湎淫,廢時亂日,胤往征之,作《胤征》。

鄭云:"《胤征》,逸。"

《正義》卷二曰:"胤征,臣名。"此贗"征"字,《史記·夏本紀》集解可證也。

《夏本紀》曰:"帝仲康時,羲和湎淫,廢時亂日,胤往征之。作《胤征》。"

《正義》曰:"鄭注《禹貢》《書序》引《胤征》云:厥篚玄黃,昭我周王。"郭注《爾雅》引逸《書》:"釗我周王。"

## 自契至于成湯八遷,湯始居亳,從先王居,作《帝告》《釐沃》。

鄭云:"《帝告》,亾。《釐沃》,亾。"

《史記·殷本紀》曰:"成湯自契至湯,八遷,湯始居亳,從先王居,作《帝誥》。"《索隱》曰:"一作'告',上言'從先王居',故作《帝告》。"玉裁按:"告"即"嚳"字也。孔傳謂:"契父帝嚳,都亳湯,自商丘遷亳,故曰從先王居。"

《尚書大傳·殷傳·帝告》:"《書》曰:'施章乃服明上下。'"按:此《帝告》之佚文也。

## 湯征諸矦,葛伯不祀,湯始征之,作《湯征》。

鄭云:"《湯征》,亾。"

《孟子·滕文公篇》:"《書》曰:'葛伯仇餉。'""《書》曰:'徯我后,后來其無罰。'"趙注皆云《尚書》逸篇文。玉裁按:此《湯征》篇之文決可知者,作僞者誤系之《仲虺之誥》矣。趙氏不云"亡《書》"而云"逸《書》"者,趙不見中古文,於亡與逸不能如鄭之區分也。

《殷本紀》曰:"湯征諸矦,葛伯不祀,湯始伐之。湯曰:'予有言,視水見形,視民知治不。'伊尹曰:'明哉,乃進。君國子民爲善者,皆在王官,勉哉勉哉。'湯曰:'女不能敬命,予大罰殛之,無有攸赦。'作《湯征》。"

# 伊尹去亳適夏,既醜有夏,復歸于亳,入自北門,乃遇女鳩、女方,作《女鳩》《女方》。

鄭云:"《女鳩》,亡。《女方》,亡。"

《殷本紀》曰:"伊尹去湯適夏,既醜有夏,復歸于亳,入自北門,遇女鳩、女房,作《女鳩》《女房》。"

《釋文》云:"《帝告》《釐沃》《湯征》《女鳩》《女方》,此五亡篇,舊解是《夏書》,馬、鄭之徒以爲《商書》。"按:此《釋文》當在《女鳩》《女方》之後,今單行《釋文》本系之《釐沃》之下,注、疏本系之經文《湯征》《女鳩》《女方》之前,殊不可解,用此知刪改《釋文》者全不求其文義。《正義》曰:"鄭《序》以爲《虞夏書》二十篇、《商書》四十篇、《周書》四十篇,《帝告》《釐沃》《湯征》《汝鳩》《汝方》於鄭玄爲《商書》。"

# 湯既勝夏,欲遷其社,不可,作《夏社》

鄭云:"《夏社》,亡。"

《殷本紀》:"湯既勝夏,欲遷其社,不可,作《夏社》。"玉裁按:《本紀》次《湯誓》《典寶》之後,與《書序》不同。

# 《疑至》《臣扈》。

鄭云:"《疑至》,亡。《臣扈》,亡。"

伊尹相湯伐桀，升自陑，遂與桀戰于鳴條之野，作《湯誓》。

《正義》曰：“孔以《湯誓》在《夏社》前，於百篇爲第二十六。鄭以爲在《臣扈》後，第二十九。”

《周語》內史過曰：“在《湯誓》曰：‘余一人有罪，無以萬夫。萬夫有罪，在予一人。’”韋注：“今《湯誓》無此言，則散亾矣。”

《墨子·尚賢篇》：“《湯誓》曰：‘聿求元聖，與之勠力同心，以治天下。’”

夏師敗績，湯遂從之。遂伐三朡，俘厥寶玉。誼伯、仲伯作《典寶》。

鄭云：“《典寶》，逸。”

《釋文》曰：“誼，本或作義。”按：《古今人表》：義伯、中伯。

《殷本紀》曰：“湯伐桀，作《湯誓》。桀犇於鳴條，夏師敗績，湯遂伐三㚈，俘厥寶玉，義伯、仲伯作《典寶》。”

按：《正義》舉鄭注《書序》：“《湯誥》十六、《咸有一德》十七、《典寶》十八、《伊訓》十九。”據此則《典寶》在《咸有一德》之後、《伊訓》之前，而《正義》說百篇次第孔、鄭不同，但舉《湯誓》《咸有一德》《蔡仲之命》《周官》《秦誓》五篇，不舉《典寶》，用此知《正義》所舉次第不同者，尚未備也。但據二十四篇次第，知《典寶》在《咸有一德》後、《伊訓》前，而百篇次第《伊訓》之前尚有《明居》，未知鄭本《典寶》在《明居》後，抑在《明居》前也，姑從孔本。

湯歸自夏，至于大坰，仲虺作誥。

鄭云：“《仲虺之誥》，亾。”

《殷本紀》曰:"湯歸,至于泰卷,《索隱》曰:'鄒誕生"卷"作"詷①",又作"洞",則"卷"當爲"坰",與《尚書》同。其下有"陶"字者,是衍。解《尚書》者以大坰今定陶是也,舊本或訁記其地名,後人轉寫,遂衍斯字。'玉裁按:'卷''坰'雙聲,不必改字。《正義》云:'陶,古銘反。'則誤謂'卷'爲衍字也。中壘作誥。《索隱》曰:'仲虺二音。壘,一作壘,音如字,《尚書》又作"虺"也。'"

《春秋·襄十四年左傳》中行獻子曰:"仲虺有言曰:'亂者取之,亡者侮之。'"下言"推亡固存,國之道也"乃承上文而釋之。《襄三十年》鄭子皮曰:"《仲虺之志》云:'亂者取之,亡者侮之。'"下言"推亡固存,國之利也"亦承上文而釋之。《宣十二年》隨武子曰:"仲虺有言曰:'取亂侮亡。'"此騾栝八字爲四字,下文"兼弱也"三字武子釋《書》也。《墨子·非命上》:"於《仲虺之告》曰:'我聞于夏人,矯天命布命于下,帝伐之惡,龔喪厥師。'"《非命中》:"於先王之書《仲虺之告》曰:'我聞有夏人,矯天命布命于下,帝式是惡,用闕師。'"《非命下》:"《仲虺之告》曰:'我聞有夏人,矯天命于下,帝式是增,用爽厥師。'"《孫卿子·堯問篇》吳起諫魏文矦,述楚莊王之言曰:"其在中蘬之言也,曰:'諸矦自爲得師者王,得友者霸,得疑者存,自爲謀而莫己若者亡。'"玉裁按:此皆作僞《仲虺之誥》者所本也。

## 湯既黜夏命,復歸于亳,作《湯誥》。

鄭云:"《湯誥》,逸。"

《殷本紀》曰:"既絀夏命還亳,作《湯誥》:維三月,王自至於東郊,告諸矦群后:'毋不有功於民,勤力迺事,予乃大罰殛女,毋予怨。'曰:'古禹、皋陶久勞于外,其有功乎民,民乃有

---

安。東爲江,北爲濟,西爲河,南爲淮,四瀆已修,萬民乃有居。后稷降播,農殖百穀。三公咸有功于民,故后有立。<sub>徐廣曰:"一作土。"</sub>昔蚩尤與其大夫作亂百姓,帝乃弗予,有狀,先王言不可不勉。'曰:'不道,毋之在國。<sub>徐廣曰:"之,一作政。"</sub>女毋我怨,以令諸侯。'"玉裁按:此或從孔安國問而得之,或從他采録,皆未可知,如《九共》《帝告》佚句,甄綜於伏生也。

## 伊尹作《咸有一德》。

鄭云:"《咸有一德》,逸。"

《正義》曰:"孔以《咸有一德》次《太甲》後,第四十。鄭以爲在《湯誥》後,第三十二。"玉裁按:《殷本紀》"伊尹作《咸有一德》",亦在成湯時,次《湯誥》後,孔系之太甲時,誤也。

《禮記·緇衣篇》:"《尹吉》曰:'惟尹躬及湯,咸有一德。'《尹吉》曰:'惟尹躬天,見于西邑夏,自周有終,相亦惟終。'"鄭注曰:"吉,當爲告。告,古文誥。<sub>句絶。</sub>字之誤也。《尹告》,伊尹之誥也,《書序》以爲《咸有一德》。<sub>句絶。</sub>今亡。"玉裁按:"以爲《咸有一德》"者,《記》曰"《尹誥》",《書序》則謂之"《咸有一德》"也,以四字適相合知之也。是篇本逸,而云"今亡"者,蓋逸篇十六,故有此篇,至康成時亡之,如《武成》逸篇建武之際亡,然則馬、鄭亦未嘗全見十六篇也,作僞者以《緇衣》前二語系之本篇以後,三語系之太甲。

## 咎單作《明居》。

鄭云:"《明居》,亡。"

《殷本紀》曰:"咎單作《明居》。"

成湯既没，大甲元年，伊尹作《伊訓》《肆命》《徂后》。

　　鄭云：“《伊訓》，逸。《肆命》，逸。《徂后》，亾。”

　　《殷本紀》云：“帝太甲元年，伊尹作《伊訓》，作《肆命》，作《徂后》。”《孟子·萬章篇》：“《伊訓》曰：‘天誅造攻自牧宫，朕載自亳。’”《漢書·律歷志》曰：“商十二月乙丑朔旦冬至，故《書序》曰：‘成湯既没，太甲元年，使伊尹作《伊訓》。’《伊訓篇》曰：‘惟太甲元年十有二月乙丑，朔，伊尹祀于先王，誕資有牧方明。’”《尚書正義》曰：“鄭注《典寶序》引《伊訓》云：‘載孚在亳。’”下文又曰：“征是三朡。”未知亦《伊訓》語，抑爲鄭語也。玉裁按：《孟子》，劉歆所引作僞者之所本也。

大甲既立，不明，伊尹放諸桐。三年復歸于亳，思庸，伊尹作《大甲》三篇。

　　鄭云：“《大甲》三篇，亾。”

　　《殷本紀》曰：“帝太甲既立三年，不明，暴虐，不遵湯法，亂德，於是伊尹放之於桐宫，三年，伊尹攝行政當國，以朝諸侯。帝太甲居桐宫三年，悔過自責，反善。於是伊尹迺迎帝太甲而授之政，帝太甲修德，諸侯咸歸殷，百姓以寧，伊尹嘉之，迺作《太甲訓》三篇，褒帝太甲，稱大宗。”

　　《禮記·表記篇》：“大甲曰：‘民非后，無能胥以寧。后非民，無以辟四方。’”《緇衣篇》：“大甲曰：‘毋越厥命以自覆也，若虞機張，往省括于厥度則釋。’大甲曰：‘天作孽，可違也。自作孽，不可以逭。’”《孟子·公孫丑篇》：“大甲曰：‘天作孽，猶可違。自作孽，不可活。’”按：“逭”“活”音同字異。《禮記·大學篇》:“大甲曰:‘顧諟天之明命。’”

## 沃丁既葬伊尹于亳,咎單遂訓伊尹事,作《沃丁》。

鄭云:“《沃丁》,亡。”

《殷本紀》曰:“帝沃丁之時,伊尹卒,既葬伊尹於亳,咎單遂訓伊尹事,作《沃丁》。”

## 伊陟相大戊,亳有祥桑、穀共生于朝。伊陟贊于巫咸,作《咸乂》四篇。

玉裁按:經無“太”字,皆本作“大”而音“太”,衞包乃改爲“太”字,開寶中又盡删《釋文》之“大音太”,以泯其與衞包鉏鋙之迹,然《書序》“大甲”皆作“太甲”,而“伊陟相大戊”《釋文》曰“大音太”,獨幸而未删,《禹貢》“大原”“大行”“大華”皆作“太”,而楊州“大湖”音“太湖”,獨幸而未删,以其未删者僅存,則可藉以證全經之字也。

“共生”,二木合生也。或以“一暮大拱”釋之,誤矣。

鄭云:“《咸艾》四篇,亡。”

《五行志》引《書序》曰:“伊陟相大戊,亳有祥桑、穀共生。”

《殷本紀》曰:“帝太戊立伊陟爲相,亳有祥桑、穀共生於朝,一暮大拱,帝太戊懼,問伊陟。伊陟曰:‘臣聞妖不勝德,帝之政其有闕與?帝其修德。’太戊從之,而祥桑枯死而去。伊陟贊言于巫咸,巫咸治王家有成,作《咸艾》,作《太戊》。”

## 大戊贊于伊陟,作《伊陟》《原命》。

鄭云:“《伊陟》,亡。《原命》,逸。”

江氏叔澐曰:“《殷本紀》‘作《咸艾》’之下有‘作《太戊》’三字,《太戊》,篇名也,因下‘大戊贊于伊陟’叠‘太戊’字而脱,但如此則百篇之數多一篇。《殷本紀》云：'太戊贊伊陟于廟，言弗臣，伊陟讓，作《原命》。'依《史記》，則《書序》作伊陟原命，'原'者，再也，因其讓而再命之也。'伊陟原命'四字爲一篇，適得百篇之數也。"玉裁按：馬云："原，臣名。命原以禹、湯之道我所修也。"《原命》爲二十四逸篇之一，馬實親見而云然。"原命"者，命原，非命伊陟也。《史記》云"作《咸艾》""作《太戊》""太戊贊伊陟于廟"，"言弗臣，伊陟讓，作《原命》"，是《史記》脱"作《伊陟》"三字，賸"作《太戊》"三字，字數適相當，實轉寫之譌，不得緣誤立説。凡《書序》有佚其序僅存其目者，如"作《伊陟》"句絶，"原命"別爲一句，其所以"作《原命》"者未著也；"作《夏社》"句絶，"疑至""臣扈"不上屬，所以"作《疑至》《臣扈》"亦未著也。

　　《正義》卷二云："鄭注《書序》：《舜典》一、《汩作》二、《九共》九篇十一、《大禹謨》十二、《益稷》十三、《五子之歌》十四、《胤征》十五、《湯誥》十六、《咸有一德》十七、《典寶》十八、《伊訓》十九、《肆命》二十、《原命》二十一、《武成》二十二、《旅獒》二十三、《冏命》二十四。"玉裁按：《肆命》二十，山井鼎《考文》曰："宋板作'《伊陟》二十'。"古文逸篇，僅存其目，而目之互異復如此。

## 仲丁遷于囂，作《仲丁》。

　　鄭云："《仲丁》，亡。"

　　《殷本紀》："仲丁遷于隞。"

## 河亶甲居相，作《河亶甲》。

　　鄭云："《河亶甲》，亡。"

《殷本紀》：“河亶甲居相。”

## 祖乙圮于耿，作《祖乙》。

鄭云：“《祖乙》，亡。”

《殷本紀》：“祖乙遷於邢。”按：《説文》六篇《邑部》曰：“邢，鄭地有邢亭也。从邑井聲。”祖乙所遷當正是此地，此字今《史記》作“邢”，今《説文》“邢”音“賢經反”，皆非也。《集韵·三十九耿》曰：“邢，地名，通作耿。”本《史記》。

## 盤庚五遷，將治亳殷，民咨胥怨，作《盤庚》三篇。

《正義》曰：“汲冢古文云：盤①庚自奄遷于殷，殷在鄴南三十里。束皙云：‘《尚書序》：盤庚五遷，將治亳殷。’舊説以爲居亳，亳殷在河南。孔子壁中《尚書》云‘將始宅殷’，是與古文同也。《漢書·項羽傳》：‘洹水南殷墟上，今安陽西有殷。’”玉裁按：此《晉書》所謂“皙在箸作，得觀竹書，隨疑分釋，皆有義證”也，唐初尚存，今則亡矣。“與古文同”，謂與汲冢古文同也，今本注、疏誤衍作“不同”，今本《紀年》作“自奄遷於蒙北曰殷”。

《正義》曰：“此‘將治亳殷’，不可作‘將始宅殷’，‘亳’字摩滅容或爲‘宅’，壁内之書安國先得，‘始’皆作‘亂’，其字與‘治’不類，無緣誤作‘始’字，知束皙不見壁内之書，妄爲説耳。”玉裁按：此數語爲淺人妄改，不可讀。依宋槧本，云“‘治’皆作‘亂’，其字與‘始’不類，無緣誤作‘始’字”乃合。“亂”字見《汗簡》《集韵》《古文四聲韵》《群經音辨》，用此知作《正義》時原有將古篆寫成之古文《尚書》，即流傳至郭忠恕定其《釋文》、晁公武得本鐫諸石、薛季宣作《書訓》者，然其原流未可

---

①盤：原作“盤”。

信,陸氏所訶爲"穿鑿之徒務欲立異"者耳。束廣微當晉初,未經永嘉之亂,或孔壁原文尚存祕府,所説殆不虛,鄭注《尚書》或依今文讀"始宅"爲"治亳",如"徵庸三十"易爲"二十"未可知也。廣微所見壁中本作"始",而他本作"治",正與《咎繇謨篇》"始滑""治曶"相類,又可以見壁中古文"始""治"相似,斷非作"亂",或云古文《尚書》"始"作"乿",則與"亂"相似,然"始"作"乿"者亦《汗簡》云尒,無以知壁中本必然也。

《殷本紀》:"帝盤庚之時,殷已都河北,盤庚渡河南,復居成湯之故居,迺五遷,無定處,殷民咨胥皆怨,不欲徙。盤庚乃告諭諸侯大臣曰:'昔高后成湯與爾之先祖俱定天下,法則可修。舍而弗勉,何以成德?'乃遂涉河南,治亳,行湯之政,然後百姓由寧,殷道復興,諸侯來朝,以其遵成湯之德也。帝盤庚崩,弟小辛立,是爲帝小辛。帝小辛立,殷復衰,百姓思盤庚,迺作《盤庚》三篇。"

按:大史公曰"《盤庚》三篇",漢石經三篇交接處皆空一字,蓋今文《尚書》於合一之中未嘗不分別也。

《周禮·大祝》注曰:"誥謂《康誥》《般庚之誥》之屬也。"玉裁按:《左氏傳》云《般庚之誥》。

# 高宗夢得説,使百工營求諸野,得諸傅巖,作《説命》三篇。

《一切經音義》卷一曰:"衞宏《詔定古文官書》'尋''得'二字同體。《説文》:'尋,取也。'《尚書》'高宗夢尋説'是也。"玉裁按:衞宏《詔定古文官書》即孔沖遠《尚書正義》、顏師古《漢書注》引用其《序》,及韓退之所得諸李服之者,其字體僅見於玄應所引三條，曰“尋、得同體”，曰“枹、桴同體”，曰“圖、𣅀同體”。玄應引《書序》“高宗夢尋説”，今《尚書》作“得説”，蓋天寶中衞包所改也。陸氏《釋文》未嘗有“尋説”之文者，蓋宋開寶中太子中舍陳鄂所重定，非陸之舊也。玄應引《説文・見部》“尋，取也”，而不引《彳部》重文“尋，古文得字也”。竊疑許君不應一字再置，一以爲小篆，一以爲古文，且“得”下云“行有所尋也”。以“尋”訓“得”則異字矣，其下何又云“尋”與“得”同字？蓋後人據衞宏《官書》而增之歟。

　　《説文》四篇《夐部》曰：“夐，營求也。从𡸫，人在穴中。《商書》：‘高宗夢得説，使百工營求，得之傅巖。’句絕。巖，穴也。”按：營求者，規畫而求之也。“从𡸫，人在穴中”，大徐作“从𡸫，从人，在穴上”，謂舉目使人搜索至於穴中也，會意字也。引《商書》者，《書序》文也。“百工營求”之“營”，大徐作“夐”，非也。小徐注“《尚書》作營”四字恐有誤，或後人妄增之。許引《書》而釋“巖”爲“穴”，以證“𡸫人在穴中”，此證字形，非證字義，與引“百穀艸木麗于地”以釋“䕻”从艸麗，引“豐其屋”以釋“寷”从宀豐一例，淺者不知此，改“營”爲“夐”未能讀許者也。《山部》曰：“巖，岸也。”此云“巖，穴也”者，岸有穴可居，非有二訓也。“厂”字下曰：“山石之厓巖人可居。”“广”字下曰：“因厂爲屋也。”是也。

　　凡《説文》引經傳有用以説字形者，引《易》爲尤多，如引《易》曰“井者灋也”説“荆”所以从井也，引《易》“明出地上晉”説“晉”之从日也，引《易》曰“地可觀者莫可觀於木”説“相”所以从目木也，引《易》曰“豐其屋”説“寷”之从宀豐也，引《易》曰“百穀艸木麗于地”説“䕻”之从艸麗也，引《易》曰“利者義之和也"說"利"之从和省也,引《易》曰"古之葬者厚衣之以薪"說"葬"之从茻也,引《易》曰"先庚三日"說"庸"之从庚也,引《易》曰"突如其來如,不孝子突出,不容於內也"說"𠫓"之从到"子"也,引《詩》曰"六轡如絲"說"䜌"之从絲也,引《春秋》"日有食之"說"有"之从月也,引《孟子》"罔市利"說"買"之从网貝也,其他引祕書"日月"爲"易",引《淮南王》說"玄田"爲"畜",引《韓非》"倉頡作字,自營爲厶,背厶爲公",皆講字形會意之恉,非訓字義也,淺者謂爲訓字義,於是改"豐其屋"爲"寷其屋"、"麗于地"爲"麗于地",而全卦內"豐"字、"麗"字何以稱焉?

"巖",《史記》作"險"。"說",《禮記》作"兌"。

《楚語》韋注:"《書序》曰:高宗夢得說,使百工營求諸野,得之傅巖,作《說命》。"

鄭云:"《說命》三篇,亡。"

《文王世子篇》:"《兌命》曰:念終始典于學。"注:"'兌'當爲'說'。《說命》,《書》篇名,殷高宗之臣傅說之所作。"《學記篇》:"《兌命》曰:念終始典于學。"注:"'兌'當爲'說',字之誤也。高宗夢傅說,求而得之,作《說命》三篇,在《尚書》,今亡。"《學記篇》:"《兌命》曰:學學半。"《學記篇》:"《兌命》曰:敬孫務時,敏厥修,乃來。"《緇衣篇》:"《兌命》曰:惟口起羞,惟甲冑起兵,惟衣裳在笥,惟干戈省厥躬。"注:"'兌'當爲'說',謂殷高宗之臣傅說也,作書以命高宗,《尚書》篇名也。"《緇衣篇》:"《兌命》曰:爵無及惡德。民立而正。<sub>句絕。</sub>事純而祭祀,是謂不敬。事煩則亂,事神則難。"注:"'純'或爲'煩'。"按:此皆《說命》佚文也。鄭注一則言傅說之所作,一則言作書以命高宗,是三篇皆爲傅説語,與僞書異也。《禮記》六引皆作"兑","説"亦兑聲,不必謂字之誤。《尚書大傳·殷傳》:"《説命》:《書》曰:高宗梁闇,三年不言。"按:此亦《説命》之佚文也。

# 高宗祭成湯,有飛雉升鼎耳而雊,祖己訓諸王,作《高宗肜日》《高宗之訓》。

《殷本紀》曰:"武丁祭成湯,有飛雉登鼎耳而呴。"《五行志》曰:"《書序》曰:高宗祭成湯,有蜚雉登鼎耳而雊。"此今文《尚書》"升"作"登"也。

鄭云:"《高宗之訓》,亾。"

《坊記篇》:"高宗云:三年其惟不言。言乃讙。"注云:"名篇在《尚書》。"江氏叔澐謂當是此《高宗之訓》也。

《殷本紀》曰:"帝祖庚立,祖己嘉武丁之以祥雉爲德,立其廟爲高宗,遂作《高宗肜日》及《訓》。"

《尚書大傳》説《高宗之訓》,以桑穀共生事系武丁,與《殷本紀》乖異。

# 殷始咎周,周人乘黎。祖伊恐,奔告于受,作《西伯戡黎》。

按:馬、鄭本百篇之序别爲一篇,則"受"字始見於《大誓》。孔氏散百篇之序,冠其篇首,則"受"字始見於此序,故孔於此爲之傳,而《正義》所引鄭注云:"帝乙號曰受德,時人傳聲轉作紂也。史掌書,知其本,故曰'受'。"此自是《大誓》之注,《正義》牽入此處耳。凡古文《尚書》而外,今文《尚書》及他經傳皆作"紂",此鄭所以爲之説也。

殷既錯天命，微子作誥父師、少師。

　　“錯”，馬云“廢也”，則讀“倉故反”。“錯”與“措”古通用。《説文·手部》云：“措，置也。”“置”與“廢”義同，如“廢六關”即“置六關”是也。“既錯天命”，謂盡廢天命。盡廢天命者，天命盡去也。

惟十有一年，武王伐殷。一月戊午，師渡盟津，作《大誓》三篇。

　　今本“盟”作“孟”。攷《正義》曰：“孟者，河北地名，《春秋》所謂向盟是也。於孟地置津謂之孟津。”此蓋《尚書》作“盟”，與《左傳》合，故引《左氏》爲證。不爾，則當發明“盟”與“孟”古音同用之怡，此《義疏》之體例也。衛包因“盟”字音孟，乃改經文爲“孟”，以後又改《正義》，至開寶閒又改《釋文》大字作“孟”，删去小字“音孟”，以滅其迹。

　　“大”，各本作“泰”，今作“大”以還舊。攷僞孔傳云：“大會以誓衆。”王肅注云：“以大道誓衆。”則其字本作“大”可知。《正義》曰：“武誓非一，故史推義，作名《泰誓》見大會也。顧氏以爲：‘泰者，大之極也，猶如天子諸矦之子曰太子、天子之卿曰太宰，此會中之大，故稱《泰誓》也。’”據此《正義》，似顧彪當隨時經已作“泰”而以俗説解之，“大”讀爲“太”，而訓爲“大之極”，“太”與“泰”同用。此俗説也。即如大子、大宰，即冢子、冢宰。冢，大也，見《釋詁》。俗讀“大誓”爲“太誓”，因而復改作“泰誓”。《困學紀聞》曰：“‘泰誓’，古文作‘大誓’，晁氏曰，開元閒衛包定今文始作‘泰’，新經以‘交泰’爲説，真燕書哉。‘大誓’與‘大誥’同音泰者，非。”玉裁謂據《正義》引顧彪説，則作“泰”尚在彪以前,非衞包始改,王氏所謂古文者,乃宋次道家之本,晁氏所謂今文者,即衞包改本也,自天寶已後,謂衞包改本爲今文《尚書》。

《漢書·律厤志》云:“《書序》曰:惟十有一年,武王伐紂,大誓,八百諸矦會。”《律厤志》又云:“《序》曰:一月戊午,師度于孟津。”按:《志》以伐殷觀兵爲十一年事,一月戊午師度于孟津爲十三年事,似《書序》一月之上當有“十三年”三字。《志》引《書序》“大誓八百諸矦會”在“十有一年武王伐紂”之下,而不在“一月戊午師度于孟津”之下,疑今《書序》有脱誤,非劉歆、班固所據之《書序》也。然《周本紀》“九年觀兵盟津,十一年十二月戊午師畢渡盟津,作《大誓》,告于衆庶”。商之十二月即周之一月,一月即系十一年,《書序》本無脱誤,似不必過信劉歆、鄭康成説。

《周頌·思文》箋曰:“武王渡孟津,白魚躍入于舟,出涘以燎,後五日,火流爲烏,五至,以穀俱來。”《正義》曰:“此皆《尚書》文。《大誓》云:‘惟四月,太子發上祭于畢,下至于孟津之上。’注云:‘孟津,地名。’又云:‘太子發升舟,中流,白魚入於王舟,王跪取,出涘以燎之。’注云:‘白魚入舟,天之瑞也。魚無手足,象紂無助。白者,殷正也。天意若曰,以殷予武王,當待無助,今尚仁人在位,未可伐也。得白魚之瑞,即變稱王應天命定號也。涘,涯也。王出於岸上,燔魚以祭,變禮也。’又云:‘至于五日,有火自上復于下,至于王屋,流之爲鵰,其色赤,其聲䰃,五至,以穀俱來。’注云:‘五日,燎後日數。王屋,所在之舍上。流,猶變也。鵰,當爲鴉。鴉,烏也。燎後五日,而有火爲烏,天報武王以此瑞。’《書説》曰:‘烏有孝名,武王卒父業,

故烏瑞臻。赤,周之正。穀,記后稷之德。' 又《禮説》曰:'武王
赤烏穀芒,應周尚赤用兵。' 王命曰爲牟,天意若曰:'須假紂五
年,乃可誅之。' 武王即位,此時已三年矣。穀,蓋牟麥也。
《詩》云'貽我來牟'。"

《詩·大雅·文王序》正義曰:"《大誓》説,武王升册,<sub>疑</sub>
'舟'誤。稱大子得魚,即云王俯取。"

《詩·魯頌·閟宫》正義曰:"《大誓》説,十一年觀兵盟津之
時,八百諸矦皆曰:'受可伐。' 王曰:'爾未知天意,未可伐。'"

《詩·大雅·大明》正義曰:"《大誓》曰:'師乃鼓譟,前歌
後舞,格于上天下地,咸曰孜孜無怠。'"

鄭君《詩誃序》曰:"遂爲天下父母,使民有政有居。"《正
義》曰:"《大俗本作'泰',誤。誓》説,武王伐紂,衆咸曰孜孜無怠,
天將有立父母,民之有政有居。"

《詩·小雅·鴻雁》箋曰:"《書》曰:'天將有立父母,民之
有政有居。'"《正義》曰:"今《大俗本作'泰',誤。誓》文,言將有立
聖德者爲天下父母,民之得有善政有安居。<sub>按:此必引鄭注也。</sub>武
王將欲伐紂,民喜其將有安居。"

《小雅·正月》正義曰:"《尚書》曰:'天將有立民父母。'"

《詩·大明》正義曰:"《大誓》'司馬在前',王肅曰:'司
馬,大公也。'"

《禮記·檀弓上》正義曰:"《大作'泰',誤。誓》言武王伐紂,
而白魚入于王舟。"

《説文》三篇《攴部》"孜"字下曰:"孜孜,汲汲也。从攴子
聲。《周書》曰:'孜孜無怠。'"

《説文》十二篇《手部》曰:"搯,搯掐也。<sub>依小徐。</sub>从手舀聲。

《周書》曰：‘師乃搯。’搯者，抽刃以習擊刺也。依《詩釋文》引。
《詩》曰：‘左旋右搯。’”玉裁按：此引《周書》而釋之，明《周書》
“搯”不訓“掐”，如“圛者，升雲半有半無”“聖者，疾惡也”同一
文法。古音“搯”“抽”同在第三部，明此“搯”爲“抽”之假借，
又引《詩》以證之也。《詩》“清人之搯”亦訓“抽”，今本徑作
“抽”字，則以訓故字改其本字也。此所引《周書》即《尚書大
傳》“大誓之師乃慆”，鄭注《大傳》曰：“慆，喜也。”《大傳》字從
心，與從手異者，《大傳》本不與孔壁本同，許所偁者孔壁本也，
如“雖”“烏”之異。

　　《説文》十一篇《水部》曰：“涘，水厓也。从水矣聲。《周
書》曰：‘王出涘。’”

　　《周禮·大祝》疏曰：“《大誓》云，周公曰：‘都，懋哉，予聞
古先哲王之格言以下，大子發拜手稽首。’”

　　《大祝》注曰：“《書》曰：‘王動色變。’”疏曰：“按今文《大
誓》，‘得火烏之瑞，使上附以周公書，報誥於王，王動色變’。”

　　《伊耆氏》疏曰：“今文《大作‘泰’，誤。誓》：‘師尚父左杖黃
鉞，右把白旄。’”

　　《尚書正義》曰：“馬融《書序》曰：《大誓》云‘八百諸矦不
召自來，不期同時，不謀同辭’，‘火復于上，至於王屋，流爲鵰，
五至，以穀俱來’。”玉裁按：《尚書大傳》、鄭所引《禮説》、《周
本紀》、《董仲舒傳》皆作“烏”，此後得本也。馬、鄭所注皆作
“鵰”，此孔壁中本也。馬曰：“鵰，鷙①鳥也。明武王能伐紂。”
此不改字也。鄭曰：“‘雕’當爲‘雅’。雅，烏也。”此以後得之

_____

　　①鷙：底本作“鷥”，今改。

《大誓》正孔壁之《大誓》也。不云“當爲烏”者，“雕”與“雅”形略相似，故云當爲“雅”而訓“烏”也。賈逵《奏尚書疏》云“流爲烏”，《尚書正義》卷二。此蓋分析“烏”“雕”異字之語。逵所撰《歐陽夏侯〈尚書〉、古文〈尚書〉同異》三卷，唐初已不存，而奏上之疏尚存，孔沖遠得引之。

右馬、鄭、王所注所引許叔重，及孔穎達、賈公彦所引，皆古文《尚書》之《大誓》也，唐人以僞孔之《大誓》爲古文《大誓》，則不得不呼馬、鄭、王所注真古文《大誓》爲今文《大誓》，如以僞孔之二十五篇爲真古文，則不得不呼馬、鄭二十四逸篇爲張霸僞書。

《尚書大傳·周傳·大誓》：“《書》曰，唯四月，大子發上祭于畢，下至于盟津之上，鄭注：‘四月者，周四月也。發，周武王也，卒父業，故稱大子也。’乃告司徒、司馬、司空、諸節、亢才：‘予無知，以先祖先父之有德之臣、左右，小子予受先公，必力賞罰，以定厥功于先祖之遺。’大子發升于舟，中流，白魚入于舟中，跪取，出涘以燎，群公咸曰：‘休哉！’有火流于王屋，化爲赤烏三足。武王喜，諸大夫皆喜，周公曰：‘茂哉，茂哉，天之見此以勸之也，恐恃之。’”

《尚書大傳》又曰：“惟丙午，王還師，前師乃鼓鐸音符躁，《後漢書·劉陶傳》：‘武旅有鳧藻之士。’錢氏曉徵曰：‘“鳧藻”即“鼓譟”，文異義同也。《杜詩傳》“將帥和睦，士卒鳧藻”，《魏志·文帝紀》注“臣妾遠近莫不鳧藻”，亦用斯語。’師乃慆，前歌後舞。”鄭注：“慆，喜也。衆大喜，前歌後舞也。”按：此不言《書》曰而亦《大誓》文也。《大誓》既後得於民間，則伏生所無而《大傳》有其文者，蓋如鄭君之言：“生終後，張、歐陽數子各論所聞，以己意彌縫其闕也。”《大誓》不俟武帝末始出，此其一證。

《周本紀》曰："九年,武王上祭于畢,<small>馬融曰:'畢,文王墓地名也。'</small>東觀兵,至于盟津,爲文王木主,載以車,中軍,武王自稱大子發,言奉文王以伐,不敢自專。乃告司馬、司徒、司空、諸節:<small>馬融曰:'諸受符節有司也。'</small>'齊栗,信哉,予無知,以先祖有德臣,小子受先功,<small>徐廣曰:"一云:予小子受先公功。"</small>畢力賞罰,以定其功。'遂興師。師尚父號曰:<small>鄭玄曰:'號令之軍法重者。'</small>'總爾衆庶,與爾舟楫,後至者斬。'武王渡河,中流,白魚躍入王舟中,<small>馬融曰:'魚者,介鱗之物,兵象也。白者,殷家之正色,言殷之兵衆興①周之象也。'《索隱》曰:'此已下至"火復王屋爲烏"皆見《周書》及今文《泰誓》。'</small>武王俯取以祭。既渡,有火自上復于下,至于王屋,流爲烏。其色赤,其聲魄云。<small>馬融曰:'王屋,王所居屋。流,行也。魄然,安定意也。'鄭玄曰:'《書説》云,烏有孝名,武王卒父大業,故烏瑞臻。赤者,周之正色也。'《索隱》曰:'按今文《泰誓》"流爲鵰",鵰,鷙鳥也。馬融云"明武王能伐紂",鄭玄云"烏是孝鳥,言武王能終父業",亦各隨文而解也。'</small>是時,諸侯不期而會盟津者八百諸侯,諸侯皆曰:'紂可伐矣。'武王曰:'女未知天命,未可也。'乃還師歸,居二年,聞紂昏亂暴虐滋甚,殺王子比干,囚箕子。太師疵、少師彊抱其樂器而奔周。於是武王徧告諸侯曰:'殷有重罪,不可以不畢伐。<small>徐廣曰:"一作滅。"</small>乃遵文王,遂率戎車三百乘,虎賁三千人,甲士四萬五千人,以東伐紂。十一年十二月戊午,師畢渡盟津,諸侯咸會,曰:'孳孳無怠。'武王乃作《大誓》,告于衆庶:'今殷王紂乃用其婦人之言,自絶于天,毀壞其三正,<small>馬融曰:"動逆天地人也。"</small>離逷其王父母弟,<small>鄭玄曰:"王父母弟,祖父母之族,必言'母弟',舉親者言之也。"</small>乃斷棄其先祖之樂,乃爲淫聲,用變亂正聲,怡説婦人。<small>徐廣曰:"怡,一作辭。"</small>故

————————

①興:據李文,當作"與"。

今予發維共行天罰,勉哉,夫子! <small>鄭玄曰:"夫子,丈夫之稱。"</small>不可再,不可三。'" 玉裁按:此不必皆《大誓》語,以不能分別,姑全錄之。

《史記·齊世家》曰:"九年,欲修文王業,東伐以觀諸矦集否。師行,師尚父左杖黃鉞,右把白旄以誓,曰:'蒼兕蒼兕,<small>《索隱》曰:"本或作'蒼雉'。按:馬融曰:'蒼兕,主舟楫官名。'又王充云:'蒼兕,水獸,九頭。'今誓衆,令急濟,故言蒼兕以懼之。然此文上下,竝今文《泰誓》。</small>總爾衆庶,與爾舟楫,後至者斬。'遂至盟津,諸矦不期而會者八百諸矦,諸矦皆曰:'紂可伐也。'武王曰:'未可。'還師,與大公作此《大誓》。"

《漢書·董仲舒傳》:"仲舒對策曰:《書》曰:'白魚入于王舟,有火復于王屋,流爲烏。'<small>師古曰:'今文《尚書·泰誓》之辭也,謂伐紂之時有此瑞也。'</small>此蓋受命之符也。周公曰:'復哉,復哉。'" <small>師古曰:"周公視火烏之瑞,乃曰'復哉復哉'。復,報也。言周盛德,故天報以此瑞也,亦見今文《泰誓》。</small>玉裁按:此即《尚書大傳》之周公曰"茂哉茂哉"也。"復""茂"同在古音第三部,伏生、董子同一今文《尚書》而字異。又按:《武帝紀》元光元年五月,詔賢良,於是董仲舒、公孫弘等出焉,是年武帝即位財七年耳,而董子已引《大誓》,然則劉向、歆謂出武帝末者,誤也。

《漢書·終軍傳》:"白麟奇木,對曰:昔武王中流未濟,白魚入于王舟,俯取以燎,群公咸曰:休哉。對奏,上由是改元爲元狩。"按:是年武帝即位之十八年,軍引《大誓》,則不得云武帝末乃出也。

《漢書·敘傳》班伯對上曰:"《書》云:'迺用婦人之言。'" 師古曰:"今文《尚書·泰誓》之辭。"

《漢書·谷永傳》:"《書》曰:'廼用婦人之言,自絕于天。''四方之逋逃多罪是宗是長,是信是使。'"玉裁按:永此引《書》共廿五字,上十字師古曰"此今文《泰誓》之辭",下十五字師古云"亦《泰誓》之辭也",此正分別,謂此十五字非《牧誓》之辭。小顏時《大誓》見存,或譏其指《牧誓》爲《大誓》,非也。

《漢書·五行志》曰:"成帝永始二年二月癸未,夜,星隕如雨。谷永對曰:《書》云'乃用其婦人之言','四方之逋逃多罪是信是使'。"師古曰:"《周書·泰誓》也。"

《漢書·郊祀志》丞相衡、御史大夫譚奏議曰:"《大誓》曰:'正稽古立功立事,可以永年,丕天之大律。'"師古曰:"今文《泰誓》,《周書》也。"

《漢書·平當傳》當上書曰:"《書》云:'正稽古立功立事,可以永年,傳於亡窮。'"師古曰:"今文《泰誓》之辭。"

《白虎通·諫諍篇》:"《尚書》曰:'必力賞罰,以定厥功。'"

劉向《說苑》卷二:"《大誓》曰:'附下而罔上者死,附上而罔下者刑;與聞國政而無益於民者退,在上位而不能進賢者逐。'"玉裁按:《武帝紀》元朔元年,即位之十二年。有司奏議曰:"夫附下罔上者死,附上罔下者刑;與聞國政而無益於民者斥,在上位而不能進賢者退。"按:武帝即位之十二年已偁《大誓》,則非出於武帝末年又一證也。

趙岐注《孟子·離婁篇》曰:"《書》曰:'大子發上祭于畢,下至于盟津。'"

右《史記》《漢書》《白虎通》《說苑》《孟子注》所引,皆後得之《大誓》也,劉向《別錄》曰:"武帝末,民有得《大誓》書於壁内者,獻之,與博士,使讀說之,數月皆起,傳以教人。"《尚書正義》卷一。劉歆《七略》語與《別録》同，惟“讀”作“讚”。《文選》四十三注。《移書讓太常博士》曰：“《大誓》後得，博士習而讀之。”馬融《書序》亦曰《大誓》後得。鄭康成《書論》曰：“民閒得《大誓》。”按：後得之《大誓》與伏生二十八篇統爲歐陽、夏矦《尚書》，若顏師古、司馬貞所見者，則馬、鄭本之古文《大誓》，而謂之今文《大誓》者，謂僞孔《大誓》爲古文，則不得不謂真者爲今文也。

　　玉裁按：此《大誓》三篇，唐已後既亾而散見於舊籍者也。《大誓》，伏壁無之。武帝時得諸民閒，與博士讚説，傳以教人，合二十八篇，總之曰二十九篇，《藝文志》云“孔安國得古文《尚書》，以考二十九篇”是也。於伏壁二十八篇之外增爲二十九，此以知得諸民閒之《大誓》統爲一篇，如《般庚》不分爲三、《顧命》不分爲二也。大小夏矦《章句》各二十九卷，大小夏矦《解故》二十九篇，皆是也。

　　古文《尚書》出孔子壁中，亦有《大誓》而分爲三篇，合諸伏書二十八篇，析爲三十一，逸十六篇析爲二十四，共計五十八篇，是以劉向《別録》、桓譚《新論》皆云五十八篇。班氏作《藝文志》，以《武成》逸篇建武之際亾，故云古文經五十七篇。或疑孔壁無《大誓》三篇，果爾則五十八篇，五十七篇之數何以符合？馬、鄭、王何以爲之注？馬疑之而仍注之者，夫固以壁中所有合於博士所習也，馬融《書序》曰：《尚書正義》卷十一。“《大誓》後得，按其文似若淺露。又云：‘八百諸矦，不召自來，不期同時，不謀同辭。’‘及火復於上，至於王屋，流爲鵰，五至，以穀俱來，舉火。’神怪，得無在子所不語中乎？又《春秋》引《大誓》曰：‘民之所欲，天必從之。’《國語》引《大誓》曰：‘朕夢協朕卜，襲于休祥，戎商必克。'《孟子》引《大誓》曰：'我武惟揚，侵于之疆，取彼凶殘，<small>《春秋·襄卅一年》正義作"則取于凶殘"，近是。此依僞古文改耳。</small>我伐用張，于湯有光。'孫卿引《大誓》曰：'獨夫受。'《禮記》引《大誓》曰：'予克受，非予武，惟朕文考無罪。受克予，非朕文考有罪，惟予小子無良。'<small>按：此所引三'受'字，皆本作'紂'，淺人改之，《春秋·襄三十一年》正義所引，則未改也。今之《大誓》俗本《正義》誤爲'今文《泰誓》'，漢人不目此三篇，爲今文明矣。</small>皆無此語。吾見書傳多矣，所引《大誓》而不在《大誓》者甚多，弗復悉記，略舉五事以明之，亦可知矣。"王肅亦云："《大誓》近得，非其本經。"馬、王此論，本屬疑所不當疑，而僞孔氏竊取其説，乃別造《大誓》三篇以實彼之僞，凡傳記、諸子所引《大誓》語盡組綴其中，以衒此之真，枚頤上之，孔穎達疏之，於是馬、鄭、王所注真古文《大誓》遂廢，以至於亾。孔壁書五十八篇僅存三十一，伏書二十九篇仍存二十八，良由作《正義》者用孔廢鄭之故也。三篇，伏、孔正同。若孔作"鷗"、伏作"烏"、鄭注讀"鷗"爲"烏"，用今釋古，此見其字亦有異處，若三篇内無傳記、諸子所引之文，則《周書·大誓》不止此三篇之故。

　　《春秋·襄三十一年左氏傳》穆叔曰："民之所欲，天必從之。"杜注："今《尚書》亦無此文，故諸儒疑之。"《昭元年左氏傳》子羽曰："《大誓》曰：'民之所欲，天必從之。'"杜注："逸《書》。"《昭二十四年左氏傳》萇弘曰："《大誓》曰：'紂有億兆夷人，亦有離德，余有亂十人，同心同德。'"杜注："今《大誓》無此語。"《成二年左氏傳》君子曰："《大誓》所謂商兆民離，周十人同者，衆也。"《周語》單襄公曰："吾聞之《大誓》，故曰：'朕夢協于<small>明道二年本無'于'</small>。朕卜，襲于休祥，戎商必克。'"韋注：

"《大誓》,伐紂之誓也。故,故事也。"《周語》單襄公曰:"在《大誓》,曰:'民之所欲,天必從之。'"韋注:"今《周書·大誓》無此言,其散亾乎?"《鄭語》史伯對鄭桓公曰:"《大誓》曰:'民之所欲,天必從之。'"《禮記·坊記篇》:"《大誓》曰:'予克紂,非予武,惟朕文考無罪。紂克予,非朕文考有罪,惟予小子無良。'"鄭注:"《大誓》,《尚書》篇名也,今《大誓》無此章,則其篇散亾。"《管子·法禁篇》:"《大誓》曰'紂有臣億萬人,亦有億萬之心。武王有臣三千而一心'。"《孟子·滕文公篇》:"《大誓》曰:'我武惟揚,侵于之疆,則取于殘,殺伐用張,于湯有光。'"趙注曰:"《大誓》,古《尚書》百二十篇之時《大誓》也,今之《尚書·大誓篇》後得,以充學,故不與古《大誓》同,諸傳記引《大誓》皆古《大誓》也。"玉裁按:趙氏但守今文《尚書》而不見古文《尚書》,故云爾。《萬章篇》:"《大誓》曰:'天視自我民視,天聽自我民聽。'"《孫卿·議兵篇》:"《大誓》曰:'獨夫紂。'"《墨子·兼愛下》:"《大〔今本作'泰'〕誓》曰:'文王若日若月,乍照光于四方,于西土。'"《墨子·尚同下》:"於先王之書也,《大誓》之言然,曰:'小人見姦巧乃聞,不言也,發罪鈞。'"《墨子·非命上》:"於《大誓》曰:'紂夷處,不肯事上帝鬼神,禍厥先神,禔不祀,乃曰吾民有命,無廖排扁,天亦縱之棄而弗葆。'"《非命中篇》:"先王之書《大誓》之言然,曰:'紂夷之居,而不肯事上帝,棄闕其先神而不祀也,曰我民有命,毋僇其務,天不亦棄縱而不葆。'"《非命下》:"《大誓》之言也,於《去發》曰:'惡乎君子!天有顯德,其行甚章,爲鑑不遠,在彼殷王。謂人有命,謂敬不可行,謂祭無益,謂暴無傷。上帝不常,九有以亾。上帝不順,祝降其喪。惟我有周,受之大帝。'"《天志中篇》:

“《大誓今本作‘明’。》之道之，曰：‘紂越厥夷居，不肯事上帝，棄厥先神祇不祀，乃曰吾有命，無僇僎務天下，天亦縱棄紂而不葆。’”玉裁按：此皆漢時《大誓》所無也。

## 武王戎車三百兩，虎賁三百人，與受戰于牧野，作《牧誓》。

《釋文》曰：“韋昭《辨釋名》云：‘車，古皆尺遮反，從漢始有音居。’”玉裁按：近人多疑此語，不知韋時“遮”字章魚切、“車”字尺遮反即丑居切也。麻韻之音成於晉以後，晉以前無麻韻也。向以語畢氏秋帆，秋帆載其説於《釋名疏證》。

《周禮·戎僕》注：“《書序》曰：‘武王戎車三百兩。’”《車僕》注：“《書》曰：‘武王戎車三百兩。’”

《孟子·盡心篇》：“武王之伐殷也，革車三百兩，虎賁三千人。”《史記·周本紀》：“遂率戎車三百乘，虎賁三千人，甲士四萬五千人，以東伐紂。”《吕氏春秋·簡選》《貴因》二篇皆云：“武王簡車三百，虎賁三千，以要甲子之事，而紂爲禽。”《韓非子》《戰國策》皆云：“武王將素甲三千，領戰一日，破紂之國。”江氏叔澐曰：“‘三百人’當爲‘三千人’。《司馬法》曰：‘革車一乘，士十人，徒二十人。’《樂記》曰：‘虎賁之士説劍。’然則虎賁，士也。一乘十人，三百兩則三千人矣。”玉裁謂江説近是。此時《周禮》未備，不必泥於《周禮》“虎士八百人”之數。“虎賁”言其勇也，蓋周以此勇士滅殷，後因之設虎賁氏。《風俗通義·皇霸篇》：“《尚書》：‘武王戎車三百兩，虎賁八百人，擒紂於牧之野。’”與今本異。孔晁注逸《周書》，所言士卒、虎賁之數亦未審。

《釋文》曰：“牧，徐一音茂。”玉裁按：《説文》作“坶”。《字

林》"坶"音"母",徐云"牧一音茂"者,"茂"字舊讀上聲,同
"母"也。

《説文》十三篇《土部》曰:"坶,朝歌南七十里地也。从土母
聲。《周書》曰:'武王與紂戰于坶野。'"按:作"紂"者,從今文
《尚書》。《説文》引《説命》《牧誓》序,即謂之《商書》《周書》。

## 武王伐殷,往伐歸嘼,識其政事,作《武成》。

《匡謬正俗》曰:"《武成序》云:'武王伐殷,往伐歸嘼。'徐
仙民音'嘼'爲'始授反'。按《武成篇》當①云:'歸馬於華山之
陽,放牛於桃林之野。'此與《序》意相承。《説文解字》云:'嘼,
犓也。'《字林》'嘼'音'火又反','獸'字從嘼從犬,斯則六畜
字本作嘼,於後始借'養畜'字爲耳。且嘼、獸類屬不同,嘼者
人之所養,獸者是山澤所育,故《爾雅》論馬、牛、羊、豕則在《釋
畜》,論麏、鹿、虎、豹即在《釋獸》,較然可知。武王所歸放者既
是馬、牛,當依'嘼'字本音讀之,不得以作'獸'字一邊,便謂古
文省簡即呼爲'獸'。"

玉裁按:據顔監説,則知《尚書·武成序》本作"嘼",自徐
仙民讀"始售反",而衛包改作"獸"。《釋文》原本當曰:"嘼,
許救反,徐始售反,本或作獸。開寶中妄改之。"

《魏都賦》"武人歸獸而去戰",張載注云:"《尚書》曰:'往
伐歸獸。'"左、張在晉初,其本固作"獸",古渾言則"嘼""獸"
不分,析言則別。

《周本紀》:"乃罷兵西歸,行狩,記政事,作《武成》。"按:
"行狩"即"歸獸"也。古"獸""狩"通用。《淮南·覽冥訓》云:

---

① 篇當:原倒作"當篇",據文義乙正。

“狡蟲死。”高誘曰：“蟲，狩也。”漢《石門頌》云“慈蟲葬狩”，即“惡蟲獟獸”也。

鄭云：“《武成》，逸。”又云：“《武成》，逸《書》，建武之際亡。”

《律厤志》曰：“《周書·武成篇》：‘惟一月壬辰，旁死霸，武王乃朝，步自周，于征伐紂。’”又曰：“《武成篇》曰：‘粵若來三月，既死霸，粵五日甲子，咸劉商王紂。’”又曰：“《武成篇》曰：‘惟四月既旁生霸，粵六日庚戌，武王燎于周廟。翌日辛亥，祀于天位。粵五日乙卯，乃以庶國祀馘于周廟。’”玉裁按：班云向子歆作《三統厤》及《譜》以說《春秋》，推法密要，故述焉。本《志》自此以下皆述歆說也。歆時《武成》未亡，故歆偁之，若班時則《武成》已亡矣。又云：“《畢命豐刑》曰：‘惟十有二年六月庚午朏，王命作策《豐刑》。’”亦是歆所偁。

# 武王勝殷殺受，立武庚，以箕子歸，作《洪範》。

《三統厤》曰：“惟十有一年，武王伐紂，大誓，八百諸矦會，還歸，二年乃遂伐紂克殷，以箕子歸。”故《書序》曰：“武王克殷，以箕子歸，作《洪範》。”《洪範篇》曰：“惟十有三祀，王訪于箕子。”自文王受命而至此十三年。《殷本紀》曰：“武王已克殷，後二年，問箕子殷所以亡。箕子不忍言殷惡，以存亡國宜告。武王亦醜，故問以天道。”按：《史記》謂九年觀兵，十一年滅紂，作《大誓》《牧誓》《武成》《分器》，又二年爲十三年，問箕子以天道，劉歆《三統厤》則滅紂、作《洪範》皆是受命十三年一年內事。

《左傳》三引《洪範》，《說文》五引《洪範》，皆曰《商書》。《漢書·儒林傳》云：“《堯典》《禹貢》《洪範》《微子》

《金縢》諸篇。"且以《洪範》先於《微子》。按:《商書》《周書》各四十篇,今若移之,則皆非四十矣。疑《洪範》系《商書》者乃今文《尚書》,系《周書》者古文《尚書》也,左氏所據同於今文。

## 武王既勝殷,邦諸侯,班宗彝,作《分器》。

《釋文》曰:"班,本又作般。"

鄭云:"《分器》,亾。"

《殷本紀》曰:"封諸矦,班賜宗彝,作分殷之器物。"

## 西旅獻獒,大保作《旅獒》。

鄭云:"《旅獒》,逸。"

《釋文》曰:"獒,馬云作'豪',酋豪也。"《正義》曰:"鄭云:'獒,讀曰豪,西戎無君名,強大有政者爲酋豪,國人遣其酋豪獻見於周。'"玉裁按:此篇當馬、鄭時尚存於祕藏,馬、鄭得見其文,故知其訓爲"獻見酋豪"也。"獒",當是故書本作"獒",馬、鄭讀爲"酋豪",僞孔讀爲"獒犬",如"鳥夷"改"嶋夷"、"東至于醴"改"澧"之比。

## 巢伯來朝,芮伯作《旅巢命》。

鄭云:"《旅巢命》,亾。"

《集韵·五爻》:"巢,力交切。"按:即徐仙民之呂交反也。

## 武王有疾,周公作《金縢》。

《釋文》曰:"'有疾',馬本作'有疾不豫'。"

《尚書大傳》,《大誥》在《金縢》前。

## 武王崩,三監及淮夷叛,周公相成王,將黜殷命,作《大誥》。

　　版本無"命"字,唐石經初刻有,後磨改。《正義》云:"黜退殷君武庚之命。"又云:"獨言黜殷命者。"又云:"故特言'黜殷命'也。"然則《正義》本有"命"字明矣。此云"將黜殷命",下文云"既黜殷命",正相銜接。

　　《釋文》:"誥,本亦作賫。"玉裁按:《汗簡》《集韻》皆有"賫"字。據《汗簡》《古文四聲韻》,其字下從六,非從廾也。

# 成王既黜殷命,殺武庚,命微子啓代殷後,作《微子之命》。

　　鄭云:"《微子之命》,亾。"

　　《周本紀》曰:"管叔、蔡叔、群弟疑周公,與武庚作亂,畔周,周公奉成王命伐誅武庚、管叔,放蔡叔,以微子開代殷後,國於宋。"

# 唐叔得禾,異畝同穎,獻諸天子,王命唐叔歸周公于東,作《歸禾》。

　　鄭云:"《歸禾》,亾。"

　　《周本紀》:"晉唐叔得嘉穀,獻之成王,成王以歸周公于兵所。"徐廣曰:"歸,一作餽。"

　　《魯周公世家》:"唐叔得禾,異母同穎,獻之成王,成王命唐叔以餽周公於東土,作《餽禾》。"玉裁按:"歸""餽"古二字通用,如古《論語》作"饋",魯讀"饋"爲"歸"。

# 周公既得命禾,旅天子之命,作《嘉禾》。

　　鄭云:"《嘉禾》,亾。"

　　《周本紀》:"周公受禾東土,魯天子之命。"《魯周公世家》:"周公既受命禾,嘉天子命,作《嘉禾》。"徐廣曰:"上'嘉'字,一作'魯',今《書序》作'旅'。"玉裁按:《説文》:"旅,古文作'𤱔',古文以爲'魯衛'之'魯'。"然則"魯天子之命"即"旅天子之命"也。"旅"者,陳也,與"臚"同,謂陳述天子之命也。六書假借,以"旅"爲"魯",亦以"魯"爲"旅",二字古文通用。

《漢書·王莽傳》:"群臣奏言,《書》逸《嘉禾篇》曰:'周公奉册①,立于阼階,延登,贊曰:'假王莅政,勤和天下。'"按:《嘉禾篇》不在多得十六篇之内,然則是亾篇,非逸篇也。而云"逸《嘉禾篇》"者,蓋取諸張霸百二篇之内。《漢書》言霸采《書序》等爲百二篇,則其篇目皆依《書序》又多二篇耳。云"以中書挍之非是"者,"中書"謂安國所獻之五十八篇也。

## 成王既伐管叔、蔡叔,以殷餘民邦康叔,作《康誥》

孔傳云"國康叔",本篇《正義》引《序》云"邦康叔",則知今本"邦"字作"封",蓋亦衛包改之。《序》又云:"邦諸侯。"僞《蔡仲之命篇》:"乃命諸王邦之蔡。"栁宗元《封建論》曰:"設五等邦群后。"《邶詩譜》云:"以殷餘民封康叔於衛。"此鄭易字便文也。

《周本紀》曰:"頗收殷餘民以封武王少弟,封爲衛康叔。"

## 《酒誥》《梓材》。

楊子《法言·問神篇》曰:"昔之説《書》者《序》以百,而《酒誥》之篇俄空焉,今亾。"夫謂《書序》有百,而《酒誥》則無,《序》非謂《尚書》闕《酒誥》也。凡後人所謂數篇同一《序》,皆有有目無序者厠其閒,如"咎繇矢厥謨,禹成厥功,帝舜申之,作《大禹》《咎繇謨》《棄稷》"。按其實,則《棄稷》不

---

統於此《序》，所以作《棄稷》者不傳也。"湯既勝夏，欲遷其社，不可，作《夏社》《疑至》《臣扈》。"按其實，則《疑至》《臣扈》不統於此《序》，所以作《疑至》《臣扈》者不傳也。"大戊贊于伊陟，作《伊陟》《原命》。"按其實，則《原命》不統於此《序》，所以作《原命》者不傳也。"高宗祭成湯，有飛雉升鼎耳而雊，祖己訓諸王，作《高宗肜日》《高宗之訓》。"按其實，則《高宗之訓》不統於此《序》，所以作《高宗之訓》者不傳也。《尚書大傳》以"桑穀共生"事系《高宗之訓》，《五行志》引劉向說亦以"桑穀"系高宗，不系《大戊》，故師古曰："其說與《尚書大傳》同，或者伏生差謬也。"今本《漢書注》譌作，與《尚書大傳》不同。《酒誥》《梓材》亦正此類。"以殷餘殷民邦康叔"故作《康誥》一篇，其《酒誥》《梓材》不統於此《序》，故"失其傳，俄空"云者，偶不存之謂，非竟亡也。然至於久而闕，則竟亡矣，故曰"今亡"。夫子雲獨舉《酒誥》者，舉一以例其餘也。

成王在豐，欲宅雒邑，使召公先相宅，作《召誥》。召公既相宅，周公往營成周，使來告卜，作《雒誥》。

《周本紀》曰："成王在豐，使召公復營雒邑，如武王之意。周公復卜申視，卒營築，居九鼎焉，曰：'此天下之中，四方入貢道里均。'作《召誥》《雒誥》。"

成周既成，遷殷頑民，周公以王命告，作《多士》。周公作《無逸》。

《周本紀》曰："成王既遷殷遺民，周公以王命告，作《多士》《無佚》。"《魯世家》曰："周公歸，恐成王壯，治，有所淫泆，乃作

《多士》,作《毋逸》。"按:《本紀》言作《多士》而兼舉《無逸》,《世家》言作《無逸》而兼舉《多士》。

## 召公爲保,周公爲師,相成王,爲左右,召公不説,周公作《君奭》。

《周禮·地官·敘官》注:"《書敘》曰:'周公爲師,召公爲保。'"

《燕召公世家》曰:"成王既幼,周公攝政當國,踐阼,召公疑之,作《君奭》。"

## 成王東伐淮夷,遂踐奄,作《成王政》。

鄭云:"《成王政》,亡。"

賈逵注《左氏》"周有徐奄"云:"《書序》曰:'成王伐淮夷,遂踐奄徐,即淮夷。'"見《春秋·昭元年》正義。

《釋文》云:"政,馬本作'征',云:'正也。'"

《尚書大傳·周傳》曰:"《成王政》'遂踐奄',踐之者,藉之也。藉之,謂殺其身、執其家、豬其宫。"玉裁按:此必篇中有此語,伏生記憶釋之,非釋《書序》也。

## 成王既踐奄,將遷其君于蒲姑,周公告召公,作《將蒲姑》。

鄭云:"《將蒲姑》,亡。"

《釋文》:"蒲,如字,徐又扶各反,馬本作'薄'。"

《周本紀》曰:"召公爲保,周公爲師,東伐淮夷,殘<sub>疑'踐'誤。</sub>奄,遷其君薄姑。"

## 成王歸自奄,在宗周,誥庶邦,作《多方》。

《周本紀》曰:"成王自奄歸,在宗周,作《多方》。"

成王既黜殷命，滅淮夷，還歸在豐，作《周官》。

　　鄭云：“《周官》，亾。”

　　《周本紀》曰：“成王既絀殷命，襲淮夷，歸在豐，作《周官》。”

　　《正義》卷二曰：“孔以《周官》在《立政》後，第八十八，鄭以爲在《立政》前，第八十六。”玉裁按：《史記》亦《多方》《周官》相接。

　　《周禮·小宰職》注曰：“前此者，成王作《周官》，其志有述天授位之義，故周公設官分職以法之。”是則鄭君親見古文《周官》之證也。又《鄭志》趙商問曰：“成王《周官》：‘立大師、大傅、大保，兹惟三公。’”是《周官》古文有“立大師”云云十一字，作僞者襲之。

周公作《立政》。

　　玉裁按：凡言“咎單作《明居》”“伊尹作《咸有一德》”“周公作《無逸》”“周公作《立政》”，皆讀《尚書》而義自見者也。

成王既伐東夷，肅慎來賀，王俾榮伯，作《賄肅慎之命》。

　　鄭云：“《賄肅慎之命》，亾。”

　　《釋文》云：“肅慎，馬本作‘息慎’，北夷也。”按：《周本紀》《五帝本紀》作“息慎”，《春秋左氏傳》《外傳》皆作“肅慎”。王氏鳳喈曰：“《王會篇》‘稷慎’即‘息慎’，‘肅’‘息’爲雙聲，‘息’‘稷’爲叠韵也。”

　　《釋文》又曰：“俾，馬本作辨。”古“俾”“平”“苹”“辨”皆訓“使”，故《堯典》“平秩”馬本作“苹”而訓“使”，今文則作“辯秩”，《雒誥》“平來來示予”亦作“辨來”，此皆雙聲也。

《史記》"俾"作"賜",則又爲叠韵字。江氏叔澐曰:"'王辨榮伯','辨'古'班'字,'班'亦'賜'也,王以息慎所貢分賜榮伯也。"玉裁按:"王俾榮伯"四字句絶,謂使榮伯賜予肅慎,史官乃作《賄肅慎之命》也,《史記》語未完,《序文》當作"王俾榮伯賄肅慎,作《賄肅慎之命》",共十三字,古書往往因字複叠而有脱文,《儀禮》"賄用束紡",鄭注:"賄,予人財之言也。"

又按:薛氏季宣《書古文訓》:"'卑''畀'字形不别,或謂當作'畀榮伯'。"非也,古音"卑"在十六部,"畀"在十五部,音理殊隔,《群經音辨》引《禮》注"棄妻畀所齎"作"卑所齎",亦字之誤也。

《周本紀》曰:"成王既伐東夷,息慎來賀,王賜榮伯,作《賄息慎之命》。"

## 周公在豐,將没,欲葬成周,公薨,成王葬于畢,告周公,作《亳姑》。

鄭云:"《亳姑》,亡。"

傳:"言周公徙奄君於僕姑,因告柩以葬畢之義,斥及奄君,已定亳姑,言所遷之功成。"按:上文作"蒲"或作"薄",不作"亳"也。

## 周公既没,命君陳分正東郊成周,作《君陳》。

鄭云:"《君陳》,亡。"

《禮記·坊記篇》:"《君陳》曰:爾有嘉謀嘉猷,入告爾君于內,女乃順之于外曰:'此謀此猷,惟我君之德,於乎是惟良顯哉。'"注云:"君陳,蓋周公之子伯禽弟也,名篇在《尚書》,今囚。”《緇衣篇》：“《君陳》曰：未見聖，若己弗克見。既見聖，亦不克由聖。”《緇衣篇》：“《君陳》曰：出入自爾師虞，庶言同。”鄭注：“言出内政教，當由女衆之所謀度，衆言同，乃行之。”

## 成王將崩，命召公、畢公率諸矦相康王，作《顧命》。

《周本紀》曰：“成王將崩，懼大子釗之不任，乃命召公、畢公率諸矦以相大子而立之。成王既崩，二公率諸矦，以大子釗見於先王廟，申告以文王、武王之所以爲王業之不易，務在節儉，毋多欲，以篤信臨之，作《顧命》。”

## 康王既尸天子，遂誥諸矦，作《康王之誥》。

《釋文》曰：“‘康王既尸天子’，馬本此句上更有‘成王崩’三字。”《周本紀》曰：“大子釗遂立，是爲康王。康王即位，徧告諸矦，宣告以文武之業以申之，作《康誥》。”按：“康誥”當云“康王之誥”。大史公於《般庚》曰三篇，於《顧命》《康王之誥》别爲二篇，皆依孔子序《尚書》語，若依伏生書，則皆不分矣。

## 康王命作册畢，分居里，成周郊，作《畢命》。

鄭云：“《畢命》，亾。”按：“亾”，疑當作“逸”。

《周本紀》曰：“康王命作策畢公，分居里，成周郊，作《畢命》。”玉裁按：《史記》“畢”下有“公”字，《困學紀聞》云：“《尚書》脱一‘公’字。”

《律厤志》曰：“康王十二年六月戊辰朔，三日庚午。故《畢命豐刑》曰：‘惟十有二年六月庚午胐，王命作策《豐刑》。’”《尚書正義》引“策”下有“書”字。孟康曰：“逸《書》篇名。”惠氏定宇《古文尚書考》曰：“逸《書》二十四篇有《囧命》，愚謂‘囧’當爲‘畢’

字之誤也。劉歆《三統厤》引《畢命豐刑》十六字,康成注《書序》云:‘今其逸篇有册命霍侯之事,不同與此《序》相應。’蓋亦據孔氏逸《書》爲説。”玉裁按:惠説蓋是也。鄭云“不同與此《序》相應”七字一句,謂《序》無册命霍侯之事,而篇中有之,不相同也。其下又有“非也”二字,亦是鄭語,謂祕書所謂《畢命篇》者,蓋非《畢命》也。古文疑信參半,絶無師説,此諸大儒所以不敢爲之注也。但鄭親見此篇,舊稱《畢命》,則二十四篇有《畢命》無《冏命》可知矣。

## 穆王命君牙爲周大司徒,作《君牙》。

鄭云:“《君牙》,亾。”

《禮記·緇衣篇》:“《君雅》曰:‘夏日暑雨,小民惟曰怨。資冬祁寒,小民亦惟曰怨。’”注云:“雅,《書序》作‘牙’,假借字也。《君雅》,周穆王司徒作《尚書》篇名也。玉裁按:‘作《尚書》篇名也’,當云:‘名篇在《尚書》,今亾。’與《君陳》一例。‘資’當爲‘至’,齊魯之閒語聲之誤也。‘祁’之言‘是’也,齊西偏之言也。夏日暑雨,小民怨天。至冬是寒,小民又怨天。言民恒多怨,爲其君難。”

## 穆王命伯冏爲周大僕正,作《冏命》。

鄭云:“《冏命》逸。”按:“逸”,疑當作“亾”。

《説文》十篇《夰部》曰:“奰,驚走也,一曰往來皃。从夰臦聲。本無‘聲’字,今補。《周書》曰:‘伯奰。’古文臦,古文冏字。”玉裁按:此七字不可解,當作“古文言伯冏”五字,如“曳枾”“古文言由枾”之比。蓋作“冏”者,古文《尚書》;作“奰”者,今文《尚書》。是以《周本紀》《古今人表》皆作“奰”,今本《漢書》作

"奰"者,譌字也。《尚書釋文》:"囧,九永反,亦作奡。""奡"亦
"奡"之譌字也。"奡",俱往切,亦俱永切。"囧",今音在庚清
部,古音在陽唐部。

又按:《集韵·三十八梗》:"騢,人名,周有伯騢,通作'囧'。"
此蓋因《説文》"古文騢"之云故也。又唐人文字亦用"伯景"。

《周本紀》曰:"穆王閔文武之道缺,乃命伯騢申誡<sub>徐廣曰:'一</sub>
<sub>作郎。'</sub>大僕國之政,作《騢命》。"

# 蔡叔既没,王命蔡仲踐諸矦位,作《蔡仲之命》。

鄭云:"《蔡仲之命》,亾。"

《正義》卷二曰:"孔以《蔡仲之命》次《君奭》後,第八十
三,鄭以爲在《柴誓》前,第九十六。"

《春秋·定四年左氏傳》祝鮀曰:"管、蔡啓商,惎閒王室。
王於是乎殺管叔,而蔡蔡叔,以車七乘,徒七十人。其子蔡仲改
行率德,周公舉之,以爲己卿士。見諸王,而命之以蔡。其命書
云:'王曰:胡! 無若爾考之違王命也。'"玉裁按:《左氏傳》《緇
衣篇》引《尚書》有"也"字者,皆用其時語助加之。

# 魯矦伯禽宅曲阜,徐夷竝興,東郊不開,作《柴誓》。

玉裁按:開,古文闢字。《説文》十二篇《門部》曰:"闢,開
也。从門辟聲。《虞書》:'闢四門。'从門从灷。"《柴誓序》釋文
云:"開,今本《釋文》改作"闢"。舊讀皆作'開',馬本作'闢'。"不云舊
本,而云舊讀,謂其音也,非謂其字也,其字正作"開"。顏氏《匡謬正俗》云:
"《柴誓序》:'東郊不開。'案《説文》及《古今字詁》,'開'古'闢'
字,'闢'訓'開',故孔氏釋云'東郊不開',不得徑讀'開'<sub>作"闢"</sub>
<sub>譌</sub>。爲'開'。"陸、顏二君皆正俗讀之非,然則《書序》本作"開",

唐石經初刻從馬君作"闅",尚爲不誤。後依衞包改爲"聞"字，此衞包以前誤讀"闅"如"聞"，而字形不誤，衞包以後竟作"聞"字，形與音俱非也。古文"闅"與"聞"古文"聞"。所爭些子，是以舊或讀"聞"耳。《困學紀聞》"闅"作"闅"，誤。

《魯周公世家》曰："伯禽即位之後，有管蔡等反也，淮夷徐戎亦並興反，於是伯禽帥師伐之於肸，作《肸誓》。"徐廣曰："肸，一作鮮，一作獮。"

《正義》卷二曰："孔以《柴誓》在《文矦之命》後，第九十九。鄭以爲在《吕刑》前，第九十七。"

## 吕命穆王訓夏贖刑，作《吕刑》。

《大雅·崧高》鄭箋云："甫矦相穆王，訓夏贖刑。"按："吕命穆王訓夏贖刑"，八字一句，謂吕矦命穆王也。鄭注《緇衣》云："傅説作書，以命高宗。"

《周本紀》曰："甫矦言於王，作修刑辟，命曰《甫刑》。"

## 平王錫晉文矦秬鬯圭瓚，作《文矦之命》。

《釋文》曰："馬本無'平'字。錫，馬本作'賜'。"

《史記·晉世家》説，晉文公曰："天子使王子虎命晉矦爲伯，賜大路、彤①弓矢百、玈弓矢千、秬鬯一卣、珪瓚、虎賁三百人，晉矦三辭，然後稽首受之，作《晉文矦命》。"玉裁按：此及《自序》曰："嘉文公錫珪鬯，作《晉世家》第九。"劉向《新序·善謀》篇亦稱《晉文公之命》，皆用今文《尚書》説也，如《金縢篇》多用周公以天子禮葬魯得郊祭之説。

## 秦穆公伐鄭，晉襄公帥師敗諸崤，還歸，作《秦

---

①彤：據李文，當作"彤"。

誓》。

《秦本紀》曰："三十六年,繆公復益厚孟明等,使將兵伐晉,渡河焚船,大敗晉人,取王官及鄗,以報殽之役,晉人皆城守不敢出。於是繆公乃自茅津渡河,封殽中尸,爲發喪,哭之三日。乃誓於軍曰:'嗟! 士卒,聽無譁,余誓告汝:古之人謀黄髮番番,則無所過,以申思不用蹇叔、百里傒之謀,故作此誓,令後世以記余過。'"

按:《書序》亦有古文、今文之殊。《漢志》曰:"《尚書古文經》四十六卷。"此蓋今文二十八篇爲二十八卷,又逸篇十六卷併《書序》得此數也。伏生教於齊魯之閒,未知即用《書序》與否,而大史公臚舉十取其八九,則漢時《書序》盛行,非俟孔安國也。假令孔壁有之,民閒絶無,則亦猶逸篇十六卷,絶無師説耳,馬、班安能采録? 馬、鄭安能作注? 以及妄人張霸安能竊以成百兩哉?《孔叢子》與《連叢子》皆僞書也,臧與安國書曰:"聞《尚書》二十八篇,取象二十八宿,何圖古文乃有百篇耶?"學者因此語,疑百篇《序》至安國乃出,然則其所云"弟素以爲《堯典》雜有《舜典》",今果如所論者,豈亦可信乎? 其亦惑矣。惟内外皆有之,是以《史記》字時有同異,如"女房""女方"、"登鼎耳""升鼎耳"、"飢""麡"、"紂""受"、"牧""坶"、"行狩""歸豐"、"異母""異畝"、"餽禾""歸禾"、"魯天子命""旅天子命"、"毋逸""無逸"、"息慎""肅慎"、"伯粊""伯冏"、"肸誓""獺誓""粊誓"、"甫荆""吕荆"之類,皆今文《尚書》、古文《尚書》之異也。